탄소중립과 그린뉴딜

| 정치와 정책 |

Carbon Neutrality and Green New Deal

탄소중립과 그린뉴딜

| 정치와 정책 |

Politics and Policy

환경정치연구회 엮음

김명성·김민정·김성은·김성진·나용우·박혜윤·손병권·송영·신상범·오경택·이재영
이재현·이진영·이태동·이혜경·이홍구·이희섭·임시정·임은정·조정원·한희진·황정화 지음

한울
아카데미

탄소중립은 멀고 힘들지만 가야할 길이다. 그린뉴딜은 탄소중립을 달성하고 경제위기를 극복하기 위한 방안이다.

이 책은 환경정치와 정책의 관점에서 한국과 주요국들의 탄소중립과 그린뉴딜을 둘러싼 다양한 행위자의 이해관계, 갈등, 협력을 분석한 결과를 제시하고 있다.

제1부는 국가 내에서 탄소중립과 그린뉴딜의 의제를 이행하는 주체들에 대한 논의를 개인, 여론, 시민사회, 대학, 미래세대, 지방정부, 기업을 중심으로 전개한다. 또한 그린빌딩, 원자력에너지, 친환경 자동차, 탄소국경조정을 주제로 전개되고 있는 탄소중립과 그린뉴딜의 동향을 논의한다.

제2부는 비교 정치의 관점에서 탄소중립과 그린뉴딜을 분석한다. 한국, EU와 독일, 영국, 미국, 캘리포니아주, 일본, 중국, 호주, 아세안의 탄소중립과 그린뉴딜 정치와 정책 분석을 소개한다.

환경정치연구회 22명의 연구자들은 이 책을 통해 탄소중립과 그린뉴딜의 성공적 이행을 위한 학문적 논의와 정책적 함의를 제공한다.

차례

*

제2부　　**탄소중립과 그린뉴딜 비교 정치**

서론

이태동·신상범·한희진

1. 들어가며

1) 탄소중립과 그린뉴딜의 확산 배경

2019년 12월 중국 우한에서 발원한 코로나바이러스감염증-19(COVID-19, 이하 코로나19)는 점차 글로벌 팬데믹(대유행병)으로 확산했다. 이 미증유(未曾有)의 사태는 2020년 세계의 모든 다른 이슈들을 잠식했다고 해도 과언이 아니다. 팬데믹은 세계적으로 수많은 인명 피해를 낳았고 교육, 사회, 경제, 정치, 일, 여행 등 인간 삶의 제반 영역에 전례 없는 변화를 가져왔다. 국가 간 교역 및 인적 이동이 제한되며 경제, 사회 활동이 위축되자 세계 경제는 2008년 미국발 글로벌 금융위기의 여파보다 더 심각한 침체 위기에 봉착했다.

그러나 역설적으로 코로나19의 긍정적 영향 중 하나는, 인류가 지구환경에 닥친 근본적 위기 및 그 심각성을 깊이 인식하게 되었다는 것이다. 코로나19가 동물과 사람 사이에 상호 전파되는 인수공통감염병(zoonosis)으로 밝혀지면서 국제사회에 인간과 지구환경의 관계 및 균형에 관한 반성적 성찰이 활발히 재개되었다. 삼림 벌채, 도시화, 산업화에 따른 토지 및 자연환경의 사용 변화가 동물의 행동에 변화를 일으켜 감염병을 야기했다는 실증적 연구 결과들이 발표되며 환경을 담보로 한 인간 발전에 대한 논의가 형성되었다.

코로나19가 지배한 2020년에도 기후변화는 태풍, 가뭄, 홍수 등 다양한 재해 형태로 세계의 도시와 커뮤니티에 영향을 미쳤다. 세계기상기구(World Meteorological Organization)가 2020년 9월 발표한 보고서를 통해, 코로나19 이후 경제, 사회 활동이 위축되어 2020년 4월 이산화탄소배출량은 2006년 수준으로 낮아졌으며 2020년 총배출량은 전년도에 비해 4~7% 감소할 것으로 예측했다. 그러나 이 보고서는 2016년부터 2020년까지 5년간 지구 평균온도가 관찰 사상 최고치를 기록했으며 이 같은 온도 상승 속도가 유지될 시 지구 온도는 이후 5년 이내에 1.5℃ 이상 상승할 가능성이 약 24%에 달한다는 부정적 전망도 내놓았다. 즉 코로나19로 인해 온실가스배출량이 일시적 감소를 보였으나, 이는 장기간에 걸쳐 가속도를 붙이며 악화일로를 걷는 기후변화 위기에 아무런 영향을 미치지 못했다.

코로나19와 기후변화라는 동시 다발적 위기의 진행은 감염병과 기후변화의 연관성에 주목하는 계기가 되었다. 각국 정부는, 포스트 코로나 시대에는 인간 삶의 방식 및 자본주의 경제운용 방식에 근본적 변화가 도입되어야 하며 기후변화에 대응하기 위해 파리협정(Paris Agreement) 체제하에서 감축 노력을 강화할 필요가 있음을 절감하게 되었다. 이러한 각성을 토대로 2020년 각국 정부는 목전의 팬데믹이라는 위기 속에서도 지구적 난제인 기후변화에 주목하며 탄소중립(carbon neutrality) 목표를 선언하거나 기존의 달성 목표 연도를 앞당겼다. 이에 따라 2050 탄소중립이 글로벌 의제로 부상했다. 이들은 2021년 본격 시작되는 신기후 체제의 성공적 이행을 위해 자국의 감축목표를 상향 조정하는 등 적극적인 온실가스 감축 및 적응 노력을 펼칠 것을 약속했다.

그 배경에는 기후변화 이슈의 심각성과 사안의 급박함에 대한 위기 인식 확대 외에도, 파리협정이 모든 당사국에 2050년 장기저탄소발전전략(LEDS) 제출을 요구한 점이 작용했다. 기후변화에 관한 유엔 기본협약(UN Framework Convention on Climate Change, UNFCCC)이 파리협정 2조 1항, 4조 19항 등에 의거해 모든 당사국들에 지구 온도를 산업화 이전 대비 2℃ 이하, 더 이상적으로는 1.5℃로 억제하기 위한 2050년까지의 전략인 LEDS를 2020년 12월까지 제출하도록 요청한 것이다(2015년 유엔기후변화협약 제21차 당사국총회 결정). 이에 따라 감축에 미온적 태도를 보이던 당사국들은 더 적극적인 감축 전략을 수립해야 한다는 국제사회의 압력에 직면하게 되었고,

2050년 전후로 탄소중립을 달성한다는 목표 선언에 이르게 되었다. 2050 탄소중립목표 달성과 동시에 코로나19가 야기한 국내외 경제 문제의 극복을 위해 제시된 정책이 바로 이 책의 주제인 그린뉴딜(Green New Deal)이다.

2020년 코로나19 시국 전후로 탄소중립과 그린뉴딜 부문의 의제 형성 및 이 정책의 국제적 확산에 앞장선 것은 유럽이다. 유럽에서는 지역 조직인 유럽연합(EU)보다 먼저 회원국 수준에서 탄소중립 선언이 시작되었다. 스웨덴이 2017년 탄소중립을 선언했으며 2019년 영국·프랑스·덴마크 등이 이에 합류했다. 이러한 배경에는 악화되어 가는 기후위기, 청소년 기후 운동 등 시민사회로부터의 압력과 녹색 정당들의 약진 등이 작용했다. 유럽연합 차원에서는 2019년 2050 탄소중립목표를 채택하고 경제위기 및 기후변화에 대한 해법으로 유럽그린딜(European Green Deal)을 도입하며 체제 변화를 선언했다. 2019년 새로운 EU 집행위원회가 출범하면서 미래 유럽의 신(新) 성장전략으로 제시한 정책목표는 그린딜을 통해 세계의 기후 및 환경 위기를 극복하고 EU 지역경제에 활력을 불어넣어, 지속가능한 발전과 새로운 저탄소 녹색경제를 통한 성장 패러다임을 지향하는 것이다. 에너지, 산업, 건물, 모빌리티, 식량 5개의 주요 부문에서 감축을 포함한 변화의 필요성을 강조했다. 이어 유럽연합은 그린딜의 이행을 위한 그린 리커버리 프로그램을 발족, 재정을 포함한 자원 투입을 논의했다. 유럽의 이와 같은 행보는 2021년 글래스고(Glasgow) 유엔기후변화협약 제26차 당사국총회(COP 26)에 앞서 국제사회의 다른 일원들에게 하나의 벤치마크로 작용했다.

2020년 미국 대선에서도 기후변화와 코로나19 대응이 주요 이슈로 부상하면서 정치권에서 탄소중립과 그린뉴딜에 대해 전면적으로 논의하는 계기가 되었다. 민주당 조 바이든(Joe Biden) 후보는 코로나19 및 기후변화에 있어 도널드 트럼프(Donald Trump) 전 행정부의 실패를 비판하고 미국이 기후변화 위협에 대응하기 위한 다자적이고 국제적인 노력에서 신뢰와 리더십을 회복할 것이라고 선언했다. 바이든은 당선과 동시에 파리협정에 복귀하며 2050년까지 미국의 탄소중립을 지향하고 특히, 전력 부문(power sector)에서는 조금 더 이른 '2035년 탄소중립 달성'을 공약으로 발표했다. 또한 청정에너지 경제(clean energy economy)로의 전환 등을 포함한 그린뉴딜 정책을 통해 적극적으로 기후변화에 대응하고 이를 미국의 혁신과 경제성장의 원동력으로 삼을 것을 약속했다.

바이든의 당선이 예상되면서 미국 대선 전에 아시아에서는 중국(2020년 9월 22일 시진핑 주석 UN 연설), 일본(2020년 10월 26일 스가 총리 의회 연설), 한국(2020년 10월 28일 문재인 대통령 국회 시정연설) 정부도 각각 탄소중립목표를 선언했다. 일본과 한국은 2050 탄소중립목표를 발표하고 중국은 2030년 탄소배출량을 정점에 이르게 해 2060년까지는 탄소중립을 이루겠다는 목표를 선언함으로써 유럽과 미국의 행보에 발을 맞추었다.

세계 시장 및 민간 부문도 각 지역 및 정부의 탄소중립 선언이라는 흐름에 맞추어 변화의 양상을 보이기 시작했다. 코로나19 속에서 디지털 시장은 그린(친환경) 시장과 결합하며 성장해 나가기 시작했고 상품 및 자본 시장에서도 환경·사회·지배구조(environmental·social·governance) 경영 및 투자가 점차 대세로 자리 잡혀갔다. 글로벌 기업들도 탄소중립을 기업의 목표로 도입하기 시작했다. 일례로 마이크로소프트는 2020년 1월 탄소 처리 기술개발에 10억 달러(약 1조 2300억 원) 규모의 기후 혁신 기금을 조성해 지금까지 배출한 탄소 전체를 2050년까지 제거할 것이라는 계획을 밝혔다. 이어, 구글·네슬레·아마존 등의 글로벌 다국적 기업 및 석유기업인 BP(The British Petroleum)도 탄소중립이 거스를 수 없는 시대의 화두임을 인정하기에 이르렀다.

2) 그린뉴딜: 연속성과 변화

그린뉴딜은 사실 환경정치에서 새롭게 등장한 개념이 아니다. 1970년대의 환경운동이 이미 자본주의 경제성장 모형에 도전을 제기했고 1980년대 등장한 지속가능발전(sustainable development)의 개념은 환경과 경제 및 사회 정책을 연계하며 환경과 경제발전의 양립 가능성, 그린과 이코노미의 결합을 비전으로 제시했다. 그러나 1980년대 작은정부와 시장을 강조하는 신자유주의의 확산 속에서 그린 이코노미에 대한 논의는 시들었다.

이를 다시 부활시킨 것이 1990년대 기후위기 논의의 본격화 및 2006년 「스턴보고서(Stern Review on Climate Change Economics)」와 같은 영향력 있는 보고서였다. 영국 경제학자이자 세계은행 부총재인 니콜라스 스턴(Nicholas Stern)이 발표한 이 보고서는 기후변화를 인류 역사상 가장 큰 시장실패로 규정하고 이의 해결을 위해 민간뿐만 아니라 정부와 공공부문의 역할을 특히 강조했다. 이어 2007년 ≪뉴욕타임즈≫ 칼럼니스트 토마스 프리드만(Thomas Friedman)은, 기후변화의 해결을 위해서는 프랭클린 루스벨트(Franklin Roosevelt) 대통령이 대공황을 극복하고 미국 경제 활성화를 위해 채택했던 대규모의 공공 프로젝트인 뉴딜과 같은 정책적 접근이 필요하다고 역설했고, 이로써 그린뉴딜 개념이 본격적으로 회자되기에 이르렀다. 2007~2009년 사이 진행된 글로벌 금융위기는 이러한 아이디어를 시험하는 계기가 되었다. 영국의 그린뉴딜 그룹, 독일 녹색당, UN환경계획(UNEP) 등이 기후변화와 금융위기를 해결할 대안으로 정부가 녹색 회복 프로그램에 재정을 투입해야 한다는 케인스주의적 접근을 옹호했다. 미국에서는 민주당 대통령 후보인 버락 오바마(Barack Obama)가 그린뉴딜을 공약으로 채택했다. 2009년 글로벌 금융위기의 여파 속에서 미국·중국 등 국가들이 경제위기 극복 및 친환경 신산업으로의 경제 구조 전환을 위해, 특히 환경 부문에 정부 재정을 투입했다. 친환경 부문의 촉진, 개발과 투자,

발전을 경제의 신성장동력으로 삼는다는 녹색성장(green growth)의 이론적 개념을 토대로 한 정책이다. 그러나 금융위기의 해결에 그린뉴딜식 해법이 얼마나 유용했는지는 논란의 여지가 있다.

2020년 전후 기후변화 문제의 악화와 코로나로 인한 국제경제 위기 속에서 그린뉴딜의 개념이 탄소중립과 결합되어 더욱 강력한 메시지로 재등장했다. 일면 정부의 적극적 역할과 공공 투자에 대한 더 강력해진 국제적 합의에 바탕을 두었다고 해도 과언이 아니다. 산업, 기술적 차원에서 강조되던 2008~2009년의 그린뉴딜에 비해 개인, 제도, 정부, 시스템 차원을 포괄해 더 전면적이고 폭넓은 수준의 구조적 변화가 요구되고 있다.

3) 질문과 책의 의도

이 책은 이러한 배경에서 등장한 탄소중립 및 그린뉴딜이라는 최근의 세계적 추세에 관해 종합적인 논의를 제공하고자 한다. 특히 환경정치의 관점에서 탄소중립과 그린뉴딜을 둘러싼 다양한 행위자들의 태도, 이해관계, 갈등과 협력 등의 행동 양상을 관찰, 분석한 결과를 제시하고 다양한 대안을 논의 및 모색하고자 한다.

이 책에서 진행된 다양한 연구들이 궁극적으로 제기하는 질문은 크게 세 가지로 압축된다. 첫째, 각국의 탄소중립과 그린뉴딜이 성공하기 위한 국내 정치적 조건은 무엇인가? 어떤 제도나 규범 혹은 사회적 합의가 필요한가? 어떠한 행위자들이 어떤 역할을 해야 하는가? 둘째, 탄소중립과 그린뉴딜의 정치는 우리 사회, 경제, 정치에 어떠한 긍정적 영향을 미칠 것인가? 이 정치가 우리 사회를 긍정적으로 변화시킬까? 경제 및 첨단 산업의 활성화에 기여할 것인가? 그린뉴딜은 우리가 알던 기존 자본주의 경제운용 방식에 어떠한 변곡점으로 작용할 것인가? 그린뉴딜을 통해 소멸 위기에 있는 지방의 경제를 살리고 균형적 국가 발전을 꾀할 수 있을까? 양극화되고 소모적인 대립이 지속되고 있는 한국 정치를 보다 실용적인 정책 경쟁의 방향으로 이끌 수 있을까? 셋째, 탄소중립과 그린뉴딜의 정치가 궁극적으로 교토 체제를 대체하고 파리 체제의 성공을 견인하는 마중물 역할을 할 수 있을까? 유럽·미국의 탄소중립과 그린뉴딜은 다른 국제사회 구성원들을 선도하며 국제적으로 확산할 수 있을까? 중국·일본·한국의 그린뉴딜은 어떤 방식으로 [예를 들어 배출권거래제(Emission Trading System, ETS)] 결합할 수 있을까? 한국의 탄소중립과 그린뉴딜은 지구환경정치에서 어떤 역할을 할 수 있을까?

이와 같은 질문에 대한 답안을 모색하기 위해 환경-에너지 정치 분야 전문가 22명이 공동으로 이 저서에 참여했다. 1부에서는 다양한 행위자의 수준 및 산업 부문에서 펼쳐지고 있는 탄소중립과 그린뉴딜의 정치 및 정책을 소개한다. 먼저, 국가 내에서 탄소중립 및 그린뉴딜의 의제를 형성하고 관련 정책을 이행하는 다양한 주체들에 대한 논의가 전개된다. 지방정부(이재현), 개인(김민정), 여론(김성은), 시민사회(임시정), 대학(이태동), 미래세대(김명성·이희섭)의 역할과 과제에 관한 논의가 폭넓게 펼쳐진다. 또한 기업(박혜윤), 그린빌딩(한희진), 원자력에너지(황정화), 친환경자동차(조정원) 및 탄소국경조정(김성진) 등을 주제로 다양한 산업 부문에서 전개되고 있는 탄소중립 및 그린뉴딜의 동향과 대응 방안을 논의한다.

2부는 탄소중립과 그린뉴딜을 비교 정치의 관점에서 분석한다. 한국(나용우)에서 진행되는 정책뿐만 아니라, 그린뉴딜을 선도한 EU와 독일(이홍구), 영국(이혜경)의 최신 정책 동향을 살펴본다. 미국의 경우 바이든 행정부 이후 큰 변화를 겪고 있는 탄소중립 정책(손병권)과 함께 주정부 차원에서 선구적 기후 정책을 추진하는 캘리포니아 사례(오경택)에 대한 고찰이 제공되었다. 아시아의 경우 일본(임은정), 중국(이재영), 호주(송영) 및 아세안(이진영)의 사례가 소개되었다. 이와 같은 논의를 통해 저탄소 환경 부문에서 한국과 아시아 국가 간의 협력 가능성을 타진해 볼 기회를 제공한다.

이 저서는 궁극적으로 한국사회의 탄소중립 및 그린뉴딜의 성공적 이행을 위한 참고 자료로써 역할을 할 것이다. 2020년 7월 한국 정부는 코로나 확산으로 인한 경제난을 극복하고 경제발전의 전환과 도약의 기회를 모색하기 위해 한국형 그린뉴딜 시행을 선언했다. 곧이어 2020년 10월, 2050년까지 순배출 제로를 향한 탄소중립 장기저탄소발전전략도 선언했다. 이 저서는 환경정치연구회 전문가 22명의 협업으로 탄소중립과 그린뉴딜 정치에 관련된 논의 동향 및 정책 과제들을 다룬, 현재로는 유일한 종합 편집서이다. 환경-에너지 정치에 대한 학문적 논의와 더불어 탄소중립과 그린뉴딜의 성공적 이행을 위한 정책적 함의를 제공할 것이다.

2. 책의 구성 및 개요

제1부는 탄소중립과 그린뉴딜의 정치를 개인, 도시, 기업, 국제적 관점에서 분석한 연구로 이루어져 있다.

제1장 「지방과 그린뉴딜: 지방분권과 지방정부 자율성을 중심으로」(이재현)는 최근 부상하는 한국판 뉴딜 정책이 지역과 연계된 정책이라는 점에 착안해 지방정부의 여건(재정, 입법 능력 등)이 국가정책인 그린뉴딜 정책과 어떠한 관계를 형성하고 있는지 살펴보고, 지방정부 주도의 그린뉴딜 정책이 보다 효과적으로 작동하기 위한 조건은 무엇인지를 검토하기 위해 지방분권과 지방정부 자율성(재정, 조례 입법 등)을 중심으로 분석 및 논의했다.

제2장 「탄소중립, 그린뉴딜과 개인적 경험의 중요성」(김민정)은 개인이 기후변화를 자기와 상관없는 미래의 일로 취급하는 일반적 경향이 개인의 경험에 따라 변화할 수 있으며, 경험은 시민들의 기후변화에 대한 위기 인

식과 정책 지지에 영향을 미칠 수 있다는 점을 소개한다. 개인적 경험 변수의 인과적 영향력은 신중하게 분석되어야 하나, 개인적 경험의 중요성이 탄소중립, 그린뉴딜 정책 커뮤니케이션 측면에서 갖는 함의는 매우 크다고 할 수 있다.

제3장 「탄소중립: 여론의 동향과 결정요인」(김성은)은 기후변화에 대한 여론의 인식 동향을 개괄하고, 국가별·개인별로 기후 인식에 대한 차이가 나타나는 이유를 검토한다. 마지막으로, 탄소세에 대한 여론의 태도를 중심으로 기후 정책 디자인에 따라 여론의 인식이 어떻게 달라지는지 논의한다. 탄소중립의 목표를 실현하기 위해서는 시민들의 지지가 필수적이다. 시민들이 기후변화를 심각한 문제로 인지하고, 인간의 활동이 기후변화의 주요 원인이라는 것을 이해하며, 탄소배출 감소에 수반되는 비용을 지불할 의지가 있을 때 정책목표를 달성할 수 있다.

제4장 「탄소중립사회 전환을 위한 사회적 합의: 공정한 전환이란?」(임시정)은 탄소중립사회 전환을 위한 사회적 합의에 대한 논의를 비서구 국가의 관점에서 다루고 있다. 각 사회마다 국가의 시장 개입을 정당화하는 주요 가치가 다를 수 있기에, 어떤 사회에서는 탄소중립사회 전환에 대한 시민의 지지를 이끌어내는 정책 프레임이 다른 사회에서는 효과가 미미하거나 시민의 지지를 오히려 저해할 수도 있다. 탄소중립사회 전환에 대한 사회적 지지를 확보하기 위해서는 각 사회에 맞는 정책 프레임을 만드는 것이 중요함을 강조한다.

제5장 「탄소중립과 미래세대」(김명성·이희섭)는 해외 및 국내의 기후변화 청년단체의 현황을 정리했다. 또한 장기저탄소발전전략 수립을 위한 '2050 저탄소사회 비전 포럼'의 청년 분과로 참여한 청년 위원 및 탄소중립을 촉구해 온 국내 기후변화 청년단체 소속 10명의 청년을 대상으로 진행한 심층 면접을 통해 국내 탄소중립 정책과 청년들의 정치적 역할에 대한 생각

을 들어보았다. 마지막으로, 제도적으로 어떻게 하면 미래세대의 의견이 기후변화 정책에 반영될 수 있을지에 대한 정책적 방안을 제시한다.

제6장 「그린뉴딜과 대학: 지식경제와 녹색일자리」(이태동)는 고등교육 기관이 녹색경제 성장의 원동력에 미치는 영향, 특히 녹색일자리의 창출에 미치는 영향을 평가한다. 녹색일자리는 경기침체와 환경문제 두 마리 토끼를 동시에 잡을 수 있는 중요한 전략으로 알려져 왔다. 이 연구는 미국 100대 대도시권을 대상으로 지식경제가 녹색일자리에 미치는 영향에 대해 실증적으로 평가한다. 이 연구 결과는 고등교육과 지속가능성을 중심으로 하는 학과와 센터가 녹색일자리 개발에 긍정적인 영향을 미칠 수 있다는 것을 시사한다.

제7장 「탄소중립과 원자력에너지」(황정화)는 탄소중립의 관점에서 원자력에너지를 둘러싼 논쟁을 살펴본다. 세계 에너지 부문의 최대 쟁점은 언제 석탄발전소를 폐쇄할 것인가로 집약된다. 잠재적 위험성으로 인한 원자력발전소의 축소 요구는 국제적 관심사에서 밀려나게 되었고, 원자력발전 기술에 대한 적극적인 투자와 지원을 요구하는 목소리가 높아지고 있다. 기후협약 이후 탄소중립을 요구받고 있는 주요 원전국들의 전원믹스의 변화를 원자력에너지와 재생에너지 중심으로 비교한다. 탄소중립과 원자력에너지 정치의 주요 변수들을 파악해서 탈원전과 탄소중립을 선언한 한국의 사례를 평가한다.

제8장 「녹색건축물을 통한 탄소중립 시대로의 전환: 그린뉴딜을 중심으로」(한희진)는 저탄소 시대로의 전환을 위한 포괄적 녹색성장 정책의 패키지로 볼 수 있는 유럽, 미국, 일본, 대한민국의 그린뉴딜 정책 속에 빌딩 관련 요소들이 어떠한 내용으로 포함되어 있는지 살펴본다. 특히 한국형 그린뉴딜에 내포된 빌딩 관련 정책 프로그램들을 개괄하고 그린빌딩의 확산을 위한 법적, 제도적 추진 내용과 개선 사항을 논의한다. 이 장에서는 그린빌

딩과 관련된 새로운 이론적 논의의 제공보다는 그린빌딩과 기후변화의 연관성을 보여줌으로써 탄소중립 달성에 있어 빌딩 부문의 중요성을 정책적으로 환기함에 그 목적이 있다.

제9장 「탄소중립과 기업: RE100」(박혜윤)은 비국가행위자인 기업의 역할 변화 사례로 RE100을 소개한다. RE100은 2014년 출범한 초국적 기후 이니셔티브(climate initiative)로 2050년까지 참여기업들은 사용 전력의 100%를 재생에너지로 조달해야 하며, 이행 성과를 투명하게 공개해야 한다. RE100의 급속한 성장은 기후 체제 성공에도 상당히 기여할 것으로 보이지만 화석연료 기반의 경제 구조가 여전히 공고하다는 점, 그리고 개도국과 빈곤국, 글로벌 공급망 내의 중소기업 등이 경험할 수 있는 탄소중립의 격차가 RE100의 지속가능성을 위협하는 요인이 될 수 있다는 점을 간과해서는 안 될 것을 강조한다.

제10장 「한국의 탄소중립과 친환경 자동차 정책」(조정원)에서는 탄소중립 달성을 위한 사회·기술 시스템 전환의 관점에서, 한국 문재인 정부의 임기 4년(2017.5.11~2021.5.11) 동안 중앙정부·지방정부의 친환경 자동차 정책 현황과 성과, 문제점을 분석한다. 이와 함께 향후 한국의 친환경 자동차 정책의 추진 방향과 탄소중립에 도움이 되는 한국의 자동차 산업 관련 사회·기술 시스템의 전환 방향에 대해 전망한다.

제11장 「유럽연합 탄소국경조정 도입 추진에 따른 쟁점 분석」(김성진)은 EU에서 도입을 추진하고 있는 탄소국경조정 제도(carbon border adjustment mechanism, CBAM)의 동향을 파악하고, 그에 따른 다양한 쟁점을 분석하고 있다. 국제정치적·경제적 측면에서 CBAM은 여러 쟁점을 야기한다. 저자는 CBAM의 도입이 탄소집약적 산업군의 흐름과 구도를 완전히 바꿔놓을 것이라고 예상한다. 탄소배출에 비용이 발생한다면 기존의 국가별·산업별 가격경쟁력은 전면 수정될 것이며, 생산자와 소비 시장의 재편 역시 필

연적으로 수반될 것이라는 분석이다. 이는 자연히 국제정치적 갈등을 야기할 것인데, 온실가스를 다량 배출하면서 생산과 수출을 해온 주요 개도국들은 CBAM이 만들어낼 새로운 통상 질서에 크게 반발할 것이 분명하기 때문이다.

제2부는 탄소중립과 그린뉴딜의 비교 정치를 다룬다.

제12장 「한국의 탄소중립과 그린뉴딜 정치: '그린 한반도' 구상」(나용우)은 소극적인 입장을 보여왔던 한국이 적극적인 혹은 주도적인 입장으로 전환하게 된 배경을 안보 개념의 변화 및 기후변화 이슈의 안보화(securitization)의 관점에서 분석한다. 한국판 뉴딜의 중요한 한 축인 그린뉴딜이 종합적이고 체계적으로 구상되고 있으나 그것의 실질적인 실현을 위해서는 한반도 전체를 대상으로 한 그린뉴딜까지 확장할 필요가 있을 것이다. 이러한 점에서 북한의 기후변화 정책에 대해서 살펴보고, 기후변화 대응의 관점에서 남북의 공유 이익이 존재하는지를 검토한다.

제13장 「EU와 독일의 탄소중립: 에너지 정책을 중심으로」(이홍구)는 2050 탄소중립을 선언한 EU와 독일의 에너지 정책 분석을 목적으로 한다. EU와 독일의 2020년 온실가스배출 감축목표 달성, 더 나아가 탄소중립 이행의 중심에는 재생에너지 발전 확대, 즉 에너지전환이 자리하고 있다. EU 에너지 법제와 정책은 지속가능한 안정적·경쟁적·합리적 에너지 제공이라는 목적하에 지속 수정 및 보완되었다. 이는 제도의 지속과 다양한 정책 간의 연계성 강화를 견인했다. 또한 대내외 환경 변화에 발맞춘 정책 수정 및 보완은 정책의 지속 당위성과 주요 목표 달성에의 원동력 제공으로 귀결되었다. 한편 EU 에너지 법제와 정책은 회원국 개별 국가의 에너지 공급 안보 사항에 대한 자주권을 침해할 수 없는 분명한 한계를 가지고 있다. 이는 지역 공동체 차원에서 미흡했던 에너지 안보 이슈 대응 등에서 기인한다고 주장한다.

제14장 「영국의 탄소중립 정책의 특징과 시사점」(이혜경)은 ① 탄소 감축 목표 규율 방식의 차이, ② 전문가 의견 수렴 방식의 차이, ③ 기후변화 정치의 차이 등을 중심으로 영국과 한국의 탄소감축정책을 비교해 보고 국내적 시사점을 도출해 보고자 한다.

　제15장 「미국의 그린뉴딜: 진보적 시민운동의 그린뉴딜에서 바이든 대통령의 '미국 일자리 계획'까지」(손병권)에서 보는 미국의 그린뉴딜은 미국 경제는 물론 미국 사회 전체의 궁극적인 청정 이전을 목표로 연방정부가 산하 연방기구, 주정부와 지방정부, 기업, 노동자와 농민, 연구 기관, 시민 단체 등과 파트너십을 구축하고 대규모 연방 재정지출을 통해서 추진하는 국가적 차원의 인프라 구축 프로젝트이다. 청정경제화 및 청정사회화를 목표로 하는 그린뉴딜은 2010년대 중반 이후 지속적으로 요구되었으나, 정치권에서의 본격적인 논의가 지연되다가 2018년 중간선거와 2020년 미국 대통령 선거를 거치면서 미국 정치권에서 본격적으로 논의되기 시작했다. 이러한 전체 과정에서 진보를 위한 데이터나 선라이즈 운동 등 진보적 시민사회가 일차적인 추동 세력이 되었다는 의미에서 미국의 그린뉴딜은 바텀업 방식으로 시작되었다는 특징이 있다.

　제16장 「캘리포니아의 기후변화 정책과 정치: 환경과 경제의 통합」(오경태)에서 본 캘리포니아는 환경과 경제의 통합적 접근을 통해 가장 선도적이고 성공적인 기후변화 정책을 수행해 왔다. 그러한 통합은 환경보호에 대한 정치적 지지 세력을 창출하는 효과를 가져왔으며 확장된 지지층은 실효성 있는 정책의 수립, 정책 수행의 효과, 지속가능성, 성공 가능성을 높였다. 그리고 지지층이 더욱 강력한 기후변화 정책을 다시 지지하는 선순환적 환류 현상이 반복되었던 것이다. 통합적 접근은 대기오염 정책에서 시작해 본격적인 온실가스 감축, 재생에너지 사용 확대, 에너지 효율성 향상이라는 환경 목표의 달성과 녹색산업 성장과 그에 따른 고용창출이라

는 경제적 성과를 설명하는 가장 중요한 요인이다. 캘리포니아에서는 선도적·통합적 접근을 가능케 했던 캘리포니아의 특수성이 존재한다. 그것은 환경과 경제의 상생협력 전통, 환경보호와 경제성장은 상호의존 관계라는 강한 인식, 환경보호로 경제적 이득을 보는 산업의 존재와 녹색산업의 성장, 캘리포니아 규제 기관의 전문성 및 독립성, 캘리포니아에게만 허용된 강력한 규제를 위한 '면제' 제도, 환경단체들의 로비 및 연대 역할 등이다.

제17장 「아세안의 탄소중립 정책과 그린뉴딜」(이진영)은 동남아시아 국가를 중심으로 국제 수준(level)의 기후변화, 환경 정책이 지역 수준에서 어떻게 수용되고 있는지 살펴본다. 싱가포르와 브루나이의 경우 탄소중립 정책을 적극적으로 지지할 수 있는 반면, 라오스, 베트남, 캄보디아와 같이 국가정책의 우선순위가 경제성장인 국가의 경우 탄소중립 정책 채택을 미룰 수 있기 때문이다. 이와 같이 입장 차이가 확연하게 다른 의제 채택이 아세안 차원에서 어떻게 논의되고 있는지 의견이 수렴되는 과정의 주요 영향에 대해 주목한다.

제18장 「일본의 탄소중립과 그린뉴딜 정치」(임은정)는 일본이 탄소중립과 그린뉴딜이라는 시대적 흐름을 어떻게 내재화하고 있는지에 대해서 살펴보고 일본의 관련 정책 분석을 그 목적으로 한다. 일본의 온실가스배출량은 단일국가 기준으로 중국, 미국, 인도, 러시아에 이어 5위에 해당하므로, 일본의 탈탄소화 정책과 그린뉴딜 관련 정책의 방향은 일본의 배출량 비중만큼 세계적으로도 함의하는 바가 크다. 이 장에서 중점 분석하는 그린성장전략의 수립 과정과 해상풍력·원자력 관련 계획을 살펴봄으로써, 일본 정부가 에너지 정책 결정 과정에서 여러 정책적 기제를 통해 산업계와의 조율을 우선시하고 있다는 점이 드러난다. 이런 조율의 결과물인 정책들은 점진적이고 단계적으로 그 성과를 거둘 것이라 기대할 수 있다. 다

만 그 성과가 어느 정도 탄소중립이라는 목표에 기여할 수 있는지, 아울러 어느 행위자의 영향력이 더 크게 작용했는지 등에 관한 분석은 차후 연구 과제로 남겨두었다.

제19장 「중국의 탄소중립 정치와 미중 기후변화 협력」(이재영)에서 중국은 기후변화와 탄소중립 정책을 중앙과 지방에서 적극적으로 추진함으로써 환경오염 문제와 불균형발전 문제를 해결하려고 하지만 시장실패와 행정 수단에 의존한 과도한 개입으로 인해 근본적인 한계가 있다고 본다. 대외적으로도 기후변화 분야에서 미중 협력을 통해 외부 불안 요인을 제거함으로써 지속적인 경제성장을 통해 중진국함정에서 벗어나 미국을 능가하는 경제 대국이 될 것으로 희망하고 있지만 미중 간 첨단기술 교류 및 협력의 제약과 상호 적대적 인식의 지속으로 근본적인 한계가 있을 것으로 예측한다.

제20장 「호주의 탄소중립과 재생에너지 정책」(송영)은 호주 재생에너지 정책이 어떻게 논의, 시행되고 있는지 알아본다. 먼저, 탄소중립을 위한 재생에너지 정책을 재생에너지 목표 정책(Renewable Energy Target) 사례를 통해 정치적 불확실성이 재생에너지 사업에 어떤 영향을 주는지 고찰할 것이며, 주정부가 실행하고 있는 에너지 정책 현황을 알아보고, 특징에 대해서 논의하기로 한다. 마지막으로, 재생에너지 사업을 통한 일자리창출 기대 효과에 대해 탐색한다.

이 책은 환경정치연구회 회원들의 노력으로 만들어졌다. 환경정치연구회는 수년간 『지구환경정치의 이해』(2018), 『기후변화와 세계정치』(2019)와 같은 공동 저서를 출판해 왔다. 연구회는 이 저서의 출판을 통해 국내외 탄소중립과 그린뉴딜의 현황 및 미래에 대한 정치적·정책적 논의를 확장하고 활성화하는 데 기여할 것으로 기대한다.

이 책이 나오기까지 많은 분들이 애써주셨다. 우선 바쁘신 가운데, 흔쾌히 편집서 출판 작업에 참여해 주신 연구회 필진 분들께 감사드린다. 두 차례 책 세미나에 참여해 주신 김혜애, 백우열, 양준석 교수님의 토론은 필자들이 연구 결과를 개선하고 사고의 지평을 확장해 책의 출판에 이르기까지 큰 도움이 되었다. 또한 이 연구는 한국연구재단의 연구 사업(NRF-2019 S1A5A2A01047251; NRF-2019S1A5A2A03043414; NRF-2019S1A5A2A01041081), 환경부 2050 장기저탄소발전전략의 사회적 수용성 확보를 위한 조사연구 지원 사업에 힘입어 이루어졌다. 특히 최종 연구 발표 세미나를 공동 주최해 연구 성과가 공유될 수 있도록 지원해 주신 한국환경연구원과 연세대학교 4단계 BK21 교육연구단 및 모든 관계자 분들께 감사드린다.

필진을 대표하여

이태동·신상범·한희진

제1부

·

탄소중립과 그린뉴딜의 정치

제1장

지방과 그린뉴딜
지방분권과 지방정부 자율성을 중심으로

이재현_부경대학교 지방분권발전연구소 전임연구원

1. 들어가며

1991년 지방자치제도가 부활한 지 30년이 된 지금, 지방자치의 문제는 국가 발전의 문제로 간주되고 있다. 지방자치는 지방분권을 전제로 민주적이고 효율적인 운영이 가능하다는 점에서 국가적 차원에서 매우 중요한 이슈로 여전히 진행 중이다. 기존의 지방분권형 개헌을 포함한 개헌 논의는 정치적 이해관계의 상충으로 답보 상태에 있지만, 지역균형발전에 대한 열망과 기대는 점증하고 있는 것이 사실이다. 이러한 가운데, 최근 추진되는 '한국판 뉴딜' 정책은 국가 발전을 위한 성장전략으로써 지방의 이슈를 다시 뜨겁게 불러일으켰다. 그중에서 그린뉴딜은 지구적 차원에서 진행되는 기후변화 대응과 같은 환경가치를 내포하면서 국가와 지역의 발전

---

* 이 장은 필자가 2021년 ≪한국지방정치학회보≫ 제11집 2호에 게재한 「지방과 그린뉴딜」을 수정·보완한 것이다.

을 도모할 수 있는 혁신적인 정부 정책으로 추진되고 있다. 이러한 점에서 지방과 그린뉴딜은 대한민국이 직면한 문제를 보다 효과적으로 개선할 수 있는 중요한 이슈가 되었다.

그린뉴딜은 경기부양을 목직으로 환경 분야 행재징직 지출을 확대하는 재정 정책과 환경 정책 두 가지 측면의 효과에 주목하는 정책적 수단이라고 할 수 있고, 그린뉴딜의 궁극적 목표는 지역사회 대전환의 관점에서 접근해야 한다. 특히 그린뉴딜은 지방정부의 특성을 고려해 전국적 차원의 한국형 그린뉴딜 정책으로 확장되고 있다는 점에서 지방분권과 지방정부의 자율성에 주목할 필요가 있다. 왜냐하면, 지방분권은 그린뉴딜 정책의 에너지 분권 정책과 궤를 같이해야 하기 때문이고, 지방정부의 자율성은 지역적 차원에서 지역균형발전을 담보할 수 있기 때문이다. 이에 더해 최근 지방자치법 개정으로 인한 지방자치권 확대는 지방정부의 자율성 측면에서 매우 중요한 전환점이 될 것이다.

따라서 이 연구는 한국형 뉴딜 정책에서 지역발전과 지방정치 활성화를 위해 필요한 것이 무엇인지 지방분권, 지역균형발전, 지방정부 자율성 등을 중심으로 검토하고자 한다.

2절에서는 한국형 뉴딜 정책과 지역균형발전 전략의 관계에 대해 논의한다. 3절에서는 그린뉴딜과 지방자치에 대한 관계를 지방분권과 지방정부 자율성을 중심으로 논의한다. 4절에서는 지방정부별로 추진되는 그린뉴딜 사업 현황과 특징을 검토하고 관련 조례제정 운영 현황을 자치입법 측면에서 지역 거버넌스 차원을 포함해 분석한다. 마지막으로, 5절에서는 분석 결과를 요약하고 향후 전개될 지방 차원의 그린뉴딜 정책에서 고려해야 할 시사점을 도출한다.

2. 한국판 뉴딜 정책과 지역균형발전

2020년 7월 14일 정부는 코로나19 위기 극복 및 경제·사회 구조 변화 대응을 위한 국가 발전 전략으로 한국판 뉴딜 종합계획을 발표했다. "한국판 뉴딜"은 ① 디지털뉴딜과 ② 그린뉴딜을 중심으로 ③ 안전망 강화를 통해 선도국가로 도약하는 대한민국 대전환을 목표로 하는 국가 프로젝트다. 이러한 한국판 뉴딜 정책은 크게 디지털뉴딜, 그린뉴딜, 안전망 강화 총 3대 부문으로 계획되었다.

표 1-1 한국판 뉴딜 종합계획 주요 내용

디지털뉴딜	그린뉴딜	안전망 강화
58.2조 원 투자 일자리 90만 3000개	73.4조 원 투자 일자리 60만 9000개	28.4조 원 투자 일자리 33만 9000개
① D.N.A.(Data-Network-AI) 생태계 강화 ② 교육인프라 디지털 전환 ③ 비대면 산업 육성 ④ SOC 디지털화	⑤ 도시·공간·생활 인프라 녹색 전환 ⑥ 저탄소·분산형 에너지 확산 ⑦ 녹색산업 혁신 생태계 구축	⑧ 고용·사회 안전망 확충 ⑨ 디지털·그린 인재 양성

자료: 황지나·이준우(2021).

디지털뉴딜은 디지털경제 전환 가속화를 위한 D.N.A. 생태계, 비대면 산업 육성, SOC 디지털화 등을 목표로 추진되고, 그린뉴딜은 기후변화 대응 강화, 친환경 경제 구현을 위한 녹색 인프라, 신재생에너지, 녹색산업 육성 등을 목표로 추진되며, 안전망 강화는 구조 전환에 따른 불확실성에 대응한 고용··사회 안전망 확충에 더한 디지털·그린 인재 양성 등을 목표로 추진된다(관계부처합동, 2021b). 즉 '디지털뉴딜'은 정보통신기술(ICT)을 기반으로 디지털 초격차를 확대해 경제 전반의 디지털 혁신과 역동성을 촉진하고 확산하는 데 목적이 있다. '그린뉴딜'은 친환경·저탄소 등 녹색

표 1-2 한국판 그린뉴딜 분야별 세부 과제

분야	세부 과제
1. 노시·공간·생활 인프라 녹색전환	• 국민 생활과 밀접한 공공시설 제로 에너지화 - 공공건물 친환경·에너지 고효율 건물 신축·리모델링 - 태양광·친환경 단열재 설치 및 전체 교실 WiFi 구축(그린스마트 스쿨) • 국토·해양·도시의 녹색 생태계 회복 - 환경·ICT 기술 기반 맞춤형 환경개선 지원, 도시숲 조성, 생태계 복원 추진 • 깨끗하고 안전한 물 관리 체계 구축 - 스마트한 상·하수도 관리 체계 구축, 정수장 고도화, 노후상수도 계량
2. 저탄소·분산형 에너지 확산	• 에너지 관리 효율화 지능형 스마트 그리드 구축 - 아파트 500만 호 AMI 보급, 친환경 분산에너지 시스템 구축, 전선·통신선 공동 지중화 추진 • 신재생에너지 확산 기반 구축 및 공정한 전환 지원 - 신재생 확산 기반(대규모 해상풍력단지, 주민 참여형 태양광 등) 구축 지원 - 석탄발전 등 위기 지역 대상 신재생 업종 전환 지원 • 전기차·수소차 등 그린 모빌리티 보급 확대 - 전기차 113만 대, 수소차 20만 대 등 보급 추진
3. 녹색산업 혁신 생태계 구축	• 녹색 선도 유망 기업 육성 및 저탄소·녹색 산단 조성 - 녹색기업 지원, 지역 거점 녹색 융합 클러스터(녹색산업) 구축 - 스마트 그린 산단 조성, 스마트 생태공장 등 친환경 제조공정 지원 • R&D·금융 등 녹색 혁신 기반 조성 - 온실가스 감축, 미세먼지 대응 기술개발 지원, 노후 전력 기자재의 재제조 기술 등 자원 순환 촉진, 녹색기업 육성을 위한 2150억 원 규모의 민관 합동 펀드(녹색 금융) 조성

자료: 에너지경제연구원(2020: 6).

경제로의 전환을 가속화해 탄소중립을 지향하고 경제기반을 저탄소·친환경으로 전환하는 데 그 목적이 있다. '안전망 강화'는 실업 불안 및 소득 격차를 완화하고 적응을 지원해 경제주체의 회복력을 강화하는 데 그 목적이 있다.

2025년까지 투자될 한국판 뉴딜 사업비 160조 원 중 실질적으로 지역에 투자하는 규모는 전체의 약 47%인 75.3조 원이다. 지역의 문화·관광 콘텐츠 고도화, 지역의료 여건 개선, 국가관리 기반 시설 디지털화 등 디지털뉴딜에 24.5조 원을 들이고, 교육인프라 확충, 공공건축물 그린리모델링, 신

그림 1-1 한국판 뉴딜 사업비 현황

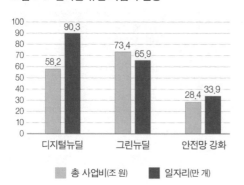

총 사업비(조 원)　　일자리(만 개)

자료: 관계부처합동(2020a; 2020b). 필자 재정리.

재생에너지산업 육성·보급 지원, 녹색산업 혁신 생태계 조성 등 그린뉴딜에 50.8조 원을 투자할 계획이다(관계합동부처, 2020b). 그리고 한국판 뉴딜의 총사업비는 약 160조 원 중에서 114.1억 원은 국비로 추진되고, 나머지 25조 원은 지방비로, 20조 원은 민간투자를 통해 추진된다(관계부처합동, 2020a).

이러한 한국판 뉴딜이 국가 발전에 큰 프레임을 만들었지만 과거부터 지금까지 끊임없이 제기되었던 지역균형발전에 대한 문제를 해결할 필요성이 제기되었다. 따라서 지역균형 뉴딜은 한국판 뉴딜을 지역 기반으로 확장시킨 개념이다. 한국판 뉴딜의 실현 및 확산을 통해 지역의 활력을 제고하고, 국가균형발전 정책과 연계해 지역발전을 추구하는 전략이라고 할 수 있다(〈그림 1-2 참조〉). 이러한 지역균형 뉴딜은 '선도국가로 도약하는 대한민국 대전환'을 위해 제시한 '한국판 뉴딜'을 지역 기반으로 확장한 개념이다. 한국판 뉴딜 사업 중 지역에서 시행되고 지역으로 효과가 귀착되는 디지털·그린뉴딜 사업과, 지방정부가 자체 재원, 민간 자본 등을 활용해 주도적으로 추진하거나 공공기관이 지방정부와 협력해 추진하는 사업 등으로 구성된다.

그림 1-2 지역균형 뉴딜 개념도

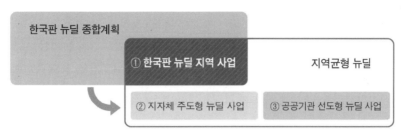

한국판 뉴딜 종합계획

① 한국판 뉴딜 지역 사업   지역균형 뉴딜

② 지자체 주도형 뉴딜 사업   ③ 공공기관 선도형 뉴딜 사업

자료: 관계부처합동(2020b: 3).

따라서 한국판 뉴딜의 성공을 위해서는 정책 실현이 지역으로 확산 가속화되어, 그 효과를 전 국민이 누릴 수 있도록 중앙과 지방 간 공고한 협력체계 구축이 필요하다. 왜냐하면 대부분의 뉴딜 사업이 지역단위에서 추진되고 있다는 점에서, 지방정부는 한국판 뉴딜을 구현하고 창의적인 지역 뉴딜을 만들어나가는 핵심 주체이기 때문이다.

결국 한국판 그린뉴딜 정책은 국가 발전 전략으로 한국판 뉴딜을 추진하는 과정에서 국가 발전의 축을 지역 중심으로 전환하고 그 구상을 더욱 분명히 하기 위해 '디지털뉴딜, 그린뉴딜, 안전망 강화'에 한국판 뉴딜의 기본 정신으로써 '지역균형 뉴딜'을 추가한 것이다. 즉 지역균형발전 구상이 한국판 뉴딜에 결합·추가된 것이다.

3. 그린뉴딜과 지방자치

1) 그린뉴딜 정책과 지방분권

그린뉴딜 정책은 국가 주도 정책으로 시작된 사업이 지역단위에서 전개되고 있다. 그 이유는 환경 정책의 특징을 지니고 있기 때문이다. 그리고 그동안 한국에서 국가와 지역단위에서 치열하게 전개된 이슈는 국가의 지역균형발전 논리이다. 그렇다면 최근 추진되고 있는 앞서 살펴본 국가정책 차원에서의 그린뉴딜 사업과 지역균형발전을 지방분권의 논리와 연결짓는 것이 무리는 아닐 것이다. 결국 그린뉴딜이 지역균형 뉴딜의 한국판 뉴딜 정책의 일환인 동시에 지역경제·균형발전 정책의 연계가 필요한 정책이라는 점이다. 따라서 우리는 이러한 점을 고려해서 최근 정부가 발표한 그린뉴딜 정책을 지방분권과 연계해 살펴볼 필요가 있다.

그렇다면 지방분권과 지역균형발전의 논리를 그린뉴딜과 어떻게 연결지을 수 있을까? '지방분권'은 중앙정부와 지방정부 간의 권한 및 재원의 이양을 중심으로 논의되고 있고, '균형발전'은 중앙의 중추 관리 기능을 지방으로 분산시키는 것을 주요 내용으로 삼고 있다는 점에서 이 둘의 관계는 매우 밀접한 상호 관련성을 가지고 있다(행정안전부, 2018).

지난 2018년에 행정안전부가 한국정치학회에 의뢰해 실시한 「지방분권·균형발전에 대한 권역별 인식 격차에 관한 연구」에 따르면, 수도권·비수도권역 모두 지역발전의 장애 요인으로 열악한 지방재정을 지목했고, 지역균형발전을 위해서는 강력한 지방분권의 실천을 통한 지역의 자생력 강화를 지적했다(행정안전부, 2018). 이러한 결과는 역대 정부가 그동안 추진했던 지방분권 정책이 지방정부의 자율성을 담보하지 않은 채 지방재정의 권한 확대를 요구한 결과로 여겨지는 한편 지역균형발전을 위해서는 강력한 지방분권의 실천을 통한 지역의 자생력 강화가 필요함을 역설한 것이다. 즉 지방분권이 지역균형발전과 모순적이거나 제로섬(zero sum)의 관계가 아닌 협력과 상생, 보완적 관계로 이해함을 의미한다.

균형발전은 지방정부 간의 재정력 격차를 완화해 모든 지방정부들이 안정적인 자치 기반을 확보하고 지방정부 간 대등한 호혜 협력관계를 지속할 수 있다는 점에서 그 의의가 있다(옥원호, 2004: 13). 또한 지방분권과 균형발전 간에 무엇이 우선되어야 하는 문제는 사실 정치적 선택의 문제로 여겨지나, 지방분권을 과정으로, 국가균형을 결과로 볼 수 있다(조성호 외, 2005: 12). 다만 중앙집권주의의 경향이 강한 우리나라에서는 분권 지향적 균형발전 전략을 취하고 있음에도 불구하고 지역 격차 문제 해소를 위한 국가적 차원에서의 보완과 전략 수립이 필요한데, 그 일환으로 진행되는 이슈가 바로 한국판 그린뉴딜이다.

2) 지방정부의 자율성과 그린뉴딜

지방정부의 자율성은 해당 지방정부에 대한 외부적인 개입, 특히 중앙정부의 개입으로부터 자유롭게 정책적 결정을 내릴 수 있는 정도를 의미한다(Gurr and King, 1987). 일반적으로 지방정부 자율성은 재정적 자율성에 주목해 왔다(강성철·김상구, 1998; 김홍환, 2010; Nagy, 2018). 왜냐하면 재정 자율성의 경우 비교적 측정과 분석이 용이하기 때문이다. 다른 한편으로 지역의 민주주의의 정도와 같은 정치적 요인이 지역의 자율성을 결정하는 요인일 수 있고(Pratchett, 2004) 도시의 크기, 지리, 사회적 자본, 자본 시장의 접근성, 지방정부의 활동 유형(Pessina et al., 2008)도 지역의 자율성을 결정하는 요인이 될 수 있다.

이런 점을 고려할 때 지방정부의 자율성은 지역의 경제적 조건으로써 재정적 역량과, 정치적 조건으로써 거버넌스와 같은 제도를 통해 확인 가능할 것이다. 그렇다면 그린뉴딜 정책은 지방정부의 자율성 요인 중에서 어떠한 요인을 필요로 하는가? 여러 가지가 있겠지만 이 연구에서는 지방정부의 재정 능력과 지방정부의 조례제정에 주목하기로 한다.

한국 지방정부의 재정적 자율성(재정자립도, 재정자주도 등)은 도시지역이 농촌지역보다 높은 경향이 있다. 반면에 조례제정 또는 거버넌스와 같은 제도적 자율성의 경우, 도시와 농촌지역을 막론하고 다양하게 전개되고 있어 그린뉴딜과 지방정부의 제도적 자율성으로써 조례제정을 중심으로 살펴볼 필요가 있다.

지방정부의 제도적 자율성으로써 지방정부의 조례제정은 지방정부의 재정 역량과 어떠한 관계를 보일까? 재정자립도를 중앙-지방 관계에 초점을 두기보다는 지방정부의 재정 능력 변수로 이해한다면 중앙에 대한 지방정부의 재정적 의존 정도에 따라 중앙으로부터의 정책적 통제력이 달라진다고 해석하기에는 한계가 있다(임현정·금종예, 2018). 따라서 재정자립도를 지방정부의 자율성 차원에서 해석할지, 아니면 지방정부의 재정적 여유 혹은 경제력으로 이해할지는 중요한 판단 기준이 될 수 있다.

지방정부가 새로운 정책을 추진하기 위해서는 이에 대한 법적 근거(관련 조례 등)와 더불어 그에 상응한 재정적 능력이 수반되어야 하기 때문에 재정 능력은 정책 추진에 중요한 요소이자 정책 산출을 예측하는 데 유용한 변수로 작용한다(Montjoy and O'Toole, 1979; Dye, 1979).

한국 지방정부의 정책 유형별 정책 채택 요인에서 재정력 변수는 의미 있는 함의를 발견할 수 있다. 조근식(2013)에 따르면, 복지 정책의 경우 수요가 비교적 고르고 전국 단위 공급이 용이한 '지역선택형 정책'보다 수요의 지역 편차가 크고 전국 단위 공급이 어려운 '지역개발형 정책'이 지방정부의 재정력에 더 민감하게 반응한다고 주장한다.[1] 구체적으로 지역 수준에 특화된 사업을 추진할 경우는 해당 지방정부의 재정력이 좋지 않을 경우 추진한다. 공공성 및 경제성이 혼합된 사회적 기업 정책 추진의 경우도 지방정부의 재정력은 주요한 요소로 작용하는데, 이대웅·권기헌(2014)에 따르면, 재정자립도가 좋지 않은 지방정부일수록 사회적 기업 정책 관련

---

1   지역선택형은 지방정부가 서비스의 제공 여부만을 선택할 수 있다는 점에서 중앙정부의 개입의 정도가 지역개발형에 비해 상대적으로 크다. 지역개발형의 경우, 지역 주민들의 특정 수요를 반영해 지방정부가 서비스를 개발한다는 점에서 차이가 있다.

조례를 더 적극적으로 제정해 정책을 추진한다.

환경 정책에 있어서도 지방정부의 재정력(재정자립도)은 매우 중요한 변수로 간주되는데, 그 이유는 환경 정책이 개발 정책에 비해 경제적 수익 효과가 적기 때문이다(김병완, 2003). 아울러 기존의 녹색성상 성책의 경우 대규모의 예산이 소요되는 데 비해 경제적 수익성 차원에서 가시적 성과는 장기적으로 고려해야 하기 때문에 지방정부의 재정 역량은 환경 정책 추진에 있어 중요한 요소이다(박순애 외, 2010).

박나라·김정숙(2018)은 조례 도입 결정요인으로써 재정자립도와 같은 지방정부의 자율성 요소를 분석한 바 있다. 그들의 연구에 의하면, 재정자립도의 경우 환경기본조례에는 통계적으로 유의미한 결과를 보이지 않았지만 환경보전조례의 경우 긍정적인 결과를 확인했다. 환경기본조례의 경우 국제환경규범과 국내적 외부 압력에 의해 일반적으로 제정하는 의미를 갖는다면 환경보전조례는 자발적 도입 의지에 의해 제정되고 있으며, 제정하는 지방정부의 수도 환경기본조례는 240개 지자체가 제정해 상대적으로 많지만 환경보전조례의 경우는 75개 지방정부가 제정해 지방정부의 의지가 담긴 선별적 패턴을 보인다. 즉 환경보전조례가 환경기본조례보다 확산 속도가 훨씬 더뎠고, 확산의 최종 규모도 전체 지자체의 1/3에 그친 것은 환경보전조례가 환경기본조례처럼 눈에 띄는 외부 압력의 도움을 받아 확산된 것이 아니라는 점에서 조례제정 자율성이 높다는 것이다.

문승민·나태준(2015)은 재정력이 낮고 도시화가 이루어지지 않은, 작은 인구 규모의 지방정부일수록 저탄소 녹색성장 정책의 도입에 긍정적임을 통계적으로 검증한 바 있다. 재정력(재정자주도)이 낮은 지방정부일수록 '녹색성장'으로 지역발전을 모색하거나, 재정적 부담을 완화하기 위해 적극적인 조례제정(정책 도입)을 시도한다는 것이다. 이 연구는 최근 그린뉴딜 정책이 지방정부 차원에서 지역발전의 논리로 작용할 수 있음을 시사한다.

지방정부가 재정적으로 중앙정부에 의존할수록 중앙정부의 요구에 제약됨을 실증적으로 연구한 임현정·금종예(2018)는 녹색성장조례의 제도화에 재정적 의존도가 높을수록 긍정적인 역할을 한다고 주장한다. 구체적으로, 총세입 예산 대비 지방교부세 비중이 45%일 때 녹색성장조례가 실질화될 예측 확률은 76.8%인 반면, 지방교부세 비중이 5%일 때의 예측 확률은 15.3%로 급감한다.

이러한 점을 종합해 볼 때, 그린뉴딜은 경기부양을 목적으로 환경 분야 행재정적 지출을 확대하는 재정 정책과 환경 정책 두 가지 측면의 효과에 주목한다는 점에서 그린뉴딜 정책 또한 지방정부의 재정 상태에 따라 차이가 나타날 수 있고, 특히 조례제정에 있어서는 그 특징이 보다 명확하게 나타날 가능성이 높다. 따라서 최근 그린뉴딜과 관련된 지방정부의 재정력과 조례제정의 특성을 파악하는 것은 지방과 그린뉴딜 정책의 함의를 살펴보는 데 큰 의의가 있다고 할 수 있다.

4. 지방정부의 그린뉴딜 추진 현황과 관련 조례제정

1) 지방정부별 그린뉴딜 사업

각 지방정부는 자체 재원과 민자를 활용해 지역 특성에 맞는 뉴딜 전략을 수립하는데, 그린뉴딜 사업 분야의 경우 스마트 그린시티, 에너지 자립 도시, 신재생에너지산업 육성 등 디지털과 연계한 저탄소 녹색경제 추구를 목표로 하고 있다. 관련해서 지방정부별 사업과 특징을 살펴보면 〈표 1-3〉과 같다.

서울의 경우 도시의 에너지 효율을 높이고 온실가스배출 없는 건물(ZEB) 의무화 사업, 부산의 경우 신재생에너지 자립 도시 조성 사업, 광주는 하수

표 1-3 지방정부 주도형 지역균형 뉴딜 사업 중 그린뉴딜 사업

	사업명	사업 규모	사업 내용	사업 기간
서울	신축 건물 ZEB 가속화	지방비 6586억	에너지 효율이 높고, 온실가스배출 없는 건물(ZEB)로 의무화	2020~2023
부산	서부산권 신재생에너지 자립 도시 조성	민자 1.5조	명지 신도시 에코델타시티에 신재생에너지 시설 설치, 서부산권 지역 내 난방열 및 전기 공급	2021~2023
광주	광주 제1 하수처리장 연료전지 발전 사업	민자 800억	소각장 폐쇄에 따른 대체 열원으로 연료전지(12.3MW, PAFC 방식) 발전소 건설	2020~2022
울산	울산 스마트 클린워터 사업	지방비 1000억	노후 상수관(164km) 정비 및 ICT·IoT 활용 스마트 관리망 구축	2020~2023
충남	탈석탄 기반 구축	지방비 127억	석탄 화력 조기 폐쇄 및 지역경제 활성화 대책 등 에너지전환 실행 체계 구축, 탈석탄 국제 컨퍼런스, 충남 에너지 센터 운영	2020~2025
경북	에너지 산업 융복합 단지 지정	지방비 1072억, 민자 8102억 등	동해안(영덕~포항)을 중심으로 풍력 등 친환경 에너지 산업 융복합 단지 조성	2020~2025
경남	GW급 해상풍력 단지 조성	민자 6조 3021억	국산 풍력 터빈을 활용한 해상풍력 단지 조성과 연계해 에너지 다소비 시설인 산업단지를 RE100 그린 산단으로 조성	2020~2030
전남	해상풍력발전 단지 조성	민자 46조	전남 서남권 지역에 우수한 해상풍력을 이용 대규모 해상풍력발전(8.2GW) 단지 조성	2020~2030
전북	재생에너지 3020	민자 약 23조	새만금 재생에너지 클러스터 조성(태양광) 및 서남권 해상풍력(6.77GW) 단지 조성	2021~2025

자료: 관계부처합동(2020b: 5~6). 재정리.

처리장 연료전지 발전 사업, 울산은 노후 상수관 정비 및 스마트 클린워터 사업을 계획·추진하고 있다. 반면에 도농 복합 광역도 지역인 충남·경북·경남·전남·전북 등은 산업과 연계한 그린뉴딜을 구상해 추진하고 있다. 구체적으로 살펴보면 충남은 당진·보령·태안 지역에 석탄화력발전소가 집중되어 있기 때문에 충남의 오랜 숙제인 탈석탄 기반 구축 사업을 지역경제 활성화와 연계하는 사업, 경북은 친환경에너지 산업 융복합 단지를 동해안 중심으로 추진하는 사업, 경남은 해상풍력 단지를 RE100 그린 산

표 1-4 혁신도시의 지역균형 뉴딜 주요 사례

도시	대표 기관	협업 과제명	추진 내용
대구	가스공사	그린에너지 캠퍼스 구축	- (가칭) 그린에너지 캠퍼스 - 중소기업 상생 펀드 조성
울산	석유공사	친환경에너지 융합 클러스터 조성	- 부유식 해상풍력발전 개발 - 산단 지붕 태양광 설치
경북	도로공사	남부권 스마트 물류 거점도시 육성	- 스마트 물류시설 구축 - 스마트 물류 정보센터 조성
전북	국민연금공단	자산운용 중심 금융도시 조성	- 빅데이터 포털 시스템 구축 - 전북 금융타운 조성
광주 /전남	한국전력	에너지밸리 조성	- 유치기업 투자 촉진 위한 이자 지원 및 투자 펀드 조성 - 에너지밸리 특화 인력 양성 및 지역 중소기업 판로 지원
강원	건강보험공단	실버의료기기 메카 조성	- 고령 친화 용품 실증·연구 센터 설립 - 채용 전제 특화 실습 교육
충북	정보통신 산업진흥원	K-스마트 교육 시범 도시 구축	- ICT 교육 환경 구축 등 언택트 교육 특화 - 5G+실감 교육 콘텐츠 개발
제주	제주국제자유 도시개발센터	교육·연수 연계 스마트 MICE 활성화	- 제주권역 지역선도대학 육성 - 제주 EV랩 구축

자료: 관계부처합동(2020b: 18).

단으로 조성하는 사업, 전남은 해상풍력발전단지 조성 사업, 전북은 재생에너지 클러스터 단지를 태양광 및 해상풍력 중심으로 구축하는 사업을 계획·추진하고 있다.

이러한 지역균형 뉴딜 사업 중 그린뉴딜 관련 각 지방정부 주도형 사례를 보면, 도시지역(광역시 단위)은 도시의 에너지 효율화를 중심으로 진행되는 반면에 농어촌 지역(도 지역단위)은 지역경제 성장을 목표로 한 그린뉴딜 전략을 추구하는 특징을 보이고 있다.

혁신도시별로 지역균형 뉴딜을 위한 협업 과제를 발굴하고 공공기관, 지역사회(기업, 대학), 주민, 지자체가 함께 추진해 지역혁신을 위한 시너지 효과가 창출될 수 있도록 했다. 그 사례를 보면 환경과 에너지 관련 사업이

표 1-5 지방정부별 그린뉴딜 사업비와 재정자립도

과제 수		전체 사업비 (조 원)	그린뉴딜 사업비 (조 원)	그린뉴딜 비율 (%)	재정 자립도[1]
서울		N/A	N/A	N/A	78.6
부산	3대 분야 10대과제+1	23.13	10.56	45.7	51.1
인천	3+1 인천형 뉴딜	14.00	8.50	60.7	47.9
대구	3대 전략 10대 분야, 165개 사업	12.74	6.58	51.6	59.0
광주	3대 뉴딜 정책	24.47	N/A	N/A	43.4
대전	4개 분야, 100대 과제	13.20	8.70	65.9	46.7
울산	3대 분야 15개 과제	7.31	0.58	8.0	57.5
세종	4개 분야, 12개 추진 과제, 59개 세부 사업	2.35	0.32	13.5	56.1
경기	3개 분야, 9개 중점 과제, 18개 실행 과제	5.38	2.79	51.9	60.8
강원	5개 분야 55개 사업	4.64	2.20	47.4	23.9
충남	3개 분야 85개 사업, 10대 대표 과제	4.78	2.97	62.1	29.4
충북	4개 분야 157개 과제	10.87	3.94	36.3	33.9
전북	9대 분야 27개 중점 과제, 8대 대표 브랜드 사업	20.78	15.86	76.3	22.5
전남	3개 분야 162개 과제,	80.28	55.90	69.6	20.3
경북	3개 분야, 총 164개 과제	12.39	7.31	59.0	26.1
경남	3개 분야 123개 세부 사업	14.40	10.10	70.1	36.1
제주	3개 분야, 총 10개 핵심 과제 및 24개 중점 과제	6.10	4.90	80.3	33.1

주: 1) 세입 과목 개편 후의 5년(2016~2020) 평균 재정자립도를 나타내는 수치임.
자료: 각 지방정부 홈페이지 및 내부 자료를 종합 정리했음.

주를 이루고 있다(〈표 1-4 참조〉). 따라서 그린뉴딜을 지역균형발전 차원(특히 지역균형 뉴딜)에서 보면 지방분권 논리와 그 궤를 함께하는 것으로 이해할 필요가 있다.

현재 지방정부별로 추진되는 그린뉴딜 사업비 비중을 한국판 뉴딜 전체 사업과 비교해 보면, 전라도 지역이 특징적이다. 전체 사업비와 그린뉴딜 사업비는 전라남도가 가장 높고, 그린뉴딜 사업비 비중은 전라북도가

76.3%로 제주도를 제외하면 가장 높게 나타났다. 반면에 앞서 논의한 지방정부 자율성에서 가장 많이 거론되는 지방정부 재정 자율성에서 재정자립도를 중심으로 살펴보면, 5년 평균 재정자립도가 가장 낮은 지역이 전남과 전북이다. 이는 재정력이 낮고 도시화가 이루어지지 않은, 작은 인구 규모의 지방정부일수록 저탄소 녹색성장 정책의 도입에 긍정적일 수 있다는 문승민·나태준(2015)의 주장을 뒷받침하는 결과이다.

2) 지방정부별 그린뉴딜 관련 조례제정

앞서 언급했듯이, 국가에서 시작된 정책이 지역단위에서 확산 및 가속화되기 위해서는 중앙과 지방 간 공고한 협력체계 구축에 더해 지방정부에서 관련 입법(조례)이 적극적으로 이루어져야 한다. 즉 지방정부가 제도적 자율성을 가지고 지역발전을 위해 적극적인 조례제정을 해야 하는 것이다.

이 연구에서는 그린뉴딜과 관련된 핵심 주제어(그린, 탄소, 에너지, 온실가스, 스마트 도시)를 중심으로 광역 지방정부별 조례제정 운영 실태를 확인했다.

법령정보센터에서 검색했고, '위임자치법규'와 그에 해당하지 않는 조례를 구분했다. 위임자치법규는 중앙부처에서 국가정책의 일환으로 중앙 소관의 사무를 위임한 자치법규를 의미한다. 따라서 같은 조례라 하더라도 위임자치법규보다 그렇지 않은 조례(자치법규)를 통해 해당 지방정부의 조례 입법 적극성을 파악할 수 있다.[2]

---

2 관련 주제어로 검색한 결과 대표적인 조례의 명칭은 다음과 같다.
  ① 그린: 광주그린카진흥원 설치 및 운영 조례 / 서울특별시 그린뉴딜 기본 조례, 세종 스마트 그린 일반 산업단지 조성을 위한 특수 목적 법인 설립 및 출자 등에 관한 조례
  ② 탄소: 저탄소 녹색성장 기본 조례 / 경상북도 탄소 산업 육성 및 지원에 관한 조례, 제주특별자치도 세계 환경 수도 조성 및 저탄소 녹색성장 기본 조례
  ③ 에너지: 에너지 기본 조례 / 시민 참여형 에너지전환 지원 조례(전남, 광주, 서울), 에너지 복지 조례, 중소 사업장의 에너지 절약 지원에 관한 조례(서울), 부산 그린에너지 주식회사 설립 및 운영에 관한 조례

관련 조례 현황을 파악한 결과, 조례제정의 수는 광주광역시가 9개로 가장 많았고, 충청북도와 대구광역시가 2개로 가장 적었다. 관련 조례 총수에서 자치법규의 비중을 살펴본 결과, 자치도시인 제주와 세종이 가장 높은 비율(80%)을 보였고, 그다음으로 전남(67%), 부산(57%), 광주(56%) 등의 순으로 나타났다. 반면에 대구, 울산, 충북, 충남의 경우는 자치법규 운영이 매우 미흡한 것으로 나타났다.

그렇다면 지방정부의 재정적 자율성과 그린뉴딜 관련 조례제정은 어떠한 관계가 있을까?

지방정부의 재정적 자율성이 낮을수록 중앙정부가 추진하는 녹색성장 조례를 적극적으로 반영한다는 임현정·금종예(2018)의 연구 결과처럼, 지방정부가 녹색성장과 같은 환경·경제 이슈를 동시에 추진하려는 조례 입법에 재정적 의존도가 높을 경우, 그린뉴딜 관련 조례를 적극적으로 제정하는 것으로 보인다. 그러나 주목할 점은 정부의 요구에 의해 제정되는 위임자치조례보다는 자체적으로 제정하는 조례의 비율이 전남의 경우 높다는 것이다. 이는 지방정부의 재정적 자율성에 따라 그린뉴딜 관련 조례가 중앙정부의 유도 차원을 넘어 지역 저성장을 타개하기 위해 지방정부가 자구적으로 조례 입법을 시행하는 결과로 이해할 수 있다.

다른 한편으로 지방정부의 거버넌스 관련 조례도 그린뉴딜 정책에서 또 하나의 고려할 사항이다. 거버넌스는 지역 주민을 포함한 여러 주체의 협력 및 연대와 관련이 깊다는 점에서 사회문제 해결을 위한 매우 유용한 수단이 된다. 협력 거버넌스는 하나 이상의 공공기관이 공공정책을 수립·집행하거나, 공공 프로그램이나 자산 관리를 목적으로 집합적 의사결정 과정

---

④ 온실가스: 산업 단지 온실가스 감축 지원 조례
⑤ 스마트도시: 스마트도시 조성 및 운영 조례 / 세종특별자치시 스마트도시 조성 및 육성 등에 관한 조례

표 1-6 그린뉴딜 관련 조례제정 현황(2021년 5월 기준)

	구분	그린	탄소	에너지	온실가스	스마트 도시	자치법규 비중(%)	재정 자립도[1]
서울 (8)	위임		1	2		1	50	78.6
	자치	1		3				
부산 (7)	위임		1	1		1	57	51.1
	자치	1		3				
대구 (2)	위임		1			1	0	47.9
	자치							
인천 (6)	위임		1	2		1	33	59.0
	자치			2				
광주 (9)	위임	1	1	1		1	56	43.4
	자치			4	1			
대전 (4)	위임		1	1		1	25	46.7
	자치			1				
울산 (3)	위임		1	1		1	0	57.5
	자치							
세종 (5)	위임		1				80	56.1
	자치	1		1		2		
경기 (6)	위임		1	2			50	60.8
	자치			2	1			
강원 (5)	위임		1	2			40	23.9
	자치			2				
충북 (2)	위임		1	1			0	29.4
	자치							
충남 (3)	위임		1	1		1	0	33.9
	자치							
전북 (4)	위임		2	1			25	22.5
	자치			1				
전남 (6)	위임		1	1			67	20.3
	자치			3	1			
경북 (8)	위임		1	2		1	50	26.1
	자치		1	2	1			
경남 (3)	위임		1	1			33	36.1
	자치			1				
제주 (5)	위임		1				80	33.1
	자치	1		1		2		

* 괄호( ) 안 수치는 조례제정 총합계임.
주: 1) 세입 과목 개편 후의 5년(2016~2020) 평균 재정자립도를 나타내는 수치임.
자료: 국가법령정보센터(https://www.law.go.kr/).

에서 비정부 이해관계자들과 상호작용하는 통치 방식이다(Ansell and Gash, 2008). 따라서 협력적 거버넌스는 공공기관이 집합적 의사결정 과정에서 민간 부문과의 상호 협력과 소통을 통해 공공 문제를 해결하는 것을 의미한다. 더 나아가 협력의 주체가 정부 주도의 공식적 협력을 넘어 비정부 간 협력까지 포괄하는 다자간 거버넌스를 강조한다(Emerson et al., 2012). 결국 지역사회 문제를 주체적으로 해결하기 위해 협력적 거버넌스는 주민자치를 필요로 하게 되고 그린뉴딜 정책과 사업 추진 또한 지역 주민의 참여를 전제하기에 거버넌스는 매우 중요하다. 그러나 지방정부의 자치법규상 그린뉴딜과 관련된 거버넌스를 제도화한 사례는 매우 미흡하다. 민관 협치 활성화 조례가 모든 지자체에 있지만, 그린뉴딜과 관련된 내용을 추가 개정하지 않았다. 단, 세종시의 경우 협력적 거버넌스 체제 구축 조례에서 환경기초시설의 설치 및 이용(광역 거버넌스), 기후변화 대응(지역 거버넌스)의 내용을 담은 바 있다(2012년 7월 2일 제정). 한편 그린뉴딜에 적극적인 광주광역시의 경우 최근에 비록 입법제화되진 않았지만, '광주 에너지전환 거버넌스'를 통해 기술적 실현가능성을 제안하고 시민 의견 수렴 및 수용성 확보로 에너지 자립 도시를 실현하기 위해 출범했다. 이 거버넌스는 전문가 그룹인 '그린에너지 기술분과위원회'와 시민 단체로 이뤄진 '시민분과위원회' 등으로 나눠 에너지 자립 추진 과제를 기술적으로 실현할 방안을 제안하고 사회적 합의, 시민 참여 유도, 탄소중립 및 에너지 자립 도시 실현을 위한 '광주형 AI-그린뉴딜' 법률 제·개정 등을 광주시와 시의회가 공동으로 준비해 국회 및 정부에 건의하는 노력을 하고 있다. 아울러 에너지 정책 협의 플랫폼이 구축되면서, 그동안 시민 단체와 전문 기술 등 분야별로 개별적으로 이뤄졌던 에너지 관련 논의가 종합적으로 모아지고 실질적 정책 추진으로 이어지기를 기대하고 있다.

5. 결론

이 장에서는 ① 지방정부 주도의 'ㅇㅇ형 그린뉴딜 정책'이 지역의 특성을 반영한 그린뉴딜 정책인지, ② 지방정부의 그린뉴딜 정책이 지방정부의 재정적 자율성과 조례 입법의 자율성 측면에서 어떠한 특징을 보이는지를 중심으로 살펴보았다. 그 결과를 정리하면 다음과 같다.

첫째, 한국판 뉴딜 사업의 일환으로 추진되는 그린뉴딜 사업에서 지방의 역할과 기능을 어떻게 이해해야 하는지를 논의하기 위해 국가적 차원의 한국판 그린뉴딜 사업과 지역적 차원에서의 지역균형 뉴딜 사업을 검토했다. 그 결과 지역균형 뉴딜은 지방분권 차원에서 기존의 지역균형발전 정책에 4차 산업혁명으로서의 디지털뉴딜과, 기후변화 대응을 위한 그린뉴딜 정책에 지방정부 주도형 뉴딜 사업이라는 전략이 추가 및 개선된 정책으로 이해해야 한다. 특히 지방정부 주도형 뉴딜 사업이 그린뉴딜과 관련된 환경 및 에너지 관련 사업을 많이 추진하고 있다는 점에서, 지방정부 또한 전 세계적으로 가장 이슈가 되는 환경문제를 지역경제 성장의 원동력으로 삼아 새로운 전환점을 모색하는 것으로 보인다.

둘째, 이러한 그린뉴딜 정책을 지방정부 자율성 측면에서 본다면 대부분의 지방정부가 해당 지방정부의 이름을 걸고 ㅇㅇ지방정부형 그린뉴딜 사업을 추진하고 있지만, 지방정부의 재정적 자율성이 낮고 지역경제 활성도가 낮은 지역에서 훨씬 더 적극적으로 정부의 그린뉴딜 정책의 기회를 극대화하려는 것으로 보인다.

셋째, 지방정부의 재정적 자율성을 가늠하는 재정자립도처럼 명확한 구분과 분석에 한계가 있지만, 조례 입법의 자율성과 적극성을 검토한 결과, 지역경제 여건이 비교적 좋지 않아 새로운 활로 모색이 필요한 지방정부의 경우에, 중앙정부 주도적이고 천편일률적인 위임자치입법보다는 지방의 현안이 반영된 조례와 그린뉴딜 관련 조례제정에 적극적이었다. 이러한 결과 또한, 국가 차원의 정책이 지역단위에서 확산 및 가속화되는 조건은 지역경제와 연계되어 나타난다는 기존의 연구들과 맥을 함께하는 것이다.

넷째, 그린뉴딜 정책이 지역단위에서 보다 효과적으로 발현되기 위해서는 지방분권에 반드시 필요한 지방재정 여건 개선과 더불어 조례제정의 적극성 및 다양화가 필요하며, 특히 지방정부의 거버넌스와 관련된 조례를 제정하고 운영해야 할 필요가 있다.

종합해 보면, 국가 차원에서 시작된 그린뉴딜 정책이 성공하기 위해서는 그리고 "지역이 살아야 나라가 산다"라는 주장이 그린뉴딜을 통해 실현되기 위해서는 지방정부가 지방분권과 지역균형발전을 전제로 한 재정적 자율성의 확보를 넘어 자치입법에 관련한 적극적인 노력을 경주해야 한다.

참고문헌

강성철·김상구. 1998. 「지방자치단체의 자율성 확대방안-재정확충 관련사무를 중심으로」. ≪지
    방정부연구≫, 2(1), 117~37쪽.

관계부처합동. 2020a. 「한국판 뉴딜 종합계획: 선도국가로 도약하는 대한민국으로 대전환」.

_____. 2020b. 「지역과 함께하는 지역균형 뉴딜 추진방안」

국가법령정보센터(https://www.law.go.kr/).

김병완. 2003. 「지방자치단체의 지속가능발전정책 추진과정 분석-담양군 사례를 중심으로」. ≪한
    국거버넌스학회보≫, 10, 1~22쪽.

김홍환. 2010. 「지방재정제도 연구: 지방정부 세출자율성 측정에 관한 연구」. ≪지방재정과 지
    방세≫, 28, 108~140쪽.

문승민·나태준. 2015. 「한국 지방정부의 저탄소 녹색성장 정책 도입요인에 관한 연구: 확산과
    네트워크의 관점을 중심으로」. ≪한국정책학회보≫, 24(2), 235~262쪽.

박나라·김정숙. 2018. 「환경조례의 수평적 확산과 수직적 확산: 환경기본조례와 자연환경보전
    조례를 중심으로」. ≪한국행정연구≫, 27(3), 1~38쪽.

박순애·윤경준·이희선. 2010. 「지방자치단체 역량이 녹색성장정책 추진에 미치는 영향 연구」.
    ≪한국지방자치학회보≫, 22(4), 107~128쪽.

에너지경제연구원. 2020. 「한국판 그린 뉴딜의 방향: 진단과 제언」. ≪에너지 현안 브리프≫, 1~22쪽.

옥원호. 2004. 「지방분권과 국가균형발전," 경남발전연구원」. ≪경남발전≫, 68, 7~23쪽.

이대웅·권기헌. 2014. 「정책확산의 영향요인 분석: 사회적기업 조례제정을 중심으로」. ≪한국
    정책학회보≫, 23(2), 93~120쪽.

임현정·금종예. 2018. 「중앙-지방 관계와 지방정부의 정책결정: 저탄소 녹색성장정책을 중심으
    로」. ≪한국행정학보≫, 52(3), 185~214쪽.

조근식. 2013. 「한국 지방정부의 정책유형별 정책채택 요인과 지역확산 효과에 관한 비교분석」.
    ≪한국행정학보≫, 47(1), 239~268쪽.

조성호 외. 2005. 「국가균형발전을 위한 지방분권전략 연구」(경기연구원). ≪정책연구≫, 2005-24.

한국판 뉴딜 홈페이지(http://www.knewdeal.go.kr/).

행정안전부. 2018. 「지방분권·균형발전에 대한 권역별 인식 격차에 관한 연구」.

황지나·이준우. 2021. 「지역균형 뉴딜의 성공을 위한 지역 R&D 혁신 지원 체제」. ≪KISTI ISSUE
    BRIEF≫, 31.

Ansell, C. and A. Gash. 2008. "Collaborative Governance in Theory and Practice." *Journal of Public Administration Research and Theory*, 18(4), pp.543~571.

Dye, Thomas R. 1979. "Politics Versus Economics: The Development of the Literature on Policy Determination." *Policy Studies Journal*, 7(4), pp.652~662.

Emerson, K., T. Nabatchi and S. Balogh. 2012. "An Integrative Framework for Collaborative Governance." *Journal of Public Administration Research and Theory*, 22(1), pp.1~29.

Gurr, T. and D.S. King. 1987. The State and the City. Chicago: University of Chicago Press.

Montjoy, Robert S. and Laurence J. O'Toole. 1979. "Toward a Theory of Policy Implementation: An Organizational Perspective." *Public Administration Review*, 39(5), pp.465~476.

Nagy, K. 2018. "Autonomy of Local Self-Governments from a Financial Perspective in Hungary." *Bialostockie Studia Prawnicze*, 28(2), pp.67~76.

Pessina, E.A., G. Nasi and I. Steccolini. 2008. "Accounting Reforms: Determinants of Local Governments' Choices." *Financial Accountability and Management*, 24(3), pp.321~42.

Pratchett, L. 2004. "Local Autonomy, Local Democracy and the 'New Localism'." *Political studies*, 52(2), pp.358~375.

	계획명	과제 수	기간	사업비	세부 내역
부산	지역균형 부산형 뉴딜 추진 계획	3대 분야 10대 과제 +1 -디지털5, 그린3, 공간 2+1		총사업비 23조 1324억 원 (국비 8조 5003, 시비 7조 8172, 민자 등 6조 8149)	디지털뉴딜: 10조 1148억 원 그린뉴딜: 10조 5618억 원 공간뉴딜: 2조 4558억 원
인천	인천형 뉴딜 종합 계획	3+1 인천형 뉴딜	2025년	총사업비 14조 원(시비 2조 7000만 원) -일자리 17만 3000개	디지털뉴딜: 1조 8000만/일자리 1만 8000개 그린뉴딜: 5조 6000만 원/일자리 5만 8000개 바이오뉴딜: 2조 9000만 원/일자리 3만 8000개 휴먼뉴딜: 3조 7000만 원/일자리 5만 9000개
대구	대구형 뉴딜	3대 전략 10대 분야, 165개 사업	2025년	총사업비 12조 74억 -일자리11만개 창출, 뉴딜 혁신 인재 1만 명 양성, 온실가스 250만 톤 감축목표	산업뉴딜: 4조 7365억 원(87개 사업)/일자리 4만 개 공간뉴딜: 6조 577억 원(31개 사업)/일자리 4만 개 휴먼뉴딜: 1조 2132억 원(47개 사업)/일자리 3만 개
광주	광주형 뉴딜	3대 뉴딜 정책	2025년	총사업비: 24조 4716억 원 국비비 4조 1312억 원, 지방비 2조 2602억 원, 민간 투자 18조 802억 원) -일자리: 26만 명	D.N.A 기반의 AI-디지털뉴딜, 탄소중립 에너지 자립의 AI-그린뉴딜 상생과 안전의 휴먼뉴딜
대전	대전형 뉴딜 기본 계획	4개 분야, 100대 과제	2025년	총사업비: 13조 2000억 -일자리 13만 4천 개	디지털뉴딜: 4.2조 원/일자리 4.5만 개 그린뉴딜: 8.7조/일자리 7.8만 개 안전망 강화:0.2조/1.1만 개 지역 주도형 뉴딜
울산	울산형 뉴딜 사업	3대 분야 15개 과제	2030년	총사업비 : 7조 3143억 원	스마트뉴딜 : 5조 8612억 원(5개 사업)/고용창출 26만 4158명 휴먼뉴딜: 8684억/고용창출 4414명 그린뉴딜: 5847억/1만 1608명
세종	세종형 뉴딜 추진 방안	4개 분야, 12개 추진 과제, 59개 세부 사업		총사업비: 2조 3514억	디지털뉴딜: 1조 6966억 원(26개 과제) 그린뉴딜: 3165억(14개 사업) 지역사회 안전망: 628억(13개 사업) 시민 참여·균형발전 뉴딜 사업: 2755억 원(6개 사업)

	계획명	과제 수	기간	사업비	세부 내역
경기	경기도형 뉴딜	3개 분야, 9개 중점 과제, 18개 실행 과제	2022년	총사업비: 5조 3842억 원 (도비 1조 3000억)	디지털뉴딜: 2185억/일자리 6990명 그린뉴딜: 2조 7905억 원/일자리 2만 5200여 개 휴먼뉴딜: 2조 3752억 원/일자리 28만 4500여 개
강원	지역 주도형 강원 뉴딜 사업	5개 분야 55개 사업	2025년	총사업비 4조 640억 원(도비 1조 499억 원) -일자리 14만 개	온라인 디지털화 1조 원 새로운 에너지 산업화 9000억 원 4차 산업 혁명 촉진 5000억 원 재난재해 대비 시스템 구축 2000억 원 녹색산업화 부문 1조 3000억 원
충남	충남형 뉴딜 종합 계획	3개 분야 85개 사업, 10대 대표 과제	2025년	총사업비: 4조 7800억 -일자리 4만 1881개	디지털뉴딜 8464억 원(37개 사업) 그린뉴딜 2조 9696억 원(31개 사업) 안전망 강화: 9662억 원(17개 사업)
충북	충북형 지역 균형 뉴딜 사업	4개 분야 157개 과제	2025년	총사업비: 10조 8662억 원 (도비 4조 1662억)	디지털뉴딜 분야: 2조 739억(60개 과제) 그린뉴딜 3조 9432억(59개 과제) 휴먼뉴딜 2537억(23개 과제) 공간뉴딜 4조 5954억(15개 과제)
전북	전북형 뉴딜 종합계획	9대 분야 27개 중점 과제, 8대 대표 브랜드 사업	2025년	총사업비: 20조 7800억 원 -'재생에너지 2550 실현, 디지털 산업 2배 성장, 일자리 21.8만 개 창출'	(디지털) 4차 산업혁명을 대비하는 디지털 전북: 3조 8689억 원/4.9만 개 (그린)기후변화 대응으로 대도약하는 그린 전북: 15조 8632억/15.2만 개 (안전망)사회안전망 강화로 따뜻한 행복 전북: 1조 479억 원/1.7만 개
전남	전남형 뉴딜 종합 계획	3개 분야 162개 과제,		총사업비 : 80조 2841억 원	그린뉴딜: 55조 8천 950억 원(65개 과제) 디지털뉴딜: 4조 2천 297억 원(74개 과제) 휴먼 일자리 뉴딜: 20조 1천 594억 원(23개 과제)
경북	경북형 뉴딜 3+1 종합 계획	3개 분야, 총 164개 과제	2025년	총사업비: 12조 3900억 -일자리 7만 5000개	디지털뉴딜: 4조 2071억(85개 과제) 그린뉴딜: 7조 3013억 원(46개 과제) 안전망 강화: 8816억 원(35개 과제) 공항 건설 및 연계 SOC구축 23조 56억 원
경남	경남형 뉴딜 정책	3개 분야 123개 세부 사업	2025년	총사업비: 14조 4000억 -일자리 9만 9781개	스마트 3조 7179억 원(44개), 3만 82개 그린 10조 1000억 원(51개), 5만 3579개 사회적 6434억 원(28개)/1만 6120개
제주	사람과 자연이 공존하는 청정 제주	3개 분야, 총 10개 핵심 과제 및 24개 중점 과제	2025년	총사업비: 6조 1000억 원 -4만 4000개의 일자리	그린뉴딜 4조 9000억 원, 일자리 3만 784개 디지털뉴딜 9000억 원, 일자리 1만 795개 안전망 강화 3000억 원, 일자리 2633개

제2장

탄소중립, 그린뉴딜과 개인적 경험의 중요성

김민정_연세대학교 소셜오믹스 연구센터 연구교수

1. 들어가며

탄소중립목표를 실현하고 그린뉴딜 정책을 성공적으로 이행하기 위해서는 사회의 다양한 부문에서 전환이 필요하고, 일반 시민 개개인의 정책에 대한 동의와 참여가 필수적이다(Canfield, Klima and Dawson, 2015; Spence et al., 2011). 기후변화를 당면한 위기로 인식하고 정책목표에 동의하는 시민 각자의 자발적 행동 전환이 매우 중요하기 때문이다. 따라서 일반 시민들이 기후변화에 대해 갖는 지식과 인식의 현황을 파악하고, 왜 사람들이 기후변화에 대해서 서로 다른 지식과 인식을 갖게 되는지를 탐색해야만 기후변화 적응 및 완화 정책에 대한 시민들의 지지를 이끌어낼 수 있다.

이러한 시민들의 지지와 참여에 가장 걸림돌이 되는 문제는 이들이 기후변화의 심각성에는 추상적으로 동의하면서도 이를 시급한 문제, 혹은 자기 자신에게 직접적인 피해를 주는 문제로 인식하지 못하는 경우가 많다는 데 있다(Van der Linden, Maibach and Leiserowitz, 2015; Weber, 2011). 기후변화의 위험성을 보여주는 과학적 증거와 통계를 아무리 면밀하게 제시한다 해도 일반 시민에게는 큰 의미가 없다(Van der Linden et al., 2015). 기후변화는 오랜 시간에 걸쳐 서서히 일어나며 개인이 직접적으로 관찰할 수 없는 현상이기 때문이다(Spence et al., 2011). 또한 관찰 가능한 기후변화의 증거는 대부분 사람이 사는 곳과는 지리적으로 멀리 떨어져 있다. 북극의 해수면 상승이나 심해의 생태계 변화 등은 도시에 거주하는 일반 시민에게는 너무나 먼 곳의 문제일 뿐이다(Moser, 2010).

일반인에게 기후변화는 실제로 발생할 가능성이 매우 낮은 위험으로 인식되고, 사람들은 기후변화의 위기를 과소평가하는 경향이 있다(Tversky and Kahneman, 1973). 이러한 시간적·공간적 거리감에서 형성된 기후변화의 심리적 거리감(McDonald, Chai and Newell, 2015; Van der Linden et al., 2015) 때문에 기후변화 문제는 보다 시급하고 가까이 있는 다른 여러 문제에 비해 개인의 우선순위에서 밀려날 수밖에 없다. 따라서 일반 시민은 구체적이고 실질적인 탄소중립을 실천하지 않을 가능성이 높다.

많은 심리학 연구에서 이미 증명한 바와 같이, 인간의 뇌는 분석이 필요한 추상적 데이터와 간접 경험에 비해 직접 경험할 때 발생하는 즉각적 감정과 직관을 우선시하는 경향이 있다(Dunwoody, 2007; Loewenstein et al., 2001). 또한 사람들은 일반적으로 기후변화 문제와 같이 복잡한 메커니즘을 갖는 현상에 대해 전문적인 위험성 분석과 대응 전략을 불신하거나 회피하는 경향을 보이기도 한다(Botzen, Duijndam and van Beukering, 2021).

그러나 이와 같은 인간의 심리적·인지적 경향성은 개인적 경험에 의해 반전될 수 있다는 점 역시 다양한 분야에서 증명되었다(Botzen et al., 2021; Spence et al., 2011; van der Linden, 2014). 개인적·직접적 경험의 여부는 위기 인식과 그 대응 방식에 중대한 영향을 미칠 수 있다(Weinstein, 1989). 이 장에서는 특히 기후변화 문제나 에너지전환 이슈와 관련해 두 가지 측면의 개인적 경험에 초점을 맞추어 설명하고자 한다. 첫째, 개인이 직접적으로 자연 재해나 극단적인 날씨 등을 경험하면 기후변화에 대한 위기 인식이나 행동 패턴, 관련 정책 지지 여부 등이 변화할 가능성이 높다(Lujala, Lein and Rød, 2015; van der Linden, 2014; Spence et al., 2011; Rudman, McLean and Bunzl, 2013; Whitmarsh, 2008). 둘째, 지리적으로 자연 자원에 인접한 지역에 거주하는 사람들은 기후변화를 심각하게 인식하고 관련 정책을 지지할 가능성이 높으나(Milfont et al., 2014; Lujala et al., 2015), 자연 자원과의 거리, 지역 내 에너지 자원의 종류, 에너지전환 방식 등에 따라 정책에 대한 지지는 상이하게 나타날 수 있다(Larson, Santelmann, 2007; Bell, Grayd and Haggett, 2005; Eltham, Harrison and Allen, 2008).

이 글은 이러한 기후변화 현상에 대한 개인적 경험, 거주지역의 자원 인접성과 구성이 어떤 메커니즘을 통해 기후변화 인식에 영향을 미치고, 기후변화 대응 및 친환경 정책에 대한 지지 여부와 어떻게 연관되어 있는지를 소개한다. 또한 그러한 연관성을 고려해 탄소중립목표 및 그린뉴딜 목표에 관해 더욱 효과적으로 시민과 소통하고 지지와 동참을 이끌어낼 수 있는 방안을 모색해 본다.

2. 기후변화의 심리적 거리감

기후변화는 일반인들이 일상 속에서 경험하는 단발적 현상이 아니다. 장기간에 걸쳐 일어나는 전 지구적 기후의 평균적 변화에 기반한 통계적 개념에 가깝다(Van der Linden, 2014). 기후변화 속도는 개인이 체감하기에는 느리게 흘러가며, 직접적으로 관찰할 수 있는 현상도 아니다(Spence et al., 2011). 또한 기후변화의 원인과 메커니즘, 미래 예측에 관한 과학적 연구는 일반인이 이해하기에 매우 복잡하고 전문적인 내용으로 이루어지는 경우가 많다.

따라서 사람들은 기후변화의 실질적 위험성에 대해 그 발생 가능성이 낮다고 인식하거나, 위험이 발생한다고 해도 그 충격(impact)이 얼마나 클 것인지에 대해서는 확신하지 못하는 경향을 보인다(McDonald et al., 2015). 기후변화로 인한 위험성은 발생 가능성이 낮고 그 파급력은 높은(low-prob-ability-high consequence, 이하 LP-HC) 성격을 띠는 것으로 정의할 수 있는데 (Botzen et al., 2021), 발생 가능성이 낮다고 인식되는 문제이므로 그 위험성이 과소평가되는 경우가 많다. 평범한 개인이 기후변화와 같이 복잡한 현상의 발생 가능성을 계산하는 일은 매우 어려운 과제다. 따라서 사람들은 그러한 현상을 직접적으로 분석하기보다는 분석할 대상과 유사하지만 훨씬 더 간단한 몇 가지의 과거 경험(heuristics)을 활용하게 된다(Tversky and Kahneman, 1973). 그런데 기후변화는 개인이 직접 관찰할 수 있는 것이 아니므로 그 위험성을 분석할 때 활용할 수 있는 기억이 부족하거나 부재한 경우가 많고, 따라서 개인은 그 발생 가능성을 낮게 평가하는 편향(bias)을 보이게 된다(Tversky and Kahneman, 1973). 기후변화의 발생 가능성이 높다는 것에는 동의하더라도 기후변화가 얼마나 심각한 문제인지에 대해서는 확신을 가지지 못하는 사람들이 많다는 것도 경험적으로 보여진 바 있다 (Spence, Poortinga and Pidgeon, 2012). 그리고 기후변화의 발생 가능성과 심각성에 모두 동의하는 개인도 이를 우선 해결해야 할 문제나 자신에게 직접적으로 큰 피해를 끼치는 문제로는 인식하지 않는 경우가 많다(Van der Linden et al., 2015; Weber, 2011).

기후변화에 대한 일반인의 인식을 탐색하는 많은 연구는, 이러한 경향을 개인이 기후변화에 대해 갖는 심리적 거리감(psychological distance) 때문이라고 분석한다(McDonald et al., 2015; Spence et al., 2012; Van der Linden et al., 2015). 심리적 거리감은 대상이 자신과 얼마나 떨어져 있는지에 대한 주관적 인식으로, 정의 자체가 매우 자기중심적(egocentric)인 개념이다(Trope·Liberman, 2010). 심리적 거리감의 기준점은 자신이 현재 존재하는 시간과 공간이 되며, 이 기준점에서 대상이 멀리 떨어져 있다고 인식할수록 심리적 거리감이 커진다(McDonald et al., 2015; Trope and Liberman, 2010).

기후변화는 일반적으로 많은 개인에게서 시간적·공간적으로 모두 상당히 떨어져 있는 특성이 있다(McDonald et al., 2015; Spence et al., 2012; Van der Linden et al., 2015). 우선 기후변화는 긴 시간에 걸친 변화이고 그로 인한 영향은 대부분 현세대가 아닌 미래세대가 겪을 것으로 예측하는 경우가 많다. 따라서 현재를 살고 있는 사람들은 시간적으로 기후변화가 자신에게서 멀리 떨어져 있다고 인식하게 된다(McDonald et al., 2015). 기후변화에 대한 시간적 거리감이 클수록 심리적으로도 기후변화의 위협을 자신과는 상관없는 것으로 인식할 가능성이 높다. 특히 기후변화로 인한 대규모의 심각한 위협을 현재보다는 미래의 일로 인식하는 사람이 많다는 점(Jones, Hine and Marks, 2017; Leiserowitz, 2005)은 일반인이 느끼는 기후변화의 시간적 거리감이 매우 멀다는 것을 보여준다.

기후변화의 시간적 거리감은 합리적 개인들이 현재와 미래의 손익 계산을 통해 행동을 선택해야 할 때, 미래의 이익에 대한 시간 할인(time discounting)을 적용해 현재의 이익보다 더 낮게 평가하는 경향성(Frederick, Loewenstein and O'Donoghue, 2002; Samuelson, 1937; Spence et al., 2012)과 연관 지어 고려해야 한다. 일반적으로 사람들이 기후변화의 위협을 먼 미래에 일어나는 것으로 인식한다면 기후변화 대응을 위해 지출해야 하는 막대한 비용은 현재에 발생하는 반면, 비용 지출의 효과로 얻을 수 있는 이득은 먼 미래에 발생하는 것으로 인식할 것이다(Weisbach and Sunstein, 2008). 미래의 이득은 할인되어 더 적게 인식되고, 현재의 비용은 더 크게 느껴지므로 사람들은 당장의 비용을 지출하고 싶지 않게 된다. 이는 기후변화의 시간적 거리감이 위험 인식 정도는 물론 기후변화 대응 행동에 나설 가능성에도 영향을 미칠 수 있다는 것을 시사한다(Spence et al., 2012).

기후변화의 심리적 거리감을 증가시키는 또 다른 중요한 요소는 공간적 거리감이다. 공간적 거리감의 양태는 크게 실질적 측면과 인식적 측면 두 가지로 나누어볼 수 있는데 첫째, 실제 기후변화에 의해 일어난 것으로 판명된 다양한 현상이 주로 사람들이 많이 거주하는 지역으로부터 지리적으로 먼 곳에서 발생했다는 점이다(Moser, 2010). 북극의 빙하 해빙, 군소 도서의 해수면 상승, 야생 생태계 변화 등은 주로 일반인이 거주하지 않고 방문할 가능성도 낮은 지역에서 발생한다. 따라서 기후변화의 위협이 실재하며 현재 진행형이라는 점에 동의하는 경우에도, 이것이 본인이 사는 지역에 직접 작용하는 위협이라는 명제에는 동의하지 못할 가능성이 높다. 공간적 거리감의 두 번째 양상은 기후변화의 위협이 전 지구적으로 미친다는 것에는 동의할지라도 그 영향력의 정도는 자신이 거주하는 지역에서 멀리 떨어진 다른 지역에 더 심각할 것이라는 인식의 형태로 나타난다. 실제 여러 연구들이 이러한 경향성을 경험적으로 발견했다(Gifford, et al., 2009; Spence et al., 2012).

이러한 공간적 거리감은, 기후변화의 영향을 명확하고 심각하게 받는 지역을 위주로 기후변화에 대한 커뮤니케이션이 이뤄진다는 점, 사람들이 기후변화와 같은 심각한 위협의 증거를 접할 때 자신으로부터 최대한 먼 곳에서 일어나는 현상으로 보려고 하는 심리적 욕구가 발생한다는 점 등으로 설명할 수 있다(Jones et al., 2017; McDonald et al., 2015).

일반적으로 기후변화를 심리적으로 멀게 인식하는 경향성은 상대적으로 심리적 거리가 가깝다고 느끼는 문제들에 비해 기후변화 문제의 우선순위가 낮아진다는 점에서 기후변화 대응을 늦추는 중요한 원인이라 할 수 있다. 시간적·공간적으로 자신에게서 멀게 느껴지는 기후변화 문제와는 달리, 경제 문제나 건강 문제, 안보 문제 등은 상대적으로 지금 현재, 나의 주변에서 일어나는 가까운 문제로 느껴질 가능성이 높다. 심리적 거리감이 가까운 문제로 인한 위협은 매우 실질적으로 체감되며, 따라서 사람들은 그 위협에 대한 대응 행동이 우선적으로 이루어져야 한다고 생각한다. 기후변화 문제는 이런 문제들과의 비교에서 거의 항상 뒷전으로 밀리게 된다(Moser, 2010).

3. 개인적 경험으로서의 기후변화

기후변화에 대한 사람들의 심리적 거리감이 기후변화로 인한 위협 인식이나 기후변화 대응 행동의 가능성을 낮추는 데 영향을 주지만, 그러한 심리적 거리감이 항상 고정된 값으로 유지되는 것은 아니다. 일반적으로 심리적 거리가 멀고 LP-HC의 특성을 갖는 문제에 대해 사람들은 전문가가 제공하는 과학적인 위험성 분석과 대응 전략에 대해서도 신뢰하지 않는 경향마저 보이는데, 이러한 일반적 경향을 개인적 경험을 통해 변화시킬 수 있기 때문이다(Botzen et al., 2021). 기후변화와 관련성이 높은 현상을 본인이나 친구, 가족 등 가까운 주변인이 직접 경험한 경우, 기후변화에 대한 위협 인식과 기후변화에 대응해야 할 필요성을 크게 느끼게 된다(Botzen et al., 2021; Spence et al., 2011).

그러나 앞서 언급한 것과 같이 기후변화 자체를 직접적으로 경험할 수 없다면, 그러한 개인적 경험이 어떻게 가능할 것인가? 기후학자들은 전 세계적으로 점점 더 빈번하게 일어나고 있는 극단적 기상 현상(extreme weather events)이 기후변화와 매우 밀접하게 연관되어 있다고 말한다(Trenberth, 2012). 기후변화는 북극 빙하 해빙이나 해수면 상승으로 군소 도서가 잠기는 현상과 같이 대부분의 사람들에게 지리적으로 멀고 직접적으로 경험할 확률이 매우 석은 현상으로도 나타나지만, 폭우·폭설·가뭄·산불·폭염·혹한 등과 같이 지구상의 모든 사람들이 경험하는 자연 재해나 극단적 기상의 빈도와 강도 등에도 영향을 미친다. 즉 기후변화라는 개념 자체는 단편적인 재해나 사건이 아니지만, 기후변화로 인해 더욱 빈번해지고 극심해지는 지역적인 날씨의 변화나 자연재해는 개인이 직접 경험할 수 있으며, 이를 기후변화의 개인적 경험으로 볼 수 있다.

이와 같은 개인적 경험으로서의 기후변화가 사람들의 인식과 행동을 바꾸는 데 영향을 주려면, 두 가지의 전제가 충족되어야 한다. 첫째, 자신이 살고 있는 지역에서 일어나는 날씨의 극단적 변화나 자연재해를 정확하게 파악할 수 있어야 한다. 둘째, 그러한 개인적 경험을 기후변화와 연결 지을 수 있어야 한다(Van der Linden, 2014; Weber, 2010). 많은 경우 이 두 가지 전제가 충족된다는 사실을 기존 연구를 통해 발견할 수 있다(Akerlof et al., 2013; Coumou and Rahmstorf, 2012; Howe et al., 2013; Joireman, Truelove and Duell, 2010; Van der Linden, 2014). 사람들은 자신이 살고 있는 지역의 광범위한 날씨 변화나 자연재해를 잘 감지하고 이를 기후변화로 인한 현상으로 인식한다는 것이다.

기후변화로 인한 개인적 재해 경험은 인지적 메커니즘(cognitive mechanism)과 부정 정서(negative affect)라는 감정적 요소에 모두 영향을 미치며, 두 요소의 상호 작용으로 인해 개인의 기후변화 위기 인식이 변화한다(Van der Linden, 2014). 우선 개인은 자신의 경험이 기후변화와 연관되어 있다는 점을 인지하게 된다(Weber, 2010). 이러한 인지 작용이 완료되면 개인적 경험은 강력한 감정을 이끌어내는 과정을 거치게 되는데, 특히 많은 연구들이 이러한 경험의 감정적 처리 과정을 크게 강조한다(Van der Linden, 2014).

인간의 뇌는 두 가지의 각기 다른 처리 시스템에 의해 작동한다고 알려져 있는데, 직관적이고 자동적이며 감정적인 특성을 갖는 경험에 의한 첫 번째 시스템과 신중하고 이성적이며 노력에 의해 작동하는 분석적인 두 번째 시스템이 있다(Kahneman, 2012). 평상시에는 이 두 시스템이 평행을 이루면서 인간의 판단을 돕지만, 이 둘이 서로 일치하지 않을 경우에는 첫 번째 시스템이 인간의 판단과 선택에 더 큰 영향을 미치게 된다(Loewenstein et al., 2001). 즉 인간이 어떤 대상에 대해 어떤 경험을 했고 그에 대한 직관적이고 감정적인 기억이 있는 경우, 그 기억이 그 대상에 대한 이성적 분석보다 인간의 행동 선택에 지대한 영향을 줄 수 있다(Van der Linden, 2015).

감정은 기후변화에 대한 위기를 개인이 판단하는 데에 주요한 정보이자 기준이 된다(Van der Linden, 2014). 특히 어떤 경험이나 자극에 대해 긍정적 혹은 부정적으로 판단된 감정은 인간의 위기 인식에 매우 중요한 정보로 작용한다. 직접적 경험에 대한 강력한 부정 정서는 그 기억이 더 생생하게 저장되도록 돕는데(Loewenstein et al., 2001), 미래에 일어날 일에 대한 위기 인식은 이처럼 강력하고 생생하게 저장된 부정적 기억에 상당 부분 의존하기 때문이다(Weber, 2006).

또한 개인적 경험에 대한 부정 정서와 위기 인식 사이의 관계가 한번 만들어지고 나면 이 두 과정은 서로를 더 강화시키는 상호작용을 하게 된다(Van der Linden, 2014). 기후변화의 개인적 경험이 기후변화가 실재한다는 믿음을 증대시키는 "경험적 학습(experiential learning)"으로 기능하는 한편, 이미 기후변화를 심각하다고 믿으므로 그러한 개인적 경험을 기후변화로 인해 일어난 것이라고 인식하게 되는 "확증편향(motivated reasoning)"도 발생하기 때문이다(Myers et al., 2013).

이처럼 인지과학적·심리학적으로 개인의 경험과 기후변화에 대한 위기 인식 사이의 연관성이 밝혀져 왔음에도 불구하고, 기후변화와 그 대응책에 대한 시민들의 인식 연구는 이러한 변수를 여전히 포함하지 않는 경우가 많다. 물론 이러한 연구에서 응답자의 개인적 변수를 완전히 배제하는 것은 아니지만, 대부분의 변수는 개인의 사회경제적 수준이나 인구학적 특성 등에 국한되는 일반적 경향이 관찰된다. 반면 개인적 경험과 기후변화에 대한 인식 및 행동 변화의 관련성 연구는 체계적인 데이터를 활용해 이루어진 경우가 거의 없다(McDonald et al., 2015). 따라서 다음 절에서는 현재까지 수행된 기후변화 인식 연구 중에서 개인적이고 직접적인 기후변화 관련 재해의 경험이 일반인의 '기후변화에 대한 인식, 기후변화 대응 정책에 대한 지지, 친환경 행동'과 연관성이 있음을 보여준 대표적 연구들을 소개한다.

4. 기후변화의 개인적 경험과
기후변화에 대한 인식·행동 변화의 연관성

극단적인 기상 현상을 개인적으로 경험한 사람들이 기후변화의 존재와 그 위험의 발생 가능성, 그리고 기후변화가 인간의 활동에서 기인한다는 점을 더 강력하게 믿고(Joireman et al., 2010; Krosnick et al., 2006; Myers et al. 2013) 그 위험성을 더 크게 인식하며 우려하는 경향이 있음은 여러 연구를 통해 밝혀져 왔다(Akerlof et al., 2013; Brody et al., 2008; Spence et al., 2011). 또한 그러한 개인적 경험이 기후변화 문제를 해결하기 위해 자신의 행동을 수정하려는 의지나 기후변화 대응 정책에 대한 지지에도 영향을 미칠 수 있다는 점도 발견되었다(Rudman, McLean and Bunzl, 2013; Spence et al., 2011). 스펜스 등(Spence et al., 2011)은 개인적 경험을 통해 기후변화에 대한 우려가 커지게 되면 문제 해결을 위해 에너지 사용량을 줄이려는 의지도 늘어난다는 점을 체계적으로 보여준 대표적인 연구이다. 해당 연구에서 자신이 거주하는 지역에서 최근에 홍수를 경험한 적 있다고 답한 응답자들은 기후변화가 실제로 일어나고 있다는 것에 대해 더 많은 확신을 갖고 있었으며, 기후변화에 대해 더 많이 우려하는 경향을 보였다. 이들은 또한 자신의 거주지역이 기후변화의 영향에 대해 취약하다고 인식할 가능성도 높았다. 홍수를 경험한 사람은 기후변화에 대한 이러한 믿음과 위기 인식뿐만 아니라 자기 자신이 기후변화 해결을 위해 행동하는 것이 기후변화를 감소시키는 데 도움을 줄 수 있다고 생각하는 효능감 역시 높은 것으로 나타났다. 개인적 기후변화 경험이 사람들의 인식에 미치는 다양한 영향 중, 특히 기후변화에 대한 우려 및 자기 행동의 효능에 대한 믿음은 행동 수정 의지와 가장 큰 연관이 있다는 점도 이 연구를 통해 발견되었다.

이와 유사한 메커니즘으로 대기오염의 경험을 연구한 사례도 있다(Whitmarsh, 2008). 대기오염을 경험한 사람들은 그렇지 않은 사람들에 비해 기후변화는 인간의 활동에 의해 야기된 것이며, 실제로 존재한다고 인식하는 비율이 높았다. 또한 기후변화가 자신에게 두려운 현상이며 기후변화의 영향은 재앙적(catastrophic)일 것이라고 생각하는 비율도 더 높게 나타났다. 기후변화에 대한 우려 때문에 자신이 실질적으로 행동을 했던 경험 역시 비경험자들보다 높았고, 이러한 개인 행동의 실천 자체는 물론 그 행동의 목표가 환경을 보호하기 위함이었다는 응답의 비중도 역시 비경험자들보다 높았다.

직접적인 자연재해의 경험이 기후변화의 공간적 거리감을 감소시킬 수 있다는 점을 보여준 연구도 있다(Lujala et al., 2015). 해당 연구에 따르면 홍수나 산사태 등의 자연재해를 경험한 사람들이 그렇지 않은 사람들에 비해 기후변화가 자신에게 줄 피해에 대해 더 우려하고, 앞으로 더 많은 기후

재난이 일어날 것으로 예측한다. 특히 일반적인 여론조사에서 기후 재난이 주로 세계적 수준에서 일어날 것이라는 생각과는 대조적으로, 직접 재해를 경험한 사람들은 기후 재난이 주로 지역 수준에서 일어날 것이라고 인식하는 비율이 높게 나타났다. 개인적인 기후변화 경험이 기후변화에 대한 공간적 거리감을 줄이고, 심리적 거리감도 더 가까워진다는 것을 실증 연구로 보여준 것이다.

한 가지 흥미로운 점은 이러한 자연재해에 대한 직접적인 경험뿐만 아니라, 사람들이 경험했다고 인식하는(perceived experience) 생각 역시 기후변화에 대해 느끼는 위기감에 영향을 줄 수 있다는 것이다(Akerlof et al., 2013). 이 연구의 응답자들은 자신이 개인적으로 경험한 지구온난화를 계절의 변화, 날씨, 호수면의 변화, 동식물의 변화, 강설량 등으로 답변했는데, 이러한 현상의 대부분은 객관적 기록으로도 실제 발생한 것이 확인되었지만 일부 현상은 실제 해당 지역의 기록과 일치하지 않는 경우도 있었다. 이처럼 개인적으로 기후변화를 경험했다고 인식하는 사람들은 지구온난화가 지역에 미치는 영향에 대해 더 많이 우려하는 경향을 보이는데, 이는 직접적인 경험뿐만 아니라 그러한 경험을 했다고 생각하는 것만으로도 기후변화에 대한 위기 인식에 영향을 줄 수 있다는 점을 시사한다.

5. 거주지역의 자연·에너지 자원과 정책 지지

기후변화에 대한 심리적 거리감이 공간적 거리감에서 상당 부분 기인한다면, 바다·강·산 등 자연 자원과 지리적으로 가까운 지역에 사는 사람은 기후변화를 더 심각한 문제로 인식할 가능성, 혹은 기후변화 관련 정책을 지지할 가능성이 높을 것임을 예상해 볼 수 있다. 이는 자연 자원에 지리적으로 가까울수록 기후변화로 인한 자연재해나 중대한 변화를 경험, 혹은 예측할 가능성이 높기 때문이다.

예컨대 해안가에 가까이 거주하는 사람들일수록 기후변화가 실재한다는 것을 더 많이 믿으며, 정부의 탄소배출 규제를 더 많이 지지한다. 이러한 차이는 응답자의 인구통계학적 변수, 사회경제학적 변수를 함께 고려했을 때도 여전히 유지되며 해당 지역의 해수면 대비 지면의 높이, 그리고 지역의 소득 수준을 모델에 포함해도 유지된다. 이는 자연 자원에 물리적으로 가까이 거주하는 사람일수록 기후변화의 영향에 대한 심리적 인정 혹은 수용의 가능성이 더 높다는 것을 의미한다(Milfont et al., 2014). 기후변화로 인한 재난 취약 지역에 가까이 거주하는 사람일수록 기후변화에 대한 위기 인식이 높게 나타나는 경향성은 직접적으로 재해를 경험했는지의 여부와는 무관하게 나타나기도 한다. 즉 지리적으로 단순히 재난 취약 지역에 가까이 사는 것만으로도 기후변화 인식에 영향을 미칠 수 있다는 것이다(Lujala et al., 2015).

그러나 이러한 공간적 근접성이 환경적 규제 정책에 대한 지지 수준에 미치는 효과는 자연 자원에 얼마나 인접해서 거주하고 있는지, 그리고 규제의 종류와 성격이 무엇인지에 따라 다양하고 복합적으로 나타날 수 있다. 예를 들어 강에 아주 가까이(very close) 거주하는 사람은 강에서 먼 지역(not close)의 거주민이나 강물 위, 강 바로 옆에(adjacent) 거주하는 주민에 비해 토지나 수자원 이용에 관한 규제와 수자원 보호를 위한 세금 부과나 경제적 제재 정책 등을 지지할 가능성이 높다. 그러나 강물 위나 강 바로 옆에 사는 사람들은 오히려 토지나 수자원 이용 규제를 다른 주민들에 비해 더 반대하는 것으로 나타났다(Larson and Santelmann, 2007).

특히 탄소중립 에너지 정책으로 전환하는 데 있어 사람들의 거주지역에 에너지 자원이 존재하는지, 그리고 그 에너지원의 종류가 무엇이며 현재 어떠한 방식으로 발전이 이루어지고 있는지 등은 다양한 방식으로 중대한 영향을 미칠 수 있다. 탄소중립을 위한 에너지전환의 국가적 목표에 대해 일반 국민들의 지지를 확보하는 것도 물론 중요하다. 그러나 실질적으로 이러한 목표를 달성하기 위해서는 새로운 에너지 생산 시설을 설치하거나 기존의 에너지 시설을 철거, 변경하는 정책에 대해 해당 지역 주민들의 지지를 얻어낼 수 있어야 한다(Poumadère, Bertoldo and Samadi 2011; Swofford and Slattery 2010).

예컨대 풍력에너지에 대한 일반적인 지지 여론에도 불구하고, 풍력발전소를 설치하는 것에 대해서는 지역 주민들의 반발이 있을 수 있으며, 이 두 가지 여론은 명확하게 구분되어야 한다(Bell et al., 2005). 또한 지역 주민들의 반발을 단순히 님비(NIMBY) 현상으로 치부하는 것은 적절하지 않다. 그러한 반대 여론에는 지역 정치인들의 정책 선호, 계획 단계에서의 소통 문제, 발전소 건설 과정이나 안전성에 대한 불신 등 다양한 사회제도적 원인이 복합적으로 존재할 수 있기 때문이다(Eltham et al., 2008).

6. 나오며: 기후변화 커뮤니케이션의 방향성 제안

이 글에서 살펴본 바와 같이 개인적 기후변화 경험이나 거주지역의 자연·에너지 자원이 시민들의 기후변화에 대한 인식, 친환경적 정책 지지 및 행동에 미치는 영향력은 매우 중대하고 유의미하게 나타난다. 다만 그러한 변수들이 다른 개인적 수준의 변수들(사회경제적 변수, 인구학적 변수, 정치적 성향 등)과 비교했을 때 더 주요한 영향을 미치는지에 대해서는 논란의 여지가 있고, 그 인과관계의 복잡성에 대해서도 신중하게 접근하고 경험적 증거를 찾아야 할 필요성이 있다. 개인이 기후변화에 대해 느끼는 심리적 거리감이 줄어든다고 해서 반드시 그들이 기후변화에 대해 더 우려하고 더 적극적으로 행동하는 것은 아닐 수 있기 때문이다(Brügger et al., 2015; McDonald et al., 2015).

특히 강력한 정치적·이념적 성향을 가지는 사람들은 개인적으로 자연재해를 경험한다고 해도 인간 활동에 의한 기후변화의 발생이라는 명제에 동의하지 않을 수 있으며, 이런 경우에는 자연재해로 인해 매우 심각한 수준의 개인적 피해가 발생하지 않는 이상 그러한 인식이 변화될 가능성은 낮다. 따라서 심리적 거리감의 축소가 기후변화의 위기 인식이나 기후변화 대응 정책에 대한 지지에 미치는 영향을 정확하게 측정하기 위해서는 단순히 개인적 경험 여부뿐만 아니라 개인의 가치 우선순위, 정치적 성향, 개인이 속한 사회적 그룹의 규범 등이 갖는 조절 효과(moderating effect)를 반드시 측정해야 한다(McDonald et al., 2015).

또한 이러한 개인적 기후변화 경험이 기후변화의 심각성과 대응 필요성을 인식하는 데는 도움이 되지만, 한편으로는 개인적 경험을 한 사람들의 수가 증가하는 것이 긍정적인 현상은 아니라는 점도 고려할 필요가 있다. 충분한 수의 사람들이 개인적 경험을 통해 기후변화의 심각성과 탄소중립 정책의 필요성을 인식한 때에는 이미 기후변화 리스크를 막거나 멈추기에 너무 늦어버릴 것이기 때문이다(Klenert et al., 2020). 따라서 탄소중립과 그린뉴딜 목표에 대한 지지를 확보하기 위해 더 많은 시민들이 실제로 기후변화의 현상을 경험하지 않고도 기후변화를 심리적으로 더 가깝게 인식하도록 하는 접근법이 필요하다. 이는 기후변화와 지역의 자연재해가 어떻게 밀접하게 연관되어 있는지를 설명하는 것, 그리고 그러한 기후변화의 부정적 영향들은 어떻게 시민 개인의 삶과 연관되어 있는지를 설명하는 과정이 반드시 포함해야 할 것이다.

학자들은 기후변화 대응 정책에 대해 시민과 소통할 때, 이를 미래를 위한 것, 세계적인 목표, 당위성과 정의, 탈개인화 등의 프레임이 아닌 현재를 위한 것, 지역적인 것, 개인의 위기를 해결하기 위한 것으로 프레임화함으로써 얻는 효용을 강조한다. 또한 기후변화 위기에 관한 커뮤니케이션을 과학적 통계보다는 개인적 경험, 감정적 요소와 연계해야 할 필요성을 역설한다(Hendickx, Vlek and Oppewal, 1989; Jones et al., 2017; Spence et al., 2011; Van der Linden et al., 2015). 또한 개인적 수준에서 경험하는 극단적인 기상 현상에 대한 부정 정서와 기후변화 위기 인식 사이의 관계는 상호 강화적이므로, 그러한 극단적 기상 현상이 점점 더 빈번해지고 있고 이는 기후변화와 연관된 현상이라는 점을 강조하는 커뮤니케이션 역시 효과적일 수 있다(Myers et al., 2013; Van der Linden, 2014).

마지막으로, 탄소중립과 그린뉴딜의 광범위한 정책적 목표는 지역적 수준에서의 실질적 변화 없이는 이루어질 수 없다는 사실을 정책 커뮤니케이션에 적극 반영할 필요가 있다. 국가적 경제·에너지 목표 전환에 대한 일반적 지지를 확보하는 것은 정치적으로는 유의미할 수 있겠으나, 실제 정책 변화에 의해 직접적으로 영향을 받는 지역 주민의 지지를 확보하지 못한다면 그러한 목표는 단순한 정치적 레토릭에 그칠 것이다. 따라서 지역의 자원 현황과 지역 주민의 인식, 이익 등을 적극적으로 고려하는 방식의 홍보와 설득이 이루어져야 한다.

참고문헌

Akerlof, K. et al. 2013. "Do people "Personally Experience" Global Warming, and If So How, and Does It Matter?" *Global environmental change*, 23(1), pp.81~91.

Bell, D., T. Gray and C. Haggett. 2005. "The 'Social Gap' in Wind Farm Siting Decisions: Explanations and Policy Responses." *Environmental Politics*, 14(4), pp.460~477.

Botzen, W., S. Duijndam and P. van Beukering. 2021. "Lessons for Climate Policy from Behavioral Biases Towards COVID-19 and Climate Change Risks." *World Development*, 137, 105214.

Brody, S.D. et al. 2008. "Examining the Relationship between Physical Vulnerability and Public Perceptions of Global Climate Change in the United States." *Environment and behavior*, 40(1), pp.72~95.

Brügger, A. et al. 2015. "Psychological Responses to the Proximity of Climate Change." *Nature Climate Change*, 5(12), pp.1031~1037.

Canfield, C., K. Klima and T. Dawson. 2015. "Using Deliberative Democracy to Identify Energy Policy Priorities in the United States." *Energy Research & Social Science*, 8, pp.184~189.

Coumou, D. and S. Rahmstorf. 2012. "A Decade of Weather Extremes." *Nature Climate Change*, 2(7), pp.491~496.

Dunwoody, S. 2007. "The Challenge of Trying to Make a Difference Using Media Messages." in S. C. Moser and L. Dilling(eds.). *Creating a Climate for Change: Communicating Climate Change and Facilitating Social Change*. Cambridge, UK: Cambridge University Press, pp.89~104.

Eltham, D.C., G.P. Harrison and S.J. Allen. 2008. "Change in Public Attitudes Towards a Cornish Wind Farm: Implications for Planning." *Energy Policy*, 36(1), pp.23~33.

Frederick, S.G. Loewenstein and T. O'donoghue. 2002. "Time Discounting and Time Preference: A Critical Review." *Journal of economic literature*, 40(2), pp.351~401.

Gifford, Robert. et al. 2009. "Temporal Pessimism and Spatial Optimism in Environmental Assessments: An 18-nation Study." *Journal of environmental psychology*, 29(1), pp.1~12.

Hendrickx, L., C. Vlek and H. Oppewal. 1989. "Relative Importance of Scenario Information and Frequency Information in the Judgment of Risk." *Acta Psychologica*, 72(1), pp.41~63.

Howe, P.D. et al. 2013. "Global Perceptions of Local Temperature Change." *Nature Climate Change*, 3(4), pp.352~356.

Joireman, J., H.B. Truelove and B. Duell. 2010. "Effect of Outdoor Temperature, Heat Primes and Anchoring on Belief in Global Warming." *Journal of Environmental Psychology,* 30(4), pp.358~367.

Jones, C., D.W. Hine and A.D. Marks. 2017. "The Future is Now: Reducing Psychological Distance to Increase Public Engagement with Climate Change." *Risk Analysis*, 37(2), pp.331~341.

Kahneman, D. 2012. *Thinking, fast and slow.* New York, NY: Farrar, Straus and Giroux.

Klenert, D. et al. 2020. "Five Lessons from COVID-19 for Advancing Climate Change mitigation." *Environmental and Resource Economics,* 76(4), pp.751~778.

Larson, K.L. and M.V. Santelmann. 2007. "An Analysis of the Relationship Between residents' Proximity to Water and Attitudes about Resource Protection." *The Professional Geographer*, 59(3), pp.316~333.

Leiserowitz, A.A. 2005. "American Risk Perceptions: Is Climate Change Dangerous?" *Risk Analysis: An International Journal*, 25(6), pp.1433~1442.

Loewenstein, G.F. et al. 2001. *Risk as Feelings. Psychological Bulletin*, 127(2), p.267.

Lujala, P., H. Lein and J.K. Rød. 2015. "Climate Change, Natural Hazards, and Risk Perception: The Role of Proximity and Personal Experience." *Local Environment*, 20(4), pp.489~509.

McDonald, R.I., H.Y. Chai and B.R. Newell. 2015. "Personal Experience and the 'Psychological Distance' of Climate Change: An Integrative Review." *Journal of Environmental Psychology*, 44, pp.109~118.

Milfont, T.L. et al. 2014. "Proximity to Coast is Linked to Climate Change Belief." *PLoS One*, 9(7), pp.103~180.

Moser, S.C. 2010. "Communicating Climate Change: History, Challenges, Process and Future Directions." *Wiley Interdisciplinary Reviews: Climate Change*, 1(1), pp.31~53.

Myers, T.A. et al. 2013. "The Relationship Between Personal Experience and Belief in the Reality of Global Warming." *Nature Climate Change*, 3(4), pp.343~347.

Poumadère, M., R. Bertoldo and J. Samadi. 2011. "Public Perceptions and Governance of Controversial Technologies to Tackle Climate Change: Nuclear Power, Carbon Capture and Storage, Wind and Geoengineering." *Wiley Interdisciplinary Reviews: Climate Change*, 2(5), pp.712~727.

Rudman, L., M.C. McLean and M. Bunzl. 2013. "When Truth is Personally Inconvenient, Attitudes Change: The Impact of Extreme Weather on Implicit Support for Green Politicians and Explicit Climate-change Beliefs." *Psychological Science*, 24, pp.2290~ 2296.

Samuelson, P.A. 1937. "A note on measurement of utility." *The review of economic studies*, 4(2), pp.155~161.

Spence, A. et al. 2011. "Perceptions of climate change and willingness to save energy related to flood experience." *Nature climate change*, 1(1), pp.46~49.

Spence, A., W. Poortinga and N. Pidgeon. 2012. "The psychological distance of climate change." *Risk Analysis: An International Journal*, 32(6), pp.957~972.

Swofford, J. and M. Slattery. 2010. "Public Attitudes of Wind Energy in Texas: Local Communities in Close Proximity to Wind Farms and Their Effect on Decision-making." *Energy policy*, 38(5), pp.2508~2519.

Trenberth, K.E. 2012. "Framing the Way to Relate Climate Extremes to Climate Change." *Climatic Change*, 115(2), pp.283~290.

Trope, Y. and N. Liberman. 2010. "Construal-level Theory of Psychological Distance." *Psychological review*, 117(2), p.440.

Tversky, A. and D. Kahneman. 1973. "Availability: A Heuristic for Judging Frequency and Probability." *Cognitive Psychology*, 5(2), pp.207~232.

Van der Linden, S. 2014. "On the Relationship Between Personal Experience, Affect and Risk Perception: The case of Climate Change." *European journal of social psychology*, 44(5), pp.430~440.

_____. 2015. "The Social-psychological Determinants of Climate Change Risk Perceptions." *Towards a comprehensive model. Journal of Environmental Psychology*, 41, pp. 112~124.

Van der Linden, S., E. Maibach and A. Leiserowitz. 2015. "Improving Public Engagement with Climate Change: Five "Best Practice" Insights from Psychological Science." *Perspectives on Psychological Science*, 10(6), pp.758~763.

Weber, E.U. 2006. "Experience-based and Description-based Perceptions of Long-term Risk: Why Global Warming does not Scare Us(yet)." *Climatic Change*, 77(1), pp.103~120.

_____. 2010. "What Shapes Perceptions of Climate Change?" *Wiley Interdisciplinary Reviews: Climate Change*, 1(3), pp.332~342.

_____. 2011. "Climate Change Hits Home." *Nature Climate Change*, 1(1), pp.25~26.

Weinstein, N.D. 1989. "Effects of Personal Experience on Self-protective Behavior." *Psychological Bulletin*, 105, pp.31~50.

Weisbach, D. and C.R. Sunstein. 2008. "Climate Change and Discounting the Future: a Guide for the Perplexed." *Yale L. & Pol'y Rev.*, 27, p.433.

Whitmarsh, L. 2008. "Are Flood Victims More Concerned about Climate Change than Other People? The Role of Direct Experience in Risk Perception and Behavioural Response." *Journal of risk research*, 11(3), pp.351~374.

제3장

탄소중립, 여론의 동향과 결정요인

김성은_고려대학교 정치외교학과 부교수

1. 들어가며

탄소중립의 목표를 실현하기 위해서는 시민들의 지지가 필수적이다. 시민들이 기후변화를 심각한 문제로 인지하고, 인간 활동이 기후변화의 주요 원인이라는 것을 이해하며, 탄소배출 감소에 수반되는 비용을 지불할 의지가 있을 때 정책목표를 달성할 수 있다. 시민들은 기후행동에 적극적으로 동참해 탄소배출 감축에 기여하는 주체일 뿐만 아니라, 시민들이 기후변화에 대한 해결이 시급하며 이를 우선적인 과제라고 인식할 때 정치인 역시 기후 문제 해결을 위한 정책을 추진할 강한 유인이 생긴다. 하지만 기후변화 문제의 시급성에도 불구하고 기후변화에 대해 인지하지 못하고 있거나, 인지하더라도 탄소감축의 필요성을 이해하지 못하고 있는 여론은 여전히 존재한다. 이에 다양한 분야에서 어떠한 요인이 시민들의 기후변화에 대한 이해와 위험 인식, 정책 선호에 영향을 미치는지에 대한 연구가 활발히 이루어져 왔다. 이 장에서는 기후변화에 대한 여론 인식의 동향을 개괄하고 국가별·개인별로 기후 인식에 대한 차이가 나타나는 이유를 검토한다. 마지막으로, 탄소세에 대한 여론의 태도를 중심으로 기후 정책 디자인에 따라 여론의 인식이 어떻게 달라지는지 논의한다.

2. 기후변화에 대한 여론 인식의 동향 및 추이

과학계에서는 기후변화를 현재 인류가 당면한 중대한 문제이며, 인간 활동이 산업화 이후 기후변화의 명백한 원인이라는 것을 받아들이고 있다. 하지만 이러한 과학계의 합의와 달리 시민들은 기후변화에 대해 상이한 시각을 보인다. 기후변화를 심각한 문제로 받아들이고, 이를 해결하기 위한 정책을 지지하면서 기후행동에 적극적으로 참여해야 한다는 여론도 존재하지만, 반대로 기후변화가 진행되고 있다는 것을 인지하지 못하고 기후행동의 필요성에 공감하지 못하는 여론 역시 존재한다. 이러한 기후변화에 대한 여론은 국가별로도 상당한 차이를 보인다. 국민 대다수가 기후변화 문제의 심각성에 대한 공감대를 형성하고 기후행동을 지지할 때 탄소저감 정책목표를 달성할 수 있다는 점에서, 국가별로 기후 변화에 대한 인식이 어떻게 다르게 나타나고, 이러한 여론이 시간에 따라 어떻게 변화했는지를 파악하는 것은 중요하다. 이 절에서는 국가별 기후변화에 대한 여론을 비교하고, 변화 추이를 살펴본다.

탄소중립 정책에 대한 지지는 기후변화 문제에 대한 인지로부터 시작한다. 시민들이 기후변화가 진행되고 있다는 것을 인지하지 못한다면, 탄소중립 정책의 필요성에 공감할 수 없다. 일반적인 정책 이슈에 있어 문제의 심각성 및 중요도에 대해서는 의견이 다르더라도 문제의 존재 여부에 대해서는 쉽게 합의가 이루어지는 데 반해, 기후변화 이슈에 있어서는 기후변화가 실제로 진행되고 있는지 여부에서부터 여론이 나뉘기도 한다(Egan et al., 2017). 또한 기후변화가 인간 활동의 결과인지에 대해서도 상이한 여론이 존재한다. 인간 활동이 최근 60년의 지구온난화에 영향을 미쳤다는 과학적 증거에도 불구하고(IPCC, 2018), 기후변화는 인간 활동의 결과가 아니라 자연적인 변화일 뿐이라는 인식도 존재한다. 인간 활동에 따른 탄소배출이 기후변화에 미치는 영향을 시민들이 인식하지 못한다면, 탄소저감의 필요성을 이해하지 못하고 탄소저감 정책에 대한 지지 역시 미약할 것이다.

〈그림 3-1〉은 국가별로 기후변화에 대해 인지하고 있다고 응답한 비율과 기후변화에 대해 인지하면서 기후변화가 인간 활동의 결과라고 생각하는 비율을 비교하고 있다. 갤럽 세계 여론조사(Gallup World Poll)는 2007년부터 2010년까지 143개국에서 기후변화에 대한 여론의 인식에 대해 조사했다. 〈그림 3-1 ⓐ〉는 기후변화에 대해 인지하고 있다고 응답한 사람의 비율을 보여주고 있고, 〈그림 3-1 ⓑ〉는 기후변화에 대해 인지하고 있으며 동시에 기후변화가 인간 활동의 결과라고 믿는다고 응답한 사람의 비율을 보여준다. 설문에서는 기후변화에 대해 인지하고 있다고 답한 사람들에게만 추가로 기후변화가 인간 활동의 결과라고 생각하는지에 대해 질문했다. 국가 간 여론 비교를 위해서는 동일한 질문에 대한 응답이 필요한데, 갤럽 세계 여론조사는 두 가지 동일한 질문을 전 세계 143개국에서의 조사에 포함시켰다는 점에서 국가별 기후 여론의 차이를 분석하기 용이한 자료이다.

〈그림 3-1 ⓐ〉에서 보여주듯이 설문에 포함된 143개국 중 약 1/4에 해당하는 35개국에서 90% 이상이 기후변화에 대해 알고 있다고 답했다. 일본(98.8%), 노르웨이(98.7%), 핀란드(98.6%), 크로아티아(98.1%), 영국(97.8%) 순서로 기후변화에 대해 인지하고 있다고 대답한 응답 비율이 가장 높으며, 미국과 한국 역시 각각 97.4%와 95.1%가 기후변화에 대해 알고 있다

그림 3-1 국가별 기후변화에 대한 인식 비교   (단위: %)

ⓐ 기후변화에 대해 인지하고 있는 비율

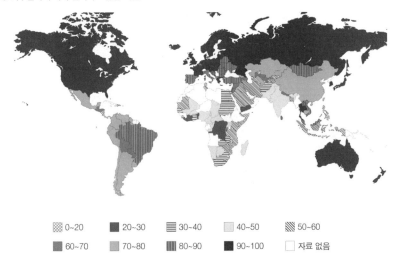

▨ 0~20	■ 20~30	▤ 30~40	▧ 40~50	▨ 50~60
▤ 60~70	▥ 70~80	▥ 80~90	■ 90~100	☐ 자료 없음

ⓑ 기후변화에 대해 인지하고 있으며 기후변화가 인간 활동의 결과라고 생각하는 비율

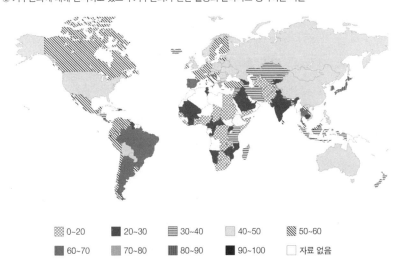

▨ 0~20	■ 20~30	▤ 30~40	▧ 40~50	▨ 50~60
■ 60~70	▥ 70~80	▥ 80~90	■ 90~100	☐ 자료 없음

자료: 갤럽 세계 여론조사의 2007~2010년 설문조사.
      Levi(2021)에서 수집한 데이터를 바탕으로 시각화.

고 응답해 거의 대다수의 국민이 기후변화에 대해 인지하고 있는 것으로 나타났다. 반면 베냉(23.5%), 부룬디(24.7%), 이집트(33.2%)를 포함한 32개 국에서는 50% 미만이 기후변화에 대해 알고 있다고 대답해, 기후변화에 대한 여론의 인지 여부에서부터 국가별로 상당한 차이가 있다는 것을 보여준다. 터키(82.0%), 브라질(83.8%), 베트남(87.1%)을 포함한 23개국에서 80~90%, 멕시코(73.3%)와 중국(76.3%) 등 21개국에서 70~80%, 우즈베키스탄(61.8%)과 요르단(66.5%) 등 13개국에서 60~70%, 인도네시아(50.2%), 필리핀(57.4%)과 케냐(58.8%) 등 19개국에서 50~60%의 기후변화에 대한 인지도가 나타났다.

조사 대상 전체 국가의 3/4에서 절반 이상의 응답자가 기후변화에 대해 알고 있다고 대답한 것과 달리, 〈그림 3-1 ⓑ〉에서 보듯이 기후변화에 대해 인지하고 있으며 기후변화가 인간 활동의 결과라고 생각하는 비율은 훨씬 더 낮게 나타났다. 이는 기후변화에 대해 인지하고 있지만, 인간 활동으로 인한 탄소배출이 기후변화에 영향을 미친다는 것을 알지 못하거나 믿지 않는 비율이 상당히 높다는 것을 보여준다. 한국은 기후변화를 인지하고 있는 사람 중 기후변화가 인간 활동의 결과라고 생각하는 비율이 89.9%로 가장 높게 나타났고, 일본 역시 88.5%로 상당히 높게 나타났다. 두 국가에서 기후변화에 대해 인지하고 있으며 동시에 인간 활동의 결과라고 생각하는 비율은 일본은 87.4%, 한국은 85.5%로 조사 대상 전체 국가 중 두 국가에서만 80% 이상의 응답자가 기후변화의 진행과 원인에 대해 알고 있는 것으로 나타났다. 반면 노르웨이, 미국, 영국, 호주에서는 전체 응답자의 95% 이상이 기후변화에 대해 인지하고 있는 반면, 이 응답자 중 절반도 안 되는 비율만이 '인간 활동이 기후변화에 미치는 영향을 인정한다'고 답했다. 특히 미국(43.3%)과 영국(43.1%)에서는 이 비율이 현저히 낮게 나타나, 기후변화에 대한 인지도는 가장 높은 편인 반면 인간 활동의

그림 3-2 국가별 기후변화에 대한 인식의 변화 (단위: %)

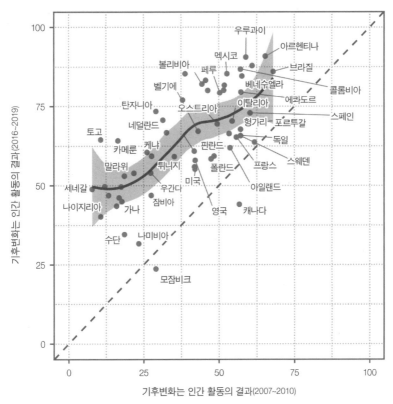

자료: 갤럽 세계 여론조사의 2007~2010년 설문조사 결과와 2016~2019년 유럽, 북미, 남미, 아프리카 지역에서 실시된 여러 설문조사를 바탕으로 Levi(2021)에서 정리한 데이터를 재분석함.

영향력에 대한 이해는 상당히 낮은 편이다. 전체 143개 조사 대상 국가 중 101개 국가에서 응답자의 절반 이하가 기후변화의 진행과 원인에 대해 이해하고 있는 것으로 나타났다.

지난 10년 동안 기후변화 인식의 추이를 살펴보기 위해 〈그림 3-2〉는 2007~2010년 설문조사와 2016~2019년 설문조사 자료를 모두 가지고 있는 국가들의 기후변화 인식을 산점도(scatterplot)로 비교해 보여준다. 이는 총 60개국이며 2007~2010년 설문조사보다 분석 국가의 수가 훨씬 적지만, 전체적인 추이의 변화에 대해서는 파악이 가능하다. 〈그림 3-2〉의 x축과 y축은 각각 2007~2010년과 2016~2019년 조사에서 기후변화를 인지하고 있으며 인간 활동의 결과라는 것을 이해한다고 응답한 비율을 보여준다. 점선으로 표시된 45도선의 상단부에 위치하는 관측점은 모두 2007~2010년에 비해서 2016~2019년에 기후변화의 존재와 원인에 대해서 인식하고 있는 비율이 늘어난 국가이며, 45도선의 하단부에 위치하는 관측점은 반대로 이러한 비율이 낮아진 국가이다. 이 조사에 따르면 캐나다와 모잠비크 두 국가를 제외한 모든 국가에서 기후변화에 대한 인식이 상당히 높아졌다. 일례로 미국과 영국에서는 이러한 응답 비율이 각각 13.0%p와 15.8%p가 증가해, 과반을 넘는 응답자가 기후변화를 인지하면서 인간 활동의 결과라고 답했다. 볼리비아와 페루에서는 각각 37.5%p와 28.8%p가 증가해 현재 약 80%의 응답자가 기후변화의 진행과 원인에 대해 이해하고 있는 것으로 나타났다. 많은 국가에서 단기간에 기후변화에 대한 여론의 관심이 높아진 것은 상당히 고무적이지만, 여전히 기후변화의 원인에 대해서도 이견이 존재한다는 것은 기후변화 문제에 대한 이해 증진이 요구된다는 것을 보여준다.

국가 간 기후변화에 대한 인식과 태도에 차이가 나타나는 이유는 무엇일까? 우선 지역별로 기후변화에 대한 인식에 현저한 차이가 나타난다. 〈그림 3-1ⓑ〉가 보여주듯이 동아시아와 라틴아메리카 지역에서 다른 지역보다 기후변화의 진행과 인간 활동의 영향에 대해 알고 있는 비율이 높은 반면, 사하라이남 아프리카 지역과 동유럽과 중앙아시아 지역의 구소련 국가들에서 이러한 인식이 낮은 편이다. 이러한 지역별 차이를 설명하는 것은 쉽지 않지만, 서배스천 레비(Levi, 2021)는 몇 가지 요인을 제시한다. 우선 동아시아의 경우 각국 정부가 기후변화에 대한 정보를 적극적으로 제공해 왔으며(Ayogi, 2017; Kim, 2017), 라틴아메리카의 경우 지구온난화에 대한 논의가 비정치화(depoliticization)되어 다루어지고 시민사회 역량 또한 강하다는 점이 눈에 띈다(Takahashi et al., 2017, Mercado-Sáez et al., 2017). 반면 사하라 이남 아프리카 지역 국가에서는 언론의 역량이 제한적이기 때문에 기후변화에 대한 인지도와 이해도가 전반적으로 낮다. 이 지역의 미디어 현장에서는 기후변화에 대한 정보를 효율적으로 전달하기 위한 지식과 자원이 부족하다는 시각이 있으며, 기후변화 문제는 독자나 시청자들이 우선적으로 전달받고자 하는 이슈가 아니라고 보기도 한다(Godfrey et al., 2010).

국가의 경제발전 수준, 정치제도 및 시민사회의 역량 역시 국가별 기후변화의 인식 수준과 관계가 있을 수 있다. 경제발전 수준은 기후변화뿐만 아니라 환경과 관련된 태도 전반을 설명하는 데 있어 많은 연구에서 관심을 가져왔다. 로널드 잉글하트(Ronald Inglehart)의 탈물질주의(post-materialism)에 따르면 물질적인 풍요 수준이 높아지면 물질적인 가치보다는 탈물질적인 가치를 선호하게 되기 때문에 환경문제에 대한 관심도 높아진다(Inglehart, 1981; Inglehart, 1990). 하지만 이러한 예측과 반대로 김소영과 야엘 월린스카이-나미아스(Yael Wolinsky-Nahmias)의 분석에 따르면 국가의 경제발전 수준과 기후변화에 대한 인식에는 뚜렷한 양의 상관관계가 보이지 않으며, 오히려 저개발국가에서 기후변화 문제의 심각성에 대해 더 강한 우려를 나타내기도 한다(Kim and Wolinsky-Nahmias, 2014). 레비의 최근 연구에 따르면 경제발전 정도와 기후변화에 대한 태도는 선형 관계가 아닌 비선형 관계로 설명할 수 있다(Levi, 2021). 즉 경제발전이 증가하면서 일정하게 기후변화에 대한 인식이 단순히 늘어나거나 줄어드는 것이 아니라, 경제발전 수준에 따라서 관계가 달라질 수 있다는 것이다. 이 연구에서는 구매력 기준 국내총생산 약 3만 달러까지는 경제발전이 기후변화 인식에 긍정적인 영향을 미치는 반면, 그 이상의 수준에서는 오히려 부정적인 영향을 미친다는 분석 결과가 나왔다. 이에 대해 레비는 일정 수준까지는 경제발전이 미디어의 발전 정도와 상관관계가 있어서 기후변화에 대한 인식을 늘리는 데 긍정적인 영향을 미치지만, 일정한 경제발전 수준 이상에서는 현 상황을 정당화(system justification)하고자 하는 경향이 강해져서 기후변화를 부정하는 인식이 늘어날 수 있다고 설명한다.[1]

국가의 정치제도와 시민사회의 역량 등도 기후변화 인식 수준을 설명하는 데 유의미하다. 민주주의 국가일수록, 국내에 기후변화 관련 비정부기구(non-government organization, NGO) 활동이 활발한 국가일수록, 그렇지 않은 경우보다 시민이 기후변화에 대해 알고 있으며 인간 활동의 영향에 대해 이해하고 있을 확률이 높다(Levi, 2021). 또한 기후변화에 대한 취약성은 기후변화에 대한 인지, 특히 기후변화가 인간 활동의 결과라는 인식과 강하게 연관되어 있는 것으로 나타났다(Knight, 2016; Levi, 2021).[2]

3. 탄소중립 여론의 결정요인

기후변화에 대한 인식은 국가 간에도 상당한 차이가 있을 뿐만 아니라, 국가 내에서도 개인에 따라 상당한 인식의 차이를 보인다. 이 절에서는 개

---

[1] 일련의 심리학 연구에 따르면 개인이 현 상황을 정당화하려는 태도와 기후변화를 부정하는 인식이 강한 상관관계가 있는 것으로 나타났다(Feygina, 2010; Hennes, 2016).

[2] 카일 나이트(Kyle Knight)의 연구에서는 국가의 경제 수준과 교육 수준이 기후변화에 대한 인지를 설명하는 주요 원인이며, 기후변화에 대한 취약성은 기후변화에 대한 인지와는 상관관계가 낮은 반면 위험 인식과 인간 활동의 영향과는 강한 상관관계가 있다고 밝혔다(Knight, 2016). 보다 많은 국가를 분석에 포함한 레비의 연구에서는 기후변화에 대한 취약성은 기후변화에 대한 인지뿐만 아니라 인간 활동의 영향에 대한 이해와 모두 상관관계가 있으며, 특히 후자를 설명하는 데 가장 강한 국가 수준의 변수 중 하나라고 밝혔다(Levi, 2021).

인수준에서 누가 더 기후변화를 심각한 문제라고 인식하는지 등에 대한 기존 연구의 논의를 종합해 분석하고자 한다.

1) 인구사회학적 요인

개인별 기후 인식에 대한 차이를 설명하는 주요 요인은 교육 수준, 소득 수준, 성별 및 세대 등 인구사회학적 요인에서 찾을 수 있다. 특히 교육 수준은 기후변화에 대한 인식과 기후행동에 대한 지지에 영향을 미치는 주요 요인 중 하나다. 개인의 교육 수준에 따라 기후변화에 대한 정보를 접하는 빈도와 이해도가 달라질 수 있다. 개인은 이상기후에 대한 경험을 통해 직접적으로 기후변화 문제를 인지할 뿐만 아니라, 미디어 등 다양한 정보 매체를 통해서도 기후변화 문제에 대한 정보를 접할 수 있다. 교육 수준이 높을수록 다양한 정보를 접하고 이를 이해할 가능성이 높기에 기후변화를 인지하고 이를 인류에게 위협이 되는 문제라고 받아들일 가능성이 높다. 또한 개인은 정규교육 및 고등교육 과정을 통해서도 기후 문제를 접한다. 교육 과정에서 기후변화 문제를 직접적으로 다루지 않더라도 환경 교육을 통해 환경문제에 대한 전반적인 관심도가 높아지고, 이러한 관심이 기후변화에 대한 인식으로까지 이어진다.

실제로 2007년과 2008년 갤럽에서 119개국에서 실시한 여론조사를 분석한 결과에 따르면 교육 수준은 기후변화에 대한 인지를 설명하는 가장 강한 변수로 나타났다. 티엔 밍 리(Tien Ming Lee) 등은 119개국의 여론조사를 분석해 각 국가에서 개인의 기후변화에 대한 인식과 가장 관련이 있는 요인을 밝혀냈다(Lee et al., 2015). 일례로, 한국에서는 교육 수준, 정보접근성 및 나이가 순서대로 기후변화 인식에 가장 강하게 영향을 미치는 요인으로 나타났다. 이 연구에 따르면 미국에서는 개인의 시민 참여 활동 수준, 정보접근성, 교육 수준이, 중국에서는 교육 수준, 도시 거주 여부, 소득 수준이 기후변화 인식에 강한 영향을 미치는 세 가지 주요 요인으로 밝혀졌다. 개인의 교육 수준은 한국과 중국 이외에도 멕시코·벨기에·러시아·우크라니아·이란·인도·싱가포르·칠레·프랑스·필리핀·터키와 호주를 포함한 총 70개국에서 개인의 기후변화 인식에 가장 강한 영향을 미치는 요인으로 나타났으며 그리스·스웨덴·아르헨티나·이탈리아를 포함한 15개국에서 두 번째로 강한 요인으로, 그리고 네덜란드·몽골·미국·인도네시아·파키스탄을 포함한 10개국에서 세 번째로 강한 요인으로 나타났다. 즉 여론조사가 실시된 119개국 중 약 80%에 해당하는 95개 국가에서 모두 교육수준이 기후변화 인식에 영향을 미치는 가장 강한 세 가지 요인 중 하나로 나타난 것이다. 앞서 언급한 레비의 연구에서도 역시 개인의 교육 수준은 기후변화에 대한 인지를 설명하는 데 있어 국가의 환경보호 수준 다음으로 중요한 요인으로 밝혀졌고, 기후변화에 대해 알고 있는 사람 중 인간 활동이 기후변화에 미치는 영향을 믿는지에 대한 여부와도 인지 여부보다는 약하지만 유의미하게 관련이 있는 것으로 나타났다(Levi, 2021). 이는 교육에 대한 투자는 기후변화에 대한 인지도와 위험 인식을 높이는 데 기여할 수 있다는 것을 의미한다.

유엔개발계획(United Nations Development Programme, 이하 UNDP)이 2020년 실시한 기후 여론조사에서도 역시 교육은 개인의 기후변화 인식에 영향을 미치는 가장 강한 요인으로 나타났다(UNDP and University of Oxford, 2020).[3] 고등교육을 받은 사람은 그렇지 않은 사람에 비해서 평균적으로 기후변화

---

3 2020년 기후변화에 대한 시민의 인식과 정책 선호를 체계적으로 파악하기 위해 세계 50개 국가의 120만 명의 시민들을 대상으로 기후변화에 대한 여론조사를 실시했다. 조사에는 한국은 포함되지 않았지만, 선진국, 중진국, 후진국 및 소규모 도서국가 등 각 지역의 다양한 소득 수준의 국가들이 포함되었고, 설문에 포함된 응답자의 수로는 지금까지 실시된 기후 관련 여론조사 중 최대 규모이다.

를 전 세계적인 위기라고 인식할 확률이 약 8% 포인트 높았다. 이러한 경향은 선진국과 후진국, 저개발국가 및 소규모 도서국가 등 다양한 국가 모두에서 공통적으로 나타났고, 특히 몇몇 저개발국가에서 더욱 현저했다.[4] 여론조사 결과에 따르면 교육 수준이 높은 사람들은 기후위기 인식이 높을 뿐만 아니라 기후 정책에 대한 지지도 강한 편이다. 이는 교육 수준이 기후변화 인식뿐만 아니라 기후행동에 대한 지지에도 영향을 미친다는 것을 보여준다.

2) 경험적 요인

개인이 경험하는 날씨 혹은 이상기후 역시 기후변화에 대한 인식에 영향을 준다. 기후변화에 대한 과학적 정보나 정책 논의에 대한 지식이 제한적일 경우 일상생활의 경험을 기반으로 기후변화에 대한 태도가 형성될 수 있다. 예를 들어 개인이 체감하는 각 지역의 온도는 기후변화 문제의 심각성에 대한 정확한 지표는 아니지만, 대중이 일상에서 가장 쉽게 접할 수 있는 정보로서 기후변화와 연관 지어 생각하는 경향이 있다. 실제로 많은 연구에서는 높은 기온과 지구온난화에 대한 인식에는 유의미한 상관관계를 발견했다. 하지만 기온은 지구온난화에 대한 인식에 단기적으로는 상당한 영향을 미치지만, 장기적으로는 지속되지 않는 것으로 나타났다. 단기적인 날씨의 변화는 개인이 설문조사 시점에서 기후변화와 관련된 설문응답 내용에는 영향을 미치는 반면, 장기적으로 형성되는 기후변화와 관련된 위험 인식에는 크게 영향을 미치지 않는 것으로 나타났다(Egan and Mullin,

---

4 예를 들어 필리핀 조사 인구 중 74%가 기후변화를 전 세계적인 위기라고 답한 반면, 고등교육을 받은 인구 중 이렇게 답변한 비율을 86%이었다. 인도네시아와 칠레 역시 전체 인구 중 각각 69%, 66%가 기후변화를 위기라고 인식하고 있는 반면, 고등교육을 받은 인구 중 이 비율은 각각 81%와 78%였다.

2012; 2017). 단기적인 기온의 변화보다는 홍수, 장마, 심한 폭풍우 등 이상 기후를 경험했을 경우 기후변화에 대한 인식에 보다 근본적인 변화를 가져올 수도 있지만, 최근의 연구에서는 이 역시 경험의 효과가 단기적인 것으로 밝혀졌다(Konisky et al., 2016).

3) 정치적 요인

정치 엘리트의 기후변화에 대한 인식 역시 기후 여론에 영향을 미치는 요인이다. 특히 기후변화가 정치적으로 논쟁이 되는 경우 개인의 당파적 성향에 따라 기후 여론이 달라질 가능성이 높다. 일례로 미국의 경우 공화당과 민주당 지지자 간의 기후 인식에는 명백한 간극이 존재한다. 2018년 예일대학교에서 실시한 여론조사에 따르면 민주당 지지자 중 91%가 지구 온난화가 진행 중이라고 답했고, 79%가 인간 활동이 지구 온난화의 주요 원인이라고 답한 반면, 공화당 지지자 중 같은 응답을 한 비율은 각각 52%와 35%로 기후 인식에 있어 상당한 차이를 보인다(Mildenberger et al., 2020). 이러한 기후변화 인식에 대한 당파적 양극화 현상을 설명하기 위해 일련의 연구는 정치 엘리트의 역할에 주목한다. 1990년대에만 해도 민주당과 공화당 지지자 간의 기후 인식에 큰 차이가 없었으나, 공화당과 민주당 정치인 간의 기후 인식의 간극이 벌어지면서 일반 유권자 사이에서도 인식의 차이가 생기기 시작했다. 개인은 기후변화에 대해 적극적으로 정보를 구하고 해석하기보다는, 자신이 지지하는 정당이나 정치인의 이슈에 대해 취하는 태도를 신호(cue)로 삼아 이와 비슷한 입장을 취하는 경향이 있다. 로버트 브륄(Robert Brulle) 등의 연구에 따르면 이러한 정치 엘리트의 영향력은 과학적인 정보보다 더 큰 것으로 나타났으며, 정치 엘리트의 논의는 언론 보도에도 영향을 미쳐 간접적으로도 여론에 영향을 미친다(Brulle et al., 2012).

4. 탄소중립을 위한 정책 선호도

여론의 탄소중립 정책에 대한 지지는 개인의 기후변화에 대한 인식 및 이해뿐만 아니라 정책 디자인에 따라서도 영향을 받는다. 기후변화 문제의 심각성을 인식하고 기후행동에 적극적으로 참여할 의향이 있더라도, 어떤 정책이 도입되는지에 따라 이에 대한 지지 여부가 달라질 수 있다. 이절에서는 탄소중립목표를 달성하기 위해 도입할 수 있는 정책 전반에 대한 지지에 대해 개괄하고, 탄소세의 사례를 중심으로 어떠한 요소가 여론의 지지에 영향을 미치는지에 초점을 맞춰 논의하고자 한다.

앞에서 언급한 UNDP가 50개국을 대상으로 진행한 여론조사에는 탄소저감 실현을 위한 18가지 정책에 대한 시민의 지지도도 포함되었다. 조사에서는 에너지, 경제, 수송, 농업 및 식품, 인간 보호 및 자연, 여섯 개의 정책 영역에서 각 영역당 세 가지 기후 정책을 제시했고, 이 정책 중 정부가 기후위기를 해결하기 위해 어떤 정책을 제정해야 하는지에 대해서 질문했다.[5] 응답자는 지지하는 정책을 모두 선택할 수 있었다. 이 중 설문에 포함된 국가에서 전반적으로 가장 지지도가 높은 정책은 54%의 응답자가 지지를 보인 산림과 토양 보존 관련 정책이며, 태양광·풍력 등 재생에너지 사용(53%), 친환경 농업기술 사용(52%), 녹색사업과 일자리에 대한 투자 확대

---

[5] 질문에 포함된 18개의 정책은 여론의 지지 순서대로 나열하면 ① 산림과 토양 보존, ② 태양광·풍력 등 재생에너지 사용, ③ 친환경 농업기술 사용, ④ 녹색사업과 일자리에 대한 투자 확대, ⑤ 친환경 교통수단(자동차, 버스, 자전거 등) 사용, ⑥ 깨끗한 해양과 수자원 유지, ⑦ 생명 보호를 위한 인프라 구축 및 자연 보호, ⑧ 재난 조기 경보 시스템 구축, ⑨ 음식물 쓰레기 감소, ⑩ 기업의 오염에 대한 비용 부과, ⑪ 집, 건물, 공장에서 에너지 적게 쓰기, ⑫ 수송 수단(비행기, 배, 열차, 트럭)의 친환경 에너지 사용, ⑬ 도시와 농촌에 대한 디자인과 기획 개선(도시계획 개선), ⑭ 오염 유발 연료 사용 중단, ⑮ 환경 책무를 하는 여성, 원주민, 지역사회에 대한 지원, ⑯ 제품 제조 과정에 대한 정보 공개, ⑰ 적정 가격의 보험 제공, ⑱ 채식 촉진이다.

(50%)가 그 뒤를 이었다. 반대로 가장 낮은 지지도를 보인 정책은 30%가 선택한 채식 촉진 정책이고, 다음으로는 기후변화의 이상기후로부터 사람들을 보호하기 위해 적정 가격의 보험을 제공(32%), 경제 정책으로서 제품 제조 과정에 대한 자세한 정보를 공개하게 하는 것(35%)이 그 뒤를 이었다 (UNDP and University of Oxford, 2021.1.26.).

다양한 기후변화에 대한 정책 지지도에는 국가 그룹별로 상당한 차이가 나타났다. 우선 고소득 국가로 분류될 수 있는 호주, 캐나다, 일본, 영국, 미국 등에서는 기후 정책에 대한 지지도가 다른 국가보다 높았다.[6] 이 그룹의 국가에서는 과반수가 18개의 정책 중 14개의 정책에 대한 지지를 보였고, 이 그룹에서 가장 지지도가 높은 정책은 산림과 토양 보존(71%), 깨끗한 해양과 수자원 유지(68%), 태양광 및 풍력 등 재생에너지 사용(68%) 순서로 나타났다. 중간 소득 국가와 최빈 개발도상국으로 분류된 국가에서 역시 산림과 토양 보존과 재생에너지 사용이 친환경 농업기술 사용과 함께 가장 대중의 높은 지지를 받았다. 다만 고소득 국가보다 전반적으로 기후 정책에 대한 지지가 낮은 것으로 확인되었다.

이처럼 기후변화 문제를 해결하기 위한 다양한 정책 수단에 대해 높은 지지 여론이 확인된 반면, 구체적인 탄소저감 정책에 대해서는 정치적 저항에 대한 우려가 상당한 편이다. 탄소저감을 위해 여러 정책 수단을 고려할 수 있지만, 그중에서도 배출된 탄소에 가격을 부여하는 탄소가격제

6　UNDP의 설문에 포함된 국가 중 보고서에서 고소득 국가로 분류한 국가는 호주, 캐나다, 칠레, 프랑스, 독일, 이탈리아, 일본, 파나마, 폴란드, 스페인, 스웨덴, 트리니다드 토바고, 영국, 미국이고, 중간 소득 국가로 분류한 나라는 알제리, 아르헨티나, 벨리즈, 보스니아 헤르체고비나, 브라질, 코트디부아르, 에콰도르, 이집트, 피지, 조지아, 가나, 인도, 인도, 이라크, 요르단, 키르기스 공화국, 몰도바, 모로코, 나미비아, 나이지리아, 파키스탄, 필리핀, 러시아, 남아프리카, 스리랑카, 터키, 베트남, 최빈 개발도상국으로 분류한 국가는 베냉, 부탄, 콩고민주공화국, 지부티, 모잠비크, 수단, 우간다이다.

(carbon pricing)는 화석연료의 비용을 높여 화석연료 사용을 줄이고 탄소배출을 저감할 수 있는 매우 효과적인 정책이다. 특히 탄소가격제 도입은 기업이나 소비자가 탄소배출에 대한 비용을 부담하게 해, 탄소배출로 인한 외부성(externality)을 내재화하게 하는 유인이 될 수 있다. 대표적인 탄소가격제의 유형에는 배출권거래제(emission trading scheme 혹은 cap-and-trade)와 탄소세(carbon tax)가 있다. 배출권거래제는 배출 총량(cap)을 설정하고, 각 기업별로 배출 총량을 분할해 배출권을 배분하는 방식이다. 배출권거래제에 참여하는 기업은 한도까지 배출할 수 있고, 허용량이 남는 경우 다른 기업에 판매하거나 부족한 경우 다른 기업으로부터 허용량을 구입할 수 있다. 탄소세는 이와 달리 탄소배출총량을 제한하지 않지만, 탄소배출량에 따라 직접적으로 세금을 부과한다(문진영 외, 2017; 신범식 외, 2018).

탄소세는 배출량에 직접적으로 비용을 부과해 탄소 가격을 안정적으로 예측할 수 있다는 장점이 있으며, 국제적 연대 없이도 주권국가 차원에서 비교적 단순한 과정을 통해 달성할 수 있다. 하지만 탄소세 도입의 가장 큰 제약은 정치적 저항이 있을 수 있다는 점이다. 탄소세는 세금 징수 명목을 추가해 기업의 반발이 있을 수 있으며, 소비자에게 비용이 전가될 수 있다는 우려가 제기될 수 있다(신범식 외, 2018). 또한 에너지 사용 비용이 올라갈 경우 소득 대비 에너지 지출이 많은 저소득층에게 더욱 악영향을 끼치는 역진적인 성격을 가진다(Metcalf and Weisbach, 2009; Parry et al., 2012). 이에 탄소세는 탄소저감에 가장 효과적인 제도 중 하나임에도 불구하고(Parry et al., 2012), 탄소세 도입은 실제로 국민으로부터 많은 반대에 직면해 왔다. 호주에서는 2012년 탄소세 도입 이후 국민의 반대에 부딪혀 2년 만에 국가 간 비교를 위한 탄소세가 폐지되었을 뿐만 아니라, 정권 자체에 대한 반감으로 확산되어 정권이 교체되었다(BBC, 2014). 프랑스 정부의 유류세 및 자동차세 인상에 대한 반발로 상징되는 노란 조끼 운동 역시 탄소세에 대한 정치적 저항의 사례이다.

이러한 탄소세에 대한 시민의 정치적 저항을 줄이기 위해 각국의 정치인들은 탄소세로부터의 세입을 통해 시민들에게 다양한 이득이 돌아갈 수 있다는 점을 강조해 왔다. 흔히 세수 환원(revenue recycling)이라 불리는 이 방식은 탄소세로부터 얻는 수입이 시민들에게 돌아갈 수 있도록 배정해, 탄소세에 대한 대중의 지지를 높일 수 있는 방안으로 논의된다. 이를 통해 탄소세 도입을 통한 기후변화 문제 해결이라는 환경적 목적을 달성할 수 있는 동시에 다른 사회적 목적 역시 달성할 수 있다. 시민은 탄소세가 도입되면 단기적으로 비용을 부담해야 하는 반면, 탄소세 도입으로부터 얻는 환경적 이득은 단기적으로 얻을 수 없고 오랜 시간에 걸쳐 장기적으로 얻을 수 있기에 현재 부담해야 하는 비용과 이득 차원에서는 탄소세가 매력적인 정책이 아닐 수 있다. 세수 환원은 시민에게 단기적인 이득을 제공해, 단기적으로 지불해야 하는 비용을 상쇄해 여론의 지지를 높일 수 있다(Carattini, 2018; Klenert et al., 2018). 실제로 리암 바이저-맥그래스(Liam Beiser- McGrath)와 토머스 버나우어(Thomas Bernauer)는 미국과 독일에서 실시한 컨조인트(conjoint) 실험[7]을 통해 세수 환원은 여론의 지지를 높일 수 있다는 것을 확인했다. 구체적으로 탄소세 세수를 사회에 환원할 때 과반이 탄소배출 1톤당 50~70불 정도까지의 세금을 부과하는 것을 지지하는 것으로 나타났다. 단, 설문 대상 국가만 이러한 탄소세를 도입할 때에는 이러한 여론의 지지가 나타나지 않으며, 다른 산업화 국가에서도 비슷한 형태의 탄소세를 도입할 때에만 이러한 과반의 지지가 가능하다(Beiser-McGrath and Bernauer, 2019).

---

7 컨조인트 설문 실험은 마케팅 분야에서 소비자의 제품에 대한 선호를 측정하기 위해 사용된 통계 기법이지만, 최근 사회과학에서도 개인의 정책에 대한 선호를 파악하는 데 사용되고 있다. 응답자는 다양한 속성을 갖고 있는 정책을 평가하고, 반복된 응답을 바탕으로 어떠한 속성이 응답자의 선호에 영향을 미치는지를 파악할 수 있다.

시민은 세수 환원 여부뿐만 아니라 세수 환원 방안에 따라서도 탄소세에 대한 선호가 달라질 수 있다. 서준우 등은 2021년 2월 한국 국민을 대상으로 탄소세에 대한 정책 선호를 밝히기 위해 컨조인트 설문 실험을 실시했다(Suh et al., 2021). 〈그림 3-3〉에서 보는 것처럼 컨조인트 실험에서는 탄소세 부담 정도, 집중 과세 에너지, 소득 재분배 목적의 세수 환원 방안, 환경적 목적의 세수 환원 방안을 다르게 해 여론이 어떠한 정책 요소를 더 중요하게 생각하는지를 분석했다. 각 요소에서 다양한 값을 무작위로 배분해 가상의 탄소세 정책을 평가하게 했을 때, 시민은 탄소세 가격에 가장 민감한 것으로 나타났다. 월평균 가계가 부담해야 하는 세금이 4만 원일 때에 비해 8만 원, 12만 원일 때 탄소세 정책을 선호할 확률은 각각 12%p, 28%p 낮아졌다. 하지만 가계 부담 정도 이외에도 어떠한 부문에 탄소세가 집중적으로 부과되느냐에 따라 정책 선호가 달라진다. 개인은 탄소세가 산업용 연료에 부과되는 것을 가장 선호하고, 다음으로 수송용 연료와 가정용 연료에 부과되는 것을 선호하는 것으로 나타났다. 탄소세 세수가 어떠한 목적으로 사용되는지 역시 개인의 선호에 영향을 미친다. 특정한 소득 재분배적 효과가 없는 국가 보편 예산에 편입하는 것에 비해, 저소득층에게 부담이 가중되는 역진성을 해결할 수 있도록 일정 금액을 전 국민에게 지급하는 국민 지급금 형식으로 세수가 환원될 때 지지가 가장 높게 나타나고, 세수를 통해 소득세를 인하하거나 에너지 취약계층을 지원하는 것에 대한 지지도 비슷하다. 다만 세수 환원을 통해 법인세를 인하하는 방식에는 상당한 저항이 발견되었다. 마지막으로, 탄소세 수입을 통해 환경부 보편 예산에 편입하는 것보다 녹색에너지 창출이나 신재생에너지 개발 투자에 사용할 때 여론의 지지가 높아진다. 이 연구는 탄소중립 정책 디자인에 따라 여론의 지지 정도가 현저하게 달라질 수 있다는 것을 보여준다.

그림 3-3 탄소세의 특성에 따른 여론의 선호 (단위: %)

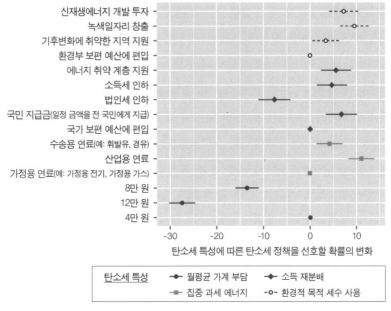

자료: 서준우 등이 2021년 2월 한국 국민을 대상으로 실시한 컨조인트 설문 실험 결과(Suh et al., 2021).

5. 나오며

기후변화의 심각성과 위급성, 이에 대한 과학적 근거에도 불구하고 여론은 기후변화가 존재하는지, 원인은 무엇인지, 어떠한 정책을 도입해야 하는지에 대해 시각이 나뉘어져 있다. 최근 들어 전 세계적으로 기후변화에 대한 여론의 인지도가 높아진 것은 고무적이지만, 기후변화 문제에 대해 아는 것은 기후행동의 첫걸음일 뿐이다. 시민들이 기후변화 문제를 인식하는 것에서 더 나아가, 이를 인류에게 심각한 문제로 받아들여 기후행동에 나서고 기후 정책을 지지할 때 탄소중립목표에 더 가까이 갈 수 있다.

지금까지 기후변화와 탄소저감 정책에 대한 여론의 인식을 파악하기 위해 많은 연구가 이루어져 왔지만, 기후 여론의 시계열적 동향을 정기적으로 추적하는 연구는 매우 드물다. 또한 대부분 설문의 경우 기후변화에 대해 알고 있는지 여부 등 간단한 한두 개의 질문만을 포함하고 있어 개인의 다면적인 기후 인식을 파악하는 데 한계가 있다. 개인이 기후변화의 심각성을 어떻게 인식하는지, 이를 위해 어떠한 정책을 지지하는지는 모두 다른 요인으로 결정될 수 있기에, 기후 여론의 다양한 측면을 이해하기 위한 종합적인 여론 연구가 보다 활발하게 이루어져야 한다. 2010년부터 지금까지 매년 미국인의 기후 인식에 대한 설문 조사를 실시해 온 미국 예일대학교의 기후변화 커뮤니케이션 프로그램(The Yale Program on Climate Change Communication)이 좋은 사례가 될 수 있다. 이러한 프로그램이 미국뿐만 아니라 다른 국가에까지 확장된다면, 기후 여론의 다국가 시계열 분석을 통해 각국 시민들의 기후변화에 대한 인식이 어떻게 변화하고 있는지에 대한 이해를 확장할 수 있을 것이다.

참고문헌

문진영 외. 2017. 「온실가스 감축을 위한 국제사회의 탄소가격제 도입과 경제영향 분석」(대외
경제정책연구원).

신범식 외. 2018. 『지구환경정치의 이해』. 사회평론아카데미.

Aoyagi, Midori. 2017. "Climate Change Communication in Japan." in *Oxford Research Encyclopedia of Climate Science*. Oxford University Press.

BBC. 2014.7.17. "Australia Votes to Repeal Carbon Tax." https://www.bbc.com/news/world-asia-28339663 (검색일: 2021.1.19)

Beiser-McGrath, Liam F. and Thomas Bernauer. 2019. "Could Revenue Recycling Make Effective Carbon Taxation Politically Feasible?" *Science advances*, 5(9), eaax3323.

Brulle, Robert J., Jason Carmichael and J.C. Jenkins. 2012. "Shifting Public Opinion on Climate Change: An Empirical Assessment of Factors Influencing Concern over Climate Change in the U.S., 2002~2010." *Climatic Change*, 114(2), pp.169~188.

Burton, Miriam et al. 2010. "Africa Talks Climate: The Public Understanding of Climate Change in Ten Countries." *Executive Summary*. London, UK: BBC World Service Trust.

Carattini, Stefano, Maria Carvalho and Sam Fankhauser. 2018. "Overcoming Public Resistance to Carbon Taxes." *Wiley Interdisciplinary Reviews: Climate Change*, 9(5), e531.

Egan, Patrick J. and Megan Mullin. 2012. "Turning Personal Experience into Political Attitudes: The Effect of Local Weather on Americans' Perceptions about Global Warming." *The Journal of Politics*, 74(3), pp.796~809.

_____. 2017. "Climate Change: US Public Opinion." *Annual Review of Political Science*, 20, pp.209~227.

Feygina, Irina, John T. Jost and Rachel E. Goldsmith. 2010. "System Justification, the Denial of Global Warming, and the Possibility of "System-sanctioned Change"." *Personality and Social Psychology Bulletin*, 36(3), pp.326~338.

Hennes, Erin P. et al. 2016. "Motivated Recall in the Service of the Economic System: The Case of Anthropogenic Climate Change." *Journal of Experimental Psychology: General*, 145(6), p.755.

Inglehart, Ronald. 1981. "Post-Materialism in an Environment of Insecurity." *American Political*

Science Review, 75(4), pp.880~900.

_____. 1990. *Cultural Shift in Advanced Industrial Society*. Princeton: Princeton University Press.

IPCC. 2018. Masson-Delmotte, V. et al(eds.). "Global Warming of 1.5°C. An IPCC Special Report on the Impacts of Global Warming of 1.5°C above Pre-industrial Levels and related Global Greenhouse Gas Emission Pathways, in the Context of Strengthening the Global Response to the Threat of Climate Change, Sustainable Development, and Efforts to Eradicate poverty." In Press.

Kim, Sei-Hill, Kang, Myung-Hyun and Jeong-Heon Chang. "Climate Change Communication in South Korea." In Oxford Research Encyclopedia of Climate Science. Oxford University Press.

Kim, So Young and Yael Wolinsky-Nahmias. 2014. "Cross-national public opinion on climate change: The Effects of Affluence and Vulnerability." *Global Environmental Politics*, 14(1), pp.79~106.

Klenert, David et al. 2018. "Making Carbon Pricing Work for Citizens." *Nature Climate Change*, 8(8), pp.669~677.

Knight, Kyle W. "Public Awareness and Perception of Climate Change: a Quantitative Cross-national Study." *Environmental Sociology*, 2(1), pp.101~113.

Konisky, David M., Llewelyn Hughes and Charles H. Kaylor. 2016. "Extreme Weather Events and Climate Change Concern." *Climatic Change*, 134(4), pp.533~547.

Lee, Tien Ming et al. "Predictors of Public Climate Change Awareness and Risk Perception Around the World." *Nature Climate Change*, 5(11), pp.1014~1020.

Levi, Sebastian. 2021. "Country-level Conditions Like Prosperity, Democracy, and Regulatory Culture Predict Individual Climate Change Belief." *Communications Earth & Environment*, 2.1, pp.1~10.

Mercado-Sáez, M. Teresa and César Galarza. 2017. "Climate change communication in Argentina." In Oxford Research Encyclopedia of Climate Science.

Metcalf, Gillbert E. and David Weisbach. 2009. "The Design of a Carbon Tax." Harvard Environmental Law Review, 33(2), p.499.

Mildenberger, Matto et al. 2020.7.1. "Democratic and Republican Views of Climate Change (2018)." (https://climatecommunication.yale.edu/visualizations-data/partisan-maps-2018/?est= happening&group=dem&type=value&geo=cd) (검색일: 2021.4.15).

Parry, Ian WH, Rick van der Ploeg and Roberton Williams. 2012. "How to Design a Carbon Tax." In Fiscal Policy to Mitigate Climate Change. International Monetary Fund.

Suh, Jun-woo, Kim, Seungyeob and Sung Eun Kim. 2021. "Designing Carbon Tax with Minimal Public Resistance in South Korea: Evidence from Conjoint Experiment" Working Paper.

Takahashi, Bruno and Alejandra Martinez. 2017. "Climate Change Communication in Peru." in *Oxford Research Encyclopedia of Climate Science*. Oxford University Press.

UNDP and University of Oxford. 2021.1.26. "People's Climate Vote: Results." https://www.undp. org/content/undp/en/home/librarypage/climate-and-disaster-resilience-/The-Peopl es-Climate-Vote-Results.html (검색일: 2021.4.15).

제4장

탄소중립사회 전환을 위한 사회적 합의

공정한 전환이란?

임시정_고려대학교 국제학부 부교수

1. 들어가며

탄소중립사회 전환을 위한 정책이 사회적으로 널리 받아들여지기 위해 필요한 것은 무엇일까? 기존의 논의는 전환의 과정에서 발생하는 비용이 특정 사회 구성원, 특히 사회적 약자들에게 전가되지 않고 공정하게 배분될 것이라는 확신을 시민들에게 심어주는 것이 중요함을 강조한다(Kallbekken et al., 2010; European Commission, 2015). 예를 들어 탄소배출량을 줄이기 위한 대표적인 정책 중 하나인 에너지세 인상의 경우, 수입의 상당 부분을 난방 및 통근에 지출해야 하는 저소득층의 부담을 더하는 역진적 정책이라

---

* 이 장은 Geoffrey Wood et al., "Discussion Forum: The comparative institutional analysis of energy transitions," *Socio-Economic Review,* Vol.18, No.1(2020), pp.257~294에 실린 소논문 Sijeong Lim and Seiki Tanaka, "Promoting social acceptance of energy transition: beyond Western societies," pp.285~294를 번역·수정한 것이다.

는 지적을 받아왔다(Kosonen, 2012; Chiroleu-Assouline and Fodha, 2014; Combet et al., 2010). 이 같은 분배적 불공정 인식은 탄소중립사회 전환에 대한 시민의 지지기반을 약화시키기에, 보다 많은 시민들의 공감과 지지를 얻기 위해서는 취약계층 친화적 전환을 위한 정책 설계 및 이에 대한 홍보가 중요하다는 것이다. 실제로 유럽 국가를 대상으로 한 경험적 연구에 따르면, 친환경 세제 개혁은 취약계층 친화적인 정책과 동시에 추진되는 때에 보다 큰 지지를 얻는 경향을 보였다(Kallbekken and Sælen, 2011; Dietz and Atkinson, 2010 등).

그런데 탄소중립사회 전환을 위한 사회적 합의에 대한 기존의 학술연구는 주로 서구 사회에 치중해 왔다는 한계가 있다. 이에 이 장에서는 관련 논의를 비서구 국가의 관점에서 다루어보고자 한다. 특히 기존 논의가 강조하고 있는 분배적 공정성에 기반한 취약계층 친화적 정책 프레임이 아시아 국가의 시민들로부터는 어떤 반응을 낳을지 이론적, 경험적으로 검토해 볼 것이다. 각 사회마다 국가의 시장 개입을 정당화하는 주요 가치가 다를 수 있기에, 어떤 사회에서는 탄소중립사회 전환에 대한 시민의 지지를 이끌어내는 정책 프레임이 다른 사회에서는 효과가 미미하거나 시민의 지지를 오히려 저해할 수도 있다. 탄소중립사회 전환에 대한 사회적 지지를 확보하기 위해서는 각 사회에 맞는 정책 프레임을 만드는 것이 중요할 것이다.

이어지는 2절에서는 취약계층 친화적 탄소중립사회 전환 프레임에 대한 여론이 사회마다 다르게 나타날 가능성에 대해 이론적으로 논의한다. 3절에서는 이론적 논의를 뒷받침하는 잠정적인 증거를 제시한다. 마지막으로, 4절에서는 시사점에 대해 논의한다.

2. 분배적 공정성 프레임과 탄소중립사회 전환에 대한 시민의 지지

이 절에서는, 서구 정책 전문가들이 탄소중립사회 전환에 대한 사회적 지지 확보를 위해 강조해 온 취약계층 친화적·분배적 정의 프레임이 비서구 국가 시민들로부터 큰 지지를 얻지 못할 가능성에 대해 논의하고자 한다. 이에는 크게 두 가지 이유가 있다.

첫째, 서구 사회와는 달리 대부분의 비서구 국가에서는 환경보호주의와 경제적 진보주의 간에 연계가 두드러지지 않는다. 서구 사회에서는 탄소중립사회 전환에 대한 핵심 지지기반을 구성하는 친환경적 성향의 시민들이 경제적으로 진보적인 성향을 보인다. 미국과 유럽 민주주의 국가의 경우, 진보주의자나 진보정당 지지자들이 보수주의자나 보수정당 지지자들보다 친환경적인 성향을 나타내는 것이다(Pepper et al., 1984; Neumayer, 2004; Nawrotzki, 2012). 친환경적 성향의 유권자들이 각종 환경 이슈에 관한 여론 형성을 주도하는 "현안 중심의 여론주도층"(Nisbet and Kotcher, 2009)임을 고려할 때, 환경보호주의와 경제적 진보주의의 결합은 중요한 의미를 가진다. 친환경적 성향의 시민들은 환경은 물론 경제적 취약계층을 보호하는 정책에 대한 지지를 위해 결집할 가능성이 높기 때문이다. 환경보호주의와 경제적 진보주의 간 연계의 기원에 대해서는 별도의 역사적 분석이 필요하겠지만, 시장회의론이 두 이념의 공통된 관념적 근간이 될 수 있을 것으로 추측된다. 정부의 사회적·환경적 개입은 규제 없는 시장지향적 성장에 대한 해결책이자 시장 관계를 사회적 관계로 재구성하기 위한 노력의 일환으로 간주된다(Meadowcroft, 2005).

이와 대조적으로 비서구 국가에서는 경제적 재분배를 지지하는 측과 환경적 개입을 지지하는 측 간의 이념적·실질적 연대가 약한 편이다. 특히 아시아 (신흥) 선진국의 경우 정부의 환경적 개입에 관한 지배적인 담론은 보수적 정치인들에 의해 처음 제안된 '녹색성장'에 관한 것이었다(Moon, 2010). 녹색성장 담론의 제한적이며 명시적인 초점은 사회생태학적 변화를 촉진시키는 것에 있기보다는 환경적 개입을 수단으로 이용해 국제사회에서 경쟁적 우위를 차지하는 것에 맞춰져 있다(Jacobs, 2012; Lorek and Spangenberg, 2014). 따라서 이들 사회에서는 친환경적 성향의 국민들이 취약계층 친화적 에너지전환을 위해 자연스럽게 연대를 구축하는 상황이 조성되지 않는다.

둘째, 대다수 비서구 국가에서 정부의 개입을 정당화하는 사회적 규범으로서 분배적 정의 자체가 갖는 입지가 취약하다. 생산 및 분배 관련 경제 활동을 규율하는 제도는 각 국가마다 상이하다(Witt et al., 2017). 국가가 사회보호제도를 통해 진보적 재분배 및 취약계층의 복지에 오랜 기간 관여해 온 경우, 시간이 지남에 따라 시민들은 분배적 정의라는 규범을 내재화한다(Pierson, 1993; Bowles, 1998). 따라서 오랜 사회보호제도를 갖추고 있는 사회의 경우 시민들이 자연스럽게 취약계층 친화적 탄소중립사회 전환 정책을 정당한 것으로 인식할 가능성이 높다. 정부 개입의 일차적인 목적과 관계없이, 분배적 정의 규범에 부합하는 개입은 대중의 인정을 받는 반면, 이러한 규범에 반하는 정부 개입, 즉 취약계층의 부담을 가중시키는 개입은 대중의 저항에 직면하게 되는 것이다.

반면 정부가 재분배 및 사회 보호의 가치를 오랫동안 제도적으로 추진해 오지 않은 국가에서는 분배적 정의가 사회적 규범으로서 견고한 위치를 가지지 못한다. 물론 각 개인은 스스로의 도덕적 성향 혹은 물질적 이해에 기반해 분배적 정의를 지지할 수 있겠지만, 이러한 지지는 사회적 규범으로서 분배적 정의를 받아들이는 것과는 다르다. 대신 이들 사회에서는 분배적 정의보다 더 광범위하게 받아들여지는 다른 사회적 규범이 있을 수 있다. 예를 들어 아시아의 신흥 선진국의 경우, 일부 학자들은 국가가 생산 구조 개선을 위해 높은 수준의 생산적 투자를 통해 시장에 개입하는

'발전국가'의 구조 및 기풍이(Witt and Redding, 2013; Wade, 2018), 사회의 구성원인 개인으로 하여금 '발전국가적 사고방식'을 습득하게 했다고 주장한다(Thurbon, 2016). 이렇게 사회화한 개인은, 자국 산업의 경쟁력을 강화할 것으로 인식되는 정부 개입에 자연스럽게 정당성을 부여하는 반면, 정부 개입이 각기 다른 사회계층에 미치는 분배적 효과에는 중요한 의미를 부여하지 못할 수 있다.

요약하자면, 취약계층 친화적 정책 프레임이 탄소중립사회 전환에 대한 시민의 지지를 끌어내는 데 효과적인 것은 비교적 소수의 서구 국가들에 한정된 현상일 수 있다. 대부분의 비서구 사회에서는 환경보호주의와 경제적 진보주의 간에 연계가 부족하며, 분배적 정의가 사회적 규범으로서 견고한 위치를 가지지 못하기 때문이다. 이어지는 3절에서는 위와 같은 2가지 이유를 경험적으로 보이고자 한다.

3. 실증 분석

1) 환경 친화적인 성향과 재분배 정책 선호의 상관관계

앞 절에서 취약계층 친화적 정책 프레임이 탄소중립사회 전환에 대한 사회적 지지를 확보할 수 있는 조건의 하나로 환경보호주의와 경제적 진보주의의 연계를 들었다. 이 절에서는 이 같은 연계가 서구 사회에 국한된 고유의 현상임을 보이는 것으로 분석을 시작하고자 한다. 분석을 위해 제6차 세계가치관조사(World Value Survey) 데이터를 이용해 친환경지수(Pro-Environment Index, 이하 PEI) 및 친재분배지수(Pro-Redistribution Index, 이하 PRI)를 만들었다. 각 지표에 포함된 하위 구성 요소 목록은 부록에 명시했다. PRI를 종속변수로, PEI를 임의 기울기를 가진 독립변수로 하는 선형 혼합

효과 모형(linear mixed effect model)을 적용했다. 개인 차원의 속성(연령, 성별, 소득, 경제적 불안정 인식 및 교육 수준)과 국가 차원의 속성(1인당 국내총생산) 변수를 통제했다. 분석의 초점은 PEI의 효과 추정치가 국가마다 어떻게 다른지를 관찰하는 것이다.

분석 결과는 〈그림 4-1〉을 통해 확인할 수 있으며, 표는 부록으로 첨부했다. 각 국가마다 점 표시는 PEI 효과 추정치, 가로선은 95% 신뢰 구간을 표시한 것이다. 분석 대상이 된 57개 표본 국가 중 단 9개 국가에서만 PEI와 PRI 사이에 유의미한 양의 상관관계가 관찰되었는데, 표본에 포함된 서구 선진국 총 7개 국가 중 독일을 제외한 6개 국가(미국, 뉴질랜드, 호주, 스웨덴, 네덜란드 및 스페인)가 모두 이에 포함된다. 반면 아시아의 경제 선진국(싱가포르, 일본, 한국) 및 부유한 중동 국가(카타르 및 쿠웨이트)의 경우 두 지수 간 연관성이 0에 가깝게 나타났다. 이는 환경보호주의와 경제적 진보주의 간 연계가 국가경제 발전 여부와 관련된 것이 아니며, 일부 사회에 국한된 것이라는 가설을 뒷받침한다.

또 한 가지 주목할 만한 점은, 10여 개 이상의 국가(이집트, 중국, 아르메니아, 튀니지, 파키스탄, 슬로베니아, 에콰도르, 루마니아, 카자흐스탄, 인도 및 남아프리카)에서 PEI와 PRI 간에 유의미한 음의 상관관계가 관찰된다는 점이다. 친환경적 성향의 국민들일수록 오히려 진보적 재분배 정책에 비우호적일 가능성이 높은 것이다. 이들 국가에서는 취약계층 친화적 전환을 강조하는 전략이 탄소중립사회 전환의 핵심 지지기반을 오히려 약화하는 결과를 가져올 수도 있다. 물론 실제로 이러한 결과가 나타날지에 대해서는 추가 연구가 필요할 것이다.

그림 4-1 국가별 PEI-PRI 연관성

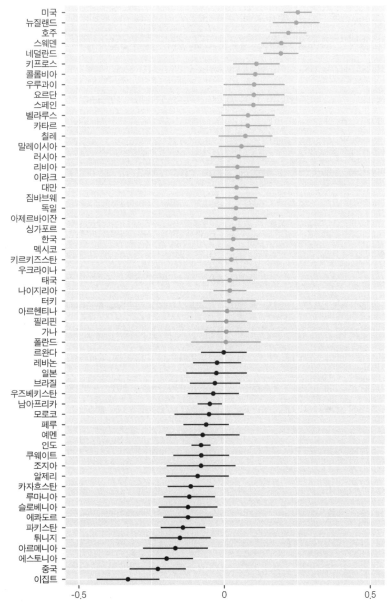

자료: 제6차 세계가치관조사.

2) 정부 개입을 정당화하는 사회적 규범: 대만의 사례

다음으로, 정부 개입을 정당화하는 규범이 각 사회마다 다르다는 명제가 가지는 시사점에 대해 살펴보고자 한다. 앞서 2절에서 논의한 바와 같이, 사회보호제도의 발전이 미흡한 국가의 시민들은 정부 개입의 정당성을 판단하는 데 있어 계층 간 분배적 공정성에 민감하지 않은 성향을 보일 것으로 예상된다. 실제로 이러한 성향이 관찰되는지 살펴보기 위해 대표적인 아시아 신흥 산업국인 대만 시민들을 대상으로 2017년 10월 설문 실험을 실시했다. 조사를 위해 800여 명의 응답자가 대만 국립정치대학교(National Chengchi University) 선거연구소(Election Study Center)의 온라인 응답자 풀(pool)에서 층화무작위추출법(stratified random sampling)을 통해 선정되었다.

우선 응답자로 하여금 디젤/휘발유 차량에 대한 정부의 증세안이라는 가상의 시나리오를 읽도록 했다. 디젤/휘발유 차량의 오염물질 배출에 대한 정보를 제공함으로써 모든 응답자가 해당 세금의 환경적 목적을 주지하도록 했다. 유럽환경청(2011: 5)은 "[환경]세 개혁의 수용성 및 형평성을 위해서는 세입의 재활용이 특히 중요하다"라고 언급한 바 있다. 이에 이 설문 실험에서는 세입의 재활용에 대한 상이한 정보 제공이 가상의 증세안에 대한 시민의 지지에 어떠한 영향을 주는지 살펴보고자 했다. 이를 위해 세입의 재활용에 관한 추가 정보를 무작위로 응답자에게 제공했다. 통제집단(control)에는 정부가 디젤/휘발유 차량의 소유를 억제하고자 한다는 정보만을 제공하고, 증세 수입의 사용에 관한 정보는 제공하지 않았다. 세 개의 실험 집단은 증세 수입 사용에 관한 각기 다른 정보를 받았다. 한 집단에는 세입이 친환경차(하이브리드/전기차)를 구매하는 저소득자를 위한 보조금으로 사용될 것이라는 정보가 주어졌다(T1). 이는 환경세 및 친환경차 보조금의 역진성 논란에 대응하는 분배적 정의 프레임으로 볼 수 있다.

또 다른 집단에는 세입이 친환경차를 구매하는 모든 시민을 위한 보조금으로 사용될 것임을 알렸다(T2). 이는 납세 및 친환경적 소비를 통해 정부 정책에 순응한 모든 시민들에게 보조금이 제공된다는 점에서 호혜적(recip-rocal) 공정성 프레임으로 볼 수 있다. 마지막 집단에는 증세 수입이 친환경 차량의 연구개발을 위해 사용될 것이라는 정보가 주어졌다(T3). 이는 발전국가 프레임으로 볼 수 있다.

설문의 대상국으로 대만을 선택한 데는 크게 세 가지 이유가 있다. 첫째, 대만은 고소득 민주주의 국가로서 소득 및 정권 유형이 서구 사회와 비슷해 이 변수들을 통제할 수 있다. 둘째, 설문조사 당시(2017년 10월) 대만 정부는 2040년까지 모든 화석연료 차량의 판매 금지를 포함한 야심 찬 탄소중립사회 전환을 추진 중이었기 때문에, 설문조사에 쓰인 가상의 시나리오가 현실적이라고 판단되었다. 정부의 계획은 2019년 국내 자동차업계의 반발로 철회되었다. 셋째, 대만이 같은 아시아 선진국인 일본과 한국에 비해서도 복지제도의 확장이 더딘 최소 복지국가(minimalist welfare state)라는 점을 감안하면, 사회적 규범으로서 분배적 정의에 대한 시민들의 수용성이 비교적 낮을 것으로 예상되었다. 즉 탐색적 연구로써 필자의 가설을 뒷받침하기에 가장 부합하는 사례(most likely case)이다.

설문의 응답자들은 5점 만점의 서열 척도인 '매우 반대함(1)~매우 지지함(5)'을 기준으로 가상의 증세안에 대한 입장을 표출했다. 각기 다른 세입 재활용 정보의 효과를 알아보기 위해 잠재적 혼란 변수를 통제하고 순서화 로짓 모형(ordered logit model)을 적용한 회귀분석을 시행했다. 〈그림 4-2〉는 상기 네 가지 정보가 주어진 경우에 참여자가 증세안을 지지할 확률의 예측값을 각각 도식화한 것이다. 통제 변수들은 모두 표본의 평균값으로 설정했다. 표본 규모가 크지 않음을 고려해, 수직선으로 표현된 예측값의 신뢰구간은 67% 수준이다. 분석 결과표는 부록으로 첨부했다.

그림 4-2 취약계층 친화적 정책안은 증세안에 대한 지지를 감소시킴 　　　(단위: %)

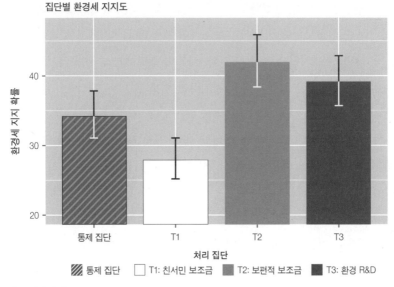

자료: 필자 작성.

〈그림 4-2〉에 따르면, 취약계층 친화적 보조금 정책에 관한 정보를 제공받은 집단(T1)의 증세안에 대한 지지는 통제집단(control)에 비해 유의미하게 낮은 수준이다. 통제집단 응답자 중 36%가 가상의 제안을 지지(즉 매우 지지함 또는 지지함 선택)한다고 응답한 반면, T1 집단으로 분류된 응답자 중 27%만이 제안을 지지한다고 응답한 것이다. 보조금이 누구에게나 보편적으로 제공될 것이라는 정보가 주어진 집단(T2)은 증세안에 대해 가장 높은 지지율(45%)을 보였으며, 친환경 연구개발 보조금 관련 정보를 제공받은 집단(T3) 역시 통제집단보다 높은 지지율(39%)을 보였다.

　　물론 이와 같은 결과는 사회적 규범의 작용이라기보다 응답자의 개인적 이해관계를 반영하고 있는 것으로 볼 수도 있다. 조사에 참여한 대부분의 응답자가 보조금을 받을 자격을 갖추지 못한 평균 소득자라면, 저소득층

그림 4-3 취약계층 친화적 정책안은 증세안에 대한 저소득층의 지지도 감소시킴 (단위: %)

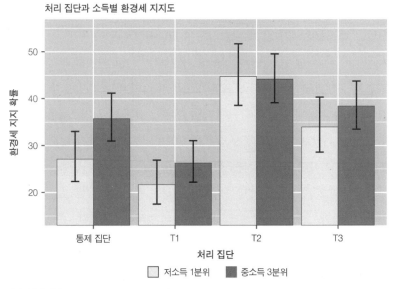

자료: 필자 작성.

만 보조금을 받고 본인은 보조금을 받을 수 없는 정책에 대해 낮은 지지를 보낼 수 있다. 이러한 해석의 타당성을 살펴보기 위해, 저소득층 및 중소득층 응답자가 각각의 증세안을 지지할 가능성을 따져보았다. 응답자의 개인적 이해관계가 설문조사 결과에 반영된 것이 맞는다면, 저소득층 응답자는 취약계층 친화적 보조금 정책을 포함한 증세안에 중소득층보다 우호적인 태도를 보여야 한다. 또 저소득층 응답자는 이 같은 증세안을 가계 보조금을 포함하지 않는 연구개발비를 포함한 증세안보다 더 지지할 것이다. 그러나 〈그림 4-3〉에 따르면, 이러한 예상과는 반대로, 저소득층 (소득 1분위, 하위 20%) 응답자가 취약계층 친화적 보조금을 포함한 증세안을 지지할 확률은 22%에 불과했다. 이는 같은 안에 대한 중소득층의 지지율 26%보다 오히려 낮았다. 저소득층 응답자의 친환경 차량 연구개발 보조금 관련 정부안에 대한 지지율은 34%로, 취약계층 보조금 안에 대한 지지율보다 오히려 12% 포인트나 높았다. 저소득층 응답자로부터 가장 높은 지지를 받는 증세안은 보편적 보조금 정책이 포함된 안이었다.

한편 이 같은 결과는 개인이 스스로가 처해 있다고 인지하고 있는 경제적 위치가 객관적인 경제적 지위와 합치하지 않기 때문에 발생할 수도 있다. 즉 자신의 실제 경제적 위치에 대한 오해로 인해 일부 저소득층 응답자가 자신이 취약계층 친화적 보조금의 수혜자임을 인식하지 못했을 수도 있는 것이다. 이에 따라 필자는 소득 수준이 아닌 주관적 판단을 기준으로 자신이 하위 20% 계층에 해당한다고 생각하는 응답자의 선호도를 살펴보았다. 그 결과 스스로의 경제적 지위를 하위 20%에 해당한다고 인식하고 있는 응답자들 사이에서도 취약계층 친화적 보조금 정책을 포함한 증세안에 대한 지지율은 다른 정부안에 대한 지지율보다 낮게 나타났다. 앞에서와 마찬가지로, 이러한 응답자들 또한 보편적 보조금 정책을 포함한 증세안에 대해 가장 높은 지지율을 보였다.

그렇다면 보편적 보조금 정책을 포함한 증세안이 가장 높은 지지를 얻은 이유는 무엇일까? 이와 관련, 이 장에서는 잠정적인 해석만 제공하며, 보다 정밀한 분석은 향후 연구 과제로 제언하고자 한다. 대만을 비롯한 아시아 신흥 산업국 시민들의 경우, 저부담-저수혜 조세제도에 익숙해져 있기 때문에, 납세 의무를 이행하고 그 대가로 상응하는 정부 서비스를 제공받은 경험 및 이에 대한 기대와 신뢰가 부족하다. 더불어 대만의 국내 정치는 오랜 기간 양안관계를 중심으로 발전해 왔으며, 계층에 기반한 분열은 정치 판도를 가르는 주요한 쟁점이 된 바가 없다. 이와 같은 사회경제적 배경으로 인해 시민들은 정부의 새로운 정책이 수반하는 비용과 편익의 문제를 계층 간 재분배의 관점보다는 시민과 정부 간 호혜성의 관점에서 바라보는 경향이 있는 것으로 보인다. 즉 어떤 정책의 일환으로든지 증세가 이루어진다면, 납세자인 시민에게 그에 상응하는 대가가 명시적으로 제공되어야 비로소 시민들이 정책의 정당성에 대해 확신할 수 있는 것이다. 비록 이 장의 경험적 연구는 대만에 한정되어 있지만, 한국에서도 조세에 대한 인식 및 납세자 태도에 있어 대만과 유사하게 호혜성을 중시하는 성향이 관찰된 바 있다(Lim, 2018).

이러한 관점에서 보면, 아시아 국가의 시민들이 탄소중립사회 전환을 위한 정부의 각종 정책 개입의 정당성을 판단할 때 중요한 것은 그들의 적극적 참여에 대한 정부의 호혜가 보장되는 것일 수 있다. 친환경 세제 개편으로 인한 세수로 친환경 차량을 구매하는 모든 국민에게 보조금을 제공한다는 것은 바로 이러한 호혜성을 강조할 수 있는 정책 프레임에 해당한다. 반대로, 증세 수입의 수혜자를 저소득층으로 제한한다는 것은 곧 국가가 대부분의 납세자에게 호혜성을 보장해 주지 못한다는 의미이다. 친환경 차량 연구개발 투자의 경우, 발전국가적 사고방식을 가진 국민들에게 매력이 있기는 하지만, 다른 한편으로 연구개발의 혜택이 단기적으로 불투명하며 가시화되기까지 상당 시간이 소요된다는 점에서, 호혜성에 대한 명시적인 보장은 약하다. 이러한 점 때문에 보편적 보조금보다 낮은 지지를 받은 것으로 보인다. 이와 같은 해석을 뒷받침하는 근거로 추가 분석에 따르면, 조세제도에 대한 신뢰가 높은 실험 참여자(즉 비호혜성에 대한 우려가 낮은 참여자)의 경우 연구개발 투자에 보편적 보조금과 동등하게 높은 지지를 보내는 경향이 관찰되었다.

4. 나오며: 시사점

서구 사회를 중심으로 한 기존 논의는 탄소중립사회 전환에 대한 여론의 지지 확보를 위해 취약계층 친화성을 부각하는 분배적 공정성 프레임을 강조해 왔다. 이 장에서는 이와 같은 정책 프레임을 비서구 사회에서 활용하는 경우, 주의가 필요할 수 있음을 지적했다. 한국을 포함한 대부분의 비서구 사회에서 친환경적 성향의 시민들은 여타 시민들에 비해 경제적으로 진보적인 성향을 보이지 않는다. 친환경적 성향의 시민들이 경제적으로 더 보수주의적 성향을 보이는 국가도 여럿 있는데, 이 국가의 경우, 취약계층 친화적 정책을 지나치게 부각하는 것이 탄소중립사회 전환의 주요 정책에 필요한 핵심 지지기반을 약화하는 효과를 낳을 수 있다. 대만 시민을 대상으로 실시한 설문조사에서도 취약계층 친화적 정책을 포함한 친환경세제 개편이 세입의 재활용에 대해 아무 정보도 제공하지 않은 경우와 비교해 오히려 낮은 지지를 받았다.

이 장의 취지는 취약계층 친화적 전환의 중요성을 폄하하고자 함이 결코 아니다. 다만 탄소중립사회 전환에 대한 시민들의 폭넓은 지지를 확보하는 데 있어 각 사회의 상황을 고려한 대안적 정책 프레임이 필요할 수 있음을 강조하고자 한다. 정부 개입을 정당화하는 대표적인 규범이 각 사회마다 다를 수 있기 때문이다. 대만, 한국을 비롯한 아시아 신흥 국가들의 경우, 정부의 탄소중립사회 전환 정책에 동참하는 데 따르는 보편주의적이며 유형적인 혜택을 강조하는 호혜적 공정성 프레임이 분배적 공정성 프레임보다 효과적일 수 있다. 탄소중립사회 전환에 대한 사회적 지지에 관한 향후 연구는 이처럼 국가 간 상이한 사회경제적 환경에 보다 많은 관심을 기울여 이루어져야 할 것이다.

참고문헌

Bowles, S. 1998. "Endogenous Preferences: The Cultural Consequences of Markets and Other Economic Institutions." *Journal of Economic Literature*, 36, pp.75~111.

Chiroleu-Assouline, M. and M. Fodha. 2014. "From Regressive Pollution Taxes to Progressive Environmental Tax Reforms." *European Economic Review*, 69, pp.126~142.

Combet, E. et al. 2010. "Carbon Tax and Equity: The Importance of Policy Design." in Dias Soares, C(eds.). *Critical Issues in Environmental Taxation*, pp.277~295. Oxford: Oxford University Press.

Dietz, S. and G. Atkinson. 2010. "The Equity-Efficiency Trade-off in Environmental Policy: Evidence from Stated Preferences." *Land Economics*, 86, pp.423~443.

European Commission. 2015. "Tax Reforms in EU Member States 2015 — Tax Policy Challenges for Economic Growth and Fiscal Sustainability." *European Commission Institutional Papers*, 8. https://ec.europa.eu/info/sites/default/files/file_import/ip00 8_en_2.pdf.

European Environmental Agency. 2011. "Environmental Tax Reform in Europe: Implications for Income Distribution." *Technical report*, 16.

Jacobs, M. 2012. "Green Growth: Economic Theory and Political Discourse." *Centre for Climate Change Economics and Policy Working Paper*, 108, pp.1~24.

Kosonen, K. 2012. "Regressivity of Environmental Taxation: Myth or Reality?" *Handbook of Research on Environmental Taxation*, pp.161~174. Cheltenham: Edward Elgar Pub-lishing.

Kallbekken, S., S. Kroll, T.L. Cherry. 2010. "Pigouvian Tax Aversion and Inequity Aversion in the Lab." *Economics Bulletin*, 30, pp.1914~1921.

Kallbekken, S. and H. Sælen. 2011. "Public Acceptance for Environmental Taxes: Self-Interest, Environmental and Distributional Concerns." *Energy Policy*, 39, pp.2966~2973.

Lim, S. 2018. "Perceptions of Unfairness and a Weak Universal Welfare State in South Korea." *Japanese Journal of Political Science*, 19, pp.376~396.

Lorek, S. and J.H. Spangenberg. 2014. "Sustainable Consumption within a Sustainable Economy — Beyond Green Growth and Green Economies." *Journal of Cleaner Production*,

63, pp.33~44.

Meadowcroft, J. 2005. "From Welfare State to Ecostate." in Barry, J. and R. Eckersley(eds.). *The State and the Global Ecological Crisis*, Cambridge, MA: MIT Press, pp.3~23.

Moon, T.H. 2010. "Green Growth Policy in the Republic of Korea: Its Promise and Pitfalls." *Korea Observer*, 41, p.379.

Nawrotzki, R.J. 2012. "The Politics of Environmental Concern: A Cross-National Analysis." *Organization & Environment*, 25, pp.286~307.

Neumayer, E. 2004. "The Environment, Left-Wing Political Orientation and Ecological Economics." *Ecological Economics*, 51, pp.167~175.

Nisbet, M.C. and J.E. Kotcher. 2009. "A Two-Step Flow of Influence? Opinion-Leader Campaigns." *On Climate Change. Science Communication*, 30, pp.328~354.

Pepper, D., J.W. Perkins and M.J. Youngs. 1984. *The Roots of Modern Environmentalism*. London: Croom Helm.

Pierson, P. 1993. "When Effect Becomes Cause: Policy Feedback and Political Change." *World Politics*, 45, pp.595~628.

Thurbon, E. 2016. *Developmental Mindset: The Revival of Financial Activism in South Korea*. Ithaca, NY: Cornell University Press.

Wade, R. H. 2018. "The Developmental State: Dead or Alive?" *Development and Change*, 49, pp.518~546.

Witt, M.A. et al. 2017. "Mapping the Business Systems of 61 Major Economies: A Taxonomy and Implications for Varieties of Capitalism and Business Systems Research." *Socio-Economic Review*, 16, pp.5~38.

Witt, M.A. and G. Redding. 2013. "Asian Business Systems: Institutional Comparison, Clusters and Implications for Varieties of Capitalism and Business Systems Theory." *Socio-Economic Review*, 11, pp.265~300.

부록

표 1 친환경지수(PEI) 및 친재분배지수(PRI)에 사용된 세계가치관조사(WVS) 문항

친환경지수 관련 문항	
V30	Active/Inactive Environmental Organization Membership
V78	Looking After the Environment is Important
V81	Protecting Environment vs. Economic Growth
V82	Given Money to Ecological Organization
V83	Participated in Environmental Demonstration
친재분재지수 관련 문항	
V96	Income Should be Made More Equal
V98	Government Should Ensure that Everyone is Provided for
V131	(Essentials of Democracy) Government Tax the Rich and Subsidize the Poor
V134	(Essentials of Democracy) People Receive State Aid for Unemployment
V137	(Essentials of Democracy) The State Makes Peoples' Incomes Equal

자료: 제6차 세계가치관조사.

표 2 친환경적 성향과 경제적 재분배에 대한 선호의 상관관계

	종속변수: 친재분배지수(PRI)	
	(1)	(2)
Pro-Environment Index	0.009	0.001
	(0.011)	(0.011)
Age		0.008***
		(0.001)
Female		0.014***
		(0.003)
Income		0.025***
		(0.001)
Insecurity		0.018***
		(0.002)
Education		0.007***
		(0.001)
GDP per capita		0.031
		(0.043)
GDP per capita2		0.002
		(0.007)
Constant	0.003	0.108**
	(0.023)	(0.038)
Countries	58	57
Obs.	74 731	67 733

*P $<$ 0.05, **P $<$ 0.01, ***P $<$ 0.001.

자료: 제6차 세계가치관조사.

표 3 대만 설문조사의 기술 통계

	Min.	1st Qu.	Median	Mean	3rd Qu.	Max.
Age	22	31	40	41.64	50	87
Gender	1	1	1	1.444	2	2
Income quintile	1	2	2	2.697	4	5
Education	2	6	6	6.035	7	7
(Perceived) Tax burden	1	3	4	3.945	5	5
Own Petrol/Diesel car(s)	0	0	1	0.61	1	1
Redistributive attitude	1	3	4	3.853	5	5

자료: 필자 작성.

표 4 증세안 지지의 결정요인

	DV: 증세안에 대한 입장				
	(1)	(2)	(3)	(4)	(5)
		Split Sample			
	C	T1	T2	T3	
Age	-0.0005	0.01	-0.001	-0.013	0.002
	(0.006)	(0.012)	(0.012)	(0.012)	(0.012)
Female	-0.007	0.182	0.475*	-0.275	-0.401
	(0.128)	(0.271)	(0.262)	(0.255)	(0.255)
Income	0.085*	0.199*	0.123	-0.013	0.095
	(0.050)	(0.107)	(0.104)	(0.098)	(0.097)
Education	0.091	0.22	-0.194	0.15	0.209
	(0.076)	(0.157)	(0.154)	(0.145)	(0.154)
Perceived tax burden	-0.274***	-0.349**	-0.267*	-0.109	-0.410***
	(0.069)	(0.143)	(0.140)	(0.141)	(0.143)
Car ownership	-0.461***	-0.750***	-0.252	-0.476*	-0.279
	(0.137)	(0.284)	(0.281)	(0.283)	(0.268)
Support redistribution	0.138**	0.127	0.251*	-0.035	0.094
	(0.063)	(0.120)	(0.130)	(0.137)	(0.132)
T1	-0.294*				
	(0.177)				
T2	0.329*				
	(0.178)				
T3	0.211				
	(0.176)				
N	822	206	205	205	206

*P < 0.1, **P < 0.05, ***P < 0.01.

자료: 필자 작성.

제5장

탄소중립과 미래세대

김명성·이희섭_연세대학교 대학원생

1. 들어가며

지금과 같은 속도로 탄소배출을 지속한다면 미래에는 환경적, 사회적, 산업적 위기가 초래될 것이다. 지구 평균온도 상승폭을 1.5도 이내로 제한하기 위한 '2050년 탄소중립' 달성은 미래세대가 겪을 최악의 기후위기를 막을 수 있는 마지막 기회이다.

2021년 국회에서 주최한 기후위기 대응 입법을 위한 공청회에서 강찬수 환경 전문기자는 '2050년 탄소중립'을 이루기 위해서는 미래와 현재의 끊임없는 대화가 필요하다고 주장했다. 이처럼 탄소중립은 세대 간 형평성 (intergenerational equity)과 협력이 요구되며, 기후위기를 맞닥뜨리고 그에 대한 비용을 지불할 미래세대의 목소리가 반영되어야 하는 것이다.

하지만 기후변화 대응 과정에서 미래세대의 목소리를 반영할 수 있는 제도적 장치가 부족하다. "2050년 당신은 몇 살인가요?" 2008년 유엔기후변화협약 제14차 당사국총회(COP 14)에 참석한 영국청소년기후연합(UK Youth Climate Coalition)의 활동가들이 입은 티셔츠의 문구였다. 당시 24살이었던 영국 기후 청년 운동가 커스티 슈네베르거(Kirsty Schneeberger)는 자신들의 미래를 계획하고 결정하는 자리에 본인들의 결정권이 없다는 좌절감에서 질문하게 되었다고 설명했다(Pettiward, 2020). 이로부터 11년이 지난 2019년에 청소년 환경운동가인 스웨덴의 그레타 툰베리(Greta Thunberg)는 유엔 기후행동 정상회의(UN Climate Action Summit)에서 세계 정상들에게 "우리가 여러분을 지켜볼 것"이라며 호소했다(Milman, 2019). 이처럼 아직도 기후변화 정책 수립 과정에서 미래세대의 목소리는 충분히 반영되지 않고 있다.

이 장에서는 정책 수립 과정에서 미래세대의 목소리를 어떻게 반영할 수 있는지 알아본다. 이를 위해 해외 및 국내의 기후변화 청년단체의 현황을 정리했다. 또한 장기저탄소발전전략(Long-term Low Greenhouse Gas Emission Development Strategies, 이하 LEDS) 수립을 위한 '2050 저탄소사회 비전 포럼'의 청년 분과로 참여한 청년 위원 및 탄소중립을 촉구해 온 국내 기후변화 청년단체 소속 10명의 청년을 대상으로 진행한 심층 면접을 통해 국내 탄소중립 정책과 청년들의 정치적 역할에 대한 생각을 들어보았다. 마지막으로, 제도적으로 어떻게 하면 미래세대의 의견을 기후변화 정책에 반영할 수 있는지에 대한 정책적 방안을 제시하며 장을 마무리한다.

2. 외국의 탄소중립과 미래세대

1) 미래세대의 탄소중립 관련 활동

기후변화로 인한 다양한 위협 속에 살게 될 미래세대는 극한기후와 변화에 따른 심신 건강 등 부정적 영향의 잠재적 피해자일 수도 있고 환경의 청지기(steward) 역할을 할 수도 있다. 실제로 미래세대는 기후변화 위험성에 대한 사회적 인식을 일깨우는 활동을 주도하고 탄소중립을 생활에서 실천하기도 하며, 탄소중립에 소극적인 정부와 기업에 대해 소송을 전개하는 등 다양한 행동을 보여주고 있다.

첫째, 개인 차원에서 기후변화의 심각성 인식 확산에 노력한다. 미래세대 개인이 1인 시위, 유튜브 방송, SNS 등 다양한 유형으로 기후변화 대응을 촉구한 방법 중 2018년 툰베리의 온실가스 저감을 위한 등교 거부가 유명하다. 툰베리는 매주 금요일마다 등교 대신 정부에 '온실가스 저감'을 요구하는 1인 시위에 나섰는데 그의 이러한 행동은 SNS를 통해 미국, 브라질, 영국, 프랑스 등 전 세계의 기후 파업(climate strike) 또는 미래를 위한 금요일(Fridays for Future, 이하 FFF) 시위로 발전했다. 툰베리가 초청되었던 2019년 유엔 기후행동 정상회의에는 140여 개 국가에서 500명 이상의 활동가들이(19세에서 30세 사이) 참여해 미래세대의 기후변화에 대한 관심을 보여주었다(Han and Ahn, 2020). 2018~2019년 FFF 시위는 기후 위급성에 초점을 둔 정치적, 사회적 변화를 촉구하고 기후위기에 대해 자유방임적 태도를 취하고 있는 정치지도자와 기성세대 및 자본가 이데올로기에 항의하고 있다(Holmberg and Alvinius, 2019).

둘째, 미래세대는 직접 탄소중립 실현을 위해 노력하고 있다. 대학생들이 주축이 되어 대학 당국으로 하여금 청정에너지 정책과 그린빌딩을 채택하도록 해 탄소배출량을 감축하는 것이다. 2003년 처음으로 미국 캘리포니아 주립대학이 '범대학 지속가능한 실천 정책'을 명문화해 기후, 에너지, 식량, 수송, 음용수 등의 영역에서 규범을 만들어 탄소중립 캠퍼스를 실현하고 있다. 교수들은 실험실에서 지속가능한 실천을 통합해 내고, 학생들은 대학 건물의 에너지 효율화와 탄소 상쇄(carbon offset)를 연구해, 교내 차량으로는 전기차, 또는 수소차만 가능하도록 했다. 이와 같은 미래세대의 실천 활동은 캠퍼스 내에서만이 아니라 외부로도 지속가능한 삶의 방식을 확산시키는 효과가 있다.

셋째, 미래세대 기후행동가들은 탄소중립에 소극적인 정부나 기업을 대상으로 소송을 제기해 실질적인 효과를 끌어내기 위해 노력하고 있다. 툰베리와 14명의 청소년은 2018년 유엔아동권리협약국이 기후위기에 대응하지 않아 아동권리협약을 지키지 않고 있다고 지적했으며, 유럽의 청소년 행동가들은 유럽시민발의(ECI)를 활용해 유럽공동체(EC)로 하여금 유럽연합의회에 법적으로 대응하게끔 압박했다. 미국에서는 2015년 8월, 오레곤주에 거주하는 21명의 청소년이 연방정부와 화석연료 기업이 기후변화에 제대로 대응하지 않아 청소년의 생존과 자유 및 경제권을 위반하고 있다고 소송을 제기했다. 또 매사추세츠 공립 고등학교 학생 8명은 2016년 지역사회의 1회용 플라스틱 소비 억제를 위해 '지역 상인들이 1리터 이하 음료수를 판매할 때 플라스틱 병이나 컵을 사용하지 못하게 해달라'는 청원을 지방정부에 제기해 2018년 성공적인 결과를 얻어냈다(Burke et al., 2020). 이와 유사하게 2016년 콜롬비아에서도 25세 이하 미래세대가 '아마존 열대우림 보존'을 위해 정부에 소송을 진행해서 최종 승소한 사례가 있다(김정한, 2020). 이와 같이 소송 활동을 통해 미래세대는 환경정의와 같은 자신들의 윤리적 이상을 실현하는 민주적 과정을 학습하고 성공 경험을 누적하게 된다. 그뿐만 아니라 탄소중립을 주장하는 단순한 퍼포먼스를 넘어서서 정부의 적극적인 대응 행동을 유도해 낼 수 있어 주목받고 있다.

2) 각국의 미래세대 탄소중립 활동의 수용과 한계

미래세대의 정치 참여가 새로운 일은 아니지만 기후위기 중단을 위한 이들의 최근 활동은 전 지구적 규모와 지속성 차원에서 변화 매개자로서 인정받을 만하다. 2018~2019년 청소년 기후운동은 전 세계적으로 기후변화에 대한 경각심을 높이고 보다 광범위한 인구집단을 기후변화 중단 활동에 연계해 추진 동력이 형성되기도 했다.

영국에서는 툰베리와 영국 환경단체인 '멸종반란(Extinction Rebellion)'의 연대 항의 시위 이후 정부가 탄소발자국(carbon footprint)을 제거하기 위한 국내 법안을 통과시켰다(한희진·안상욱, 2020: 4127에서 재인용). 독일은 2038년까지 석탄광업을 중단하기로 했고, 프랑스는 파리협정에 가입하지 않은 국가와는 무역을 하지 않겠다고 선언했다. 스웨덴 역시 환경·기후 장관이 10개 청년 기후 단체 대표들과 만나 스웨덴의 기후변화 대응 노력과 스톡홀름 50+에 대한 청년들의 목소리에 귀를 기울였다(Government Offices of Sweden, 2020). 또 스웨덴, 칠레, 스페인을 포함한 10개국이 2019년 마드리드에서 개최되었던 제25차 당사국총회(COP 25) 기간에 '아동, 청소년과 기후행동 선언'에 서명하는 성과도 있었다.

한편 미래세대의 탄소중립 활동이 화석연료 중심의 탄소 잠금(carbon lock-in) 기성 사회에서 얼마나 영향력이 있을지에 대해서는 회의적 시각도 크다. 투표권도 없는 청소년들의 FFF 항의시위나 한정된 영역의 탄소중립 실현 예들이 과연 정부나 기업의 기후변화 대응 정책에 의미 있게 반영될 수 있을 것인가? 게다가 청소년 및 청년 환경단체의 목소리가 정책에 미친 영향력을 실제로 측정하기도 쉽지 않다. 일부 언론에서는 기후변화 중단을 위해 등교 거부에 동참한 청소년에게 '아이팟과 아이패드를 끼고 사는 현재의 삶을 포기할 수 있는지?' 반문하며 비판적 태도를 보이기도 했다(Feldman, 2020). 또 미래세대가 더 광범위한 정치 시스템에 대한 지식과 관여할 수 있는 역량이 부족하다는 비판도 있다(Bessant, 2020).

그러나 기후변화의 누적적 특성과 효과가 나타나기 위해서는 한 세대 이상의 시간이 요구되는 탄소중립 계획의 이행 과정에서 미래세대의 참여와 행동의 중요성을 간과해서는 안 된다. 이들이 지금은 기후위기 대응에 영향력을 행사할 수 있는 경로 확보에 어려움을 겪고 있지만 점진적으로 저탄소사회 실현과 탄소중립의 주체로서 주도적 역할을 담당해 나갈 것이기 때문이다. 더욱이 미래세대의 기후위기 중단 행동은 '사회정의'라는 보편적이고 평등한 가치에 기반해 사람들의 감성에 호소해 참여를 이끌어내는 효과를 가지고 있다. 김운수(2020)는 정부나 자치 단체가 장기목표 이행 과정에서 '계획(plan)-실행(do)-행동(act)-점검(check)' 단계별로 청년층에게 역할을 부여하고 참여 기회를 충분히 제공해야 한다고 했다. 국제적으로는 UNEP나 UNFCCC에서 미래세대 단체의 목소리에 귀를 기울일 수 있는 공식적 경로를 확보할 필요가 있다. 미래세대는 현 기후변화의 결과 속에서 살아갈 사람들이기 때문이다.

3. 한국의 탄소중립과 미래세대

국내 기후변화 운동에 대한 기존 연구들은 거시적 환경운동 속에 한 분야로 연구되거나, 환경운동연합, 환경정의 등 환경단체들의 기후 활동가를 중심으로 연구되었다(김선미, 2009; 김민정, 2015). 이 장에서는 기존 환경단체와는 다른 성향을 나타내는 청년 기후변화 단체에 집중했다. 청년 기후변화 단체는 2050 탄소중립의 주요 이해당사자로서 2019년부터 탄소중립 선언을 촉구해 왔고 미래세대를 대변해 정치적 영향력을 행사하고 있다. 이 장에서는 먼저, 국내 청년단체의 현황을 정리하고 청년 기후변화 단체의 구성원을 대상으로 한 심층 면접을 통해 탄소중립에 대한 청년들의 생각을 조사했다. 마지막으로, 청년 분과가 있었던 2050 저탄소사회 비전 포럼을 사례로 미래세대의 정책 의견 수용 방안에 대해 고민한다.

1) 심층 면접 대상 및 단체

심층 면접은 4개의 국내 청년 기후변화 단체 멤버 또는 대표 10명을 대상으로 2021년 2월 2일부터 4월 12일까지 진행했고 소속 단체는 〈표 5-1〉과 같다. 질문지는 사전에 기존 연구, 면접 대상 및 단체에 대한 기사, 단체 홈페이지 등의 문헌 조사를 통해 도출했다. 질문으로는 '어떤 탄소중립 활동을 했는지', '탄소중립이 어떤 의미인지', '탄소중립을 위한 청년의 정치적 역할은 무엇인지', '청년 활동 수용과 한계는 무엇인지' 등을 중점으로 구성했다. 4개의 단체들은 국내 377개의 시민 단체가 참여하고 있는 기후위기 비상 행동에서 청년단체로 분류되어 있으며 국내에서 대표적인 청년 기후변화 단체로 알려져 있다.

표 5-1 심층 면접 참여자 및 단체

	소속 단체	창립 연도	회원 수	단체 가치	이름	구분
1	긱(Green Environment Youth Korea, GEYK)	2014	약 70명	세대 간 형평성, 청년 참여, 소프트 파워, 협력	강다연	운영진
2	빅웨이브(Big Wave)	2016	약 350명	자발적 참여, 공유와 확산, 수평적 네트워크	고인환	운영위원
3					임재민	운영위원
4					오동재	운영위원
5					박현선	멤버
6					김민	대표
7	청년기후수호단(가오클)[1]	2019	약 60명	서로 돌봄, 수평적 관계, 주체성, 즐거움, 비폭력, 사랑	고다슬	멤버
8	청년기후긴급행동	2020	약 40명	기후정의, 사회적 연대, 청년 주체화, 지속가능한 운동	오지혁	대표
9					강은빈	운영위원
10					이은호	운영위원

주: 1) 가디언즈 오브 클라이밋(Guardians of Climate).

2) 국내 청년 기후변화 단체의 활동

1993년 한국의 유엔기후변화협약 가입 이후 국내 기후변화 대응 운동은 2000년대 후반부터 환경 운동연합, 에너지 정의 행동 등 환경운동 단체와 일부 사회 운동 단체에 의해 주도되었다(김민정, 2015). 이후 2010년대 중반부터 20, 30대가 주를 이루는 청년 기후변화 단체들이 활동을 시작했다. 청년 기후 단체들은 기존 그린피스, 환경운동연합, 환경정의 등과 같은 환경 비정부기구(Non-Governmental Organization, NGO), 비영리 단체와는 다른 2가지 성향을 띠고 있다. 첫째, 기존 환경단체가 생태 보존, 해양, 산림 등의 환경문제를 포괄적으로 보고 기후변화를 그중의 한 분야로 다룬다면, 청년 기후변화 단체는 기후변화를 사회 전체를 아우르는 포괄적 주제로 인식하고 그 안에 자원 순환, 인권, 경제 등 다양한 사회문제를 다루고 있다.

강은빈   기후위기 대응이 하나의 콘텐츠보다는 그릇 같아요. (중략) 그 속에서
         여성 운동, 노동 운동 등 많은 사회적 어젠다를 담아내 당사자들과 함
         께 고민해야 하고, 그 과정이 전환이라고 생각해요.
이은호   (소속 단체를) 환경단체라고 하면 기후운동단체로 바꿔 달라고 해요.
         환경은 추상적인 개념으로 생각되어서 이 정도만 하면 되지…… 하던
         대로 관성적으로 하게 만드는 것 같아요.

두 번째 다른 점은 비영리 환경 단체들이 전업 활동가를 중심으로 활동하고 이를 지지하는 개개인이 자금 후원 또는 행동에 참여한다면 청년 기후 단체는 전업 활동가가 없이 소속 회원 개개인이 기후변화 의제 내에서 가지고 있는 다양한 관심사에 대해 함께 공부하고 직접 프로젝트, 퍼포먼스 등을 계획 및 실행하고 있다.

이처럼 빅웨이브에서는 2016년부터 2021년까지 지속가능 농업, 2050 저

탄소 정책 등의 다양한 주제로 멤버들이 계획하고 참여하는 36개의 스터디가 진행되었다. 또한 긱은 2015년부터 유엔기후변화협약 당사자 회의, 녹색기후기금 이사회, 동아시아 기후 리더십 캠프 등에 참석하고 국내외에서 다양한 활동을 진행했다. 청년기후수호단은 기후변화 도서 모임 및 거리 행동을 진행하며 기후변화 인식을 높이는 데 힘쓰고 있다. 마지막으로, 청년기후긴급행동은 단체 이름과 같이 포스코, 두산, 한국전력공사 규탄 캠페인 및 가덕도 신공항 건설 반대 캠페인 등의 활동을 진행하고 있다.

김민   빅웨이브에 전업 활동가는 없어요. 다른 단체에서도 대부분은 자기의 삶과 병행하고 있는 것으로 알고 있어요. (중략) 전업 활동가를 중심으로 되는 순간 직업으로 하는 사람들이 전문적으로 할 거라고 생각하는 것 같아요. 우리나라는 시민사회가 전업 활동가 구조인 것도 한몫하는 것 같아요. 그래서 청년단체가 이걸 깨는 것이 하나의 미션이기도 한 것 같아요.

강다연   운영진으로 인도네시아 자바 수랄라야 석탄화력발전소 건설 반대 TF (Task Force) 팀을 이끌고 있으며 정책팀 등에서 활동하고 있어요. (중략) 긱이 추구하는 바는 재생에너지전환, 친환경 라이프스타일 확산, 국제사회에 청년의 목소리를 전달하는 것이지만 이외에도 식생활, 금융, 정책, 농업, 제로 웨이스트(zero-waste) 등 다양한 이슈들을 다루고 있어요.

이와 같은 국내 청년 기후변화 단체들은 탄소중립 수립 과정의 시작이었다고 할 수 있는 2019년 2050 저탄소사회 비전 포럼부터 2020년 10월 문재인 대통령의 2050년 탄소중립목표 선언과 같은 해인 12월 15일 2050 LEDS 정부안 확정까지 단합된 목소리로 강력하게 정부의 탄소중립 추진

표 5-2 탄소중립 관련 청년단체 활동

일시	활동	참여 단체
2019.12	2050 저탄소사회 비전 포럼 청년 요구안 제출	빅웨이브, 긱, 기후결의, 대학생신재생에너지기자단, 한양대학교 HEAL, KAIST 지속가능경영 동아리 K-SUS 등(변국영, 2019)
2020.7	청와대 앞 탈석탄 그린뉴딜 촉구 기자회견	가오클, 기후결의, 긱, 빅웨이브, 문화연대 '스틸얼라이브', 성공회대 공기네트워크, 청년긴급행동[7개 단체(최우리, 2020)]
2020.7	광화문 진정한 그린뉴딜 촉구 퍼포먼스	청년기후긴급행동
2020.7	2050 장기저탄소발전전략 수립을 위한 전문가 토론회 단상 점거 발언	청년기후긴급행동
2020.10	2050 장기저탄소발전전략 수립을 위한 국민 토론회 발언	청년기후긴급행동
2021.2	탄소중립 이행 법안 입법 공청회 청년단체 의견서 제출	긱, 빅웨이브, 대학생 기후행동, 청년기후긴급행동(4개 단체)

자료: 오동재(2021: 1).

을 촉구했다(〈표 5-2〉 참고). 7개 단체가 연합한 2020년 7월 탈석탄 그린뉴딜 촉구 기자회견에서 청년단체들은 그린뉴딜의 핵심은 기후위기를 막고 사회·경제 체제의 근본적 전환을 이루는 것인데 정부의 그린뉴딜은 일자리창출에 방점을 두었다고 지적했다(최우리, 2020.5.27). 이처럼 청년단체들은 기후변화 대응의 중요성을 사회에 알리고 정부의 정책을 감시하고 규탄하는 감시자의 역할을 하고 있다.

3) 청년이 생각하는 탄소중립

탄소중립의 기술적 정의 및 관련 연구는 국내외에서 활발히 진행되고 있지만, 청년들이 생각하는 탄소중립에 대한 조사는 부족하다. 따라서 심층 면접에 참여한 청년들에게 탄소중립의 의미를 물어보았다.

박현선 청년들에게 필수적인 것이라고 생각해요. 이제 당연히 참여하고 적극
       적으로 나서야 한다고 생각해요.

강다연 IPCC가 66%라는 확률을 기반해서 (지구 온난화 1.5℃ 2050 탄소중립 시나
       리오를) 이야기한 것이기 때문에 더 늦추거나 사실 2050년이라는 것도
       엄청나게 포기를 한 것이 아닌가 하는 생각이 드는 숫자인 것 같아요.
       그리고 수많은 생명이 걸린 문제이기도 하기 때문에 절박한 의미를 갖
       고 있죠.

고인환 미래세대가 탄소중립을 주요 (정치적) 어젠다가 될 수 있게 영향을 끼쳤
       다고 생각해요.

대부분의 심층 면접 참여자는 탄소중립을 필수, 생존 등으로 정의하며
2050년보다 빠른 시일 내에 탄소중립이 이루어져야 함을 강조했다. 또한
탄소중립이 IPCC[1] 1.5℃ 특별 보고서의 과학적 연구 결과가 아닌 정치적
의미를 가지게 된 것에 툰베리를 비롯한 청소년 및 청년 기후 운동가의 역
할을 강조했다.

한편 심층 면접 참여자들에게 한국이 제시한 탄소중립계획에 대해 물었
을 때 대부분의 참여자가 감축목표와 정의로운 전환의 부재를 부족한 점
으로 제시했다.

오지혁 파급력은 있다고 생각합니다. 하지만 (선언) 이후에 정부는 무엇을 해
       야 할지 모르고 있는 것 같아요. (중략) 탄소중립이든 그린뉴딜이든 연
       도별 온실가스 감축 시나리오와 산업전환 계획이 있어야 하잖아요.

오동재 그린뉴딜 정책으로 2025년까지 73조 원이나 더 들어서 기존 감축목표

---

1   기후변화에 관한 정부 간 협의체(Inter-governmental Panel on Climate Change, IPCC)

량의 20%[2] 정도만 달성하겠다는 게 말이 안 되는 것 같아요. 돈을 더 쓰기로 했으면, 감축목표도 더 강화되는 게 맞죠.

김민 전반적으로 감축 부문을 중심으로 움직였기 때문에 적응, 정의로운 전환, 교육에 대한 논의가 없어요. 그러다 보니 한계가 있죠. 정말 필요한 사회적 논의는 빠져 있어요. 0.4도 늘었을 때 어떻게 적응할지 논의해야죠. 내연기관차가 없어지면 어떻게 할 것이냐? 노동자들은 어떻게 할 것이냐?

4) 청년단체의 방향성과 정치적 역할

앞에 소개된 바와 같이 청년단체 및 미래세대는 기후변화 대응 과정에 정치적으로 중요한 역할을 하고 있다. 그렇다면 심층 면접 참여자가 생각하는 2050 탄소중립에 청년세대의 정치적 역할은 무엇일까?

고다슬 청년단체들은 2050 (탄소중립을) 반대하고 2030년으로 당겨 잡아야 한다고 생각해요. 10년이라도 앞당길 수 있도록 정부 정책을 확실히 감시하는 것을 청년단체들이 해야 한다고 생각해요.

임재민 청년들이 전략과 시나리오에 같이 참여하고, 그 의견을 바탕으로 정부 부처에 이행 계획과 세부 전략들이 나오면 그 시나리오와 전략에 맞춰서 (이행되고 있는지) 심의 의결을 해야 한다고 생각해요. 예를 들어 '가덕도 신공항 건설 특별법' 법안 심의 의결을 청년들이 위원으로 참여하는 게 중요하죠.

오지혁 출마를 해야죠. 이번에 썬라이즈 운동(sunrise movement)도 바이든 캠프에 참여해서 기후위기 관련된 정책을 만들었잖아요. 그런 역할들을

---

2 1229만 톤(현재 한국 2030년 감축목표 경로상 2025년 감축목표량의 약 20%)

하는 거라고 봐요. 20, 30, 40대 사람들이 장·차관으로 역할을 맡을 수 있어야 해요. 실제로 (청년 기후 운동가가) 출마를 해서 언론의 관심을 받으면서 성공사를 만들어야 하죠. (중략) 변화를 실현할 수 있는 힘이 있다. 다수를 조직해서 투표하게 하는 것, 정치인들을 압박하는 캠페인, 정당에서 활동하며 정치 활동을 하는 게 밑거름이 되겠죠. 어쨌든 저희 안에서 출마자가 나오고, 조직된 표가 나오는 게 중요할 것 같아요.

심층 면접 참여자들은 외부에서의 감시자 역할뿐만 아니라 심의 과정 및 선거캠프 등에 직접 참여해 정책을 수립하는 역할의 중요성도 강조하는 것을 알 수 있었다. 앞으로 청년 기후변화 단체의 방향성에 대해서는 어떻게 생각하고 있는지 궁금했다. 다음 청년 기후변화 단체의 방향성을 묻는 질문을 통해 대부분의 참여자는 개인의 역량보다 다른 세대, 시민들과 연대하고 협력해 응집된 목소리를 내는 것이 중요한 과제로 생각하는 것을 알 수 있었다. 또한 이들의 대답에서 앞으로 어떻게 청년 기후 운동이 발전할지 엿볼 수 있었다.

이은호   정부가 개인의 실천이 중요하다는데 이건 잘못된 시그널을 줘요. (중략) 우리 모두 지구를 지키자 이런 게 진짜 안 좋아요. 왜냐하면 거짓 명제이거든요. 거짓말이에요. 국민이 다 텀블러 쓰고 장바구니 들고 다녀도 기후위기 못 막아요. 석탄발전소 탄소배출만 해도 (개인의) 실천을 압도해요. 잘못된 시그널로 더 중요한 걸 못 하게 해요. 기만적이에요.

고다슬   청년이나 기성세대가 나뉘지 않고, 청년이 앞장서면 기성세대가 백업(back-up)해 주는 역할을 해줬으면 좋겠어요. 이게 절실하다고 느낀 게, 모순적이긴 하지만, 청년들의 목소리가 높아지고 있다 해도 청년 개개인은 힘이 없어요. 그래서 저는 무조건 같이 운동을 해야 한다고 생각해요.

고인환   청년은 다양해요. 보통 정의를 나이에 의존하는데 청년이 사용되고 있는 곳을 보면 (나이가 어린) 청년으로만 구성된 것은 아니에요. (기후변화 운동을 하는) 청년은 양쪽에서 다 주변인 취급을 받을 수 있어요. 기성세대 쪽에서는 나이가 어리다는 이유만으로 다른 존재. 청년들이 모두 기후변화에 관심을 가지고 있는 것이 아니기 때문에 받는 타자화. (중략) 그래서 저는 양옆으로 가야 한다고 생각해요. 다른 기성세대들의 목소리를 함께 발굴하고 연대하고 기후변화에 관심이 없는 청년들을 끌어들이는 것이요.

심층 면접 참여자 일부는 개인 실천이 시민들에게 잘못된 신호를 준다고 강력하게 주장했다. 참여자들도 각자의 삶에서 환경의 피해를 줄이기 위해 노력하지만, 국민에게 개인의 실천만을 강조하는 것은 개인 실천으로 충분하다는 잘못된 인식을 심어주고 실질적인 원인과 해결 방안을 찾는 것을 막는다는 것이다. 또한 대부분의 참여자는 기성세대와 기존 운동권과의 협력과 정의로운 전환을 통해 취약계층 보호를 청년 기후 단체의 중요한 방향성으로 보았다.

흥미롭게도 심층 면접 참여자들은 스스로를 미래세대라고 생각하지 않았다. 자신들은 탄소의 수혜를 모두 다 받았기 때문에 유아기 혹은 아직 태어나지 않은 세대를 미래세대라고 생각했다. 이처럼 사회적으로 미래세대 이해당사자로 여겨지는 청년들은 자신의 미래보다는 스스로 생각하는 미래세대를 위해 싸우고 있음을 알 수 있었다. 자신들은 미래세대보다는 청년세대, 젊은 세대 혹은 최악의 기후위기를 막을 수 있는 마지막 세대라고 정의했다. 또한 기후변화로 인한 피해와 영향은 이미 세계 곳곳에서 그리고 국내에서도 나타나고 있으며 절대 미래의 이야기가 아님을 분명히 했다.

5) 국내 미래세대 의견 수용과 한계: 2050 사회 비전 포럼

정책 수립 과정에서 미래세대의 의견이 반영되는 것이 중요한 이유는 경로의존성(path-dependency) 논리로 잘 설명된다. 경로의존성 논리는 초기 정책 결정이 후대의 정책 입안자들에게 채택할 수 있는 정책의 옵션을 제한한다고 설명한다. 채택된 정책은 대규모 초기 투자 또는 고정비용, 학습, 조정, 적응의 4가지 잠금 효과를 통해 제도적 전환에 따른 비용이 시간이 지남에 따라 증가하고 이후 효율적인 대안으로의 전환이 어려워진다는 것이다(Ju and Tang, 2011: 1052). 긍정적인 정책적 잠금 효과가 있을 수 있지만, 그에 따른 부정적인 효과는 후대의 몫으로 돌아간다. 특히 기후변화 담론에서 세대 간의 형평성이 중요한 이유는 역사적으로 축적된 이산화탄소로 인한 지구 온난화의 재난적 피해를 책임이 적은 또는 없는 미래세대가 감당하고 비용을 지불해야 하기 때문이다. 그렇기 때문에 통념적으로 정치적 주요 이해 계층이라고 생각되지 않는 청년, 그리고 투표권도 없는 청소년이 기후 정책의 주요 이해당사자이다. 따라서 이들의 의견이 탄소중립 이행 과정에 반영될 수 있는 구조적, 법률적 기반이 마련되어야 한다.

한국은 파리협정의 당사국으로써 2020년까지 유엔기후변화협약에 2050 LEDS를 제출하기 위해 2019년 3월부터 12월까지 69명의 민간 전문가로 구성된 2050 저탄소사회 비전 포럼(이하 포럼)을 운영했다. 이 중 5명의 청년 대표가 7개의 분과 중 청년 분과로 참여했다(〈그림 5-1〉). 이처럼 국가적 기후변화 정책 수립 과정에 청년 대표가 미래세대로 참여한 사례는 국내에서는 드문 일이다. 따라서 2050 저탄소사회 비전 포럼 청년 분과의 역할과 한계점을 되짚어 보는 것은 앞으로 기후변화 대응 정책 결정 과정에 어떻게 미래세대의 의견이 반영될 수 있는지에 중요한 함의를 가진다. 특히

그림 5-1 2050 저탄소사회 비전 포럼 위원회 구성

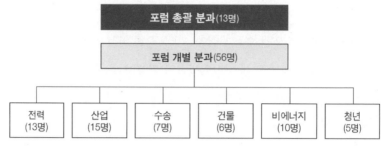

자료: 대한민국정부(2020: 23).

2021년 5월 출범 예정인 탄소중립위원회[3]에서 미래세대의 의견을 어떻게 반영시킬 것인지에 큰 관심이 쏠린다. 2050 저탄소사회 비전 포럼에 청년 분과로 참여했던 청년 대표와 과정을 지켜본 청년 기후 단체 대표 및 구성원을 대상으로 아래의 함의점을 조사했다.

(1) 청년 분과 운영

심층 면접을 통해 포럼 초기에 전례가 없는 청년 분과를 어떻게 운영할지에 대한 방안이 제대로 세워지지 않았음을 알 수 있었다. 왜냐하면 전력, 산업, 수송 등 개별 분과가 특정 산업을 논의한다면 청년 분과는 산업이 아닌 세대이기 때문에 모든 분과에 의견을 제시해야만 하기 때문이다. 따라서 청년 분과는 청년 위원이 건물, 수송 등 개별분과에 1명씩 참여하고 개별 분과의 논의 내용을 청년 분과에서 따로 논의할 것과 청년 분과 전원이 총괄 분과 위원회에 의견을 낼 수 있도록 요청했고 받아들여졌다. 기타 개

---

3 탄소중립위원회는 탄소중립 실현을 위한 범정부 추진 기구로서 기존 녹색성장위원회, 국가 기후환경회의, 미세먼지특별위원회 등을 통합해 대통령 직속으로 18개 부처 장관을 포함해 100명에 민관 위원으로 구성될 예정이다(최우리, 2021.4.28).

별 분과의 경우 다른 분과의 논의 과정에 참여하지 않으며 분과당 1명만 총괄 분과에 참여할 수 있었다. 특혜라고도 할 수 있지만, 청년 분과 위원들은 다른 위원보다 두 배의 시간과 노력이 필요한 것이다. 각 분과에서 논의된 사항에 의견을 내는 것은 많은 시간과 전문성을 요구하기 때문이다.

이러한 운영 방식에 심층 면접 참여자는 청년 분과가 따로 존재하는 것에 다음과 같은 의견을 주었다.

> 강다연 청년 분과가 따로 떨어져 있으므로 청년 분과가 다양한 분야에 대해 제
> 시하는 의견을 다른 분과가 다시 고려해야 하는 단계가 추가되잖아요.
> (중략) 청년 분과를 따로 분리할 것이 아니라 분과마다 세대 구성, 지
> 역 구성, 직업 구성을 다양하게 갖추어서 청년뿐만 아니라 농어민과
> 같은 당사자들도 포함되어야 한다고 생각해요

위원회 전체 인원 중 미래세대 인원 비율을 어떻게 정할지에 대한 논의도 필요하다. 사회 비전 포럼의 전체 위원 69명 중 청년 분과 위원은 5명으로 7.2%의 비율이었다. 2021년 2월 청년 기후 단체들은 국회 환경노동위원회에 제출한 의견서에서 탄소중립위원회 전체 위원의 20% 이상을 청소년 및 청년으로 구성할 것을 요구했다. 전체 인구 중 10~29세의 인구 비율은 약 20%를 차지한다. 심층 면접 참여자 대부분이 앞으로 구성될 탄소중립위원회에 미래세대를 대변할 수 있는 인원이 충분히 보장되어야 한다는 점에 동의했다. 하지만 프랑스 시민기후협의회를 사례로 들며 청년 위원 선정 과정에서 청년의 직업, 거주지역 등의 면밀한 분석이 필요하다고 전했다.

한편 다른 심층 면접 참여자는 사회 일부에서 청년단체와 청년들의 의견을 전문가와 같은 선상에서 보는 것이 아니라 "앞으로 더 배워야 할 사

람" 또는 "기성세대가 얼마나 불충분한지 지적하는 사람"으로 보는 시선을 지적했다. 따라서 적절한 비율의 배분도 중요하지만 청소년, 청년의 목소리가 주요 이해당사자로서 전문가보다 더 영향력을 가지는 감수성이 우리 사회에 필요한 것이다

(2) 청년 분과의 역할

2019년 3월 시작된 2050 저탄소사회 비전 포럼에서 탄소중립이 검토 대상에서 제외될 정도로 정부는 탄소중립에 소극적인 입장이었다. 2019년 9월 유엔총회장에서 열린 기후행동 정상회의 기조연설에서 문재인 대통령은 지속가능한 '저탄소' 경제로의 전환을 약속한 것에서도 알 수 있다. 저탄소 경제는 11년 전 이명박 정부가 광복 60년을 맞아 신성장동력으로 제시한 저탄소 녹색성장을 떠오르게 하는 약속이다. 2020년 9개월간의 논의 끝에 포럼이 환경부에 제출한 '2050 장기저탄소발전전략 검토안'을 보면 청년 분과가 지속적으로 총괄위원회에 저탄소 발전 전략에 탄소중립이 포함될 것을 요구한 것을 알 수 있으며, 총괄위원회는 2019년 9월에서야 뒤늦게 2050 탄소중립목표 방안을 고려한 것을 알 수 있다(2050 저탄소사회 비전 포럼, 2020: 75).

청년 분과는 탄소중립 검토를 요구하기 위해 토론회(8월)와 설문조사(6~8월)를 진행해 청년들의 명확한 탄소중립 목소리를 대변했다. 하지만 검토를 시작한 9월은 개별 분과에서 감축 수단별 목표가 확정되고 논의가 마무리된 상태였다. 불과 2년 전이지만 당시에는 연구 기관에서도 탄소중립에 대한 검토가 충분하지 않은 등의 장벽들이 존재했다.

결과적으로 검토안이 제시한 2050년 국가 온실가스 감축 방안 5가지 중 탄소중립은 배제되었다. 가장 높은 감축 목표인 제1안은 2017년 대비 75% 감축을 제시했고 탄소중립 달성 방안은 별도로 구분되었다. 이 사례에서

나타나듯이 정책 수립 과정에서 많은 이해당사자 중 청년의 역할은 분명했고 왜 미래세대를 대변할 수 있는 이해당사자가 수립 과정에 참여해야 하는지를 잘 보여준다.

4. 나오며: 정책 제언

앞에서 논의한 문헌 자료와 청년 활동가들과의 심층 면접 자료 분석에 기반해 탄소중립에 있어 미래세대의 의미 있는 역할 강화 방안을 제언하고자 한다.

1) 중앙과 지방 탄소중립위원회 등 주요 정책 위원회에 청년 참여 제도화

심층 면접에 응했던 청년활동가들은, 청년이 일회성으로 또는 '청년도 참여시켰다'는 상징성으로만 소비되고 실제로는 기성세대에게 묵살(청년위싱)되지 않는 제도적 발판이 필요하다고 주장했다. 탄소중립 정책 이행과정에서 청년의 목소리를 전달하기 위한 제도적 접근은 중앙 및 광역 지자체 위원회의 위촉직 위원의 일정 비율 이상을 청년으로 위촉하는 등, 법제화하는 것이다.

핀란드는 지속가능발전위원회에 만 15~28세의 대표 15명으로 구성된 2030 청소년·청년 그룹(2030 Youth Group)을 참가시켜 미래세대의 목소리를 제도화하고 있다. 2030 청소년·청년 그룹은 국가지속가능발전위원회의 정기 회의에 참석하는 것은 물론, 공동위원장 및 패널리스트와 같은 주요 직책을 수행해 법안 작성, 예산 책정, 이행 점검 및 모니터링 과정에 주요 인사로 참여한다.

우리나라도 탄소중립 이행 점검 및 모니터링 과정에 청년 참여를 보장할 수 있도록 탄소중립위원회의 청년분과 설치와 각 전문 위원회의 청년위원 확보를 위한 법적 근거를 마련했다. 2021년 5월 출범한 대통령 직속 '2050 탄소중립위원회'에는 미래의 정책 소비자인 청년위원 3명(국제협력분과 2명, 국민참여분과 1명)의 참여가 확정되었다. 현장과 지자체의 의견을 듣기 위한 '협의체'와 '국민참여단'에도 청년의 참여가 보장되었다(국무조정실·국무총리비서실, 2021.5.29). 나아가, 지방자치단체 수준에서의 탄소중립 참여와 전략 이행을 모니터링하기 위해 지자체별 탄소중립 노력의 주체(예: 경기도의 기후대응·산업전환 특별위원회 등)에도 청년의 참여를 제도적으로 보장해야 한다.

2) 탄소중립 청년 참여 플랫폼 신설

탄소중립과 관련된 각 부처 청년들과의 간담회 등은 일회성에 그치는 경우가 대부분이어서 청년들과 지속적으로 소통하고 청년들이 탄소중립 정책 과제를 발굴하는 시스템은 미흡하다. 탄소중립위원회 청년 분과(가칭)에서 청년 참여 플랫폼을 구축해 청년이 직접 탄소중립 정책을 연구하고 기획하며 제안하는 청년 참여형 정책기획 프로젝트를 개설해서 운영할 필요가 있다. 전국에서 청년 참여단을 모집하고 분과별로 정책을 연구하면서 전문가 컨설팅을 받아 정책을 제안하는 것이다. 현재 국내 기후변화 청년단체들이 민간단체로 플랫폼의 역할을 일부 수행하고 있는데 공적인 탄소중립 청년 참여 플랫폼 구축을 통해 스터디를 지원하고 과제를 공모, 발굴하는 등 청년 참여를 공공화할 것을 제안한다. 또 온라인 청년 패널을 두어 이들이 정책을 모니터링하고 평가하며, 제안된 정책에 대한 온라인 설문조사와 토론 등을 통해 청년들의 참여를 확산시키고 실천성을 확보하는 것이다. 이와 같은 공공 플랫폼에서 제안된 청년 계층의 다양한 참여 의견과 과제를 탄소중립위원회 청년 분과에서 확보해 선별한 후, 정책안 또는 과제로 구체화하고 의제로 다룸으로써 참여를 확산하는 동시에 주요한 역할을 담당하게 하는 것이다.

3) 청년세대의 현실 정치 참여 역량 강화

한국의 40세 미만 청년 유권자는 전체 유권자의 1/3에 달하고 있으나 40세 이하 청년 의원 비율은 5%에도 미치지 못한다(이정진, 2021). 이는 국제의원연맹(IPU) 회원국 121개국 중 118위인데 비례대표제를 선택한 북유럽 국가들은 청년 의원 비율이 전체 의원의 30%에 달하고 있고, 프랑스도 23.2%, 영국 21.7%, 일본 8.4%이다. 우리나라 청년층의 이처럼 낮은 정치 대표성이 기후, 식량, 환경문제 등 미래세대에게 영향을 미칠 수 있는 정책 결정에도 영향을 미치는 것은 아닌지를 고민해야 할 때이다. 탄소중립은 30여 년에 걸친 장기적 목표이므로 준비와 실행이 핵심인데 이 과정은 입법 과정에서 구체화될 수도 있고 왜곡될 수도 있다. 기성세대가 주류를 이루고 있는 국회 및 지방의회 등에서 청년세대가 유권자로서뿐만 아니라 정치세력으로도 입지를 키워야 하는 이유가 이것이다. 실제로 탄소중립위원회 설립 과정에서 청년 정치인이 주도적 역할을 한 예는 많다. 청년세대가 각 지역 의회와 국회의 구성원으로 참여할 수 있도록 청년의 정치 참여 역량을 강화해야 한다.

탄소중립을 위해 청년의 현실 정치 참여를 활성화하려면 정당을 통한 정치 경험을 확대하는 것이다. 영국이나 독일, 프랑스는 정당 가입 연령을 정당이 자율적으로 결정해 14~16세의 청소년기부터 정당 활동을 통해 정치에 대한 관심과 참여를 높이고 있다. 이처럼 정당 가입 연령 제한을 완화해 녹색 정당을 비롯한 기성 정당에서 환경이나 기후변화에 집중하는 미래세대의 영향력을 키우는 방법을 고민할 수 있을 것이다. 이 외에도 미래세대의 정치적 역량 강화를 위한 시민 교육과 인턴 기회의 확대도 필요하다.

4) 미래세대의 탄소중립 인식 제고를 위한 교육 프로그램 개발과 확산

국회미래연구원(2019)의 조사(청소년의 미래 선호 가치)에 따르면 15~18세 청소년의 68.2%가 2050년 가장 중요하게 대두될 영역으로 기후변화를 꼽았으나 이는 성인의 76.8%에 비해 낮은 수준이며, 현재의 평소 관심 사항에 대해서도 기후변화로 응답한 비율은 32.7%에 그쳐 성인에 비해 상대적으로 관심이 낮았다. 연구자들이 심층 면접을 진행한 청년들도 대개 대학 재학생 이상의 연령으로, 미래세대의 또 다른 집단인 청소년은 탄소중립 관련 존재감이 상대적으로 미흡했다. 툰베리가 18세임을 기억할 때, 청소년층의 기후변화에 대한 관심과 탄소중립 등 타개책에 대한 체계적인 교육을 통한 인식 확산이 필요하다. 청소년의 관심과 인식이 가까운 미래 청년으로서의 활동력과 추진력으로 연결되기 때문이다. 우리나라 청소년은 대학 입시라는 부담 때문에 다른 모든 관심이나 활동을 유예하고 있는 형국이지만 인식은 공감대 형성과 행동 변화의 기초이므로 기후변화를 중단시키기 위한 탄소중립의 중요성과 이를 성공시키기 위해서 국가는 물론 개인의 행동 변화에 대해 배우고 토의하며 청소년 수준에서의 실천이 논의되어야 한다.

참고문헌

고태우. 2021. 「비상사태에 돌아보는 기후운동과 기후 선언」. ≪내일을 여는 역사≫, 79, 295~
311쪽.

국무조정실·국무총리비서실. 2021.5.29. "김부겸 국무총리, '2050 탄소중립 대전환 향한 닻 올
린다'". 보도자료.

기획재정부. 2020. "「2050 탄소중립」 추진전략". https://www.korea.kr/archive/expDocView.
do?docId=39241 (검색일: 2021.5.13).

김민정. 2015. 「기후 활동가를 중심으로 기후 활동가를 중심으로」. ≪마르크스주의 연구≫, 12
(3), 123~51쪽.

김선미. 2009. 「세계화에 따른 한국 환경운동의 변화: 기후변화 의제를 중심으로」. ≪담론 201≫,
11(4), 119~47쪽.

김운수. 2020. 「[정책제안] 탄소중립 선언과 기후위기 비상대응 전략」. 월간 ≪공공정책≫, 181,
62~66쪽.

김청한. 2020. "기후위기, 행동하는 미래세대 그들의 행동에는 이유가 있다". 에너지정보문화재단.
https://blog.naver.com/energyinfoplaza/222085713993 (검색일: 2021.5.17).

대한민국정부. 2020. "지속가능한 녹색사회 실현을 위한 대한민국 2050 탄소중립 전략." http://
www.mofa.go.kr/www/brd/m_4080/view.do?seq=370841 (검색일: 2021.4.5).

박기영. 2020.3.13. "''잃어버린 10년 돌려달라'' 청소년이 기후소송에 나섰다". ≪한겨레≫, https:
//www.hani.co.kr/arti/society/environment/932513.html (검색일: 2021.4.12).

박영석 외. 2021. 「국제사회의 탄소중립 정책방향과 시사점」. ≪KIEP 오늘의 세계경제≫, 21
(1), 1~15쪽.

박훈. 2021. "파리협정 목표를 달성하는 탄소예산: 외국사례"(기후변화행동연구소). http://clima
teaction.re.kr/index.php?mid=news01&document_srl=179943 (검색일: 2021.4.15).

변국영. 2019.12.17. "기후변화 청년단체 '2050 저탄소 발전 전략'에 의견 반영해 달라'". ≪에
너지데일리≫ (검색일: 2021.4.14)

양의석 외. 2017.12.26. 「2017년 세계 에너지·기후변화 정책 변화 방향」(KEEI). ≪세계 에너
지 시장 인사이트≫, 17(43), 3~16쪽.

오동재. 2021. 「2050년 탄소중립, 제대로 된 법안 마련에서부터 시작해야」(영국의 기후변화대
응 성과와 탄소중립 이행방안 토론문).

원세현. 2020. 대한민국 정책브리핑(www.korea.kr).

이정진. 2021. "청년 정치참여 현황과 개선과제". ≪이슈와 논점≫, 1803. 국회입법조사처.

정한교. 2021.1.18. "녹색산업혁명 준비중인 영국, 에너지백서 2020 발표". ≪인더스트리 뉴스≫. https://www.industrynews.co.kr/news/articleView.html?idxno=41033 (검색일: 2021. 4.22).

청와대. 2019. "기후행동 정상회의 기조연설", https://www1.president.go.kr/articles/7232 (검색일: 2021.4.5).

최우리. 2020.5.27. "청년환경단체들 "2030년 탈석탄 목표, 그린 뉴딜 정책에 담아야", ≪한겨레≫. https://www.hani.co.kr/arti/society/environment/946732.html (검색일: 2021.5.27).

_____. 2021.4.28. "총리 4명 갈려도 변치 않는 영국의 탄소중립 … 한국도 가능할까?", ≪한겨레≫. https://www.hani.co.kr/arti/society/environment/992999.html (검색일: 2021.5.27)).

환경부. 2020. 「2050 장기저탄소발전전략」(저탄소사회 비전 포럼).

Aklin, Michaël and Matto Mildenberger. 2020. "Special Section: Domestic Climate Policy under Anarchy Prisoners of the Wrong Dilemma: Why Distributive Conflict, Not Collective Action, Characterizes the Politics of Climate Change." *Global Environmental Politics,* 20(4), pp.4~26. DOI:10.1162/glep_a_00578.

Bessant, Judith. 2020. "From Denizen to Citizen: Contesting Representations of Young people and the Voting Age." *Journal of Applied Youth Studies,* 3(3), pp.223~240. https://doi.org/ 10.1007/s43151-020-00014-4.

Burke, Eleanor et al. 2020. "Teen activism leads to local laws banning single-use plastics: a two-year experiential learning journey." *Sustainable Earth,* 3(15), pp.1~14.

Feldman, Hannah R. 2020. "A Rhetorical Perspective on Youth Environmental Activism." *JCOM,* 19(6), pp.1~10. https://doi.org/10.22323/2.19060307.

Government Offices of Sweden. 2020. "Youth Organizations Gave the Government Input on Climate Policy, Consumption and a High-level Environmental Meeting." https://www.government.se/articles/2020/12/youth-organisations-gave-the-government-input-on-climate-policy-consumption-and-a-high-level-environmental-meeting/ (검색일: 2021.3.18).

Han, Heejin and Sang Wuk Ahn. 2020. "Youth Mobilization to Stop Global Climate Change: Narrative and Impact." *Sustainability,* 12(10), pp.1~23.

Holmberg, Arita and Aida Alvinius. 2019. "Children's Protest in Relation to the Climate Emergency: A Qualitative Study on a New Form of Resistance Promoting Political and Social Change." *Childhood*, 00(0), pp.1~15.

IPU. 2018. *Youth Participation in National Parliaments*, pp.21~22

Ju, C.B. and S.Y. Tang. 2011. "Path Dependence, Critical Junctures, and Political Contestation: The Developmental Trajectories of Environmental NGOs in South Korea." *Nonprofit and Voluntary Sector Quarterly*, 40(6), pp.1048~1072.

Milman, Oliver. 2019.8.20 "Greta Thunberg Condemns World Leaders in Emotional Speech at UN." *The Guardian*. https://www.theguardian.com/environment/2019/sep/23/greta-thunberg-speech-un-2019-address (검색일: 2021.5.28).

Pettiward, Jim. 2020.1.7 "A Chat with Our New CEO, Kirsty Schneeberger." *Synchronicity Earth*. https://www.synchronicityearth.org/a-chat-with-our-new-ceo-kirsty-schneeberger/ (검색일: 2021.5.13).

Taylor, Matthew, Jonathan Watts and John Bartlett. 2019.9.27. "Climate Crisis: 6 Million People Join Latest Wave of Global Protests." *The Guardian*. https://www.theguardian.com/environment/2019/sep/27/climate-crisis-6-million-people-join-latest-wave-of-worldwide-protests (검색일: 2021.5.13).

제6장

그린뉴딜, 대학과 녹색일자리

이태동_연세대학교 정치외교학과 교수

1. 들어가며

탄소중립과 그린뉴딜을 달성하는 것은 결국 사람, 조직, 제도이다. 일자리를 통해서 사람이 조직과 제도를 만들고 탄소중립과 그린뉴딜을 달성할 수 있다. 녹색일자리는 현재 당면한 기후위기와 실업난과 경제위기에 대응하는 방안의 핵심 요소이다. 그러면 녹색일자리는 어떻게 만들어지는가? 기업과 정부의 역할도 중요하지만, 대학과 같은 고등교육기관의 역할도 중요하다. 이 장은 대학이 녹색일자리창출에 어떻게 이바지하는지에 대해 실증적으로 분석하는 것을 목적으로 한다.

'녹색일자리'의 개념은 일자리창출, 경제발전, 저탄소 경제로의 전환이 모두 함께 더불어 이루어질 수 있다는 패러다임에 기반을 두고 있다. 따라서 국가, 지자체, 지방, 국제 비정부기구(NGO)와 다양한 민간 조직에서 급격하게 녹색일자리창출을 목표로 삼는 것은 어찌 보면 당연한 얘기이다. 따라서 환경위험과 생태 위기를 줄이는 것을 목표로 하는 탄소중립과 그린뉴딜을 달성하기 위해 녹색일자리창출이 필수적인 요소로 간주되는 경우가 많다.

2000년대 초반부터 녹색일자리는 꾸준히 많은 관심을 받았으며 국제 학계에서 많은 이목을 끌어왔다. 학계는 주로 이 두 가지 주제 중 하나에 대해 관심을 둔다. 첫 번째, 녹색일자리가 어느 범위까지 경제발전보다는 기후 보호의 목적으로 지원되고 모색이 되는지에 대한 것이다. 두 번째, 어떠한 요인들이 녹색일자리창출과 유지에 영향을 주는지에 대한 것이다. 이 연구는 지역경제에서 고등교육기관과 녹색일자리 간의 관계를 탐구해 후자의 주제에 이바지하고자 한다. 이는 현재까지 경험적 접근이 제한적이었던 주제이기도 하다.

녹색일자리의 창출과 유지에는 다양한 요소들이 가미되어 있다. 녹색일자리 환경 정책, 규제 개입, 직접 지출을 통해 정부가 할 수 있는 역할에 많은 집중을 받았고 최근 생겨나고 있는 기술과 지역 문화의 생산과 소비 또한 지역경제에서 중요한 녹색일자리의 예측치인 것으로 밝혀졌다. 추가로, 지역경제의 고등교육기관은 녹색일자리와 긍정적으로 연관되어 있다는 것, 즉 지역의 지식경제가 녹색경제를 발전시킨다는 것은 아직 입증되지 않았다.

지역단위에서 고등교육기관과 녹색일자리에 긍정적인 상관관계가 있다고 추측하는 것은 논리적으로 타당하다. 야심 차게 구축된 도시 지속가능성 조치와 고등교육을 받은 사람들은 긍정적으로, 지속해서 연관되었다. 전 세계의 대학들은 환경 지속가능성, 자원 소비 감소, 탄소배출 감소 등을 받아들여 왔다. 대학에서는 일상에서 이루어지는 프로세스를 바꾸고 변경된 커리큘럼을 통해 환경적 목표를 달성하게끔 한다. 더 직접적으로 고등교육기관은 녹색일자리를 제공하는 주요 주체이며, 그들의 지속가능성 정책을 수행하기 위해 지역 녹색사회, 즉 녹색일자리를 지원하는 구체적인 서비스를 요구하기도 한다. 또한 지역 녹색일자리를 창출하는 녹색기업가 정신을 배양하며 녹색일자리를 제공하는 기업을 끌어들이면서 동시에 잘 교육된 학생과 졸업생으로 구성된 현지 시장 공략을 모색한다.

이 장에서는 입증되지 않은 증거의 범위를 떠나서 미국의 100개 대도시 지역에서 고등교육기관의 존재(이후에 설명하듯이, 지식경제의 주요 요소 중 하나)가 녹색일자리의 존재에 대해 미치는 영향을 경험적으로 평가한다. 그 후, 녹색일자리에 관한 현존하는 문헌을 지식경제와 고등교육 제도의 맥락에서 검토한 뒤에 지역 고등교육기관이 지역 녹색일자리에 영향을 끼친 다양한 사례를 논의하고 해당 연구를 안내하는 핵심 가설을 제시한다. 다변량 회귀분석 및 2단계 최소 제곱 회귀는 고등교육기관 및 지역 녹색일자리의 영향을 실증적으로 조사하기 위해 차용되었다. 마지막으로, 이 장은 앞으로의 연구에 대한 시사점과 이에 대한 제안으로 끝을 맺는다.

2. 녹색일자리, 지식경제 및 제도 고등교육

무엇이 녹색일자리를 만드는지에 대한 하나의 뚜렷한 정의는 없지만, 유엔 환경 프로그램(UN Environmental Program, UNEP)의 정의는 이를 가장 잘 묘사해 준다.

기업과 경제가 가하는 환경적인 영향을 감소시킴으로써 지속가능한 수준으로 만드는 [직업]. [이는] 환경을 보전하거나 회복시키는 것에 기여하는 농업, 산업, 서비스 및 행정 분야의 직업.
녹색일자리는 에너지 공급부터 재활용까지, 농업, 건설부터 교통까지, 경제의 많은 부분에 아울러 산재해 있다. 녹색 직업은 고효율 전략을 통해 원자재 및 에너지소비 감축, 경제의 탈탄소화, 온실가스배출량 감축, 모든 형태의 폐기물과 오염의 최소화 및 완전 방지, 생태계와 생물 다양성의 보호와 재생에 일조한다. 이렇듯, 녹색일자리는 경제 활동에 따른 환경발자국을 줄이는 데 중요한 역할을 한다.

유엔 환경 프로그램은, 녹색일자리는 새로운 개념이 아니며 이론상의 녹색일자리는 실제로 녹색이지 않을 뿐더러 녹색일자리 중에서도 '완전히 녹색'인 자리는 없다는 것을 명백하게 일러준다. 예를 들어 시간이 지남에 따라서 오늘날 녹색일자리인 것이 10년 후에는 그렇지 않을 가능성이 있다. 이 논지로 인해 녹색일자리를 어떻게 측정할 수 있는가에 대한 논쟁이 계속 일어났고, 이러한 논쟁에서 국제노동기구(International Labor Organization, ILO)가 활발히 토의하고 있다.

이러한 토의에 이어, 많은 국가가 무엇이 녹색일자리를 구성하는지에 대해 그리고 어떻게 녹색일자리를 측정할 수 있는지에 대한 정의를 내리기 시작했다. 예를 들어 미국 노동통계국(Bureau of Labor Statistics, BLS)은 녹색일자리를 "천연자원을 보전하거나 환경에 이익이 되는 재화를 생산하고 서비스를 제공하는 사업체에 있는 직업, 또는 생산 과정이 더 환경친화적이고 더 적은 양의 천연자원을 가공하는 직무와 관련된 직업"이라고 정의를 내린 바 있다. 미국 노동통계국은 또한 어떤 녹색일자리가 분류되는지에 대한 목록을 만들고 녹색상품의 생산, 녹색 서비스, 녹색기술 그리고 이들의 실행과 관련되어 있는 많은 직업에 대해서 데이터를 만들었다. 여기에는 녹색상품 및 서비스 조사, 녹색상품과 서비스 직업에 관한 데이터, 녹색기술과 실행 조사가 포함된다.

녹색일자리는 농업이나 산림업에서 볼 수 있는 것과 같이 전통적인 직업으로 보일 수 있지만, 기후변화 조치와 관련된 환경 요구 사항 및 규제 전체를 비추어 볼 때 1990년대 이후로 새로운 녹색직업의 범위가 나타났다. 이 새로운 범위에서는 산업에서 일어나는 환경 관리, 그린 금융, 에너지 효율 기술의 개발과 발달, 환경 정책 및 규제 강화가 포함되어 있다. 특히 녹색일자리가 비녹색일자리와 기술면에서 정말 차이가 있는지 의문을 제기할 수도 있지만, 새로운 녹색일자리는 개인에게 '녹색기술'을 갖출 것을 요구한다. 따라서 녹색기술은 지속가능하며 자원 효율적인 사회를 개발하고 필요한 "지식, 능력, 가치 및 태도"로 개념화되었다.

또 다른 계속되는 논쟁은 어떠한 조건들이 녹색일자리의 개발, 성장과 유지를 촉진하는지에 관한 것이다. 이에 관해 학자들은 여러 요인을 지적해 왔다. 첫째, 미국 대도시 지역에서 청정에너지 정책과 규제는 녹색일자리를 가속하는 데 중요한 역할을 하며 친환경 건축처럼 지속가능한 제품과 서비스에 대해 자금과 보조금을 지원하는 것 또한 녹색일자리창출에 일조한다. 두 번째, 기업이 환경적으로 어려움을 겪는 정도에 관해서는 정책과 규제에 의한 것도 있지만 기업의 자원 의존성과 그 지역의 날씨 패턴 등의 요소도 녹색일자리 개발 및 성장에 관련되어 있다. 마지막으로, 녹색제품과 서비스에 대한 수요, 즉 '녹색 소비'는 녹색일자리의 개발과 성장에 관련된 것으로 종종 나타났다.

1) 왜 고등교육기관에 초점을 맞추는가?

위에 명시된 녹색일자리창출과 성장에 연관된 요소는 놀라운 얘기는 아니며 일자리창출 전반에 대한 것을 반영한다. 그러나 이에 관한 문헌을 검토할 때 놀라운 사실을 발견했는데, 고등교육기관이 가능한 역할에 대해 정말 미미하게 언급한다는 점이다. 지식경제의 구심점에 있는 대학이 직접적으로는 연구 및 연구개발을 통해 간접적으로는 협력과 제휴를 통해 녹색경제를 발전시킬 수 있다고 충분히 생각할 수 있으나 현재까지도 대학이 어느 정도로 발전에 기여했는지에 대한 실증적 연구가 제한적이다.

여기서 교육, 특히 고등교육과 녹색직업 사이의 연결 고리가 명백하게 드러난다. 복잡한 기후변화 조치와 환경문제를 다룰 때, '녹색 직종자'(녹색직업을 가진 사람)가 자신의 직무에 성공하기 위해서는 특정한 녹색기술(깊은 지식, 분석 능력, 평생 교육을 위해 내재한 동기를 포함)이 필요하다. 고등교육기관은 이런 기술로 하여금 학생들을 훈련하고 재교육하는 데 굉장히 잘 숙달되어 있다.

고등교육기관은 녹색일자리에 관해서는 단순히 녹색기술자를 양산해내며 녹색일자리를 제공하는 그 이상의 역할을 한다. 지식경제에서 고등교육기관은 중추적이다. 지식경제라는 용어는 생산 수단으로서보다는 경제성장이 품질, 수량 및 정보접근성에 의존하는 것을 발견하기 위해 쓰인다. 고등교육은 도시 및 지역 기관의 지식 생산과 전달처로서 녹색일자리를 포함해 여러 가지 일자리를 창출한다.

우리가 서론에서 이미 설명한 바와 같이, 이 역할에서 대학은 녹색기술을 보유한 근로자를 필요로 하며, 녹색기업가 정신을 지지하고, 녹색기술력을 보유한 사람을 채용하는 기업을 끌어들인다. 이러한 녹색일자리의 공급과 수요는 대학이 녹색경제와 지식경제를 연결할 수 있도록 하는 첫 번째 영역이다. 요약하자면, 녹색일자리는 녹색기술(지식, 능력, 가치관 등)을 필요로 하고 고등교육기관은 학생들이 녹색기술을 가질 수 있도록 교육한다. 그리고 고등교육기관은 기후변화 조치를 어떻게 취해야 하는지(기술혁신, 행동 변화, 통치 실험 등)에 대해 고민하며 고안해 내는 데서도 녹색일자리를 양산해 낸다.

그들이 녹색경제와 지식경제를 연결할 수 있는 두 번째 영역은 산업, 비즈니스 및 정책을 형성하는 능동적인 동반 관계를 통해서 이루어진다. 이러한 동반 관계는 지식경제의 구심점이 되는데, 여기서 대학은 연계를 맺은 기관의 녹색일자리를 바라보는 관점과 수요에 영향을 미칠 수 있다. 대학과 고등교육기관은 지역혁신 시스템을 강화하거나, 특정 지역에 있는 녹색경제의 혁신을 정의하고 구체화함으로써 다른 지역과 차별화할 수 있다.

3. 미국의 고등교육 및 녹색일자리 제도

미국의 고등교육기관(주로 대학, 공식적으로 4급 학위 수여 기관)은 특히나 녹색일자리를 창출하고 지원하며 유지 관리하는 분야에 매우 적극적이다. 예를 들어 코넬대학교는 학생, 교수, 직원을 한데 모아 기후변화 완화 및 적응에 관해 연구하고, 교육, 관리 및 원조하는 기후변화 조치 계획을 실행했다. 이 자체 규제 계획은 코넬대학교의 온실가스배출량을 2008년부터 30%까지 감소시켰으며, 이는 미국 정부에서 요구하는 수치와 결과를 크게 웃도는 수준이다. 이 기후행동 계획은, 하나의 예시를 들자면 기후변화 조치와 적응 계획을 수립하고 감시하는 직원들을 끌어들여 녹색일자리를 창출했다. 또 하나의 예시로 녹색 사무실 인증과 에너지 효율 개선을 통해 기존에 있었던 녹색직업을 지원했다. 그리고 이 대학은 공공 봉사 프로그램과 톰킨스 자치주(Tomkins County)와의 동반 관계를 통해 그 지역에 있는 녹색일자리에 대한 인식을 바꿨다.

여기에 기후 리더십 네트워크(climate leadership network)라는 또 다른 괄목할 만한 예시가 있다. 2015년에 시작된 이 네트워크는 650개 대학으로 이루어져 있고 온실가스배출량 감축 및 기후적응에 관한 연구와 교육을 가속화하는 것에 전념한다. 이 네트워크의 가맹 기관은 공공연하게 사용할 수 있는 플랫폼을 통해 기후 활동 계획, 온실가스 예상량, 그들이 잘한 점과 잘하지 못한 점에 대한 진행 상황을 매년 보고하고 공유한다. 코넬 대학교 사례에 필적할 만한 이 계획은 녹색일자리창출과 유지에 직간접적인 영향을 미칠 것으로 보인다. 더 알아야 할 점은, 이 네트워크는 미국 전역에 주요 기업과 협력해 탄소배출량을 줄이는 방법을 모색하는 상품과 서비스를 개발하고, 테스트하고, 이를 실행에 옮긴다. 많은 이는 재생에너지에 초점을 맞추는데, 하나의 예로 캠퍼스 청정기술 파일럿(campus cleantech pilots)이 있다. 이러한 프로젝트들은 미국에서, 특히 이 네트워크 협력 대학이 소재하는 지역에서 녹색직업의 수를 증가시킨다.

마지막 예시로는 "우리는 아직도 환경문제에 관심이 있다(We are still in)"라는 성명서가 있는데 이는 2017년 6월 5일 180개의 고등교육기관과 100개 이상의 도시에서 온 대표, 9개의 주, 1000개 가까이나 되는 기업 및 투자자가 서명한 성명서이다. 도널드 트럼프 대통령이 파리 기후협정을 탈퇴한 것에 대한 반응을 목적으로 서명했다. 이는 단순히 지도력 기후 네트워크가 아니라 고등교육기관의 정치적 의견 발의 및 지역정부와 지역 산업에 대한 개입을 강화시켰다. 이는 지역 정부와 더 긴밀한 상호작용을 가능하게 하며 기후 정책에 영향을 미친다. 그뿐만 아니라 친환경 제품을 개발, 테스트, 실행하기 위해 업계와 더욱 긴밀하게 협력한다. 다시 말하자면, 고등교육기관은 녹색일자리 성장에 긍정적인 영향을 끼친다.

요컨대 다음과 같은 가설을 세우는 데 타당한 근거가 있다.

H1 대학(지식경제의 중심으로서)이 더 많이 있는 대도시권에는 더 많은 지역 녹색일자리가 존재할 가능성이 높다.

H2 대학(지식경제의 중심으로서)에 지속가능성/환경 관련 학과가 더 많은 대도시권에서 더 많은 지역 녹색일자리를 가질 가능성이 있다.

H3 대학(지식경제의 중심으로서) 내 지속가능성/환경 관련 센터가 더 많은 대도시권에서 더 많은 지역 녹색일자리를 가질 가능성이 있다.

4. 데이터

가설을 테스트하기 위해, 다른 데이터베이스로부터 관련 자료를 수집해 회귀분석에서 사용했다. 의존적 변수는 미국의 대도시권에서의 녹색일자리 수이다. 필자는 브루킹스(Brookings) 연구소와 배텔의 청정 경제(Battelle's Clean Economy) 데이터베이스의 대도시권 녹색일자리 데이터를 사용한다. 이는 미국 노동통계국을 포함해 다양한 자료를 기반으로 하는데 현존하는 대도시권 녹색일자리 데이터 중에 가장 상세하다.

녹색일자리를 측정하기 위해 청정 경제의 연구진은 4개 부문(농업 및 천연자원 보전, 교육 및 유연성, 에너지 및 효율성, 온실가스 감축, 환경 관리 및 재활용)과 39개 부문에서 8자리 표준 산업 분류(Standard Industrial Classicification, SIC) 및 국가적 시계열 설계(National Setup of Time Series, NETS) 데이터를 사용해 모든 기업과 기관의 고용을 집계했다. 그 후에 알려진 모든 연합국 목록, 인증, 수령자들에서부터 청정 경제 회사, 시설, 고용의 추가 목록을 도출했다.

이 두 개의 목록에서 브루킹스와 배텔은 2010년 기준으로 총 270만 개의 녹색일자리가 있을 것이라고 추정했다(Roth well et al., 2011).

이 연구의 핵심 독립 변수는 대학의 수이다. 미국 교육통계센터를 기준으로 대도시 지역의 총대학 수를 집계했다. 예를 들어 뉴욕 100개, 로스앤젤레스 84개, 시카고 94개의 대학이 있다. 미국에 있는 국립 과학원의 데이터 연구 박사과정에 따르면 주요 연구 중심 대학의 약 2/3는 이러한 대도시 지역에 있으며, 마찬가지로 에너지 박사과정, 환경 과학과 환경 기술 박사과정의 2/3도 대도시 지역에 있다고 밝혔다.

추가로, 이 대학들의 지속가능성/환경 관련 학과 수를 집계한다. 필자는 2543개의 모든 대학 웹사이트를 통해 환경, 지속가능성, 지속할 수 있는 발전을 핵심으로 하는 학과나 센터를 찾았으며 그중에서 지속가능성 관련

303개 학과 및 295개 연구소를 확인한다. 예를 들어 브라운대학교에는 환경보건학과가 있으며 환경 사회를 위한 기관 또한 존재한다.

다른 공변량의 영향을 제어하기 위해, 필자는 4개의 다른 변수 집합을 경험적 분석에 포함한다. 첫 번째 세트는 교육 관련 변수로 구성된다. 하나는 학사학위를 가진 인구 비율이고 또 다른 변수는 대학원 학위 소지 비율이다. 대학 교육을 받은 인구 비율의 영향을 테스트하기 위해 입력값에 학부 학위만 받은 인구만을 포함하지 않고 두 가지 변수 또한 포함했다.

두 번째 대조군 변수는 대도시권의 사회 정치적 특성과 관련이 있다. 경제의 전반적인 강도와 활력을 통제하기 위해 지역총생산이 차용된다. 지역총생산이 더 높은 대도시 지역은 환경친화적 정책을 펼 가능성, 즉 녹색일자리창출 가능성이 더 높다. 인구는 고용시장에서 인적 자원의 규모를 통제하기에 좋은 척도이다. 그 말인즉슨, 더 큰 노동시장을 가진 대도시 지역에서 더 많은 녹색일자리를 만들 수 있지만, 실업률이 더 높은 대도시권 지역에서는 노동시장의 제약이 있기 때문에 녹색일자리를 만들 가능성이 더 적을 수 있다. 따라서 우리는 실업률을 경험적 모델에 관리 변수로 포함했다.

세 번째 제어 변수 집합은 정치적 속성과 관련이 있다. 민주당 당파성은 공화당 당파성에 비해 기존의 화석연료에 기반을 둔 경제보다 청정에너지 경제와 녹색일자리를 지지하는 것으로 알려졌다. 필자는 민주당 당파성을 보이는 대도시권 지역에 녹색일자리가 더 많을 가능성이 있다고 예상한다. 또 다른 정치적 변수는 환경 비정부기구의 수이다. 환경 비정부기구는 다양한 캠페인 활동으로 녹색산업과 직업을 더욱 창출함으로써 지속가능한 개발을 도모하는 것을 목표로 한다. 마지막 정치적 변수는 주도(state capital)의 위치이다. 주 수도는 정치적으로 중심적인 도시들이다. 이 도시들은 규제를 제정하고 그에 따른 감시를 하며, 그와 인접한 도시에 기업을 제공하고 규제함으로써 경제적인 영향을 미친다.

　네 번째 제어 변수 세트는 도시의 기후변화와 재생가능한 에너지 정책에 관련이 있다. 현존 연구는 지속가능성을 위한 지역 정부 네트워크(Local Governments for Sustainability, 이하 ICLEI)의 Cites for Climate Change와 기후 보호 협정(Mayor Climate Protection Agreement, 이하 MCPA) 같은 지역 간 기후 네트워크에 도시들이 참여하는 것의 중요성을 강조했다. ICLEI 및 MCPA는 시 정부로 하여금 기술적 지원을 통해 탄소배출량을 줄이게 한다. 이러한 네트워크에 가입되어 있는 도시는 그렇지 않은 도시보다 더 많은 녹색일자리를 가질 가능성이 높다. 이러한 지역 간 기후 네트워크는 시장의 지도력과 기후 문제와 지속가능성에 대해 지역의 구성원 자격 헌신을 제시한다. 우리는 도시가 기후 네트워크의 구성원일 경우 1로 코드화했고, 그렇지 않은 경우에는 0으로 코드화했다.

　도시 차원의 노력 외에도, 그 주(state) 차원의 재생에너지 정책 또한 녹색일자리창출을 촉진한다. 특히 엄격한 신재생에너지 발전 의무할당제(Renewable Portfolio Standards, 이하 RPS)를 바탕으로 수립된 신재생에너지와 에너지 효율 기술 정책은 하나의 단위 에너지당 녹색일자리를 증가시키는데 화석연료 에너지(석탄 및 천연가스)를 기반으로 하는 직업과는 대조적이다. 신재생에너지 발전 의무할당제는 전력회사들이 장기적으로 신재생에너지 자원으로부터 오는 전력의 비중을 증가시키게끔 하는 대표적인 재생에너지 규제이다. 우리는 또한 신재생 성과보수 정책의 영향을 통제했다. 공공이익 기금(Public Benefit Funds, PBF)은 전력 회사에 연구, 개발, 대출 및 기타 재정적 성과보수를 위한 자금을 주기 위해 전기료를 징수하라고 요구하는 재생에너지 성과보수 정책 중 하나이다. 금융 성과보수 정책은 녹색기술 장비 설치와 유지 보수를 위한 숙련된 인력을 고용하기 위한 금전적 자원을 제공한다. 공공 이익 기금과 같이 더 많은 금전적 성과보수 정책을 수립하는 것은 녹색사업 수립에 대한 투자를 늘리고, 따라서 녹색일자리를 증가시킬 가능성 또한 크다.

5. 분석

고등교육기관이 그 지역의 녹색일자리창출에 미치는 영향을 평가하기 위해 우리는 다양한 모델 사양을 사용해 회귀분석을 수행했다(〈표 6-1〉 참조). 이 결과는 대도시의 고등교육기관이 녹색일자리의 원동력이라는 것을 보여준다. '모델 1'의 일반 최소 제곱은 고등교육기관의 수가 통계적으로 중요하며 녹색직업의 수와 긍정적으로 연관되어 있다는 것을 나타낸다. 0.012의 계수는 대도시권에 대학이 하나씩 추가될 때마다 평균적으로 1.2% 만큼 더 많은 녹색일자리가 창출될 것으로 예상한다는 결과값이 나왔다.

'모델 2와 3'은 다른 교육 관련 변수를 포함하면서 고등교육기관 변수는 제외한다. 학사학위 인구 비율과 전문학위 소지 인구 비율 모두 녹색직업과 주목할 만한 관계가 있지는 않다. 대학의 효과와는 대조적으로, 개인적인 차원에서는 대학 학위 소지가 녹색일자리의 수와 연관이 없는 것으로 밝혀졌다. 이는 모든 모델에서 한결같이 나타난다. '모델 4'에서는 고등교육기관의 변수와 학사학위 변수를 분석에 포함한다. 고등교육기관 변수는 통계적으로 유의미하고 긍정적이지만 학사학위 변수는 그렇지 않다. 이 결과는 고학력 인구보다는 대학 자체로서 녹색일자리 성장에 영향을 미친다는 것을 의미한다.

잠재적 내분성을 설명하기 위해 필자는 표준 계측기 변수 회귀분석을 사용한다. '모델 5'에서는 도구적 변수로서 녹색일자리보다는 대학의 수와 상관관계가 있는 지역 비정부기관 수를 사용해 2단계 최소 자승법 모델을

표 6-1 녹색일자리 수 추동 요인의 회귀 추정값

	모델 1 대학	모델 2 학사학위	모델 3 전문학위	모델 4 대학 그리고 학위	모델 5 도구 변수
지속가능성 학과	0.012(0.005)**			0.012(0.005)**	0.05(0.02)**
지속가능성 센터		-0.004(0.012)		0.002(0.01)	-0.01(0.02)
센터 + 학과			0.001(0.002)		0.08(0.04)*
GDP(로그됨)	0.46(0.12)**	0.58(0.13)**	0.57(0.12)**	0.45(0.13)**	0.01(0.22)
실직률	-0.01(0.02)	-0.02(0.02)	-0.01(0.02)	-0.01(0.02)	0.04(0.04)
인구(로그됨)	0.04(0.11)	0.16(0.12)	0.16(0.12)	0.04(0.11)	-0.34(0.25)
당파성	0.009(0.004)*	0.009(0.005)	0.009(0.005)	0.009(0.005)	0.004(0.006)
NGOs(로그됨)	0.05(0.08)	0.06(0.09)	0.05(0.09)	0.04(0.09)	
주도	0.16(0.10)	0.15(0.11)	0.15(0.10)	0.16(0.10)	0.19(0.12)
ICLEI	0.01(0.11)	0.04(0.11)	0.03(0.11)	0.01(0.11)	-0.08(0.13)
MCPA	0.07(0.11)	0.06(0.17)	0.06(0.17)	0.07(0.16)	0.13(0.16)
RPS	-0.17(0.11)	-0.12(0.12)	-0.22(0.12)	-0.18(0.10)	-0.07(0.16)
공공 이익 기금	0.28(0.10)**	0.28(0.11)**	0.27(0.11)**	0.28(0.11)**	0.26(0.16)
N	100	100	100	100	100
R2	0.80	0.79	0.79	0.80	0.65

괄호( ) 안 수치는 강한 표준 오차이다.
* $p < 0.5$, ** $p < 0.1$.

추정한다. 녹색일자리가 이미 많은 대도시 지역에는 더 많은 고등교육기관이 있기 때문에 표준 계측기 변수 회귀분석 모델은 내분성 문제를 다룬다. 다시 말해, 회귀분석 결과는 고등교육기관과 녹색일자리 사이에 긍정적인 연관성이 있다는 필자의 가설을 뒷받침해 준다. 이 모델에서는 전문직 학위 소지 비율이 녹색일자리 숫자와 유의미한 관계가 있다.

경제 변수 중에서, 국내총생산 측정을 바탕으로 한 경제적 규모와 역동성과 녹색일자리의 수와 통계적으로 유의미하고 긍정적인 연관성이 있다고 보여준다. 예상대로, 더 큰 경제 규모에서는 녹색기술을 필요로 하는 직업군을 포함해 다양한 직업적 기회를 가지고 있을 가능성이 더 크다. 실업률과 인구수 같은 다른 변수에서는 녹색일자리 수의 유의미한 예측치로 나타나지는 않았다.

필자가 빌린 정치적 변수는 민주적 당파성에 관한 '모델 1'을 제외하고는 거의 영향을 미치지 않는 것으로 나타났다. 필자가 예상한 대로, 정치적으로 진보적인 대도시권은 청정에너지 경제와 그와 관련된 사업뿐만 아니라 녹색일자리창출 또한 지지할 가능성이 높다.

기후변화 정책과 공약 중에서 공공 이익 기금은 녹색일자리와 긍정적이고 유의미한 관계를 가지고 있다. 공공 이익 기금과 더불어 신재생에너지 기술을 위한 자급적 성과보수가 있는 대도시 지역에서는 공익 자금이 없는 대도시 지역보다 녹색일자리 수가 약 27% 더 높다고 나타났으며 도시 기후 네트워크와 기후 보호 협정은 녹색일자리와 관련이 없다고 나타났다. 이것은 비회원(혹은 탈퇴)으로 인한 도시의 지속가능성 실행에는 지대한 영향을 미치지 않는 것으로 나타나기 때문이다.

'모델 6, 7, 8'개 테스트는 고등교육기관 산하 지속가능성을 지향하는 부서 및 센터와 녹색일자리 사이의 연관성에 대해 가설을 제안했다(〈표 6-2〉 참조). 필자는 대학 자체에서뿐만 아니라 대학 내에 있는 지속가능성 관련 교육과 연구 기관들이 녹색일자리 수를 증가시킨다고 주장한다. '모델 6, 7, 8'은 각각 지속가능성 관련 학과 수, 지속가능성 관련 센터 수, 학과와 센터 두 가지 값의 합계를 핵심 독립변수로 활용한다. 고등교육기관의 지속가능성 관련 학과 수와 대도시 지역에 있는 녹색일자리 수가 긍정적이고 통계적으로 유의미한 연관성이 있다고 보인다. 평균적으로 지속가능성 학과 하나가 추가됐을 때 녹색일자리를 6.3%가량 증가시킨다. 지속가능성 관련 센터 또한 긍정적이고 통계적으로 유의미하다(0.10 수준). 학과와 센터의 수를 결합해 본다면, 대학 내에 있는 지속가능성에 관한 기관들은 대도시권에서의 녹색일자리를 더 증가시킬 것이다.

표 6-2 녹색일자리 수 추동 요인의 회귀 모델

	모델 6 부서	모델 7 센터	모델 8 부서 + 센터
센터 + 부서			0.28(0.013)*
GDP(로그됨)	0.50(0.12)**	0.52(0.12)**	0.50(0.12)**
실직률	-0.001(0.02)	-0.001(0.02)	-0.003(0.02)
인구(로그됨)	0.10(0.11)	0.13(0.11)	0.12(0.11)
당파	0.006(0.004)	0.008(0.005)	0.007(0.005)
NGOs(로그됨)	0.057(0.091)	0.05(0.09)	0.05(0.09)
주도	0.16(0.10)	0.16(0.11)	0.16(0.10)
ICLEI	0.06(0.11)	0.04(0.11)	0.04(0.11)
MCPA	0.09(0.11)	0.08(0.17)	0.08(0.17)
RPS	-0.19(0.11)	-0.22(0.12) †	-0.21(0.12) †
공공 이익 기금	0.17(0.12)	0.22(0.11) †	0.19(0.11)
N	100	100	100
R2	0.80	0.79	0.80

괄호( ) 안 수치는 강한 표준 오차이다.
* p < 0.05; ** p < 0.1; † p < .10, two-tailed test.

6. 나오며: 토론

여러 가지 이유로 고등교육기관은 단순히 교육하고 연구하는 기관의 범위를 훨씬 넘어선다. 대학은 녹색경제와 지식경제 두 분야에서 중요한 역할을 맡고 있다. 녹색경제에서 중요한 주체로서 대학은 학생들에게 녹색기술을 훈련하고, 녹색직업을 직접 제공할 뿐만 아니라 녹색노동자를 채용하는 기업을 유인한다. 지식경제에서 중요한 주체로서 대학은 기본적이고 응용된 연구를 통해 높은 수준의 지식을 생산하고 활용할 수 있게 한다. 앞에서 설명했듯이, 이러한 활동은 추가로 녹색일자리, 특히 기후 보호 관런 분야에서 만들어낼 수 있다. 추가로, 대학은 기업 및 정부와 적극 협업해 녹색일자리에 대한 수요에 영향을 미치고 개념을 정상화할 수 있는 특별한 기회를 잡게 된다.

고등교육기관이, 즉 대학이 지역적 범위 내에서 녹색일자리를 양산하는 데 중추적인 역할을 하는지에 대해 오랜 기간 고민해 보았다. 하지만 대학이 정확히 어떠한 역할을 하는지는 아직 연구된 바가 없다. 이 연구를 통해 경험적 분석은, 고등교육기관이 녹색경제에 미치는 영향을 전문학위나 학사학위 소지자들이 보유하고 사용하는 녹색기술의 영역보다 더 크게 웃돈다고 제안한다. 대학 자체가 녹색일자리의 지대한 원동력이며, 지속가능성을 지향하는 학과와 연구 센터 또한 녹색일자리 성장에 긍정적인 영향을 미친다는 것 또한 알아냈다. 이것은 고등교육기관이 영역을 확장하도록, 즉 전통적 형태의 교육과 연구 그 너머로 나아가게 하기 때문에 적절한 연구라고 보인다.

이 결과는 정책입안자들에게도 시사점을 제공한다. 새로운 대학을 설립해(첫 번째 발견이 보여주듯이 이는 잠재력 있는 기획이 될 것) 녹색일자리를 늘리는 것은 실질적으로 어렵겠지만, 그들은 여전히 현존하는 고등교육기관 내에서 새로이 지속가능성 중심 학과와 연구 센터를 설립하도록 할 수 있다. 가장 기본적인 수준에서, 대부분의 이러한 학과와 센터는 녹색경제 활동에 필요한 전문성을 획득하도록 설계자, 기술 고문, 규제 기관 및 다른 사람들에게 혁신적 교육을 제공할 수 있다. 달리 말하자면, 고등교육기관은 3차 녹색기술 훈련을 제공하는 범위를 넘어서, 현재와 미래의 녹색노동자들의 기술을 재교육하고 그 기술을 더 다듬게 하는, 굉장히 특수한 위치에 있는 것처럼 보인다. 더군다나, 고등교육기관은 기업 연구 센터와의 협력을 통해 친환경 기업가 정신과 녹색일자리 기회(일명 대학-비즈니스 연계성이라고도 함)를 배양하고 육성할 수 있다.

게다가, 미국뿐만이 아니라 전 세계적으로 대학이 교수진, 학생, 지방의회, 기업, 시민과 함께 협력해 그 지역 및 캠퍼스 내에서 기후변화 대응 행동을 함으로써 앞서서 모범을 보이고 있다. 대학은 단독으로 행동하지 않는다. 그들은 기후변화 조치 및 더 깊은 수준의 지속가능성 실행과 이에 관한 개념을 촉진하기 위해 다른 고등교육기관과 사회 주요 주체들과의 네트워크 구축에 매우 적극적이다. 이 연구는 고등교육기관을 지원하는 것이 지역 녹색일자리를 증가시키기 위한 효과적인 수단이라고 주목했다. 특히 지속가능성 중심의 부서 및 연구 센터를 구축하고 연결하는 것은 지역 녹색경제를 활성화할 소지가 다분하다.

이 연구는 여러 가지 이유로 녹색경제에 관한 문헌에 이바지한다. 이전에는 인식되지 않았던 '고등교육이 녹색일자리에 미치는 영향'에 대해 이론화하고 실증적 증거를 제공했다. 이론적으로, 고등교육기관의 역할을 강조하면서 녹색경제와 지식경제를 연결했다. 실증적으로, 양적 방법론 모델을 활용하여 대도시권에 있는 녹색일자리와 고등교육기관 사이의 긍정적인 관계를 뒷받침하는 확고한 근거를 제공했다. 정책적 함의에 대해 연구 결과는 '교육 커리큘럼, 연구, 녹색산업과 결합하는 것을 포함해 대학에 대한 투자 제공이 그 지역의 녹색일자리 수를 증가시킨다는 것'을 시사하며, 이는 또한 이 연구의 다른 통찰로 뒷받침된다. 이 경험적 결과는 높은 GDP 수치를 보이는 지역은 더 많은 녹색일자리를 만들 가능성이 높으며, 낮은 GDP를 보이는 지역은 더 적은 녹색일자리를 만드는 경향이 있다는 것을 보여준다.

데이터는 미국 대도시 지역의 녹색일자리 개발이 일정하지 않다는 것을 보여준다. 녹색일자리의 경제적·환경적 이익을 고려해 볼 때, 주 및 연방 정책은 도와야 하는 대도시 지역에 투자와 인프라를 강화하는 데 초점을 맞추어야 한다. 금전적 성과보수 정책의 예시로 미국 공익 기금(The United

States Public Benefit Fund, USPBF)이 있는데 이는 청정에너지의 연구와 개발을 가능하게 하고 녹색 및 지식경제를 지원한다. 연방 및 지역 정책 및 재정지원은 지역에 친환경 회사와 밀접한 네트워크를 맺고 있는 지속가능성 관련 학과와 연구 센터를 통해서 녹색경제를 활성화할 수 있다. 비정부 프로그램 또한 녹색경제를 활성화할 잠재력이 있다. 하나의 예시로, 미국을 기반으로 하는 10억 달러 녹색 챌린지(billion dollar green challenge)는 다른 대학 및 기타 고등교육기관의 혁신을 지원해 에너지의 효율을 높인다. 이 챌린지는 직접적으로 녹색일자리를 제공할 뿐만 아니라 간접적으로 에너지 효율성을 구축할 기회를 학생들에게 노출함으로써 녹색일자리를 양산해 낼 수 있는 잠재력을 지니고 있다.

이러한 시사점도 있으나, 향후 연구를 위해 몇 가지 한계점을 언급하고자 한다. 우선, 시계열 데이터는 현시점에 걸맞은 정책 시사점을 일러준다. 시계열 및 단면 데이터 분석을 통해 녹색일자리의 변화에 대해 알 수 있을 것이며 이는 고등교육기관이 어떻게, 어느 범위까지 녹색일자리를 제공하고 유지하는지에 대한 이해를 도모할 것이다. 덧붙여서, 녹색일자리의 최신 데이터 분석은 최근에 일어난 변화에 대한 이해를 높일 것이다.

한국은 급격한 인구 감소와 지방 소멸을 겪고 있다. 한국의 대학, 특히 지방 대학은 학령인구 감소와 수도권 집중으로 존폐의 위기에 놓여 있다. 지역에 특화된 녹색일자리 교육과 창출을 통해 지역경제와 환경을 동시에 살리는 지역 녹색일자리 교육과 창출이 시급하다.

참고문헌

Bailey, I. and F. Caprotti. 2014. "The Green Economy: Functional Domains and Theoretical Directions of Enquiry." *Environment and Planning A*, 46, pp.1797~1813.

Blewitt, J. 2010. "Higher Education for a Sustainable World." *Education + Training*, 52, pp.477~488.

BLS. 2013. "Green Jobs Overview." https://www.bls.gov/green/overview.htm.

_____. 2013. "The BLS Green Jobs Definition." https://www.bls.gov/green/green_definition.htm (검색일: 2017.6.2).

Carley, S. 2011. "The Era of State Energy Policy Innovation: A Review of Policy Instruments." *Review of Policy Research*, 28, pp.265~294.

Cervero, R. and Kang C. Deok. 2011. "Bus Rapid Transit Impacts on Land Uses and Land values in Seoul." *Transport Policy*, 18, pp.102~116.

Chapple, K. et al. 2011. "Innovation in the Green Economy: An Extension of the Regional Innovation System Model?" *Economic Development Quarterly*, 25, pp.5~25.

Collins, D. and Gannon, A. 2014. "Walking the Eco-Talk Movement: Higher Education Institutions as Sustainability Incubators." *Organization & Environment*, 27, pp.16~24.

Consoli, D., G. Marin, A. Marzucchi et al. 2016. "Do Green Jobs Differ From Non-green Jobs in Terms of Skills and Human Capital?" *Research Policy*, 45, pp.1046~1060.

Conventz, S. et al. 2014. *Hub Cities in the Knowledge Economy: Seaports, Airports, Brainports*. London: Routledge.

Cornell University. 2017. "Sustainable Campus." http://www.sustainablecampus.cornell.edu/climate-action (검색일: 2017.6.6).

Fischlein, M and T.M. Smith. 2013. "Revisiting Renewable Portfolio Standard Effectiveness: Policy Design and Outcome Specification Matter." *Policy Sciences*, 46, pp.277~310.

Forrant, R. and L. Silka. 2017. *Inside and Out: Universities and Education for Sustainable Development*. New York: Routledge.

Gibbs, D. and K. O'Neill. 2014. "Rethinking Sociotechnical Transitions and Green Entrepreneurship: the Potential for Transformative Change in the Green Building sector." *Environment and Planning A*, 46, pp.1088~1107.

Goddard, J and P. Chatterton. 1999. "Regional Development Agencies and the Knowledge Economy: Harnessing the Potential of Universities." *Environment and Planning C*, 17, pp.685~699.

Goods, C. 2011. "Labour Unions, the Environment, and 'Green Jobs'." *Journal of Australian Political Economy*, 67, pp.47~67.

Green, F. 2013. *Skills and Skilled Work: An Economic and Social Analysis*. Oxford: Oxford University Press.

Gual, I Sole J. 1998. *Job Creation: The Role of Labour Market Institutions*. Cheltenham: Edward Elgar.

Hess, D et al. 2018. "Local Matters: Political Opportunities, Spatial Scale, and Support for Green Job Policies." in *Environmental Innovation and Societal Transitions*, 26, pp. 158~170

Howe, J. 2008. *Regulating for Job Creation*. Sydney: The Federation Press.

Ihlanfeldt, KR. 1995. "The Importance of the Central City to the Regional and National Economy: A Review of the Arguments and Empirical Evidence." *Cityscape*, 1, pp.125~150.

ILO. 2012. "Proposals for the Statistical Definition and Measurement of Green Jobs." Geneva: International Labour Office.

Jung, YM. 2015. "Is South Korea's Green Job Policy Sustainable?" *Sustainability*, 7(7), pp.8748~8767.

Kearney, ML and Lincoln, D. 2013. "Research Universities: Networking the Knowledge Economy." *Studies in Higher Education*, 38, pp.313~315.

Koester, R., J. Eflin and J. Vann. 2006. "Greening of the Campus: a Whole-systems Approach." *Journal of Cleaner Production*, 14, pp.769~779.

Koski, C and T. Lee. 2014. "Policy by Doing: Formulation and Adoption of Policy through Government Leadership." *Policy Studies Journal*, 42, pp.30~54.

Kouri, R. and A. Clarke. 2014. "Framing 'Green Jobs' Discoure: Analysis of Popular Usage." *Sustainable Development*, 22, pp.217~230.

Krause, RM. 2012. "An Assessment of the Impact that Participation in Local Climate Networks has on Cities' Implementation of Climate, Energy and Transportation Policies." *Review of Policy Research*, 29, pp.585-603.

Kwon, M. HS. Jang and R. Feicock. 2014. "Climate Protection and Energy Sustainability Policy in California Cities: What Have We Learned?" *Journal of Urban Affairs*, 36, pp. 905~924.

Lee, T and C. Koski. 2015. "Multilevel Governance and Urban Climate Mitigation" *Environment and Planning C, Government and Policy*, 47, pp.1~17.

Lee, T. 2017. "The Effect of Clean Energy Regulations and Incentives on Green Jobs: Panel Analysis of the United States 1998~2007."(Natural Resources Forum) *A United Nations Sustainable Development Journal*, 41(3), pp.131~144.

Llera, Sastresa E. et al. 2010. "Local Impact of Renewables on Employment: Assessment Methodology and Case Study." *Renewable and Sustainable Energy Reviews*, 14, pp. 679~690. DOI: https://doi.org/10.1016/j.rser.2009.10.017.

Marginson, S. 2010. "Global Comparisons and the University Knowledge Economy." in Portnoi, L, Rust, V and S. Bagley(eds.). *Higher Education, Policy and the Global Competition Phenomenon*. New York: Palgrave Macmillan, pp.29~41.

Murga-Menoyo, Á. 2014. "Learning for a Sustainable Economy: Teaching of Green Competencies in the University." *Sustainability*, pp.297~2292.

Muro, M., J. Rothwell and D. Saha. 2011. "Sizing the Clean Economy: A National and Regional Green Jobs Assessment." Washington, DC: The Brookings Institution.

Nuggent, J. 2011. "Changing the Climate: Ecoliberalism, Green New Dealism and the Struggle over Green Jobs in Canada." *Labour Studies Journal*, 36, pp.58~82.

O'Neill, K. and D. Gibbs. 2016. "Rethinking Green Entrepreneurship—Fluid Narratives of the Green Economy." *Environment and Planning A*, 49, pp.1727~1749.

OECD. 2014. *Greener Skills and Jobs*. Paris: OECD.

Olssen, M and M. Peters. 2005. "Neoliberalism, Higher Education and the Knowledge economy: from the Free Market to Knowledge Capitalism." *Journal of Education Policy*, 20, pp.313-345.

Pearce, A and F. Stillwell. 2008. "'Green-collar' Jobs: Employment Impacts of Climate Change." *Journal of Australian Political Economy*, 62, pp.120~138.

Piacentini, M. 2012. "Rationale and Policies for the Green Growth of Cities and Regional Economies." *International Economics and Economic Policy*, 9, pp.129~146.

Rauken, T. PK. Mydske and M. Winsvold. 2015. "Mainstreaming Climate Change Adaptation at the Local Level." *Local Environment*, 20, pp.408~423.

Schaper, M. 2016. *Making Ecopreneurs: Developing Sustainable Entrepreneurship*, 2nd ed. Abingdon: Routledge.

Second Nature. 2017. "Campus Cleantech Pilots." http://secondnature.org/campus-clean tech-pilots (검색일: 2017.6.6).

_____. 2017. "Homepage", http://secondnature.org (검색일: 2017.6.6).

Storey, DJ and S. Johnson. 1987. *Job Generation and Labour Market Change*. London:

MacMillan.

Strietska-Illina, O. et al. 2011. *Skills for Green Jobs: A Global View*. Geneva: International Labour Office.

UNEP. 2008. "Green Jobs: Towards Decent Work in a Sustainable, Low-carbon World. Nairobi." United Nations Environment Programme.

_____. 2015. "Uncovering Pathways Towards an Inclusive Green Economy." in United Nations Environment Programme. https://www.unep.org/resources/report/uncovering-pathways-towards-inclusive-green-economy-summary-leaders (검색일: 2017.6.10)

Van der Heijden, J. 2014. *Governance for Urban Sustainability and Resilience: Responding to Climate Change and the Relevance of the Built Environment*. Cheltenham: Edward Elgar.

_____. 2017. *Innovations in Urban Climate Governance: Voluntary Programs for Low Carbon Buildings and Cities*. Cambridge: Cambridge University Press.

_____. 2018. "Hybrid Governance for Low-carbon Buildings: Lessons from the United States." in Wilkinson S. et al(eds.). *Routledge Handbook for Sustainable Real Estate*. Milton Park: Routledge.

Vona, F.G. Marin and D. Consoli. 2016. "Measures, Drivers and Effects of Green Employment: Evidence from US Local Labor Markets, 2006-2014." Observatoire Francais des Conjonctures Economiques(OFCE).

wearestillin. 2017. "Open Letter to the International Community and Parties to the Paris Agreement." http://wearestillin.com/ (검색일: 2017.6.20)

Wei, M., S. Patadia and D.M. Kammen. 2010. "Putting Renewables and Energy Efficiency to Work: How Many Jobs Can the Clean Energy Industry Generate in the US?" *Energy Policy*, 38, pp.919~931.

World Bank. 2007. *Building Knowledge Economies*. Washington: World Bank.

Yi, H., R.M. Krause and R.C. Feiock. 2017. "Back-pedaling or Continuing Quietly? Assessing the Impact of ICLEI Membership Termination on Cities' Sustainability Actions." *Environmental Politics*, 26, pp.138~160. DOI: 10.1080/09644016.2016.1244968.

Yi, H. 2013. "Clean Energy Polices and Green Jobs: An Evaluation of Green Jobs in U.S. Metropolitan Areas." *Energy Policy*, 56, pp.644~652.

_____. 2014. "Green Businesses in a Clean Energy Economy: Analyzing Drivers of Green Business Growth in U.S. States." *Energy*, 68, pp.922~929.

Yi, H. and Y. Liu. 2015. "Green Economy in China: Regional Variations and Policy Drivers." *Global Environmental Change*, 31, pp.11~19.

제7장

탄소중립과 원자력에너지 정치

국제적 현황과 한국의 사례

황정화_경북대학교 사회과학기초자료연구소 연구원

1. 들어가며: 후쿠시마 사고와 파리협약 이후의 원자력에너지

방사성원소의 핵분열로 전력을 생산하는 원자력발전 기술은 도입 후부터 현재까지 끊임없는 논쟁을 일으켰다. 원자력에너지는 화석에너지에 비해서 많은 장점이 있지만, 발전 과정에서 인공 핵종과 방사성 폐기물이 발생하고 핵사고의 위험성이 잠재하기 때문이다. 반핵 여론은 원자력발전의 위험성이 가시화될 때 크게 동요해 왔다. 멀리 보면 1945년 미국의 히로시마·나가사키 핵폭격부터 1979년 스리마일과 1986년 체르노빌 원전 사고까지 핵기술의 치명적 단점을 드러내며 반핵운동을 촉발했다. 비교적 근래인 2011년 후쿠시마 핵사고 또한 원자력에너지의 확산을 막는 주요 원인이 되었다. 강화된 안전규제하에서 일부 멈췄던 원전이 다시 가동을 시작했지만, 원자력발전을 '안전한 에너지원'이라고 주장하기는 더욱 어려워졌고, 원자력발전을 지속하거나 늘리기 위해서는 안전장치에 대한 더 많은 설명이 덧붙여져야만 한다.

교토 체제하에서 원자력발전은 공식적인 기후변화대응 수단으로 옹호되지는 않았다. 1999년 기후변화협약 당사국총회(COP5)에서 청정개발 체제에 원자력발전을 포함하자는 제안이 나왔지만, 6차 총회에서 거부되었고, UN지속가능개발협의회에서도 원자력에너지를 지속가능한 에너지로 인정하지 않았다. 2001년 「COP7 보고서」에는 탄소저감 목표치를 달성하기 위해 원자력발전을 활용하는 것을 삼가야(refrain) 한다는 가이드라인을 명시하기도 했다. 반면 정부 간 협의체이자 과학기술 전문가들의 모임인 IPCC는 원자력 전원의 탄소배출 감소 효과를 인정해 왔다(IPCC, 2007).

2015년 파리기후협정으로 국제사회는 지구 평균온도 상승을 1.5°C로 제한하기로 하고 모든 당사국이 탄소중립을 위해 기여할 것을 규범화했다. 이에 각 국가별로 탄소중립에 전에 없던 정책적 우선성이 부여되고 있다. 산업화 수준, 자연조건, 전력 산업 등의 차이로 인해 탄소중립을 위한 전략은 국가별로 다양하다. 그런데 2018년 발간한 「지구 온도 상승 1.5도를 위한 IPCC보고서」는 에너지 공급 부문에서 탄소저감 옵션으로 원자력에너지를 포함하고 있다(IPCC, 2018). 국제에너지기구(IEA)는 더욱 직접적인데, 탄소중립을 위해서 현존하는 원전을 최대한 안전하고 길게 운영하고, 신규 원전 건설과 원자력 신기술개발의 촉진도 추천하고 있다(IEA, 2019).

탄소중립의 관점에서 세계 에너지 부문의 최대 쟁점은 언제 석탄발전소를 폐쇄할 것인가로 집약된다. 잠재적 위험성으로 인한 원자력발전의 축소 요구는 국제적 관심사에서 밀려나게 되었고, 원자력발전 기술에 대한 적극적인 투자와 지원을 요구하는 목소리도 높아지고 있다. 2018년 MIT 공대는 공학자들의 견해를 종합한 뒤 원자력발전의 역할을 부정하는 정책이 기후변화 대응을 어렵게 한다고 주장했다(MIT, 2018). 유럽연합의 원자력 부문 노조연합은 2021년 초 유럽연합집행위원장 우르줄라 폰 데어 라이엔(Ursula von der Leyen)에게 재생가능에너지만으로는 화석연료를 대체할 수 없다는 내용의 서신을 보내기도 했다.[1] 세계적 투자자 빌게이츠도 탄소중립 달성을 위해 원자력발전, 특히 핵사고의 가능성을 물리적으로 제어하는 원자력 신기술에 기대를 걸고 있음을 밝혔다(빌게이츠, 2021).

파리협약 이후 세계 에너지 부문은 석탄발전소를 끄는 대신 무엇을 켤지를 둘러싸고 재생가능에너지와 원자력에너지가 경합하는 양상을 보인다. 또한 원자력발전을 둘러싼 위험-안전 논쟁이 탄소저감 효과 논쟁으로 대체되고 있다. 벤저민 소바쿨(Benjamin Sovacool)은 원전의 전주기(life cycle) 동안 온실가스배출량이 66g/kWh로 태양광(32g/kwh)보다 2배 이상 많고 풍력(9.5g/kwh)보다는 7배 정도 많다고 주장했다(Sovacool, 2008). 마크 제이콥슨(Mark Jacobson)은 원전의 탄소배출 수준을 78~178CO_2eq./kWh까지 계산하기도 했다(Jacobson, 2020). 반대로 원자력발전을 옹호하는 이들은 태양광발전이 원자력발전보다 탄소배출량이 많다고 주장한다.[2]

원자력발전과 태양광, 풍력은 모두 발전 과정에서 온실가스를 배출하지 않기 때문에 탄소배출량은 발전 전과 폐기 과정에 대한 평가이며, 이는 국가마다 사정이 다를 수밖에 없다. 예컨대 태양광 패널을 자체 제작하는 국가와 해외에서 수입하는 국가의 태양광발전 탄소배출량은 다를 수밖에 없다. 또한 안전한 폐기물처리 방법이 아직 마련되지 않은 원자력발전의 경우 전주기 탄소배출량을 정확히 계산하는 것은 애초부터 불가능하다. IPCC가 제공하는 탄소배출 추정치 범위가 매우 넓은 것은 이와 같은 계산

---

[1] https://www.wecareeu.org/uploads/1/2/4/7/124770859/letter_trade_unions_to_the_ec_president.pdf (검색일 2021.5.4).

[2] 국내 언론에서 자주 등장하는 원자력발전 평균탄소배출지수 10CO_2eq./kWh는 OECD 산하 원자력기구(Nuclear Energy Agency)가 2004년 연구를 인용해 발간한 2008년 보고서(2008 Nuclear Energy Outlook)에 따른 것으로, 17년 전 도출된 추정치는 한국 전력 통계에 따른 계산 결과와도 큰 차이를 보인다(황욱·서현정·이민철, 2018).

의 어려움을 반영한다. 따라서 수치를 절대시하거나 단순화해 비교하는 것은 타당하지 않다.[3]

재생가능에너지와 원자력에너지의 발전 특성상 서로 경합하지 않는다고 볼 수도 있다. 태양광과 풍력은 기후, 날씨, 지형 등에 영향을 받기 때문에 일정하게 전력을 생산할 수 없다. 대조적으로 원자력발전은 일정량을 계속 생산함으로 인해 기저부하를 담당하지만 전력생산량의 유연한 조절이 어렵다. 그러나 이 또한 현재의 기술 수준에서의 비교일 뿐, 에너지저장기술, 소규모 원자로 기술, 그린 수소의 대중화, 광역 및 스마트 그리드의 형성 등 미래 전력기술에 대한 투자를 고려하면 둘 사이에 경합적 성격이 드러난다. 예컨대 원자력발전을 유지하는 탄소중립전략은 재생가능에너지를 위한 새로운 전력망(grid) 구축을 지연시켜 재생가능에너지 확산을 더디게 할 수 있다(Sovacool et al., 2020). 반대로 재생가능에너지가 에너지저장기술의 발달에 힘입어 효과적으로 석탄발전을 대체할 경우, 신규 원전 건설이나 수명연장의 필요성을 감소시킬 것이다.

이 장에서는 기후협약 이후 탄소중립을 요구받고 있는 주요 원전국의 전원 믹스 변화를 원자력에너지와 재생가능에너지를 중심으로 비교한다. 그리고 탄소중립과 원자력에너지 정치의 주요 변수를 파악해 탈원전과 탄소중립을 선언한 한국의 사례를 평가해 보고자 한다. 이를 위해 세계원자력협회(World Nuclear Association)의 국가별 현황자료와 에너지계획 및 국가결정기여(Nationally Determined Contribution, 이하 NDC), 국제에너지기구(IEA)가 수집, 제공하는 데이터 등을 참고했다.

---

[3] 2014년 IPCC 보고서가 2011년 이후의 다양한 연구 결과를 참조해 인용하고 있는 전주기 온실가스배출 추정치(단위: CO_2eq./kWh)는 태양광(PV) 5~217, 풍력 7~56, 원자력 1~220이다(IPCC, 2014: 538~540).

2. 주요 원전국가의 에너지전환

표 7-1 주요 원전국가의 전력원별 전력생산량 (단위: GWh)

	전체		화석		원자력		재생	
	2010	2018	2010	2018	2010	2018	2010	2018
세계	21,611,148	26,730,065	14,474,367	17,093,549	2,756,288	2,710,430	3,979,758	6,254,184
			67%	63.9%	12.7%	10.1%	18.4%	23.4%
	2010	2019	2010	2019	2010	2019	2010	2019
미국	4,378,430	4,366,467	3,060,149	2,729,196	838,931	843,330	403,000	715,964
			69.9%	62.5%	19.2%	19.3%	9.2%	16.4%
프랑스	569,288	570,796	55,594	51,165	428,521	399,012	78,567	108,752
			9.8%	9%	75.3%	70%	13.8%	19.1%
일본	1,170,897	999,874	732,583	703,367	288,230	63,779	100,872	172,437
			62.6%	70.3%	24.6%	6.4%	8.6%	17.2%
중국	4,207,993	7,519,344	3,332,623	5,120,174	73,880	348,700	767,627	1,931,825
			79.2%	69.1%	1.8%	4.6%	18.2%	25.7%
러시아	1,038,030	1,118,143	695,935	707,946	170,415	208,986	168,906	197,898
			67%	63.3%	16.4%	18.7%	16.3%	17.7%
한국	499,508	581,327	341,395	400,448	148,596	145,910	10,179	16,162
			68.3%	68.9%	29.7%	25.1%	2%	2.8%
캐나다	603,056	653,515	139,762	120,986	90,658	101,189	360,468	420,304
			23.2%	18.5%	15%	15.5%	60%	64.3%
독일	633,120	618,239	372,550	285,039	140,556	75,071	77,657	199,889
			58.8%	46.1%	22.2%	12.1%	12.3%	32.3%
영국	382,071	323,708	289,189	141,191	62,140	56,184	17,069	140,723
			75.7%	43.6%	16.3%	17.4%	4.5%	43.5%
인도	974,799	1,593,709	788,913	1,211,073	26,266	46,472	144,705	290,368
			81%	76%	2.7%	2.9%	14.8%	18.2%

주: 화석에너지 — 석유, 석탄, 천연가스
　　재생가능에너지 — 수력, 태양광, 태양열, 지열, 조력, 풍력(바이오연료, 폐기물, 기타 제외)
자료: IEA 자원별 전력생산량(electricity generation by source) 재구성

원자력발전소를 20기 이상 보유하고 있는 주요 원전국가의 전력생산량을 후쿠시마 핵사고 이전 2010년과 최근 2019년(세계는 2018) 통계로 비교해 보면 〈표 7-1〉과 같다. 우선 세계의 전력생산량 중 화석에너지와 재생가능에너지의 절대량은 모두 증가했으나 원자력발전은 절대량과 비중에서 모두 감소했다. 비중에 있어서 재생가능에너지와 원자력발전과의 격차는 두 배로 커졌다. 하지만 주요 원전국에 국한한다면 2011년 이후 원자력발전 비중이 소폭 감소했음에도 전체 발전량에 큰 변동은 없다. 일본을 비롯한 일부 국가에서 원전발전량이 감소했지만 중국의 원자력발전량 증가로 상쇄되고 있다.

중국(가동 중 49개, 건설 중 17개)은 2000년대 중반부터 경제성장에 따른 전력수요를 충당하면서도 화석연료의 비중을 낮춰 대기질을 개선하고자 했는데, 파리협약을 계기로 탄소중립의 목표가 추가되었다. 중국 정부는 2015년 제출한 NDC를 통해 에너지소비에서 2030년까지 비화석원료를 20%까지 높이고, 탄소배출을 2005년의 2배 수준으로 제한할 것을 약속했다. 파리협약 후 2016년 11월 중국 국가에너지국(National Energy Administration)이 발표한 전력생산을 위한 제13차 5개년 계획(2016~2020)은 2020년 설비용량 중 가스 110GW, 수력 340GW, 풍력 210GW, 태양에너지 110GW, 원자력 58GW을 목표로 했다. 2019년의 설비용량을 보면 풍력 210GW, 태양광 204GW, 원자력은 45GW로서[4] 풍력과 태양광이 2020년 목표를 이미 달성한 데 반해 원자력은 2020년 한 해 동안 2기(2GW)만이 추가되어 당초 목표에 비해 10GW 이상 미달했다.

2021년 3월 발표한 14차 5개년 계획은 2025년까지 비화석연료 20%를

---

[4] https://chinaenergyportal.org/2019-pv-installations-utility-and-distributed-by-province (검색일 2021.6.5).

달성하는 것으로 목표 연도를 5년 앞당겼고, 이를 위해 원전의 설비용량은 70GW까지 확장할 것을 밝혔다. 건설 기간을 5년으로 보고 건설 중 17기(18,453MW)에 더해 올해 착공을 계획한 원전 2기(Sanmen 3 & 4, San'ao 2; 총 3,650MW)가 예정대로 추진된다면 5~6년 내에 70GW 용량 달성이 가능할 것으로 보인다. 관건은 국영기업과 사기업의 지속적 재정 투자 여부다. 풍력 및 태양광 발전설비의 경우도 건설 기간이 짧고 중앙정부의 인센티브 제도에 따라 지방정부와 민간의 투자가 집중되고 있지만 향후 보조금 제도가 축소되면 설비증가율이 감소할 것으로 보인다.

한편 중국의 원자력 기술개발은 빠른 속도로 성과를 내고 있다. 중국은 2006년부터 3세대 가압경수로형 원전 개발과 4세대 원전 개발을 기술 프로젝트의 우선순위로 삼아왔고 적극적으로 서구 선진기술을 받아들였다. AP1000, CAP1000 등을 통해 원자력 선진국에 의한 기술이전이 이뤄졌으며, 그 결과 2020년 11월 중국의 3세대 원전 화룽1호가 상업 가동을 시작한 뒤 남미와 아프리카, 아시아 등에 수출을 목표로 하고 있다. 또한 2017년 12월 27일, 산둥성 시다오완에 210MW 규모 고온가스로(HTR-PM)의 실증 원자로 건설에 성공하면서, 원자력선진국 사이에서 4세대 원자력기술 경쟁이 가속화하고 있다. 이와 같은 중국의 약진은 원자력기술 선진국의 원자력 부문 투자 축소를 어렵게 하는 국제적 요인이 되고 있다.

인도(가동 중 22개, 건설 중 6기)는 2014년부터 2019년까지 평균 17.5%의 경제성장을 보였다. 빠르게 경제성장 중인 인도가 석탄발전소를 언제쯤 폐쇄할 수 있을지에 세계의 이목이 집중되고 있다. 하지만 석탄발전소의 평균 연한이 12년에 불과하고 부채비율이 높아 발전소를 멈추기 어려운 데다가 석탄발전의 비교적 낮은 생산 단가로 인해 탈석탄의 시점은 요원하다.[5] 인도는 2015년 NDC를 제출하며 2030년까지 GDP의 배출 집약도를 2005년의 33~35%로 줄이고, 기술이전과 녹색기후기금이 제공될 경우

2030년까지 비화석 전원의 설비용량을 전체의 약 40%로 늘리겠다고 약속했다. 경제성장률을 감안해 설정된 인도의 국가기여도는 9년 전인 현재 이미 목표치에 근접했다. 2020년 GDP 대비 배출집약도를 2005년의 21%로 줄였으며 비화석연료의 발전 설비용량이 38%에 이르고 있다. 이는 인도의 빠르게 증가하는 재생가능에너지가 만들어낸 성과라 할 수 있다.

경제성장률을 뒷받침할 수 있는 대량의 비화석에너지로서 원자력발전에 대한 인도의 목표도 야심 찼다. 2012년 12차 5개년 계획은 GDP성장률 7~9%를 충족하기 위해 700GW의 전력시설 용량 중 2032년까지 63GW를 원자력으로 충당하겠다는 목표를 수립했다. 그러나 현실은 목표와 상당히 괴리되어 있다. 2018년 3월에 2031년까지의 목표를 약 22.5GW로 수정했지만 실제 2027년 원자력발전 설비용량은 11GW에 그칠 것으로 예상된다.

높은 경제성장률에도 불구하고 중국과 달리 전원믹스에서 원자력발전이 드라마틱하게 증가하지 않는 것은 인도의 국제사회와의 독특한 관계 때문이다. 인도는 1970년 핵확산금지조약(NPT)에 가입하지 않은 채, 핵무기 개발에 성공했기 때문에 인도의 원자력발전은 원전 선진국의 연료 공급 및 기술 지원 없이 진행되어 왔다. 인도가 가진 천연우라늄과 자체 기술로 만든 가압중수로모델(PHWR)은 대부분 저용량이며 23기의 원전이 가동되고 있음에도 원전의 설비용량은 총 6885MW에 불과하다.[6]

인도의 '원자력법'은 공급망을 제외하고 원자력 부문의 민간 참여나 직접적인 외국인 투자를 허용하지 않는다. 러시아와의 양자 간 협정으로 가

---

5 2019년 기준 인도의 발전원별 생산 단가는 석탄 12.46~12.87USD/MWh, 태양광 31.9USD/MWh 풍력 32.19USD/MWh, 원자력발전은 32.89USD/MWh이다. 그러나 탄소배출량을 비용으로 환산해 반영할 경우, 재생가능에너지와 원자력은 거의 변동이 없지만, 석탄발전의 비용은 70~100USD/MWh까지 상승한다. https://www.iea.org/articles/levelised-cost-of-electricity-calculator (검색일 2021.6.5).

6 한국의 가동 중 원전 24기의 총 용량은 2만 3150MW에 이른다.

압경수로형 원전 건설이 시작된 것은 2002년으로 2013년 상업 운전을 시작한 쿠단쿨람 1호기(Kudankulam 1)가 유일하다. 2008년 9월에 원자력공급업체 그룹이 속한 국가들과 핵협정이 체결되기 시작해 천연우라늄과 농축우라늄의 원료를 해외에서 조달할 수 있게 된다. 3세대 원전의 확대를 위해서는 서구 기업들과 기술이전을 포함한 건설 프로젝트 참여가 필요하지만, 이 또한 순조롭지 않았다. 무엇보다 핵시설의 손해보상제도 및 사고 책임에 대한 국내법이 없고 비엔나협약 및 핵피해보충보상협약(CSC)에 가입하지 않았기 때문이다. 2010년에야 '인도핵책임법(Civil Liability for Nuclear Damage Act)'이 제정되었고 2015년에 CSC에 서명했다. 게다가 중국과 달리 인도에는 반핵운동이 고조되기도 하는데, 쿠단쿨람 원전 반대 운동, 자이타푸르(Jaitapur) 원전 반대 시위 등이 대표적이다. 쿠단쿨람에서는 경찰의 시위 진압 과정에서 약 8000명이 기소되기도 했으며, 2011년 완성된 원전의 핵연료 투입이 반대 집회로 지연되기도 했다.

원자력발전과 대조적으로 재생가능에너지원의 인프라 구축을 위한 투자는 짧은 공기와 낮은 초기비용 등으로 투자가 집중되고 있다. 대표적으로 녹색기후기금은 인도에 총 4개 프로젝트를 지원하고 있는데, 이 중 2억 5000만 달러가 인도의 지붕태양광 부문 사업에 제공되었다.[7]

미국(가동 중 55, 건설 중 2기)의 에너지전환은 석탄과 가스에 대한 의존도를 낮추고 재생가능에너지를 확대하는 것이라 할 수 있다. 바이든 대통령은 2035년 전력 부문의 탈탄소화, 2050년 탄소중립을 선언했으며, 행정명령(2021.1.27)으로 연방 기관에 무탄소배출 전기와 차량의 조달, 공공 토지 및 해역 등에서의 화석연료개발과 관련한 임대의 중지 및 재검토, 2030년까지 해상풍력 생산을 두 배로 늘리기 위한 방안의 검토 등을 지시했다. 또

---

7   https://www.greenclimate.fund/projects (검색일 2021.5.25).

한 2021년 4월 기후정상회담에서 2030년까지 온실가스배출량을 2005년 대비 50~52% 감축한다는 목표를 발표하기도 했다.

원자력발전에 대해서는 현상 유지 기조이다. 오바마 대통령은 취임 초기 2009년 신규 원전 건설 계획을 변경하고, 핵연료 처리를 위한 유카 마운틴(Yucca Mountain) 프로젝트 예산 삭감, 제4세대 원자력 시스템 이니셔티브(Generation IV Nuclear Energy Systems Initiative) 예산 삭감 등 반핵 기조를 보였다. 그러나 2010년 기후변화입법안의 의회 통과를 위해 공화당과의 절충을 모색하면서 원자력발전에 대한 입장은 변화했고 신규 원전 4기의 건설도 승인했다. 바이든 행정부 역시 2035년 전력 부문의 탈탄소화를 위해 송전 및 에너지 저장장치의 확대, 탄소 포집과 더불어 안전성을 강화한 원자력발전의 유지를 그 수단으로 제시했다.[8] 점차 전기차가 내연자동차를 대체하면서 최종에너지소비 중 전력 비중이 증가할 수밖에 없기에 원자력발전의 축소는 더욱 어려운 선택지가 되고 있다.

2005년 에너지정책법안(Energy Policy Act of 2005 — Public Law 109 — 58)이 제정되면서 신규 원전의 경우 8년 동안 6000MW까지 킬로와트당 1.8센트의 감면 혜택을 받을 수 있다. 하지만 원전의 건설은 주정부 단위의 전력 기업이 감당하기에 위험도가 매우 높다. 대표적으로 2008년부터 건설이 시작된 서머 원전(Summer 3, 4)은 2017년 7월에 66%의 공정률에 이르렀음에도 건설을 중단했고 결국 프로젝트는 취소되었다. 막대한 재원이 투자되는 장기간의 대규모 토목공사를 안정적으로 추진하는 데 있어서 미국의 원자력 산업계는 한계를 드러낸 것이다.[9]

---

8   https://www.whitehouse.gov/briefing-room/statements-releases/2021/04/22/
    fact-sheet-president-biden-sets-2030-greenhouse-gas-pollution-reduction-target-aim
    ed-at-creating-good-paying-union-jobs-and-securing-u-s-leadership-on-clean-energy
    -technologies/ (검색일 2021.6.5).

신규 원전 건설이 어려운 만큼 전력회사들은 원전의 가동률과 효율을 높이면서 최대한 길게 원전을 운영하려 했다. 그 결과 발전량은 1980년 251TWh에서 2019년에는 809TWh로 상승했다. 설비용량이 5%밖에 증가하지 않은 상황에서 이와 같은 발전량의 증가는 29개의 1000MW급 원전이 신설된 것과 동일하다. 그러나 앞으로도 원자력발전량을 유지하기 위해서는 1967년과 1990년 사이 가동을 시작한 원전의 60년 수명이 완료되는 2030년 즈음에는 22GW, 대략 22개의 신규 원전이 필요하다. 이에 미국 정부는 원전 수명을 80년까지 연장하는 것을 대안으로 보고 있다. 2021년 1월 4기의 원전이 80년까지 수명연장을 받았고, 6기의 원전이 수명연장을 신청했으며, 11개 원전이 수명연장 신청을 검토 중이다.

　프랑스(가동 중 56개, 건설 중 1개)는 국영기업의 주도로 전력의 약 70%를 원자력에서 생산하며 매년 최대 70TWh를 수출하는 대표적 원전국가이다. 오일쇼크 이후 프랑스에서 원자력발전은 에너지안보, 환경보전(온실가스 저감), 전력수요 대응에 있어서 가장 효과적인 수단으로 국민적 지지를 받아왔다. 그러나 후쿠시마 핵사고 이듬해 사회당 올랑드 후보는 녹색당의 입장을 받아들여 플라망빌(Flamanville) 3호기 외 추가 건설 반대, 페센하임(Fessenheim) 발전소 2기 폐쇄를 통해 원전 비중을 줄인다는 공약을 내걸어 당선되었다. 이후 환경 컨퍼런스와 에너지 효율, 에너지믹스, 재생가능에너지, 재원 마련 등 4가지 쟁점 사안에 대한 1000개의 지역 토론에 17만 명 이상이 참여하는 사회적 공론화를 진행했다. 이에 따라 2015년 10월

9　프로젝트의 45% 지분을 소유했던 사우스캐롤라이나 주영기업 샌티 쿠퍼(Santee Cooper)는 건설 지연으로 인한 이자 부담의 증가와 불확실한 비용, 예측 수요 감소. 트럼프 정부하 무배출 기저부하의 시급성 감소 등을 건설 중단의 이유로 밝혔다(https://world-nuclear.org/information-library/country-profiles/countries-t-z/usa-nuclear-power.aspx (검색일 2021.6.5).

'녹색성장을 위한 에너지전환' 법안이 국회에서 통과되어 2025년까지 전력생산에서 원자력발전 비율을 50%로 낮추고 원자력 용량을 당시 수준인 63.2GW로 제한하기로 한다. 그리고 2016년 10월의 에너지계획에서 원자력 분야는 최대설비용량 63.2GW를 유지하고, 재생가능에너지의 설비용량을 2018년 52GW, 2023년 71~78GW로 증가시킨다는 목표와 페센하임 2기의 폐쇄를 명시했다(이영우·이해나·류재수, 2018). 결과적으로 2018년 12월 총 시설용량 133GW 중 재생가능에너지는 51.5GW가량으로 목표치는 달성했다(IEA, 2019). 그러나 플라망빌 3호기의 완공이 늦춰지고,[10] 노후원전 폐쇄에 대한 노동계와 산업계의 반대가 심해지면서 원전 비중 축소는 속도를 내지 못했다.[11] 2018년 11월, 에마뉘엘 마크롱(Emmanuel Macron) 정부는 법안을 수정해 원자력 비중 50%의 기한을 2035년으로 연기했다. 그럼에도 2세대 원전이 대부분인 14개의 원자로는 2035년까지 폐쇄할 것을 명시했다.

재생가능에너지가 증가하면서 원자력발전에 대한 여론은 변화하고 있다. 2016년의 여론조사에서 원자력발전 폐지 찬성이 47%, 반대가 54%를 기록했다. 주로 에너지 자립과 저렴한 전력생산이 반대의 이유였다(한희진·안상욱, 2021). 그러나 재생가능에너지가 빠른 속도로 증가하고, 여름철 폭염으로 원전의 냉각수 문제가 반복되는 데다 플라망빌 3호기의 건설이 지연되면서 폐지 찬성 여론이 증가하고 있다. 2018년 Odoxa의 설문조사 결과는 응답자의 53%가 원자력에 반대한다고 답했다. 단, 응답자의 28%

---

10 플라망빌 3호기의 완공은 10년이나 늦춰지고 있다. 2013년 상업 운전을 목표로 2007년 12월부터 착공했으나 EDF는 2023년에 상업 운전될 것으로 밝혔고, 애초에 계획된 33억 유로의 비용은 2020년 7월에 발표된 감사관 보고서에 따르면 191억 유로까지 증가할 예정이다.

11 2011년 기준 프랑스의 원자력 부문 직접고용은 12만 5000명이며, 프랑스 산업 고용의 약 4%에 해당한다. EDF 및 AREVA에 상품과 서비스를 공급하는 기업도 454개에 이른다(World Nuclear Association, 2018).

만이 원전을 감소시키기 위해 더 많은 비용을 지불할 의사가 있다고 답했다.[12] 2019년 4월 원자력 연료업체인 오라노(Orano)가 의뢰해 수행된 설문조사에서 응답자의 47%가 원전을 프랑스의 자산이라고 보고 있으며, 56%가 원전이 일자리를 창출하며, 69%가 원전이 온실가스 감축에 기여하며, 54%가 미래에 원전과 재생가능에너지가 함께 전력원을 구성할 것으로 예측했다.[13] 프랑스의 여론은 원전의 효용성을 인정하면서도 점차 재생가능에너지를 통해 그 비율을 낮추는 것에 동의하는 방향으로 변화하고 있다.

광역 전력망의 조건 속에서 프랑스가 원전을 축소하고 재생가능에너지를 확대하는 것은 기술적으로 어려운 일이 아니다. 관건은 정부가 산업계와 노동계 그리고 입지 지역 주민들의 반대를 극복하고 원전 폐쇄에 따른 사회적 전환에 성공하느냐이다. 노동계의 지지를 기반으로 하는 사회당의 마크롱 대통령은 원자력발전을 값싼 전기, 고용창출, 친환경 등과 연관 지어 옹호하고 있다. 이런 점에서 프랑스 정부가 2035년까지 원자력발전 비중 50% 목표를 달성하기 위해 정책적 수단을 효과적으로 동원할 수 있을지는 미지수다. 프랑스전력공사(Électricité de France, EDF)의 재생가능에너지사업 진출에 반대하는 노조는 2020년 연말에 두 차례 파업을 강행하기도 했다.[14]

원자력발전 비중의 감소와 별개로 프랑스의 원자력기술에 대한 투자는 계속되고 있다. 프랑스는 가스냉각고속반응기, 나트륨냉각고속반응기, 초

12 https://www.connexionfrance.com/French-news/French-public-opinion-is-grow
ing-against-nuclear-power-as-awareness-of-environment-and-renewable-energy-gro
ws (검색일 2021.5.24).

13 https://www.orano.group/en/news/news-group/2019/june/french-people-and-
nuclear-energy-knowledge-and-perceptions (검색일 2021.5.24).

14 https://www.reuters.com/article/us-edf-restructuring-idUSKBN28J36B (검색일 2021.5.24).

고온가스반응기 등 세 가지 4세대 원자력기술을 추구하고 있으며, 2009년 12월 정부는 원자력과 대안에너지연구소(CEA)의 4세대 원자로 및 연료 사이클 개발연구에 10억 유로를 제공했다. 또한 2018년 보조금 형태의 R&D (11억 6900만 유로)의 약 54%가 핵에너지기술에 쓰였으며 2020년 3월 발표한 국가기후에너지계획에서도 프랑스의 원자력기술 주도권을 지킬 것을 에너지 정책의 목표로 명시하고 있다.[15]

일본(가동 중 9개, 건설 중 2기)은 후쿠시마 사고 이전에 전력의 30%가량을 원전에서 생산했는데, 2017년까지 비중을 40%까지 올린다는 계획을 수립했다. 그러나 후쿠시마 사고 후 2013년 신규 제안을 마련했고 이에 따라 2014년 모든 원전을 가동 정지했다. 비교적 작고 노후한 원전 27기는 폐로를 결정했고, 2015년 8월 2기의 원전 재가동을 시작한 후 7기가 추가되어 현재 9기가 가동 중이며, 16기가 재가동 승인 절차 중에 있다. 자민당 정부는 2014년 4차 장기에너지계획에서 원자력에너지가 기저부하의 기능을 할 것이라고 명시했다. 2015년에는 2030년까지 전력의 약 20~22%를 원자력발전으로, 재생가능에너지를 22~24%로 구성한다는 목표를 정했다. 또한 2020년 제출한 NDC에 따르면 2030년까지 탄소배출량을 2013년 대비 26%를 감축하기 위해, 전원 구성을 재생가능에너지 22~24%(태양광 7%, 풍력 1.7%) 원자력 22~20%, 석탄 26%, 가스 27%로 목표 설정했다.

일본은 후쿠시마 사고 이후 멈춘 원전 대신 석탄발전소의 가동을 늘렸음에도 전력소비 감소와 재생가능에너지의 증가에 힘입어 탄소배출이 오히려 줄어들었다. 2012년 재생가능에너지 발전차액지원(Feed-in Tariff, FIT) 제도가 도입된 이후, 재생가능에너지 설비는 급증해 2019년 총 17.2%로

---

15 https://ec.europa.eu/energy/sites/ener/files/documents/fr_final_necp_main_en.pdf (검색일 2021.5.1).

목표에 근접하고 있으며 태양광의 경우 7.4%로 이미 목표를 넘어섰다. 호쿠리쿠전력, 도호쿠전력, 시코쿠전력 지역에서는 자연 에너지의 비율이 연간 전력수요량의 30%를 넘겼으며 1시간 최대치로는 일본 전체 수요량의 약 70%에 이르고 있다. 도호쿠전력도 자연 에너지의 비율이 피크 시에 최대 108.8%에 이르렀다(2020년 5월 5일 오전 11시대).[16] 원자력발전의 경우도 16개 원전이 신규제안 조건에 맞게 업그레이드한 후 수명연장 승인을 받고, 건설 중인 Shimane 3호기(1373MW)가 상업 운전을 시작하면 2030년 계획된 목표를 달성할 것으로 보인다.

일본에서는 재생가능에너지와 원자력에너지가 2030년까지의 시간을 두고 석탄발전을 대체해 나가고 있다. 가스와 석탄에 대한 의존도가 높아지면서 무역수지 악화를 우려하는 정부와, 전기 요금 상승을 우려하는 산업계는 원자력에너지 비중의 확대가 더 속도 내기를 기대하고 있다. 그러나 반핵 여론은 여전히 높다. 2020년 11월 1200명 대상 설문조사에 따르면 원자력발전에 대한 응답자의 입장은 점진 폐지 48%, 즉각 폐지 8.4%, 후쿠시마 사고 이전 수준 회복 8%, 증가 2.2%로 나타났다.[17] 하지만 이와 같은 반대 여론을 효과적으로 대변할 수 있는 정당이 부재하며, 실제로 재가동에 대한 동의권을 갖는 입지 지역 지방정부가 원자력발전소에 재정과 고용을 의존하고 있어 원전 재가동을 지지할 가능성이 높다(임은정, 2018).

국제적 현황의 요약

주요 원전국가들은 2011년 후쿠시마 핵사고 이후 안전 규제를 강화하고, 2세대 원전을 안전성이 강화되고 용량이 커진 3세대 원전으로 교체해

---

16 https://www.isep.or.jp/archives/library/13188 (검색일 2021.5.24).

17 https://www.statista.com/statistics/1198838/japan-opinion-nuclear-power-future/ (검색일 2021.5.24).

나가고 있다. 원자력발전의 확산에 대한 대중적 수용성은 낮아졌지만 파리협약 이후, 탄소중립을 위해 불가피한 수단으로서 원자력에너지의 지위는 오히려 강화되고 있다. 탄소감축의무의 국제규범화에 따라, 단기간 원자력발전의 폐지를 선언하기는 더욱 어려워졌으며 기저부하로서의 역할을 인정하는 현상 유지의 기조가 지속되고 있다. 그런데 주요 원전국가에서도 재생가능에너지의 증가율은 원자력발전을 능가하고 있으며 원자력발전의 증가와 축소를 둘러싼 불확실성은 매우 높은 상황이다. 원전 비중을 줄이는 데는 산업계와 노동계의 반발이 크고, 늘리는 데는 후쿠시마 사고 이후의 높아진 안전 규제, 반핵 여론, 지속적인 재정 동원이 변수로 작용하고 있다. 또한 원자력발전의 비중은 재생가능에너지의 확산에 영향을 받을 것이다. 재생가능에너지의 설비용량 및 전력생산량의 증가 속도에 따라 각국의 원자력발전 비중의 목표치는 수정될 수 있다. 또한 재생가능에너지의 비중 확대를 위한 인센티브제도는 단기적으로 전력 요금의 상승과 이로 인한 대중과 산업계의 반발을 초래하는데, 이를 효과적으로 정당화할 수 있는 정치세력의 유무 또한 변수로 작용할 것이다.

3. 탈원전과 탄소중립 추구: 한국의 사례

한국은 후발 원전국가임에도 석유에서 원자력발전으로 에너지전환을 이루고 기술 추격에도 성공했다. 70년 중반부터 원자력기술의 국산화가 추진되면서 전력 부문과 기술 부문이 결합되었고, 발송 배전이 결합된 공기업(한전)이 원자력 산업 육성에서 중추적인 역할을 해왔다. 특히 녹색성장을 축적 전략으로 내세운 이명박 정부는 원자력 핵심기술의 국산화에 주력했고, 3세대 한국형 원전 APR1400모델을 대통령이 직접 나서 아랍에 미리트에 수출하는 성과를 거두기까지 했다. 이명박 정부하 원자력발전은 에너지 안보를 위한 자구책에서 수출 산업으로 각인되기 시작했다. 2010년 5차 전력수급계획에 따르면 2024년 기준 원자력발전을 48.5%까지 늘릴 것을 계획했다. 그러나 후쿠시마 핵사고 이후 6차 전력수급계획은 2027년 기준 원전의 비중을 원전 22.7%로 조정하게 된다. 하지만 이명박 정부가 신규로 추가 건설을 결정한 6기 원전의 건설 계획은 계속 추진되었다.

한국의 에너지전환은 후쿠시마 핵사고로 증대된 대중의 위험 인식에 정치권이 반응한 것으로 2012년 대선부터 야당의 문재인 후보는 원전 비중 축소를 공약으로 내세웠다. 하지만 원자력발전이 정치적 주요 의제가 된 계기는 2016년 9월 경주에서 발생한 5.8 규모의 지진이었다. 이로 인해 원전에 대한 반대 여론이 증대되면서 일부 여당 인사들도 신규 원전 건설 재검토 입장을 나타냈다. 19대 대선 과정에서 문재인 후보는 신고리 5, 6호기를 원전 비중 축소의 시작점으로 보고 백지화를 위해 노력할 것을 공약했으며, 당선 후 원자로 건물의 콘크리트 타설을 막 시작한 신고리 5, 6호기 건설을 중단시켰다. 그러나 문재인 대통령은 백지화를 추진하기보다는 '공론화'를 통한 결정을 따르기로 하며 한발 물러선다. 결과적으로 공론화위원회가 구성한 471명의 시민참여단이 2박 3일의 숙의 후 건설 재개(찬성 59.5%)로 결론을 내리게 됨에 따라 문재인 정부의 탈원전 정책은 약 70년이라는 긴 일정을 갖게 되었다. 2017년 10월 발표한 에너지전환 일명 탈원전 로드맵에는 신규 원전 건설 계획 백지화, 노후 원전 수명연장 금지, 월성1호기 조기 폐쇄를 포함했고, 원전은 2017년 24기, 2022년 28기, 2031년 18기, 2038년 14기 등으로 단계적으로 감축한다. 하지만 탈원전 선언에도 불구하고 문재인 정권 내내 원자력발전소의 발전설비량은 증가하게 된다.

문재인 정부 초기 탄소중립은 에너지 부문에서 주요 의제가 되지 못했

표 7-2 한국의 에너지전환 계획과 주요 내용

	시기	내용
NDC	2015.6.30	2030 BAU 37% 감축 (851백만 톤 -> 536백만 톤)
탈원전 로드맵	2017.10.25	신규 원전 건설 계획 백지화 노후 원전 수명연장 금지 월성1호기 조기 폐쇄 원전 2017년 24기, 2022년 28기, 2031년 18기, 2038년 14기 재생가능에너지 발전량 비중 2030년 20%로 확대
8차 전력수급기본계획	2017.12.29.	2030년 122.6GW (원전 20.4GW, 석탄 39.9GW, LNG 44.3GW, 신재생 58.5GW)
2030년 국가온실가스감축목표 달성을 위한 기본 로드맵 수정본	2018.7	2030 BAU 대비 37% 감축 부문별 감축분 574.3백만 톤, 잔여 감축량 38.3백만 톤(산림 흡수원, 국외 감축) 에너지 부문 2030년까지 BAU 대비 42.2% 감축
탄소중립 선언	2020.12.20	2050 탄소 순배출 0
9차 전력수급기본계획	2020.12.28	2034년 125.1GW(원전 19.4GW, 석탄 29.0GW, LNG 58.1GW, 신재생 77.8GW) 신재생가능에너지 중 태양광(45.6GW) 및 풍력(24.9GW)은 34년 전체의 91%
탄소중립 로드맵 (환경부)	2021.3.2.	2050년 무공해차 100% 전환 수상태양광 2030년까지 2.1GW 수열에너지 2040년까지 1GW 2021년 수소충전소 180기 이상 구축

자료: 산업통상자원부, 환경부, https://www4.unfccc.int/sites/NDCStaging/Pages/All.aspx.

다. 8차 전력수급계획에는 '탄소'라는 표현은 한 번도 나오지 않았으며, 석탄화력의 설비 규모는 2017년 36.9GW에서 2022년 42GW로 증가했다가, 2030년 39.9GW로 소폭 감소할 예정이었다. 건설 승인 후 착공 전이었던 삼척화력발전소 2기에 대해서도 미세먼지 관리만을 언급했다. 한국전력이 진행 중인 인도네시아 자바 9, 10호기, 베트남 붕앙 2호기 건설 사업에 대한 공적 지원도 지속해 왔다. 2020년 말 탄소중립 선언 후 발표된 9차 전력수급기본계획에 이르러서야 석탄발전용량은 2024년 40.6GW 정점 후

2034년 29GW까지 줄이는 것으로 목표가 수정된다.

2021년 4월 문재인 대통령은 뉴욕 기후정상회담에서 2018년 탄소배출량이 정점을 찍을 것이라고 약속했다. 2018년 온실가스 순배출량은 686.3백만 톤CO_2eq.로 이 중 배출량이 가장 많은 에너지 부문은 632.4백만 톤 CO_2eq. (전체의 86.9%)에 이른다. 탈원전 로드맵에 따르면 2050년 원자력발전소는 10기로 13.2GW만 남게 된다. 이는 2034년의 총발전용량 125.1GW를 기준으로 할 경우, 2050년까지 적어도 112GW가 재생가능에너지로 충당되어야 한다는 것을 의미한다.

탈원전의 시점은 아직 멀고, 탄소중립의 일정은 촉박하다. 탈원전과 탄소중립의 목표 달성은 모두 재생가능에너지의 급속한 확대에 의존하고 있다. 하지만 2020년 신재생가능에너지 발전설비는 20.1GW(15.8%)이며 발전량은 41.2TWh(7.5%)에 불과하다. 주요 원전국가와 비교해도 재생가능에너지의 비율이 턱없이 낮고 설비율 대비 발전율은 50%에도 미치지 못하고 있다. 게다가 태양광과 풍력의 발전량은 재생가능에너지 전체의 절반에도 미치지 않는다(47%).

정부는 태양광과 풍력 설비에 대한 승인을 간소화하고 인센티브 제도를 운용해 재생가능에너지의 빠른 설비 증가를 목표로 하고 있다. 그러나 농어촌과 산지, 해상 등의 유휴지에 태양광과 풍력발전 설비가 무분별하게 설치됨에 따른 거주민과의 갈등이 증대하고 있고 이에 대한 지자체와 정부의 갈등 관리는 매우 미흡한 상황이다. 재생가능에너지의 증가가 원자력발전 확산에 대한 반대 여론을 높이듯이, 재생가능에너지에 대한 부정적 여론은 탈원전의 추진을 더디게 할 수 있다. 재생가능에너지 확대에 대한 대중의 지지가 약화될수록 멀쩡한 원전을 멈추지 말고 최대한 오래 가동하자는 산업계의 주장이 설득력을 얻고, 결과적으로 탄소중립과 탈원전의 동시 달성을 어렵게 할 수 있다.

1) 한국 에너지전환의 쟁점: 낮은 전기 요금과 높은 전력소비량

1980년대 원전 5~10호기가 차례로 준공되어 전력 과잉 공급 문제가 발생하자 정부는 전기 요금을 9차례 인하하고, 누진제를 완화했다. 90년대에는 전력수요 급증으로 전기 요금 인상이 불가피했지만 10년 동안 인하했던 전기 요금의 인상은 사회적 저항에 부딪혔고 인상 수준은 미미했다 (홍덕화, 2016: 163). 이후로도 전기 요금은 원가보다 낮게 책정되었고 효과적인 수요관리 수단으로 활용되지 못했다. 저렴한 전기 요금은 1인당 전기 소비량의 빠른 상승을 초래해 다시금 전력설비 확대를 정당화하게 된다. 반복 건설을 통해 원자력 산업을 육성하고자 했던 한전과 정부는 전력수요의 증가를 전력공급의 유연성이 낮은 원자력발전의 확대로 대응했고, 그 결과 한국은 세계 1위의 원전 밀집 국가가 되었다.

전기 요금은 2011년 이후 약간 상승했지만, 주택용 전기는 2017년 -11.6%, 2019년 −3.7%로 오히려 하락했다.[18] 계절요금제를 도입해 피크 시의 부하율을 낮추려 하지만, 전기 요금 상승률은 여전히 물가 상승률을 한참 밑돈다. 낮은 전기 요금은 산업과 가계경제의 부담을 줄이지만, 그로 인한 전력 과잉 소비, 기저부하량의 상승은 에너지전환을 어렵게 하고 있다. 전기 요금에 포함되는 재생가능에너지 부과금도 외국과 비교하면 상대적으로 낮다.[19] 현재 5.3원/kWh로 전기 요금의 약 4.9% 정도다.[20] 2019년도 독일의 재생가능에너지 부과금은 6.405cent/kWh로 한국의 10배에 해당하고, 2021년 일본의 부과금은 2.98~3.36엔/kWh으로 한국의 6배 정도다.

---

18 https://cyber.kepco.co.kr/ckepco/front/jsp/CY/H/C/CYHCHP00104.jsp (검색일 2021. 5.24).

19 신재생가능에너지 의무이행 비용, 온실가스배출권 거래비용, 석탄발전 감축비용, RPS기후환경요금 등이다.

20 4인 가족의 평균 사용량 350kWh를 기준으로 보면, 월 5만 5000원의 전기 요금 중 월 1850원에 해당한다.

표 7-3 전기 요금 국제 비교(2018) (단위: USD/MWh)

요금순위 (낮은 순)	구매력	국가	산업용 전기 요금	요금순위 (낮은 순)	국가	구매력	가정용 전기 요금
1	11	노르웨이	68.1	1	**한국**	33	110.5
2	12	미국	69.3	2	캐나다	24	113
3	19	스웨덴	69.8	3	미국	12	128.9
4	23	핀란드	78.5	4	노르웨이	11	136.1
5	6	룩셈부르크	83.5	5	룩셈부르크	6	191.4
6	24	캐나다	84	6	스웨덴	19	196
7	14	네덜란드	93	7	핀란드	23	199.2
8	13	덴마크	93	8	프랑스	25	202.4
9	33	**한국**	100.3	9	네덜란드	14	210.9
10	15	오스트리아	110.3	10	스위스	8	212
11	25	프랑스	116.4	11	오스트리아	15	230.2
12	8	스위스	122.1	12	영국	26	231.5
13	31	스페인	127.5	13	일본	27	239
14	10	아일랜드	128.5	14	아일랜드	10	256.8
15	20	벨기에	136.5	15	이탈리아	29	279.7
16	26	영국	139.1	16	스페인	31	311.5
17	16	독일	145.4	17	벨기에	20	328.7
18	27	일본	160.7	18	독일	16	353.3
19	29	이탈리아	174.4	19	덴마크	13	358

자료: IEA(2018: 53), 구매력지수 반영 1인당 GDP(OECD, 2018)[21] 재구성.

야심 찬 탄소중립의 목표와는 달리, 국민이 부담하는 기후 대응 비용은 매우 낮게 설정되어 있다.

결과적으로 한국 국민의 1인당 전기소비량은 OECD 평균을 월등히 상

---

21 OECD 33개국 중 아이슬란드, 이스라엘, 오스트레일리아는 통계 미비로 제외했다.

그림 7-1 1인당 에너지소비량 OECD 주요국 비교 (단위: kwh)

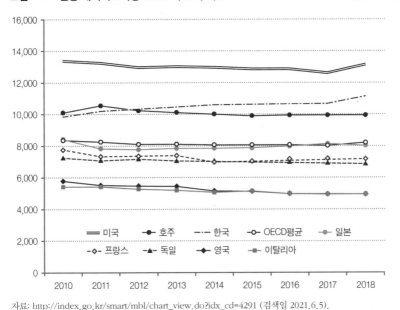

자료: http://index.go.kr/smart/mbl/chart_view.do?idx_cd=4291 (검색일 2021.6.5).

회하고 있으며, 최근까지도 증가하고 있다. 전력소비량이 여전히 상승되고 있다는 것은 수요관리에 실패하고 있음을 말한다. 석탄발전소와 원자력발전소를 끄기 위해서는 재생가능에너지의 비중을 높여야 할뿐만 아니라, 수요관리를 통해 기저부하량을 줄여야 한다. 그러나 오랫동안 지속된 값싼 전기는 공공성의 이름으로 정당화되어 왔고, 에너지전환의 비용 문제는 정치적 의제가 되지 못하고 있다. 정부가 발표한 9차 전력수급기본계획에서도 전력수요관리에서 가장 효과적인 수단인 가격 정책은 언급되지 않았다.

2) 한국 에너지전환의 쟁점: 탈원전과 원전 수출

한국 원자력 산업의 매출 규모는 국민총생산의 1~1.5%를 차지하는데 매출의 75%는 발전 사업체, 25%는 공급 산업체가 구성한다. 공급 산업체 매출의 약 80%도 원자력발전소의 건설과 운영에서 발생한다(황정화, 2020: 42). 원전의 건설 취소로 매몰 비용에 해당하는 손해를 입는 공기업(한전, 한수원)의 직접적 저항은 크지 않다. 또한 신고리 5, 6호기 건설 재개 이후 한수원 정규직 노동자들의 반발도 잦아들었다. 대신 신한울 3, 4호기의 백지화로 인해 지역 경제 침체를 겪게 될 울진 지역 주민들, 부품 산업을 구성하는 중소기업, 두산중공업(전 한국중공업)과 건설업체, 과학기술계 및 학계가 반대 여론을 주도해 왔다. 사실 원자력 산업계 및 과학기술계가 전력 수급을 위해 원전 건설을 주장할 명분은 마땅치 않은데 현재 전력설비 예비율이 30%를 웃도는 상황이기 때문이다.[22] 하지만 원자력발전이 한국사회에서 전력공급 수단의 의미를 넘어서 수출 산업의 위상을 갖게 되었고 원자력 산업 육성이 원전 건설을 정당화해 왔다는 점에 주목해야 한다.

원전 수출의 구상은 90년대 초반에 시작되었는데, 한전은 1993년 5월 해외사업 추진팀을 발족했고, 93년 말 중국 광둥원전에 정비 기술을 수출하는 성과를 낸다(한국수력원자력, 2008: 439). 2006년 노무현 정부는 한국원자력연구원, 두산중공업 등과 함께 'Nu-Tech 2015' 계획을 수립해 원자력 핵심기술의 자립을 추구했다. 이명박 정부는 저탄소녹색성장을 축적 전략으로, '원자력 산업'을 주력 산업으로 삼으면서 'Nu-tech 2012'로 목표 연도를 앞당겼고 150만kWe급 노형 개발, 미자립 설계기술의 고유화를 추진한다. 결과적으로 미자립 핵심기술의 일부를 국산화하고, 2009년 UAE 아랍에미리트 원전 수출 계약을 성사시키면서 원자력발전은 전력공급원의 의미를 넘어서 새로운 수출 상품으로 대중에게 각인된다.

---

22 전력설비 예비율은 2017년 31.9%, 2018년 26.7%, 2019년 34.1%에 이른다(참고: 9차 전력수급기본계획).

국산화된 핵심기술이 반영된 1500MW 용량의 APR+모델은 7차 전력수급기본계획에 따라 영덕의 천지 1, 2호기에 적용될 예정이었지만(한국수력원자력주식회사, 2016: 190) 8차 전력수급기본계획에서 계획이 취소된다. APR+모델은 국내 건설 이력이 없어 수출 추진에는 제동이 걸린 상태이다. 학계와 노동계, 언론계, 산업계 등 원자력 산업의 이해당사자들은 정부의 탈원전 정책을 원전 산업 생태계를 붕괴시킨다는 이유로 비판하며 원전 수출을 위해서라도 국내 원자력 산업을 보호하고 정부가 해외시장 개척에 앞장서야 한다고 요구해 왔다. 이에 반응한 문재인 정부는 탈원전을 선언했음에도 해외 원전 수출은 촉진하기로 한다. 2017년 10월 백운규 산업통상자원부 장관은 정부의 에너지전환은 국내의 특수성을 반영한 것이며 국익을 따져 원전 수출을 지원할 것임을 밝힌다. 문재인 대통령도 슬로바키아, 체코, 인도 정상과의 회담에서 원전 수출 가능성을 타진해 왔다. 정부가 원전 수출을 지원하기로 하자 원자력 산업계는 원전 수출을 위해서라도 한국형 신형 원전을 건설해야 한다고 주장하고 있다.[23] 이처럼 신규 원전 건설이 계속되고, 원전 수출을 추진하면서 정부의 탈원전 정책은 탈핵과 찬핵 양 진영으로부터 비판의 대상이 되고 있다.

3) 한국 에너지전환의 쟁점: 정치세력의 모호함

탈원전의 에너지전환은 원자력발전소를 폐쇄하는 문제만이 아니라, 원자력 진흥의 과정에서 형성된 산업계, 노동계, 과학기술계, 원전 의존적 입지 공간 등의 전환을 포함한다. 전환의 과정에서 불거지는 갈등과 비용에

---

[23] ≪에너지경제신문≫ 주최의 세미나에서 하재주 원자력학회 회장은 "수출과 SMR 개발을 위해 신한울 3·4호기 건설 재개하는 것이 원자력 산업을 회복시키는 가장 절실하고 유일한 방법"이라고 주장했다. https://www.ekn.kr/web/view.php?key=2021062501000049 25 (검색일 2021.7.1).

효과적으로 대처함으로써 정책을 안정적으로 추구할 수 있다. 그러나 한국의 에너지전환 과정을 주도할 정치세력이 불분명하다. 여당 내에서도 환경, 에너지 의제는 우선적이지 않으며 원자력발전에 대한 입장도 일치하지 않는다. 신고리 5, 6호기의 공론화 과정에서도 자유한국당과 달리 민주당은 건설 중단의 입장에 서지 않았고 중립을 표방했다(에너지기후정책연구소 외, 2019). 심지어 여당이 과반을 차지하는 21대 국회에서도 에너지전환의 법적 기반은 갖춰지지 않고 있다. '저탄소녹색성장기본법', '2050 탄소중립위원회의 설치 및 운영에 관한 규정(21.5.4)' 외에 탈원전과 탈탄소의 목표를 명시한 법이 없는 데다가 여전히 '원자력진흥법'이 존재한다. 다만 양이원영 의원이 발의한 '에너지전환 지원에 관한 법률'이 심사 예정인 상황이다.

독일은 '원자력법'에 원전의 수명과 원전 폐기 시점을 명시했다. 2010년 '원자력법'이 개정되었지만, 2011년 후쿠시마 사고 이후 원자력발전의 완전 폐쇄를 명시한 '13차 개정원자력법'이 연방의회에서 통과됐다. 2020년 6월 제정된 '석탄퇴출법'도 2038년이라는 퇴출 시점을 명시했다. '재생가능에너지법'에서는 설비용량에 있어서 태양광 2030년 100GW, 해상풍력 20GW, 육상풍력 71GW 등의 목표치를 명시했다. 프랑스도 '에너지전환법'에 원자력발전 비중과 설비용량에 대한 제한을 명시했다. 법을 고쳐 일정을 연기하기는 했지만, '에너지전환법'은 프랑스 에너지전환의 방향을 지속시키는 역할을 하며 재생가능에너지 확대 정책에 안정성을 부여하고 있다. 이에 비한다면 최소한의 법적 기반을 갖추지 못한 문재인 정부의 로드맵과 전력수급기본계획은 정권이 바뀌면 수정될 수 있다. 탄소중립은 국제사회로부터 지속적인 압박을 받게 될 테지만, 탈원전은 그 방향성을 견지할 국내 정치세력의 불분명함으로 인해 정책의 지속성을 더욱 확신하기 어려운 실정이다.

4. 나오며

지구 온도 상승 1.5°C 상한을 지키기 위한 지구 탄소예산이 얼마 남지 않았고 국제사회에서 탄소중립은 국가 능력의 척도가 되어가고 있다. 주요 원전국은 화석에너지 비중을 낮추기 위해 원전과 재생가능에너지의 비중 확대를 추구하고 있으며, 한국 정부는 탈핵과 탄소중립을 동시에 표방하고 있다. 원자력발전에 대한 의존도가 높은 주요원전국의 쟁점은 인센티브제도에 의존하는 재생가능에너지원의 확대와 이로 인한 전력 요금의 상승을 어떻게 정당화할 것인지, 그리고 잠재적 위험성을 갖는 원자력발전을 확대하거나, 기술적 장점에도 불구하고 원자력발전의 비중을 축소하는 것을 어떻게 정당화할지로 요약할 수 있다.

에너지전환은 기존의 전력 체계의 문제점에 대응해 새로운 전력 체계를 추진하며 그 과정에서 정당성을 확보해야 하는 정치적 과정이다. 주지하다시피 기술 변화로 인해 기존의 전력 체계가 점차 경쟁력을 상실하더라도 새로운 기술 체계로의 전환은 자동적으로 이뤄지지 않는다. 대규모 인프라로 구현된 전력 체계는 제도적, 기술적, 경제적 경로의존성의 효과를 발휘하기 때문이다. 따라서 전력 체계가 초래한 경로의존성을 제어하면서 에너지전환을 지속할 수 있는 정치세력의 능력과 책임성은 매우 중요하며 이를 위해 정치세력은 사회적 동의와 정당성을 획득해야 한다. 이런 점에서 정의로운 전환(just transition)은 에너지전환 과정에서 구조적 약자를 희생시켜서는 안 된다는 윤리적 요구일 뿐만 아니라 에너지전환이 성공할 수 있는 결정적인 요소이기도 하다. 탄소중립의 목표하에서 원자력에너지의 비중 변화는 이와 같은 정치적 과정의 결과로 보아야 할 것이다.

끝으로 기후변화는 탄소중립의 목표 시점인 2050년 그 이후의 일이 아니라는 점을 강조하고자 한다. 기후변화는 이미 우리의 일상을 위협하고 있는 현상이기에 에너지전환을 기후변화와 함께 고려해야 한다. 한 연구에 따르면 세계적으로 5억 1600만의 인구가 원자로의 80km 이내에 거주하고 있고, 2000만 인구는 16km 이내에 거주하고 있다. 세계 원전의 약 41%가 해안가 근처에 위치해 해수면 상승의 영향을 받게 되고 내륙의 원전은 극심해지는 산불과 수온 상승의 위험에 노출되어 있다(Jordaan et al., 2019). 또한 태양광 패널과 풍력발전기를 설치하기 위해 산림을 벌채하는 일은 예상치 못한 폭우로 인한 산사태의 위험을 높이고 있다. 다시 말해 탄소중립을 위한 에너지전환은 기후변화에 따른 새로운 위험성에 대한 평가를 병행해야 하며, 기후변화에 대처할 수 있는 생태적 회복탄력성(resilience)을 훼손하지 않도록 유의해야 한다.

참고문헌

빌 게이츠(Bill Gates William). 2021. 『기후재앙을 피하는 법』. 김영사.

에너지기후정책연구소 외. 2019. 『에너지 민주주의, 냉정과 열정 사이: 신고리 5·6호기 공론화를 돌아보며』. 해피스토리.

이영우·이해나·류재수. 2018. 「프랑스의 에너지전환법 제정과 향후」, ≪원자력산업≫, 38(4), 35~49쪽.

임은정. 2018. 「아베 시대의 일본 에너지 정책 변화. 에너지 시장 자유화와 원자력 회귀를 중심으로」. ≪아세아연구≫, 61(1), 177~216쪽.

한희진·안상욱. 2021. 「기후변화 정책과 이해충돌: 프랑스 사례를 중심으로」, ≪유럽연구≫, 39(1), 1~22쪽.

한국수력원자력 엮음. 2008. 『꿈꾸는 에너지 아름다운 미래: 원자력발전 삼십년사』.

한국수력원자력(주)·산업통상자원부. 2016. 『원자력발전백서』.

홍덕화. 2016. 「한국 원자력산업의 형성과 변형: 원전 사회기술체제의 산업구조와 규제양식을 중심으로, 1967-2010」. 서울대학교 박사학위논문.

황욱·서현정·이민철. 2018. 「통계자료에 근거한 한국 연료연소 발전원별 이산화탄소 배출지수 비교」, ≪대한기계학회논문집≫, 42(2), 111~116쪽.

황정화. 2020. 「지방공간정치와 주민주체의 형성 - 원자력발전소주변지역 울진북면 연구」. 연세대학교 박사학위논문.

IEA & NEA. 2020. *Projected Costs of Generating Electricity 2020 Edition*.

IEA. 2018. *Keyworld Energy Statistics*.

_____. 2019. *Nuclear Power in a Clean Energy System*.

IPCC. 2007. *AR4 Climate Change 2007 Synthesis Report*.

_____. 2014. *AR5 Climate Change 2014: Mitigation of Climate Change*.

_____. 2018. *Global Warming of 1.5°C- Summary for Policymakers*.

Jacobson, Mark Z. 2020. *100% Clean, Renewable Energy and Storage for Everything*. Stanford University.

Jordaan, Sarah M. et al. 2019. "The Climate Vulnerabilities of Global Nuclear Power." *Global environmental politics*, 19(4), pp 3~13.

MIT(Massachusetts Institute of Technology). 2018. *AN INTERDISCIPLINARY MIT STUDY The Future of Nuclear Energy in a Carbon-Constrained World*.

Nuclear Energy Agency(OECD). 2008. *NUCLEAR ENERGY OUTLOOK*.

Sovacool, Benjamin K. 2008. "Valuing the Greenhouse Gas Emissions from Nuclear Power: A Critical Survey." *Energy Policy,* 36, pp. 2940~2953.

Sovacool, Benjamin K. et al. 2020. "Differences in Carbon Emissions Reduction between Countries Pursuing Renewable Electricity versus Nuclear Power," *Nature Energy,* 5, pp.928~935.

World Nuclear Association. 2018. *Employment-in-Nuclear-Report-Final, 2018.*

http://index.go.kr/smart/mbl/chart_view.do?idx_cd=4291 (검색일: 2021.6.5).

https://chinaenergyportal.org/2019-pv-installations-utility-and-distributed-by-province (검색일: 2021.6.5).

https://cyber.kepco.co.kr/ckepco/front/jsp/CY/H/C/CYHCHP00104.jsp (검색일: 2021.5.24).

https://ec.europa.eu/energy/sites/ener/files/documents/fr_final_necp_main_en.pdf (검색일: 2021.5.1).

https://world-nuclear.org/information-library/country-profiles/countries-t-z/usa-nuclear-power.aspx (검색일: 2021.6.5).

https://www.connexionfrance.com/French-news/French-public-opinion-is-growing-against-nuclear-power-as-awareness-of-environment-and-renewable-energy-grows (검색일: 2021.5.24).

https://www.ekn.kr/web/view.php?key=20210625010004925 (검색일: 2021.7.1).

https://www.greenclimate.fund/projects (검색일: 2021.5.25).

https://www.iea.org/articles/levelised-cost-of-electricity-calculator (검색일: 2021.6.5).

https://www.isep.or.jp/archives/library/13188 (검색일: 2021.5.24).

https://www.orano.group/en/news/news-group/2019/june/french-people-and-nuclear-energy-knowledge-and-perceptions (검색일: 2021.5.24).

https://www.reuters.com/article/us-edf-restructuring-idUSKBN28J36B (검색일: 2021.5.24).

https://www.statista.com/statistics/1198838/japan-opinion-nuclear-power-future/ (검색일: 2021.5.24).

https://www.wecareeu.org/uploads/1/2/4/7/124770859/letter_trade_unions_to_the_ec_president.pdf (검색일: 2021.5.4).

https://www.whitehouse.gov/briefing-room/statements-releases/2021/04/22/fact-sheet-president-biden-sets-2030-greenhouse-gas-pollution-reduction-target-aimed-at-creating-good-paying-union-jobs-and-securing-u-s-leadership-on-clean-energy-technologies/ (검색일: 2021.6.5).

제8장

녹색건축물을 통한 탄소중립 시대로의 전환

그린뉴딜을 중심으로

한희진_부경대학교 글로벌자율전공학부 부교수

1. 들어가며

도시화는 산업화, 경제발전 등과 함께 기후변화에 영향을 미쳐온 주요 요인 중 하나이다. 기후변화 문제를 해결하고 기후변화가 사회 및 국가에 미치는 부정적 파급 효과에 대응력을 갖춘 저탄소사회, 나아가 탄소중립 사회로의 전환을 위해 도시의 역할은 매우 중요하다(van der Heijden, 2017). 건축물(빌딩)은 특히 도시를 대표하는 상징적 인프라 중의 하나로 기후변화와 밀접한 연관성이 있다. 정적인(static) 특징 때문에 산업, 교통 등의 부문에 비해 인식이 어려울 수 있으나 빌딩 부문은 전 세계 온실가스(Greenhouse Gas, GHG) 배출량의 약 40%라는 높은 비중을 차지하기 때문에 온실가스 감축에 있어 중요한 요소이다(〈그림 8-1〉). 또한 건물은 기후변화가 초래하는 태풍, 해일 같은 자연재해 등 외부 스트레스로부터 지역사회와 구성원을 보호하며 취약성 완화에 도움을 준다는 점에서 도시 및 국가의 기후

그림 8-1 부문별 이산화탄소배출 비중

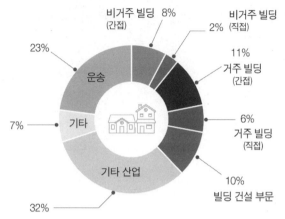

비거주 빌딩 8%
(간접)

비거주 빌딩
2% (직접)

11%
거주 빌딩
(간접)

23%
운송

6%
거주 빌딩
(직접)

7%
기타

기타 산업

10%
빌딩 건설 부문

32%

자료: 국제에너지기구(IEA).

적응(climate adaptation)과 기후탄력성(climate resilience) 측면에서도 중요한 고려 사항이다(Shapiro, 2016).

전 세계적으로 도시화 현상의 심화에 따라 빌딩은 양적 팽창을 보여 2060년에 이르면 총면적이 현재의 약 두 배에 이를 전망이다(〈그림 8-2〉). 현재 지구 인구 절반 정도가 도시에 집중되어 있는데 2060년에는 예상 인구 100억 중 2/3가 도시 거주자가 된다. 이들을 수용하기 위해서는 2.48조 평방피트(2300억 m²) 규모의 새로운 공간이 필요할 것으로 보이는데 이는 향후 40년간 지구에 매달 뉴욕시 하나를 추가하는 것에 상응하는 규모이다(Architecture 2030). 현재와 같은 추이라면, 이러한 양적 팽창은 곧 온실가스 및 오염물질 배출량의 증가를 의미한다.

이러한 상황을 고려할 때 파리기후변화협정 체제하에서 지구 온도 상승을 산업혁명 대비 섭씨 2℃ 이하, 나아가 1.5℃로 유지하려는 글로벌 목표 달성과 도시의 기후변화 적응 능력 제고를 위해 빌딩 정책을 적극 활용할 필요가 있다. 즉 빌딩의 디자인·건설부터 운영·해체에 이르는 전 주기의

그림 8-2 전 세계적 건축 면적의 증가 추이 (단위: 1조 평방피트)

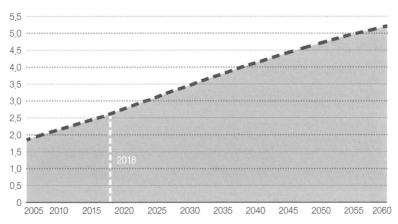

자료: Architecture 2030. https://architecture2030.org/buildings_problem_why/.

저탄소화 및 탈탄소화는 기후변화 문제에 더 효과적으로 대응하기 위한 필수적 고려 사항이다.

기후변화와 더불어 빌딩의 친환경 전환(greening)은 폐기물처리, 하수처리 등 다양한 도시 환경문제의 해결에 있어서도 중요성을 지닌다. 빌딩은 에너지, 비에너지 자원 소비의 상당량을 차지하며 폐기물[전 세계 도시 폐기물은 현재 약 14억 톤, 2025년까지 24억 톤으로 예상(호컨, 2020: 303)]과 같은 환경문제와도 깊은 관련이 있기 때문이다.

이렇듯 빌딩은 기후변화에 대처하기 위한 탄소중립사회로의 전환을 위해 필수불가결한 요소라 해도 과언이 아니다. 이를 반영하듯이 2019년부터 2020년 사이 EU, 미국, 일본, 한국 등 주요 경제 강국들이 도입한 그린뉴딜 정책은 빌딩 관련 요소를 다수 포함하고 있다. 그린뉴딜 정책은 코로나19로 인한 경제 침체와 기후위기의 악화 속에서 저탄소사회 및 경제로의 이행을 통해 녹색경제 및 첨단 산업시대로의 전환을 촉진하고 일자리 창출 및 신성장동력 및 국가 산업경쟁력 확보와 같은 경제적 효과를 추구한다는 내용을 핵심으로 한다. 이 장에서는 저탄소 시대로의 전환을 위한 포괄적 녹색성장 정책의 패키지로 간주할 수 있는 그린뉴딜 정책 속에 빌딩 관련 요소가 어떠한 내용으로 포함되어 있는지 살펴본다. 이 장은 그린빌딩과 관련된 새로운 학문적 논의를 제공하기보다는 기존의 연구 동향을 살펴보고 탄소중립을 달성함에 있어 빌딩의 중요성을 정책적으로 환기하는 데 목적을 둔다.

2절에서는 환경과 건축물 사이의 연계(nexus)를 그린빌딩을 통해 고찰하며 그린빌딩 정책 확산의 제반 요건을 중심으로 한 학술적 논의를 간략히 소개한다. 3절에서는 2020년 전후로 여러 국가가 도입한 그린뉴딜 정책에 그린빌딩과 관련해 어떠한 구체적 방안이 제시되고 있는지 살펴본다. 특히 문재인 정부의 한국형 뉴딜에 담긴 그린빌딩 관련 정책은 무엇인지 개괄한다. 마지막으로, 4절에서는 결론과 함께 그린빌딩 확산을 위한 과제를 제시한다.

2. 환경과 건축의 넥서스: 그린빌딩

1) 그린빌딩과 그린빌딩 확산 정책

환경문제를 최소화하고 기후변화에 있어 부정적 영향을 최소화하는 건축물을 흔히 녹색건축물, 그린빌딩(green building)이라 일컫는다. 그린빌딩은 보통 ① 사물인터넷을 이용한 냉난방 공조 시스템, ② 조명 제어 등 빌딩 관리 시스템을 통한 효율적 에너지 관리 체제, ③ 신재생에너지 사용, ④ 건축의 전 주기 전체에 걸친 설계·시공·유지·보수 등 모든 비용을 고려한 설계 방식 적용 등과 같은 특징을 지닌다.

보다 구체적으로 주거용, 상업용, 산업용 등 다양한 부문에서 그린빌딩은 어떠한 특징을 지니는가? 그린빌딩은 태양광, 풍력, 지열 등의 재생에너지를 이용해 전력을 생산하는 제로 배출(zero emission) 시스템을 장착하고 있으며 탄소발자국 저감을 위해 가스나 석유 난방은 전기 난방으로 대체한다. 또한 에너지 손실을 최소화하고 효율을 최적화하며 기상이변에 대응할 수 있는 구조로 설계한다. 그린빌딩은 궁극적으로 IoT[Internet of Things(사물인터넷)] 기술과 연계해야 할 필요성이 있다. 모든 기존 및 신규 건축물은 탄소 제로 에너지 효율성을 갖춘 스마트 노드(node)와 IoT 매트릭스에 결합된 네트워크로 변모한다. IoT 인프라에 연결된 모든 빌딩 노드는 스마트 녹색 국가의 경제활동을 관리하고 가동시키는 분산형 데이터 센터, 녹색 마이크로 발전소, 에너지 저장소, 운송 및 물류의 허브 역할을 수행한다. 이렇게 구축된 체계 속에서 빌딩은 단순히 수동적 개인 공간에 머무는 것이 아닌 사용자의 수요와 재량에 따라 재생에너지, 에너지 효율, 에너지 저장, 전기 이동성, 기타 경제활동을 공유하는 적극적 참여 주체로 탈바꿈한다. 이를 구현하기 위한 디지털 인프라의 배치는 무엇보다 건축물의 탈탄소화에 달려 있다(리프킨, 2020: 100~101).

이와 같은 특징의 그린빌딩을 도입하는 이유로는 크게 환경적, 경제적, 사회적 요인이 있다. 환경적으로는 에너지 사용 절감, 물과 자원 사용 감소, 온실가스 저감 등의 장점이 있다(UNEP, 2016). 경제적으로는 높은 임대 수익료, 낮은 운영 및 유지비, 건축 및 사용료 절감, 일자리창출 효과, 세입자 증가, 자산 가치 상승 등의 장점이 있다(Eichholtz, Kok and Quigley, 2013; Leskinen, Vimpari and Junnila, 2020; World Green Building Council, 2013). 사회적으로 그린빌딩은 이용자의 정신 건강, 업무 수행 능력, 수면 등의 측면에서 긍정적 효과를 지닌다. Dodge Data & Analytics(2018)에 따르면 그린빌딩을 도입하는 사회적 요인으로 사용자의 건강과 웰빙, 지속가능 비즈니스 촉진이 가장 중요한 요인이었고 노동 생산성, 공동체 의식 등 비가시

그림 8-3 그린빌딩을 추진하는 사회적 요인

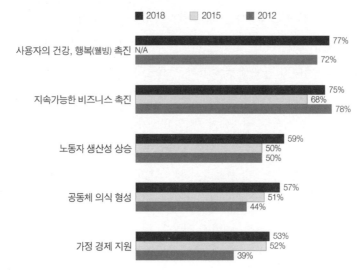

자료: Dodge Data & Analytics(2018).

적인 요인도 주요 요인으로 꼽혔다. 가정경제 지원이라는 경제적 효과도
그 중요성이 점차 커지는 추세이다(〈그림 8-3〉).

　그린빌딩은 환경문제 개선과 같은 직접적, 가시적 효과를 내고 공동체
의식, 웰빙, 노동 생산성 촉진과 같은 비가시적 잠재 이익과도 연결되므로
1990년대부터 그린빌딩을 촉진하기 위한 다양한 정책적, 제도적 노력이
선진국을 중심으로 전개되어 왔다. 1990년대 중반 이후로 건축물의 녹색
화에 대한 관심이 환경론자, 건축가, 건축 커뮤니티의 다양한 이해당사자
들 사이에서 대두되기 시작했다. 그러나 21세기 초반에 이르러서야 비로
소 건축물에 친환경 요소가 본격적으로 적용되기 시작했으며 미국에서는
시애틀, 포트랜드, 샌프란시스코 등 서부 해안 도시를 위주로 점차 확대되
었다(Koski and Lee, 2014).

　그린빌딩의 확산을 이끈 대표적 제도는 정부와 민간 부문이 주관하는

다양한 형태의 그린빌딩 인증제이다. 이는 그린빌딩을 공식적, 체계적으로 인증하고 이를 토대로 투자자, 건물주, 사용자에게 다양한 인센티브를 제공하는 정책 수단으로써 세계적으로 활용되어 왔다(Han, 2019; Van der Heijden, 2017). 미국그린빌딩협회(US Green Building Council)가 주관하는 친환경 건축물 인증제인 LEED(Leadership in Energy and Environmental Design) 및 영국건축연구소(BRE) 주도의 BREEAM(Building Research Establishment Environmental Assessment Method), 한국의 녹색 건축 인증제 G-SEED(Green Standard for Energy and Environmental Design) 등이 있다.

한국의 인증제는 2002년 1월 건설교통부(현 국토교통부)와 환경부가 공동주택을 대상으로 친환경 건축물 인증을 시작한 것에서부터 점차 발전해 공동주택, 업무용, 주거 복합, 학교, 숙박, 소형 주택 등의 건물을 대상으로 한다. 녹색건축 인증은 설계, 시공 유지, 관리 등 전 과정에 걸쳐 에너지 절약 및 환경오염 저감에 기여하는 건축물에 대한 친환경 인증을 부여하는 제도로 지속가능한 개발의 실현을 목표로 인간과 자연이 서로 친화하며 공생할 수 있도록 계획된 건축물의 입지, 자재 선정 및 시공, 유지 관리, 폐기 등 건축의 전 주기를 대상으로 환경에 영향을 미치는 요소에 대한 평가를 통해 건축물의 환경 성능을 인증하는 제도이다. 인증 의무 대상은 공공기관에서 발주하는 연면적 $3000m^2$ 이상 건축물이며, 주택 등 주거용 건축물, 학교, 숙박, 판매 시설 등 비주거용 건축물이 적용 대상이 된다.

인증제는 토지이용 및 교통, 에너지 및 환경오염, 물순환 관리, 재료 및 자원, 생태환경, 유지 관리, 실내 환경, 주택 성능 등 8개 분야로 구성된다. 각 분야에서 건축물이 구체적인 법적 기준을 충족하는지 평가해 적합 여부에 따라 그린 1~4등급인 우수, 우량, 일반 등급으로 표시한다(한국환경산업기술원). 인증 결과에 따라 취득세 감면, 건축물 기준 완화(용적률, 건축물 높이 제한) 등 다양한 인센티브가 제공된다. 예를 들면, '지방세특례제한법' 제

47조의2(녹색건축 인증 건축물에 대한 감면)에 따라 2019년 1월 1일부터 취득세가 경감된다. 에너지 효율 인증 1+ 및 녹색건축 인증 등급 최우수의 경우 10%의 취득세가 감면되며 에너지 효율 인증 1등급, 녹색건축 인증 우수의 경우 3%가 감면된다. 또한 건축물의 '에너지절약 설계기준' 제16조에 의거해 건축물 기준 완화가 최대 9%에서 최소 3%까지 적용된다.

한국에서는 지방정부 수준에서도 그린빌딩 인증에 대한 관심이 증가 추세이다. 건물 부문이 총온실가스 배출량의 64%에 달하는 서울시에서는 2007년부터 친환경에너지 건축물 설계 가이드라인을 도입했다. 2019년 2월부터 시행된 녹색건축물 설계 기준 3차 개정안은 공공·민간 건축물의 신축, 증축, 개축, 재축, 대수선, 리모델링, 용도 변경(열손실 변동 수반의 경우만 해당)의 경우 녹색건축 인증을 필수 채택하도록 했다(서울시 녹색건축물 설계 기준, 2019).

인증제 외에도 그린빌딩 확산을 위한 정책적 노력이 전 세계적으로 확산하고 있다. 미국의 경우 캘리포니아 공공 유틸리티 위원회는 새로운 주거용 건축물을 2020년까지, 상업용 건축물은 2030년까지 제로 순에너지 시스템으로 조성하는 방안을 준비하고 있다(California Public Utilities Commission). 샌프란시스코는 2016년 10월 새 건물의 15~30%를 녹지 조성하거나 태양에너지를 사용하는 등 옥상 녹화 의무제를 채택하기도 했다(호컨, 2020: 276).

EU는 '건축물 에너지 성능 지침(Energy Performance of Buildings Directive)'이라는 프로토콜을 도입해 건축물 개조, 재생에너지 설비 설치, 적절한 에너지 저장장치를 갖춘 스마트 에너지 인프라 구축에 참여 의무가 있는 당사자들을 모니터링하고 그에 따라 인센티브나 벌칙금을 부과하는 제도를 마련했다. 이에 근거해 EU 회원국의 모든 건축물이 에너지 성능 인증(EPC)을 취득하고 자체 난방 및 냉방을 모니터링해야 한다(리프킨, 2020: 104~105).

이렇듯 다양한 국가에서 인증제 등의 제도적 노력을 통해 그린빌딩이 확대되고 있으며 이를 주관하는 그린빌딩협회들은 국제적 네트워킹을 통해 그린빌딩을 홍보, 촉진하고 있다. 세계그린빌딩협회(World Green Building Council, 2020)에 따르면 2010에서 2020년 사이 세계그린빌딩협회 네트워크에 가입한 협회 수는 41개에서 69개로 증가했으며 이 협회가 인증하는 건물 면적은 10년간 무려 3억m²에서 35억m²로 약 1000%라는 양적 확대를 기록했다.

2) 기후변화와 그린빌딩

최근 기후변화에 대한 관심이 전 세계적으로 증가하며 빌딩과 기후변화의 상관관계도 주목받고 있다. 특히 악화되고 있는 기상재해 등의 기후위기는 건물에 대한 관심을 환기하는 계기가 되고 있다. 유엔환경계획(UNEP)은 세계건축 및 건설연맹(GlobalABC)의 「2020년 현황 보고서」를 인용, 세계 건물 에너지소비가 정체되었음에도 2019년 에너지 관련 이산화탄소배출량은 $9.95GtCO_2$까지 증가했다고 밝히며 건물 운용에서 배출되는 양(약 28%)과 건설 부문에서 배출하는 양(10%)을 합하면 38%에 이른다고 설명했다(≪한겨레≫, 2020.12.16). 건물 용적 증가에 따라 건물과 관련한 에너지소비 및 이산화탄소배출은 증가 추세를 보이고 있다(〈그림 8-4〉). 이에 잉에르 아네르센(Inger Andersen) UNEP 사무총장은 건물과 건설 부문 이산화탄소배출량을 줄이기 위해서는 건축 환경의 에너지 수요 감축, 전력 부문 탈탄소화, 탄소배출량을 줄이는 건설 자재 사용 등의 전략이 요구된다고 분석했다(≪한겨레≫, 2020.12.16).

그럼에도 불구하고 건물 부문은 구체적인 감축 정책이 누락된 주요 영역으로 남아 있다. 파리기후협정하에서 1차 국가결정기여(NDC)를 제출한 국가 가운데 136개국이 건물에 대해 언급하고, 53개국이 건물 에너지 효

그림 8-4 빌딩 관련 에너지소비 및 이산화탄소배출 추이

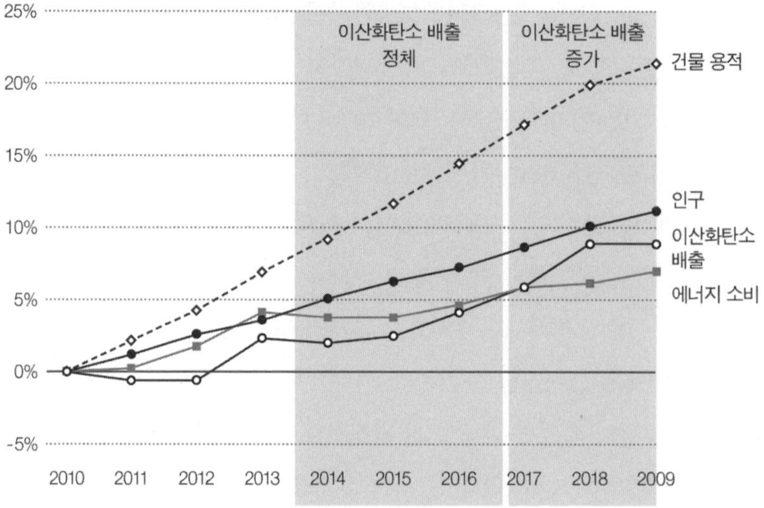

자료: ≪한겨레≫, 2020.12.16.

율을 언급했지만 빌딩 관련 부문에서 에너지 법규를 도입한 국가는 38개 국 정도에 그쳤다(≪한겨레≫, 2020.12.16).

국제에너지기구(IEA)는 2050년까지 빌딩 부문에서 탄소중립을 실현하려면 2030년까지 빌딩의 이산화탄소 직접배출량을 50%, 간접배출량을 60%로 저감해야 한다는 분석을 내놓았다. 이는 2030년까지 건물 부문에서 이산화탄소배출량을 매년 6%씩 줄여야 한다는 것으로 2020년 코로나 19로 인한 세계 에너지 부문의 이산화탄소배출량 감소분인 약 7%에 상응하는 수치이다. 세계의 건물 에너지 효율 투자와 재생에너지 비중을 분석하는 세계 건축 및 건설 연맹의 '빌딩 클라이밋 트래커'는 건물 부문 연간 에너지 효율 개선 비율이 2016년에서 2019년 사이 절반으로 감소했음을 밝혔고, 2050년 탄소중립목표를 달성하려면 건물과 관련한 모든 부문이 탈탄소 대응에 현재의 약 5배 역량을 쏟아야 한다고 분석했다.

빌딩 부문의 배출량 구성을 보면 약 25%는 건축 자재, 시공, 폐기 등에서 오는 내재 탄소배출량(embodied carbon)이며 이는 전 세계 연간 온실가스배출량의 약 11%, 빌딩 부문 전체 배출량의 28%를 차지한다. 배출량의 나머지 75%는 건축물의 운영에 기인한다. 그러나 빌딩 운영 면에서 에너지 효율이 점차 개선되는 추세임을 감안할 때 빌딩 시공 전후 배출량과 폐기에서 오는 내재 탄소배출량을 줄일 필요성이 증가하고 있다. 따라서 1.5℃ 이하로 지구 온도 상승 폭을 유지하기 위한 온실가스감축목표 달성을 위해서는 기존 건축물의 에너지 효율을 더욱 개선하고 재생에너지 설비 도입을 앞당겨야 하며(Architecture 2030) 내재 배출량에 대한 관심이 요구된다. 또한 오늘날 존재하는 건물의 약 2/3 정도는 2050년에도 존재할 가능성이 있다. 그러나 현재 건축물의 연간 리노베이션 비중은 전체의 0.5~1%에 불과하다. 따라서 건물의 운영에서 비롯한 배출량 감소를 위해 기존 건물의 에너지 성능을 강화하는 그린리모델링 등이 요구된다.

3) 그린빌딩 확산을 위한 제반 조건

앞서 논의한 바와 같이 환경문제, 특히 기후변화라는 위기의 해결에 있어 그린빌딩이 기여할 수 있는 부분은 상당하다. 그러나 기존 연구들은 그린빌딩의 확산을 위해 다양한 정치, 경제, 사회적 조건이 수반되어야 함을 밝히고 있다.

몇몇 연구들은 정치 및 거버넌스의 측면에서 중앙 및 지방정부가 그린빌딩 확산에 미치는 역할에 주목한다. 이태동·크리스 코스키(Chris Koski)는 그린빌딩 정책의 효과적 확산이 중앙정부보다는 도시와 같은 지방정부에 달려 있으며 특히 시장의 리더십이 중요하다고 밝혔다(Lee and Koski, 2012). 크리스 코스키·이태동은 2004년부터 2010년 미국의 592개 도시들의 그린빌딩을 실증 분석해 정부(특히 지방정부)가 그린빌딩에 대한 높은 의지를 보

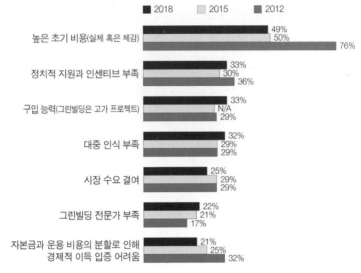

그림 8-5 그린빌딩 확대의 장애 요인

■ 2018 ■ 2015 ■ 2012

- 높은 초기 비용(실체 혹은 체감)
  49% / 50% / 76%
- 정치적 지원과 인센티브 부족
  33% / 30% / 36%
- 구입 능력(그린빌딩은 고가 프로젝트)
  33% / N/A / 29%
- 대중 인식 부족
  32% / 29% / 29%
- 시장 수요 결여
  25% / 29% / 29%
- 그린빌딩 전문가 부족
  22% / 21% / 17%
- 자본금과 운용 비용의 분할로 인해 경제적 이득 입증 어려움
  21% / 25% / 32%

자료: Dodge Data & Analytics(2018).

이면서 리더십을 발휘해 불확실성을 낮추고 시장을 형성하는 등 행동을 통해 보여줄 때(policy by doing) 민간 주체들의 그린빌딩 정책의 수용성이 제고됨을 보여주었다(Koski and Lee, 2014).

한희진의 연구는 싱가포르 정부가 2005년 도입한 그린빌딩 인증제인 Green Mark Scheme 정책이 비교적 단기간에 성공적인 이행 결과를 낸 요인으로 정부의 역할이 중요함을 논의했다(Han, 2019). 이 사례 연구는 정부가 하향식 규제와 같은 방식으로 직접 시장에 개입하기보다는 법규 등 적절한 제도 및 보상 체계를 마련하고 시민사회 및 그린빌딩의 이해당사자들과 협력적, 수평적 거버넌스를 형성하는 등 위계질서의 그림자[shadow of hierarch(Héritier and Eckert, 2008; Van der Heijden, 2016: 9)]를 조성해 정책 성공을 위한 촉진자(facilitator) 역할을 수행했다고 분석한다.

경제적 측면을 분석한 연구는 그린빌딩의 건축 및 사용료 절감, 일자리

창출 효과, 세입자 증가, 자산 가치 상승 등의 장점에 주목한다(Eichholtz, Kok and Quigley, 2013; World Green Building Council, 2013). 또한 민간 부문의 참여 인센티브가 그린빌딩 확산의 주요 요인임을 밝히고 있다. 고효율 제품 사용이나 에너지 절약의 실천은 주택 소유, 경제적 인센티브 유무, 인식과 태도 전환 등에 영향을 받기 때문에 주택 소유에 따른 차등화된 제도 인센티브, 홍보 등을 통한 인식 전환 프로그램의 구축이 필요하다(이소라, 2018).

사회적, 심리학적으로는 비타협성의 문제를 극복하는 일이 시급하다(Shapiro, 2016). 건물 사용자의 그린빌딩 선택의 경제적 인센티브와 더불어 이들의 친환경 인식 수준이 그린빌딩 선택에 영향을 미친다. 확산에 있어 중하위 소득자가 거주하는 공공지원 주택과 공영주택은 비교적 수월하게 정부의 그린빌딩 정책을 통해 추진력을 가지고 이행될 수 있다.

이처럼 그린빌딩의 확산에는 여러 가지 조건이 수반되어야 한다. Dodge Data & Analytics(2018)의 보고서도 그린빌딩의 확대를 위해서는 비용, 인센티브, 구입 능력, 대중의 인식, 시장 수요, 전문 인력 유무 등 다양한 분야에서 장애 요인의 극복이 필요함을 언급했다. 일례로 초기비용(실제 혹은 체감)이 높은 진입장벽으로 작용했으나 그린빌딩이 확산됨에 따라 점차 장벽이 낮아지고 있다(〈그림 8-5〉 참조).

3. 그린뉴딜과 그린빌딩

1) 세계 주요국의 그린뉴딜과 그린빌딩

건물이 기후변화를 포함한 환경문제의 해결에 미칠 잠재적 영향 및 중요성으로 인해 세계 각국 정부 및 지역은 탈탄소 정책 및 기후변화 정책에 그린빌딩 관련 내용을 주요 과제로 넣어 추진하고 있다. 특히 코로나19로 인한 경제적, 사회적 문제와 기후변화라는 지구적 위기에 대응하기 위해 유럽, 미국, 일본 등이 2020년 전후로 채택한 다양한 형태의 그린뉴딜 정책에서 빌딩은 한 축을 형성하고 있음을 볼 수 있다. 이들 주요 지역 및 국가의 그린뉴딜 정책에 포함된 그린빌딩 관련 내용을 정리해 보면 다음과 같다(〈표 8-1〉).

표 8-1 그린뉴딜에 포함된 그린빌딩 관련 사항

	그린빌딩 관련 내용
유럽 그린딜	에너지 절약, 자원, 고효율 건축 부문 - 건물은 약 40%의 에너지소비 - 리노베이션(renovation)을 통한 에너지 효율 강화 - 에너지 빈곤 탈피 및 건물 에너지 성능 규제 강화 - (기타 관련 사항) 배출권거래제에 교통, 난방 등 포함 - (기타 관련 사항) 에너지 다소비 산업(철강, 화학, 시멘트) 등은 탈탄소 동참에 협력해야 함
미국 그린뉴딜 (바이든의 청정에너지, 인프라 계획)	건축 부문 - 건물 400만 채, 주택 200만 채를 고효율 친환경 시설로 전환 2035년까지 건물에서 발생하는 탄소량을 절반으로 감축 - 친환경 주거단지 150만 호 건설 - 2030년까지 상업용 건물 배출가스 넷제로(net-zero) 달성 - 2035년까지 건물에서 발생하는 탄소량을 절반으로 감축
일본 2050년 장기저탄소발전략	지역, 삶 부문 - 가능한 지역·기업부터 2050년 이전 탄소중립 실현 - 탄소중립적 삶(주택·사무실의 건축 구조가 제로 에너지 하우스(Zero Energy House, ZEH)·제로 에너지 빌딩(Zero Energy Building, ZEB)에 준하도록 하는 기술개발 및 보급, 라이프스타일의 전환)

자료: 필자 정리.

2) 한국판 뉴딜과 그린빌딩

한국 정부도 글로벌 경제 패러다임의 전환 과정에서 코로나19로 인한 경기침체를 극복하고 디지털 및 그린 경제로의 구조적 대전환을 위해 한국판 뉴딜(K-뉴딜)을 도입하고 이를 위해 2025년까지 국비 114.1조(총사업비

표 8-2 한국판 뉴딜에 포함된 그린빌딩 유관 항목

한국판 뉴딜	대표 과제	내용	그린빌딩 유관 항목
디지털뉴딜 (총사업비 58.2조 일자리 90.3만 개)	데이터 댐 지능형 정부 스마트 의료 인프라		ICT 기반 스마트 박물관, 전시관(160개) 스마트 공장(1.2만 개)
디지털·그린 융복합	그린 스마트 스쿨 디지털 트윈 국민 안전 SOC 디지털화 스마트 그린 산단		**그린 스마트 스쿨** 태양광, 친환경 단열재 설치 (2890여 개 노 후학교) **스마트 그린 산단**
그린뉴딜 (총사업비 73.4조 일자리 65.9만 개)	그린리모델링 그린에너지 친환경 미래 모빌리티	도시·공간·생 활 인프라 녹색 전환 저탄소 분산형 에너지 확산 녹색산업 혁신 생태계 구축	**국민 생활과 밀접한 공공시설 제로 에너지화** 공공건물 신재생에너지 설비, 고성능 단열 재 사용 친환경에너지 고효율 건물 신축, 리모델링 **에너지 관리 효율화 지능형 스마트 그리드 구축** 전력수요 분산과 에너지 절감 위해 아파트 500만 호 대상 지능형 검침 인프라(Advanced Metering Infrastructure) 보급 주민 참여형 이익 공유 사업 주택, 상가 등의 신재생에너지 설비 지원(20 만 가구) **저탄소 녹색 산단 조성** 그린스타트업 타운 조성 에너지 발전, 소비 실시간 모니터링, 제어 위한 마이크로 그리드 기반 스마트 에너지 플랫폼(10개소) 스마트 생태 공장(폐열, 폐기물 재사용, 재 생에너지 사용-) (100개소, 81개 산단)

자료: 한국판 뉴딜 종합계획(2020) 토대로 필자 정리.

160조)를 투입하기로 결정했다(일자리 190만 개 창출 목표). 특히 그린 경제로
의 전환을 위한 그린뉴딜 정책은 경제기반의 친환경, 저탄소 전환을 가속
화하기 위한 다양한 정책 과제를 포함하고 있다. 한국 정부는 탄소중립을
향한 사회 및 경제의 녹색전환을 통해 사람, 환경, 성장이 조화를 이루며
국제사회에 책임을 다하는 녹색선도국가로의 도약을 목표로 한다.

구체적으로 몇몇 내용을 살펴보면 한국판 뉴딜 10대 대표 과제 중 하나
이자 그린빌딩과 가장 직접적 관련성을 지닌 그린리모델링 사업은 공공건

물에 선도적으로 태양광, 친환경 단열재를 설치해 에너지 성능을 강화할 것을 목표로 한다. 15년 이상 공공임대주택 노후 건축물 22.5만 호와 어린이집, 보건소, 의료기관(21년까지 2170동)에 태양광을 설치하고 고성능 단열재로 교체하며 고효율 에너지 기자재, 친환경 소재를 사용한 국공립어린이집 440개소와 국민체육센터 51개소를 신축한다. 또한 박물관, 미술관 등 문화시설을 대상으로 태양광 시스템, LED 조명 등 에너지 저감 설비를 설치한다(1148개소). 또한 정부 노후 청사에 대해 단열재를 보강하고 6개 청사에 대해 에너지 관리 효율화를 추진한다. 정부는 이러한 사업에 2025년까지 총사업비 5.4조 원 투자, 총 12.4만 개의 일자리를 창출한다는 계획이다. 공공부문을 필두로 해 민간 건물도 에너지 효율 향상 제고에 동참하도록 유도한다는 방침이다.

이러한 그린빌딩 정책의 원활한 이행과 추진을 위해 법적, 제도적 기반도 정비되었다.[1] 법적으로는 공공건축물 '제로에너지 건축물 의무화 로드맵'을 조기 확대 추진(녹색건축법 시행령 개정)해 연면적 $500m^2$ 이상의 공공건축물을 대상으로 한 제로에너지 건축물 의무화를 2025년이 아닌 2023년으로 앞당겨 시행한다.

2021년 2월 16일 국무회의는 향후 5년간 국가 건축 정책 방향을 제시하는 '제3차 건축정책기본계획'을 확정했는데 국민 생활공간 향상, 지속가능한 탄소중립 도시 조성, 국가경쟁력 확보라는 목표를 설정하고 특히 지속가능 탄소중립 도시 조성과 관련해서는 건축물의 에너지 성능 향상, 단계별 제로에너지 건물[2] 의무화, 공공부문에서 시작해 민간으로 확산하는 그

---

1 녹색건축물 관련 법으로는 '녹색건축물 조성 지원법(국토교통부, 2020.10)', '녹색건축 인증에 관한 규칙(환경부·국토교통부령, 2021.4)', '녹색건축 인증기준(환경부·국토교통부 고시, 2021.4)' 등이 있다.

2 한국에서 제로에너지 건축은 단열, 기밀을 강화해 에너지 사용을 줄이고 태양광 등 재생에

린리모델링 활성화 방안 등의 계획을 밝혔다. 이와 더불어 제로에너지 건물 의무화를 위해 제로에너지 건축 평가 기준 개선, 녹색건축 조성을 위한 금융 모델 개발, 에너지를 공유하고 거래하는 탄소중립 커뮤니티 조성 등이 제도적으로 시급함을 논의했다. 이를 통해 2025년까지 건물 부문의 탄소배출을 25% 줄이는 것을 목표로 한다(국토교통부, 2021.2.15).

2021년 4월 국토교통부(2021.4)가 발표한 제2차 녹색건축물 기본 계획(2020~2024; '녹색건축물 조성 지원법' 제6조에 의거해 녹색건축물 조성 촉진을 위해 5년마다 도입)은 제로에너지 건축물 의무화 등 녹색건축물 시장 활성화를 목표로 저탄소, 저에너지 사회를 선도하는 녹색건축 부문 5대 전략과 12대 정책 과제, 100개 세부 과제를 명시했다. 주요 내용으로는 신축 건축물의 에너지 성능 강화, 제로에너지 건축물 조기 시장 창출을 위한 2020년 공공건축물 대상 의무화 시행, 신규 혜택 발굴 및 지구·도시 단위 제로에너지 건축 확산을 통해 2025년 민간건축물 의무화 대응 기반을 구축하는 계획 등이 담겼다. 특히 공공건축물 그린리모델링 표준모델 개발, 규제완화, 지원 다양화를 통해 노후 건축물 그린리모델링 시장을 현재 대비 2배 이상 확대하고 건축물의 용도, 규모, 사용 패턴 등을 고려해 데이터 기반으로 운영 성능을 분석하고 진단하는 비용 효율적 평가 서비스 개발, 시설 관리 업체의 에너지 성능 역량 강화를 통해 운영 단계에서의 에너지 절약을 유도한다.

더불어 국민생활 기반 녹색건축 확산 방안도 포함됐다. 국민 체감형 사업을 발굴하기 위해 미세먼지 대응 환기 설비 설치 기준 강화, 생활 밀착형 교육 시설, 숙박 시설 등 부처별 성능 개선 사업 등 생활공간 에너지 효율

너지 설비로 에너지를 생산하는 건물로 1++(2등급) 이상의 에너지 효율 등급, 최소 20% 이상의 에너지 자립률을 인정받아야 제로에너지 등급을 얻게 된다. 이는 공공건축물에 대해서는 2023년부터 500m^2 이상에 의무 적용되며 민간건축물의 경우 2025년부터 1000m^2 이상, 2030년부터 500m^2 이상의 건물에 의무 적용된다.

화를 위한 부처 간 협업이 확대될 예정이다. 이 외에도 녹색건축 산업 혁신 성장 역량 제고와 녹색건축 시장 인프라 확충 등 주요 정책이 마련됐다

4. 나오며: 제언

그린빌딩 추세는, 빌딩이 단순히 인간이 거주하며 모든 쾌적한 생활을 영위하는 공간의 차원을 넘어 현세와 후세 인류의 생존 및 지구 환경문제에 기여하기 위한 대안이 되었음을 보여준다(한국그린빌딩협의회).

탄소중립과 넷제로의 실현을 위한 다양한 정책 과제 중에서 빌딩은 그 중요성에도 불구하고 석탄화력발전소의 폐쇄, 신재생에너지, 친환경 자동차 등의 의제에 비해 상대적으로 주의와 관심을 끌지 못했다. 그러나 전 세계 에너지 관련 이산화탄소배출의 약 40%를 차지하는 건물 및 건물의 운영 부문을 제외하고 탄소중립의 미래를 낙관하기는 어렵다. 이에 다양한 환경, 경제, 사회적 측면에서 긍정적 파급 효과를 지닌 그린빌딩의 국내외 확산이 시급히 요구된다. 건축물의 에너지 효율 향상, 고효율 기기의 보급, 스마트 에너지 관리, 신재생에너지 보급 및 사용 확대 등을 통해 그린빌딩을 탄소중립 시대로의 전환 과정에서 뉴노멀(new normal)로 정착시킬 필요가 있다.

이와 같은 이유로 2020년 전후 유럽, 미국, 일본, 한국 등이 채택한 다양한 그린뉴딜 정책에 빌딩과 관련된 요소들이 다수 포함되어 있는 것은 상당히 고무적이다. 이 장에서 소개한 바와 같이 한국판 뉴딜 정책에도 그린빌딩과 관련된 제반 요소들을 살펴볼 수 있었다.

그러나 그린빌딩의 실효적 정책 성과와 확산을 위해 정부, 민간, 사회 각계의 협력적 거버넌스가 구축되어야 한다. 한국에서도 그린빌딩의 확산을 위해 정부가 법적 근간을 마련하고 제도적 노력을 기울이고 있으나 법적,

행정적 부분에서 여전히 개선이 필요하다. 일례로 그린빌딩 확산을 위해 에너지 및 온실가스 감축에 있어 공공건축물의 선도적 역할을 규정한 법이 산재해 있다. 국토교통부의 '녹색건축법', '환경부의 저탄소 녹색성장 기본법', 산업통상부의 '에너지이용 합리화법' 등을 근거로 환경부와 국토부는 독립된 시스템을 통해 공공건축물의 에너지소비량을 보고받고 있어 행정력의 낭비가 발생하고 있으며 각 부처별로 대상 기관 또는 건물의 정의 등이 상이해 공공건축물의 에너지소비량 통계 작성마저 어려운 현실이다(양희연 외, 2020).

또한 공공건물을 필두로 다양한 정책이 우선적으로 실험, 적용되고 있으나 가시적 성과가 미흡해 민간, 상업 부문의 참여가 요구된다. 이들의 참여를 위해 기술개발, 시장 확대에 따른 재정지원 및 인센티브의 확대가 필요하다. 또한 국내 전체 건물의 약 85%인 616만 동이 기술 역량이 취약한 소규모 건축물이고, 지방 분포율이 상대적으로 높음을 감안해 이들에 대한 기술적, 재정적 지원이 요구된다. 또한 전체 건축물의 약 58.2%에 해당하는 노후 건축물에 대한 그린리모델링이 시급하다. 이를 위해 현재 국토교통부는 17개 광역자치단체, 195개 기초자치단체 및 지역 대학과 플랫폼을 형성하고 유기적 협조를 통해 지역 그린리모델링 사업을 추진 중이다(국토교통부 2021.3.24).

그린빌딩의 확산에서 또한 간과할 수 없는 측면은 그린빌딩 관련 정보 확산을 통한 대중의 인식 제고 및 해당 부문 전문인의 역량 제고이다. 건축물 에너지 최적화 설계, 에너지 성능 평가 등 녹색건축 관련 전문 인력의 양성과 관리가 필요하다(국토교통부, 2021.4; 박기범, 2013). 또한 정부는 국민들이 그린빌딩의 확산에 참여할 수 있도록 그린홈 지원제도, 탄소포인트제와 같은 경제적 인센티브 제공과 더불어 그린빌딩에 관한 인식 제고 및 사회적 수용력 증진을 위한 홍보 및 교육 프로그램도 적극 발굴할 필요가 있다.

참고문헌

국토교통부. 2021.2.15. "건축정책을 통해 일상의 가치를 높이고, 삶이 행복한 도시를 만들겠습니다". https://www.molit.go.kr/USR/NEWS/m_71/dtl.jsp?lcmspage=4&id=95085181 (검색일: 2021.3.15).

_____. 2021.3.24. "그린리모델링, 지역과 협업으로 탄소중립에 성큼". https://www.molit.go.kr/USR/NEWS/m_71/dtl.jsp?id=95085331 (검색일: 2021.4.30).

_____. 2021.4. 제2차 녹색건축물 기본계획. http://m.molit.go.kr/viewer/skin/doc.html?fn=a589826f16cecb8804efe86db9e7d692&rs=/viewer/result/20210416 (검색일: 2021.4.30).

리프킨, 제레미(Jeremy Rifkin). 2020. 『글로벌 그린 뉴딜』. 안진환 옮김. 민음사.

박기범. 2013. "녹색건축을 통한 국가 온실가스 감축목표 달성." ≪설비저널≫, 42(6), 18~25쪽.

서울시 녹색건축물 설계 기준. 2019. https://news.seoul.go.kr/citybuild/archives/16047 (검색일: 2021.3.17).

양희연 외. 2020. 「공공건축물 에너지 및 온실가스 감축 정책 비교분석을 통한 정책 개선 방안: 녹색건축물 조성지원법을 중심으로」. ≪대한건축학회 학술발표대회 논문집≫, 40(1), 280~281쪽.

이소라. 2018. 「도시의 지속가능성을 위한 주택 건물에너지 분석연구: 에너지 소비특성과 소비절감 행위모델 분석을 중심으로」. ≪IDI 도시연구≫, 14, 235~262쪽.

한국건설산업연구원. 2020. ≪건설동향브리핑≫, 773.

한국그린빌딩협의회. "그린빌딩 소개." https://www.koreagbc.org/html/introduce.vm (검색일: 2021.4.22).

한국판 뉴딜 종합계획. 2020.7.14. 관계부처 합동 국민보고대회.

한국환경산업기술원. 2021.4.12. "녹색 건축인증제도 소개". https://www.gbc.re.kr/app/info/outline.do (검색일: 2021.4.12).

호켄, 폴(Paul Hawken). 2019. 『플랜 드로다운: 기후변화를 되돌릴 가장 강력하고 포괄적인 계획』. 이현수 옮김. 글항아리사이언스.

≪한겨레≫. 2020.9.7. "GREEN CITY를 그리기 위한 첫 단추, 녹색건축물인증심사원." http://www.hani.co.kr/arti/society/schooling/961091.html (검색일: 2021.3.16).

≪한겨레≫. 2020.12.16. "건물에서 건물에서 배출하는 이산화탄소, 전체의 38% 차지 … 사상 최고." http://www.hani.co.kr/arti/science/science_general/974603.html#csidxa0fd9c994

7a9ec295cb87a8767279d7 (검색일: 2021.3.17).

Architecture 2030. https://architecture2030.org/about/ (검색일: 2021.4.10).

Bulkeley, H., V.C. Broto and A. Maassen. 2014. "Low-carbon Transitions and the Recon-figuration of Urban Infrastructure." *Urban Studies*, 51, pp.1471~1486.

California Public Utilities Commission. Zero Net Energy. http://www/cpuc.ca.gov/zne (검색일: 2021.3.19).

Dodge Data & Analytics. 2018. "World Green Building Trends 2018." https://www.worldgbc.org/sites/default/files/World%20Green%20Building%20Trends%202018%20SMR%20FINAL%2010-11.pdf (검색일: 2021.2.23).

Eichholtz, P., N. Kok and J.M. Quigley. 2013. "The Economics of Green Building." *Review of Economics and Statistics*, 95(1), pp.50~63.

Han, H. 2019. "Governance for Green Urbanisation: Lessons from Singapore's Green Building Certification Scheme." *Environment and Planning C: Politics and Space,* 37(1), pp.137~156.

Héritier A and Eckert S. 2008. "New Modes of Governance in the Shadow of Hierarchy." *Journal of Public Policy*, 28(1), pp.113~138.

Koski, C., and T. Lee. 2014. "Policy by Doing: Formulation and Adoption of Policy Through Government Leadership." *Policy Studies Journal*, 42(1), pp.30~54.

Lee, T., and C. Koski. 2012. Building Green: Local Political Leadership Addressing Climate Change. *Review of Policy Research,* 29(5), pp.605~624.

Leskinen, N., J. Vimpari and S. Junnila. 2020. "A Review of the Impact of Green Building Certification on the Cash Flows and Values of Commercial Properties." *Sustainability*, 12(7), pp.2729.

Shapiro, S. 2016. "The Realpolitik of Building Codes: Overcoming Practical Limitations to Climate Resilience." *Building Research & Information*, 44(5-6), pp.490~506.

UNEP. 2016. Towards Zero-emission Efficient and Resilient Buildings: Global Status Report. https://www.worldgbc.org/sites/default/files/GABC_Global_Status_Report_V09_november_FINAL.pdf (검색일: 2021.3.28).

Van der Heijden J. 2016. "Opportunities and Risks of the 'New Urban Governance' in India: To What Extent Can It Help addressing Pressing Environmental Problems?" *Journal of Environment & Development*, 25(3), pp.251~275.

Van der Heijden, J. 2017. *Innovations in Urban Climate Governance: Voluntary Programs for Low-Carbon Buildings and Cities*. Cambridge, UK: Cambridge University Press.

World Green Building Council. 2013. The Business Case for Green Building: A Review of the Costs and Benefits for Developers, Investors, and Occupants. https://worldgbc.org/sites/default/files/Business_Case_For_Green_Building_Report_WEB_2013-04-11-2.pdf (검색일: 2021.3.27).

World Green Building Council. 2020. Annual Report 2020. https://worldgbc.org/sites/default/files/WorldGBC%20Annual%20Report%202020_1.pdf (검색일: 2021.3.30).

제9장

탄소중립과 기업

RE100

박혜윤_이화여자대학교 국제대학원 초빙교수

1. 들어가며

탄소중립 경제로의 전환은 전 지구적 차원에서 화석연료에 기반해 온 근대 산업 구조의 일대 변혁을 요구하고 있다. 변화하기 어려울 것만 같던 기업계에서도 탄소중립 또는 탈탄소는 당면한 현실이자 생존의 문제라는 인식이 확산되고 있을 뿐만 아니라, 주요 기업을 중심으로 대체에너지로 전환하려는 움직임이 감지되고 있다. 이러한 현상을 선도하고 있는 것이 RE100이다. RE100이란 '재생에너지 100%(Renewable Energy 100%)'라는 의미로, 구글, 애플, BMW, 코카콜라, HSBC 등 영미권을 거점으로 하는 유력 다국적 기업들이 참여하고 있는 기후 이니셔티브(climate initiative)의 명칭이다. RE100의 회원사들은 경영과 생산 과정에서 쓰이는 전력을 늦어도 2050년까지 오직 재생에너지원으로만 조달해야 한다. 2014년 출범 당시 글로벌 기업인 잉카 그룹(Ingka Group)과 스위스리(Swiss Re) 등을 포함한

13개 회원사로 시작해 2020년까지 100개 기업을 참여시키고자 했으나, 그보다 3년 빠른 2017년에 이 목표를 달성하며 급속히 성장했다(Teater, 2019). 2021년 5월 현재 RE100 회원사는 300여 개에 이르는데 앞으로도 회원 수의 증가 추세가 이어질 것으로 전망된다. 또한 참여기업들은 성공적인 재생에너지로의 전환 실적을 보여주고 있다. 2020년 RE100에 보고된 바에 따르면 회원사 중 53개 기업이 이미 재생에너지 100%의 목표를 달성했고, 65개 기업은 90% 이상의 전력을 재생에너지로 조달하고 있는 것으로 나타났다(CDP, 2020).

기업이 정부의 규제가 아닌 자발적으로 수립한 규칙을 준수하고 이의 이행 감시 체제를 갖추는 이른바 민간 거버넌스[private governance(Pattberg, 2012)]를 작동시켜 탄소중립을 도모하고자 한다는 점에서 RE100은 정치학적 관점에서도 흥미로운 사례로 여겨진다. 기업활동과 관련해 발생할 수 있는 환경문제에 대해 통상적으로 기업은 적극적으로 대처하기보다는 정부 정책에 수동적으로 대응하는 경향이 있을 뿐만 아니라, 로비를 통해 친기업적 정책의 입안 또는 환경 규제 약화에 영향력을 행사하는 일종의 이익집단으로서 때로 '환경의 적'이라 여겨지고는 한다. 그러나 기업이 문제해결의 주체가 되어 성공적인 국제 환경 협력에 조력한 사례도 있다. 1970년대 오존층 파괴 현상이 관측된 이후 그 원인이 되는 화학물질 생산과 사용에 대한 국제적 규제 조치를 수립하는 과정에서 대표적인 다국적 화학기업인 듀폰(Dupont)이 수행한 역할이 바로 그것이다. 듀폰은 냉매제나 스프레이 등의 제조에 쓰이는 염화불화탄소(CFC)를 포함한 일련의 화학물질이 오존층 파괴의 주원인이라는 과학적 증거가 제시되자 대체물질의 개발과 도입에 앞장서며 관련 업계 및 정책의 변화를 추동했다. 이는 궁극적으로는 몬트리올의정서(Montreal Protocol)의 채택과 후속 조치에도 기여했다고 볼 수 있다(Falkner, 2005). 최근 지구 성층권 오존층의 회복이 관찰되어

(Reiny, 2018.1.5) 결과적으로 오존 레짐(ozon regime)은 가장 성공적인 지구 환경 거버넌스(global environmental governance)로 평가받고 있다.

듀폰의 사례와 RE100은 기술혁신의 역량을 갖춘 선도기업(들)이 정부의 개입이나 압력에 의해서가 아니라 과학적 증거에 기반해 친환경적 선택을 하고, 이것이 산업 구조의 변화와 국제 환경문제 해결의 단초를 마련하게 되었다는 점에서 유사성을 보여준다. 그러나 몇 가지 차이점도 발견할 수 있다. 우선 듀폰은 오염물질의 생산자인 반면 RE100은 기업 소비자 집단 이라는 큰 차이점이 있다. 또한 듀폰과 함께 오존 파괴 물질의 생산과 사용 을 중단한 기업들이 전통적인 기업활동 영역 밖에 있는 규제의 이행과 감 시 체제 작동에는 관여하지 않은 것과 달리, RE100은 동료 집단의 형성과 정보 공개를 통해 참여기업들이 약속을 이행하도록 압력을 행사하고 감시 하는 자율 규제의 내용을 갖추었다는 점에서도 다르다. 후자는 전 지구적 차원의 기후 문제 해결책 모색을 위한 초국적 연결망[transnational network (Andonova, 2009)]의 양상, 또는 기후 거버넌스의 다중심적인[polycentric(Ostrom, 2009; Cole, 2011)] 특성을 보여준다. 세계화를 통해 전 지구적 공급망을 갖추게 된 다국적 기업들은 지사와 협력 업체를 움직임과 동시에 규범을 공유하는 다른 기업들과 일종의 기후 클럽(climate club)을 형성하고 있다 (Keohane and Victor 2011; Green 2014). 필립 팻버그(Phillip Pattberg)는 기후 문제가 점차적으로 기업과 투자자들에게 일종의 관리해야 할 위험으로 간 주되어 가고 있음을 지적한다. 이들의 집단행동은 기업 이익 추구의 일환이 면서 동시에 기후 체제(climate regime)의 성공에도 기여하고 있는 것이다 (Pattberg, 2017).

RE100은 탄소중립의 정치에 있어 비국가행위자인 기업 역할의 다변화 를 보여준다. 한국에서도 최근 RE100은 주요 경제 현안으로 대두하면서 민관 모두에서 관심이 높아지고 있지만, 주로 관련 정책 정비와 국내 기업들의 대응책 마련에 논의가 집중되고 있는 듯하다. 시의성 측면에서는 이와 같은 논의도 중요하지만, 한국 경제의 규모와 세계 경제에서의 영향력으로 볼 때 RE100 현상의 맥락을 이해함으로써 장기적 관점을 수립하는 일도 필요하다. 서두에 밝힌 바와 같이 기후변화 대응은 궁극적으로 기존의 경제, 사회, 정치 구조의 변화를 함의하는데, 이와 같은 변화의 맥락을 이해하지 못하면 효과적이고 지속가능한 전략의 수립이 어렵기 때문이다. 이 장에서는 RE100이 탄생하게 된 배경과 성립 과정, 운영 방식 및 활동 현황을 소개함으로써 이에 작게나마 일조하고자 한다.

우선 다음 절에서는 RE100을 이끌고 있는 더 클라이밋 그룹(The Climate Group)을 중심으로 성립 배경을 서술한다. 뒤에서 설명하겠지만 RE100은 이 단체가 주축이 된 'We Mean Business'라는 기업의 기후행동 연합체 활동 중 하나이다. 운영 방식과 참여기업들의 특징에 대해 살펴본 후에는 한국의 상황에 대해 논의한다. 결론에서는 RE100 현상의 함의를 제시하며 마무리한다.

2. 성립 배경

기후변화로 인한 지구환경의 변화와 이의 사회경제적 영향을 기업의 당면 문제로 인식한 다국적 기업의 CEO들과 투자자들은 지난 수년간 지속적으로 우려를 표명하고 실천 방안을 모색해 왔다. RE100을 주도하고 있는 더 클라이밋 그룹은 그 일환으로 설립된 기후 분야의 국제적 비영리단체이다. 직접적인 설립 동기는 2003년 록펠러 브라더스 펀드(Rockefeller Brothers Fund)가 수행한 연구에서 정부와 기업의 기후행동이 재무적으로도 의미 있는 긍정적인 효과가 있었음이 밝혀졌고, 이에 주목한 기업인들과 정치인, 시민 단체 지도자들이 모여 구체적인 실천의 영역으로 가져온 결과라 하겠다(Walker, 2008). 현재 약 300여 개의 다국적 기업과 60여 개 국가의 정부를 회원으로 두고 있으며, 각종 기후행동 이니셔티브와 연구/교육, 홍보, 네트워킹 등 광범위한 활동 영역을 가지고 있다. 영국에 기반을 두고 출범했으나 현재는 북미와 인도에도 본부를 두고 유엔 등 국제기구와도 밀접한 협력체계를 구축하는 등 더 클라이밋 그룹은 기후 분야에서 가장 영향력 있는 국제적 단체의 하나로서 면모를 갖추고 있다. 2004년 설립 당시 영국 총리인 토니 블레어(Tony Blair)가 적극적인 지지를 표명한 것으로 미디어의 주목을 받기도 했다(BBC, 2004.4.27).

빌 호프우드(Bill Hopwood) 등에 따르면 환경, 경제, 사회의 균형적 발전을 추구하는 이른바 지속가능발전 규범을 수용하는 정책 행위자들은 세 부류로 나뉘는데 시장을 통해 해결책을 찾으려는 현상유지파(status-quo groups), 전문가 집단의 개입과 정부의 개혁적 정책 입안을 강조하는 개혁파(reformists), 기존의 자본주의 권력 구조를 타파하고 대안적 체제를 구축하려는 변혁파(transformationists)가 그들이다(Hopwood et al., 2005). 이 분류를 적용해 보면 더 클라이밋 그룹의 접근 방식은 개혁파에 가깝다고 할 수 있으며, 그 특징은 다음과 같다. 첫째, 기후변화가 인간의 사회경제적 활동에 기인한다는 주장과 그 과학적 근거를 수용한다. 둘째, 기업의 기후행동이 경제적 이익으로 환원 가능한 효과를 가져온다고 믿고 있다. 셋째, 기업의 기후행동은 정부의 개혁적 지원 정책을 수반할 때에 비로소 효과적일 수 있다고 본다. 물론 호프우드 등의 분류는 복합적인 활동 범주를 가진 행위자들을 설명하기에는 지나치게 단순한 체계라는 단점도 있다. 그러나 로버트 포크너(Robert Falkner)가 듀폰 사례를 설명하면서 묘사한 기업계 내의 통합적 전선 구축(규제에 반대하는) 실패가 결과적으로는 오존 레짐의 성공으로 이어진 것과 같이(Falkner, 2005), 기후변화에 대응하는 기업들 중에서도 시장 기재를 선호하는 현상 유지파와 입장을 달리하는 집단이 존재하며 이들의 영향력이 커지고 있다는 점에서 시사하는 바가 있는 연구라 하겠다.

더 클라이밋 그룹의 개혁적 성격은 RE100의 성립과 발전 과정에도 잘 나타나고 있다. RE100의 시발점이 되었던 '뉴욕시 기후 주간(Climate Week NYC)'은 더 클라이밋 그룹이 주관하는 행사로, 기업의 행동과 함께 정부와 시민 단체, 기업의 파트너십을 모색하고자 하는 이 단체의 주요 활동 영역 중 하나로 자리 잡고 있다. 2009년부터 시작해 매년 9월 유엔총회 기간 동안 뉴욕에서 개최되며 기업의 대표 및 정부 인사와 함께 전문가, 시민 단체가 주관하거나 참여하는 수백 개의 기후 의제 관련 행사가 '뉴욕시 기후 주간'이라는 로고 아래 동시다발적으로 진행된다. 2019년에는 유엔 기후행동 정상회의의 공식적인 행사 중 하나로서 진행되었고,[1] 2020년에는 코로나19의 여파로 온라인 행사가 진행되었음에도 불구하고 500여 개에 달하는 행사가 진행되는 등 큰 성황을 이루었다.[2]

특히 파리기후변화협정 체결을 1년 앞둔 2014년 뉴욕시 기후 주간은 기업의 기후행동을 촉구하는 더 클라이밋 그룹의 활동에 있어 일종의 분수령이 된 해라 할 수 있다. 이 단체를 포함한 여섯 개의 국제 비영리단체들이 십여 개의 기후 이니셔티브를 공동으로 총괄하는 'We Mean Business'라 명명된 연합체(coalitions)를 발족했기 때문이다. 연합체에 참여한 단체/기관으로는 BSR, CDP, Ceres, The Prince of Wales's Corporate Leaders Group, The B Team, 세계 지속가능발전 기업협의회(World Business Council

---

1 "Climate Week NYC 2019," IISD, http://sdg.iisd.org/events/climate-week-nyc-2019/ (검색일: 2021.2.15).

2 "Events," Climate Week NYC, https://www.climateweeknyc.org/events (검색일: 2021.2.15).

표 9-1 'We Mean Business' 연합 이니셔티브

이니셔티브명	목적	주관 및 협력 단체	참여기업
RE100	2050년까지 기업활동 및 생산에 소요되는 에너지를 재생에너지원으로부터 100% 조달.	더 클라이밋 그룹 CDP	애플 등 301개 기업
Science Based Targets Initiative(SBTi)	파리협정이 설정한 목표인 2050년까지 과학에 기반한 기업의 온실가스배출량 측정 및 데이터 공개하고 감축목표 설정.	CDP 유엔 글로벌 컴팩트 세계 자원 연구소(WRI) 세계 자연 기금(WWF)	마이크로소프트 등 1369개 기업
EP100	2030년까지 기업의 효율적 에너지 관리 및 사용, 에너지 스마트빌딩 도입과 운영 목표 설정 및 공표.	더 클라이밋 그룹 에너지 절약 연맹(Alliance to Save Energy) 세계 그린빌딩 위원회(World Green Building Council)	스위스리 등 128개 기업
EV100	2030년까지 전기자동차를 기업활동 전반에 사용.	더 클라이밋 그룹	잉카 그룹 등 101개 기업
Climate Smart Agriculture (CSA 100)	식품 및 농업 관련 기업들이 친환경적 농법 도입, 농업생산성 향상을 통한 식량안보 도모, 온실가스 감축 등에 기여.	BSR WBCSD	유니레버 등 7개 기업
Carbon Pricing	기업의 탄소가격제 도입	탄소 가격 리더십 연합(CPLC) CDP 유엔 글로벌 컴팩트	유니레버 등 76개 기업
Responsible Climate Policy	기후 정책 수립과 실행에 대한 기업의 지원과 참여를 공표함.	유엔 글로벌 컴팩트 세계 자원 연구소(WRI) 세계 자연 기금(WWF) CERES 더 클라이밋 그룹 CDP	잉카그룹 등 126개 기업
Report Climate Change Information	기업의 '기후 변화 관련 재무 정보 공개 태스크포스(TCFD)' 권고 이행.	기후 공개 표준위원회(CDSB)	유니레버 등 21개 기업이 TCFD 권고 이행 중. 로레알 등 144개 기업이 CDSB가 주관한 기후 관련 재무 정보 공개 선언에 서명.
SteelZero	기업은 2050년까지 탄소 중립 철강(Net Zero Steel)을 100% 조달할 것을 공표.	더 클라이밋 그룹 Responsible Steel	Bourn Group 등 10개 기업

자료: 공식 홈페이지(wemeanbusinesscoalition.org)를 참고해 필자 작성.

for Sustainable Development)가 있다. 이들은 모두 영미권에 소재하고 있으며 기업 및 투자자를 주요 구성원으로 해, 이들의 관점에서 환경 또는 기후 의제를 다루고, 지속가능한 경제사회 발전을 위한 기업과 정부의 행동을 촉구하는 데 활동 목표를 두고 있다. 에런 테터(Aaron Teater)는 이들이 파리협정을 기반으로 한 새로운 기후 체제에서 기업의 역할과 영향력을 높이고자 하는 목적의식을 공유하고 있었기에 'We Mean Business' 연합 형성이 가능했다고 설명한다(Teater, 2009).

현재 회원 가입과 활동이 활발한 'We Mean Business' 이니셔티브는 RE100을 포함해 9개 정도로 파악되고 있다(〈표 9-1〉). 전체 참여기업의 수는 2021년 5월까지 1754개로 집계되는데 기업들은 관심 분야에 따라 동시에 복수의 이니셔티브에 참여할 수 있다. 'We Mean Business' 이니셔티브에는 RE100의 재생에너지전환 외에도 기업의 효율적인 전력 사용과 과학적 데이터에 기반한 탄소배출량 측정, 정보기술을 활용한 스마트빌딩, 스마트농업 도입과 활성화, 탄소가격제 도입, 기후 관련 재무 정보 공개, 탄소중립 철강 제품 구매 등 다양한 분야에서 기업들이 공개적으로 기후행동을 약속하고 있다. 어떠한 이니셔티브이든 기업은 정기적으로 이행 상황을 보고해야 하며, 구체적인 목표치와 기한을 제시해야 할 의무를 가진다. 또한 기업들의 이행 계획과 실천 방식은 파리협정의 원칙과 목표에 부합해야 한다. 'We Mean Business' 연합체에 속한 Ceres와 CDP는 이미 수년간 기업활동이 기후변화에 미치는 영향을 측정하고 국제적으로 통용되는 표준화된 보고서 형식에 따라 정기적으로 투자자 및 대중에 공개하는 운동을 주도해 온 단체들이기도 하다. 팻버그는 이러한 현상을 '정보 공개를 기반으로 하는 거버넌스 구조(disclosure-based governance mechanism)'로 설명한다(Pattberg, 2012). 즉 RE100을 위시한 기후 관련 기업 단체들의 자율규제 방식은 투자자와 대중의 압력에 기업이 노출되고 감시받을 수 있도록 투명한 정보 공개를 요구함으로써 가능하다는 것이다. 이는 정부 간 기구(inter-governmental organizations)에서는 흔히 채택되는 거버넌스 형태이기는 하나 효과성을 위해서는 다양한 대내외적 요건이 충족되어야 한다. 다음의 '3. 가입 조건과 참여기업의 특징'에서는 그중 내적 요건들에 대해 좀 더 구체적으로 살펴본다.

그 전에 RE100과 같은 기후 이니셔티브 성립의 외적 요건에 대해 간략히 살펴보기로 한다. 기업은 왜 자발적으로 기업 내부의 정보를 공개하는 데 동의하고 탄소중립을 기꺼이 이행하는 것일까? RE100이 짧은 시간 안에 영향력을 확장할 수 있었던 데는 파리협정의 채택이 그 결정적 배경이라 볼 수 있다. 국제규범의 성립은 각종 규제 조치의 발동을 상정하며 기업은 이에 대응할 수밖에 없기 때문이다. 그러나 RE100의 선제적인 접근 방식을 이해하기 위해서는 국제조약 외의 다음 요인들에 대해서도 고려해볼 필요가 있다. 첫째, 재생에너지 기술이 급격한 발전을 이루었고 어느 정도의 경제성을 갖추는 수준에 도달했으며, 그로 인해 기업의 화석연료 의존성이 상대적으로 약화되고 있다(Early, 2017). 둘째, 세계화로 인해 형성된 선진국을 중심으로 하는 글로벌 공급망이 기후행동의 파급 효과를 높일 수 있는 구조적 여건을 형성하고 있으며, 이는 영미권 기업이 주도하고 아시아권 기업으로 RE100이 확장되는 현상으로 나타나고 있다. 꾸준히 증가해 온 서구 자본시장의 환경, 사회, 지배구조(ESG)에 대한 관심도 이러한 현상을 견인하는 주요 요인 중 하나라 볼 수 있다. 셋째, 글로벌 기업들은 국제기구와 우호적 관계를 가지며 영향력을 확대해 왔으며, 국제기구들은 재정의 한계를 극복하고 국가행위자들로부터 상대적인 독립성을 획득하고자 하는 동기로 인해 이에 적극적으로 호응하고 있다(Pingeot, 2016). 이와 같은 기업과 국제기구의 파트너십은 기업의 국제규범 형성에 대한 영향력 확대를 함의한다고도 볼 수 있다. 넷째, 세계화의 또 다른 측면인 세계 시민사회의 형성과 소비자운동 등은 기후변화와 에너지 고갈 문제를 해결하기 위해 기업이 행동하도록 초국적 연대를 형성하고 압력을 가하고 있다.

3. 가입 조건과 참여기업의 특징

RE100의 목표는 크게 세 가지 차원에서 이해할 수 있다. 소비자에 대해서는 기업의 공개적인 재생에너지전환 선언과 구체적인 목표 설정을 통해 기업의 책임성을 확보하고자 하며, 기업들에 대해서는 참여의 동인을 제공하고, 에너지소비자 집단으로서 에너지생산자와 정부에게는 재생에너지 보급 및 관련 정책의 도입에 대해 간접적인 압력을 행사하는 것이다. 이를 위해 RE100은 정보 공개에 기반한 거버넌스 구조를 채택하고 있는데, 더 클라이밋 그룹은 CDP와의 기술적 협력을 통해 회원사를 대상으로 매년 이행 상황을 보고받아 이를 데이터로 축적하고 있으며(비공개), 재생에너지 이행의 전반적 경향을 파악하고 회원사의 의견을 청취하는 수단으로 설문조사를 수행, 그 결과를 홈페이지에 공개하고 있다. 다음에서 살펴보게 될 운영 방식과 참여기업의 특징은 RE100의 2019년[3], 2020년[4] 연차보고서 및 홈페이지(www.there100.org)에 공개된 정보를 바탕으로 한다.

---

3 The Climate Group and CDP, 2019, *RE100 Annual Progress and Insights Report 2019*, https://www.there100.org/sites/re100/files/2020-09/RE100ProgressandInsightsAnnualReport2019.pdf (검색일: 2021.2.16).

4 CDP and the Climate Group, 2020, *RE100 Annual Progress and Insights Report 2020*, https://www.there100.org/growing-renewable-power-companies-seizing-leadership-opportunities (검색일: 2021.2.15).

1) 가입 조건

RE100은 기업의 자발적 참여로 운영되지만, 회원이 되기 위해서는 일련의 자격 기준을 충족해야 한다. 첫째, 기업은 국내외에서 신뢰받는 브랜드를 소유하고 있거나 매출액(《Fortune》 1000대 기업 또는 이와 동급의 규모)과 전력 사용량(0.1 TWh 초과) 및 그 외 RE100의 목표에 기여할 수 있는 국제적 또는 지역적 영향력을 인정받아야 한다. 둘째, 완전한 재생에너지원으로의 전환을 공개적으로 선언해야 하며, 구체적인 일정(세부 목표치의 달성 연도를 모두 포함)을 제시해야 한다. 회원사는 최소한 2030년까지 재생에너지 전환률 60%를 달성해야 하며 2050년까지는 100% 전환해야 한다. 셋째, 매년 진행 상황을 RE100측에 보고해야 하는데 여기에는 기업의 전력 총소비량과 재생에너지 총사용량 데이터를 포함해야 한다. 넷째, 기업활동 및 전력소비에 소요되는 온실가스배출량 측정은 온실가스 프로토콜(The Greenhouse Gas Protocol)의 기준을 따른다. 다섯째, 전력생산 기업은 원칙적으로는 참여할 수 없으나, 재생에너지 관련 사업을 하는 기업 중 이 부문이 전체 매출의 50% 미만으로 전력 사용량이 0.1 TWh 초과하는 등 RE100의 기준을 충족할 경우 회원이 될 수 있다. 여섯째, 기업은 그룹 단위, 즉 계열사를 모두 포함하는 형태로 참여해야 한다. 단, 계열사가 별도의 브랜드를 가지고 있거나 소비 전력이 기준 이상(0.1 TWh)일 경우 개별적으로 참여 가능하다.[5]

RE100이 일정 규모와 영향력을 갖춘 다국적 기업을 회원사로 제한하는 것은 초국적 기후 이니셔티브로서의 정체성 때문이라 볼 수도 있겠지만, 그 이면에는 참여기업의 재생에너지전환을 넘어서 이들 기업이 속한 사회

---

[5] "Joining Criteria," RE100, https://www.there100.org/sites/re100/files/2020-10/RE100%20Joining%20Criteria.pdf (검색일: 2021.5.5).

와 구조의 변화를 이끌어내고자 하는 상당히 야심 찬 면모가 존재한다고 볼 수 있다. 2020년 12월에 발표된 RE100의 연차보고서(261개 기업 대상 조사)에 따르면, RE100 회원사는 본사의 위치를 기준으로 하면 지역별로는 영미권에 집중되어 있으며(미국 79개, 영국 40개), 일본(39개)이 그 뒤를 잇고 있고, 이들이 실질적으로 기업활동을 수행하고 있는 지역, 즉 전력수요가 발생하는 지역은 미국, 영국, 중국 순으로 나타난다. 그러나 RE100 전체로 보면 회원사의 국적은 24개국에 걸쳐 있고 계열사 등 그룹 단위로 참여해야 하는 조건과 부품 공급업체 또는 협력사 등 기업의 글로벌 공급망에 걸쳐 RE100 달성을 요구한다는 점을 감안하면 실질적으로는 170여 개 국가가 영향권에 들어간다. 이들이 전력을 구매하는 시장은 120여 개국에 달하며 참여기업의 총전력수요량은 연간 278TWh로 이는 호주의 총전력수요량을 뛰어넘는 규모이다(CDP, 2020).

기업의 규모와 함께 재생에너지 조달 방식에 대해서도 RE100은 구체적인 기준을 제시하고 있다. 여기서 재생에너지원은 바이오매스, 지열, 태양열, 수력, 풍력을 지칭한다. 회원사는 우선적으로 자체 설비에서 전력을 공급받는 방식을 권고받는다. 이는 RE100이 추구하는 재생에너지 발전 방식 다양화의 일환으로 여겨진다. 만일 자가발전이 어려울 경우 선택할 수 있는 재생에너지 조달 방식은 다음 네 가지이다. 첫째는 전력 공급자와 계약해 그들이 소유한 설비나 외부 설비에서 발전한 재생 전력을 구매하는 방식, 둘째는 발전 사업자와 개별적인 전력 구매 계약(Power Purchase Agreement, 이하 PPA)을 맺는 방식, 셋째는 녹색요금제(Green Pricing)와 같이 별도의 요금제를 구성해 기존의 전력 공급자로부터 구매하는 방식, 넷째는 발전사업자로부터 재생에너지원 공급 인증서를 구매하는 방식이 있다(이예지 외, 2019).[6]

RE100은 기업이 장기적 관점에서의 사회경제적 영향력을 고려한, 지속가능한 재생에너지원 조달 체계를 마련할 것을 권고하고 있으며, 자가발전 방식을 채택하지 못하는 대다수 기업들의 상황을 고려했을 때 PPA의 장기계약 체결이 바람직하다고 보고 있다. 그러나 2020년 설문조사에서는 156개 응답 기업 중 42%가 자가발전이나 PPA보다 비교적 용이한 인증서 구매 방식을 채택하고 있는 것으로 나타났으며, 그다음으로 녹색요금제(35.5%), PPA(31%), 자가발전(2.5%)을 활용하는 것으로 파악되었다.[7] 현재로서는 구글이나 이케아(잉카그룹)와 같이 자체적인 재생에너지 조달 역량을 갖춘 기업은 소수이며 대다수 기업이 RE100의 이상에 부합하기 어려운 것이 현실이다. 피터 뉴얼(Peter Newell)은 이에 대해 대기업 위주의 기후 이니셔티브가 가진 한계점이라 지적한다(Newell, 2020). 한편 비판적 시민 사회단체의 관점에서는 기업의 기후행동이 기존의 에너지 생산-소비 구조를 바꾸기보다는 다소 편법에 가까운 방식을 채택하도록 오히려 부추기거나 정당화하는 측면이 있다고 보기도 한다. 이 책의 2부에서 논의하고 있는 바와 같이 탄소중립 정책과 재생에너지 수급에 있어 선진국도 제도 정비와 정치적 혼선, 재원 조달 등의 다양한 도전에 직면하고 있으며 모든 RE100 기업이 이와 같은 현실적 여건을 초월하는 성과를 기대하기는 어렵다. 다만 이들의 지속적 노력이 변화의 매개로 작용하기를 바라는 것이 RE100의 궁극적인 지향점일 것이다.

다음에서는 RE100 내에서도 특별한 성과를 내고 있는 기업의 현황을 간략히 살펴보고자 한다. 이들은 다른 기업에 대해 모범 사례로 제시되기도 하며 RE100의 성공을 견인하는 요인으로 작용한다고 할 수 있다. 지면과

---

6 "Technical Criteria," RE100, https://www.there100.org/sites/re100/files/2021-04/RE 100%20Technical%20Criteria%20_March%202021.pdf (검색일: 2021.2.15).

7 거의 모든 기업들이 한 개 이상의 방식으로 재생에너지를 조달하고 있으며, 설문은 중복 응답을 허용했다.

그림 9-1 RE100 골드 등급 회원사의 특징(63개사, 2021년 기준)

a. 본부 소재지(국가)　(단위: 개)

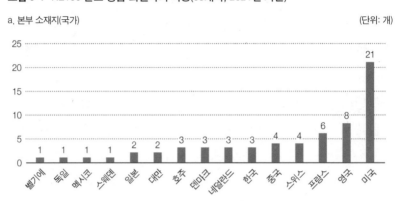

b. 본부 소재지(국가)별 평균 재생에너지전환률　(단위: %)

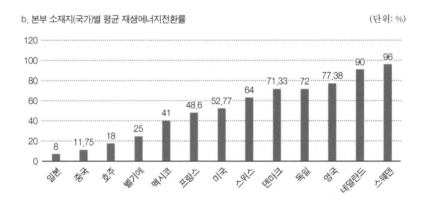

c. 재생에너지 조달 방식　(단위: %)

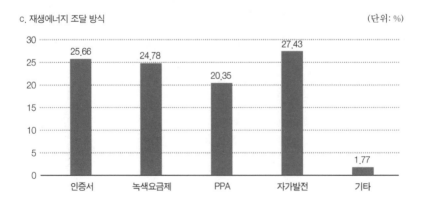

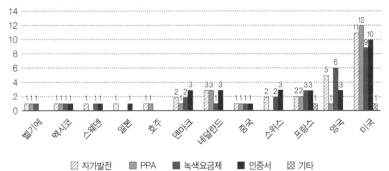

d. 본부 소재지별 재생에너지 조달 방식(2019)

(단위: 개)

범례: ☒ 자가발전 ▨ PPA ▧ 녹색요금제 ■ 인증서 ⊠ 기타

자료: 공식 홈페이지(www.there100.org)를 참고해 필자 작성.
  'd. 본부 소재지별 재생에너지 조달 방식'은 2019년 연차보고서를 참고.

데이터의 한계상 이 장에서는 이들 기업이 채택한 재생에너지전환 방식을 중심으로 논의한다.

2) 적극적 참여기업의 특징

RE100 회원사 중 모범 사례로 자주 언급되는 애플, 구글, 이케아 등은 모두 RE100의 골드(Gold) 등급 회원사이다. 기업은 RE100 가입 지원 시 일반 회원(연회비 3500달러)이나 골드(Gold) 회원(연회비 1만 5000달러) 중 한 가지 형태를 선택할 수 있는데, 가입 형태에 따라 차별적 혜택과 자격이 주어진다. 골드 등급 회원의 경우 RE100이 주관하는 주요 행사 참석, 네트워킹, 정보 공유, 전문가 컨설팅, 언론 홍보의 혜택과 함께 RE100 활동에 대해 의견을 제시할 수 있는 권한이 주어진다. 2021년 현재 63개사가 이 등급의 회원 자격을 유지하고 있으며, 공식 홈페이지에서는 이 기업들에 대한 정보를 우선적으로 노출하고 있다. RE100 내에서도 특별한 지위를 부여받음으로써 골드 등급 회원사들은 RE100의 목표에 대해 적극적인 동의를 표명하고 있으며, 동시에 단체의 행동과 결정에 대해서도 영향력 행사를 원한다고 볼 수 있다. 실제로 골드 등급 회원사의 평균 재생에너지전환률은 RE100 전체 평균인 42%를 상회하는 54.78%로 나타나, 적극적 회원으로서 상대적으로 좋은 이행 수준을 보이고 있음을 알 수 있다.

골드 등급 회원사의 본부가 위치하는 지역(국가)별 구성을 보면 미국(21개)과 영국(8개)의 기업이 1/3가량을 차지하고 있으며, 그다음으로는 프랑스, 스위스, 중국 순으로 나타났고 한국 기업도 SK 계열사 2개(SK 하이닉스와 SK 텔레콤)와 LG 에너지솔루션이 골드 등급 회원사로 참여 중이다. 그러나 이들의 평균 재생에너지전환률은 지역별 회원사의 규모와 일치하지는 않았다. 미국 회원사들은 52.72%로 중간 정도의 전환률을 보였으며 스웨덴은 한 개의 기업(H&M)이 골드 회원이지만 96%의 높은 전환률을 보였다. 영국은 비교적 골드 등급 회원사의 수도 많고 재생에너지전환률도 높게 나타났다(77.38%). 재생에너지 조달 방식으로는 자가발전의 비율이 가장 높았으며(30%) 그다음으로 인증서(28%), 녹색요금제(27%), PPA(20.35%) 순이었다. RE100측이 권고하는 재생에너지 조달 방식에서 자가발전이 1순위였던 점을 감안했을 때 이 회원사들의 이행 수준은 RE100의 방향성에 부합하는 측면이 있다. 다만 PPA가 인증서, 녹색요금제 다음으로 채택되고 있는 현상은 골드 등급 회원사에서도 나타나고 있었다. 지역별로 보면 미국에 소재한 기업의 경우 자가발전보다 PPA 채택 사례가 더 많았던 반면 영국 기업 중 PPA방식을 채택한 사례는 하나였다(BT).

골드 등급 회원사의 적극적 참여 의지가 반드시 즉각적인 100% 재생에너지로의 전환을 의미하지 않는다는 점은 흥미롭다. 100% 재생에너지로 전환한 RE100 기업의 특성을 살펴본 결과는 다음과 같다. 2020년 RE100 연간보고서에 따르면 2019년까지 재생에너지로 100% 전환한 회원사 중 RE100의 기준에 부합하는 방식을 채택한 기업은 총 47개로 지역별로는 미국(17개), 영국(13개), 스위스(4개) 순이었다. 재생에너지 조달 방식에서는

그림 9-2 RE100 회원 중 100% 재생에너지전환한 기업의 특징(47개사, 2020년 기준)

a. 본부 소재지(국가)

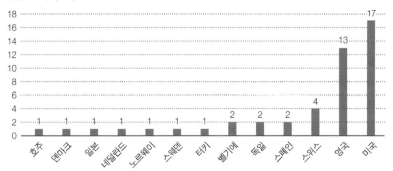

b. 재생에너지 조달 방식(%)

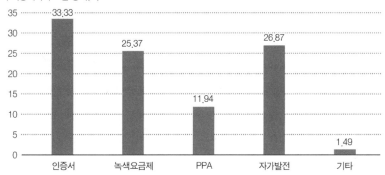

c. 본부 소재지별 재생에너지 조달 방식(2019)

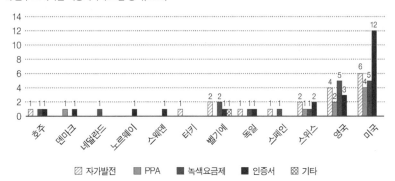

자료: RE100의 2020년 보고서를 참고해 필자 작성.
　　'c. 본부 소재지별 재생에너지 조달 방식'은 2019년 보고서 참고.

전체 기업들과는 다소 차이점이 나타나 인증서(33.33%), 자가발전(26.87%), 녹색요금제(25.37%), PPA(11.94%) 순으로 채택하고 있었다. 자가발전의 비율이 높았지만 상대적으로 PPA의 비율이 낮았으며 이는 자가발전의 비율이 가장 높고 PPA의 비율도 다른 방식과 유사하게 나타난 골드 등급 회원사들과 비교할 수 있다.

　재생에너지 100% 전환 기업은 본부 소재지별 조달 방식에서도 차이점을 보여주고 있다. 재생에너지로 완전히 전환한 미국 기업의 경우 인증서를 채택한 사례가 월등히 많았는데 자가발전과 인증서 채택이 다수였던 미국 소재의 골드 등급 회원사들과 대비되는 결과라 할 수 있다. 결론적으로 RE100에 참여하는 기업 중 100% 재생에너지로 전환을 마친 기업보다는 골드 등급 회원으로서 적극적인 참여 의지를 보이는 기업의 이행 방식과 내용이 상대적으로 RE100의 방향성과 일치하는 양상을 보였다. 100% 재생에너지원으로 전환한 47개 기업 중 골드 등급 회원사는 2개에 불과했다는 점[8]은 이들의 성과가 반드시 RE100 운동에 대한 적극적 참여의 결과라 보기 어려움을 시사한다. 짧은 분석이지만 앞의 논의를 통해 드러난 RE100의 과제를 다음과 같이 정리할 수 있다. 첫째, 참여기업들의 재생에너지전환 방식이 RE100이 규정한 지속가능한 재생에너지 소비 개념에 부합하도록 좀 더 효과적인 유인책이 필요할 것으로 보인다. 100% 재생에너지로 전환한 기업들 중 절반 가까운 24개 기업은 RE100 가입 후 1년 이내에 목표를 달성했거나 혹은 이미 가입 당시에 100% 전환한 기업들이었다. 대부분이 굳이 골드 등급 회원사가 되지 않았다는 점으로 미루어 보아 이들을 RE100의 효능성이 나타난 사례로 보기는 어려웠다. 둘째, 각국의 재

8　애플과 마이크로소프트는 골드 회원이자 100% 전환을 이룬 기업으로 설문에 응답하고 있지만, 이들의 협력 업체가 소재하는 지역의 재생에너지 구매 방식이 RE100이 권고하는 바에 부합하지 않거나 확인이 어려운 경우가 있었다.

생에너지 구매 시장이 가진 다양한 환경적 조건의 극복 방안을 회원사에 어떻게 제시할 것인지의 문제이다. RE100은 중국, 일본, 대만 시장에 대한 보고서를 발간하고 있는데, 이는 다분히 서구권 기업의 관점에서 비서구권의 낯선 에너지 시장 환경을 소개하는 방식을 취하는 것이라고도 볼 수 있다. 한편으로는 이것이 RE100의 정체성이자 국제경제 체제의 현실이라 하겠지만, RE100의 확장성에 한계를 두는 지점이기도 하다. 마지막으로, 회원사들이 소속감이나 상호 신뢰를 가질 수 있을지 여부도 장기적으로 RE100의 성공 여부에 영향을 미칠 것이라 여겨진다.

4. 한국의 RE100 현황

무역의존도가 높은 경제와 그에 따른 산업 구조를 가진 한국은 RE100의 국제규범화에 가장 민감하게 대응할 수밖에 없음에도 불구하고 정부나 기업 모두에서 대응이 나타나기 시작한 것은 비교적 최근의 상황이다. 한국은 RE100 기업 설문(2020)에서도 재생에너지 조달이 가장 어려운 국가 중 하나로 선정되었다. 응답 기업들은 한국 시장의 경우 자체 설비 건설을 통한 자가발전 외에 RE100의 조건에 부합하는 구매 옵션이 없으며 재생에너지 구매 제도를 정비하기 위한 정책 도입이 지연되고 있는 점을 가장 큰 걸림돌로 보았다. 한국 기업의 재생에너지전환과 이를 뒷받침할 재생에너지 수급 체계 변화에 대한 요구는 대외적으로 점점 커지고 있다. RE100에 참여하고 있는 애플 등 다국적 기업은 국내 협력사에 대해 재생에너지 사용을 종용하고 있으며 해외 투자자들도 온실가스감축목표 수립에 국내 기업이 기여할 것을 요구하고 있다. 그린피스 등 국제적 환경 시민사회단체의 캠페인을 통해, 한국 기업의 RE100 참여에 대한 압력 행사가 증가하고 있다(양춘승, 2020). 국내 협력사들 또한 시장 경쟁력의 손상을 우려하며 변화를 모색 중이나 그 속도는 다소 더딘 상황이다.

해외 다국적 기업의 재생에너지 시장으로서뿐만 아니라 국내 다국적 기업의 RE100 가입에서도 그 대응은 매우 느리게 진행되었다고 할 수 있다. 2019년 기준 16개 그룹이 포춘(≪Fortune≫) 500 기업으로 선정되는 등 한국의 글로벌 기업의 수는 증가했지만 기후 문제에 대한 국제 자본 및 시장의 태도 변화와 그에 따른 규범의 변화가 내재화되지는 못했던 것이다. 국내에서는 2020년에 SK그룹 계열사 중 6개[SK텔레콤(SK브로드밴드 포함), SK하이닉스, SKC, SK실트론, SK머티리얼즈, SK아이이테크놀로지)]가 최초로 RE100 회원사가 되었고, 2021년 3월 아모레퍼시픽이 RE100에, 4월 LG 에너지솔루션이 RE100에 동시에 가입했다. SK 하이닉스와 텔레콤, LG 에너지솔루션은 RE100의 골드 등급 회원사로 참여하고 있어, 이들 기업이 앞으로 적극적인 참여와 높은 이행 수준을 통해 RE100을 주도하는 그룹의 일원이 될 수 있을지 지켜볼 만하다. 삼성의 경우 아직 RE100 회원은 아니지만 미국, 유럽, 중국 사업장을 대상으로 100% 재생에너지전환 목표를 수립했고 2019년까지 92%를 달성한 것으로 보고하고 있다(양춘승, 2020).[9]

앞서 언급한 대로 기업의 재생에너지 구매를 용이하게 하기 위한 제도 개선은 최근에야 이루어져서 2021년 1월 5일 국무회의에서는 한전의 전력 구매 계약 중개, 즉 제3자 PPA를 허용하는 등의 내용을 포함한 '전기사업법' 시행령 개정안을 통과시켰다. 그 결과 향후 한국에서 기업이 RE100에 참여할 수 있는 다섯 가지 제도적 방안을 마련했으며 그 내용은 다음과 같

---

[9] 이 글이 써진 후인 2021년 7월 보도에 따르면 현대차그룹 5개사가 RE100 회원 신청서를 접수 중이라고 한다. "현대차그룹 5개사 'RE100' 참여…친환경 재생에너지로 차 생산한다", ≪매일경제≫, 2021년 7월 7일 자. https://www.mk.co.kr/news/business/view/2021/07/654935/ (검색일: 2021.8.12).

다. 첫째는 녹색 프리미엄으로, 재생에너지로 생산된 전력을 구매하고자하는 전기 소비자(기업)가 '전기사업법' 제16조에 따른 전기의 공급 약관에서 정한 전기 요금 외에 자발적으로 추가 요금을 부담하고 재생에너지로 생산한 전력을 구매하는 제도이다. 녹색 프리미엄은 한전이 중개하게 되고, 판매 재원은 에너지공단이 재생에너지에 재투자할 예정이다. 이 제도는 RE100이 지정하는 재생에너지 조달 방식 중 녹색요금제에 해당한다고 볼 수 있다. 둘째, 기업이 소유한 자가 재생에너지 설비를 설치하고 생산된 전력을 직접 사용하는 자가발전 방식이다. 셋째, 인증서 구매를 통한 방식으로, 기업은 재생에너지 공급인증서(REC)를 직접 구매하거나 RPS(재생에너지 공급 의무화) 의무이행에 활용되지 않은 REC를 직접 구매할 수 있다. 에너지공단이 거래 플랫폼을 개설할 예정이다. 넷째, 기업이 재생에너지 발전 사업에 직접 지분을 투자하는 방식이 있다. 마지막으로, 다섯째 방안은 제3자 PPA로, 1000kW를 초과하는 재생에너지 설비를 가진 발전사업자가 생산한 전력량을 전력시장을 통하지 않고 전기판매사업자인 한전에게 직접 팔 수 있도록 규정하고 한전은 해당 전력을 전기 사용자에게 판매하는 계약을 체결할 수 있게 된다.[10]

2021년 3월에는 직접 PPA법안이 통과되어 상기 다섯 가지 방안과 함께 기업이 한전을 경유하지 않고 직접 재생에너지를 공급받을 수 있게 되었다. 이와 같은 재생에너지 수급 체계 정비 결과는 이른바 '한국형 RE100(K-RE100)'으로 알려져 있다.[11] K-RE100은 RE100과 달리 기업 매출이나 전기

10 "재생에너지 전기 쓰면 온실가스 감축 인정⋯한국형'RE100' 도입", 산업통상자원부, 2021년 1월 5일 자 정책브리핑, https://www.korea.kr/news/policyNewsView.do?newsId=148882126 (검색일: 2021.3.4).

11 "한국형 RE100(K-RE100) 운영", 한국에너지공단, https://www.knrec.or.kr/business/policy_re100.aspx (검색일: 2021.5.5).

사용량에 대한 조건을 부과하지 않고 있어 중소기업의 참여가 용이한데 이는 애플과 같은 해외 다국적 기업에 부품 소재를 공급하는 국내 기업들의 재생에너지원으로의 전환을 지원하려는 목적을 가지고 있기 때문이다. 즉 K-RE100은 정부가 기업의 재생에너지원 사용에 대해 일종의 인증을 해주는 제도라고도 볼 수 있겠다. 기업들은 녹색 프리미엄제와 인증서(REC) 구매를 K-RE100의 주요 이행 수단으로 채택할 것으로 보이는데, 일단 2021년 1월에 있었던 녹색 프리미엄 입찰과 8월부터 시작된 인증서 거래 시스템에 대한 참여율은 다소 저조하게 나타났다.[12] 그러나 글로벌 공급망에 속한 기업들은 가까운 시일 내에 어떤 방식으로든 재생에너지로의 전환을 선택해야 할 것으로 보인다. RE100을 위시한 기업 중심의 초국적 기후 이니셔티브가 빠른 확장세를 보이고 있는 한 탄소중립은 한국 경제와 기업의 내일이 아닌 현재라 할 수 있기 때문이다.

5. 나오며

독일 생태연구소(Oeko-Institut)의 2017년 보고서에 따르면 UNFCCC 체제 밖에 있는(즉 INDC에 포함되지 않는) 국제적 기후 이니셔티브들은 실제로 온실가스배출량에 의미 있는 감소를 가져오는 것으로 나타났다(Graichen et al., 2017). 이러한 전문가 집단의 연구 결과는 RE100과 같은 기업의 기후행동이 기후 체제 성공을 넘어 실제로 의미 있는 환경적 효과로 이어질 수 있다는 믿음에 더욱 강력한 근거로 작용할 수 있을 것으로 보인다. RE100의

---

12 "기업들 "REC 가격, 여전히 비싸" … 정부 주도 거래소 참여 저조", ≪한국경제≫, 2021년 8월 10일 자. https://www.hankyung.com/economy/article/2021081049121. (검색일: 2021.8.12).

성립과 발전을 이끌어가는 개혁적 성향의 기업가 및 투자자들은 바로 이와 같은 신념을 공유하는 집단이다. 현 시점에서 이들은 더 이상 이상주의자라거나 소수라고 보기 어려우며 주류 질서의 일부로 보는 편이 맞을 것이다. 그것이 결국 RE100의 네트워크가 가진 힘이기도 하다. 다만 RE100을 포함한 'We Mean Business'의 기후 이니셔티브가 완벽히 대세를 점했다고 보기에는 이르며, 화석연료 기반의 경제 구조는 여전히 공고하다는 점을 간과해서는 안 된다(Newell, 2020). 또한 개도국과 빈곤국, 글로벌 공급망 내의 중소기업 등이 경험할 수 있는 탄소중립의 격차가 RE100의 지속가능성을 위협하는 요인이 될 것인지 여부도 지켜봐야 할 것이다.

참고문헌

김승완. 2019. 「RE100과 우리나라 전력산업의 새로운 미래」. ≪전기저널≫, 10, 27~31쪽.

양춘승. 2020. 「국내외 기업의 RE100 추진 사례 및 개선과제」. 한국형 그린 뉴딜과 RE100 국회 토론회 발표자료. http://energytransitionkorea.org/post/33404 (검색일: 2021.3.21).

이예지·조민선·채호진·김재창·이수출. 2019. 「RE100의 현황과 우리나라에서의 시사점」. ≪에너지기후변화학회지≫, 14 (1), 43~52쪽.

Andonova, Liliana, Michele M. Betsill and Harriet Bulkeley. 2009. "Transnational Climate Governance." *Global Environmental Politics*, 9(2), pp.52~73.

BBC. 2004.4.27. "Climate Issue Critical to Blair." http://news.bbc.co.uk/2/hi/uk_news/3662303.stm (검색일: 2021.3.4).

CDP. 2020. "Growing Renewable Power: Companies Seizing Leadership Opportunities." *RE100 Annual Progress and Insights Report 2020*. https://www.there100.org/growing-renewable-power-companies-seizing-leadership-opportunities (검색일: 2021.2.15).

Cole, Daniel. 2011. "From Global to Polycentric Climate Governance." Climate Law, 2(3), pp.395~413.

Early, Katharine. 2017. "Why Renewables Are Winning the 'Carbon War'." *Renewable Energy Focus*, 19, pp.117~120.

Falkner, Robert. 2005. "The Business of Ozone Layer Protection: Corporate Power in Regime Formation." in Levy, David L. and Peter J. Newell(eds.). *The Business of Global Environmental Governance*, pp.105~134. Cambridge, MA: MIT Press.

Graichen, Jakob et al. 2017. "International Climate Initiatives – A Way Forward to Close the Emissions Gap? Initiatives' Potential and Role Under the Paris Agreement." *Final Report*. Öko-Institut. https://www.oeko.de/en/publications/p-details/climate-initiatives-national-contributions-and-the-paris-agreement (검색일: 2021.3.4).

Green, Jessica. 2014. *Rethinking Private Authority: Agents and Entrepreneurs in Global Environmental Governance*. New Jersey, US: Princeton University Press.

Hopwood, Bill, Mary Mellor and Geoff O'Brien. 2005. "Sustainable Development: Mapping Different Approaches." *Sustainable Development*, 13, pp.38~52.

Keohane, Robert O. and David G. Victor. 2011. "The Regime Complex for Climate Change."

Perspectives on Politics, 9(1), pp.7~23.

Newell, Peter J. 2020. "The Business of Rapid Transition." *Wiley Interdisciplinary Reviews: Climate Change*, 11(6), e670.

Ostrom, Elinor. 2009. *A Polycentric Approach for Coping with Climate Change*. The World Bank.

Pattberg, Phillip. 2012. "How Climate Change Became a Business Risk: Analyzing Nonstate Agency in Global Climate Politics." *Environment and Planning C: Government and Policy*, 30, pp.613~626.

Pingeot, Lou. 2016. "In Whose Interest? The UN's Strategic Rapprochement with Business in the Sustainable Development Agenda." *Globalizations*, 13(2), pp.188~202.

Reiny, Samson. 2018.1.5 "NASA Study: First Direct Proof of Ozone Hole Recovery Due to Chemicals Ban." NASA Earth Science News. https://www.nasa.gov/feature/goddard/2018 /nasa-study-first-direct-proof-of-ozone-hole-recovery-due-to-chemicals-ban (검색일: 2021.3.4).

Teater, Aaron. 2019. "Putting Their Money Where Their Mouth Is: The We Mean Business Coalition and the Role of Corporate Governance Within the International Climate Regime." *The Cornell International Affairs Review*, 8, pp.42~85.

The Climate Group and CDP. 2019. "Going 100% Renewable: How Committed Companies Are Demanding a Faster Market Response." *RE100 Annual Progress and Insights Report 2019*. https://www.there100.org/sites/re100/files/2020-09/RE100Progressan dInsightsAnnualReport2019.pdf (검색일: 2021.2.16).

Walker, Jim. 2008. "The Climate Group: Advancing Climate Change Leadership." in Sullivan, Rori(ed.). *Corporate Responses to Climate Change*, NY: Greenleaf Publishing Ltd.

제10장

한국의 탄소중립과 친환경 자동차 정책

조정원_원광대학교 한중관계연구원 조교수

1. 들어가며

한국의 중앙정부는 2020년 12월 7일 제22차 비상경제 중앙대책본부회의에서 '2050 탄소중립 추진전략'을 확정 및 발표했고 동년 동월 15일의 국무회의에서 '2050 장기저탄소발전전략'과 '2030 국가온실가스감축목표'를 확정했다. 한국이 탄소중립(인간의 활동에 의한 온실가스배출을 최대한 줄이고, 남은 온실가스는 산림 등에서의 흡수와 제거를 통해 실질적인 배출량이 0이 되는 개념)을 달성하기 위해서는 주요 온실가스배출원 중의 하나인 자동차의 배기가스배출의 저감과 이를 위한 자동차 관련 사회 체제와 기술 체제의 전환이 필요하다. 이를 위해 한국의 중앙정부와 주요 행정구역의 지방정부는 친환경 자동차(배터리 전기자동차, 플러그인 하이브리드, 수소자동차)의 보급과 친환경 자동차 산업의 육성을 위한 정책을 시행하고 있다.

이 장에서는 탄소중립 달성을 위한 사회·기술 시스템 전환의 관점에서 한국의 문재인 정부 임기 4년(2017.5.11~2021.5.11) 동안 중앙정부, 지방정부의 친환경 자동차 정책의 현황과 성과, 문제점을 분석할 것이다. 이와 함께 향후 한국의 친환경 자동차 정책 추진 방향과 탄소중립에 도움이 되는 자동차 산업 관련 사회·기술 시스템의 전환 방향에 대해 전망하고자 한다.

2. 탄소중립을 위한 자동차 관련 사회·기술 시스템 전환

사회·기술 시스템 전환은 30년 정도의 시간에 걸쳐 시스템의 혁신을 수행하면서 새로운 사회·기술시스템(지속가능한 사회·기술 시스템)으로의 전환을 지향하며 혁신 체제론이 진화한 논의이다(송위진, 2013: 5). 사회·기술 시스템 전환에서는 혁신의 공급에 초점을 맞춘 혁신 체제론을 보완해 시민들의 혁신의 사용 측면, 사회적 측면까지 분석하며 '지속가능성'의 가치 지향을 명확히 제시함으로써 시스템의 지향점에 대해 다소 중립적인 접근을 취한 혁신 체제론과 차이를 보이고 있다(송위진, 2013: 6).

탄소중립은 기존의 산업과 이에 연계된 사회 체제와 기술 체제의 전환을 통해 장기적으로 추진해야 할 과제이다. 한국의 문재인 정부도 이를 감안해 전기자동차와 수소자동차의 보급과 관련 연구개발을 통해 온실가스를 배출하는 주요 산업 중 하나인 자동차 산업 관련 사회·기술 시스템의 전환을 추진하고 있다. 한국에서의 자동차 관련 사회·기술 시스템의 전환은 우리 정부가 1992년 G7 차세대 자동차 연구개발 사업에서 전기자동차 관련 연구를 지원하면서 시작되었다(황두희·정선양, 2019). 2000년대에는 친환경차 산업 육성 및 발전을 위한 '차세대 성장 동력 사업'을 통해 10년 단위의 장기 사업을 수행해 한국의 전기자동차 및 하이브리드, 수소전기차 등의 배터리 분야를 성장시킬 수 있었다(황두희·정선양, 2019: 743). 또한 현대자동차가 수소자동차의 연구개발 비중을 높이면서 수소승용차의 상용화에 성공해 자체 개발한 넥쏘를 생산, 판매하고 있고 도요타의 미라이와 함께 세계 수소승용차 시장의 발전을 주도하고 있다.

3. 한국의 친환경 자동차 정책의 추진 배경 및 현황

1) 추진 배경

한국이 중앙정부 차원에서 친환경차(배터리 전기자동차, 플러그인 하이브리드, 수소자동차)를 보급하는 이유는 자동차에서 배출하는 대기오염물질의 배출량을 줄여야 국내 대기오염 문제의 개선이 가능하기 때문이다. 최근 5년간 한국의 대기오염물질 배출량은 지속적으로 감소하고 있으나 국내 가솔린(휘발유)차와 경유(디젤)차에서 배출되는 대기오염물질의 배출량은 계속 줄여야 하는 상황에 직면해 있다. 2013년부터 2017년까지 한국의 도로 이동 오염원의 대기오염물질 배출량 추이를 살펴보면 일산화탄소는 지속적으로 전년 대비 감소를 기록하고 있으나 질소산화물은 2017년을 제외하고는 전년 대비 증가를 기록하고 있다. 휘발성유기화합물과 미세먼지는 2014년부터는 큰 폭으로 증가하지 않지만 지속적인 배출량 감소 유도가 필요하다.

표 10-1 한국의 도로 이동 오염원 대기오염물질 배출량 추이(2013~2017년)   (단위: 만 톤)

	2013	2014	2015	2016	2017
일산화탄소(CO)	40.9	28.1	24.6	24.5	23.7
휘발성유기화합물(VOC)	6.6	4.9	4.6	4.8	4.6
질소산화물(NOx)	33.6	36.1	37	45.3	43.4
미세먼지(PM)	2.3	1.9	1.8	2	1.8

자료: 국가미세먼지정보센터(2020).

그림 10-1 한국의 발생원별 미세먼지(PM2.5) 배출량 및 기여율(전국)   (단위: 톤)

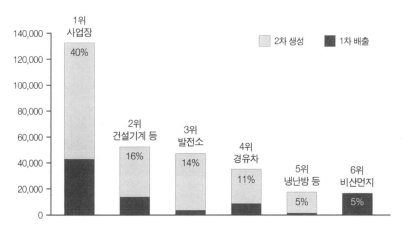

(전국 기타 배출원) 생물성 연소 4%, 유기용제 사용 4%, 휘발유차 등 1%

자료: 환경부(2019: 5), 박현욱·배충식(2019: 53)

그림 10-2 한국의 발생원별 미세먼지(PM2.5) 배출량 및 기여율(수도권)   (단위: 톤)

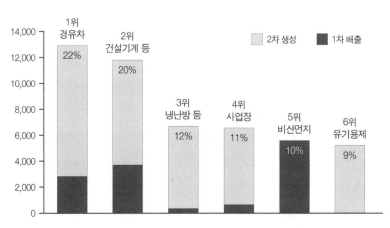

(수도권 기타 배출원) 발전소 9%, 생물성 연소 4%, 휘발유차 등 3%

자료: 환경부(2019: 5), 박현욱·배충식(2019: 53)

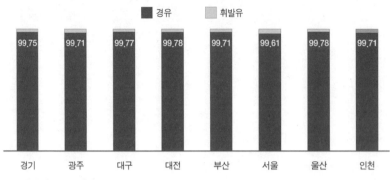

그림 10-3 주요 광역시도 미세먼지 도로교통 오염원 중 경유차 비율　　　　(단위: %)

■ 경유　　　□ 휘발유

경기	광주	대구	대전	부산	서울	울산	인천
99.75	99.71	99.77	99.78	99.71	99.61	99.78	99.71

자료: 윤순진(2019.4.8).

특히 〈그림 10-1〉과 〈그림 10-2〉에 나온 바와 같이 미세먼지의 1차 배출 및 2차 생성에 있어서 경유차는 전국적으로는 11%, 수도권에서는 22%의 비중을 차지하고 있다.

서울특별시와 주요 광역시도의 미세먼지 도로교통 오염원 중 경유차의 비율을 살펴보면 모두 90%를 넘고 있다.

서울특별시와 광역시, 특별자치시 자치단체들이 전기자동차와 수소자동차 보급을 추진하는 이유는 자동차로 인한 대기오염 문제를 해결해야 대기환경 개선이 가능하기 때문이다. 국립환경과학원과 국가 대기오염물질 배출량 서비스의 통계에 따르면 2015년 서울특별시의 대기오염물질 오염원의 첫 번째가 자동차를 비롯한 도로 이동 오염원으로 서울시의 전체 대기오염물질의 35%를 차지했다.

서울특별시가 운영하는 서울연구원에서는 자동차로 인한 대기오염물질 배출을 위한 2050년 전기자동차 보급 시나리오를 내놓은 바 있다. 서울연구원의 연구에 따르면 서울의 승용차와 버스, 택시의 98%를 전기자동차로 대체하면 서울특별시의 오염물질 배출량은 2016년 대비 98.5% 감소가 가

표 10-2 2015년 서울시 대기오염물질 현황

배출원	배출량(단위: 톤)	비중(단위: %)
도로 이동 오염원	75,685	39
유기용제 사용	51,499	26.6
비산업 연소	35,572	18.3
비도로 이동오염원	23,621	12.2
기타 면 오염원	3,609	1.9
폐기물처리	1,383	0.7
에너지 산업 연소	798	0.4
농업	707	0.4
제조업 연소	560	0.3
에너지 수송 및 저장	408	0.2
생산 공정	23	0
합계	193,863	100

자료: 국립환경과학원(2018).

능하다고 한다(서울연구원, 2018.7.23). 서울특별시는 중국, 인도에 비해 석탄 화력발전소를 통한 전력 공급에 의존하지 않기 때문에 전기자동차를 대량 으로 보급하더라도 대기오염물질 배출량의 대폭 감소를 기대할 수 있다. 〈표 10-3〉의 시나리오 3에서와 같이 2050년까지 전기자동차가 251만 대 가 보급되더라도 서울특별시의 전체 전력수요에서 전기자동차의 전력소 비 비중은 6.4%여서 전기자동차로 인한 전력소비 부담이 크지 않다는 점 도 서울특별시가 전기자동차 보급 정책을 지속적으로 추진하는 근거로 작 용하고 있다.

　서울특별시는 이와 같은 전기자동차의 장점을 활용해 시내 대기오염물 질의 배출량을 줄이기 위해 2017년에 2025년까지 전기자동차를 10만 대 이상 보급할 계획을 내놓았다.

표 10-3 2050년 전기자동차 보급에 따른 오염물질 배출량과 전력수요 예측   (단위: %)

	전기차 보급 대수	대기오염물질 감축률 (2016년 대비)	서울특별시의 총전력수요 중 전기자동차의 전력소비 비중
시나리오 1	138만 대	77%	4.3%
시나리오 2	177만 대	82.2%	5%
시나리오 3	251만 대	98.5%	6.4%

자료: 서울연구원(2018.7.23).

표 10-4 2050년 전기자동차 보급에 따른 오염물질 배출량과 전력수요 예측

구분	2018년	2019년	2020년	2021~2022년	2023~2025년
대수	9,030	18,230	29,030	55,500	105,500

자료: 서울연구원(2018.7.23).

2) 현황

(1) 구입 보조금 정책

2019년 한국의 전기자동차 판매량은 4만 2000대, 수소자동차 판매량은 6000대로 같은 해 한국의 전체 자동차 판매량의 2.6%를 기록했다(관계부처 합동, 2019: 7). 아직 전체 자동차 판매량에서 전기자동차와 수소자동차 등의 친환경차가 차지하는 비중이 3%를 넘지 못하지만 한국은 중앙정부와 주요 시도의 지방정부를 중심으로 구입 보조금 정책을 지원하며 친환경차의 보급 증대를 추진하고 있다.

서울특별시는 서울의 초미세먼지 배출원의 25%를 차지하는 교통 분야의 초미세먼지 배출을 줄이기 위해 2019년 전기자동차 2만 대 보급에 이어서 2020년에는 1만 대 보급을 목표로 보조금 정책을 추진할 계획이다(서울특별시, 2020.2.11). 부산광역시를 비롯한 광역시급 자치단체들도 전기자동차 보급을 위한 보조금 정책을 지속적으로 추진하고 있다. 이와 함께 서울

특별시를 비롯한 대부분의 광역시, 특별자치시 자치단체들은 수소자동차의 보급을 위한 보조금 지급도 병행하고 있다.

서울특별시는 2020년에 민간 8909대, 시와 시내 자치구에서의 공공 보급 272대, 전기택시 700대, 전기버스 119대를 보급해 1만 대의 전기자동차 보급을 달성할 계획이다(서울특별시, 2020.2.11). 이와 함께 서울특별시는 전기승용차에는 1055만 원에서 1270만 원의 구입 보조금, 전기 소형 화물차에는 2700만 원, 전기 경형 이륜차에는 150만 원에서 210만 원의 구입 보조금을 지급해 시민들의 전기자동차 구입을 지원했다(서울특별시, 2020.2.11). 부산광역시는 전기자동차 보급을 위해 전기승용차에는 500만 원, 수소승용차에는 1200만 원의 보조금을 지급하고 있고 대구광역시는 전기자동차 보급을 위해 전기승용차에는 500만 원, 수소승용차에는 1250만 원의 보조금을 지급하고 있으며 인천광역시는 전기승용차에 580만 원, 수소승용차에 1000만 원의 보조금을 지급하고 있다(저공해차 통합누리집, 2020). 대전광역시는 전기자동차 보급을 위해 전기승용차에는 700만 원, 수소승용차에는 1200만 원의 보조금을 지급하고 있고 울산광역시는 전기승용차에 600만 원, 수소승용차에 1150만 원의 보조금을 지급하고 있다(저공해차 통합누리집, 2020). 중앙정부 부처와 국책 연구 기관이 집중되어 있는 세종특별자치시는 전기승용차에는 400만 원, 수소승용차에는 1000만 원의 보조금을 지급하고 있다(저공해차 통합누리집, 2020).

광주광역시는 전기자동차에는 580만 원의 보조금을 지급하고 있으나 수소자동차는 시내 수소자동차 충전소 설치의 어려움으로 인해 수소자동차 구입 보조금 지급 금액을 정하지 못하고 있다.

경기도를 비롯한 각 도의 지방자치단체들도 친환경차 구입에 대한 보조금 지원을 계속하고 있다. 경기도는 전기자동차 보급을 위해 전기승용차에는 500만 원에서 600만 원, 수소승용차에는 1000만 원에서 1750만 원의 보조금을 지급하고 있고 강원도는 전기승용차에 600만 원에서 900만 원, 수소승용차에 2000만 원의 보조금을 지급하고 있다. 충청북도는 전기자동차 보급을 위해 전기승용차에는 800만 원, 수소승용차에는 1000만 원의 보조금을 지급하고 있고 충청남도는 전기승용차에만 700만 원에서 800만 원 사이의 보조금을 지급하고 있다. 전라남도는 전기자동차 보급을 위해 전기승용차에는 600만 원에서 800만 원, 수소승용차에는 1000만 원에서 1050만원의 보조금을 지급하고 있고 전라북도는 전기승용차에 900만 원, 수소승용차에는 1400만 원의 보조금을 지급하고 있다. 경상북도는 전기자동차 보급을 위해 전기승용차에는 600만 원에서 1000만 원 사이에서 보조금을 지급하고 있고, 경상남도는 전기승용차에 600만 원에서 800만 원, 수소승용차에는 1060만 원의 보조금을 지급하고 있다.

제주도는 2015년부터 관광객들이 원하는 맑은 공기의 유지를 위해 전기승용차에 500만 원의 보조금을 지급하고 중문 관광단지를 비롯한 도내 여러 곳에 전기자동차 충전 설비를 운영하면서 전기자동차의 보급에 매진하고 있다. 그러나 제주도는 도내에 수소를 안정적으로 제조하고 공급할 수 있는 설비가 없고 수소자동차 충전소 운영의 안전 문제로 인해 현재까지 수소자동차에 대한 보조금 지급 정책은 시행하지 않고 있다. 충청남도와 경상북도도 도내 수소 충전소의 부재로 인해 수소자동차에 대한 보조금 지급 금액을 확정하지 못하고 있다.

2020년 하반기에 중앙정부는 친환경 차량의 보급 증대를 위해 동년 7월 14일 친환경 미래 모빌리티 보급을 '한국판 뉴딜 종합계획'의 10대 대표 과제에 포함시켰다. 중앙정부의 친환경 미래 모빌리티 보급 주관 부처인 환경부는 친환경 미래 모빌리티 보급 사업은 전기자동차 보급, 수소자동차 보급, 노후경유차 친환경 전환으로 구성했다(환경부, 2020.7.22). 환경부는 친환경 차량인 전기자동차, 수소자동차의 보급을 위해 전기자동차의 성능,

표 10-5 2020년 전기승용차 및 수소승용차 국고보조금　　　　　　(단위: 만 원)

구분	제조/수입사	차종	국고보조금 지원 금액
전기승용차	현대자동차	아이오닉 전기차(HP)	820
		아이오닉 전기차(PTC)	814
		코나(기본형, PTC)	820
		코나(경제형)	766
		코나(기본형, HP)	820
	기아자동차	니로EV(HP)	820
		니로EV(PTC)	820
		니로EV(경제형)	741
		쏘울 전기차(기본형)	820
		쏘울 전기차(도심형)	744
	르노삼성	SM3 Z.E	616
		ZOE	736
	BMW 코리아	i3 94Ah	679
		i3 120Ah	716
	한국 GM	BOLT EV(60.9kWh)	820
		BOLT EV(65.94kWh)	820
	한국닛산	LEAF	686
	테슬라	Model S 100D	748
		Model S P100D	734
		Model S Performance	769
		Model S Long Range	771
		Model S Standard Range	736
		Model 3 Performance	760
		Model 3 Standard Range Plus RWD	793
		Model 3 Long Range	800
	재규어 랜드로버 코리아	재규어 I-PACE	625
	벤츠	EQC 400 4MATIC	630
	한불모터스	Peugeot e-208	653
		DS3 Crossback E-tense	628
		Peugeot e-2008 SUV	628
수소승용차	현대자동차	넥쏘	2,250

자료: 저공해차 통합누리집(2020).

부품 개선에 대한 연구개발 사업을 적극 지원하기로 했다(환경부, 2020. 7.22). 환경부의 계획에 따르면 전기자동차는 2025년까지 113만 대(승용·버스·화물 등 누적)를 보급하고 수소자동차는 수소 연료의 장거리 운송의 강점을 활용하는 방향으로 보급 계획을 추진할 예정이다(환경부, 2020.7.22). 이를 위해 장거리 여행에 필요한 중·대형 스포츠 실용 차량(SUV) 중심의 승용차와 함께 중·장거리 버스, 중·대형 화물차 등으로 보급 차종을 늘려 2025년까지 20만 대(승용·버스·화물 등 누적)를 보급하기로 했다. 수소버스는 2020년 시내버스 양산·보급을 시작으로 차량 특성에 맞게 중장거리 버스까지 확대해 2025년까지 4000대를 보급하고 수소 중·대형 화물차는 2020년 5월 정부·제작사·물류사 간 체결된 협약을 근거로 2021년부터 수도권-충청권 내에서 5대로 시범 사업을 실시한 후 2025년까지 총 645대를 보급할 예정이다(환경부, 2020.7.22).

이와 함께 우리나라는 중앙정부 차원에서의 국고보조금을 차종별로 세분화해 차등 지급하는 정책을 추진하고 있다.

그러나 코로나19로 인한 지방자치단체들의 긴급 생활비 지원, 긴급 재난 지원금 등으로 인해 서울특별시는 2020년 9월에 전기자동차 보조금 예산이 소진되었으며 제주도는 7961대에서 1600대로, 대구광역시는 4700대에서 1900대로, 대전광역시는 1496대에서 894대로 전기자동차 구입 보조금 지원 대수를 축소했다(오세성, 2020.9.28). 전기자동차 국고보조금은 2018년 최대 1200만 원에서 2019년 900만 원, 2020년 820만 원으로 줄어드는 추세인데 2021년에는 700만 원대로 줄어들 가능성이 있다(오세성, 2020.9.28). 그로 인해 환경부가 2020년 전기 승용차 6만 5000대를 보급하는 계획의 실현 가능 여부가 불투명해졌으며 2021년 전기자동차 보급 증대도 국고보조금 액수가 축소될 경우 어려움에 직면할 수도 있다.

표 10-6 2020년 전기 화물차 국고보조금 (단위: 만 원)

종류	제조/수입사	차종	국고보조금 지원 금액
초소형	쎄미시스코	D2C	512
		D2P	512
	대창모터스	다니고3	512
		다니고3픽업	512
	마스타전기차	마스타VAN	512
	디피코	포트로	512
경형	파워프라자	PEACE	1,100
소형	제인모터스	칼마토 EV1톤 내장 탑차	1,800
	파워프라자	봉고3ev PEACE	1,800
	현대자동차	포터 일렉트릭	1,800
		포터II 일렉트릭 특장차	1,800
		포터II 일렉트릭 파워게이트	1,800
	기아자동차	봉고 전기차	1,800
		전기차 특장차	1,800
		봉고 전기차 내장차	1,800
		봉고 전기차 저상 내장차	1,800
		봉고 전기차 파워게이트 2단 알루미늄	1,800
		봉고 전기차 플러스 내장차	1,800
	일진정공	일진 무시동 전기 냉동 탑차	1,800

자료: 저공해차 통합누리집(2020).

(2) 충전소 증설

한국은 전국 각지에 전기차 충전소 증설을 추진해 2020년 9월 7일 현재 2만 423개의 전기차 충전소를 운영하고 있다. 그러나 수소차 충전소는 공간 확보의 어려움으로 인해 2020년 9월 7일 현재 35개에 불과하며 그중 인천광역시와 울릉군, 제주특별자치도는 수소차 충전소를 보유하고 있지 않다. 또한 수소차 충전소는 주요 시도에 보유 기수가 전반적으로 부족해 수소차 보급의 장애 요인으로 작용하고 있다. 이 때문에 중앙정부는 수소차 충전소 부족을 해소하고 전기차 충전 설비를 보다 늘리기 위해 2025년까

지역	전기차 충전소	수소차 충전소
서울특별시	2,075	4 (마포구, 영등포구, 강서구, 서초구)
경기도	3,838	4 (하남시: 1, 여주시: 1, 안성휴게소: 2)
인천광역시	579	0
강원도	1,100	1 (삼척시: 1)
세종특별자치시	139	1 (세종 청사: 1)
대전광역시	485	1 (유성구 학하 수소충전소)
충청남도	959	1 (홍성군)
충청북도	772	3 (청주시: 2, 충주시: 1)
광주광역시	789	3 (광산구: 2, 서구: 1)
전라남도	1,177	2 (여수시: 2)
전라북도	951	1 (완주군: 1)
부산광역시	876	2 (강서구: 1, 사상구: 1)
울산광역시	392	6 (울주군: 3, 남구:2, 북구: 1)
경상남도	1,368	4 (창원시: 3, 함안군: 1)
대구광역시	880	1 (달서구 하이넷 성서 수소 충전소)
경상북도	1,604	1 (성주휴게소 수소 충전소)
울릉군	30	0
제주특별자치도	2,409	0

저공해차 통합누리집(2020.9.7).

지 충전 시설을 4만 5000기를 확충할 예정이다.

이와 함께 국토교통부는 2020년 6월 전국 17개 광역지방자치단체에 대규모 수소충전소와 수소자동차 관련 부대시설을 마련하는 '수소복합기지' 구축을 위한 입지 후보지 제출을 요청했다(서형석, 2020.8.6).[1] 그러나 서울특별시는 2020년 7월 9일 국토교통부에 수소복합기지를 건설할 적정 부지가 없음을 회신했으며 다른 광역지방자치단체들도 사정이 비슷한 것으로

---

1 국토교통부가 추진하는 수소복합기지는 입지가 좋은 곳에 수소차 지원 시설을 구축해서 승용차뿐만 아니라 상용차의 수소 전환을 촉진하려는 의도를 담고 있다.

전해졌다.[2] 수소복합기지를 설치할 부지가 부족하기 때문에 한국의 수소 자동차 충전소는 단기간에 증설이 어려울 것으로 전망된다.

(3) LPG 차량 및 노후경유차 조기 폐차 유도 및 운행 제한

LPG 차량의 미세먼지를 비롯한 대기오염물질 배출로 인해 서울특별시를 비롯한 주요 시도의 지방정부에서는 LPG 차량의 신차 전환을 지원해 LPG 차량의 조기 폐차를 유도하고 있다.

표 10-8 서울특별시의 LPG 차량 조기 폐차 유도 정책

시행 기관	영역	주요 내용
서울특별시	LPG 화물차 신차 구입 지원	배출가스 5등급 차량 및 일반 경유 차량을 폐차하고 나서 LPG 1톤 신형 화물차를 구매하고자 하는 소비자에게 400만 원의 보조금을 지원 - 지원 1순위: 조기 폐차 보조금 지급 기준을 충족하는 배출가스 5등급 경유차 - 지원 2순위: 매연 저감 장치를 운영하는 차들 중에서 2년의 의무 운행 시기가 지난 차량 - 지원 3순위: 차령(제작 연월일)이 오래된 경유차
서울특별시	어린이 통학 차량 LPG차 전환 지원	2011년 12월 31일 이전(차령 9년 이상) 최초 등록한 어린이 통학 차량을 폐차하면서 동일 용도로 사용하기 위해 LPG 신차를 구입하는 어린이 통학 버스 신고자 및 차량 공동 소유자에게 500만 원을 지원 - 지원 1순위: 녹색교통 지역 내 위치한 어린이 이용 시설 - 지원 2순위: 자가용 자동차의 유료 운송이 가능한 차(차령이 종료되는 시기가 얼마 남지 않은 차가 우선 지원 대상임) - 지원 3순위: 차령(생산 연도)이 오래된 차량 - 지원 신청한 차량들의 차령이 서로 같을 경우에는 어린이집, 유치원, 특수학교, 초등학교, 학원 및 체육 시설의 순서로 지원 대상을 선정할 예정

자료: 서울특별시(2020.3.19).

한국에서도 화물차는 경유로 운행되는 경우가 많은데 화물차의 질소산화물과 미세먼지, 초미세먼지 배출량이 다른 차종에 비해 압도적으로 많다(구재이, 2019.4.8: 8).

---

2 "서울시가 노원(태릉), 강남(탄천) 등에 자체적으로 추진 중인 수소충전소 확충 계획도 답보 상태다"(서형석, 2020.8.6).

표 10-9 도로교통 대기오염물질 리터당 배출량   (단위: mg/리터)

연료	CO	NOx	SOx	PM10	PM2.5	VOC	NH$_3$
경유	4,762	16,482	7	701	645	1,098	9
휘발유	21,613	1,944	5	0	0	2,874	856
LPG	9,967	2,005	2	0	0	339	0

자료: 국립환경과학원(2016), 구재이(2019.4.8).

서울특별시는 미세먼지 배출원 중에서 경유화물차가 차지하는 비중이 42.7%이며 다른 도시들도 53.7%에서 69%를 차지하고 있다(윤순진, 2019.4.8).

한국에는 2005년 이전 제작 기준으로 생산된 노후경유차가 2020년 6월 30일 기준 전국에 약 184만 대가 등록되어 있으며 이 중 152만 대가 저공해 조치가 필요한 차량이다(대한민국 정책브리핑, 2020.7.22). 환경부는 2021년부터 2024년까지 노후경유차 116만 대에 대한 조기 폐차 보조금을 지원하고 있고 2021년부터 2024년까지 31만 5000대의 노후경유차에 대한 매연 저감 장치(DPF) 부착을 지원해 노후경유차로 인한 매연 저감을 시도하고 있다(대한민국 정책브리핑, 2020.7.22). 앞서 말한 바와 같은 환경부의 노후경유차 폐차 지원과 매연 저감 지원 정책 외에 지방정부 차원에서도 노후경유차 폐차를 위한 지원 정책을 추진하고 있다. 부산광역시는 2020년 8월 26일부터 9월 3일까지 총중량 3.5톤 이상 배출가스 5등급 경유차들 중에서 조기 폐차를 원하는 차주들의 신청을 받아서 350대를 선정해 조기 폐차를 지원하고 2021년 1월에는 총중량 3.5톤 미만 5등급 경유차에 대한 조기 폐차 지원 대상 차량을 선정 및 지원하기로 했다.[3]

3　부산광역시는 배기량 3500cc 이하인 노후경유차는 440만 원 이내, 배기량 3500cc 초과~5500cc 이하인 노후경유차는 750만 원 이내, 5500cc초과~7500cc 이하는 1100만 원 이내, 7500cc를 초과하는 차량은 3000만 원까지 조기 폐차에 필요한 보조금을 지원하기로 했다

표 10-10 한국의 차종별 대기오염물질 배출량 (단위: ton/yr)

차종		CO	NOx	SOx	PM10	PM2.5	VOC	NH3
승용차	경형	26,412	1,458	7	0	0	2,711	1,387
	소형	25,235	6,052	6	14	13	3,705	1,146
	중형	56,190	18,444	33	43	40	7,687	4,515
	대형	28,615	8,082	17	24	22	3,942	2,858
승합차	경형	971	87	0	0	0	46	1
	소형	867	7,580	2	285	262	164	5
	중형	1,015	3,781	1	95	88	272	1
	대형	549	2,223	1	27	25	67	0
	특수	328	1,675	0	28	26	83	0
화물차	경형	2,140	216	1	0	0	94	1
	소형	7,648	46,510	13	1,830	1,684	1,272	35
	중형	15,102	39,749	24	1,175	1,081	4,236	11
	대형	18,239	89,053	20	3,076	2,830	3,990	27
	특수	3,722	11,428	7	274	252	1,132	3
	덤프	430	13,522	4	383	352	562	5
	콘크리트 믹서	646	3,607	1	102	94	149	1
택시	중형	1,736	482	5	0	0	88	0
	대형	21	5	0	0	0	1	0
버스	시내버스	4,451	10,809	1	9	8	11,584	1
	시외버스	3,591	15,083	6	160	147	420	8
	전세버스	1,392	5,400	2	53	48	127	3
	고속버스	17	72		01	1	2	0

자료: 국립환경과학원(2017), 구재이(2019.4.8: 8).

이와 함께 지방자치단체 차원에서 노후경유차의 운행 제한을 시행하는 곳들도 나오고 있다. 인천광역시와 경기도는 2019년 6월 1일부터 대기오

(부산광역시, 2020.8.25).

그림 10-4 주요 광역시도 경유차 차종별 미세먼지 배출 비율

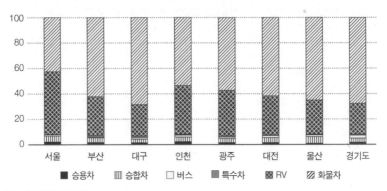

자료: 윤순진(2019.4.8).

염 비상저감조치 발령 시 배출가스 5등급 이하인 차량의 운행을 제한하도록 했으며 충청남도 천안시와 전라북도 고창군도 2020년 1월 1일부터 동일한 조치를 시행하고 있다.[4] 그리고 서울특별시는 2019년 7월 1일부터 배출가스 저감 장치를 부착하지 않거나 저공해 엔진으로 개조하지 않은 배출가스 5등급 이하인 노후경유차의 한양도성(4대문 안) 진입을 금지해 노후경유차로 인한 서울시 중심 지역의 대기오염을 예방하도록 했다.[5]

이와 함께 서울특별시는 2020년 12월부터 저감 장치를 부착하지 않은 자동차 배출가스 5등급 차량의 운행을 제한하기 위한 단속을 매주 월요일부터 금요일까지 오전 6시부터 밤 9시까지 실시해 단속에 적발된 운전자

---

4 자동차의 배출가스 5등급 기준은 1987년 이전 기준 적용 차량의 경우 질소산화물과 탄화수소의 배출량 합계가 5.3g/km 이상, 동년 7월 1일 이전 기준 적용 차종 질소산화물과 탄화수소의 배출량 합계가 0.56g/km 이상, 입자상물질 0.050g/km 이상이다(서울특별시, 2019.10.22).

5 서울특별시의 한양도성(4대문 이내)에 해당하는 행정구역은 종로구의 청운효자동, 사직동, 삼청동, 가회동, 종로 1,2,3,4가동, 종로 5,6가동, 이화동, 혜화동과 중구 소공동, 회현동, 명동, 필동, 장충동, 광희동, 을지로이다(서울특별시, 2019.10.22).

들에게 하루 과태료 10만 원을 부과하기로 했다(기후환경본부, 2019: 5).

(4) 에너지 세제 개편

한국 중앙정부의 수송 부문의 에너지 세제 개편은 유류와 석탄, 가스를 중심으로 진행되었다. 유류와 석탄은 탄력세율까지 포함해서 국내 경기가 침체일 때를 제외하고는 상향 조정하고 있고 유류와 석탄보다 대기오염물질 배출이 적은 가스만 하향 조정했다. 발전용 유연탄의 경우 2014년 7월 1일부터 개별소비세를 적용하기 시작했고 2017년 4월 1일부터 2019년 4월 1일까지 개별소비세 기본세율을 계속 인상했고 발전용 유연탄의 열량에 따라서 개별소비세 탄력세율을 차등 적용하고 있다(정형석, 2014.7.3). 또한 열량별 발전용 유연탄의 탄력세율도 지속적으로 인상했다. 반면에 발전용 LNG는 2019년 11월 1일부터 기본세율을 60원/kg에서 12원/kg으로 인하하고 탄력세율은 42원/kg에서 8.4원/kg으로 대폭 인하했다(국회예산정책처, 2019: 61). 발전용 LNG의 기본세율, 탄력세율 인하 조치는 발전업체들이 발전용 연료를 유연탄보다 대기오염물질 배출량이 적은 LNG로 교체할 수 있도록 유도하기 위한 것이다.[6] 그로 인해 2019년 7월에는 발전용 유연탄의 연료비 단가는 kWh당 59.26원, 발전용 LNG는 kwh당 83.81원을 기록함으로써 발전용 유연탄과 발전용 LNG 간의 연료비 단가 격차가 24.55원으로 축소되어 전력거래소가 연료비 단가를 집계한 2001년 4월 이후 최저치를 기록했다(김성진, 2019.7.14).

자동차용 연료인 휘발유와 경유, LPG는 기본세율과 탄력세율을 종류별로 상이하게 운영하고 있다. 휘발유는 기본세율은 475원/ l 을 유지하면서

---

[6] 발전용 LNG의 기본세율, 탄력세율 인하 조치는 2018년 유연탄에 부과되는 개별소비세 기본세율이 36원/kg이고 LNG에는 60원/kg의 개별소비세 기본세율이 부과되는 점을 시정한 조치이기도 하다(조성진·박광수, 2018: 6).

표 10-11 발전용 유연탄 과세 추이　　　　　　　　　　　　　　　　(단위: 원/kg)

시행 일자		2017.4.1.	2018.4.1.	2019.4.1.
발전용 유연탄 기본세율		30	36	46
탄력세율(시행령)	저열량탄	27	30	43
	중열량탄	30	36	46
	고열량탄	33	39	49

자료: 국회예산정책처(2019: 61).

탄력세율을 2009년 1월 1일부터 적용되던 514원/ *l* 에서 2014년 1월 1일부터 529원/ *l* 로 상향 조정했다(국회예산정책처, 2019: 61). 경유의 기본세율은 2008년 1월 1일 454원/ *l* 에서 2009년 1월 1일부터 현재까지 340원/ *l* 으로 조정한 후 이를 유지하고 있고 탄력세율은 2009년 1월 1일부터 유지하던 364원/ *l* 에서 2014년 1월 1일부터 375원/ *l* 으로 상향 조정했다(국회예산정책처, 2019: 61). 휘발유와 경유는 한국에서 세단과 SUV의 연료 사용이 많고 대기오염물질 배출의 원인이 되기 때문에 탄력세율을 상향 조정하는 방식을 유지하고 있다. 반면에 LPG(부탄)는 휘발유와 경유에 비해 기본세율을 낮게 유지하면서 시기별로 기본세율을 조정하는 방식으로 세제를 운영하고 있다. 2018년 11월 6일부터 2019년 5월 6일까지 234원/kg, 2019년 5월 7일부터 동년 8월 31일까지 256원/kg으로 조정했고 2019년 9월 1일부터 2018년 11월 6일 이전의 기본세율인 275원/kg 수준으로 환원했다(국회예산정책처, 2019: 61).

(5) 환경적 물량 제한

한국 정부는 2019년 3월 13일 '수도권 등 대기관리권역 대기질 개선에 관한 특별법' 개정을 통해 경유를 쓰는 1t 트럭을 택배용 차량으로 사용할 수 없도록 했고 2023년부터는 경유 택배차의 신규 등록을 제한하고 전기 택배차와 수소 택배차만 허용하는 전기 화물차 의무 등록제를 실시했다(콘텐츠본부, 2019.10.14). 이는 택배업에 종사하는 사람들이 경유 차량 이용이 많지만 단기간에 경유 차량을 전기자동차와 수소자동차로 교체하기가 어려운 점을 감안한 것이다. 경유 택배차의 신규 등록 제한과 전기 화물차 의무 등록제 시행을 예고하기 전에 한국 정부는 2019년에 경유 택배차를 교체하고자 하는 사람들에게는 LPG 화물차로 교체를 지원하는 사업을 진행했다(환경부, 2019.4.5). 이와 함께 한국 중앙정부는 2020년 2월 22일에 국무회의에서 의결한 제2차 기후변화 대응 기본 계획에서 화물 운송 체계를 도로에서 철도·해운 중심으로 전환하고 액화천연가스(LNG)를 연료로 사용하는 친환경 선박을 늘리기로 했다. 화물 운송 체계의 전환을 언급한 데는 2008년 한국의 국내 화물 부분의 온실가스배출량이 335 CO_2톤/백만 톤-km 중에 도로가 259 CO_2톤/백만 톤-km로 60%가 넘는 비중을 차지하고 있으며 2009년 한국의 도로 화물운송 물동량 16억 5000만 톤 중에 도로 화물운송이 약 90.7%(14억 9802만 톤)를 차지했기 때문이다(국가교통DB센터, 2012: 17, 15).

(6) 민관협의체

문재인 정부의 친환경차 관련 민관협의체들은 한국의 수소자동차 산업과 수소경제의 발전에 초점을 맞추고 있다. 문재인 정부에서 수소자동차 관련 민관협의체들이 조직되어 활동하는 데는 몇 가지 이유가 있다. 우선 수소자동차의 보급에는 수소자동차의 연료인 수소 공급 및 저장, 충전 인프라의 확산이 필요하고 수소자동차 관련 부품 산업의 육성이 병행되어야 하는데 이는 개별 기업과 연구 기관의 기술 연구개발뿐만 아니라 중앙정부와 지방정부의 관련 법규 제정, 정책 수립, 실행이 필요하다. 그리고 기

그림 10-5 H2KOREA 포럼 조직도

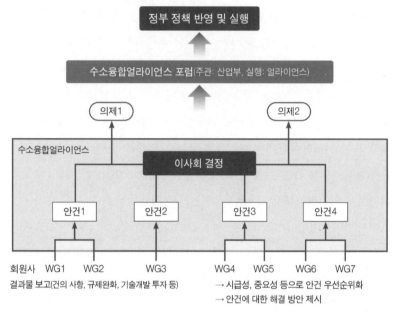

자료: H2KOREA(2021).

존에 없었거나 희소했던 수소경제 관련 인프라의 보급을 위한 기술과 법규의 어려움을 완화하고 해소하기 위한 정부와 기업, 관련 연구 기관들 간의 긴밀한 협의와 협력이 요구된다. 이러한 노력이 있어야 한국이 내연기관자동차 중심의 사회·기술 시스템에서 수소자동차 중심의 사회·기술 시스템으로의 장기적이고 점진적인 전환을 시작할 수 있다. 이를 위해 문재인 정부는 2017년 4월 수소자동차와 관련 부품을 비롯한 수소경제 관련 국내 업체들과 정부 간의 협의체인 수소융합얼라이언스(이하 H2KOREA)를 만들었다. H2KOREA는 한국 중앙정부가 수소를 독립된 에너지원으로 설정하고 수소경제의 진흥을 지원할 수 있는 정책인 2019년 1월에 나온 수소경제로드맵, 같은 해 6월에 수립한 에너지기본계획의 입안에도 관여했다(홍수인, 2020). 또한 H2KOREA는 수소자동차를 비롯한 수소경제 관련 업종의 기업과 정부 간의 협의, 수소경제 관련 기업의 애로사항과 정책 제안의 정부 정책 반영을 위한 H2KOREA 포럼 운영, 포럼 산하의 워킹그룹을 통해 각 분야별로 요구되는 연구개발 및 지원, 한국의 수소경제 진흥을 위해 해소해야 할 애로사항과 정책 제언 등을 청취해 한국 중앙정부 정책에 반영하고 있다. 〈그림 10-5〉에 나온 바와 같이 H2KOREA 포럼은 워킹그룹에서 기업들의 애로 사항과 정책 제언을 접수해서 이사회에서의 결정을 통해 정부 정책에 반영하는 상향식으로 운영되고 있다.

아울러 H2KOREA는 수소에너지 확산 로드맵 수립, 수소자동차 보급 확대, 수소충전소 설립 및 운영, 수소에너지 연관 산업 육성, 수소지식 기반 연구 및 국제 협력, 통계 및 정보 제공, 수소에너지 홍보, 정책 및 법 제정을 수행하고 있다(문재도, 2021).

4. 한국의 친환경 자동차 정책의 성과와 문제점

1) 성과

한국은 전기자동차의 보급과 수소자동차의 연구개발에 있어서 가시적인 성과를 내고 있다. 전기자동차의 보급은 다른 국가들과 마찬가지로 중앙정부와 지방정부의 소비자에 대한 구입 보조금 정책을 통해 판매량을 관리하고 있다. 한국의 수송 부문 신에너지 사용에서 가장 눈여겨볼 만한 변화는 전기자동차 판매량의 증대이다. 환경부의 집계에 따르면 2019년 한국의 전기자동차 판매량은 4만 6966대를 기록했고 2011년 판매량(338대)보다 150배 가까이 늘었으며 국토부와 환경부의 집계에 의하면 2020년 3월 기준 전기자동차 누적 판매량도 10만 456대를 기록했다(이병희, 2020:

32; 박태준, 2020.4.9). 산업통상자원부와 한국자동차산업협회의 집계에 따르면 2020년 1월부터 3월까지 한국의 전기자동차 판매량은 8831대인데 그중 테슬라의 판매량이 4070대(46.1%), 현대기아자동차의 판매량이 3945대(44.7%)이며 기타 업체들의 판매량이 816대(9.2%)였다(이병희, 2020: 32). 한국에서 전기자동차 사용이 늘어난 데는 중앙정부와 지방자치단체의 보조금 영향이 크다.[7] 그리고 미국의 전기자동차 업체 테슬라가 한국의 중앙정부와 지방자치단체의 보조금 혜택을 국내 업체들과 동일하게 받으면서 현대기아자동차와 함께 국내 전기자동차 시장의 성장을 유도하고 있다.

그러나 중앙정부의 전기자동차에 대한 구입 보조금이 감소하는 추세이고 9000만 원 이상의 전기자동차에 대해서는 구입 보조금 혜택이 없는 점이 향후 전기자동차 판매량에 어떤 영향을 미칠지가 전기자동차 판매량 증대의 변수로 작용할 것으로 보인다. 수소자동차는 현대자동차의 연구개발을 통해 수소승용차 넥쏘의 상용화와 판매에 들어갔고 일본 도요타의 미라이와 함께 전 세계 수소자동차 시장을 주도하는 역할을 하고 있다.

2) 문제점

한국의 전기자동차, 수소자동차 판매량은 자동차 산업의 새로운 니치 확산을 위한 중앙정부의 전략적 니치 관리(strategic niche management, 각종 지원 정책)에도 불구하고 전체 자동차 판매량의 5%를 넘지 못하고 있다. 그리고 수소자동차 보급과 연료 공급에 필요한 수소 충전소는 아직 구축 단계에 있으며 제주도, 광주에는 수소자동차 충전소의 부재로 인해 수소자동차를 구입하더라도 수소자동차의 연료 공급을 지역 내에서 하기가 어렵다.

---

7 한국에서 전기차를 구입할 때 지원받는 국고보조금과 지방자치단체의 지방비를 더하면 최대 1800만 원까지 지원을 받을 수 있다(이병희, 2020: 32).

표 10-12 한국의 연료별 자동차 신규 등록 추이(2015~2019년)   (단위: %)

	2015	2016	2017	2018	2019
가솔린	37.2	41	41.5	42.6	47.5
디젤	52.5	47.9	44.8	43.4	36.6
전기	2.3	3.7	5.4	6.8	8

자료: 임춘호(2020.3.11).

그리고 소비자들의 내연기관자동차 선호가 계속되는 점도 향후 한국의 친환경차 보급의 장애 요인이 될 수 있다. 2015년부터 2019년까지 한국의 연료별 자동차 신규 등록 추이를 살펴보면 디젤차의 신규 등록이 차지하는 비중은 점차 줄어들고 가솔린 차량의 신규 등록이 늘어나는 모습을 보이고 있다. 특히 2019년 등록 차량 중 가솔린 차량은 47.5%, 디젤 차량은 36.6%를 기록하면서 가솔린 차량의 신규 등록 비중이 디젤 차량의 신규 등록 비중을 넘어서는 모습을 보였다. 차종을 승용차로 한정해서 보면 가솔린 차량 대 디젤 차량의 비중은 56.8% 대 25.9%로 격차가 더 벌어졌다(임춘호, 2020. 3.11). 2015년에 가솔린과 디젤을 중심으로 하는 내연기관자동차의 신규 등록 비중은 89.7%였지만 2019년에는 84.1%로 4년 사이에 5.6% 감소했다. 반면 전기자동차의 신규 등록 비중은 2016년부터 매년 전년 대비 증가하고 있으나 2019년에도 전체 자동차 신규 등록의 10%에 도달하지는 못했다.

한국의 자동차 신규 등록에서 내연기관자동차의 비중은 점차 감소하고 전기자동차의 비중이 서서히 증가하는 추세지만 한국에서 나온 연구는 10년 후에도 내연기관자동차가 자동차 연료와 동력의 주류를 차지할 것으로 보고 있다. 한국자동차공학회가 2019년 3월에 공개한 '2030년 자동차 동력 발전'에 대한 연구 결과에 따르면 2030년에도 내연기관 엔진을 장착한 차량이 한국을 포함한 세계 자동차 시장의 90%를 차지할 것이며 전기자동차와 수소자동차의 점유율은 10%를 넘지 못할 것으로 전망했다(김하늬, 2019.

4.5). 한국자동차공학회의 연구 결과는 가솔린과 디젤 등의 내연기관 엔진 소비자들이 급유의 편리성 및 가족들을 위해 SUV를 선호하는 경향이 지속될 것을 감안한 것으로 보인다.

5. 나오며

자동차 산업에서의 지속가능한 사회기술 시스템 전환은 기후변화 대응을 위한 온실가스배출량 감소, 대기오염 완화를 위한 자동차 배기가스 배출량 감소 수요로 인해 전 세계적으로 추동되고 있다. 한국은 1990년대 'G7사업'을 통해 선진국의 친환경 자동차 연구개발에 대한 학습과 추격을 추진했고 2000년대에 기술 상용화 및 산업 발전을 꾀한 '차세대 성장 동력 사업'을 통해 10년 단위 사업의 장기 사업을 수행하며 국내 친환경차 산업과 전기자동차 배터리 산업의 육성에 성과를 낼 수 있었다(황두희·정선양, 2019: 743). 자동차 분야에서의 사회기술 시스템으로의 전환 과정은 관련 기술개발과 상용화, 소비자들의 기존의 내연기관자동차에서 전기자동차, 수소자동차로의 선호 전환에 오랜 시간이 필요하다. 이는 한국에서도 마찬가지다. 1992년 한국 정부의 G7 차세대 자동차 연구 사업에서 전기차와 배터리에 대한 소규모 연구를 시작하면서부터 한국에서 활동하는 자동차 기업들이 전기자동차 연구에 착수했다. 그러나 1990년대에 한국 기업들의 내연기관자동차를 대체할 수 있는 성능과 기술 향상은 빠르게 진행되지 않았다. 그리고 우리 정부는 미국에서 대두한 수소경제의 영향으로 인해 2004년과 2005년에 정부의 차세대 자동차 연구 지원의 초점을 전기자동차에서 수소자동차로 이동했다. 다행히 현대자동차가 수소승용차 넥쏘, 수소버스의 상용화 및 생산에 성공하고 현대자동차와 기아자동차가 전기자동차 상용화와 생산, 해외 수출에도 성과를 내면서 한국은 친환경차 생산, 판매에서 가능성을 보여주고 있다. 그리고 현대자동차의 수소승용차 넥쏘와 수소버스의 핵심 부품인 타입4 수소연료탱크(플라스틱과 같은 비금속 제로 라이너를 만들고, 탄소섬유로 감는 방식으로 제조한 수소연료탱크)는 일진그룹의 계열사인 일진하이솔루스가 공급하고 있다(류은혁, 2021). 이와 같이 세계 수준의 기술력을 보유한 기업들로 인해 한국의 친환경차 산업이 발전하고 있는 강점을 활용하고 수소자동차 보급과 수소경제 육성을 위해 문재인 정부는 국내 수소자동차 관련 업체들과 정부 간의 민관협의체인 H2KOREA 를 운영하고 있다. H2KOREA에서 내연기관자동차에서 수소자동차로의 사회기술시스템 전환을 준비하고 기업들로부터 정부가 수소자동차 산업 육성을 비롯한 수소경제 구축을 위한 애로 사항과 정책 제언을 받고 있는 것은 친환경차 산업의 지속적인 발전에 긍정적으로 작용할 것으로 보인다. 그러나 한국의 전기자동차와 수소자동차 니치의 발달 과정은 다른 국가들과 마찬가지로 현재 기존의 내연기관자동차 중심 레짐을 완전히 대체하지는 못하고 있다. 한국의 소비자들 사이에서도 친환경차 구입 보조금 정책의 혜택이 있음에도 불구하고 내연기관자동차 구입을 선호하는 경향이 계속되고 있다. 또한 수소자동차는 제주도, 광주 등에는 아직 충전소가 설치되어 있지 않아서 지역 내에서의 연료 공급과 운행이 쉽지 않다. 소비자들의 내연기관자동차에 대한 선호가 친환경차에 대한 선호로 전환되려면 배터리 전기자동차의 1차 충전 후 주행 거리 연장, 수소자동차 충전소 증설이 선행되어야 하다. 이를 위해서는 관련 기업들의 연구개발을 통한 배터리 성능 향상, 수소자동차 충전소 증설에 필요한 중앙정부와 지방 자치단체, 기업들 간의 협력이 필요하다. 또한 중앙정부와 지방정부, 기업들과 연구 기관들은 한국에서의 친환경차 확산의 장애 요인들을 해소하기 위한 정책들의 수립 및 실행을 위한 소통과 협력을 지속해야 할 것이다.

참고문헌

관계부처 합동. 2019. "미래자동차 산업 발전 전략-2030년 국가 로드맵-"(대한민국 정부), 7쪽.

구재이. 2019. "경유차 감축을 위한 유류세 개혁방안". 수도권 미세먼지 배출량 1위 경유차 천만 대 시대 경유차 축소와 친환경차 확대 방안(기획토론-미세먼지 특단조치 1), 7~8쪽.

국가교통DB센터. 2012. "국내 화물운송의 현주소", 17쪽, 55쪽.

국가미세먼지정보센터. 2020. "부문별 배출량". https://airemiss.nier.go.kr/module/statistics/cause Statistics.do?siteId=airemiss&id=airemiss_030300000000 (검색일: 2020.9.23).

국립환경과학원. 2017. 2014년 대기오염물질 배출량. http://airemiss.nier.go.kr/mbshome/mbs/ airemiss/index.do (검색일: 2020.6.29).

_____. 2018. 국가 대기오염배출량 서비스. http://airemiss.nier.go.kr/mbshome/mbs/airemiss /index.do (검색일: 2020.6.29).

국회예산정책처. 2019. 「에너지 세제 현황과 쟁점별 효과 분석」.

기후환경본부. 2019. "미세먼지 시즌제(계절관리제) 추진계획"(서울특별시).

김성진. 2019.7.14. "비싸진 석탄발전, 경제적 입지도 축소 … LNG와 가격차 역대 최저", ≪연합뉴스≫, https://www.yna.co.kr/view/AKR20190713042800003 (검색일: 2020.9.17).

김하늬. 2019.4.5. "[인터뷰] 자동차 기술 어떻게 발전해야 할까/한국자동차공학회(KSAE) 이종화 회장". ≪공학저널≫. http://www.engjournal.co.kr/news/articleView.html?idxno=189 (검색일: 2020.9.25).

대한민국 정책브리핑. 2020.7.22. "5년 내 전기차 113만대·수소차 20만대 보급한다". http://www. korea.kr/news/policyNewsView.do?newsId=148874996&pWise=sub&pWiseSub=B2 (검색일: 2020.8.25).

류은혁. 2021.07.21. "일진하이솔루스 "수소탱크로 수소시대 앞당깁니다"[인터뷰+]". ≪한국경제≫. https://www.hankyung.com/finance/article/2021072165236 (검색일: 2021.7. 27).

문재도. 2021. "인사말"(H2KOREA 홈페이지). http://www.h2korea.or.kr/sub/sub01_02.php (검색일: 2021.7.25).

박태준. 2020.4.9. "전기차 보급, 8년만에 10만대 돌파 … 자생적 시장까지 아직 먼 길". ≪전자신문≫. https://www.etnews.com/20200409000300 (검색일: 2021.6.27)

박현욱·배충식. 2019. "미세먼지 현황과 과제"(전문가 연재). ≪기계저널≫, 59(7), 53쪽.

부산광역시. 2020.8.25. "2020년 총중량 3.5톤 이상 노후경유차 조기폐차 추가 지원사업".

https://www.busan.go.kr/environment/ahairsupport05 (검색일: 2020.8.29).

서울연구원. 2018.7.23. "전기차 늘면 대기오염 얼마나 줄어들까?". https://www.si.re.kr/node/ 59902 (검색일: 2020.9.29).

_____. 2018.7.23. "전기차 늘면 대기오염 얼마나 줄어들까?". https://www.si.re.kr/node/ 59902 (검색일: 2020.9.29).

서울특별시. 2019.10.22. "Q&A로 알아보는 녹색교통지역 차량 운행제한". https://opengov. seoul.go.kr/mediahub/19102288 (검색일: 2020.8.27).

_____. 2020.2.11. "올해 전기차 1만대 보급 … 차종별 보조금은?". http://mediahub.seoul. go.kr/archives/1268591 (검색일: 2020.8.28).

_____. 2020.3.19. "LPG 신차전환 지원사업". https://news.seoul.go.kr/env/archives/506116 (검색일: 2020.8.28).

서형석. 2020.8.6. "수소차 보급 느는데 … 충전소 확충은 난항". ≪동아일보≫, A8면.

송위진. 2013. 「정책초점: 지속가능한 사회·기술시스템으로의 전환」. ≪과학기술정책≫, 193, 5~6쪽.

오세성. 2020.9.28. "1000만원 넘게 깎아주던 … 서울 전기차 보조금 바닥났다". ≪한국경제≫, https://www.hankyung.com/car/article/202009287275g (검색일: 2020.9.28).

윤순진. 2019.4.8. "경유화물차 이해관계자들의 경유차정책 이해". 수도권 미세먼지 배출량 1위 경유차 천만대 시대 경유차 축소와 친환경차 확대 방안(기획토론-미세먼지 특단조치 1), 32~33쪽.

이병희. 2020. "[전기차 보조금 블랙홀 테슬라] 국고보조금 혜택 받으며 국내 소비자 차별 논란". ≪이코노미스트≫, 1538, 32쪽. https://jmagazine.joins.com/economist/view/330257 (검색일: 2020.9.11).

임춘호. 2020.3.11. "국내 자동차시장 2년 연속 '역주행' … SUV·전기차는 '가속'". ≪중소기업뉴스≫, http://news.kbiz.or.kr/news/articleView.html?idxno=64945 (검색일: 2020.9.23).

저공해차 통합누리집. 2020. "2020년 지자체별 전기차, 수소차 보조금". https://www.ev.or. kr/portal/buyersGuide/incenTive?pMENUMST_ID=21549 (검색일: 2020.8.28).

_____. 2020. "2020년 지자체별 전기차, 수소차 보조금". https://www.ev.or.kr/portal/buy ersGuide/incenTive?pMENUMST_ID=21549 (검색일: 2020.8.28).

_____. 2020.9.7. "전국 저공해차충전소 운영현황". https://www.ev.or.kr/portal (검색일: 2020.9.7).

정형석. 2014.7.3. "이달부터 발전용 유연탄 개별소비세 도입". ≪전기신문≫, 3면.

조성진·박광수. 2018. 「발전부문 에너지전환 달성을 위한세제 개편 방안 연구」(에너지경제연구원). ≪정책 이슈페이퍼≫, 19-05, 6쪽.

콘텐츠본부. 2019.10.14. "물류업계에 부는 친환경 바람, 전기차 도입은 순풍?". CLO, http://cl omag.co.kr/article/3347 (검색일: 2020.9.17).

홍수인. 2020.1.2. "[신년 인터뷰] 신재행 수소융합얼라이언스추진단 단장". https://www.today energy.kr/news/articleView.html?idxno=221216 (검색일: 2021.7.27).

환경부. 2019. "전국 및 수도권에서 발생원별 PM2.5 배출량 및 기여율"(미세먼지 오해와 진실 무엇이든 물어보세요), 5쪽.

_____. 2019.4.5. "생계형 운전자 LPG화물차 신차구입 지원 확대"(대한민국 정책브리핑), http: //www.korea.kr/news/actuallyView.do?newsId=148859786#actually (검색일: 2020. 9.11).

_____. 2020.7.22. "5년 내 전기차 113만대·수소차 20만대 보급한다"(대한민국 정책브리핑), http://www.korea.kr/news/policyNewsView.do?newsId=148874996&pWise=sub& pWiseSub=B2 (검색일: 2020.8.25)

_____. 2020.7.22. "환경부, 친환경 미래 이동수단(모빌리티) 보급에 박차". 대한민국 정책브리 핑. https://www.korea.kr/news/pressReleaseView.do?newsId=156402364 (검색일: 2020. 9.23).

황두희·정선양. 2019. "지속가능한 사회-기술적 시스템 전환에 대한 연구: 한국의 전기자동차 사례를 중심으로". ≪기술혁신학회지≫, 22(4), 743쪽.

H2KOREA. 2021. "H2KOREA FORUM 조직도". http://www.h2korea.or.kr/sub/sub01_03. php (검색일: 2021.7.25).

제11장

유럽연합 탄소국경조정 도입 추진에 따른 쟁점 분석

김성진_한국환경연구원 글로벌환경협력센터 부연구위원

1. 탄소통상 시대의 도래

이 연구는 유럽연합(EU)에서 도입을 추진하고 있는 탄소국경조정 제도 (Carbon Border Adjustment Mechanism, 이하 CBAM)의 동향을 파악하고, 그에 따른 쟁점을 분석하는 것을 목적으로 한다. 탄소국경조정이란, 목적지 시장의 온실가스배출 규제에 의해 발생하는 비용을 반영해, 목적지 시장에서 교역 상품의 가격을 조정하는 조치라고 정의할 수 있다. 예를 들어 ① 탄소배출량이 높은 타국의 제품을 수입할 경우, 자국의 온실가스배출 비용을 근거로 이에 상응하는 비용을 수입품에 부과하거나, ② 온실가스배

---

* 이 장은 한국환경연구원에서 환경부 수탁 과제로 수행된 「해외 탄소국경조정 동향 분석 및 대응방안 연구(2020-105)」의 연구 결과를 토대로 작성했다. 아울러 필자의 제주평화연구원 PeaceNet 전문가 기고문의 일부를 제주평화연구원의 허락을 받고 출처 표시 후 이 장에 활용했음을 밝힌다.

출량이 적은 자국 상품이 탄소비용을 덜 부과하는 타국에 수출될 때 이에 상응하는 비용을 보전해 주는 조치이다. 즉 한 국가가 온실가스 규제를 통해 자국 상품에 탄소비용을 부과하고 있을 때, 그 국가와 무역을 하는 다른 국가 역시 그에 상응하는 탄소비용을 지불해야 한다는 규칙이다.

탄소국경조정을 시행하는 목적은 "탄소누출(carbon leakage)의 방지"이다(Condon and Ignaciuk, 2013: 5~12). 탄소누출이란, 기후변화 정책을 시행하는 국가(A그룹) 때문에, 기후변화 정책을 시행하지 않는 국가(B그룹)로 온실가스배출원이 이동하는 현상을 지칭한다. A그룹은 국내에서 탄소세, 온실가스배출권거래제 등 탄소비용을 부과하는 기후변화 정책을 시행하고 있는데 반해, B그룹은 그러한 정책을 시행하지 않아 탄소비용 부과가 없다면, A그룹의 비용을 피해서 B그룹으로 기업의 생산 시설과 기관의 투자가 이동할 것이다. 즉 "오염 피난처 가설(pollution Haven hypothesis)"이 현실화되는 것이다(Zachmann and McWilliams, 2020: 3). 그 결과 A그룹의 산업계는 B그룹 산업계 대비 산업경쟁력을 상실해, 이윤, 시장 점유율, 생산량, 투자, 일자리 등의 감소가 이루어지게 된다.

기후변화가 전 지구적인 위기 사안이며, 국제사회의 모든 구성원이 공동의 노력을 기울여야 할 과제임을 감안할 때, 기후변화 대응을 위해 탄소비용을 부과하는 국가가 그렇지 않은 국가에 비해 산업경쟁력을 상실하는 것은 형평에 맞지 않는 일이다. 또한 특정 그룹의 국가만 기후변화 대응에 노력을 기울이는 것은 사안의 규모를 생각할 때 효과적이지 못한 일이기도 하다. 따라서 탄소누출과 그에 따른 산업경쟁력의 상실을 막고, 전 지구적으로 기후변화 정책이 시행되어 온실가스에 적절한 비용이 보편적으로 부과되도록 할 목적으로, 탄소국경조정의 세계적인 도입이 해외 선진국을 중심으로 추진되고 있다.

2018년 노벨경제학상 수상자인 예일대학교 경제학과 윌리엄 노드하우스(William Nordhaus) 교수는 이를 "기후 클럽"의 창설로 표현하고 있다 (Nordhaus, 2020). 기후위기는 전 지구적 현상이므로, 온실가스 감축에 참여하지 않아 비용을 지불하지 않고 혜택만 누리겠다는 국가는 "무임승차자 (free-riders)"로 간주할 수 있다. 이러한 무임승차자들에게 적절한 제재를 가하고, 기후변화를 막기 위해 선도적으로 온실가스 감축에 참여하는 국가에는 혜택을 주는 방안으로, 노드하우스는 "기후 클럽"의 창설을 제안한다. 이는 기업들이 오염 피난처를 찾아 온실가스 규제가 가장 약한 타국으로 생산지를 이전하는 현상인 탄소누출을 막고, 온실가스배출에 적절한 비용을 물리는 국가 소속 기업들의 경쟁력을 확보하기 위한 중요 수단이다. 기후 클럽은 내부의 규정을 지키는 회원국만 접근 가능하고 모든 혜택을 누리며, 비회원국은 혜택에서 배제할 뿐만 아니라 불참에 대한 비용을 치르도록 조치하는 것을 원칙으로 한다. 모든 기후 클럽 회원국은 국내적으로 탄소에 가격을 부여하고(탄소가격제 시행), 탄소에 적절한 비용을 부과하지 않는 비회원국에게 무역 제재를 가하는 것이 가장 중요한 규칙이다. 회원국은 국내에서의 화석연료 사용에 대해 탄소세, 탄소배출권거래제, 기타 제도 등으로 진짜(true) 가격을 부여하고, 이러한 조치를 취하지 않는 국가로부터의 수입품에 대해 그에 상응하는 비용(탄소 관세, 탄소세 등)을 부과해야 한다는 것이다. 이러한 세계적 탄소비용 부과 조치가 있지 않으면 어느 국가도 기후 클럽의 회원국으로 참여하지 않게 될 것이므로, 규칙의 엄격한 시행이 중요하다는 것이 노드하우스의 주장이다.

이러한 맥락과 근거 속에서, 탄소국경조정은 EU 등의 서구 선진국을 중심으로 해 도입이 추진되고 있다. 특히 EU의 움직임은 대단히 적극적이고도 신속해서, 2020년에 이해당사자 협의를 마쳤고, 2021년 7월 14일 관련 법안을 발의했으며, 법안이 통과될 경우 2023년부터 시범 적용의 일정을 앞두고 있다. 미국의 조 바이든(Joe Biden) 대통령 역시 대선공약을 통해 탄소국경조정의 도입을 추진할 의지를 표명했기에, 이는 범대서양 차원에서 높은 관심을 갖고 시급히 추진하는 의제로 볼 수 있겠다. 결과적으로 탄소 국경조정은 국제통상법 및 국제정치의 주요 이슈로 간주되어 세계적인 논쟁과 갈등을 일으킬 것으로 보이며, 산업계의 수출 집약도와 탄소집약도가 높은 국가에는 상대적으로 더 큰 영향을 미칠 것이다. 특히 2021년 파리기후 체제가 공식적으로 시작됨에 따라 국제공조가 그 어느 때보다 더 절실히 요구되는 상황에서, 기후변화를 둘러싼 기존 선진국 대 개도국 간의 갈등에 새로운 성격의 통상 갈등까지 더해진다면 국제기후 레짐에 큰 변동을 초래할 수 있는 가능성이 생겨난 셈이다.

2. EU의 탄소국경조정 도입 추진 동향

EU의 CBAM은 '유럽그린딜'의 세부 계획 중 하나로 발표된 2019년 이후 세계적인 이슈가 되어가고 있다. 하지만 EU 내에서 이 논의가 처음 나온 것은 그보다 12년 전인 2007년 12월 10일이다. 당시 유럽위원회는 2013~2020년 기간 동안 시행된 EU 배출권거래제(Emission Trading System, 이하 ETS) 3기의 계획을 수립하면서, 1기와 2기의 문제점을 극복할 수 있는 개혁안을 모색하고 있었다(Lamy, Pons and Leturcq, 2020: 4). EU-ETS 3기에서는 1기 95%, 2기 90%였던 배출권 무상 할당 비율을 낮추고, 경매를 통한 유상 할당을 기본으로 해 전체 배출권의 57%를 유상 할당으로 전환하는 큰 변화가 결정되었다. 이로 인해 EU 역내 기업의 산업경쟁력 약화와 탄소누출의 우려가 발생했는데, 유럽위원회는 이에 대한 대책으로 EU ETS Directive 수정안 29조에 '미래 할당 수입 요건(A Future Allowance Import Requirement, 이하 FAIR)' 프로그램을 제안했다. FAIR는 관련 분야 수입품을 EU-ETS에 포함시킬 것과, 유럽 수준의 온실가스배출량 평균을 기준으로 해 형평에 맞도록 유럽 수출 산업계에 비용을 지불할 것을 규정하는 프로그램이었다. 하지만 이 제안은 결국 거부되었는데, 국제 경쟁에 가장 많이 노출된 유럽 산업 부문에 대한 배출권 무상 할당의 연장을 포기할 수 없었기 때문이다.

유럽위원회의 제안이 무산된 이후, CBAM 논의를 이끈 것은 프랑스이다(Lamy, Pons and Leturcq, 2020: 4). 프랑스는 2009년과 2016년 두 번에 걸쳐 CBAM의 도입을 제안한 바 있다. 먼저, 2009년에 프랑스 정부는 "탄소 포함 메커니즘(Carbon Inclusion Mechanism)"을 시행할 것을 주장하는 비공식 제안서를 냈는데, 이는 EU 수입업자로 하여금 EU-ETS 내에서 배출권을 의무적으로 구입하도록 규정한 것이었다. 탄소 포함 메커니즘은 세계무역기구(World Trade Organization, WTO) 규칙에 부합되어야 하며, 오직 생산 단계에서의 온실가스배출만 대상으로 하도록 제안했으나, 유럽위원회 논의 이후 결국 채택되지 못했다.

이후 파리협정이 채택되고 파리기후 체제가 가시화되면서, 2016년 2월 프랑스는 한 번 더 탄소국경조정을 제안했다. 이번에는 시멘트 산업에 특별히 초점을 맞춘 제안이었다. 프랑스는 유럽 시멘트 업계에 대한 배출권 무상 할당을 경매를 통한 유상 할당으로 대체할 것과, 유럽에 수입되는 시멘트에 대해 유럽과 동일한 배출권 구입비용을 부과할 것을 요구했다. 2016년 12월 유럽의회의 환경·공중보건·식량안전위원회는 이 제안을 채택해 EU-ETS 4기(2021~2030) 개혁안에 포함한 후 표결에 부쳤으나, 결국 여러 차원의 반대에 직면해 프랑스의 제안은 기각되었다. 반대의 가장 큰 이유는 WTO 규칙과의 합치성이었는데, 유럽의회는 이 조치가 가장된 보호주의로 인식될 위험성에 대해 큰 우려를 표명했다(Hedegaard, 2020: 15). 이에 더해, EU-ETS 4기에서도 무상 할당의 유지를 원한 유럽 시멘트 업계의 입장도 기각의 중요한 사유가 되었다(Lamy, Pons and Leturcq, 2020: 4).

총 세 번의 제안과 기각을 거쳤으나, CBAM의 도입을 요구하는 목소리는 지속적으로 이어졌다. 결국 2019년 12월 1일 유럽위원회의 새로운 위원장으로 임기를 시작한 우르줄라 폰 데어 라이엔(Ursula von der Leyen)은 같은 달 11일에 유럽그린딜을 발표하면서 CBAM의 도입을 공식화했다. 유럽그린딜은 "지속가능한 미래를 위한 EU 경제의 전환"이라는 목표하에, 8대 정책과 지속가능성 주류화(mainstreaming sustainability) 5대 전략, 그린딜 외교 및 기후협약으로 구성되었다(European Commission, 2019b).

8대 정책 중 첫 번째가 "2030년 및 2050년 EU 기후변화 대응 목표의 상향조정"이다. EU는 유엔기후변화협약(이하 UNFCCC)을 주도하며, 1990~2018년 사이 전체 온실가스배출량의 23%를 감축하면서도 61%의 경제성장률을 달성했고, 2050년까지 1990년 대비 60%의 온실가스배출량 감축을 목표로 잡은 바 있다. 하지만 EU는 이 목표가 여전히 부족하다고 판단해, 2030년까지 1990년 대비 40% 감축이었던 기존의 목표를 50~55% 감축으로 상향 조정하고, 2050년에는 기후 중립(climate neutrality)을 이룰 것을 선언했다. 이러한 야심 찬 목표의 달성을 위해 기존의 ETS를 대폭 확대하고, 토지와 산림의 이용을 제한하며, 기후법(climate Law)을 제정할 것을 유럽그린딜에 명시했다. 이에 더해, 탄소세 등의 탄소가격제(carbon pricing) 혁신, 기후변화 적응의 강화, 탄소누출 방지를 위한 국제적인 CBAM의 추진을 유럽그린딜 전략의 중요한 축으로 삼을 것을 계획한 바 있다. 다른 세부계획과는 달리, CBAM의 도입은 EU의 내부 정책이 아니라 타국과의 통상정책에 해당되기 때문에, EU의 CBAM 도입 선언은 EU와 통상관계를 맺고 있는 모든 국가에게 큰 파장을 불러 일으켰다.

유럽그린딜에서 CBAM의 도입을 선언한 이후, EU는 필요한 절차를 빠르게 밟아가고 있다. 2020년 3월 4일부터 4일 1일까지 도입 영향 평가

(inception impact assessment)를 시행했고, 7월 22일부터 10월 28일까지는 EU와 통상관계에 있는 주요국과 공공 협의(public consultation)를 거쳐 의견을 수렴했다. 공공 협의 직전인 7월 21일 열린 유럽이사회에서는 코로나 위기 이후의 경제 회복 계획인 "Next Generation EU"의 예산 7500억 유로를 확정하며, 그 재원으로 재활용 불가 플라스틱 폐기물세, CBAM, 디지털세(digital levy), EU-ETS 기반 재원(해양·항공 부문으로의 확대 포함), 금융거래세 등을 제시했다. 유럽위원회는 2023년 1월 CBAM의 도입을 목표로 이해당사국을 대상으로 외교적 활동을 진행한 후, 2021년 7월 14일 CBAM 법안을 제출했다.

발표된 법안은 국제 통상 규칙과의 합치성, 탄소배출권 무상 할당 폐지를 둘러싼 EU 내부의 갈등, 세계 주요국의 반발 등을 포괄적으로 고려해 비교적 완화된 형태로 설계된 것으로 보인다. 주요 내용을 정리하면 〈표 11-1〉과 같다(김성진, 2021: 4~6).

첫째, 2023년으로 예정되었던 도입 일정은 2026년으로 연기되었다. 대신 2023~2025년 기간은 시범 적용의 형태로 시행하며, 어떠한 비용 부과도 없이 수입품의 탄소 함유량 등에 대한 상세 정보 제출만을 요청하기로 했다.

둘째, 형태는 EU-ETS 외부에 특별 저장고를 설치하여 배출권을 구입하도록 하는 방식인 '관념적(notional) ETS'로 결정되었으며, EU 시장에 수출하고자 하는 업자는 EU-ETS 배출권의 주간 평균 경매가격(유로/CO$_2$톤)에 연동되는 "EU 인증서(certificate)"를 구입하도록 규정했다. 원산지에서 생산 제품의 탄소비용을 이미 지불했다는 것을 제3자 공증을 통해 증명하면 EU 인증서 구입비용에서 해당 비용을 공제하기로 했으며(제2장), 가장 큰 문제가 되었던 EU-ETS 4기 탄소누출목록 업종들의 무상 할당 혜택은 수입 제품에도 동일하게 적용하기로 했다(제9장). 또한, 유럽위원회는 2026

표 11-1 EU CBAM 법안의 주요 내용

항목	내용
기간	· 2023~2025년 기간에는 시범적으로 적용되며, 2026년부터 공식 적용 · 시범 적용 기간에는 비용 부과 없이, 해당 제품에 대한 탄소 정보 보고만 시행
형태	· 관념적 ETS · 인증서의 명칭은 "EU Certificate"이며, 가격은 EU-ETS 배출권의 주간 평균 경매가격에 연동(유로/CO_2톤) · 원산지에서 생산 제품의 탄소비용을 이미 지불했다는 것을 증명하면 EU 인증서 구입비용에서 해당 비용을 공제 · EU 동종 제품이 받는 무상 할당 혜택을 수입 제품에도 동일하게 적용 · EU 탄소누출목록의 100% 무상 할당은 2026년부터 10%p씩 줄여서 2035년 100% 유상 할당으로 전환 · 수입원은 EU의 예산으로 귀속되어 활용
업종/제품	· 시멘트, 전기, 비료, 강철/철강, 알루미늄 · 2026년부터 점진적으로 대상 확대
면제	· EU-ETS에 참여하거나 제도적으로 연계된 국가 · 아이슬란드, 리히텐슈타인, 노르웨이, 스위스, 5개 EU 영토(뷔징겐, 헬골란트, 리비뇨, 세우타, 멜리야)
방법론	· 제품 생산 과정에서 발생하는 단위당 온실가스 직접배출(영역 1)과 투입된 원자재의 생산 과정 중 배출(영역 3)을 측정 · 간접배출(영역 2)과 전주기 탄소발자국은 2026년 도입 여부를 추후 평가 ① 생산국 사업장에서 측정한 실질 배출량을 측정 ② ①이 안 된다면, 생산국 동종제품의 평균 탄소집약도를 기준으로 측정 ③ ②도 안 된다면, EU 동종제품 중 배출량 상위 10%의 평균 탄소집약도를 기준으로 측정

자료: European Commission(2021)의 내용을 필자가 표로 정리.

년부터 EU-ETS에서 10%p씩 무상 할당의 비율을 줄여서, 2035년부터는 100% 유상 할당이 되도록 법안을 설계했다. CBAM 수입원은 개별 회원국에게 배분하거나 기후변화 취약국에게 지원하는 것이 아니라, EU의 예산으로 귀속된다.

셋째, 제품은 시멘트, 전기, 비료, 강철/철강, 알루미늄의 다섯 가지에 한정했으며(부속서 1), 2026년 이후부터는 점진적으로 대상 제품을 확대할 것이 발표되었다. 대상이 되는 온실가스는 대부분 CO_2인데, 비료에서는 N_2O가, 알루미늄에서는 PFCs가 포함되었다.

넷째, CBAM 적용을 면제받는 국가 및 영토는 EU-ETS에 참여하거나 제도적으로 연계된 곳에 한정되었다. 이에는 아이슬란드, 리히텐슈타인, 노르웨이, 스위스, 5개 EU 영토(뷔징겐, 헬골란트, 리비뇨, 세우타, 멜리야)가 해당된다(부속서 2). 최빈개도국에 대한 면제는 법안에 규정되어 있지 않다.

다섯째, 제품에 내재된 탄소배출량은 제품의 귀속 배출량을 제품의 활동 수준으로 나누는 방식으로 산정한다(부속서 3). 배출량 생산 공정으로 인해 설비에서 발생한 직접배출(영역 1)과 동법 제7조 6항에서 정의한 해당 공정의 시스템 경계에서 발생한 기타 간접배출(영역 3)을 대상으로 측정하며, 간접배출(영역 2) 및 전주기 탄소발자국은 2026년 도입 여부를 추후에 평가한다. 배출량 측정은 ① 생산국 사업장의 실질 배출량, ② 생산국 동종 제품의 평균 탄소집약도, ③ EU 동종 제품 중 배출량 상위 10%의 평균 탄소집약도의 순으로 기준을 삼는다.

CBAM 법안이 비교적 완화된 형태로 발표되었다고 평가할 수 있는 가장 중요한 근거는, 탄소배출량 산정에서 간접배출을 제외했다는 점이다. 온실가스배출원은 크게 세 개의 영역으로 구분하는데, 영역 1인 직접배출은 제품 생산 과정에서 고정연소, 이동연소, 공정배출, 탈루배출 등에 따른 배출량을 의미한다. 영역 2인 간접배출은 외부에서 구입해 사용하는 전기, 열, 스팀의 생산 과정에서 배출되는 온실가스를, 영역 3인 기타 간접배출은 영역 2의 간접배출원을 제외한 그 밖의 간접배출원(아웃소싱, 종업원 이동, 유통, 원재료 등)에서 비롯된 온실가스를 지칭한다. 이 중 영역 2인 전기·열의 생산에서 발생하는 온실가스를 CBAM 탄소배출량 산정에서 일단 제외함으로써, 화석연료를 통한 전기·열 생산 과정에서 배출되는 막대한 양의 온실가스에 적절한 탄소비용을 부과하지 않게 된 셈이다. 물론 2026년 이후 간접배출 및 전주기 탄소발자국을 측정방법론으로 삼을 수 있다는 점을 밝힘으로써, EU의 목표와 방향성을 예상할 수 있는 상황이다.

EU의 입법 과정상, 법안이 통과되기 위해서는 유럽의회와 EU이사회를 거쳐야 한다. 유럽위원회에서 법안을 유럽의회에 제출하면 심사와 표결을 거쳐 법안을 채택하며, 이후 이를 EU 27개국 각료들로 이루어진 EU이사회에 송부하면 EU이사회가 법제화 여부를 결정하는 것이 EU의 입법 과정이다. CBAM 법안이 유럽의회에 제출되었을 때 어떤 결과를 예상할 수 있을까? 2020년 10월 7일 발간된 「유럽의회 환경·공공보건·식품안전위원회 보고서」(European Parliament, 2020)는 기후변화 대응 강화와 탄소누출 방지를 위해 CBAM의 도입을 강력히 주장하고 있으며, 이것이 보호주의적 도구가 되어서는 안 되고, EU-ETS에서 탄소배출권을 무료로 할당받고 있는 여러 에너지 집약적 산업(EU 산업 부문 탄소배출량의 94% 차지)에 대한 개혁(무상 할당의 폐지 등)과 연계되어야 한다고 밝히고 있다. 2021년 2월 5일, 동위원회는 찬성 58표, 반대 8표, 기권 10표로 이러한 내용을 담은 결의안을 채택해 본회의에 회부했다(European Parliament News, 2021).

이후 3월 10일 유럽의회 본회의에서는 찬성 444표, 반대 70표, 기권 181표로 동 결의안을 채택했다(European Parliament, 2021). 하지만 유럽의회 최대 다수당인 중도우파 성향의 유럽인민당(European People's Party, EPP)의 강력한 요청으로, 환경·공공보건·식품안전위원회의 원 결의안에 있던 에너지 집약적 산업 무상 할당의 "시급하고도 궁극적으로 완전한 폐지(rapid and eventual complete phasing out)"라는 문구가 삭제된 채 통과됨으로써(Hall, 2021), EU-ETS 4기에서 배출권 무상 할당을 받는 대부분의 고탄소 업종에 대한 무상 할당제는 그대로 유지되기를 원하는 유럽의회의 의도가 담기게 되었다. EPP는 배출권 가격이 1톤당 40유로를 넘길 정도로 올라간 상황에서 유럽 산업계의 무상 할당을 유지하지 않으면 해외로의 탄소누출이 발생할 것이라는 우려를 제기했고, 이것이 반영된 것이다. 이는 법적 구속력을 지니지 않는 의회 결의안일 뿐이지만, 유럽위원회에 보내는 유럽의회의 메시지를 분명히 담고 있다는 점에서 중요한 의의를 지닌다고 할 수 있

표 11-2 유럽의회 본회의 CBAM 결의문 주요 내용

구성	주요 내용
일반론	(6조) EU로 수입되는 상품·재화에서 배출되는 온실가스가 EU 국내 온실가스배출의 20% 이상을 차지하는 등 수입에 따른 온실가스배출이 EU 온실가스 감축 노력을 손상시키고 있음.
WTO에 부합하는 CBAM 설계	(12조) EU ETS가 적용되는 제품을 수입하는 경우 CBAM이 부과되어야 하고, 초기에는 발전 부문과 에너지 집약적 산업 부문(시멘트, 철강, 정유, 제지, 유리, 화학, 비료 등)에 적용되어야 함. (14조) 현재 유럽위원회가 CBAM의 모든 가능한 형태(관세, 탄소세, EU-ETS 확대 등)를 평가 중인데, CBAM과 EU-ETS가 보완적·일관적이어야 하며, EU 기업을 이중으로 보호하는 중복이 발생되지 않도록 CBAM 설계는 EU-ETS 개선과 함께 검토되어야 함 (16조) CBAM은 EU 기업이 부담하는 탄소비용을 반영하는 방식으로 수입품의 탄소 함유량에 부과될 필요가 있고, CBAM에 따른 탄소가격 설정은 EU-ETS하의 배출권 가격의 변화를 반영해야 함. (18조) 전 세계에 걸쳐 지속가능한 기술에 대한 혁신·투자를 독려하기 위해, 수입업자는 EU-ETS의 측정·보고·검증 표준에 따라 그들 제품의 탄소 함유량이 기준치보다 낮다는 것을 입증할 선택권을 가져야 함.
CBAM 무역 관련 측면	(28조) CBAM은 수입품에 포함된 탄소의 배출에 대해 EU-ETS와 동등한 요금을 부과해 EU 및 외국 생산자간 공정한 경쟁의 장을 마련해야 함. (29조) 기후와 환경에 유해한 영향을 주지 않으면서 EU 기업의 경쟁력을 위해 글로벌 공정 경쟁의 장을 확보. - 긍정적 기후 영향과 WTO 규칙에의 합치성을 충분히 보여줄 수 있다는 전제하에, 유럽위원회가 수출환급금(export rebate) 도입을 고려할 것을 촉구
CBAM과 자원	(33조) CBAM으로 발생한 수입은 EU 예산의 재원으로 사용.
CBAM 이행 및 기타 측면	(39조) CBAM이 이행되면 회원국 차원에서 에너지 집약적 산업에 부여되는 모든 형태의 환경적으로 유해한 보조금 제거.

자료: European Parliament(2021).

다. 결국 유럽의회는 2050년 기후 중립 목표 달성과 탄소누출 방지를 위해 CBAM을 적극 추진하는 것에는 적극 찬성하나, 자국 산업계를 보호하는 장치는 유지하고자 하는 의도를 갖고 있으며, 이는 유럽위원회의 구상과 충돌하는 측면을 갖고 있으므로 향후 EU 내에서의 정치적 갈등 역시 CBAM 도입의 주요 변수라고 볼 수 있을 것이다.

3. 탄소국경조정 도입의 국제통상법적 쟁점

1) WTO GATT의 탄소국경조정 관련 규정

제2차 세계대전 막바지인 1944년, 세계의 주요 강대국은 미국의 브레튼우즈에 모여 전후 세계의 경제질서를 지칭하는 "브레튼우즈 체제"를 구상했다. 그 결과 통화 부문은 국제통화기금(International Monetary Fund, IMF), 개발은 국제부흥개발은행(International Bank for Reconstruction and Development, IBRD), 무역은 GATT를 중심으로 하는 체제가 수립되었다. 1947년에 만들어진 무역과 관세에 관한 국제협약인 GATT는, 1995년 WTO가 설립되면서 무형의 규범 체제에서 실질적이고도 포괄적인 국제법과 국제기구를 지닌 체제로 거듭났으며, 현재 164개국의 회원국을 보유한 채 세계 다자무역의 규칙을 관할하고 있다. 특히 다른 국제기구와 달리 WTO는 분쟁해결기구(Dispute Settlement Body, DSB)를 보유하고 있어서, 회원국 간 무역분쟁이 발생할 경우 법적 강제력을 지닌 결정을 내릴 수 있기 때문에, WTO의 결정은 국제통상법적으로 최상의 권위를 지닌다.

본질적으로 WTO는 시장경제를 중심으로 한 자유무역과 다자주의를 수호하는 역할을 하고 있다. 따라서 원칙과 역할에 충실한 한도 내에서, 무역에서 발생할 수 있는 다양한 사안에 대해 규범과 법적 결정을 창출해 왔다. 그중 하나가 환경문제이며, 지금까지 WTO는 "무역과 환경의 충돌" 문제의 성격을 지닌 다양한 통상 갈등에 대해 여러 의견과 판례를 내놓은 바 있다(박덕영·최승필·고문현, 2019: 125~128). 아직까지 온실가스배출과 기후변화를 주요 사안으로 하는 WTO 통상 분쟁은 발생한 적이 없으나, 지금까지 축적되어 온 WTO 판례를 분석해 보면, 탄소국경조정과 관련되는 WTO의 원칙과 GATT의 주요 조항들을 〈표 11-3〉과 같이 정리할 수 있다.

WTO GATT에서 국경조정을 직접적으로 다루는 규정은 제2조 2(a)항이

표 11-3 탄소국경조정과 관련되는 WTO GATT 주요 조항

규정	조항	구절
최혜국 대우	1조 1항	"수입 또는 수출에 대하여 또는 수입 또는 수출과 관련하여 부과되거나 수입 또는 수출에 대한 지급의 국제적 이전에 대하여 부과되는 관세 및 모든 종류의 과징금에 관하여, 동 관세 및 과징금의 부과 방법에 관하여, 수입 또는 는 수출과 관련된 모든 규칙 및 절차에 관하여 그리고 제3조 제2항 및 제4항에 언급된 모든 사항에 관하여 체약 당사자가 타국을 원산지로 하거나 행선지로 하는 상품에 대하여 부여하는 제반 편의, 호의, 특권 또는 면제는 다른 모든 체약 당사자의 영토를 원산지로 하거나 행선지로 하는 동종 상품에 대하여 즉시 그리고 무조건적으로 부여되어야 한다."
내국민 대우	3조 1항	"체약 당사자들은 내국세 및 그 밖의 내국 과징금과 상품의 국내 판매, 판매를 위한 제공, 구매, 운송, 유통 또는 사용에 영향을 주는 법률·규정·요건과 특정 수량 또는 비율로 상품을 혼합하거나 가공 또는 사용하도록 요구하는 내국의 수량적 규정이 국내 생산을 보호하기 위하여 수입 상품 또는 국내 상품에 적용되어서는 아니 된다는 것을 인정한다."
	3조 2항	"다른 체약당사자의 영토내로 수입되는 체약당사자 영토의 상품은 동종의 국내 상품에 직접적 또는 간접적으로 적용되는 내국세 또는 그 밖의 모든 종류의 내국 과징금을 초과하는 내국세 또는 그 밖의 모든 종류의 내국 과징금의 부과 대상이 직접적으로든 간접적으로든 되지 아니한다. 또한 어떠한 체약당사자도 제1항에 명시된 원칙에 반하는 방식으로 수입 또는 국내 상품에 내국세 또는 그 밖의 내국 과징금을 달리 적용하지 아니한다."
	3조 4항	"다른 체약당사자의 영토내로 수입되는 체약 당사자 영토의 상품은 그 국내 판매, 판매를 위한 제공, 구매, 운송, 유통 또는 사용에 영향을 주는 모든 법률, 규정, 요건에 관하여 국내 원산의 동종 상품에 부여되는 대우보다 불리하지 않은 대우를 부여받아야 한다. 이 항의 규정은 상품의 국적에 기초하지 아니하고 전적으로 운송수단의 경제적 운영에 기초한 차등적 국내 운임의 적용을 방해하지 아니한다."
양허표	2조 1(b)항	"어떤 체약당사자에 관한 양허표 제1부에 기재된 상품으로서, 다른 체약당사자 영토의 상품이 동 양허표에 관련된 영토로 수입되는 경우, 동 양허표에 명시된 조건 또는 제한에 따라 동 양허표에 명시되고 제시된 관세를 초과하는 통상적인 관세로부터 면제된다. 이러한 상품은 이 협정일자에 부과되고 있거나 이 협정일자에 수입영토에서 유효한 법령에 의하여 이후 부과되도록 직접적이고 의무적으로 요구되는 한도를 초과하여 수입에 대하여 또는 수입과 관련하여 부과되는 모든 그 밖의 관세 및 모든 종류의 과징금으로부터 또한 면제된다."
	2조 2(a)항	"이 조의 어떠한 규정도 체약당사자가 상품의 수입에 대하여 언제든지 다음을 부과하는 것을 방해하지 아니한다. (a) 동종의 국내 상품에 대하여 또는 당해 수입 상품의 제조 또는 생산에 전부 또는 일부 기여한 물품에 대하여 3조 2항의 규정에 합치되게 부과하는 내국세에 상당하는 과징금"
수량 제한 금지	11조 1항	"다른 체약 당사자 영토의 상품의 수입에 대하여 또는 다른 체약 당사자 영

규정	조항	구절
		토로 향하는 상품의 수출 또는 수출을 위한 판매에 대하여, 쿼타, 수입 또는 수출 허가 또는 그 밖의 조치 중 어느 것을 통하여 시행되는지를 불문하고, 관세, 조세 또는 그 밖의 과징금 이외의 어떠한 금지 또는 제한도 체약 당사자에 의하여 설정되거나 유지되어서는 아니 된다."
일반적 예외	20조 두문	"다음의 조치가 동일한 여건이 지배적인 국가 간에 자의적이거나 정당화 할 수 없는 차별의 수단을 구성하거나 국제무역에 대한 위장된 제한을 구성하는 방식으로 적용되지 아니한다는 요건을 조건으로, 이 협정의 어떠한 규정도 체약 당사자가 이러한 조치를 채택하거나 시행하는 것을 방해하는 것으로 해석되지 아니한다."
	20조 (b)	"인간, 동물 또는 식물의 생명 또는 건강을 보호하기 위하여 필요한 조치"
	20조 (g)	"고갈될 수 있는 천연자원의 보존과 관련된 조치로서 국내 생산 또는 소비에 대한 제한과 결부되어 유효하게 되는 경우"

자료: WTO GATT에서 필자가 선별하여 작성.

다. 이에 따르면, WTO 회원국은 내국민대우 규정 준수를 전제로 해 수입 상품에 대해 "내국세에 상당하는 과징금(charges)"을 부여할 수 있다. 여기서의 "과징금"은 상품이나 서비스 제공에 대해 지불되어야 할 값을 의미하며, 대표적으로 수수료, 보증금 등을 칭한다(김호철, 2011: 142). 이에 더해, "내국세에 상당하는" 역시 중요한 의미를 지니는데, A국이 세금 제도를 통해 국내 상품에 특정한 세금을 부과하고 있다면, 그러한 과세가 없는 B국의 상품을 수입할 경우 이에 해당하는 비용을 부과할 수 있다는 의미이다. 따라서 WTO 회원국은 GATT 제2조 2(a)항에 근거해, 국내시장에서 특정 상품에 적용되는 세금 또는 부과금에 해당되는 것을 동종의 수입 상품에 부여할 수 있기 때문에, 다른 규칙과의 충돌이 없는 한 국경조정은 WTO 규칙상 허용된다.

WTO GATT 제2조 1(b)항에서는 국경조정과 관세를 구분할 것을 규정하고 있다. WTO에서는 양허관세율과 실행관세율을 규정하고 있는바, 국경조정이 내국세에 상당하는 과징금이 아니라 관세의 형태로 부과될 경우,

WTO가 규정한 관세율을 초과해 부과되는 수입관세는 제2조 1(b)항을 위반할 여지가 있다.

WTO GATT 제11조 1항은 수량 제한을 금지하고 있다. 이 조항에서는 수입품에 대한 "관세, 조세 또는 그 밖의 과징금 이외의 어떠한 금지 또는 제한"도 금지하고 있기 때문에, 국경조정의 유형을 어떻게 설계하는지에 따라 제11조 1항의 위반 가능성이 생길 수 있다.

WTO GATT 제1조는 WTO의 핵심 원칙 중 하나인 최혜국 대우(most-favoured-nation)를 규정한다. 최혜국 대우란, 자국이 특정 무역 상대국에게 부여하는 가장 유리한 대우를 다른 모든 WTO 회원국에게도 동등하게 부여해야 한다는 의미이다. 즉 A국이 B국에게 대단히 유리한 무역상 대우를 하고 있다면, A국은 C국, D국 등에게도 B국과 동등한 대우를 부여해야 한다는 규정이 최혜국 대우이다.

WTO GATT 제3조는 WTO의 핵심 원칙 중 하나인 내국민대우(national treatment)를 규정하고 있다. 내국민대우는 다른 WTO 회원국의 상품과 자국의 상품을 차별하지 않고 동등하게 대해야 한다는 규칙이다. 다시 말해서, 수입 상품에 대한 조세가 동종의 국내 상품에 부과된 조세를 초과해서는 안 된다는 것을 규정한 것이다. 또한 국내 상품과 수입 상품이 직접적으로 경쟁적이거나 대체 가능하다면, 국내 상품과 수입 상품에 차별적인 과세를 할 경우 이는 국내 상품을 보호하기 위한 목적이면 안 된다는 점 역시 명시되어 있다. 그러므로 내국민대우 원칙의 위반 기준은, 재정적이든 비재정적(법률, 규정, 요건)이든 자국의 조치가 수입 상품에 비해 국내 상품을 보호하기 위한 차별의 성격을 지니는지의 여부이다.

마지막으로, 살펴볼 규정은 WTO GATT 제20조의 두문(chapeau), (b)항, (g)항에 나오는 예외 조치이다. 지금까지의 모든 조항에 위배된다고 하더라도, 제20조의 사유에 해당되면 이는 예외 사안으로 간주되어 정당화될 수 있다. 그러한 조건 중, (b)항은 인간과 동·식물의 건강보호를, (g)항은 고갈될 수 있는 천연자원의 보존을 지정하고 있다. 즉 WTO 규정에 불합치하는 조치라고 해도, 특정한 공중보건 또는 환경보호 사안에 해당되는 경우 이는 합법으로 인정되는 것이다. 그러나 제20조의 두문은 이러한 예외 인정에 대해 중요한 전제를 달고 있다. 그 예외는 "동일한 여건이 지배적인 국가 간에 자의적이거나 정당화할 수 없는 차별의 수단을 구성하거나 국제무역에 대한 위장된 제한을 구성하는 방식으로 적용되지 않아야 한다"라는 것이 전제이다. 다시 말해서, 공중보건과 환경보호를 핑계로 수입 상품을 차별하거나 위장된 제한을 해서는 안 된다는 점을 명확히 한 것이다.

2) EU CBAM 설계에 따른 국제통상법적 쟁점

(1) CBAM의 유형

CBAM 법안을 제출하기 전, 유럽위원회는 공공 협의를 위한 설문조사를 통해 CBAM의 형태로 가능한 네 가지 유형에 대해 이해관계자들의 의견을 물은 바 있다. 이제 법안이 제출되어 CBAM은 세 번째 유형인 "관념적 ETS"로 귀결되었다. 이 장에서는 각 유형의 국제통상법과의 합치성에 대해 분석하고, 왜 CBAM이 관념적 ETS의 형태를 지닐 수밖에 없었는지를 분석한다.

EU는 공공 협의 설문지에서 다음의 네 가지 유형을 CBAM의 선택지로 제시했다.

① 탄소누출이 우려되는 분야에서 제조되는 특정 상품의 수입에 대해 EU 국경에서 과세하는 국경세 또는 관세

② EU 외부의 생산자 또는 수입업자가 EU-ETS에 참여해 할당배출권을

구매하는 EU-ETS 확대 적용

③ EU-ETS 외부의 특정 저장고에서 배출권을 구매할 의무를 부여(가격은 EU-ETS 가격을 반영)하는 관념적 ETS

④ 소비 단계에서 탄소누출이 우려되는 분야에서 생산되는 특정 상품에 대해 세금(소비세 또는 부가가치세)을 부과(수입품과 EU 내 생산품에 모두 적용)하는 탄소세

먼저, 관세는 GATT 제2조 1(b)항에서 정의하고 있는데 일반 관세와 기타 관세 또는 부과금을 의미한다. 내국세는 GATT 제3조 2항의 문구에서 관련 규정을 확인할 수 있다. WTO에서 정한 세금 관련 국경조정 조치에 대한 중요한 규칙 중 하나는, 직접세가 아닌 간접세와 간접 부과금의 형태로만 국경조정을 시행할 수 있다는 것이다(홀저, 2016: 61). 세금은 납세자(세금을 납부하는 사람)와 담세자(실제로 부담하는 사람)의 동일성 여부에 따라 직접세와 간접세로 구분된다. 소득을 얻은 사람이 소득세, 소득을 얻은 법인이 내는 법인세, 재산을 상속받은 사람이 내는 상속세 등은 납세자와 담세자가 일치하기 때문에 직접세에 속한다. 반면 상품 자체에 포함되어 있는 부가가치세, 개별소비세 등의 경우, 납세자는 생산자(기업)이지만 담세자는 소비자이기 때문에 간접세에 해당된다. WTO에서 인정하는 국경조정은 생산자가 아닌 상품에 직접 부과되는 세금 또는 부과금, 즉 간접세에 국한된다. 따라서 지금 논의하는 내국세는 간접세에 국한된다는 점을 전제한다.

GATT 제2조 2(a)항에서는 양허표에 규정된 수준을 초과할 수 없는 관세 이외에, 수입품에 내국세에 상당하는 과징금을 부여하는 것을 인정하고 있다. 다만 이러한 조치는 동종의 국내 상품에 대해, 당해 수입 상품의 제조·생산에 전부 또는 일부 기여한 물품에 대해 GATT 제3조 2항의 규정

표 11-4 관세, 내국세, 국경조정의 차이

유형	시행 시점	수입품 차별	조치 적용 시점
관세	국경	차별적. 동종 상품에 대해 국산품에 적용되는 부과금과 상관없이 수입품에만 적용	상품이 수입국으로 들어오는 시점
내국세	국내 시장	비차별적. 동종 상품에 대해 수입품과 국산품에 동일하게 적용	상품이 국내 시장에서 판매·사용되는 시점
국경조정	국경	비차별적. 동종 상품에 대해 수입품과 국산품에 동일하게 적용	상품이 수입국으로 들어오는 시점

자료: 홀저(2016: 78)에서 필자가 일부 수정.

에 일치하게 부과하는 경우에만 허용된다는 것을 추가로 규정한다. 다시 말해서, 국경조정의 가장 중요한 원칙은 "내국민대우"이다. 수입품에 대한 과세가 동종의 국산품에 부과된 과세를 초과해서는 안 되며, 국산품을 보호할 목적으로 수입산을 차별해서는 안 된다는 것이다.

여기서 EU CBAM의 두 가지 가능한 세금 형태인 "관세"와 "내국세로서의 탄소세"의 법적 성격이 나뉘게 된다. 국경조정은 형식적인 형태로는 관세와 더 큰 유사성을 지니지만, 실질적인 내용으로는 내국세의 수입 상품 적용에 더 가깝다고 볼 수 있다. 국경조정을 허용한 GATT 제2조 2(a)항의 요건이 충족된다면, 수입품에 부여되는 부과금은 관세가 아니라 내국세를 수입품에도 적용하는 것으로 봐야 한다(홀저, 2016: 68).

따라서 EU CBAM이 관세의 형태로 시행된다면, WTO의 여러 규정을 위반할 가능성이 다분하다. 국경조정은 국내에서 부과한 요금을 동종 상품에 대해 수입산에도 동일하게 부과하는 제도이기 때문에, 국내에서의 부과금과 상관없이 수입 상품에만 관세를 부과한다면 이는 내국민대우 원칙 위반이 된다. 예컨대 탄소집약적 수입품에 부과되는 관세율이 GATT 제2조 1(b)항에서 규정한 관세율을 초과한다면, WTO 규정 위반으로 판결될 가능성이 더욱 높다. 관세 형태로의 CBAM은 EU 기업들의 탄소누출을 막고 산업경쟁력을 확보할 수 있는 가장 좋은 수단이지만, 여러 선택지 중에서 국제법에 합치될 가능성이 가장 낮은 방식이기도 하다. 결과적으로, GATT 제20조의 예외, 특히 (g)항의 "고갈될 수 있는 천연자원의 보존"과 관련된 조치로 인정받지 못한다면, 관세 형태의 CBAM은 WTO 규정을 위반할 소지가 크다.

반면 내국세(간접세 형태의 탄소세) 방식으로 CBAM이 추진된다면, 수입산과 국내산을 차별하지 않기 때문에 WTO 내국민대우 원칙에 부합된다. 탄소세는 탄소집약적 상품에 대한 소비를 줄이기 위해 상품에 부과되는 형태를 지니기 때문에, 간접세인 개별소비세의 성격을 지닌다. WTO 규칙상 개별소비세를 시행하는 국가에서는 동종 상품에 대해 수입산에도 동일한 세금을 부과할 수 있으며, 이것이 국경조정의 가장 전형적인 형태에 해당한다.

하지만 탄소세는 EU에 상당한 부담이 따르는 선택지이다. 탄소세 형태로 CBAM을 시행하기 위해서는 먼저, EU 전체에 탄소세를 도입해야 한다. 위의 표에서 볼 수 있듯이, EU 회원국 중 몇몇 국가는 탄소세를 이미 도입해 시행 중에 있으나, 다수의 회원국은 그렇지 않은 상태이다. EU 법제상 세금 제도를 신설하기 위해서는 27개 회원국 각료로 구성된 EU이사회의 만장일치 승인을 얻어야 하며, 수입산 이전에 모든 EU 상품부터 과세의 대상이 되기 때문에, 이는 상당한 정치적 부담으로 작용할 것이다. 새로운 관세의 채택과 ETS의 개선은 EU이사회 다수결 찬성으로 가능하기 때문에, 탄소세는 이 중 정치적 부담이 따르는 선택지가 된다. 또한 관세 수입은 EU 예산과 회원국 예산으로 분배되는 데 반해, 탄소세 수입은 개별 회원국에게 모두 돌아가게 되어, EU 차원에서 사용할 수 없다는 문제도 발생한다 (Marcu, Mehling and Cosbey, 2020: 23). 따라서 관세 형태의 CBAM은 기술적으로 신설과 시행이 용이하나 WTO 규정에 저촉될 가능성이 높으며, 탄소세 형태의 CBAM은 WTO 규정에는 부합하지만 신설과 시행에 큰 부담이 따른다는 특징을 지닌다.

마지막으로, "EU-ETS를 수입품에 확대 적용"하거나, 수입업자를 위한 탄소배출권 저장고를 따로 설치하는 "관념적 ETS"는, 현재 시행되고 있는 EU-ETS를 활용하는 CBAM의 두 가지 형태이다. 이미 확인했듯이, 관세 또는 탄소세의 선택지는 도입에 큰 제약과 부담이 따르므로, EU로서는 ETS의 활용 형태로 CBAM을 도입하려는 의도를 지닌 것으로 판단된다. 앞에서 살펴본 유럽의회 환경·공공보건·식품안전위원회 보고서 및 이를 토대로 한 결의안에서도 CBAM이 ETS 개혁과 연계되어야 한다는 점을 적시하고 있어, 그러한 추론이 가능해진다.

EU-ETS는 2009년에 제정된 EU Directive/2009/29/EC의 규정에 따라 시행된다. 제10b조 1(b)항에서는 이를 수입업자에게 적용할 수 있음을 규정하고 있어서(The European Parliament and the Council of the European Union 2009), 특별한 규정의 신설이나 변경이 없이도 EU-ETS를 수입품에 확대할 수 있는 근거 규정이 마련되어 있기에, EU로서는 이러한 방식의 도입이 제도적으로는 다른 것에 비해 더 용이하다고 볼 수 있다. 이에 더해, EU 내에서 ETS를 통해 역내 기업에 부담시키는 탄소비용을 해외 기업에도 적용한다는 명분이 성립되기에, 설계 방식에 따라 WTO 내국민대우에도 합치될 수 있는 제도이다.

하지만 상품에 세금만 부여하면 되는 관세나 탄소세와는 달리, ETS는 대단히 복잡한 행정적 설계를 필요로 한다. 예컨대 탄소세는 따로 특별한 제도를 만들 필요 없이, 기존의 세금 체제를 활용해 쉽게 시행할 수 있다. 하지만 ETS는 대상 업체의 취합, 탄소배출 허용 총량의 산정, 배출권 할당 방식의 결정, 이월·차입·상쇄배출권 등 세부 선택지의 채택 등을 시작부터 정교하게 설계할 필요가 있어 높은 행정비용이 따른다. 관세와 탄소세가 가격을 통제하는 제도임에 반해, ETS는 수량(탄소배출량)을 통제하는 제도이므로, 제도적 복잡성에 있어 관세나 탄소세에 비해 운영의 어려움이 따른다.

따라서 EU-ETS를 해외 수입업자에게 확대 적용하는 것은, 제도상으로 도입에는 큰 어려움이 없으나 시행을 위한 행정비용이 크고 운영의 어려움이 따른다는 문제점을 지닌다. 이를 보완하는 것이 관념적 ETS라고 할 수 있다. 관념적 ETS의 형태는 EU도 구체적으로 제시하지 않고 있으나, 그 원리는 미국의 '왁스먼-마키법'에서 규정된 내용과 유사할 것으로 판단된다. 해외 업체까지 포함된 대상 업체의 새로운 취합을 통해 탄소배출 허용 총량을 다시금 산정하는 복잡하고도 어려운 절차를 거칠 필요 없이, 수입업자 전용의 특별 외부저장고를 만들어서 EU-ETS의 배출권에 상응하는 비용을 지불하고 특별 배출권을 구입하도록 하는 형태가 될 것이다. 관념적 ETS 역시 ETS의 활용 형태인 이상 해외 무역국에 쉽게 이해받거나 수용되지는 않겠으나, EU의 입장에서 볼 때 EU-ETS의 확대보다는 더 시행이 용이한 선택지임은 분명하다.

EU가 관세나 탄소세가 아닌 EU-ETS의 활용 형태로 CBAM을 도입하고자 발표한 이상, 반드시 해결해야 하는 사항이 있다. EU-ETS의 개혁, 더 정확히는 현존 탄소누출목록의 개선이 없다면, EU는 기후변화 대응을 명분으로 수입품에 자의적 차별 또는 위장된 제한을 가해 WTO 내국민대우 원칙을 위반한다는 법적 판단과 국제사회의 비난을 피할 수 없을 것이다.

현재 EU-ETS에서 탄소 함유량을 측정하는 방식은 벤치마크이다. 여기서 벤치마크란 "업종별로 업체의 생산 활동에 적용되는 온실가스배출 표준값"을 의미한다(고문현·정순길·이승은, 2019: 81). 한 업종의 모든 사업장을 대상으로 해 탄소집약도(상품 한 단위를 생산하는 데 배출되는 CO_2의 양)를 취합한 후, 효율이 가장 좋은 상위 10% 수준을 기준점으로 잡는 것이 EU-ETS의 벤치마크 방식이다. 각 사업장의 연간 상품 생산량에 기준점(상위 10%)

을 곱한 탄소배출량까지는 탄소배출권을 무상 할당하고, 이를 초과하는 부분에 대해서는 유상 할당(경매를 통한 구입)이나 다른 기업과의 거래를 통해 배출권을 구입하도록 하고 있다. 이에 더해, 탄소누출 위험이 특별히 높은 업종에 대해서는 배출권을 100% 무상 할당(탄소누출 노출 지수 100%)하고, 그렇지 않은 업종에 대해서는 30% 등 다양한 탄소누출 노출 지수를 부여한다. 탄소누출 위험이 특별히 높은 업종은 탄소누출목록에 포함시켜서 배출권 100% 무상 할당을 하는데, ① 탄소비용 5% 이상 + 무역 집약도 10% 이상, ② 탄소비용 30% 이상, ③ 무역 집약도 30% 이상의 세 가지 중 하나만 해당되면 이 명단에 포함된다. 탄소비용은 해당 업종의 탄소배출에 따른 비용(직접비+간접비)을 부가가치 생산액으로 나눈 값이며, 무역 집약도는 무역액(수출액+수입액)을 GDP+수입액으로 나눈 값이다(고문현·정순길·이승은, 2019: 83~84).

〈표 11-5〉는 2021년부터 2030년까지 적용되는 EU-ETS 4기의 탄소누출목록이다. 철강, 시멘트, 정유, 화학제품, 비료 등 탄소집약도가 높은 업종은 모두 포함되어, 100% 배출권 무상 할당의 대상으로 지정되어 있음을 확인할 수 있다. 사실상 발전 업종을 제외한 모든 온실가스 다배출 업종이 포함되어 있다고 해도 과언이 아니다. 2015년 EU 자체 영향 조사에 따르면, 발전 업종을 제외한 산업계에서 배출하는 온실가스배출량의 97%가 탄소누출목록에 포함된 업종에서 발생하고 있다. 그리고 산업 부문 온실가스배출량의 70% 이상이 철강, 시멘트, 정유, 화학제품, 비료의 5개 업종에서 발생한다(고문현·정순길·이승은, 2019: 155~156). 2019년 조사에서도 이러한 사실에 변화가 없음이 드러났는데, 탄소누출목록에 포함된 업종들이 EU 산업 부문 전체(발전 업종 제외) 온실가스배출량의 94%를 차지하고 있다는 점이 다시 한번 확인되었다(European Commission, 2019a).

그러므로 EU가 EU-ETS를 활용하는 방식으로 CBAM을 도입하기로 결

표 11-5 EU ETS 4기 탄소누출목록

Sectors and subsectors which, pursuant to Article 10b of directive 2003/87/EC, are deemed to be at risk of carbon leakage

1. Based on the criteria set out in Article 10(1) of Directive 2003/87/EC

NACE Code	Description
0510	Mining of hard coal
0610	Extraction of crude petroleum
0710	Mining of iron ores
0729	Mining of other non-ferrous metal ores
0891	Mining of other chemical and fertiliser minerals
0899	Other mining and quarrying n.e.c.
1041	Manufacture of oils and fats
1062	Manufacture of starches and starch products
1081	Manufacture of sugar
1106	Manufacture of malt
1310	Preparation and spinning of textile fibres
1395	Manufacture of non-wovens and articles made from non-wovens, except apparel
1411	Manufacture of leather clothes
1621	Manufacture of veneer sheets and wood-based panels
1711	Manufacture of pulp
1712	Manufacture of paper and paperboard
1910	Manufacture of oke oven products
1920	Manufacture of refined petroleum products
2011	Manufacture of industrial gases
2012	Manufacture of dyes and pigments
2013	Manufacture of other in organic basic chemicals
2014	Manufacture of other organic basic chemicals
2015	Manufacture of fertilisers and nitrogen compounds
2016	Manufacture of plastics in primary forms
2017	Manufacture of synthetic rubber in primary forms
2060	Manufacture of man-made fibres
2311	Manufacture of flat glass
2313	Manufacture of hollow glass
2314	Manufacture of glass fibres

2319	Manufacture and processing of other glass, including technical glassware
2320	Manufacture of refractory products
2331	Manufacture of ceramic tiles and flags
2351	Manufacture of cements
2352	Manufacture of lime and plaster
2399	Manufacture of other no-metalic mineral products n.e.c.
2410	Manufacture of basic iron and steel and of ferro-alloys
2420	Manufacture of tubes, pipes, hollow profiles and related fitting, of steel
2431	Cold drawing of bars
2442	Aluminium production
2443	Lead, zinc and tin production
2444	Copper production
2445	Other non-ferrous metal production
2446	Processing of nuclear fuel
2451	Casting of iron

2. Based on the criteria set out in Article 10b(2) of Directive 2003/87/EC

NACE Code	Description
0893	Extraction of salt
1330	Finishing of textiles
2110	Manufacture of basic pharmaceutical products
2341	Manufacture of ceramic household and ornamental articles
2342	Manufacture of ceramic sanitary fixtures

3. Based on the criteria set out in Article 10b(3), first subparagraph of Directive 2003/87/EC

NACE Code	Description
2332	Manufacture of bricks, tiles and construction products, in baked clay

4. Based on the criteria set out in Article 10b(3), fifth subparagraph of Directive 2003/87/EC

Prodcom Code	Description
081221	Kaolin and other kaolinic clays
10311130	Frozen potatoes, prepared or preserved (including potatoes cooked or partly cooked in oil and then frozen; excluding by vinegar or acetic acid)
10311300	Dried potatoes in the form of flour, meal, flakes, granules and pellets
10391725	Concentrated tomato puree and paste
105121	Skimmed milk powder
105122	Whole milk powder

105153	Casein
105154	Lactose and lactose syrup
10515530	Whey and modified whey in powder, granules or other solid forms, whether or not concentrated or containing added sweetening matter
10891334	Bakers' yeast
20302150	Vitrifiable enamels and glazes, engobes (slips) and similar preparations for ceramics, enamelling or glass
20302170	Liquid lustres and similar preparations; glass frit and other glass in poder; granules or flakes
25501134	Open die forged ferrous parts for transmission shafts, camshafts, crankshafts and cranks etc.

자료: European Commission(2019a: 1~4).

정한 이상, 2021년부터 2030년까지의 EU-ETS 4기 과정에서 100% 배출권 무상 할당을 받는 탄소누출목록 대상 업종을 개혁해, 탄소집약도가 높은 업종에 대해서는 유상 할당을 시행해야 한다. 역내 기업에 대해서는 탄소 배출권을 무상으로 할당해 탄소비용을 절감해 주면서, 해외 기업에 대해서는 EU-ETS 가격으로 배출권을 구입하도록 한다면 이는 WTO 내국민대우 원칙을 위반하는 행위가 되기 때문이다. 이를 인지한 유럽위원회는 ETS 법안 개정을 통해 2026년부터 탄소누출목록 업종의 무상 할당 비율을 10%p씩 줄여서 2035년에는 100% 유상 할당을 할 것을 발표했다. 또한, EU가 받는 무상 할당의 혜택은 수입산 동종 제품에도 동일하게 적용하겠다는 점도 명확히 했다.

그러나 앞서 기술한 바 있듯이, EU는 2007년, 2009년, 2016년에 추진했던 CBAM의 도입에 모두 실패했다. 그 이유로는 두 가지를 꼽을 수 있는데, WTO 통상 규칙 위반 가능성에 대한 유럽의회의 우려와, 탄소누출목록에서의 탈락에 대한 주요 탄소집약적 산업계의 강력한 저항 때문이었다. 유럽그린딜 발표 이후 EU 27개 회원국과 유럽의회의 입장에서 2030년 온실가스감축목표 및 2050년 탄소중립 달성, 그리고 새로운 수입원의 확보에 우호적인 측면이 나타나고 있으나 2030년까지 확정된 EU-ETS 4기 탄소누출목록의 개혁이 추진되고 2026년부터 CBAM의 시행을 위해 목록 갱신이 이루어진다면, 다시금 EU 산업계의 반대에 직면할 가능성이 높은 상황이라고 볼 수 있어서 경과를 계속 지켜봐야 할 것이다.

(2) CBAM의 탄소 함유량 측정 방식

EU CBAM 법안에서는 영역2 간접배출을 측정하지 않기로 했으며, 간접배출 및 전주기 탄소발자국 방식의 2026년 이후 도입은 추후 고려 사항이라는 점을 앞서 기술했다. CBAM의 적용 범주(영역1 직접배출, 영역2 간접배출, 영역3 기타 간접배출) 및 적용 제품의 대부분 선택지(모든 제품, 특정 탄소누출 업종 제품)는 WTO 규정상 큰 문제를 지니지 않을 것으로 보이는데, 어떤 방식을 택하더라도 기술적인 문제가 있을 뿐, 국제법적으로는 GATT 제20조 환경보호를 위한 예외 조치의 적용을 받을 수 있을 것으로 판단된다. 하지만 적용 제품 선택지의 일부와 탄소 함유량 측정 방식은 다소 까다로운 법적 고찰을 요한다.

WTO에서는 "제품 무관련 공정 및 생산 방법(non-product-related processes and production methods, NPR-PPM)"이라고 부르는 문제에 대해 지속적으로 논쟁을 벌여왔다. PPM은 "상품이 제조되거나 처리되고, 천연자원이 채취되거나 수확되는 방식"을 의미한다. 이는 두 가지 형태로 나뉘는데, 하나는 상품과 무관한 NPR-PPM이고, 다른 하나는 상품과 관련되는 PR-PPM이다. PR-PPM은 최종 상품에 물리적 영향(흔적)을 남기는 경우이고, NPR-PPM은 상품의 비물리적 측면과 관련되어 최종 상품에 물리적 영향(흔적)을 남기지 않는 경우이다. PR-PPM의 예로는 오래 사용된 어떤 상품이 낡아서 환경 또는 인체에 유해한 효과가 나타나는 경우를 들 수 있으며("소비의 외부성"), NPR-PPM의 예로는 특정한 생산 공정이 환경에 유해한 효과를 일으키는 경우("생산의 외부성")를 들 수 있다(홀저, 2016: 84~85). 전력·스팀의 생산이나 제조품의 생산 과정에서 다량의 온실가스를 발생시키는 것을 억제하고, 더 나아가서는 탄소발자국 전 주기를 제어하는 것이 주요 문제인 탄소국경조정 사안은 NPR-PPM에 속하게 되며, WTO 규칙이 NPR-PPM을 어떻게 규정하는지가 대단히 중요한 의미를 지니게 된다.

전통적으로 WTO는 상품의 물리적 특성 이외의 측면에 대해 규제를 가하는 것에 반대해 왔다. WTO 분쟁해결기구에서도 핵심적인 판단 기준으로 삼는 것은 상품의 동종 여부인데 ① 상품의 물리적 특성, ② 최종 용도, ③ 소비자의 기호 및 습관, ④ 관세 목적의 국제 상품 분류라는 네 가지 특성을 고려해 상품의 동종성 여부를 판단한다(김성진, 2016: 296). 다시 말해서, 상품의 제조 과정이나 생산자의 특성과 같은, 상품의 물리적 특성과 관련이 없는 과정적인 부분에 대해서는 판단하지 않는 것이다.

하지만 기후변화 등 환경문제가 지니는 특성을 고려할 때, 최종 상품만을 판단의 대상으로 삼는다는 것은 적절하지 않은 일이다. 기후변화의 주된 원인이 다양한 에너지 및 상품의 공정 과정에서 나오는 온실가스임을 감안한다면, 상품의 공정 역시 중요한 판단 기준이 될 수 있다. 그럼에도 불구하고 PPM의 인정은 치열한 논쟁 선상에 있다. WTO에서 온실가스 사례를 두고 PPM을 한 번 인정한다면, 다른 모든 분쟁 사례에서도 PPM을 고려해야 하는 일이 발생한다. 애초에 WTO에서 상품의 물리적 특성이라는 명확한 대상에 한정해 판단의 기준으로 삼은 까닭 역시, PPM이라는 복잡한 변수가 보호무역의 예외를 제공하고 자유무역 질서를 해칠 수 있다는 두려움에서 비롯되었다.

결론적으로, CBAM의 탄소 함유량 측정 방식은 어떤 식으로든 PPM과 관련된 논쟁을 야기할 것이다. 이것이 최종 상품이 아니라, 최종 상품의 공정에서 나오는 탄소배출량을 대상으로 하기 때문이다. 이에 더해, 상품 제조 과정에서 비롯되는 탄소배출량뿐만 아니라 원료 채취, 생산, 수송, 유통, 사용, 폐기의 전주기를 모두 고려하는 탄소발자국 개념까지 적용된다면, WTO 규칙에서의 PPM 인정 문제가 전면으로 부각될 가능성이 높다. WTO에서 이러한 경우에도 PPM을 고려하지 않는다면, 결국 탄소 함유량 측정의 문제 역시 GATT 제20조 환경적 예외 조치에 따라 다양한 측정 방식에 대한 합치성 판단이 이루어질 것으로 생각된다.

(3) CBAM의 예외 적용 대상

CBAM의 예외 적용 대상을 지정한 CBAM 법안 부속서 2에는 EU-ETS에 참여하거나 제도적으로 연계된 아홉 개 국가 및 영토만 포함되어 있다. 하지만 EU는 자신과 동일한 수준의 기후변화 정책을 시행하는 국가들, 그리고 최빈개도국에 대해 CBAM 예외를 적용할지, 모든 국가에 동일하게 CBAM을 적용할지의 문제를 두고 계속 고심할 것으로 판단된다. 이와 관련되는 WTO 규칙은 GATT 제1조의 최혜국대우이다. 만약 모든 국가에 동일하게 CBAM을 적용한다면 최혜국대우의 위반은 발생하지 않을 것이다. 하지만 어떤 식으로든 예외를 두게 되면 최혜국대우의 위반 가능성이 생긴다.

EU가 최빈개도국에 예외를 적용하면, 이는 WTO 최혜국대우 원칙 측면에서 위반으로 간주될 소지가 있다. WTO에서는 모든 회원국에 동등한 수준의 우대 조치를 요구하기 때문이다. 하지만 WTO에는 개도국에 차별적인 특혜를 부여할 수 있도록 한 권능 조항(enabling clause)이 있어, 모든 개도국이 아니라 최빈개도국에 한정한다면 최혜국대우를 적용하지 않을 수 있는 여지가 있다(Marcu, Mehling and Cosbey, 2020: 27). 게다가 EU가 선도적인 역할을 담당해 온 UNFCCC와 파리협정에서는 최빈개도국에 대한 우대 조치를 원칙으로 삼고 있다는 점 역시 중요한 의미를 지닌다. UNFCCC 제3조

1항, 파리협정 제2조 2항, 제4조 3항, 제4조 19항에서는 "공통적이지만 차별화되는 책임과 각자의 역량(Common but Differentiated Responsibilities and Respective Capabilities, CBDR & RC)"이라는 형평성 원칙을 명시하고 있다. CBAM이 기후변화 대응이라는 대의하에 이루어지는 이상, 기후변화에 가장 책임이 덜하며, 가장 큰 피해를 입고 있는 최빈개도국을 예외로 하지 않는다면 CBAM의 근본적인 취지에도 어긋나는 점이 발생한다. 물론 최빈개도국을 예외로 할 경우 그곳이 새로운 오염 피난처로 부각될 가능성 역시 존재하나, 법적·정치적 측면을 종합적으로 고려할 때 최빈개도국에 대한 예외 적용은 성립할 수 있을 것으로 판단된다.

EU와 동일한 수준의 기후변화 정책을 시행하는 국가들에는 예외를 적용할 수 있을까? 쉽게 생각하면, 자국과 동등한 수준의 탄소비용을 부담하고 있는 무역 상대국에게 새로운 탄소 조정비용을 부과하는 것은 부당한 일이다. 하지만 이렇게 예외를 둔다면, WTO 최혜국대우 원칙에는 합치되지 않는다. 이 경우는 GATT 제20조 해당 여부가 관건이다. 최혜국대우에는 합치하지 않지만, 공중보건과 환경보호를 위한 예외 조치로 정당화될 가능성이 존재한다. 물론 앞에서도 다뤘듯이, 이는 타국에 대한 차별이나 위장된 제한이 아니라는 점이 명백히 입증되어야 하므로, 다른 설계 유형과의 고려 속에서 판단될 것이다.

4. 탄소국경조정 도입의 정치·경제적 쟁점

1) 세계 산업에 미칠 영향

2016년 기준, 세계에서 발생되는 온실가스의 총량은 494억 톤으로 집계된다. 이 중 73.2%가 에너지의 사용에서 비롯되며, 5.2%가 산업 공정, 특히 시멘트와 화학·석유화학 공정에 기인한다. 에너지 사용에 따른 배출량 73.2% 중 가장 높은 비중을 차지하는 것은 산업 부문의 에너지 사용(24.2%)이다. 산업 부문에서는 제철·제강이 7.2%로 가장 많은 온실가스를 배출하는 업종이며, 화학·석유화학(3.6%), 비철금속(0.7%), 제지·펄프(0.6%) 등이 상위권에 위치한다. 산업 부문 외에도 에너지 생산 시의 탈루 배출이 5.8%를 차지하는데, 석유·천연가스 3.9%, 석탄 1.9%로 모두 화석연료 생산에 기인한다(Ritchie and Roser, 2020). 온실가스배출량이 가장 많은 업종이 가장 높은 탄소비용을 물게 될 것이라고 가정할 때, 철강, 화학·석유화학, 시멘트, 석유·천연가스, 비철금속(특히 알루미늄), 제지·펄프 등이 CBAM의 영향을 가장 크게 받게 될 것이라고 예상할 수 있을 것이다.

독일의 보험·금융회사인 알리안츠(Allianz)에서는, 탄소국경조정이 시행될 경우 가장 큰 영향을 받게 될 산업에 대해 조사한 보고서를 발간한 바 있다(Allianz, 2020.10.14). 이에 따르면 철강, 정유제품, 시멘트, 화학제품, 제지, 알루미늄, 비료, 산업 가스 등의 분야에서 직·간접적인 탄소배출량이 두드러지게 높은 것으로 집계되었다(Allianz, 2020.10.14). 영역 2의 전기 생산에서 오는 간접배출량이 대부분을 차지하는 산업 가스와 알루미늄 업종을 제외하면, 대부분의 업종은 화석연료의 사용과 공정 과정에서 온실가스를 배출하는 직접배출량이 높은 것으로 나타났다. 탄소집약도가 높은 대부분의 업종은 EU가 CBAM의 우선 적용 대상으로 삼고 있는 산업군과 일치하며, 모두 EU-ETS 4기 탄소누출목록에 포함되어 있다.

「알리안츠 보고서」에서는, EU와의 무역 현황을 감안할 때 CBAM의 가장 큰 영향을 받게 될 국가군 역시 분석하고 있다. EU에 들어오는 수입품의 생산지를 조사해 그 안에 들어 있는 탄소 함유량을 분석한 결과, 가장 많은 탄소 함유량 제품을 EU에 수출하는 국가들은 〈그림 11-2〉와 같이 나타났다. EU 무역의존도가 매우 높은 러시아가 8천만 톤이 넘는 양으로 압

그림 11-1 전 세계 부문별 온실가스배출량(2016)

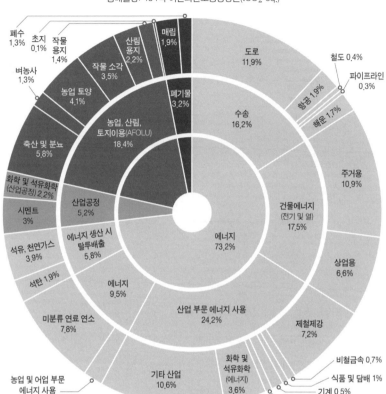

총배출량: 494억 이산화탄소상당량톤(tCO$_2$-eq.)

자료: Ritchie and Roser(2020). 기후변화행동연구소(2020) 번역.

도적인 1위를 차지하고, 미국이 약 3000만 톤으로 2위, 사우디아라비아, 나이지리아, 카자흐스탄, 이라크, 리비아, 중국, 알제리, 아제르바이잔이 1000만 톤 이상으로 그 뒤를 따르고 있으며, 한국은 16위에 위치한다(Allianz, 2020.10.14). 한국의 입장에서 볼 때 EU는 중국과 미국 다음의 제3위 수출 대상이며(총수출액의 9.5% 차지), 중국 다음으로 제2위 수입 대상(총수입액의

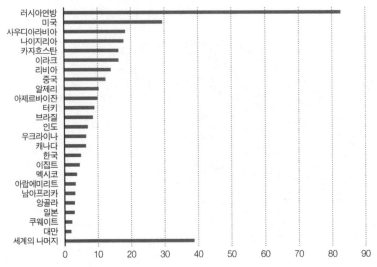

그림 11-2 국가별 대 EU 수출품의 탄소 함유량   (단위: MtCO₂eq.)

자료: Allianz(2020.10.14).

11.6% 차지)인 중요한 지역이므로(주 벨기에 유럽연합 대한민국 대사관, 2020), 한국 역시 EU CBAM에 큰 영향을 받게 될 국가로 간주할 수 있겠다.

한편 최근 보스턴컨설팅그룹에서도 EU CBAM이 세계 무역에 미칠 영향을 추산한 보고서를 발간한 바 있다(Aylor et al., 2020). 동 보고서에서는 향후 각국이 생산하는 제품의 탄소집약도에 따라 산업경쟁력의 우위가 재편될 것이라고 예상하면서, 탄소효율적인 제품이 가격경쟁력을 획득할 것이라고 진단하고 있다. 예를 들어 철강 산업의 경우, 중국과 우크라이나는 다른 나라에 비해 철강제품의 탄소집약도가 높아서 더 높은 탄소비용을 물게 것으로 예상되며, 러시아와 한국의 철강제품은 중국과 우크라이나에 비해 탄소효율이 더 높기 때문에 경쟁력을 지니지만, 터키, 미국, 인도, 캐나다에 비해 탄소집약도 면에서 불리할 것으로 분석되고 있다. 석유의 경우에는, 탄소집약도가 매우 높은 캐나다산은 경쟁력을 잃게 되며, 이라크,

미국, 러시아에 비해 탄소효율이 더 높은 사우디아라비아산 석유가 경쟁력을 확보하게 될 것이다. 이러한 추세가 규칙으로 확립된다면, 결국 모든 산업군에서 탄소집약도를 낮출 수밖에 없을 것이며, 탄소집약도와 무역집약도를 고려할 때 세계적으로 이에 가장 큰 영향을 받을 산업군은 철강, 화학제품, 원유, 채광·채석, 기초금속, 펄프·제지 등이 될 것으로 동 보고서는 전망하고 있다.

따라서 EU를 필두로 한 세계적인 탄소국경조정의 도입은 탄소집약적 산업군의 흐름과 구도를 완전히 바꿔놓을 가능성이 높다. 예컨대 EU에서 철강 산업에 대한 CBAM을 도입하면 지금까지 저렴하게 사용해 오던 수입산 철강 제품의 가격이 상승해, EU 내 철강 산업계는 가격경쟁력을 지니게 될 것이다. 그러나 저렴한 수입산 철강을 재료로 사용해 오던 EU의 자동차업계, 기계업계 등은 구입비용의 상승으로 인해 생산비가 올라가는 상황에 직면해 가격경쟁력을 상실할 수 있다. 한편 수출국(A국) 쪽에서 생각해 보면, EU에 판매하는 철강 제품의 가격이 상승하게 되니 탄소국경조정이 없는 다른 시장("오염 피난처")인 B국을 새로운 판매처로 개척할 수도 있을 것이다. 이 경우 B국에 저렴하게 공급되는 A국 철강 제품으로 인해, A국에서는 철강 공급과잉 및 가격 하락이 발생하게 되어 A국 철강 기업들은 경쟁력을 상실할 수 있다. 이것은 하나의 산업으로 간략히 생각해 본 예일 뿐이며, 다양한 산업군에 탄소국경조정이 도입되면 각각의 산업군에 나타날 영향은 짐작하기 어려운 수준이 될 것으로 보인다.

온실가스를 다량 배출하는 중국, 인도 등의 개도국들은 이전부터 탄소국경조정 조치의 도입에 민감한 반응을 보여왔다. EU와 미국에서 2007년부터 탄소국경조정 도입의 움직임이 시작되고, 2009년 덴마크 코펜하겐 UNFCCC 제15차 당사국총회에서 교토의정서를 대체할 구속력 있는 합의를 도출하지 못하자, 국제사회에서는 서구 선진국에서 탄소국경조정을 도입할 가능성에 대한 논의가 이루어지기 시작했다. 온실가스배출 규제가 더 느슨한 국가에서 수입되는 상품에 관세 또는 다른 형태의 탄소국경조정 조치가 부과될 것이라는 예상이 팽배했던 것이다. 이에 대해 인도 환경부장관 자이람 라메시(Jairam Ramesh)는, 서구에서 탄소국경조정이 시행되면 인도는 이 문제를 WTO 분쟁해결기구로 가져갈 것이라고 밝혔다. 이는 WTO 규정에 부합되지 않으며, BASIC(브라질, 남아프리카공화국, 인도, 중국) 국가들은 연합해 끝까지 싸우겠다는 의사를 표명한 것이다(Kulkarni, 2010). 이후 2010년 멕시코 칸쿤에서 열린 UNFCCC 제16차 당사국총회에서 주요 개도국들은 "기후변화를 근거로 하는 어떤 일방주의적 무역 조치 또는 무역 보호주의도 채택되지 못한다는 점을 확실히 하는 것이 매우 중요하다"라고 다시금 강조했다(Earth Negotiations Bulletin, 2010).

국가 수출품 중 64%가 석유, 천연가스 등의 에너지원이며, EU에 무려 43.1%라는 무역의존도를 지닌(최진형, 2020.2.3) 러시아 역시 CBAM에 강력히 반대 의견을 표명했는데, 경제개발부장관 막심 레셴트니코프(Maxim Reshetnikov)는 이것이 기후 의제를 이용한 새로운 무역장벽이며, WTO 규정에 위반되는 조치임을 강조했다(Morgan, 2020). 탄소국경조정 도입에 따라 가장 큰 경제적 손해를 입을 것으로 예상되는 국가 중 하나인 중국 역시 강력한 반대 의사를 표명해 오고 있다. 온실가스 누적 배출량으로 볼 때 기후변화에 대한 선진국의 역사적 책임이 개도국에 비해 훨씬 더 크며, 이는 UNFCCC에서 국제사회가 합의한 사실임을 강조한다. 선진국이 개도국에 대해 오히려 책임과 비용을 전가하는 것은 형평성과 정의에 어긋난다는 것이다. 또한 EU가 탄소국경조정의 대상으로 삼는 개도국들은 대부분 기후변화 적응을 위해 선진국으로부터 재정적·기술적 지원을 받아야 하는 국가이지 선진국에 탄소 관세를 추가로 더 내야 하는 국가가 아니며, 어디까지나 오염자 부담 원칙하에서 개도국의 저탄소 발전이 추구되어야 한다는 것이 개도국을 대표하는 중국의 반론이다(Sung, 2016). 이는 산업과 무역 영역에서의 경쟁력 사안을 넘어, 국제기후 체제에서 발전시켜 온 형평성 원칙을 근거로 삼는 주장이기에 향후 큰 파급력이 예상된다.

2) UNFCCC 파리기후 체제와의 조화 문제

탄소국경조정은 전 지구적 기후변화 대응의 중요한 수단 중 하나로 도입이 추진되고 있지만, 현재의 국제기후 체제와 잘 조화를 이룬다고 보기는 어렵다. 탄소국경조정은 기존 UNFCCC와 교토기후 체제에서 첨예한 논쟁의 대상이 되었던 형평성의 문제와 연관되며, 교토기후 체제를 대체해 2021년부터 출범한 파리기후 체제와도 충돌하는 측면을 지니고 있다 (Zachmann and McWilliams, 2020: 11). 선진국과 개도국을 망라해 거의 모든 국제사회 구성원의 동의로 1992년 채택된 UNFCCC의 제3조 1항에서는 "당사자는 형평에 입각하고 공통적이면서도 그 정도에 차이가 나는 책임과 각각의 능력에 따라 인류의 현재 및 미래세대의 이익을 위해 기후 체제를 보호해야 한다. 따라서 선진국인 당사자는 기후변화 및 그 부정적 효과에 대처하는 데 있어 선도적 역할을 해야 한다"라고 해, 중요한 원칙을 명시하고 있다. 공통적이면서도 그 정도에 차이가 나는 책임(CBDR 원칙), 즉 기후변화에 대한 대응의 책임은 국제사회 구성원 모두에게 공통적으로 있지만, 산업화 시기 이후 온실가스 누적 배출량이 압도적으로 더 많은 선진국에게는 개도국보다 더 큰 책임이 있음을 강조한다. CBDR의 형평성 원칙에 입각해, UNFCCC하 교토의정서와 파리협정 모두 선진국은 개도국에 비해 온실가스 감축의 책임이 더 클 뿐만 아니라, 개도국의 기후변화 적응과 저탄소발전을 위해 재정적·기술적으로 지원해야 한다는 점을 명확히 한 바 있다. 따라서 선진국의 탄소국경조정 도입에 따른 수입품 대상 탄소비용 부과는 개도국에 부당한 조치로 인식될 여지가 충분히 있는 셈이다.

하지만 UNFCCC 제3조 5항에서는 "당사자는 모든 당사자, 특히 개발도 상국인 당사자가 지속적 경제성장과 발전을 이룩하고 그럼으로써 기후변화 문제에 더 잘 대응할 수 있도록 하는 지지적이며 개방적인 국제경제 체제를 촉진하기 위해 협력한다. 일방적 조치를 포함해 기후변화에 대처하기 위해 취한 조치는 국제무역에 대한 자의적 또는 정당화할 수 없는 차별 수단이나 위장된 제한 수단이 되어서는 안 된다"라고 규정하고 있기도 하다. 이는 WTO GATT 제20조의 두문과도 일치하는 원칙으로서, 기후변화 대응을 명분으로 무역에서의 자의적인 차별이나 위장된 제한을 해서는 안된다는 의미가 있다. UNFCCC라는 기후변화에 관한 가장 높은 수준의 다자 협정에 유일하게 언급된 기후변화와 무역 간의 명시적인 관계 규정은 제3조 5항뿐이다. 따라서 UNFCCC 역시 WTO와 마찬가지로 환경문제를 명분으로 하는 비차별 원칙의 위반을 금지하고 있다는 점을 알 수 있다.

UNFCCC 규정 내에 CBDR과 비차별 원칙이 핵심으로 존재하는 상태에서 쟁점은 크게 두 가지로 나뉜다. 탄소국경조정은 CBDR 원칙에 부합되는가? 그리고 비차별 원칙을 위반하지 않도록 설계되었는가? 후자는 WTO에서 다룰 수 있는 중요한 사안으로 인식되어 WTO 규칙에 따라 판단이 이루어질 것이다. 하지만 전자는 UNFCCC에서만 규정하는 원칙으로, WTO의 판결 기준 범위를 벗어나게 된다. 문제는, UNFCCC와 파리협정의 메커니즘 속에 이러한 원칙의 위반을 적절하게 제재할 수 있는, 구속력을 지닌 기제가 없다는 점이다. 수많은 국제기구 중 국가들이 WTO 규칙 위반에 유달리 민감한 이유는, 다른 기구와는 달리 WTO에는 분쟁해결기구가 존재해 구속력 있는 판결을 내리기 때문일 것이다. DSB는 패널의 설치, 패널 및 상소기구 보고서 채택, 패소국의 이행 감독, 승소국의 보복 조치 승인 등을 총괄하도록 규정되어 있다. WTO 규칙이 위반되고 있다는 믿을 만한 사유가 있을 경우, WTO 회원국은 우선 위반이 의심되는 대상국에게 협의를 요청해야 한다. 협의 요청 후 60일이 지나도 해결이 안 될 경우, 3~5인의 패널리스트로 이루어진 패널을 설치해 조사를 하게 된다. 이후 패널 보고서가 제출되며, 분쟁 당사국들이 이에 동의하지 못한다면 2심 개념으로, 7인의 재판관으로 이루어진 상소기구가 설치되어 상소 보고서를 제출한다. WTO 분쟁해결절차는 2심제라서, 일단 상소 보고서가 나오면 재상소는 불가능하다. 패소국은 상소 보고서의 권고와 규칙을 이행해야 하는 의무가 있으며 그렇지 않을 경우 WTO 차원의 제재를 받게 된다. 이렇게 엄정한 법적 절차를 지닌 WTO와는 달리, 대부분의 국제협약에서는 분쟁해결 제도가 갖춰져 있지 않기 때문에, 통상 분쟁의 경우 다자 협약과 WTO GATT 규범이 충돌한다면 WTO의 규칙을 최우선으로 고려하는 WTO 분쟁해결 제도를 통해 판결이 이루어지는 것이 일반적인 경우이다. 생물다양성협약 카르타헤나의정서의 사례처럼, 다른 국제협약과의 충돌을 예상해 다자환경협약 내에 우선순위를 명시하는 경우도 존재하지만(엡스·그린, 2012: 271), CBDR 원칙과 탄소국경조정은 그러한 규정이 갖춰져 있지 않다.

무역과 환경의 관계에 대해 WTO는 비교적 분명한 입장을 밝힌 바 있다. 첫째, WTO는 지속가능발전을 중시하지만, 환경보호 기관이 아니며, 환경 정책이 무역을 방해하지 않도록 보장하는 것을 더 중요한 임무로 삼는다. 둘째, WTO GATT 규정은 제20조 등에서 환경보호를 위해 상당한 고려를 하고 있지만, 가장 중요한 규정은 비차별 원칙이다. 셋째, WTO는 개도국의 시장 접근성 증진을 중시하며, 자유무역의 보장을 통해 개도국의 지속가능발전을 지원한다. 넷째, WTO에서는 다자 환경 협력을 통한 무역과 환경의 조정을 촉진하고자 한다(김성진, 2016: 294~295). 이러한 입장을 고려할 때, WTO는 UNFCCC와 파리협정의 원칙에 대해 존중하는 입장이지만, 가장 중요한 자유무역의 규정인 비차별 원칙을 위반하는 환경보호 조치에 대해서는 부정적인 입장을 견지할 것으로 예상된다. 따라서 UNFCCC와 파리협정 당사국총회에서 CBAM은 격렬한 논쟁을 유발할 중차대한 조치임은 분명하나, 파리기후 체제에 분쟁해결 제도가 없는 한 이는 WTO 규정과의 합치성 여부에 우선적인 판단이 맡겨질 것으로 보인다.

참고문헌

고문현·정순길·이승은. 2019. 『EU 기후변화정책의 이해』. 박영사.

기후변화행동연구소. 2020. "전 세계 부문별 온실가스 배출량 비중(2016년 기준)". https://www. facebook.com/changeclimatechange/photos/a.9800791820718743/3349335325146236/?type=3 (검색일: 2021.5.7).

김성진. 2016. 「환경과 무역」. 신범식 외. 『지구환경정치의 이해』. 사회평론아카데미.

_____. 2021. 「복합위기 시대 탄소통상질서의 변화: EU 탄소국경조정제도의 추진 동향과 한국에의 정책적 함의」. 제주평화연구원 PeaceNet 2021-13.

김성진 외. 2021. 「해외 탄소국경조정 동향 분석 및 대응방안 연구(2020-105)」. 한국환경연구원 환경부 수탁과제 연구보고서.

김호철. 2011. 『기후변화와 WTO: 탄소 배출권 국경조정』. 경인문화사.

박덕영·최승필·고문현. 2019. 『기후변화에 대한 법적 대응: 유엔기후체제, 국내법 및 통상법의 관점에서』. 박영사.

엡스, 트레이시(Tracey Epps)·그린, 앤드루(Andrew Green). 2012. 『기후변화와 통상문제』. 박덕영·이태화 공역. 박영사.

최진형. 2020.2.3. "2020년 러시아 통상정책 및 방향 전망". KOTRA 해외시장뉴스. https://news. kotra.or.kr/user/globalBbs/kotranews/5/globalBbsDataView.do?setIdx=244&dataIdx=180009 (검색일: 2021.5.7).

홀저, 카테리나(Kateryna Holzer). 2016. 『탄소 관련 국경조정과 WTO법』. 박덕영 외 공역. 박영사.

주 벨기에 유럽연합 대한민국 대사관. 2020. "한-EU 교역 현황" http://overseas.mofa.go.kr/be-ko/wpge/m_7588/contents.do (검색일: 2021.5.7).

Allianz. 2020.10.14. "European Climate Policy Goes Global." Allianz Research.

Aylor, Ben et al. 2020. "How an EU Carbon Border Tax Could Jolt World Trade." Boston Consulting Group Publication. https://www.bcg.com/en-au/publications/2020/how-an-eu-carbon-border-tax-could-jolt-world-trade (검색일: 2021.5.7).

Carbon Tax Center. "Where Carbon Is Taxed." https://www.carbontax.org/where-carbon-is-taxed/ (검색일: 2021.5.7).

Condon, Madison and Ada Ignaciuk. 2013. "Border Carbon Adjustment and International

Trade: A Literature Review." *OECD Trade and Environment Working Papers* 2013/6.

Earth Negotiations Bulletin. 2010. "Report of Main Proceedings for 6 December 2010." https://enb.iisd.org/events/cancun-climate-change-conference-november-2010/report-main-proceedings-6-december-2010 (검색일: 2021.5.7).

European Commission. 2019a. "ANNEX to the Commission Delegated Decision Supplementing Directive 2003/87/EC of the European Parliament and of the Council Concerning the Determination of Sectors and Subsectors Deemed at Risk of Carbon Leakage for the Period 2021 to 2030."(February 15).

_____. 2019b. "A European Green Deal." https://ec.europa.eu/info/strategy/priorities-2019-2024/european-green-deal_en (검색일: 2021.5.7).

_____. 2021. "Proposal for a Regulation of the European Parliament and of the Council Establishing a Carbon Border Adjustment Mechanism."(July 14).

European Parliament. 2020. "On Toward a WTO-Compatible EU Carbon Border Adjustment Mechanism." 2020/2043(INI). https://oeil.secure.europarl.europa.eu/oeil/popups/ficheprocedure.do?reference=2020/2043(INI)&l=en (검색일: 2021.5.7).

_____. 2021. "European Parliament Resolution of 10 March 2021 Towards a WTO-compatible EU Carbon Border Adjustment Mechanism(2020/2043(INI))." https://www.europarl.europa.eu/doceo/document/TA-9-2021-0071_EN.html (검색일: 2021.5.7).

European Parliament News. 2021. "Carbon Levy on EU Imports Needed to Raise Global Climate Ambition."(February 5). https://www.europarl.europa.eu/news/en/press-room/20210201IPR96812/carbon-levy-on-eu-imports-needed-to-raise-global-climate-ambition (검색일: 2021.5.7).

Hall, Siobhan. 2021. "MEPs Back Keeping Free ETS Permits in Carbon Border Tax Plan." Montel(March 10). https://www.montelnews.com/en/story/meps-back-keeping-free-ets-permits-in-carbon-border-tax-plan/1202207 (검색일: 2021.5.7).

Hedegaard, Connie. 2020. "The Climate Change and Trade: Would Border Carbon Adjustments Accelerate or Hinder Climate Action?" Summary of the 39th Round Table on Sustainable Development(February 25).

Kulkarni, Vishwanath. 2010. "India Threatens to Move WTO on Carbon Tax Issue." Business Line(March 29). https://www.thehindubusinessline.com/todays-paper/India-threatens-to-move-WTO-on-carbon-tax-issue/article20047257.ece (검색일: 2021.5.7).

Lamy, P., G. Pons and P. Leturcq. 2020. "Greening EU Trade 3: A European Border Carbon

Adjustment Proposal." *Europe Jacques Delors Policy Paper*(June).

Marcu, A., M. Mehling and A. Cosbey. 2020. "Border Carbon Adjustments in the EU: Issues and Options." Roundtable on Climate Change and Sustainable Transition Paper.

Morgan, Sam. 2020. "Moscow Cries Foul over EU's Planned Carbon Border Tax." EURACTIV (July 27). https://www.euractiv.com/section/economy-jobs/news/moscow-cries-foul-over-eus-planned-carbon-border-tax/ (검색일: 2021.5.7).

Nordhaus, William. 2020. "The Climate Club: How to Fox a Failing Global Effort." *Foreign Affairs*(May/June).

Ritchie, Hannah and Max Roser. 2020. "Emissions by Sector." Our World in Data. https://our worldindata.org/emissions-by-sector (검색일: 2021.5.7).

Sung, Shufan. 2016. "Border Tax Adjustments and Developing Countries: A Perspective from China." *Annual Survey of International & Comparative Law*, 21(1).

The European Parliament and the Council of the European Union. 2009. "Amending Directive 2003/87/EC so as to Improve and Extend the Greenhouse Gas Emission Allowance Trading Scheme of the Community." Directive 2009/29/EC(April 23). https://www.eea.europa.eu/policy-documents/2009-29-ec (검색일: 2021.5.7).

World Trade Organization. "The General Agreement on Tariffs and Trade(GATT 1947)." https://www.wto.org/english/docs_e/legal_e/gatt47_01_e.htm (검색일: 2021.5.7).

Zachmann, Georg and Ben McWilliams. 2020. "A European Carbon Border Tax: Much Pain, Little Gain." *Policy Contribution Issue*, 5(March).

제2부

·

탄소중립과 그린뉴딜 비교 정치

제12장

한국의 탄소중립과 그린뉴딜 정치

'그린 한반도' 구상

나용우_통일연구원 인도협력연구실 부연구위원

1. 들어가며

2021년 4월 22~23일 '지구의 날'을 맞이해 미국이 개최한 '기후정상회의 (Leaders Summit on Climate)'에 초청받은 문재인 대통령은 "한국은 2030 국가온실가스감축목표를 추가 상향해 올해 안에 유엔에 제출할 것"이라며 이는 "2050 탄소중립을 실현하기 위한 의지를 담은 것"이라고 공식 천명했다. 또한 새롭게 추진되는 해외 석탄발전에 대한 공적 금융 지원 중단 방침도 밝혔다. 지난해 한국은 2030년까지 우리의 온실가스배출량을 2017년 대비 24.4% 감축하겠다는 목표를 유엔에 제출한 바 있으나, 이번 기후정상회의를 통해 보다 적극적인 기후변화 대응 의지를 국제사회에 보여준 것이다. 그동안 사실 한국은 기후변화 이슈에 있어서는 상당히 소극적인 입장을 견지해 왔다. 교토의정서 체제하에서 부속서 I(Annex I)에 포함되지 않아 감축의무에서 자유로웠던 것을 성공적이라고 보았던 한국이 국제사회에서 기후변화 대응에 있어 보다 책임 있는 국가의 모습으로 전환하고 있다.

코로나19 팬데믹을 계기로 기후변화의 양상이 전 지구적 위기로 인식됨에 따라 세계 주요 국가들에서 2050년 탄소중립이 선포되고 있으며, 한국도 이러한 추세에 발맞추어 지난해 2050 탄소중립을 선언하고 이를 위한 구체적인 정책을 수립하고 있다.

이 글에서는 이렇듯 소극적인 입장을 보여왔던 한국이 적극적이고 주도적인 입장으로 전환하게 된 배경을 안보 개념의 변화 및 기후변화 이슈의 안보화(securitization)의 관점에서 분석한다. 이 관점은 최근 국제사회에서 기후변화가 중요한 어젠다로 부상한 데 따른 것이며, 이러한 논의를 토대로 한국의 탄소중립 전략을 살펴본다. 한국판 뉴딜의 중요한 한 축인 그린 뉴딜이 종합적이고 체계적으로 구상되고 있으나 이를 실현하기 위해서는 한반도 전체를 대상으로 한 그린뉴딜로 확장할 필요가 있다. 따라서 기후변화 대응 관련 북한의 정책적 의지에 대해서 살펴보고, 남북 기후변화 협력을 통한 '그린 한반도 구상'을 시론적 차원에서 제시한다.

2. 안보 개념의 변화와 기후안보(climate security)[1]

주권에 기초한 국가들이 근대 국제 관계의 행위자로 등장한 이후 안보는 국가의 사활적 존재 이유(raison d'être)로 작동해 왔다. 1648년 웨스트팔리아조약 이후 유럽의 정치 단위는 새로운 근대 주권의 원칙에 따라 구성

---

[1] 안보 개념의 변화에 대한 논의는 나용우, 「비전통 안보위협: 안보개념의 변화와 보건안보」; 이규창 외, 「감염병 공동대응을 위한 남북인도협력: 코로나19를 중심으로」(통일연구원, 2020), 26~32쪽의 내용을 일부 발췌·수정한 것이다.

되었고, 국제사회에서 상호 인정되며 국가들로 구성되는 근대 국제 체제가 탄생했다. 최고성, 절대성, 불가분리성으로 대표되는 주권의 원칙이 국제사회에서 사회화되며, 국가 중심의 국제 체제로 정착되었다(Bull, 1977: 8~20). 또한 이념적으로 민족주의가 발흥하며 근대 국가 체제의 형성에 크게 기여했다. 정치, 경제, 사회, 문화적으로 유사한 경험을 겪은 사람들은 자신(weness)과 타인(otherness)으로 인식하게 되면서 의도했든 그렇지 않았든 결과적으로 자신의 공동체와 외부 공동체를 구별하게 되었고, 타자로부터의 위협에 대한 자신의 공동체를 지키는 것이 무엇보다 우선함을 인식하게 되었다(Buzan and Hansen, 2009: 26~30).

근대 국제 체제하에서 개개인의 생명과 재산에 대한 보장은 외적 위협으로부터 국가 생존과 강력하게 결합될 수밖에 없었다. 즉 개인의 안보는 '국내 정치의 안정'과 '외부 위협의 해소'라는 국가안보와 동일시되었을 뿐만 아니라 개인보다 국가안보가 우선시되었다. 두 차례의 세계대전과 이후 냉전 질서의 공고화로 인해 우리와 타자 간 관계는 갈등과 배제의 논리를 강화했고, 새로운 위협보다는 기존의 국가안보 위협에 대한 대응을 보다 공고화했다(Kolodziej, 2005: 27~30). 즉 안보의 핵심은 개개인의 생명과 재산에 대한 보장인 개인의 안보(individual security)라 할 수 있지만, 근대 국가의 형성 이후 개인의 안보는 신체적 안전과 안정적인 삶을 영위하기 위한 조건을 보장하는 국가안보(national security)로 치환되었다(Williams, 2008: 5~9; 박인휘, 2010: 39). 국가안보의 핵심적 전제는 국제 체제에서 다른 국가로부터 위협을 느껴서는 안 된다는 것으로 한 국가에서 살아가는 개인의 안전을 위해 국가의 안전이 보장되어야 하며, 그것을 확보하기 위해 군사안보의 확보가 무엇보다 중요하다는 것이다(박인휘, 2010: 37). 결국 전통적인 안보 개념은 전쟁 등 외부 위협의 방어를 위한 군사안보와 사실상 동일시되었다(Wolfers, 1952).

실제 사람들의 삶을 위협하는 것(threats)은 다양한 차원에서 발생한다. 개인의 차원에서 볼 때, 안보는 신체적 자유와 건강, 재산의 보호 및 경제적 풍요, 자유로운 세계관 등 인간의 삶에 가해지는 모든 위협과 관련된다. 이처럼 다양한 차원의 위협이 있지만, 냉전기 사람들은 그러한 위협을 국가의 외적 위협에 비해 크게 문제시하지 않았다. 이는 국가안보의 우선성에 대한 국가 구성원 간 동의가 있었기 때문이다(Huysmans, 2006: 19). 다시 말해서, 전통적 안보 개념은 외부의 군사적 위협으로부터 자국의 주권이 보호된다면 그 보호된 주권을 통해 개인의 안보를 보장할 수 있다는 가정에 근거했던 것이다(이신화, 2008: 414; 정상화, 2010: 9~10). 특히 세계대전 이후 냉전 질서의 국제 환경은 개인이 다른 위협에 비해 군사안보적 위협이 중요하다는 인식을 갖도록 내재적으로 구조화했기 때문이다.

냉전의 해체는 전통적 안보 개념을 변화시킨 전환점이었다. 양극 체제의 해체와 세계화의 등장은 기존 국가안보에 대한 사람들의 인식을 변화시켰다. 특히 9·11 테러를 계기로 국가뿐만 아니라 비국가행위자들에 의해서도 위협을 느낄 수 있음을 인식하게 되었다. 이처럼 환경, 에너지, 테러리즘 등 안보를 위협하는 요인이 등장했고, 더불어 인권 개념의 확대 및 민주주의 심화 등 전통적인 개인-국가 관계에 대한 인식을 변화시키는 공간이 확대되었다. 새로운 변화 속에서 안보 자체의 존재론적 개념을 재고하게 되었는데, 즉 누가 안보의 주체인가, 그 대상은 누구인가 그리고 안보를 위협하는 요인은 무엇인가 등이다. 이러한 인식의 전환은 그동안 군사안보 중심의 안보 개념의 변화를 가져왔고, 개별 국가 혹은 그 구성원 개개인에게 발생하는 다양한 위협에 대해 새로운 접근을 모색하도록 했다(Williams, 2008: 57~79; 박인휘, 2012: 187~188). 이에 따라 다양한 위협 요인으로부터 안전을 확보하기 위해 포괄안보, 협력안보, 환경안보, 에너지안보, 인간안보 등 다양한 안보 개념이 폭발적으로 등장했다.

데이비드 볼드윈(David Baldwin)에 따르면 경제안보, 환경안보, 정체성 안보, 사회안보 및 군사안보 등 다양한 안보의 개념은 유형이 다를 뿐인지 근본적으로는 동일한 개념이라고 보았다. 그러면서 그는 확보된 가치에 대한 위협의 부재(the absence of threats to acquired values)라는 아놀드 울퍼스(Arnold Wolfers)의 개념을 수정해 "획득한 가치에 대한 최소한의 손상(a low probability of damage to acquired values)"으로 정의했다(Baldwin, 1997: 12~13). 안보의 대상이 무엇인지, 보호해야 할 가치는 무엇인지, 어떠한 위협으로부터 보호인지, 결국 안보는 주체가 어떤 특정 이슈를 위협으로 인지하고 그것을 위협으로 받아들이는지의 문제이며, 이는 그 행위자가 직면한 대내외적 환경을 직면하는 것과도 직결된다. 따라서 새롭게 등장하고 있는 다양한 위협 중 사람들이 무엇을 중대한 위협으로 생각하는지가 중요하다. 결국 안보는 누가 어떻게 '위협(threats)'을 정의하는지의 정치적 선택 문제이자 사회 구성적 문제가 된다.

이렇듯 전통적 안보의 개념은 냉전 종식과 같이 세계질서에 영향을 준 중대한 사건 등을 거치며 큰 변화를 겪게 되었다. 외부의 위협에 대한 대응으로 공고화되었던 국가안보의 개념은 냉전이 종식되고 군사적 위협이 상대적으로 완화되면서 사람들의 안보 인식에 영향을 미치기 시작한 것이다. 이제 인간의 삶을 직간접적으로 위협하는 식량, 에너지, 환경, 보건, 테러 등 다양한 요인에 대한 관심이 크게 증가했다. 구성주의적 시각을 견지하고 있는 코펜하겐학파의 경우도 안보 개념의 확대를 강조했다. 그들에 따르면, 탈냉전기 안보 이슈가 국가에만 국한되지 않고, 군사적 차원에만 머무르지 않기 때문에 안보의 대상과 영역을 확대해야 한다(민병원, 2020: 1~2).

안보 위협은 외부로부터의 의도된 군사적·물리적 위협뿐만 아니라, 내부에서 발생하는 위협 그리고 외부로부터의 위협에 대한 부적절한 대응에 의해 제기되기도 한다. 과거에 비해서 외부 세력과의 전쟁을 통해서 희생된 사람의 수는 줄어드는 반면, 각 국가 내 법 제도, 경제, 영양 및 보건 등의 예기치 못한 요인으로 인해서 피해를 받는 사람의 수는 오히려 증가하고 있다(정한범, 2020: 50).

이처럼 국제 체제에서의 변화 속에서 전통적 안보 개념에 대한 성찰이 시작되며, 과거 군사 중심의 안보 담론에서 벗어나 다양하고 복합적인 이슈들을 다루게 되면서 여러 개념이 등장하게 되었다. 이념 및 영토(영유권) 분쟁 등 전통적 위협이 완전히 소멸되지 않았지만, 인종(민족), 에너지, 종교, 환경, 빈곤, 질병 등이 인간의 삶을 위협하는 위협, 볼드윈 식으로 표현하면 인간이 획득한 가치를 훼손하는 위협으로 등장하고 있다. 이러한 위협에 적극적으로 대처하기 위해 여러 안보 개념이 나타났다(이수형, 2020: 91). 이른바 '비전통 안보'는 전통적 안보와는 차별화된 개념으로 안보 주체와 안보 영역의 군사 중심성으로부터 자유로운 개념으로 이해할 수 있다. 행위주체의 차원에서 국가 이외의 행위자 역할을 강조한 집단안보(collective security), 공동안보(common security), 협력안보(cooperative security) 등의 개념이 등장했다. 한편 안보 영역의 확대라는 차원에서 포괄안보(comprehensive security), 인간안보(human security), 에너지안보(energy security), 사이버안보(cyber security) 등 다양한 개념도 등장했다(이수형, 2020: 93~97). 새로운 변화에 대응하기 위해 UNDP는 1994년 「인간개발보고서」에서 인간안보를 '결핍으로부터의 자유(freedom of want) 및 공포로부터의 자유(freedom of fear)'라고 정의했다. 동 보고서에서는 구체적으로 ① 경제, ② 식량, ③ 보건, ④ 환경, ⑤ 개인, ⑥ 공동체, ⑦ 정치에서 발생하는 다양한 위협에 대처하는 것이 인간안보를 확보하는 것이라고 제시했다(UNDP, 1994: 24~25).

오랜 기간 동안 기후변화 이슈는 환경문제로 치환되거나, 환경 분야의 하위 이슈로 이해되는 경향이 있었으나, 1992년 유엔기후변화협약(UNFCCC)의 체결과 1997년 교토의정서 채택 등으로 국제사회가 해결해야 하는 중요한

그림 12-1 교토의정서와 파리협정 비교

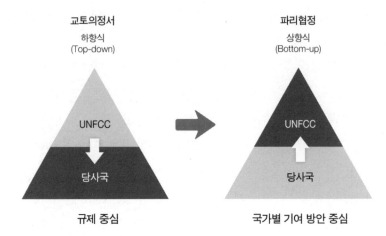

자료: 환경부·한국환경공단(2016); 장우석(2021: 2)에서 재인용.

어젠다로 자리 잡기 시작했다. 지구온난화로 인해 자연재해 혹은 기상이변이 빈번해지면서 기후변화는 경제, 사회 전반에 걸쳐 커다란 위협으로 인식되기 시작했다. 실제 세계기상기구(WMO)에 따르면 2015~2019년 동안 전 세계에서 발생한 이상 폭염으로 인해 1만 1000명 이상이 사망했다(장우석, 2021: 1). 김호홍 등도 기후변화 문제가 안보적 차원에서 본격 논의된 배경에는 안보 개념의 확대와 함께 기후변화에 내재되어 있는 ① 위협 증폭제 역할, ② 기후 분쟁, ③ 기후안보 등 요인들이 복합적으로 작용한 것으로 분석하고 있다(김호홍·김보라, 2021a: 4~5).

교토의정서 체제하에서는 선진국 중심의 하향식 온실가스 감축의무 체계였다고 한다면, 파리협정의 신기후 체제하에서는 모든 국가들이 참여하는 상향식 자발적 감축목표 설정 방식으로 전환되었다는 점에서 명실상부한 세계적 차원의 기후변화 대응을 위한 시스템이 구축되었다고 할 수 있다. 교토의정서는 온실가스 감축에 중점을 두었으나, 37개 선진국과 유럽연합(EU)에만 감축의무를 부과함으로써, 중국과 인도 등 탄소 고배출 국가들이 제외됨으로써 형평성과 실효성 측면에서 이미 논란이 되었으며, 채택된 교토의정서의 실행에서도 미국과 일본, 캐나다, 러시아 등 주요 배출국들의 불참으로 실질적 내용을 담보하지 못했다(김호홍·김보라, 2021: 8).

2015년 파리협정 체결 이후 기후변화에 관한 정부 간 협의체(IPCC)에서 지구적 차원의 기후변화를 넘어선 기후위기를 막기 위해 2100년까지 온도상승을 1.5℃ 이내로 제한해야 한다는 1.5℃ 특별 보고서가 발간되었다(IPCC, 2018). 이에 세계 주요 국가들에서는 2050년 탄소중립을 선언하고 이를 위한 다양한 정책을 수립하고 있다.

그동안 인간에 의해 약 1℃(0.8~1.2℃)의 지구 기온 상승을 초래한 것으로 추정되고 있고, 2030년에서 2050년 사이에는 1.5℃까지 증가할 것으로 예측하고 있다. 만약 더 많은 배출로 인해 지구온난화가 1.5℃ 이상이 된다면 지금보다 더 큰 기후 리스크가 인간과 자연 생태계에 모두 영향을 줄 것으로 예상된다(IPCC, 2018). 1.5℃ 상승 이내로 지구온난화를 막기 위해서는 전 지구 이산화탄소배출량이 2030년까지 현재(2010년) 대비 최소 45% 이상 감축해야 하며, 2050년에는 탄소중립을 달성해야 한다. 그러나 파리협약에 따라 각 국가들이 제출한 국가결정기여(NDC)를 취합 분석해보면, 2030년까지 52~58Gt만큼의 온실가스가 배출될 것으로 예측되었는데, 이는 1.5℃ 목표를 달성하기 어려운 배출량으로 분석된다(환경부 기후변화평가보고서, 2020: 13~15).

3. 기후변화와 국제정치

전 세계의 주목을 끌었던 2020년 미국 대통령 선거에서 당선된 바이든

표 12-1 주요국의 기존 감축목표 및 기후정상회의 발표 내용 비교

국가	기존 목표	기후정상회의 발표 내용
미국	· 2025년까지 2005년 대비 26~28% 감축	· 2030년까지 2005년 대비 50~52% 감축
중국	· 2030년까지 원단위(배출량/GDP) 기준 2005년 대비 60~65% 감축 · 2030년까지 탄소배출 정점 도달 및 2060년까지 탄소중립 달성(2020년 발표)	· 2020년 발표 목표 재확인
EU	· 2030년까지 1990년 대비 40% 감축	· 2030년까지 1990년 대비 55% 감축
일본	· 2030년까지 2013년 대비 26% 감축	· 2030년까지 2013년 대비 46% 감축
한국	· 2030년까지 2017년 대비 24.4% 감축	· 감축목표 상향 후 연말까지 제출
캐나다	· 2030년까지 2005년 대비 30% 감축	· 2030년까지 2005년 대비 40~45% 감축

자료: 문진영 외(2021: 6)의 〈표 2〉를 재인용.

대통령은 2021년 1월 21일 취임 첫날 파리협정 복귀를 선언하고, 전임 트럼프 행정부의 에너지 정책을 철회하는 행정명령에 서명했다. 그뿐만 아니라 바이든 대통령의 첫 번째 다자 외교 무대로서 기후정상회의(2021.4.22 ~23)를 제안했고, 세계 주요 40개국 정상들이 참여했다. 이번 기후정상회의를 계기로 파리협정, 이른바 신기후변화 체제를 향한 발걸음이 본격화되고 있다고 평가할 수 있다.

바이든 대통령은 대선 캠페인에서부터 기후변화 문제에 있어 트럼프와의 차별성을 강조하고, 미국의 훼손된 리더십을 회복하겠다는 의지를 보여주었다.[2] 이번 회의에서 각 정상은 기후변화를 실존하는 위협으로 평가하며, 평균온도 상승치를 산업화 이전 대비 섭씨 1.5도 이하로 제한하고 2050년 탄소중립 달성을 위한 온실가스배출량의 점진적 감소에 합의했다. 미국의 경우 2030년까지 온실가스배출을 2005년 수준보다 50~52%로 감

---

2   https://joebiden.com/clean-energy/ (검색일: 2021.5.8).

축하겠다는 목표를 제시했는데, 이 수치는 오바마 정부였던 2015년 제시한 "2025년까지 2005년 대비 26~28% 감축" 공약보다 2배를 뛰어넘는 것이었다. 중국 시진핑 국가주석은 "중국이 미국을 포함한 국제사회와 함께 세계 환경문제 해결을 위해 노력할 것을 기대한다"라고 하고, 2060년까지 탄소중립을 달성하겠다고 공약했다. 이번 기후정상회의에서 주요국들은 2030년 온실가스배출 감축목표치를 40~78%까지 상향 조정하며, 이를 달성하기 위해 화석연료 보조금 지급 철회 및 화석연료 기반 시설 구축 중단 노력을 강조하고 신재생 및 친환경에너지 기술 분야의 다국적 협력을 약속했다. 그러나 이 과정에서 일부 국가들은 현재 직면하는 기후위기의 책임을 고소득(선진산업화) 국가들의 누적된 탄소배출에서 찾았다. 이들은 기후변화 레짐에서 유지되어 온 "공통적이지만 차별화되는 책임(common but differentiable responsibilities, CBDR)"을 강조하면서, 저소득국의 저탄소 정책을 위한 국제 자금 지원과 선진국의 기술 공유 필요성을 제기하기도 했다. 교토 체제의 한계를 극복하기 위한 진전이 있었음에도 불구하고, 신기후 체제가 실제 구현되기 위해서는 여러 갈등의 소지들이 남아 있다.

이번 기후정상회의는 신기후 체제인 '파리협정'의 본격 시행과 함께 개최되어 협정의 실행력을 제고했으며, 중국과 인도, 러시아 등 그동안 소극적인 입장을 취해 왔던 국가 정상들이 대거 참석해 기후변화 대응에 대해 공감하고 협력 의사를 보여주었다. 더욱 중요한 것은 이번 기후정상회의를 통해 기후변화 대응이 환경문제를 넘어서는, 국가 외교안보 차원에서의 핵심 의제가 되었다는 것이다. 한편 기후변화 이슈가 안보화되었다는 의미는 이를 둘러싼 국가 간 갈등의 여지가 더욱 커질 수 있다는 것을 의미하기도 한다(김호홍·김보라, 2021b: 1).

바이든 대통령은 코로나19 팬데믹, 경제 침체, 미중 무역 분쟁 등 다양한 이슈들이 제기되는 가운데 왜 기후변화 이슈를 가장 우선적으로 제기했을까? 이와 관련해서는 우선 트럼프 시기를 거치며 국제사회에서 크게 훼손된 미국의 글로벌 권위를 복원해야 한다는 반성과 함께, 도덕적 우위(supremacy)를 통해 미중 패권 경쟁을 주도하려는 전략적 의도, 그리고 침체된 미국 경제를 신성장동력을 통해 재활성화하려는 차원으로 이해될 수 있다.

우선 트럼프 정부의 미국우선주의(American First) 기조 속에서 세계질서의 안정자, 혹은 글로벌 공공재의 제공자로서 미국의 역할은 상당히 쇠퇴했고, 특히 코로나19 팬데믹 상황 속에서 글로벌 패권국으로서의 지위는 상당히 추락했다. 기후변화 이슈와 관련해서도 트럼프는 대선 캠페인 시기부터 전임 오바마 정부의 기후변화 대응 노력에 대한 재검토를 제기하고, 화석연료 산업에 대한 규제 철폐 및 완화 등을 주장했으며 급기야 2020년 파리협정에서 탈퇴를 공식 선언했다. 오바마 시기 부통령으로 재임했던 바이든 대통령은 이미 기후변화 이슈에 대한 관심이 높았다(김호홍·김보라, 2021b: 11).[3]

실제 취임 직후 파리협정 복귀를 선언하고 트럼프 시기 미국-캐나다 간 체결된 '키스톤 XL 파이프라인' 프로젝트 허가를 취소하는 등 기후변화 대응에 대한 적극적 의지를 표명했다(The White House, 2021.1.20). 트럼프 시기 동안 훼손된 미국의 글로벌 권위를 복원하는 가장 효율적인 수단으로 세계 195개국의 참여로 체결된 파리협정을 선택했다고 볼 수 있다. 다시 말해서, 기후변화가 단순히 변화가 아닌 위기로 증폭되는 가운데, 미국이 선의의 공공재 제공자로서의 지위를 회복함으로써 글로벌 리더십을 다시 복원하려는 차원이라고 하겠다.

---

3   바이든의 대선공약 "청정에너지 혁명과 환경 정의를 위한 계획"에서 기후변화를 '실존하는 위협'이라 표현하고 최우선적인 국가 안보 과제로 제시했다. https://joebiden.com/clean-energy/ (검색일: 2021.5.8).

그림 12-2 주요국의 온실가스배출량 추이 (단위: MtCO₂eq.)

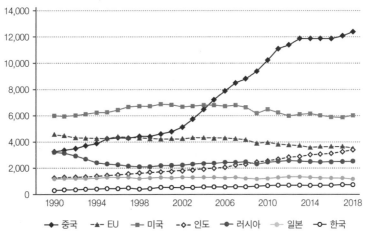

자료: 문진영·이성희·김은미(2021: 9)의 〈그림 1〉을 재인용.

기후변화 이슈를 제기한 또 다른 측면은 미중 전략 경쟁과도 밀접하게 관련되어 있다. 트럼프 시기에 가장 눈에 띄는 미중 전략 경쟁은 경제적 차원에서 심화되었다. 이른바 미중 무역 전쟁과 인도 태평양 전략 그리고 코로나19 발생 책임 논란 등 다양한 차원에서 대중국 포위 전략을 전방위적으로 펼쳤다. 바이든 정부의 출범에도 불구하고, 대중국 견제 정책은 다른 형태로 전환되어 진행될 것으로 보인다. 트럼피즘을 지워나가는 바이든 정부임에도 불구하고, 중국 견제는 지속되는 모양새다. 다시 말해서 트럼프의 인도 태평양 전략 계승, 쿼드플러스(Quad+)로의 확대[4] 등이 바이든 정부에서도 유지될 것이지만, 그와 함께 민주주의와 인권이라는 보편적 가치를 강조하며, 이에 동조하는 전통적인 동맹국과 우호국을 중심으로

---

4 미국, 일본, 호주와 인도가 참여하고 있는 쿼드에서는 현재 3개 워킹그룹(기후변화, 코로나 19 대응, 신기술)이 운영 중인데, 기후변화가 한 축이라는 것에 주목할 필요가 있다.

다자적인 대중 견제로 변화되고 있다. 이러한 보편주의적 가치의 확산이라는 미국의 전통적인 외교 정책 기조에서 기후변화 이슈는 매우 효율적인 수단이 될 수 있다.

2005년부터 온실가스배출 1위국인 중국이 기후변화 노력에 적극적으로 참여하지 않음으로서 그동안 얻어왔던 '부당한' 경제적 이익을 더 이상 묵과할 수 없다는 것이다. 즉 배출권거래제(emission trading systems, ETS) 혹은 탄소국경조정(carbon border adjustment, CBA) 등 탄소배출(환경, 기후변화)과 무역(경제)의 연계를 통해 중국을 압박할 수 있는 효율적인 어젠다가 될 수 있다는 판단도 그 기저에 깔려 있다. 이번 4월 기후정상회의에서 미국이 제기한 기후변화 이니셔티브에 대해 이를 옹호하는 국가들(일본, EU 등)과 이를 견제하는 국가들(중국, 러시아 등) 간 대립 양상은 이를 잘 보여주는 것이라 하겠다. 이것의 핵심에는 탄소국경조정 문제가 있다. 탄소국경조정은 온실가스배출 관련 국가 간 감축 의욕의 차이를 보정하는 무역 제한 조치로서, 다양한 형태를 포함하고 있다는 점에서 '탄소국경세(carbon border tax)'보다 포괄적이며 규제적인 성격을 갖고 있다.[5] CBA에 가장 적극적인 입장을 갖고 있는 EU는 2021년 3월 10일 유럽의회 총회에서 결의안을 채택했고, 바이든 행정부도 다양한 형태의 '탄소국경조정'을 추진할 가능성이 있다. CBA는 무역과 산업에 직접적인 영향을 미치는 민감한 이슈로서 중국과 러시아 등 주요국이 반대하고 있을 뿐만 아니라, 정확한 탄소배출량 측정의 정확성 및 신뢰성 관련해 기술적인 어려움이 있는 것도 사실이다(김호홍·김보라, 2021a: 9).

바이든 대통령은 대선 캠페인 동안 기후변화 대응을 위한 사업으로 '청

---

5   탄소국경세는 국산품에 부과한 탄소세를 수입품에도 동일하게 부과하거나, 국산품 수출 시 이미 부과한 탄소세를 환급하는 제도이다[김수현·김창훈(2020: 64)].

정에너지 혁명'과 '그린뉴딜'을 핵심 과제로 제시하며, 침체된 미국 경제를 부흥할 새로운 동력으로 기후변화 이슈를 적극적으로 활용하려 하고 있다. 그는 후보 시절 캠페인 과정에서 탄소집약적 수입품에 대해 탄소조정료(carbon adjustment fees) 또는 할당량(quota) 부과를 공약으로 내세우기도 했다. 특히 존 케리(John Kerry) 기후특사는 친환경 에너지로 전환 중인 자국 산업 보호 및 국제 탄소배출량 감소 장려를 위한 탄소국경세 도입을 언급했고, 재닛 엘런(Janet Yellen) 재무부 장관은 친환경 전환 사업자들에게 인센티브를 제공할 필요가 있다고 밝힌 바 있다(이준성, 2021). 바이든 대통령은 취임 이후 행정명령(2021.1.20/2021.1.27)을 통해 구체적으로 'Buy America 법'을 레버리지로 신재생에너지 시장 확대 및 일자리창출을 모색하고 있다(김호홍·박보라, 2021a: 13).

4. 한국 기후변화 정책: 탄소중립과 그린뉴딜

지구온난화 등 기후변화로 인해 폭염, 폭우, 태풍 등 이상기후 현상이 세계 도처에서 발생하고 있다. 높은 화석연료 비중과 제조업 중심의 산업 구조로 특징지어지는 한국 역시 최근 30년 사이에 평균온도가 1.4℃ 상승하면서 다양한 자연재해에 직면하고 있다(정책브리핑, 2020). 기상청 자료에 따르면, 지난 106년(1912~2017) 동안 우리나라의 연평균 기온은 +0.18℃/10년으로 상승했다(〈그림 12-3〉). 1980년대에는 연평균 기온이 13.4℃였으나 1990년대에는 14℃로 크게 상승했다. 2018년에는 우리나라 관측 기록상 폭염 일수 최다, 온열질환 응급실 감시체계 운영 이래 신고 환자 수가 역대 최다를 기록했다(기상청, 2019).

IPCC의 시나리오에 따르면, 2081~2100년 지구 평균 표면 온도가 0.3~

그림 12-3 역대 연평균 최고, 평균, 최저 기온의 변화(1912~2017)

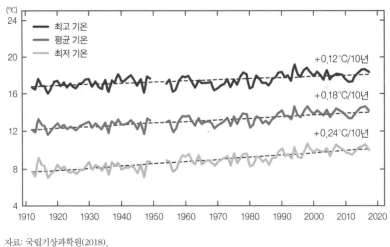

자료: 국립기상과학원(2018).

4.8℃ 상승할 것으로 예측한 바 있는데, 우리 기상청은 한반도 전역에서 IPCC의 예측보다 높은 1.8~4.7℃까지 상승할 것으로 전망하고 있다(환경부, 2020: 15).

국제사회는 기후변화 문제의 심각성을 인식하고 이를 해결하기 위해 선진국에 의무를 부여하는 교토의정서 채택(1997년)에 이어, 선진국과 개도국이 모두 참여하는 파리협정이 2015년 채택되었고, 국제사회의 적극적인 노력으로 2016년 11월 4일 협정이 발효되었다. 우리나라는 2016년 11월 3일 파리협정을 비준했다. 파리협정의 목표는 산업화 이전 대비 지구 평균온도 상승을 2℃보다 훨씬 아래(well below)로 유지하고, 나아가 1.5℃로 억제하기 위해 노력해야 한다는 것이다.

한편 IPCC는 2018년 10월 우리나라 인천 송도에서 개최된 제48차 IPCC 총회에서 치열한 논의 끝에 「지구온난화 1.5℃ 특별 보고서」를 승인하고 파리협정 채택 시 합의된 1.5℃ 목표의 과학적 근거를 마련했다. IPCC는

2100년까지 지구 평균온도 상승폭을 1.5℃ 이내로 제한하기 위해서는 전 지구적으로 2030년까지 이산화탄소배출량을 2010년 대비 최소 45% 이상 감축해야 하고, 2050년경에는 탄소중립을 달성해야 한다는 경로를 제시했다.

1) 한국판 그린뉴딜의 등장

그린뉴딜의 개념은 경제 전반의 녹색전환을 통해 경기부양, 일자리창출과 동시에 기후변화 및 환경문제에 대응하는 정책 패키지라 할 수 있다. 그린뉴딜은 이미 2009년 UNEP에서 2008년 글로벌 금융위기를 극복하기 위해 제안했던 개념이다. 그러다가 2015년 파리협정 체결과 2018년 IPCC 1.5도 특별보고서 발표 이후 재조명되었다. 2019년 2월 미국 하원에서 '그린뉴딜 결의안'이 상정되고, EU에서 '유럽그린딜'이 채택되었다. 미국과 유럽이 주도하고 있는 그린뉴딜은 단지 기후변화 대응에서 그치는 것이 아니라 새로운 성장전략으로 제시된 것이다. 즉 기후와 양립 가능하고 지속가능한 경제로의 전환을 지향하는 전략이다(윤순진, 2021: 30). 2020년 코로나19 팬데믹이 초래한 세계적인 위기 속에서 그린뉴딜 추진의 당위성이 크게 부각되었다. 코로나19로 인해 세계 경제가 최악의 경기 하락을 겪고 있는 상황이다. 특히 사회 취약층이 확대되는 등 사회 불평등 위기가 더욱 심화되는 상황에서 기후위기를 가속화시키지 않으면서 경제를 회생시킬 방법은 그린뉴딜이기 때문이다(윤순진, 2021: 31). 한국 정부도 코로나19의 영향에 따른 경제위기 극복 및 전 세계적인 탄소중립 추진 분위기 속에서 저탄소·친환경경제로의 전환 필요성을 절감하고, 탄소중립 시대로의 전환 과정에서 지속가능한 신성장동력을 확보하기 위해 한국판 그린뉴딜이 추진되고 있다.

2) 한국의 탄소중립 추진 경과

문재인 대통령은 2020년 10월 28일 국회 시정연설에서 2050 탄소중립 계획을 처음 공포했다. 11월 3일 국무회의 모두 발언에서 "우리도 국제사회의 책임 있는 일원으로서 세계적 흐름에 적극 동참해야 한다. 기후위기 대응은 선택이 아닌 필수"라고 강조했다. 이후 11월 22일 '포용적이고 지속가능한 복원력 있는 미래'를 주제로 열린 G20 정상회의에서 "2050 탄소중립은 산업과 에너지 구조를 바꾸는 담대한 도전이며, 국제적 협력을 통해서만 해결 가능한 과제"라고 했다. 또한 "한국은 탄소중립을 향해 나아가는 국제사회와 보조를 맞추고자 한다"라고 언급하며 2050 탄소중립 추진에 대한 한국 정부의 의지를 적극적으로 피력했다. 12월 7일 홍남기 기획재정부장관 주재 '제22차 비상경제 중앙대책본부회의'를 개최해 '2050 탄소중립 추진전략'을 확정 발표했고, 15일 국무회의에서 '2050 장기저탄소발전전략(LEDS)'과 '2030 국가온실가스감축목표(NDC)' 정부안이 확정되었다.

3) 탄소중립 추진전략

2020년 12월 7일 탄소중립의 국제적 추세에 능동적으로 대응하기 위해 정부는 관계부처 합동으로 '2050 탄소중립 추진전략'을 확정했다. 동 전략은 탄소중립, 경제성장, 삶의 질 향상 동시 달성을 목표로 ① 경제 구조의 저탄소화, ② 신유망 저탄소 산업 생태계 조성, ③ 탄소중립사회로의 공정 전환이라는 3대 정책방향과 탄소중립 제도 기반 강화라는 3+1 전략을 제시했다.

경제 구조의 저탄소화를 위해 에너지공급원을 화석 기반에서 신재생에너지로의 에너지전환을 가속화하고, 철강, 석유화학 등 탄소 다배출 업종의 기술개발 지원 등 고탄소 산업 구조를 혁신하고, 수소 및 전기차 생산,

그림 12-4 2050 탄소중립 이행 체계도

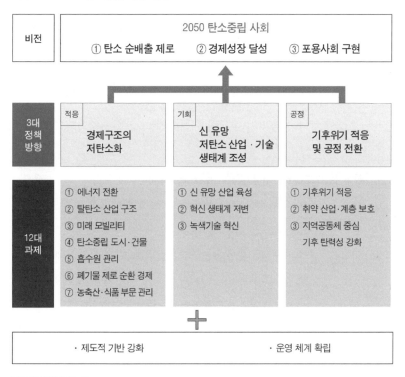

비전	2050 탄소중립 사회
	① 탄소 순배출 제로 ② 경제성장 달성 ③ 포용사회 구현

3대 정책 방향

적응	기회	공정
경제구조의 저탄소화	신 유망 저탄소 산업ㆍ기술 생태계 조성	기후위기 적응 및 공정 전환

12대 과제

① 에너지 전환	① 신 유망 산업 육성	① 기후위기 적응
② 탈탄소 산업 구조	② 혁신 생태계 저변	② 취약 산업ㆍ계층 보호
③ 미래 모빌리티	③ 녹색기술 혁신	③ 지역공동체 중심
④ 탄소중립 도시ㆍ건물		기후 탄력성 강화
⑤ 흡수원 관리		
⑥ 폐기물 제로 순환 경제		
⑦ 농축산ㆍ식품 부문 관리		

・제도적 기반 강화   ・운영 체계 확립

자료: 환경부(2021: 3).

보급 확대 등을 통해 미래형 모빌리티로 전환하며, 신규 건축물의 제로에너지 건축 의무화 및 국토 계획 수립 시 생태자원을 활용해 탄소흡수 기능을 강화할 것을 과제로 제시하고 있다. 차세대 전지 관련 핵심기술의 확보, 2050년 수소에너지 전체의 80% 이상을 그린 수소로 전환하고 이산화탄소 포집기술(CCUS) 등 신유망 산업을 육성하고, 저탄소ㆍ친환경ㆍ에너지 산업 분야의 유망 기술 보유 기업을 발굴 및 지원하고, 탄소중립 규제자유특구를 확대하는 등 혁신적 생태계의 기반을 구축하는 전략도 제시하고 있다. 이렇듯 탄소중립사회로의 전환 과정에서 취약 산업 및 취약계층에 대한 보호 등 사람 중심의 공정성을 담보하려는 노력도 제시하고 있다. 이러한 전략의 실행력을 높이기 위해 제도적 기반을 마련하려는 의지를 표명하고 있다. 가칭 '기후대응기금'을 조성해 탄소중립의 전환을 지원하고, 세제, 부담금, 배출권거래제 등 탄소가격 체계를 재구축하겠다는 것이 대표적인 내용이다. 이러한 탄소중립 추진전략에 따른 구체적인 이행 계획이 지난 3월 발표됨으로써 보다 실질적인 실행력을 높이려는 노력이 지속되고 있다.

4) 장기저탄소발전전략(LEDS)과 국가결정기여(NDC)

2015년 채택된 파리협정은 기후변화 대응 정책의 장기적 비전 관점에서 각 당사국에게 장기 저탄소 발전 전략을 2020년까지 수립하도록 권고했다. 이에 한국 정부는 국제사회의 기후변화 노력에 동참하기 위해 LEDS를 수립하기로 결정하고, 전략 수립 단계부터 민간 전문가의 의견을 충분히 수렴하기 위해 학계, 산업계, 시민사회 등 다양한 분야의 전문가가 참여하는 '2050 저탄소사회 비전 포럼'을 구성하고 다양한 2050년 국가온실가스 감축목표와 비전을 검토했다. 포럼의 검토 결과는 LEDS 수립을 위한 정부 내 논의와 다양한 이해관계자의 의견을 수렴하기 위한 사회적 논의의 기본 자료로 활용되었다. 이후, 2020년 15개 부처가 참여하는 범정부협의체(국무조정실, 환경부, 기획재정부, 과학기술정보통신부, 산업통상자원부, 외교부, 행정안전부, 농림축산식품부, 국토교통부, 해양수산부, 고용노동부, 금융위원회, 기상청, 산림청, 농촌진흥청)에서 온라인 설문, 전문가 의견 수렴, 국민 토론회, 공청회와 같은 사회적 논의를 통해 산업계, 시민사회 및 미래세대 등 다양한 계층의 의견을 종합해 LEDS 전략을 마련했다.

탄소중립의 5대 기본 방향을 제시하면, ① 깨끗하게 생산된 전기·수소의 활용 확대, ② 디지털 기술과 연계한 혁신적인 에너지 효율 향상, ③ 탈탄소 미래 기술개발 및 상용화, ④ 순환 경제로 지속가능한 산업 혁신 촉진, ⑤ 산림, 갯벌, 습지 등 자연·생태의 탄소흡수 기능 강화이다. 이러한 기본 방향하에서 에너지 공급, 산업, 수송, 건물, 폐기물, 농축수산, 탄소흡수원의 7개 부분별 비전과 전략을 마련하고, 탄소중립을 위한 경제·사회의 녹색전환을 뒷받침하고자 정책, 사회, 기술 전반에 걸친 이행 기반 방안에 대해서도 제시하고 있다(환경부, 2020).

2015년 12월 파리협정 채택 이전 세계 각국은 NDC를 유엔에 제출했으며, 2021년 파리협정의 본격적 시행을 앞두고 2020년까지 이를 갱신하기로 합의했다. 한국은 2015년 12월 2030년 배출 전망치(BAU) 대비 37% 감축목표로 UN에 제출했다. 이후 '2030 국가 온실가스 감축 수정 로드맵'을 2018년 7월 마련하고, '저탄소 녹색성장 기본법 시행령'을 2019년 12월 개정하며 감축목표를 이행하기 위해 노력했으며 2020년 12월 국가온실가스 감축목표를 갱신했다. 구체적으로 살펴보면, 한국이 감축목표로 2015년에 2030년 BAU 대비 37% 감축목표를 최초 제출했다가 2018년 7월 기존 감축목표는 유지하되, 국내 감축 책임을 강화하고 해외 감축 할당을 축소하는 방식(기존 국내 25.7%, 해외 11.3%에서 국내 32.5%, 산림·국외 4.5%)으로 수정 제출했다. 이후 2019년 12월 '녹색성장기본법' 시행령을 개정하면서 감축목표를 24.4%로 수정해 UN에 제출했다. 기존 목표치는 경제성장 변동에 따라 가변성이 높은 BAU 방식의 기존 방식을 이행 과정의 투명한 관리가 가능하고 국제사회에서 신뢰가 높은 절대량 방식으로 전환해 2030년 국가 온실가스감축목표로 확정한 것이다. 또한 보충적인 감축목표 이행을 위해 국제탄소시장, 탄소흡수원 활용 계획을 포함했고, 이행의 실행 가능성을 높이기 위해 국외 감축 비중을 줄이고 국내 감축 비중을 높였다.

5. 나오며: 남북 협력을 통한 '그린 한반도(Green Korea Peninsula) 구상'

한국이 기후변화 대응 차원에서 2050년 탄소중립을 실현하기 위해 준비한 계획을 차분하고 체계적으로 진행해야 하는 것이 기본적인 전제이다. 오랜 기간 국제사회의 기후변화 대응 논의를 주도해 온 유럽의 경우 국경을 맞대고 있는 여러 국가들 간 협력 필요성을 염두에 두고 EU를 중심으로 초국가적 기후변화 대응을 위해 '유럽그린딜'을 추진하고 있다는 사실에 주목할 필요가 있다(윤석준, 2020: 138).

기후변화 대응에 대한 남북 간 협력은 세 가지 차원에서 의의가 있다. 먼저 남북 협력을 통해 북한의 기후변화 대응 능력을 높일 수 있다. 기후변화 대응에 대한 적극적 의지를 갖고 있으나, 정책 수행을 위한 역량이 부족한 북한에게 우리와의 협력은 북한의 대응 역량 제고에 기여할 수 있다. 한국의 입장에서는 남북 협력을 통해 2050 탄소중립을 달성하는 데 도움이 된다. 또한 좁게는 동북아 차원에서, 넓게는 국제사회에서 기후위기 대응을 주도할 수 있다. 마지막으로 남북 기후변화 협력은 2019년 2월 하노이 북미회담 이후 교착상태에 빠진 한반도 평화 프로세스를 재가동해 지속가능한 남북 관계를 만들어 평화 번영의 한반도를 실현하는 데 기여할 수 있다.

그렇다면 북한은 기후변화에 대해 어떠한 입장을 보이고 있는가? 북한이 국제사회에 대한 개방에 부정적인 자세를 견지해 왔지만, 국제사회의 기후변화 대응 노력에 대해서는 상당히 적극적인 자세로 참여해 왔다. 특히 김정은 집권 이후 기후변화 대응과 관련된 여러 정책을 추진해 왔다는 점이 두드러졌다. 북한은 2013년 '재생에네르기법'을 제정했으며, 태양열, 풍력 등 재생에너지 보급을 지속적으로 확대하고 있다. 그렇다면, 기후변화 대응과 관련해 북한이 진정성을 가지고 추진하고 있는지를 파악해 보는 것이 남북 협력의 공유 이익을 확대함에 있어 중요하다. 언론보도에서 드러난 북한의 기후변화 담론 변화를 살펴본 윤순진 등의 연구는 이러한 차원에서 상당한 의의가 있다(윤순진 외, 2019). 동 연구에서는 2009~2017년까지 북한 언론에서 보이는 기후변화 담론의 차이를 인식론적 측면에서 살펴봄으로써, 북한의 필요에 부응하는 협력을 추진해야 할 것을 제안했다. 또한 김정일에서 김정은 시대로 이어지는 동안 기후변화에 의한 세계적 식량 위기 담론이나, 기후변화 야기에 책임 있는 국가들의 노력을 강조하는 국제 노력 담론 등이 지속적으로 유지되었다고 분석한다. 한편 김정일 시기에는 기후변화에 따른 피해에 대해 국제적 지원 및 자력갱생을 강조했던 반면, 김정은 시기에는 기후변화에 대해 구체적으로 묘사하면서 기후변화에 대한 적응에 초점을 두고, 농업의 과학화 또는 산림 복구 등 적극적인 대응을 강조하고 있다(윤순진 외, 2019). 이러한 분석에서 확인할 수 있듯, 북한의 기후변화 대응에 대한 적극적 의지는 단지 수사적 선언에 그치고 있다고 보기 어렵다. 북한은 2013년 '재생에네르기법' 제정 이후 2014년 '자연에네르기 중장기 개발 계획'을 수립해 2044년까지 재생에네르기 발전 설비용량을 500만kw로 확대하겠다고 제시했으며, 자연에네르기연구소를 새롭게 신설했다(빙현지·이석기, 2017: 42~44). 이렇듯 김정은 위원장은 재생에너지 확대를 강조하고 있다. 이러한 분위기에서 태양광 소규모 발전을 중심으로 사회의 다양한 영역에서 재생에너지 보급이 이루어지고 있는 것으로 알려지고 있다(윤석준, 2020: 145). 북한은 '단번도약(leap-frogging)'의 기치하에서 재생에너지 기술의 국산화를 강조하고 있으며, 그와 동시에 재생에너지 기술개발과 관련해 국제사회의 협력도 적극 모색하고 있다. 대표적인 사례로는 2000년대 초반 주한 유럽연합상공회의소(EUCCK)와 함께 추진해 설립한 평양국제새기술경제정보교류사(PIINTEC)와 2014년 조선록색기금(Korea Green Fund, KGF)을 들 수 있다. 특히 조선록색기금은 지속가능발전 관련 사업들의 추진 재원 마련을 위해 설립한 비정부기구로 재생에너지와 유기 영농기술 등의 진흥 및 연구개발을 지원하기 위해 설립되었는데, 이처럼 재생에너지 분야에 대한 높은 관심과 함께 법제도적, 정책적 변화를 구체적으로 추진해 왔다(윤석준, 2020: 145~146).

또한 2015년 12월 파리에서 열렸던 기후변화협약 제21차 당사국총회(COP 21)에 북한 대표로 참석한 리수용 외무상은 총회 연설을 통해 온실가스배출을 1990년 대비 37% 감축한다는 목표를 밝히면서, 김정은 위원장이 '산림복구전투(war on deforestation)'를 통해 10년간 63억 그루의 나무를 심겠다는 목표를 세웠다고 전했다. 북한이 산림 복구를 기후변화 완화를 위한 효과적인 대응책으로 고려하고 있다는 것을 잘 보여주는 사례라고 하겠다.

북한은 2016년 8월 파리협정에 가입하면서 자발적 감축목표로 BAU 대비 8% 감축을 제시했다. 그러나 비록 조건부이지만, 국제적 지원이 있다면 북한은 2030년 기준 온실가스배출량을 40.25%까지 감축할 수 있다는 감축목표를 제시하기도 했다. 바로 이 지점에서 한반도 그린 협력의 가능성을 찾을 수 있다. 지난해 12월 수정 제출된 NDC에 따르면, 국내 감축분 32.5%, 나머지 4.5%를 해외에서 줄이거나 산림 흡수를 통해 감축하기로 설정했는데, 만일 북한과의 협력을 통해 해외 감축분을 북한에서 진행한다면, 북한에게도 실질적인 경제적 이익이 될 것이기 때문에 수용할 가능성이 클 것이다. 남북 그린 협력을 통해 북한에게는 기후변화 대응 능력의 확대와 경제적 실익 증대를, 한국에게는 탄소중립의 목표를 달성하는 데 효율적인 정책 수단의 확대 및 목표의 실현 가능성을 높여주는 이익을 줄 수 있을 것이다.

또한 남북 협력의 맥락에서 중요하게 고려해야 할 아이템 중 하나는 탄소배출권 문제이다. 전형적인 에너지 다소비 산업 구조를 가진 한국이 경제성장과 환경보호라는 두 가지 목표를 달성하기 위한 효과적인 정책 수단은 바로 국내외 탄소배출권 확보이다. 교토의정서에서 이미 청정개발체제(Clean Development Mechanism, 이하 CDM) 사업을 통해 온실가스배출권을 확보하도록 규정한 바 있다. 교토의정서 제12조 2항에 의하면, CDM의 목적은 개도국의 지속가능한 개발을 돕는 동시에 선진국의 온실가스 감축의무를 효과적으로 달성하는 데 있다. 선진국은 개도국에 자본과 기술을 투자해 온실가스배출량을 감소시키고, CDM 집행위원회는 인정된 분량만큼의 탄소배출권을 투자국에 부여한다. 따라서 남북 CDM 협력사업을 통해 한국은 온실가스 감축의무를 효과적으로 달성할 수 있고, 북한은 지속가능한 발전을 가능하게 하는 효과가 있다. 실제 북한 2008년 CDM 사업 국가승인기구 설립 등 CDM 사업을 위한 기본 체계를 마련하고 있으며, 실제 CDM 사업을 UN에 공식 등록하고 사업을 추진했다(장우석, 2015: 5). 2012년 한 해 동안 6건의 CDM 사업 모두가 소규모 수력발전사업으로, 북한이 투자하고 체코의 토픽 에네르고사가 탄소배출권을 양도받아 판매하는 역할을 수행했다. 2013년에도 2건의 프로그램 CDM 사업 – 광산과 산업 폐수에서 발생하는 메탄가스 활용 및 파기 프로그램 – 을 신청했다. 이렇듯 북한이 탄소배출권거래에 큰 관심을 가지고 있는 것으로 알려진 상황에서 한국 정부는 이 부분에 대한 협력을 적극적으로 제안할 필요가 있다.[6]

기후변화가 국가 혹은 인간에 대한 중대한 안보 위협이라는 인식이 전 세계적으로 확산되면서 과거 기후변화 대응에 대해 소극적인 자세를 취해왔던 미국, 중국 등 고탄소 배출국이 보다 적극적인 정책과 전략을 수립하고 있다. 이처럼 파리협정의 본격적인 이행을 준비함에 따라 국제사회가 2050년 탄소중립시대로 나아가고 있는데, 이는 남북 그린 협력을 위한 외

---

6   장우석(2015)에 따르면, 남북 CDM 협력사업을 통해 한국이 얻을 수 있는 탄소배출권 잠재량이 약 108억 톤 CO_2, 경제적 가치는 연간 112조 규모에 이를 것으로 추산한 바 있다(장우석, 2015: 9).

그림 12-5 그린 한반도 구상

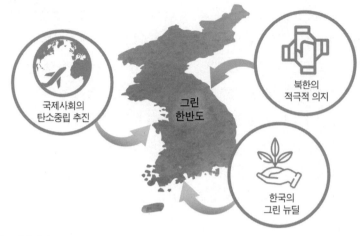

국제사회의
탄소중립 추진

그린
한반도

북한의
적극적 의지

한국의
그린 뉴딜

자료: 필자 작성.

부로부터의 우호적 조건이 성숙되고 있는 것이다. 교토의정서 체제하에서 의무 감축 대상에서 제외되었던 한국 역시 지구온난화, 이상기후에 따른 자연재해 등 기후변화 대응의 중요성을 인식하고, 탄소중립을 향한 적극적이고 책임 있는 입장으로 선회하고 있다. 특히 코로나19 팬데믹 상황 속에서 경기 하락, 사회적 불평등의 심화 등을 해결하기 위해 사회구조적 전환으로서 한국판 그린뉴딜이 체계적으로 구상되었다고 하겠다.

그러나 진정한 그린뉴딜을 실현하기 위해서는 한국의 노력만으로 달성하기 어렵다. 현재 발표된 그린뉴딜의 전략과 과제에서는 지리적으로 연결되어 있는 한반도, 인접한 동북아 국가들과의 협력을 언급하지 않고 있다는 점이 아쉬운 부분이다. 그러나 구체적인 전략의 이행 계획 속에서 남북 그린 협력의 필요성이 제기될 수밖에 없을 것이며, 이러한 차원에서 남북 그린 협력의 전략과 협력사업 아이템을 심도 있게 고민할 필요가 있다.

한국판 그린뉴딜을 달성하기 위한 노력만큼, 남북 협력을 추진할 경우 무엇보다 중요한 것은 북한의 수용 가능성이다. 앞에서 언급했듯, 북한은 에너지 부족 사태를 오랜 기간 겪어오면서 자신들의 생존 전략으로 버텨오고 있는 상황이다. 북한이 국가 운영에 필요한 충분한 에너지의 확보 그리고 기후변화의 적극적 대응이라는 두 마리의 토끼를 잡기는 매우 어렵다. 그럼에도 기후변화 대응과 관련해서는 북한이 관련 국제기구 및 협정에 적극적으로 참여하고 있는 데 주목할 필요가 있다. 단지 참여에 그치는 것이 아니라 국제사회로부터의 지원을 강조하고, 이를 수용할 의지를 여러 차례 내비치고 있다. 따라서 기후변화 대응은 경색된 남북관계의 물꼬를 틀 수 있는 좋은 모멘텀이 될 수 있다. 남북 간의 상호 이익을 이해하고, 이를 확대하는 과정에서 상호 신뢰를 구축함으로써, 다른 영역으로 확산(spill-over)하는 효과를 가져와 평화 번영의 한반도를 실현하는 데 기여할 수 있다. 이러한 점에서 남북 그린 협력을 통한 그린 한반도 구상을 구체화해야 할 필요가 있으며, 향후 심화 연구를 통해 다루도록 하겠다.

참고문헌

관계부처합동. 2016. "제1차 기후변화대응 기본계획".

_____. 2020. "「한국판뉴딜」종합계획".

기상청 홈페이지. www.weather.go.kr.

김수현·김창훈. 2020. 「유럽 그린딜의 동향과 시사점」(한국환경연구원).

김유철·이상근. 2019. 「남북한 환경협력의 전망과 이행전략: 내재적 특성과 구조 변동을 중심으로」. ≪통일정책연구≫, 27(1), 6~88쪽.

김호홍·김보라. 2021a. 「바이든 행정부 기후변화 정책의 안보적 함의 및 정책 고려사항」. ≪INSS 전략보고≫, 118, 1~23쪽.

_____. 2021b. 「기후정상회의 결산: 협력과 갈등의 공존 예고」. ≪Issue Brief≫, 259. 1-6쪽.

대한민국정부. 2020a. "2030 국가 온실가스 감축목표(NDC)".

_____. 2020b. "지속가능한 녹색사회 실현을 위한 대한민국 2050 탄소중립전략".

대한민국 정책브리핑. 2020.12.21. "2050 탄소중립". https://korea.kr/special/policyCuration View.do?newsId=148881562 (검색일: 2021.3.20).

문진영·이성희·김은미. 2021. 「기후정상회의 주요 내용 및 시사점」. ≪KIEP 오늘의 세계≫, 21(8), 1~21쪽.

민병원. 2020. 「코로나19와 안보 개념의 확대」. ≪이슈브리핑≫, 99, 1~7쪽.

박범순·김용진·조승희. 2020. 「그린뉴딜의 정치적·정책적·법적 함의」(한국법제연구원). ≪ISSUE PAPER≫, 2020(1), 1~38쪽.

박인휘. 2010. 「안보와 지역: 안보개념의 정립과 동북아안보공동체의 가능성」. ≪국가전략≫, 16(4), 33~62쪽.

_____. 2012. 「새로운 이분법의 기로에 선 한국의 안보: 북핵문제와 남북미 관계」. 박인휘 외 엮음. 『탈냉전사의 인식』. 한길사.

빙현지·이석기. 2017. 『북한 재생에너지 현황과 시사점』. 산업연구원.

윤석준. 2020. 「한반도의 지속가능한 평화를 위한 '그린 뉴딜' 남북경협: 재생에너지 분야 남북 협력 방안을 중심으로」(한국평화연구학회). ≪평화학연구≫, 21(4). 137-163쪽.

윤순진 외. 2019. 「언론보도 분석을 통해 본 북한의 기후변화 담론 변화」. ≪아태연구≫. 26(3), 65~101쪽.

윤순진. 2021. 「한국판 그린 뉴딜의 현재와 과제」. ≪전기저널≫, 1, 29~37쪽.

이상엽·전호철·김이진. 2017. 「신기후체제 대응을 위한 2050 저탄소 발전전략 연구」(한국환경

연구원).

이수형. 2020. 「탈냉전과 유럽에서의 비전통적 안보위협: 개념과 사례」(2020 한국국제정치학회 하계학술회의). 국제사회 내 비전통안보 이슈의 대두와 한국의 안보전략.

이신화. 2008. 「비전통안보와 동북아지역협력」. ≪한국정치학회보≫, 42(2), 411~434쪽.

이준성. 2021.4.30. "기후 정상회의 주요 내용 및 현지 반응". ≪Kotra 해외시장뉴스≫.

장우석. 2015. 「남북 재생에너지 CDM 협력사업의 잠재력: 新기후시대를 선도하는 '그린데탕트'가 필요하다」(현대경제연구원). ≪VIP 리포트≫, 15-39(통권 738호), 1-10쪽.

_____. 2021. 「탄소중립시대의 국제 질서 변화와 우리의 대응」(현대경제연구원). ≪VIP 리포트≫, 21-2(통권 738호), 1~22쪽.

정상화. 2010. 「안보개념의 변화와 비전통안보의 부상」. ≪세종정책연구≫, 6(2), 5~43쪽.

정한범. 2020. 「21세기 국제환경의 변화와 포괄안보」(2020 한국국제정치학회 하계학술회의). 국제사회 내 비전통안보 이슈의 대두와 한국의 안보전략.

최현아. 2018. 「남북한 산림협력 방향과 과제: 국제사회 지원 사업을 바탕으로」(통일연구원). ≪통일정책연구≫, 27(2), 1~20쪽.

환경부. 2019. 기후변화 적응 중장기 대책 마련 거버넌스 포럼 구성 II·운영 최종 보고서.

_____. 2020. 「한국 기후변화 평가보고서 2020: 기후변화 영향 및 적응」.

_____. 2021. 「2021년 환경부 탄소중립 이행계획」.

Baldwin, David A. 1997. "The Concept of Security." *Review of International Studies*, 23.

Bull, Hedley. 1977. The Anarchical Society. New York: Columbia University Press.

Buzan, Barry and Lene Hansen. 2009. *The Evolution of International Society Studies*. Cambridge: Cambridge Univeristy Press.

Huysmans, Jef. 2006. *The Politics of Insecurity: Security, Migration and Asylum in the EU*. London: Routledge.

IPCC. 2018. An IPCC Special Report on the Impacts of Global Warming of 1.5°C Above Pre-industrial Levels and Related Global Greenhouse Gas Emission Pathways, in the Context of Strengthening the Global Response to the Threat of Climate Change, Sustainable Development, and Efforts to Eradicate Poverty.

Kolodziej, Edward A. 2005. S*ecurity and International Relations*. Cambridge: Cambridge Univeristy Press.

The White House. 2021.1.20 "Executive Order on Protecting Public Health and the Environment and Restoring Science to Tackle the Climate Crisis." https://www.white

house.gov/briefing-room/presidential-actions/2021/01/20/executive-order-protectin g-public-health-and-environment-and-restoring-science-to-tackle-climate-crisis (검색 일: 2021.2.23).

United Nations Development Programme(UNDP). 1994. Human Development Report 1994. New York: Oxford University Press. http://hdr.undp.org/sites/default/files/reports/ 255/hdr_1994_en_complete_nostats.pdf (검색일: 2020.7.10).

Williams, M.J. 2008. "(In)security Studies, Reflexive Modernization and the Risk Society." *Cooperation and Conflict*, 43(1), pp.57~79.

Wolfers, Arnold. 1952. "National Security as an Ambiguous Symbol." *Political Science Quarterly*, 67, pp.481~502.

제13장

EU와 독일의 탄소중립

에너지 정책을 중심으로

이흥구_고려대학교 글로벌 에너지정책 전문가 양성 연구사업단 연구교수

1. 들어가며

이 장은 2050년 탄소중립을 선언한 EU와 독일의 에너지 법제 및 정책 분석을 목적으로 한다. 이를 통해 탄소감축을 위한 효과적 에너지전환의 정책적 함의점을 제공한다. EU-27은 1990년 대비 2019년 24%, 2020년 20% 감축을 기록, 온실가스배출 감축목표를 조기 달성했다. 2020년 12월, EU는 1990년 대비 2030년 40% 감축목표를 55% 상향 조정에 합의, 2050년 탄소중립목표 달성을 위한 제도적 노력에 박차를 가했다. 독일은 온실가스배

---

* 이 장은 이흥구, 「유럽 에너지 전환의 제도적 분석: 독일과 영국 사례를 중심으로」, 고려대학교 박사 학위 논문(2021)의 일부와 Heungkoo Lee and Jae-Seung Lee, "The Paths of German Energy Transition: An Institutional Analysis," *Journal of International And Area Studies*, Vol.26, No.2(2019), pp.99~118을 번역 및 수정·보완한 것이다.

출 1990년 대비 2019년 35.7% 감축을 기록했다. 2020년 감축목표인 1990년 대비 40% 달성에는 어려움이 예상되었으나, COVID-19의 영향으로 그 목표 달성에 성공했다. 독일은 2030년 56.6% 목표 달성을 위해 재생에너지 확대 목표 상향 조정 및 석탄발전 단계적 폐쇄 등의 제도적 노력을 기울이고 있다.

EU와 독일의 기후변화 대응 중심에는 에너지 믹스 내 재생에너지 발전 확대, 즉 에너지전환이 자리하고 있다. EU와 독일 모두 2020년 재생에너지 발전 확대 목표를 초과 달성했다. 이 장은 EU와 독일이 어떻게 재생에너지 발전 확대에 성공했는지, 그 제도적 발전을 중심으로 분석한다. 이 장의 구성은 다음과 같다. 우선 탄소중립을 선언한 EU와 독일의 온실가스배출 현황을 확인한다. EU 에너지 정책은 재생에너지 법제와 에너지전환에 관련된 정책을 중심으로 분석하며, 정책의 성과와 한계를 고찰한다. 독일 에너지 정책은 에너지전환의 핵심 법제인 '재생에너지법(Erneuerbare-Energien-Gesetz, 이하 EEG)'을 중심으로 분석하며, 그 성과와 한계를 확인한다. 마지막으로, EU와 독일 에너지 정책 분석 결과를 기반으로 탄소감축을 위한 효과적 에너지전환의 정책적 시사점을 도출한다.

2. EU와 독일의 온실가스배출 현황 분석

1) EU 온실가스배출 현황 분석[1]

EU 온실가스배출 감축은 에너지 믹스 변화와 효율성 향상에서 기인했

---

1   https://ec.europa.eu/eurostat/statistics-explained/index.php?title=Climate_change_
     -_driving_forces (검색일: 2021.3.5).

다. 기술의 진보에 힘입은 에너지소비 감축 그리고 재생에너지를 포함한 탄소배출량이 적은 연료 소비의 확대는 경제성장 지속과 온실가스배출 감축이라는 비동조화를 이끌어냈다. 1995년부터 2018년 사이 EU의 일인당 온실가스배출량은 21% 감축된 반면, 인구수는 5% 증가했으며 GDP는 48% 증가했다.

EU의 부문별 온실가스배출량 변화는 다음과 같이 요약할 수 있다. 우선 수송 분야를 제외한 연료 연소 및 연료로부터의 탈루성 배출(국제항공은 포함), 산업 공정 및 제품 사용, 농업, 폐기물 관리 등 대부분의 분야에서 온실가스배출량은 감소했다. 그러나 국제항공을 포함한 수송 분야의 연료 연소로부터 배출된 온실가스배출량은 2억 3100만 톤 $CO_2eq.$(+32%) 증가했으며, 수송 부문의 에너지소비도 37% 증가했다. 이는 수송 분야 특성상 어려운 연료 전환과 효율성 증대에서 기인한다. 연료 연소 부문에서 온실가스배출 절대량의 가장 큰 감소를 보인 부문은 에너지 산업이다. 연료 연소 부문 내 에너지 산업의 온실가스배출은 약 4억 2400만 톤 $CO_2eq.$(-29%) 감축되었다. 연료 연소 부문 중 에너지 산업 온실가스배출량의 86%는 공공 전력 및 열 생산이 차지하고 있으며, 같은 기간 전력과 열 생산은 19% 증가, 비동조화 현상이 발생한 것을 확인할 수 있다. 이는 풍력을 위시한 재생에너지, 바이오 연료, 천연가스·제조가스의 급증 그리고 석탄 등의 고체 연료(-37%), 원유·석유제품(-76%)의 급감이라는 에너지 믹스 변화에서 기인한 결과였다.

연료 연소 부문 중 제조업 및 건설의 온실가스배출 감축 절대량은 에너지 산업 부문에 이어 두 번째로 많은 2억 8700만 톤 $CO_2eq.$를 기록했다. 제조업 및 건설 분야는 연료 연소 부문 내에서 상대적으로 가장 많은 39%를 감축했다. 제조업 및 건설 산업 분야의 생산성은 증가한 반면 에너지소비는 (1990년부터 2018년까지 최종 에너지소비 22%) 감소했다. 에너지 효율의 증가는

그림 13-1 1990년과 2018년 EU-27의 부문별 온실가스배출 변화

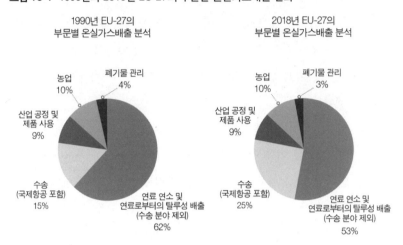

자료: https://ec.europa.eu/eurostat/statistics-explained/images/8/84/Greenhouse_gas_emissions%2C_
　　analysis_by_source_sector%2C_EU-27%2C_1990_and_2018_%28Percentage_of_total%29.png
　　(검색일 2021.3.20).

본 분야의 재생에너지원 활용 확대(고체 연료와 총석유 제품의 소비 절반 이상 감
소한 반면 재생에너지 사용은 약 3/4 증가)와 함께 온실가스배출량 감축의 결정적
요인으로 작용했다.

　에너지 믹스 변화는 가정, 상업, 기관 등의 부문에서도 발생했으며, 연
료 전환에 의한 온실가스배출 감축으로 이어졌다. 가정의 에너지소비는
4% 증가한 반면 고체연료 사용은 70%, 석유 제품 사용은 절반으로 줄어들
었으며 재생에너지와 바이오 연료, 천연가스와 전력 사용은 모두 두 배 이
상 증가했다. 산업 공정 및 제품 사용 부문의 온실가스배출은 1억 500만
톤 CO_2eq.(-23%)가량 감축되었다. 그 세부 분야별로 광업, 화학공업, 금속
산업 등에서는 모두 감축되었으나, 주로 불소 가스 배출과 관련된 오존층
파괴 물질의 대체품, 냉장고 및 에어컨 활용에서는 증가했다. 농업 부문의
온실가스배출은 1억 200만 톤 CO_2eq.(-21%) 감축되었다. 마지막으로, 폐

기물 관리 부문은 2018년 기준 총온실가스배출량의 3%에 불과하며, 온실가스배출 감축 절대량 또한 5700만 톤 CO_2-eq.로 타 부문과 비교해 적지만, 고형 폐기물 재활용 및 퇴비화 증대와 에너지 회수를 통한 총소각 증가에 따른 폐기물 매립 감소에 힘입어 온실가스배출량은 33% 감축되었다.

2) 독일 온실가스배출 현황 분석

2018년 EU-27 총온실가스배출 중 23%(8억 8900만 톤 CO_2eq.)를 점유하는 독일은 1990년 대비 31.4%[LULUCF(Land Use, Land Use Change and Forestry) 제외]가량의 온실가스를 감축했다. 1990년 대비 2018년 독일의 온실가스배출 감축량은 약 39만 1089kt CO_2eq.를 기록, EU-27 중 가장 많은 감축량을 기록했고 이는, 같은 기간 약 33만 1880kt CO_2eq.를 기록한 영국보다도 많다.

독일 온실가스배출의 부문별 감축 현황은 다음과 같다.[2] 우선 2018년 기준 분야별 온실가스배출 점유율은 에너지 산업 35.5%, 광물, 화학, 금속 제조 등을 포함한 산업 22.7%, 건물 13.6%, 수송 18.9%, 농업 8.1%, 폐기물 및 기타 1.1%를 기록했다. 온실가스배출량이 가장 많은 에너지 부문은 1990년 대비 2018년 34.6% 감축했다. 이는 온실가스배출 집약적 발전소 인 갈탄 화력발전소의 폐쇄와 이를 대체한 재생에너지 발전의 확대로 나타난 결과이다. 산업 공정의 효율성 증가와 에너지 효율성 향상은 산업 부문의 온실가스배출 31.3% 감축을 이끌었다. 그러나 지난 10년간 온실가스 배출량 감축은 정체되어 있으며, 다수의 에너지 집약적 기업은 온실가스 배출 감축에 관한 세부 계획을 갖추고 있으나, 이를 구현할 실행 가능한 비즈니스 모델이 부족한 것은 한계로 지적된다(Amelang, 2020). 건물 부문 온

---

2 https://www.umweltbundesamt.de/sites/default/files/medien/2546/dokumente/ 2020-03-11_trendtabellen_sektoren_und_vorjahresschaetzung_out.xlsx (검색일: 2021. 3.10).

그림 13-2 독일 온실가스배출량 (단위: MtCO₂eq.)

그림 13-2 독일 온실가스배출량 (단위: $MtCO_2eq.$)

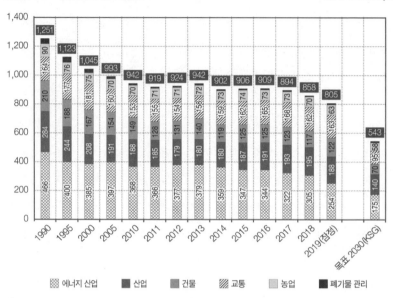

자료: https://www.umweltbundesamt.de/sites/default/files/medien/421/bilder/dateien/sektorengrafik_bis
_2019_und_2030_nach_ksg.xlsx (검색일: 2021.3.20).

실가스배출 감축은 44.4%를 기록, 폐기물 및 기타에 이어 두 번째로 많이 감축했다. 그러나 이 부문에서의 온실가스배출 감축 또한 2011년 이후 정체되어 있다. 수송 부문 온실가스배출 감축은 1%를 기록했다. 이는 수송 차량의 에너지소비 효율이 향상되었음에도 불구하고 총수송 차량 수의 증가로 인한 결과였다. 농업 부문 온실가스배출 감축은 독일 통일 이후 발생한 가축 수 감소에 힘입어 22.3%를 기록했다. 마지막으로, 폐기물 및 기타 부문 온실가스배출 감축은 폐기물 분류 및 재편(reorganization)을 통한 유해한 배출 방지가 효과적으로 이뤄짐에 따라 74.6%를 기록했다.

3. EU 에너지 정책

1) 재생에너지 발전 확대의 법제적 발전 분석

EU의 재생에너지 발전 확대를 위한 법제적 발전은 2001년 Directive 2001/77/EC 채택과 함께 시작되었다. 이 Directive는 2010년까지 총에너지소비 중에서는 재생에너지 비중을 12%, EU 총전력소비 중에서는 재생에너지 비중을 22.1%로 목표 설정했다. 이외에 태양광 및 풍력 등 재생에너지원 범주를 설정했으며, 회원국별 에너지소비 중 재생에너지 비중 목표 설정과 이를 달성하기 위한 적절한 조치 그리고 목표 달성 여부 보고 등을 요구했다. 또한 EU는 재생에너지 발전 확대를 위해 국가적 지원을 허용하고, 이에 따라 다수의 회원국은 FIT 등의 보조금 지급 정책을 도입 및 시행했다(Oschmann and Söemann, 2007). EU는 2003년 Directive 2003/30/EC를 채택했다. 이 Directive는 수송 부문의 바이오 연료 및 재생에너지 연료 활용 확대를 목적으로, 모든 수송용 에너지원(휘발유 및 디젤)의 2%를 2005년까지 그리고 5.75%를 2010년까지 바이오 연료로 대체함을 목표로 설정했다. 이를 위해 바이오 연료 사용 촉진 조치 및 확대 진행 상황 보고를 요구했으며, 바이오 연료에 대한 전면 또는 부분 세금 감면 조치 적용을 허용했다.

EU는 2001년, 2003년 Directive를 대체하는 2009년 Directive 2009/28/EC를 채택했다. 이 Directive는 2020년까지 EU 전체 에너지소비 중 재생에너지 비중 20%, 에너지 효율 증대 20%, 유럽 국가 수송 부문 에너지의 10%를 재생에너지로 대체하는 목표를 제시했다. 바이오 연료 활용의 경우 화석연료 대비 온실가스 저감 35%, 2017년 50%, 2018년 60%가 의무화되었다. 또한 기존의 수송용 바이오 연료 사용 기준 달성과 관련, 회원국별 자발적 준수에서 의무적 준수로 변경되었다. 이와 같이 상향된 목표 달성을 위해 회원국별 재생에너지 목표를 차등 설정했으며, 목표 이행 조치 계획(National Renewable Energy Action Plans)과 현황 보고서 발간을 의무화했다.

한편 EU는 2010년 바이오 연료 활용 5.45%를 기록, 목표 달성에 실패했다. 2009년 Directive는 1세대 바이오 연료 활용에 따른 역효과(식자재 가격 상승 및 열대 우림 파괴 등)의 보완과 확대 지속을 위해 2세대 바이오 연료 활용에 대한 가중치 2배 적용 등을 도입했다. 또한 EU는 간접적 토지 활용 변화 위험성 감축과 진보된 바이오 연료 사용으로의 전환 준비를 목적으로 Directive(EU) 2015/1513을 채택했다. 이 Directive는 2020년까지 바이오 연료 활용 목표 달성을 위한 세부 사항(농지 재배 작물의 바이오 연료 비율 7%로 제한, 2017년 4월까지 회원국별 첨단 바이오 연료 활용 목표 설정, 2015년 10월 이후 신규 설비의 바이오 연료 생산)과 화석연료 대비 온실가스배출 60% 등을 제시했다.

EU는 2009년 Directive에 이은 2018년 Directive(EU) 2018/2001을 채택했다. 이 Directive는 EU 최종에너지소비 중 재생에너지 비중 목표치를 2030년 30%로 상향 조정했다. 이 목표는 2030년 유럽 전력 시스템 내 재생에너지 비중 57% 점유를 의미한다(Agora Energiewende and Sandbag, 2019). 이 Directive는 재생에너지 발전 비중 확대를 위해 회원국 냉·난방 부문 재생에너지 활용 비율 연간 1.3% 확대라는 목표를 설정함과 동시에 이를 이행할 노력 의무를 부여했다. 바이오 연료 활용 관련, EU 수송 부문 최종에너지소비에서 1세대 바이오 연료 활용 비중을 7%, 더 나아가 2030년 0%까지 제한했다.[3] 이는 바이오 연료 활용에 있어서 지속가능성과 생물 다양성 보호 기조를 한층 더 강화한 결과였다.

---

3   2015년 "The Land Use Change Impact of Biofuels Consumed in The Eu - Quantification of Area and Greenhouse Gas Impacts"에 따르면, 직접적·간접적 토지 이용에 따른 온실가스배출량을 포함하는 경우 식물성 유지 기반 바이오 디젤 활용 시 온실가스배출량이 기존 화석연료 활용보다 더 높은 것으로 나타났다(https://ec.europa.eu/energy/sites/ener/files/documents/Final%20Report_GLOBIOM_publication.pdf) (검색일: 2021.3.11).

2) 에너지전환 관련 정책 분석

EU는 2019년 유럽그린딜을 발표, 2050년까지 EU 탄소배출량 0% 목표를 제시했다. 이 정책은 경제성장을 지속하는 가운데 자원 소비 감축과 환경보호를 동시에 도모, EU 경제의 지속가능한 미래로의 전환을 추구함을 궁극적인 목적으로 한다. 이와 같은 지역 공동체 차원의 탄소중립목표 설정은 4가지 핵심 가치(지속가능성, 합리성, 안정성, 경쟁)를 기반으로 한 에너지 정책의 수립과 이행이 계속되었기에 가능했다.

EU는 1995년 「For a European Union Energy Policy: Green Paper」를 발표, 지역 공동체 차원의 경쟁력과 공급 안보 그리고 환경보호라는 지역 공동체 에너지 정책의 방향성을 제시했으며, 2000년 'Toward a European Strategy for the Security of Energy Supply'를 통해 EU의 중장기 에너지 정책 수립의 근간을 마련했다. 이후 2006년 'A European Strategy for Sustainable, Competitive and Secure energy'를 통해 에너지 시장 구축 완료, 공급 안보 강화, 기후변화 대응 등 6개 도전 과제를 제시했으며, 에너지 정책의 지향점을 재확인했다.

2007년 EU는 역내 에너지 시장 구축 및 공급 안보 강화라는 기존의 에너지 정책 기조에 기후변화 대응을 더했다. 우선 지구 평균온도 산업화 이전 대비 $2℃$ 이상 상승 제한을 위해 EU 온실가스배출 2020년까지 1990년 대비 20% 감축 노력의 필요성을 강조했다. 또한 'Renewable Energy Roadmap — Renewable Energies in the 21st Century: Building a More Sustainable Future'를 통해 재생에너지 비율 목표 2010년 12%를 2020년 20%로 상향 조정해 발표했다(Commission of the European Communities, 2007). 이러한 기조는 2007년 'Energy Policy For Europe'에 반영, 기존의 에너지 정책 기조에 온실가스배출권거래제(Emissions Trading System, 이하 ETS) 시행 및 재생에너지 장기 목표 달성 강조 등이 더해지며 에너지 정책

표 13-1 2020 Climate & Energy Package 관련 법제

Directive 2009/28/EC	재생에너지 사용 촉진 관련
Directive 2009/29/EC	온실가스배출권거래제 개선 관련
Directive 2009/31/EC	이산화탄소 포집 및 저장 관련
Decision No. 406/2009/EC	Effort Sharing Decision 관련

자료: https://ec.europa.eu/clima/policies/strategies/2020_en#tab-0-1 (검색일: 2021.4.1).

내 기후변화 대응 측면 확대가 본격화되었다.

2008년 EU는 '2020 Climate & Energy Package'를 채택했다.[4] 이 패키지는 EU의 기후변화 대응, 에너지 안보, 경쟁력 강화를 주목적으로 하며 2009년 4월 채택된 4개의 법제에 근거해 시행되었다(〈표 13-1〉 참조). 이 패키지는 1990년 대비 최종에너지소비 내 재생에너지 비중 20% 확대, EU 온실가스배출 20% 감축, 에너지 효율 20% 향상을 구체적인 목표로 제시했다. 온실가스배출 감축목표 달성을 위해 ETS가 핵심 수단으로 지정되었으며, 이를 통한 온실가스배출량 감축목표는 2005년 대비 2020년 21%로 설정했다. ETS에 포함되지 않지만 노력 분담 결정에 적용되는 수송, 건물, 서비스 부문 등으로부터의 감축목표는 2005년 대비 2020년 10%로 설정했다. 재생에너지 발전 목표 달성과 관련해 회원국별 목표는 차등 제시했으며, 수송 부문에서의 재생에너지원 사용 목표는 10%로 의무화했다. 에너지 효율 목표 달성과 관련해서는 회원국 개별 목표 설정이 요구되었다. 이산화탄소 포집 및 저장(Carbon Capture and Storage, 이하 CCS)은 온실가스배출 감축 및 에너지 공급 안정성 향상 수단으로, 2015년까지 최대 12개의 발전소 건설 및 운영에 있어서 본 기술을 시범 적용하는 것을 제안했다.

EU는 2011년 'A Roadmap for Moving to a Competitive Low Carbon

---

4   https://ec.europa.eu/clima/policies/strategies/2020_en#tab-0-0 (검색일: 2021.4.1).

표 13-2 2020 Climate & Energy Package 이행 성과

분야	성과
온실가스배출량	2012년 기준 1990년 대비 18% 감축 2020년 24%, 2030년 32% 감축 전망
재생에너지 소비 비중	2012년 13% 확대 2020년 21%, 2030년 24% 확대 전망
에너지 집약도	1995년~2011년 24% 감소 동 기간 EU GDP 30% 증가
탄소집약도	1995년~2010년 28% 감소

Economy in 2050'을 수립했다.[5] 이 정책은 2009년 EU가 발표한 온실가스 감축목표 1990년 대비 2050년까지 80~95%와 함께 2020년 25%, 2030년 40%, 2040년 60% 감축 중간 목표를 추가 제시했다. 이 정책에서 EU는 2020년 20% 달성에는 긍정적 입장을, 그러나 2020년 25% 달성을 위해서는 에너지 효율성 향상이 요구됨을 강조했다.[6] 최종 목표인 2050년 80% 달성을 위한 부문별 조치로 전력 부문의 탈탄소화, 수송 부문의 연료 효율성 향상 및 전기화, 건축 부문의 에너지 효율성 향상, 산업 부문의 공정 개선과 CCS 적용 등을 제시했다.

2014년 EU는 2030 Climate and Energy Framework를 발표해,[7] 2020

---

[5] COMMUNICATION FROM THE COMMISSION TO THE EUROPEAN PARLIAMENT, THE COUNCIL, THE EUROPEAN ECONOMIC AND SOCIAL COMMITTEE AND THE COMMITTEE OF THE REGIONS. A Roadmap for moving to a competitive low carbon economy in 2050.

[6] 당시 상황으로는 에너지 효율 2020년 20% 목표의 절반 달성이 예상되었다. 이에 따라 EU는 에너지 효율성 향상을 위한 정책 'Energy Efficiency Plan 2011'를 발표했다. 이 정책은 건축 부문의 에너지 효율성 향상과 공공부문의 선도적 역할을 강조했으며 산업, 교통, 소비자 부문 등의 조치 또한 포함하고 있다.

[7] COMMUNICATION FROM THE COMMISSION TO THE EUROPEAN PARLIAMENT, THE COUNCIL, THE EUROPEAN ECONOMIC AND SOCIAL COMMITTEE AND THE

Climate & Energy Package 성과 확인(〈표 13-2〉 참조) 및 완전한 이행을 강조하면서 2030년까지의 분야별 목표를 설정했다. 온실가스배출량 목표는 1990년 대비 2030년 40% 감축, ETS 적용 부문 2005년 대비 2030년 43%, 비적용 부문 30% 감축으로 제시했다. 재생에너지 확대 목표는 소비 비중 기준 최소 27%, 발전 비중 기준 최소 45%로 설정했다. 에너지 효율의 경우, 2020년까지 20% 향상을 골자로 하는 2012년 Energy Efficiency Directive 와 회원국별 정책을 통해 개선할 계획이며, 온실가스배출량 목표 달성을 위해서 에너지 효율 25% 개선이 요구됨을 밝혔다. 한편 2020 Climate & Energy Package와 비교하면, 재생에너지 확대 목표의 경우 그 법적 구속력을 포함하지 않았으며 수송 부문 연료 비중 내 재생에너지 활용 목표 또한 제시하지 않았다. 이는 고유가 지속과 금융위기 등 당시의 대외 환경 변화가 고려된 결과였다.

2014년 EU는 에너지 안보 개선을 위한 공급망 다양화를 골자로 하는 European Energy Security Strategy를 발표했다.[8] 이 전략은 외부 에너지 충격(2006년과 2009년 일시적 가스 공급 중단 경험, 2014년 2월 러시아의 우크라이나 무력 침공) 등에 따른 지역 공동체 차원의 에너지 안보 개선 조치 필요에 의해 수립되었고 역내 시장 강화, 유럽 수준의 협력 확대, 일관성이 동반된 대외 정책을 강조했다. 이 전략은 이전 에너지 정책 기조(경쟁적이며 안정적이며 지속가능한 공급 안보 강화와 저탄소 경제 추구)를 그대로 유지했으며, 역내 에너지 생산 증가 및 수요 조절, 에너지 공급 기반 시설 확대, 올바르게 작동하며 완전히 통합된 역내 시장 구축 등을 포함한 역내·외 에너지 공급 환경 변

COMMITTEE OF THE REGIONS. A policy framework for climate and energy in the period from 2020 to 2030.

8   COMMUNICATION FROM THE COMMISSION TO THE EUROPEAN PARLIAMENT AND THE COUNCIL. European Energy Security Strategy.

표 13-3 Energy Union 정책 대화문

대화문	목표
A framework strategy for a resilient energy union with a forward-looking climate change policy	에너지 안보, 연대, 신뢰 강화 역내 에너지 시장의 완전한 통합 에너지 효율성 향상 탈탄소 경제 Energy Union을 위한 연구, 혁신 및 경쟁
The Paris Protocol — A blueprint for tackling global climate change beyond 2020	COP 21에서의 EU 기후변화 대응 비전 제시 1990년 대비 2030년 온실가스 감축 40% 목표 재확인
Achieving the 10% electricity interconnection target: Making Europe's electricity grid fit for 2020	역내 전력망 연결 2020년 최소 20%, 2030년 15% 증대, 이를 통해 2030년까지 연간 약 120~400억 유로가량 절감 예상

화 대응을 위한 8개의 정책 축(pillar)을 제시했다. 이 전략은 2030 Climate and Energy Framework와 Energy Union의 필수 구성 요소 역할을 했다.

2015년 EU는 Energy Union을 발표했다. 이 정책의 목적은 안정적이고 지속가능한 그리고 경쟁적이며 합리적인 에너지 공급으로, EU 에너지 정책 방향성의 일관성을 재확인할 수 있다. 이 정책은 3개의 대화문(communication)으로 구성되어 있으며, 첫 번째 대화문을 통해 Energy Union 구축의 5개 추진 목표와 15가지 실행 계획이 발표되었다(〈표 13-3〉 참조).[9] 2016년 EU는 에너지전환과 에너지 안보 강화 필요성 증대에 따라 Energy Security Package를 발표했다(〈표 13-4〉 참조).[10] 이 정책은 가스 공급 중단 대응을 골자로, 에너지 수요 조절, 재생에너지 포함 에너지 생산 증대, 역내 에너지 시장의 통합과 투명성 강화, 에너지 공급선 다변화, 회원국 간 연대 구

---

9 Energy Union. https://ec.europa.eu/energy/topics/energy-strategy/energy-union_en (검색일: 2021.4.15).

10 Towards Energy Union: The Commission presents sustainable energy security package. https://ec.europa.eu/commission/presscorner/detail/en/IP_16_307 (검색일: 2021. 4.15).

표 13-4 Energy security package

주요 문서	핵심 목적 및 내용
Proposal for a DECISION OF THE EUROPEAN PARLIAMENT AND OF THE COUNCIL on establishing an information exchange mechanism with regard to intergovernmental agreements and non-binding instruments between Member States and third countries in the field of energy and repealing Decision No 994/2012/EU	회원국과 제3국 정부 간 에너지 분야 협정 투명성 강화 회원국과 비회원국 간 에너지 분야 협정 체결 시, 공식 서명 전에 관련 정보를 EU 집행위원회에 사전 공개해야 함이 의무화
Proposal for a REGULATION OF THE EUROPEAN PARLIAMENT AND OF THE COUNCIL concerning measures to safeguard the security of gas supply and repealing Regulation (EU) No 994/2010	가스공급 위기 발생 시 대처 능력 제고 회원국 간 가스공급 위기 대응 연대 원칙 도입 지역 수준의 가스 공급 안정성 강화 조치 구상 가스 공급 계약 투명성 보장
COMMUNICATION FROM THE COMMISSION TO THE EUROPEAN PARLIAMENT, THE COUNCIL, THE EUROPEAN ECONOMIC AND SOCIAL COMMITTEE AND THE COMMITTEE OF THE REGIONS on an EU strategy for liquefied natural gas and gas storage	EU 가스 공급 안정성 및 경쟁력 강화 LNG 시장 및 관련 기반 시설 접근성 개선 신규 기반 시설 구축 및 관련 시설 효율적 활용, 역내 가스 시장 연계, 대외 협력 강화 등의 방안 제시
COMMUNICATION FROM THE COMMISSION TO THE EUROPEAN PARLIAMENT, THE COUNCIL, THE EUROPEAN ECONOMIC AND SOCIAL COMMITTEE AND THE COMMITTEE OF THE REGIONS An EU Strategy on Heating and Cooling	건물과 산업 부문 중심 냉·난방 시스템 최적화를 통한 에너지 수입과 에너지 의존도 축소, 탄소배출량 감축, 비용 절감 건물 개보수 활성화, 재생에너지 확대, 산업 부문 잔류 에너지 재활용 등의 방안 제시

축 등을 추구했다.

2018년 EU는 The National Energy and Climate Plans(NECPs)를 채택했다.[11] 이는 2030 목표 — 온실가스배출 1990년 대비 최소 40%, 재생에너지 비중 최소 32%, 에너지 효율 향상 최소 32.5% — 달성을 위한 EU 차원의 거버넌스 필요성에 따라 도입되었으며, Regulation(EU) 2018/1999를 기반으로 한다. 회

---

11 National energy and climate plans. https://ec.europa.eu/energy/topics/energy-strategy/national-energy-climate-plans_en (검색일: 2021.4.16).

원국별 NECP는 Energy Union의 5가지 영역을 아우르며, 초안 제출은 2018년 12월 31일로 의무화했다. EU 집행위원회는 2019년 6월 회원국 별「NECP 평가 보고서」를 발표, 이를 참고로 회원국의 최종 NECP 제출을 2019년 12월 31일까지 요구했다. 회원국은 2년마다 진행 보고서를 제출하며, EU 집행위원회는 EU 전체 상황을 감시한다. 한편 2019년 EU 집행위원회의 회원국별 NECP 초안 분석 결과, EU 2030 재생에너지와 에너지 효율성 목표 달성에는 각각 1.5%, 5%가량 부족한 것으로 나타났다. 그러나 2020년 9월 발표한 NECPs 평가 결과 재생에너지는 약 1.1~1.7% 초과, 에너지 효율은 3.1~2.8% 부족으로 확인되었다.

2019년 EU는 유럽그린딜을 채택했다.[12] 이 정책은 2018년 수립된 2050 Long-term Strategy와 동일한 2050년까지 탄소중립 경제를 목표로 설정했다. 이를 달성하기 위해 청정에너지, 지속가능 산업, 건축 개조, 지속가능한 수송, 농식품, 생물 다양성, 오염물질 저감 등을 포함한 7개 분야 세부 정책을 제시했다. 이 정책 추진을 위해 2020년 1월 이후 10년간 약 10조 유로가량의 재원 지원 계획인 European Green Deal Investment Plan을 발표했다. 또한 2021년부터 2027년까지 최소 약 1000억 유로 규모 지원을 포함하는 공정 전환 체계를 도입, 기후 중립 경제 전환 추진으로 영향을 받는 지역의 사회 및 경제적 충격 완화를 도모했다.

2020년 3월, EU 집행위원회는 '기후법'을 제안,[13] 유럽그린딜의 법제화가 본격화되었다. '기후법'은 2050년 기후 중립 달성을 위한 목표와 조치,

---

12 A European Green Deal. https://ec.europa.eu/info/strategy/priorities-2019-2024/europe an-green-deal_en(검색일: 2021.4.19).

13 Proposal for a REGULATION OF THE EUROPEAN PARLIAMENT AND OF THE COUNCIL establishing the framework for achieving climate neutrality and amending Regulation (EU) 2018/1999 (European Climate Law).

그 이행 과정 내 EU와 회원국에 대한 평가 등을 포함하고 있다. 2020년 10월, 유럽의회는 '기후변화법' 수정안을 채택했다. 주요 수정 사항으로는 동년 9월 EU 집행위원회가 제안한 '2030년 온실가스감축목표 1990년 대비 최소 55% 감축'보다 상향된 60% 감축, EU 전체 차원만이 아닌 개별 회원국에서도 2050년 기후 중립 목표 달성, EU와 회원국 모두 2025년까지 화석연료에 대한 직간접적 보조금 폐지 등이 포함되었다(Haahr, 2020).

3) EU 에너지 정책의 성과와 한계

EU 에너지 정책은 지속가능하며 안정적, 경쟁적, 합리적 에너지 제공이라는 목적하에 지속 수정 및 보완되었다. EU 에너지 정책 목적의 일관성은 재생에너지 발전 확대 및 온실가스배출 감축목표 설정에 당위성을 강화했으며, 그 목표 달성에 원동력을 제공했다. 그 결과, EU 총전력생산 중 재생에너지 발전 비중은 1990년 12.62%, 2000년 14.79%, 2010년 21.15%, 2018년 32.99%로 확대되었다(EU Commission, 2020). EU 최종에너지소비 중 재생에너지 비중 또한 2004년 8.52%에서 2018년 17.97%로 증가했다 (Eurostat, 2020).

그러나 EU 에너지 법제와 정책은 회원국별 에너지 수급 안보 사항에 대한 자주권을 제약할 수 없는 분명한 한계가 있다. 2009년 리스본 조약 TITLE XX Energy Article 176A에 따르면, 에너지 시장 기능과 공급 안보 보장, 상호 간 에너지 네트워크 확대, 에너지 효율성 및 절약, 재생에너지를 포함한 새로운 에너지 개발 촉진을 EU 에너지 정책목표로 설정했다. 또한 리스본 조약 TITLE I Categories and Areas of Union Competence Article 2C에 의하면, 에너지와 환경, 수송, 역내 시장 등이 EU와 회원국에 의한 입법과 정책 채택이 가능한 영역으로 규정되었다. 즉 EU의 에너지 효율성과 절약 등의 정책에 그 법적 근거가 마련되었다. 하지만 EU의 법제 및 정책이 회원국 에너지 자원 개발과 선택 결정 권한, 에너지 공급 구조 결정 권한을 제약할 수 없음 또한 포함되어 있다.

EU는 파리협정 체결에 앞서 2030 Climate and Energy Framework 제시 등 재생에너지 발전 확대 및 온실가스배출 감축을 위한 제도적 노력을 지속했다. 그러나 EU 에너지 정책 내 회원국별 에너지 수급 안보 측면의 독립성은 계속 유지되었다. 이는 2006년과 2009년 겨울 일시적 가스 공급 중단, 2014년 러시아의 우크라이나 무력 침공 등 에너지 공급 안보 불안정성 확대, 즉 공동체 차원에서의 대응 미흡의 결과에서 기인한다. 또한 EU와 회원국이 에너지 안보 강화라는 큰 틀의 정책목표는 공유하고 있으나 구체적 실행 방안의 차이는 좁히기 어려운 한계에서 비롯한다.

4. 독일 에너지전환 정책 분석

1) 에너지전환의 법제적 발전 분석

독일은 2016년 Climate Action Plan 2050을 발표, 2050년 탄소중립을 선언했다. 3년 뒤인 2019년 9월, 독일 기후보호프로그램(Klimaschutzprogramm) 2030을 발표했다. 이 프로그램은 Non-ETS 부문 탄소가격제 도입, 각 부문별 2030 목표 설정 및 온실가스 감축 조치, 수소 전략, 배터리 셀 공장 건설, 지속가능한 재정 전략 등 연구개발 및 재정지원 조치, 이 프로그램의 평가 및 목표 미달성 시 보완 조치 등을 포함하고 있다. 동년 12월, 독일 최초의 기후법인 'Climate Action Law'가 제정, Climate Action Plan 2050에 명시된 온실가스감축목표(1990년 대비 2030년까지 최소 55% 감축, 2050년까지 온실가스배출 중립)가 법제화되었다. 독일의 2050년 탄소중립 선언의 중심에는 1986년 체르노빌 원자력발전 사고 발생 이후 본격 시행된 재생

표 13-5 StrEG 발전차액지원 규모

재생에너지원	발전차액지원 규모
풍력, 태양광	최고 90%
500KW 이하 바이오매스, 바이오가스, 소수력	75~80%
500KW~5MW 바이오매스, 바이오가스, 수력	65%

자료: IEA(2013).

에너지 발전 확대 중심의 에너지전환(Energiewende)의 제도적 발전이 자리하고 있다.

독일은 1991년 1월 '발전차액지원법(Stromeinspeisungsgesetz, 이하 StrEG)'을 시행, 재생에너지 발전 확대를 위한 법제적 토대를 구축했다. 이후 StrEG는 1994년과 1998년 2차례 개정되었고, 2000년에 EEG로 대체되어 독일의 재생에너지 보급이 더욱 가속화되었다. EEG는 2004년 1차 개정을 시작으로 2021년 6차 개정에 이르기까지 그 법제적 발전이 지속되었으며, 이를 기반으로 한 재생에너지 보급 확대 정책의 보완 및 수정이 동반되었다. StrEG로 시작해 EEG 6차 개정에 이르기까지 법제적 지원을 바탕으로 육상풍력과 태양광, 해상풍력이 순차적 성장을 이루어, 2019년 독일 총전력 소비 중 재생에너지 발전 비중은 42%를 기록하게 되었다.

StrEG는 최소 고정가격 보장을 중심으로 하는 1989년 Eurosolar's and Förderverein Solarenergie의 제안서에서 시작되었다. StrEG는 독일 전력회사의 재생에너지 발전 전기 구매 의무화를 규정하고 독일 FIT의 첫 도입 및 시행을 알린 법제로, 발전차액지원금은 전력회사와 소비자에 부담되며 매년 변경되었다. 발전차액지원 규모는 재생에너지원별로 최대 90%에서 65%까지로 설정되었다(〈표 13-5〉 참조). 한편 StrEG는 지정된 재생에너지원으로부터 생산된 전력에 대한 발전차액지원과 전력망에의 연계를 보장했으며, 연방과 주를 포함한 공공 전력 사업에서 25% 이상 생산된 전력은 지원 대상에서 배제했다.

StrEG 개정은 1994년과 1998년 이뤄졌으며, 발전차액지원금액이 전력 시장 자유화 및 전기 요금 인하에 맞춰 소규모 조정되었다. 1991년 개정은 발전차액지원 보상 비율 조정에 초점이 맞춰졌으며, 1998년 2차 개정에서는 전력회사의 발전차액 보상액 지원의 법적 제한을 골자로 하는 Double Cap이 도입되었다. 이는 지역별 재생에너지 확대 차이, 특히 북부 독일 풍력발전의 급성장에 따른 전기 요금 차이 발생 문제 해결을 목적으로 시행되었다. 이로 인해 지역 전력 공급 업체의 전체 전력 공급 내 재생에너지원으로 생산된 전력 구매 비중이 최대 5%로 규정되었으며, 동일한 방식으로 예비 공급업체는 10%가 적용되었다.

2000년, StrEG를 대체하는 EEG가 제정되었다. StrEG가 EEG로 대체되면서 발생한 주요 법제적 변화는 FIT와 재생에너지원 지원 범위 확대이다. 우선 재생에너지원 지원 범위는 기존의 풍력, 태양광, 수력 등에서 탄광 메탄가스 및 지열 발전까지 확대되었다. StrEG하에서 그리고 1990년대 후반 전력시장 자유화의 영향으로 계속 지적된 재생에너지원별 불균형발전 개선을 위해 재생에너지원별 지원은 생산 단가, 기술, 지역 등을 고려해 차등 지원되었다. EEG 2000에서의 2010년 총전력발전 내 재생에너지 발전 비중 목표는 5%에서 10%로 상향 조정되었다. 또한 송배전 업체의 재생에너지 발전시설 연결 의무화와 재생에너지 발전 사업자(수력발전 제외)를 위한 발전차액지원 20년 보장 등이 명문화되었다.

2004년, EEG 1차 개정을 시행했다. EEG 2004는 상향 조정된 재생에너지 발전 점유율 목표치를 적용한 독일 재생에너지 확대 보급 의지를 반영했다. 독일 전체 전력발전 내 재생에너지 점유율 목표는 2010년 12.5%, 2020년 20%로 설정했다. 용량(Capacity), 발전소(Plant), 전력망 시스템 운영자(Grid System Operator) 등과 같은 발전 부문의 용어 개념 설명을 첨부했으며, 태양광 및 풍력의 발전차액지원금액을 변경했다. 태양광발전 전력의 경우 45.7cent/KW~57.4cent/KW 지원 규정을 명시했다.[14] 이는 당시 전력시장 가격의 약 2배가량 높은 가격이지만, 매년 6.5% 차감을 설정해 기술개발 촉진과 지원에 따른 도덕적 해이를 방지했다. 독일 산업의 국제경쟁력 강화 유지와 에너지 집약형 산업에 대한 재생에너지 부담금 완화를 목적으로 새로운 학대 조항(Hardship Clause)이 도입되었다.

2009년 EEG 2차 개정을 시행했다. EEG 2009는 재생에너지 발전 점유율 및 발전차액지원 기간을 변경, 에너지전환 지속을 위한 제도적 의지가 반영되었다. 독일 전체 전력발전 내 재생에너지 발전 점유율 목표를 2020년 20%에서 30%로 인상했다. 또한 재생에너지 발전차액지원 기간이 최소 20년으로 상향 조정되었으며, 대수력 발전의 경우 기존 15년에서 20년으로 연장되었다. 풍력 및 태양광발전의 발전차액지원금은 아래와 같이 대폭 변경되었다(〈표 13-6〉 참조).

2012년 EEG 3차 개정 시행에 앞서 'Energy Concept 2010'이 발표되었다. 이 정책은 환경 친화적이며 신뢰성과 합리성을 갖춘 에너지 공급을 목적으로 2050년까지의 장기 목표를 제시했다. 이 정책은 미래 에너지 공급원으로 재생에너지원의 역할을 강조했으며, 온실가스배출 감축, 최종에너지소비와 전력소비에서의 재생에너지 비중 그리고 에너지소비 감축목표를 2050년까지 단계적으로 설정했다. 이듬해인 2011년 후쿠시마 원자력발전 사고 발생 이후 'Energy Concept 2010'을 뒷받침하는 'Energy Package

---

14 Amending the Renewable Energy Sources Act (EEG) - Key provisions of the new EEG as amended on 21 July 2004. https://internationalplanninglaw.net.technion.ac.il/files/2013/09/Amending-the-Renewable-Energy-Sources-Act-EEG.pdf (검색일: 2021. 4. 25).

표 13-6 EEG 2009 풍력 및 태양광발전의 발전차액지원금 설정

재생에너지원		발전차액지원금액 설정 및 변경 사항
육상풍력		5년 이내 EUR 8.03cent/KWh → EUR 9.2cent/KWh 5년 이후 EUR 5.02cent/KWh 신규 발전시설은 연간 2%에서 1%로 변경된 차감률 적용
해상풍력		신규 보조금 2015년까지 EUR 15cent/KWh 2015년 이후 신규 터빈 설비는 EUR 13cent/KWh로 감축 및 매년 5% 감소 풍력발전 설비의 원가 상승 반영
태양광	지붕형	30KW 이하는 EUR 43.01cent/KWh
		30~100KW는 EUR 40.91cent/KWh
		100KW~1MW는 EUR 39.58cent/KWh
		1MW 이상은 EUR 33cent/KWh
	독립형 설비는 EUR 31.94cent/KWh	

자료: IEA(2016).

표 13-7 Energy Concept 2010과 Energy Package 2011에서 제시한 주요 목표

	2012	2020	2030	2040	2050
1990년 대비 온실가스배출 감축목표	-27%	-40%	-55%	-70%	-80%
최종에너지소비 내 재생에너지 비중	10%	18%	20%	45%	60%
전력소비 내 재생에너지 비중	20%	35%	50%	65%	80%
2008년 대비 1차 에너지소비	-5%	-20%			-50%
2008년 대비 전력소비	-1%	-10%			-25%
2008년 대비 수송 부문 내 최종에너지소비		-10%			-40%

자료: IEA(2013a).

2011'이 발표되었다. 이는 원자력발전의 단계적 폐쇄와 재생에너지 발전 확대 지속이라는 에너지전환의 가속화를 목적으로 하며, '원자력법(Atomic Energy Act)' 개정을 통한 2022년까지 모든 원자력발전의 단계적 폐쇄, EEG 개정을 통한 비용 효율적 재생에너지 발전 확대, '에너지 기후 기금법(Energy and Climate Fund Act)' 개정을 통한 EU ETS 배출권거래 수익 전체를 기금으로 적립 및 원자력 폐쇄, 친환경 에너지 공급, 전기차 개발 등으로의 활용

표 13-8 EEG 2012 풍력 및 태양광의 발전차액지원금 설정

재생에너지원	발전차액지원금액 설정 및 변경 사항
육상풍력	초기 지원 EUR 8.93 cent/KWh 신규 발전시설 연간 1%에서 1.5%로 변경된 차감률 적용
해상풍력	초기 지원 EUR 15 cent/KWh 2018년까지 신규 설비에 대한 지원금 차감 유예 차감률 5%에서 7%로 인상 해상풍력 단지의 투자 촉진을 목적으로 조건부 발전차액지원 모델 도입, 기존 12년 EUR 15 cent/KWh에서 8년 EUR 19 cent/KWh로 변경
태양광	지붕형: 30KW 이하 EUR 28.74 cent/KWh 독립형: EUR 22.07 cent/KWh, 2013년 이후 매년 약 9%의 보조금 감축

자료: IEA(2016a).

을 추진했다.

EEG 2012는 'Energy Concept 2010'에서 발표한 재생에너지원 목표치를 명문화했다(〈표 13-7〉 참조). 또한 기존의 EEG 기조 원칙을 유지해, 재생에너지 발전 확대와 이를 통해 생산된 전력을 최우선적으로 활용하고 발전차액지원 기간 20년을 유지했다. 재생에너지원 유형 범위도 확대해, 바이오가스, 매립가스, 하수가스, 바이오 메탄 및 생분해 산업 폐기물 등을 포함했다. 재생에너지 발전 확대를 위한 발전차액지원금액은 아래 〈표 13-8〉과 같이 변경 적용되었다. EEG 2012의 가장 큰 변화는 재생에너지 발전 사업자가 송배전업체 및 전력수요 기업 또는 전력시장에 직접 전기를 판매할 수 있는 제도인 직접판매(direct marketing)의 도입이다. 고정가격 의무구매제도로 책정된 기준 이상의 전력 가격이 전력시장에서 형성될 경우에는 재생에너지 전력생산자에게 선택권이 부여되었다. 또한 고정가격 의무구매제도로 받을 수 있는 발전차액지원금액과 시장 매입 가격의 차이는 시장 프리미엄(market premium)으로 보전하고 직접판매제도로의 전환을 유도했다.

2014년, EEG 4차 개정이 시행되었다(BMWi, 2014). EEG 2014는 상향된 재생에너지 발전 점유율 목표를 제시했으며 신규 재생에너지 설치 용량 제한을 설정했다. 총전력소비 내 재생에너지 점유율은 2025년 40~50%, 2035년 55~60%, 2050년 80%가 명문화했다. 신규 재생에너지 설치 용량은 육상풍력 매년 2.5GW, 해상풍력 2020년 6.5GW, 2030년 15GW, 태양광 매년 2.5 GW, 바이오매스 매년 100MW로 설정했다. EEG 2014는 시장 경쟁을 통한 발전차액지원금액 설정을 예고했다. 2016년 1월 전 500KW 이하 재생에너지 설비 사업자는 고정된 발전차액지원금이 보장되었다. 발전사업자는 월별 발전차액금 또는 시장 프리미엄 간의 선택이 가능해졌다. 독립형 태양광 설비를 대상으로 입찰제도가 시범 도입, 2015년부터 시범 시행을 예고했다.

EEG 2014에서의 가장 큰 변화는 Special Equalization Scheme 도입과 Green Electricity Privilege의 폐지였다. Special Equalization Scheme은 EU의 지침에 따라 발전차액지원 부과금 감면 대상을 국제적 경쟁이 불가피한 에너지 집약형 기업으로 한정했으며, 감면 대상 기업의 1GWh 이하 전력소비에 대한 발전차액지원 부과금은 전액 부담하고 그 이상의 경우 15%가 감액되었다. 또한 감면 대상 기업에 대한 발전차액지원 보조금 부과는 전체 영업 이익의 4%로 제한했으며, 전력소비 집약도 20% 이상 기업의 경우에는 0.5%로 제한했다. Green Electricity Privilege 폐지로 발전 사업자가 재생에너지 발전으로부터 50% 이상을 소비자에게 직접 공급할 경우 발전차액지원 부과금이 감면되는 혜택이 종료되었다. 재생에너지 자가발전 소비자에 대한 보조금 부과 감면제도는 유지했으나, 신규설비의 경우 단계적 감면제도는 폐지했다. EEG 2012에서 도입된 직접판매제도는 강화되었다. 2014년 8월 기준 500KW 이상, 2016년 1월 기준 100KW 이상의 신규 재생에너지 설비 사업자는 전력시장 내에서 직접판매를 의무화했다.

표 13-9 EEG 2017 재생에너지원별 설비용량 확대 목표

재생에너지원	설비용량 확대 목표
육상풍력	(연간 총신규 설비용량) 2017~2019년: 2.8GW, 2020년 이후: 2.9GW
해상풍력	2020년: 6.5GW, 2030년: 15GW
태양광	(연간 총신규 설비용량) 2.5GW
바이오매스	(연간 총신규 설비용량) 2017~2019년: 150MW, 2020~2022년: 200MW

자료: BMWi(2017).

표 13-10 EEG 2017 재생에너지원별 경매입찰제도 주요 내용

재생에너지원	입찰 규모	적용 규정
육상풍력	2019년까지: 연간 2.8GW 2020년 이후: 연간 2.9GW	1차 입찰: 2017년 5월(매년 3~4회 입찰 시행) 가격 한도: EUR 7cent/KWh
해상풍력	2030년까지: 총 15GW 상한 설정 2015~2025년: 3.1GW 2026~2030년: 4.2GW	입찰은 2021년~2026년 취역되는 신규 프로젝트를 대상으로 시행 2017년과 2018년 첫 2건의 입찰은 기존 프로젝트를 대상으로 시행 2017년과 2018년 가격 한도: EUR 12cent/KWh 이후 입찰 가격 한도는 최저 입찰 가격에 의해 결정
태양광	2017년 이후: 연간 0.6GW	1차 입찰: 2017년 2월(매년 3회 입찰 시행) 가격 한도: EUR 8.91cent/KWh
바이오매스	2017~2019년: 150MW 2020~2022년: 200MW	1차 입찰: 2017년 9월(매년 1회 입찰) 가격 한도: EUR 14.88cent/KWh, 2018년 이후 연간 1% 감소

자료: IEA(2016b).

　　2017년, 독일 내 재생에너지 발전 설비 확대 속도 조절을 중심으로 하는 EEG 5차 개정이 시행되었다. EEG 2017에서의 총전력소비 내 재생에너지 점유율 목표는 EEG 2014년과 동일하게 설정했으나, 재생에너지원별 설비 용량 확대 세부 목표가 별도로 제시되었다(〈표 13-9〉 참조). EEG 2017의 가장 큰 변화는 시장경쟁력을 갖춘 풍력, 태양광 바이오매스에 대한 FIT를 대체하는 경매입찰제도(public tender procedures)의 도입이다. 수력과 지열 발전 그리고 750KW 이하 태양광 설비와 150KW 미만 바이오매스 발전 설비는 경매입찰 대상에서 제외되었다. 경매입찰제도와 관련된 핵심 내용은

표 13-11 EEG 2021 재생에너지원별 경매 입찰 규모(2021년 4월 기준) (단위: MW)

	2021	2022	2023	2024	2025	2026	2027	2028
육상풍력	4,500	4,000	3,000	3,100	3,200	4,000	4,800	5,800
해상풍력[1]	950	905	900	2,900	3,500			
태양광	2,150	6,000	2,000	2,000	2,050	1,950	1,950	1,950
바이오매스	600	600	600	600	600	600	600	600
바이오메탄	150	150	150	150	150	150	150	150
혁신 입찰[2]	500	600	600	650	700	750	800	850

주: 1) 해상풍력 경매 입찰 규모는 해상풍력법(Gesetz zur Entwicklung und Förderung der Windenergie auf See) 참조.
　　2) 혁신 입찰은 다양한 기술의 재생에너지 조합으로 만들어진 프로젝트를 대상으로 한다.
자료: Appunn(2021).

〈표 13-10〉과 같다.

　2021년, EEG 6차 개정이 시행되었다.[15] EEG2021은 2050년 전력 부문의 탄소중립을 명문화했으며, 총전력소비량 내 재생에너지 발전 비중 2030년 65%로 설정, 그 목표가 상향 조정되었다. 2030년까지 재생에너지원별 설비용량 목표는 육상풍력 68GW, 해상풍력 20GW,[16] 태양광 100GW, 바이오매스 8.4GW로 제시했다. 재생에너지 확대 목표 달성을 위해 경매입찰 규모 또한 증가했다(〈표 13-11〉 참조). EEG 2017의 2021년 입찰 규모와 비교하면 EEG 2021의 2021년 재생에너지원별 입찰 규모는 육상풍력과 태양광이 각각 약 2배, 5배 증가했다. 태양광발전의 경우, 그 발전 확대 촉진을 위해 입찰에 있어서 태양광 시스템을 두 가지로 구분했다. 첫 번째는 개

---

15 Gesetz fürden Ausbau erneuerbarer Energien. 출처: https://www.gesetze-im-inter net.de/eeg_2014/ (검색일: 2021.5.4).

16 "Gesetz zur Entwicklung und Förderung der Windenergie auf See." http://www. gesetze-im-internet.de/windseeg/ (검색일: 2021.5.4).

방형 시스템과 건물 및 소음 방지벽이 아닌 구조물에 설치되는 시스템으로 입찰 최대치는 5.9cent/KWh로 설정되었다. 두 번째는 건물 또는 소음 방지벽에 설치되는 시스템으로 입찰 최대치는 9cent/KWh로 설정되었다. 이러한 구분은 두 시스템 간의 초기 투자비용 차이, 즉 경쟁력의 차이에서 기인했다. 경매입찰과 관련, 2021년 500MW를 시작으로 2028년 850MW 가량이 육상풍력, 태양광, 바이오매스 등 개별 재생에너지 발전과 그 다양한 조합에 의해 추가 입찰될 예정이다.

위와 같은 경매입찰제도 강화 이외에 재생에너지 발전 확대를 위한 EEG 2021의 변화는 다음과 같다. EEG 부과금이 부분적으로 연방정부 예산에서 지원되며, 전력소비자에 대한 재생에너지 부과금은 2021년 6.5cent/KWh, 2022년 6cent/KWh, 2023년과 2024년 5cent/KWh로 인하되었다. 녹색 전력생산 확대를 위해 수소 생산에 대한 EEG 부과금이 15%로 제한 또는 전액 면제된다. 재생에너지 확대에 대한 대중 수용성 향상의 일환으로, 신규 육상 풍력 운영자는 해당 지역(신규 풍력 단지로부터 2.5km 내) 지방정부에 최대 0.2cent/KWh를 보조금으로 지불해야 한다. 독일 중부 지역의 그리드 병목 현상 완화와 육상 풍력 및 바이오매스 확대를 통한 독일 남부 지역 재생에너지 발전 확대를 목적으로 하는 South Quota가 입찰에 도입되었다. 육상풍력 입찰은 2021~2023년 15%, 2024년 20%가, 바이오매스 입찰은 50%가 남부지역에 할당되었다.

2) 독일 에너지전환 정책의 성과와 한계

탈원전과 함께 재생에너지 확대를 추진한 독일 에너지전환, 그 중심의 법제적 발전은 1991년 StrEG 제정, FIT 도입 및 시행과 함께 시작되었다. 1994년과 1998년 2차례 개정 그리고 2000년 EEG로 대체되기 전까지 StrEG는 독일 재생에너지 발전 확대를 견인했다. 1999년부터 2000년까지 독일 총전력소비 중 재생에너지 점유율은 3.4%에서 6.3%로 확대되었다 (BMWi, 2021). 재생에너지원 중 육상풍력발전이 0.3%에서 26.7%로 급증, 재생에너지 발전 확대를 이끌었다(BMWi, 2021).

2000년 제정된 EEG는 2004년과 2009년 개정되었으며 재생에너지원 지원 범위와 발전차액지원금 규모 및 기간이 확대되었다. 재생에너지 발전 목표는 2020년 30%까지 상향 조정되었다. 이러한 법제적 발전하에 총전력 소비 내 재생에너지 발전 비율은 2001년 6.6%에서 2009년 16.4%로 확대 되었다(BMWi, 2021). 재생에너지원 중 육상풍력발전은 27.6%에서 41.0%로 그 확산이 계속되었으며, 태양광이 0.1%에서 6.8%로 급증했다(BMWi, 2021).

EEG는 직접판매제도를 도입한 2012년 개정과 함께 그 방향성이 변경되 었다. 이후, EEG 2014에서 본격 강화된 직접판매제도, Special Equaliza- tion Scheme 시행과 Green Electricity Privilege의 폐지 그리고 EEG 2017에 서 도입되어 EEG 2021에서 확대된 FIT를 대체하는 경매입찰제도는 국가 중심에서 시장 중심으로의 재생에너지 발전 확대라는 방향성 변화를 대변 한다. 이러한 변화 속에서 독일 총전력소비 중 재생에너지 점유율은 2010 년 17.0%에서 2020년 45.4%로 확대되었다(BMWi, 2021). 같은 기간 재생 에너지 발전 확대를 이끈 발전원은 해상풍력으로 0.1%에서 10.8%로 급상 승했다(BMWi, 2021). 초기 재생에너지 발전 확대를 주도한 육상풍력은 2007년 45.3% 이후 증감을 반복, 2020년 41.3%를 기록했다(BMWi, 2021). 태양광발전은 2014년 22.1%까지 그 상승세를 유지했으나 이후 증감을 반 복하며 2020년 20.1%를 기록했다(BMWi, 2021).

탈원전과 재생에너지 발전 확대로 대표되는 독일 에너지전환의 한계는 온실가스배출 감축에 있다. 독일은 온실가스배출 1990년 대비 2020년 40.8%를 감축, 목표 달성에 성공했다. 그러나 2020년 온실가스배출 감축 목표 달성에는 COVID-19의 영향이 크게 작용했다. 2019년 온실가스배출 감축량은 1990년 대비 35.7%를 기록, 2020년 목표인 40% 달성 실패에 대한 우려가 높았다. COVID-19으로 인한 기록적인 최저 에너지소비(전기 및 연료 소비 2019년 대비 8.7%) 감소는 온실가스배출량 급감으로 귀결, 2020년 목표 달성을 가능하게 했다.[17]

독일은 온실가스배출 감축과 직결되는 석탄발전의 단계적 폐쇄를 위한 제도적 발전을 시작했다.[18] 2018년 6월 석탄발전의 단계적 폐지를 위한 탈석탄위원회가 설립되었으며, 석탄발전은 2022년까지 최소 12.5GW 폐쇄와 2030년까지 누적 기준 25.6GW로 단계적 폐쇄를 권고했다(Egenter and Wehrmann, 2019). 2020년 7월, 탈석탄법이 제정되었다. 석탄과 갈탄 화력발전을 2022년까지 30GW 그리고 2030년까지 17.8GW 수준으로 줄이며, 2038년까지 완전 폐쇄를 목표로 했다(Wettengel, 2020). 탈원전과 재생에너지 발전 확대에 이어 탈석탄을 포함한 독일 에너지전환과 그 제도적 발전의 귀추가 주목된다.

5. 나오며

이 장은 2050 탄소중립을 목적으로 하는 EU와 독일의 에너지 정책 분석을 목적으로 관련 주요 법제와 정책을 검토했다. 이를 통해 EU 에너지 정

---

17 "Treibhausgasemissionen sinken 2020 um 8,7 Prozent—Positiver Trend der Vorjahre setzt sich fort/40,8 Prozent Rückgang seit 1990." https://www.umweltbundesamt.de/presse/pressemitteilungen/treibhausgasemissionen-sinken-2020-um-87-prozent (검색일: 2021.5.5).

18 독일의 상대적으로 늦은 탈석탄 추진은 탈원전과 재생에너지 발전 확대 중심의 에너지전환 추진, 경제성장의 지속, 저유가, 전력 수출 확대, 인구 증가, EU ETS 시행에 따른 경제적 압박의 미미함 등에서 기인했다(Amelang, 2016).

책과 독일 에너지전환의 핵심 법제가 어떻게 발전되었는지 그 가운데 나타난 정책의 특징을 다음과 같이 요약해, 정책적 함의점으로 제시하고자 한다.

지역 공동체 차원의 에너지 정책은 견고한 지향점과 목표 그리고 대내외 환경 변화에 대응하는 유연성이 포함되어야 한다. EU의 에너지 정책은 지속가능성, 안정성, 합리성, 경쟁을 기반으로 한 에너지 공급이라는 목적 하에 수정 및 보완되었다. 이는 제도의 지속성과 다양한 에너지 정책 간의 연계성 강화 또한 견인했다. EU 에너지 정책은 회원국 개별 국가의 에너지 공급 안보 사항에 대한 자주권을 침해할 수 없는 분명한 한계를 가지고 있지만, 유가 변동 및 세계 경제위기 등 대내외 환경 변화에 대응할 수 있는 정책의 탄력성이 왜 필요한지, 어떻게 적용되어야 하는지를 보여주었다. 이는 온실가스 감축 및 재생에너지 발전 확대 목표 달성, 정책의 지속 당위성 강화로 귀결되었다.

국내외 환경 변화 대응에 요구되는 국가 에너지전환 제도의 내구성은 독일 에너지전환의 사례에서도 확인할 수 있다. 반원전 시민운동 확대, 글로벌 석유위기의 영향, 체르노빌 원자력발전 사고로 촉발된 독일 에너지전환의 중심에는 StrEG에서 시작해 EEG에 이르기까지 법제적 발전이 함께 했다. 1998년부터 2013년까지 연정 구성의 변화가 계속되었으며, 2000년대 초중반 고유가, 2006년과 2014년 러시아와 우크라이나 간의 천연가스 분쟁, 2010년대 초중반 중국산 제조품의 시장 확대로 인한 독일 태양광 산업의 위기 등 대내외 에너지 환경 변화가 발생했지만, EEG 개정을 통해 재생에너지원별 기술개발 속도와 그 시장의 변화에 발맞춘 지원 정책을 도입, 세부 목표와 방향성을 조정했다. 그 결과, 육상풍력, 태양광, 해상풍력의 순차적 성장과 에너지 믹스 내 재생에너지 발전 확대 지속이라는 고무적인 결과가 도출될 수 있었다.

EU의 에너지·기후변화 정책과 독일 에너지전환의 제도적 발전 중심에는 재생에너지 발전 확대가 자리하고 있다. 특히 독일의 사례에서 나타난 재생에너지 발전 확대 지원 정책의 변화에 주목할 필요가 있다. 독일은 발전차액지원제도를 도입해 초기 재생에너지 발전 확산에 성공했다. 이후, 전력 구매자 및 소비자 부담 경감, 재생에너지원별 발전 성장 속도와 시장 상황 등을 고려해 발전차액지원 규모를 조정했으며, 직접판매 및 경쟁입찰제도를 단계적으로 도입해 방향성을 변경했다. 즉 지속적인 에너지전환을 위해서는 발전차액지원을 통한 재생에너지 발전 확산이 안정 궤도에 진입해 에너지 믹스 내 점유율 유지 및 타 에너지원과의 가격경쟁력 우위 등이 나타나는 시점에 대한 종합적 판단과 이에 따른 정책의 점진적 수정이 요구된다.

이 장은 EU와 독일의 에너지 정책 분석에 집중했다. 후속 과제로서 국가 에너지 정책의 수립과 이행에서의 주요 요인 분석, EU 에너지 정책 수립에서의 회원국 간 정치적 이해관계 분석, EU와 독일 수송 분야에서의 에너지전환과 그 제도적 발전 분석 등을 제안한다. 이를 통해 유럽 에너지전환과 지정학에 대해 심층 고찰하고 EU와 독일 2050년 탄소중립 달성에서의 현재와 미래에 대한 조망을 확대하고자 한다.

참고문헌

Agora Energiewende and Sandbag. 2019. "The European Power Sector in 2018—Up-to-date Analysis on the Electricity Transition." https://www.agora-energiewende.de/en/public ations/the-european-power-sector-in-2018/ (검색일: 2021.3.11).

Amelang, Sören. 2016. "When will Germany Finally Ditch Coal?" https://www.cleanenergy wire.org/factsheets/when-will-germany-finally-ditch-coal (검색일: 2021.3.10).

_____. 2020. "German Industry Needs Policy Trigger for Deep Emission Cuts." https://www.cleanenergywire.org/news/german-industry-needs-policy-trigger-deep-emissi on-cuts (검색일: 2021.3.10).

Appunn, Kerstine. 2021. "What's New in Germany's Renewable Energy Act 2021." https://www.cleanenergywire.org/factsheets/whats-new-germanys-renewable-energy-act-2021 (검색일: 2021.5.4).

BMWi. 2014. "Act on the Development of Renewable Energy Sources(Renewable Energy Sources Act—RES Act 2014)—Unofficial translation of the RES Act in the version in force as of 1 August 2014." https://www.bmwi.de/Redaktion/EN/Downloads/renewable-energy-sources-act-eeg-2014.html (검색일: 2021.4.9).

_____. 2017. "Renewable Energy Sources Act(EEG 2017)." https://www.bmwi.de/Redaktion/EN/Downloads/renewable-energy-sources-act-2017.html (검색일: 2021.4.29).

_____. 2021. "Time Series for the Development of Renewable Energy Sources in Germany — Based on Statistical Data from the Working Group on Renewable Energy- Statistics (AGEE-Stat)."(Status: February 2021). https://www.erneuerbare-energien.de/EE/Navi gation/DE/Service/Erneuerbare_Energien_in_Zahlen/Zeitreihen/zeitreihen.html (검색일: 2021.5.5).

Commission of the European Communities. 2007. "Renewable Energy Roadmap — Renewable Energies in the 21st Century: Building a More Sustainable Future." https://eur-lex.eu ropa.eu/legal-content/GA/TXT/?uri=CELEX:52006DC0848 (검색일: 2021.4.5).

Egenter, Sven and Benjamin Wehrmann. 2019. "German Commission Proposes Coal Exit by 2038." https://www.cleanenergywire.org/factsheets/german-commission-proposes-c oal-exit-2038 (검색일: 2021.5.5).

EU Commission. 2020. "Energy datasheets: EU countries." https://ec.europa.eu/energy/

data-analysis/energy-statistical-pocketbook_en (검색일: 2020.3.5).

Eurostat. 2020. "Share of renewable energy in gross final energy consumption by sector." https://ec.europa.eu/eurostat/databrowser/view/sdg_07_40/default/table?lang=en (검색일: 2020.9.3).

Haahr, Thomas. 2020. "EU Climate Law: MEPs Want to Increase 2030 Emissions Reduction Target to 60%." https://www.europarl.europa.eu/news/en/press-room/20201002IPR88431/eu-climate-law-meps-want-to-increase-2030-emissions-reduction-target-to-60 (검색일: 2021.4.19).

IEA. 2013. "Electricity Feed-In Law of 1991("Stromeinspeisungsgesetz")." https://www.iea.org/policies/3477-electricity-feed-in-law-of-1991-stromeinspeisungsgesetz?country=Germany&page=7 (검색일: 2021.4.26).

_____. 2013a. "Energy Policies of IEA Countries—Germany 2013 Review." OECD/IEA.

_____. 2016. "2009 Amendment of the Renewable Energy Sources Act(EEG 2009)." https://www.iea.org/policies/4653-2009-amendment-of-the-renewable-energy-sources-act-eeg-2009 (검색일: 2021.4.29).

_____. 2016a. "2012 Amendment of the Renewable Energy Sources Act(EEG 2012)." https://www.iea.org/policies/5117-2012-amendment-of-the-renewable-energy-sources-act-eeg-2012 (검색일: 2021.4.29).

_____. 2016b. "2017 Amendment of the Renewable Energy Sources Act(EEG 2017)." https://www.iea.org/policies/6125-2017-amendment-of-the-renewable-energy-sources-act-eeg-2017 (검색일: 2021.4.29).

Oschmann, Volker and Fabian Sösemann. 2007. "Erneuerbare Energien im deutschen und europäischen Recht — Ein Überblick." *ZUR — Zeitschrift für Umweltrecht*, 18(1), pp.1~8.

Wettengel, Julian. 2020. "Spelling Out the Coal Exit — Germany's Phase-out Plan." https://www.cleanenergywire.org/factsheets/spelling-out-coal-phase-out-germanys-exit-law-draft (검색일: 2021.5.5).

제14장

영국의 탄소중립 정책의 특징과 국내적 시사점

이혜경_국회입법조사처 입법조사관

1. 들어가며

산업혁명으로 탄소 시대를 열었던 영국이 탈탄소 시대도 이끌어나가고 있다. 2007년 4월 영국의 제안으로 사상 최초로 유엔 안전보장이사회에서 기후변화의 안보적 영향이 논의된 바 있으며(최원기, 2013) 2021년 2월에도 영국은 기후와 안보에 대한 유엔 안보리 토론회를 주최했다. 또한 2021년 6월 G7 의장국으로 기후변화 이슈를 주요 의제에 포함시켰고, 2021년 11월 기후변화협약 제26차 당사국총회(COP 26) 개최국으로써 성과를 도출하기 위해 국제사회와 긴밀히 소통한 바 있다. 영국이 브렉시트(Brexit)에도 불구하고 기후변화 이슈에 있어 이와 같이 국제적 리더십을 지속적으로 유

---

* 이 장은 이혜경, 「영국 「기후변화법」의 이행현황 및 국내적 시사점」, ≪외국 입법·정책 동향≫(국회입법조사처), 제1호(2021.5.27)를 수정·보완한 것이다.

지·강화해 나갈 수 있는 것은 국내적으로 '2008년 기후변화법(Climate Change Act 2008)'(이하, '기후변화법')에 근거해 성공적으로 기후변화 정책을 이행해 온 자신감이 바탕이 되었다고 볼 수 있다.

이에 비해 2010년 제정된 '저탄소녹색성장기본법'(이하, '녹색성장기본법')에 기반한 선도적인 기후 정책으로 국제사회의 주목을 받았던(Blaxekjær, 2016) 우리나라는 국내외의 감축목표 상향 압력 속에(White, 2021.5.17) 2021년 4월 미국이 주도한 기후정상회의에 참여했고, 2021년 5월 30~31일 P4G(녹색성장 및 글로벌 목표 2030을 위한 연대) 서울 정상회의를 개최한 바 있다. 또한 국회는 2021년 9월 24일 '기후위기 대응을 위한 탄소중립·녹색성장 기본법'(이하, '탄소중립기본법')을 제정하였고, 동법이 2022년 3월 25일 시행되면 '녹색성장기본법'은 폐지될 예정이다.

물론 영국과 한국은 경제발전의 단계, 주요 산업의 구조, 에너지 정책 등에 있어 많은 차이가 있어서, 양국의 탄소중립 정책 전개 과정을 단순 비교하는 데 한계가 있다. 그러나 경제 및 산업, 에너지 정책적 차이가 큼에도 불구하고, 이 글에서는 ① 감축목표의 규율 방식의 차이, ② 전문가 의견 수렴 방식의 차이, ③ 기후변화 정치의 차이를 중심으로 왜 영국과 한국은 다른 길을 걷게 되었는지 살펴보고자 한다. 또한 영국의 '기후변화법'과 한국의 '녹색성장기본법'은 기후변화의 감축과 적응을 모두 다루고 있지만, 이 글에서는 기후변화의 감축 부분에 초점을 두고 살펴보고자 한다.

2. 영국 탄소중립 정책의 특징

1) 감축목표 법정화로 정치적 중립성 확보

영국 의회는 2008년 '기후변화법'을 제정해 2020년까지 1990년 대비 이

그림 14-1 영국의 GDP와 탄소배출 추이

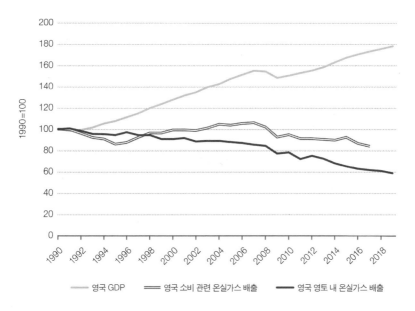

자료: 국회입법조사처의 기후변화위원회 인용 자료(이혜경, 2021b)의 재인용.

산화탄소배출을 26% 감축하고, 2050년까지 1990년 대비 최소 80% 감축하는 목표를 제시했다. 사실 영국의 '기후변화법'은 실정법에 온실가스감축목표를 명문화한 최초의 사례였다(윤경준 외, 2010). 그리고 2019년 6월 영국 의회는 2050년 탄소감축목표를 1990년 대비 최소 100%로 '기후변화법'을 개정했다. 탄소중립목표를 법정화한 것도 주요 선진국 중 최초였다(정훈, 2021).

영국이 입법의 시기에 있어서만 선도적이었던 것은 아니다. 영국은 성공적인 탄소감축 성과를 기록한 나라이며, 탄소감축과 동시에 경제성장까지 달성하는 진정한 탈탄소 사회로의 이행도 주도하고 있다. 또한 영국은 영토 내 온실가스배출만 감소한 것이 아니라 소비 관련 온실가스배출도

그림 14-2 영국의 탄소배출 및 5년 주기 탄소예산 (단위: MtCO₂eq.)

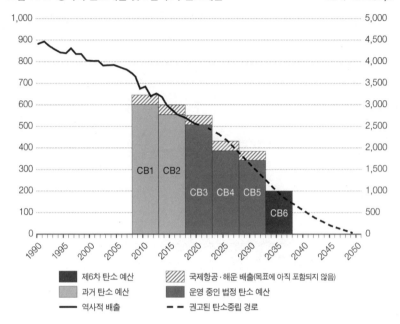

자료: 국회입법조사처의 영국 기후변화위원회 인용 자료(이혜경, 2021b)의 재인용.

같이 감축하고 있어, 실질적인 탈탄소사회로 전환하고 있음을 보여주고 있다(〈그림 14-1〉).

'기후변화법'은 탄소 목표를 이행하기 위해 정부가 5년 단위의 배출 허용치, 이른바 탄소예산(carbon budget)을 설정하고 이행에 필요한 계획을 수립하도록 하고 있다. 영국의 탄소예산은 통상적인 의미의 예산이 아니라 온실가스감축목표 달성을 위한 탄소배출 총량을 예산 개념으로 관리하는 것을 의미한다(김동영 외, 2020). 탄소예산의 단위는 MtCO₂eq.(Million metric tons of carbon dioxide equivalent)이며, CO₂eq.는 온실가스 종류별 지구 온난화 기여도를 수치로 표현한 온난화 지수에 따라 주요 직접 온실가스배출량을 이산화탄소로 환산한 단위이다.

표 14-1 영국의 5년 주기 탄소예산 및 근거 법령 현황

	탄소예산 (MtCO$_2$eq.)	근거 법령[1]	이행 현황
제1차 탄소예산(2008~2012년): CB1	3,018	'2009년 탄소예산명령' (carbon budget order 2009)	달성
제2차 탄소예산(2013~2017년): CB2	2,782		달성
제3차 탄소예산(2018~2022년): CB3	2,544		이행 중
제4차 탄소예산(2023~2027년): CB4	1,950	'2011년 탄소예산명령' (carbon budget order 2011)	이행 예정
제5차 탄소예산(2028~2032년): CB5	1,725	'2016년 탄소예산명령' (carbon budget order 2016)	이행 예정
제6차 탄소예산(2033~2037년): CB6	965	정부가 2021년 4월 의회에 제출한 '2021년 탄소예산명령(Carbon Budget Order 2021)'은 2021년 상반기 중에 확정될 예정	

주: 1) 탄소예산명령(carbon budget order)은 의회에서 제정된 1차 입법(primary legislation)의 내용을 구체화하는 2차 입법(secondary legislation)의 형식으로 '기후변화법'에 그 내용이 반영됨.
자료: 국회입법조사처의 영국의회 법령 정보 및 영국기후변화위원회 인용 자료(이혜경, 2021b)의 재인용.

탄소예산을 1년 단위가 아닌 5년 단위로 제시하는 이유는 한파·폭염 등 단기적인 기상이변으로 인한 변수의 영향을 최소화하고 이행에 유연성을 주기 위함이다(CCC, 2020.10a). '기후변화법'에 근거해 2008년 이후 5년마다 탄소배출 총량이 설정되었다(〈그림 14-2〉, 〈표 14-1〉). 제1차 탄소예산(2008~2012년)과 제2차 탄소예산(2013~2017년)은 목표를 초과 달성했고, 현재는 제3차 탄소예산(2018~2022년)의 목표를 이행 중이다.

무엇보다 탄소예산은 계획 실행 12년 전에 미리 결정된다는 특징이 있다. 탄소예산을 12년 전에 정해 정부·기업 등에게 충분히 대응할 시간을 주고, 관련 투자가 장기적인 관점에서 이루어질 수 있도록 하며, 탄소예산 수립에 있어 정치적 중립성을 유지할 수 있도록 하고 있다(Fankhauser et al., 2018.3.30).

탄소예산의 이행 현황을 살펴보면 고든 브라운(Gordon Brown) 총리(노동당), 데이비드 캐머런(David Cameron) 총리(보수당), 테레사 메이(Theresa May) 총리(보수당), 보리스 존슨(Boris Johnson) 총리(보수당)로 이어지는 정권의 변화 속에서도 제1차 탄소예산(2008~2012년)과 제2차 탄소예산(2013~ 2017 년)은 목표를 초과 달성했고, 제3차 탄소예산(2018~2022년)의 목표는 성공 적으로 이행 중이다. 제4차 탄소예산(2023~2027년)과 제5차 탄소예산(2028~ 2032년)은 12년 전 확정 원칙에 따라 각각 2011년과 2016년에 확정되었다. 제6차 탄소예산(2033~2037년)은 2021년 4월 영국 비즈니스·에너지·산업전 략부(BEIS)가 상·하원에 제출한 '2021년 탄소예산명령(Carbon Budget Order 2021' 초안을 바탕으로 논의 중이며, 2021년 6월 이전 확정될 예정이다.

물론 영국의 탄소예산 제도나 '기후변화법'도 완벽한 것은 아니어서 일부 미비점이 지적되고 있지만, 적어도 영국의 '기후변화법'은 탄소감축의 무를 정치 중립적인 법정의무로 규정해 장기간 탄소감축의 성과를 도출해 내는 데 크게 기여했음을 부인하기 어렵다. 물론 '기후변화법'의 이행체계를 장기간 유지해 온 영국의 법치주의(rule of law)를 존중하는 문화도 중요한 역할을 했다고 볼 수 있다.

2) 전문적 의견의 체계적인 반영

영국에서는 과학적 증거들이 제시될 때 정책 결정이 이루어지는 경향이 있는데(윤순진, 2007) 탄소감축 관련 입법 과정에서도 전문가의 의견을 존중하는 증거 기반의 입법(evidence-based legislation) 문화를 찾아볼 수 있다.

2005년 7월 토니 블레어(Tony Blair) 총리는 세계은행 수석 이코노미스트 (World Bank Chief Economist)를 역임한 니콜라스 스턴(Nicholas Stern) 경에게 기후변화의 경제학에 대한 주요 검토를 통해 영국과 세계가 직면한 경제 과제의 본질을 종합적으로 분석해 줄 것을 요구했다(HM Treasury, 2005). 2006년 가을 스턴 경은 이른바 「스턴보고서」로 알려진 「기후변화의 경제학(The Economics of Climate Change)」을 영국 정부에 제출했다. 이 보고서는 기후변화의 과학적 증거가 압도적이며, 기후변화의 파국을 막으려면 전세계 GDP의 1%를 즉각 투입해야 하고, 이를 방치하면 매년 세계 GDP의 5~20%의 비용이 소요될 것이라 추산했다. 2006년 「스턴보고서」는 기후변화 대응에 있어 효과적인 법정책이 필요함을 경제학적 관점에서 설득력이 있게 설명했고, 기후변화에 대한 대응이 빠르면 빠를수록 경제적 손실을 줄일 수 있다고 주장함으로써 신속한 입법의 필요성에 대한 인식을 고조시키는 데 이바지했다. 「스턴보고서」의 연구 용역을 발주했던 재무부는 기후변화법 초안을 만드는 작업에 착수했고, 2007년 3월 「기후변화법 초안 보고서」(Draft Climate Change Bill Consultation Document)를 발표했다(박기령, 2014). 재무부 장관이었던 브라운은 블레어 후임 총리로 2007년 6월 임명되었고, 영국 정부는 의회에 기후변화 법안(1990년 대비 2050년까지 이산화탄소배출을 60%까지 감축)을 상정했다. 이후 감축 대상을 전 온실가스로 확대하고, 감축목표도 60%에서 80%로 상향한 영국 정부의 수정안이 상하원심의 과정을 거쳐 2008년 11월말 여왕의 재가(royal assent)를 받아 '기후변화법'이 발효했다(외교부, 2008.12.2).

우리가 주목해야 할 영국 '기후변화법'의 또 다른 특징은 기후변화위원회(Climate Change Committee)라는 정부 자문 조직의 설립과 독립적 운영을 보장하는 법적 근거를 마련한 점이다. 기후변화위원회는 적응위원회(Adaptation Committee), 사무국 등과 함께 운영되고 있다. 기후변화위원회와 적응위원회는 각각 5~8명 내외의 위원으로 구성되며, 위원은 4~5년 임기(1회 연임 가능)로 일한다(CCC, 2020.6). 또한 기후변화위원회와 적응위원회 모두에 참여하는 위원을 두어 양 위원회 간 협력을 도모하고 있다. 기후변화위원회의 위원들은 전문성에 기반해 선임되고 업무상 독립성을 가지지만, 선임과 예산의 지원 등에 있어 정부 및 국회와 긴밀한 관계를 가진다. 예를

그림 14-3 영국 기후변화위원회 관련 조직 현황(2021년 5월 26일 기준)

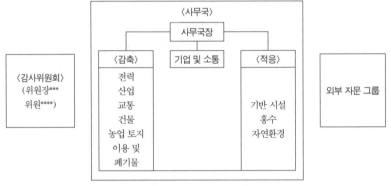

〈기후변화위원회〉
· Lord Deben(의장, 전 환경부장관)
· Chris Stark*(사무국장)
 (전 스코틀랜드 에너지기후변화국장)*
· Professor Keith Bell(전자전기공학)
· Professor Nick Chater****(행동과학)
· Professor Piers Forster****(기후과학)
· Dr Rebecca Heaton****(비즈니스, 에너지, 기후변화와 토지 이용)
· Paul Johnson(경제학, 공공 정책)
· Professor Corinne Le Quéré(기후과학)
· Professor Michael Davies**(건축물리학, 환경)

〈적응위원회〉
· Baroness Brown(의장, 공학)
· Professor Michael Davies**(건물과 환경)
· Professor Richard Dawson(토목공학, 기후 리스크)
· Ece Ozdemiroglu(환경경제학)
· Rosalyn Schofield***(비즈니스, 식품과 소매 분야의 지속가능성, 환경법)

〈사무국〉

사무국장

〈감축〉 / 기업 및 소통 / 〈적응〉

〈감사위원회〉
(위원장*** 위원****)

〈감축〉
전력
산업
교통
건물
농업 토지 이용 및 폐기물

〈적응〉
기반 시설
홍수
자연환경

외부 자문 그룹

주: 괄호 안의 내용은 해당 위원의 주요 전문 분야의 경력을 의미함.
  *(Chris Stark): 기후변화위원회 위원이면서, 사무국장을 맡고 있음.
  **(Michael Davies): 기후변화위원회와 적응위원회에 모두 소속됨.
  감사 및 리스크 위원회는 Rosalyn Schofield***(위원장)과 3명****의 기후변화위원이 참여함.
자료: 국회입법조사처의 영국 기후변화위원회 인용 자료(이혜경, 2021b)의 재인용.

들어 최근 기후변화위원회 의장은 에너지·기후변화부 장관의 추천으로 (U.K., 2012.7.5.) 하원의 에너지·기후변화위원회의 청문회를 거쳐 임명된 바 있다(U.K., 2012.9.12.). 또한 기후변화위원회의 예산은 연간 370만 파운드(약 57억 원) 정도로 충분히 지원되며, 내부의 감사위원회(Audit and Risk Assurance Committee)를 두고 자체 운영되고 있다. 또한 기후변화위원회의 위원 중 1명이 사무국장을 맡아 30여 명의 상근 전문가로 구성된 사무국을 활용하고 있으며(CCC, 2018.2.27) 필요 시 외부 전문가 자문도 받고 있다.

'기후변화법'은 기후변회위원회의 역할로 ① 탄소감축목표, 탄소예산, 국제 항공 및 국제해운 배출 등에 대해 중앙행정기관의 장에게 자문하는 기능과 ② 국회에 탄소예산 및 감축목표의 진행 상황에 대해 보고하는 기능 등을 명시하고 있다. 기후변화위원회는 행정이나 입법을 하지는 않지만, 기후변화위원회의 전문적 의견이 정책과 입법에 사실상 반영되는 구조이므로, 사실상 정부와 국회에 강력한 영향력을 미치고 있다. 예를 들어 '기후변화법'은 기후변화위원회가 감축 및 적응의 진행 상황에 대해 의회에 보고하면, 정부가 관련 입장을 의회에 제출하도록 하고 있다. 기후변화위원회가 직접 목표의 이행을 강제하는 것은 아니지만, 정부의 이행 상황에 대한 기후변화위원회의 객관적인 분석 내용은 투명하게 공개되고 있어, 사실상 이행을 강제하는 효과도 있다. 감축목표 설정에도 정부는 기후변화위원회의 자문을 고려해야 하고, 최종 목표가 기후변화위원회와 다를 경우 타당성 있는 이유를 제시해야 하기 때문에(CCC, 2020.10a) 역대 정권에서 사실상 기후변화위원회의 자문이 수용되어 왔다.

의회가 2019년 '기후변화법'을 개정해 2050년 탄소중립목표를 법정화하는 과정에서도 기후변화위원회가 중요한 역할을 했다. 기후변화위원회는 2018년 11월 영국 정부에 2050년까지 탄소중립목표의 설정 및 이행이 필요함을 제안한 바 있으며, 영국 정부는 이러한 제안을 받아들여 개정법안을 제출하게 된다. 국제 탄소시장의 활용 등에 있어서 기후변화위원회의 권고 사항을 100% 수용한 것은 아니지만 적어도 기후변화 정책의 이행 현황을 점검하고, 향후 목표를 보다 강력한 방향으로 개정해 나감에 있어 기후변화위원회의 전문적 판단이 전반적으로 반영되고 있다고 볼 수 있다. 정부가 2019년 6월 12일 개정안을 제출한 이후 2019년 6월 24일 하원 통

그림 14-4 영연방제하에서 기후변화위원회의 주요 역할

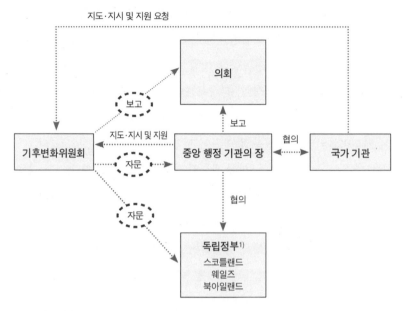

주 1): 3개 독립정부의 탄소배출량 목표는 연연방정부의 탄소배출량 목표에 포함되어 '기후변화법'에 반영 되어 있지만, 각 독립정부는 상당 부분 자체적 법령에 근거한 정책을 이행하고 있으며, 기후변화위 원회는 각 독립정부에 필요한 자문 의견을 제시하고 있음.
자료: 이수재 외(2013)의 그림을 수정함.

과, 2019년 6월 26일 상원 통과, 2019년 6월 27일 개정안 발효에 이르기까 지 신속한 개정 과정을 거칠 수 있었던 것도 기후변화위원회의 자문을 중 심으로 개정 논의가 이루어진 것이 중요한 요인 중 하나였다고 볼 수 있다.

또한 영연방의 특성상 탄소 정책의 이행에 있어 에너지 공급 분야는 영 국 정부가, 농업·임업·교통·주택 분야는 독립 정부(북아일랜드, 스코틀랜드, 웨일스)가 독립 정부의 법령에 기반하고 시행하는데, 독립 정부에 대해서도 기후변화위원회가 자문을 제공한다(CCC, 2020.10a).

요약하면 영국의 '기후변화법' 제정 과정에서의 「스턴보고서」의 역할이나 이후 장단기 탄소감축목표를 법률에 반영하는 과정에서의 기후변화위원회의 역할은, 영국이 전문가의 의견을 존중해 증거에 기반해서 탄소감축목표를 법정화하는 데 기여했음을 살펴볼 수 있었다. 전문적 의견을 체계적으로 반영하는 법정 조직의 안정적 운영도 장기적으로 지속적인 탄소감축 정책의 성공적 운영에 기여했다고 볼 수 있다.

3) 정당 간 기후변화 정책 개발 경쟁

산업혁명으로 탄소시대를 열었던 영국이 탈탄소사회로 전환하는 데 중요한 변곡점이 되었던 2008년 '기후변화법' 제정과 2020년 '기후변화법' 개정 과정에서 각 정당의 입장이 어떻게 수렴되었는지를 살펴보고자 한다.

2008년 '기후변화법' 제정 당시 야당과 여당이 입법 필요성에 대한 공감이 있었고, 야당이 여당보다 더 강하게 법 제정의 필요성을 주장한 것이 큰 역할을 했다. 당시 여당인 노동당도 블레어 집권 당시 마거릿 대처(Margaret Thatcher) 전 총리가 2006년 11월 기후변화입법을 제안했고, 초안을 2007년 3월 제시했을 만큼 기후변화입법 이슈를 주도해 왔다. 물론 의회 내에서 기후변화입법을 반대하는 목소리가 없었던 것은 아니지만, 적어도 여당인 노동당보다는 더 강력한 목소리를 냈다. 예를 들어 보수당은 정부의 기후변화입법안을 지지하면서 연간 탄소 목표를 포함할 것과 기후변화위원회의 보다 강화된 역할을 수행할 것을 제안했다. 자민당은 2050년까지 정부안의 60% 감축목표는 불충분하며 80% 감축목표를 입법할 것을 제안했고, 잉글랜드웨일스 녹색당은 더 나아가 90% 감축목표를 제시했다. 다양한 의견 수렴 과정을 통해 2050년 80% 감축안을 입법화함으로써 탄소감축목표의 정치적 중립성을 확보할 수 있었다.

2020년 탄소중립 개정 과정에서도 야당과 여당이 탄소중립에 대한 공감을 바탕으로, 야당이 여당보다 더 강하게 법 개정의 필요성을 주장한 것이

'기후변화법' 제정 과정과 유사하다. 보수당의 메이 총리는 퇴임 직전 2050년 넷제로 유산을 확실히 남기기 위해(Walker, Mason and Carrinton, 2019.6.11) 탄소중립목표를 담은 '기후변화법' 개정안을 제출했고, 2019년 6월 영국의 회가 100% 감축목표를 '기후변화법'에 반영함으로써 [The Climate Change Act 2008 (2050 Target Amendment) Order 2019, S.I. 2019/1056] 탄소중립목표의 정치적 중립성을 확보할 수 있었다. 사실 제2당인 노동당은 2030년 탄소중립목표를 2019년 가을 회의에서 채택할 만큼 보수당보다 진보적인 입장을 표명한 바 있다. 이후 노동당은 무역 노조 등 산별노조들이 2030 탄소중립목표가 고용과 산업에 미칠 위험성을 우려하자 2050 이전 탄소중립 입장으로 다소 완화된 입장을 표명하기도 했지만(Mason et al., 2019.11.18), 보수당의 기후변화 정책을 신랄하게 비판하면서 보다 강력한 탄소중립 정책의 이행을 주장했다(Buller, 2019.11.6). '기후변화법' 개정 직후 이루어진 2019년 12월 영국 총선에서 탄소중립이 중요한 이슈로 부상했는데, 탄소중립의 이행 시점으로 2050년(보수당), 2045년(자민당), 2030년(노동당, 녹색당) 등으로 제시된 바 있다(Gabbatiss, 2019.11.22).

이상에서 2008년과 2020년의 '기후변화법' 제·개정 시 정당 간 의견 수렴 과정을 살펴본 바와 같이, 영국에서는 정당 간 의견 차이가 있지만, 여당보다 야당이 오히려 더 적극적인 입장을 제시함으로써 감축목표 논의가 진일보한 방향으로 이루어질 수 있었다. 그리고 앞에서 살펴보았듯이 「스턴보고서」나 기후변화위원회의 자문을 입법 논의의 시작점으로 해서, 야당과 여당이 최소한의 공감대 수준이 높아진다는 점도 영국이 차별화된 입법을 해온 배경이라고 볼 수 있다.

3. 우리나라 탄소중립 정책의 특징

1) 하위 법령에 위임되었던 감축목표

'녹색성장기본법'은 감축목표를 하위 법령에 위임해 감축목표의 설정을 최대한 정부의 재량에 맡겨왔다. 우리나라의 탄소감축목표는 파리협정이나 2018년 인천 송도에서 채택된 IPCC의 「1.5℃ 특별보고서」 권고 수준에 턱없이 부족한 수준이라는 국내외 비판을 받아왔다. 이에 2020년 문재인 정부는 2050 탄소중립목표를 제시했고, 2021년 4월 미국이 주도한 기후정상회의에서 2030년 감축목표를 연내 상향하겠다는 계획을 발표하기도 했다. 하지만 영국이 2020년 말에 1990년도 대비 2030년 57%를 68%로 상향하고(U.K., 2020.12.3), 2021년에는 2035년까지 1990년 대비 78% 감축하는 추가 목표를 제시한(U.K., 2021.4.20) 것에 비교하면 소극적인 대응이다. 한국과 영국의 2030년 감축목표를 2010년 배출량 기준으로 환산해 비교하면 -18%와 -58% 수준이며, 우리나라가 후발 산업국이라는 점을 고려하더라도 매우 미약한 수준이라는 비난을 면하기 어려웠다(이혜경, 2021a). 이는 하위 법령에 목표를 위임해 느슨한 관리를 해온 한국과 단계별 감축목표를 법정화해 체계적으로 관리해 온 영국의 성과 차이를 보여주고 있다.

표 14-2 '저탄소 녹색성장기본법 시행령' 제25조의 온실가스감축목표 개정 경과

이명박 정부(2010년)	2020년 온실가스배출 전망치 대비 30/100까지 감축
박근혜 정부(2016년)	감축목표를 2030년 온실가스배출전망치 대비 37/100 감축
문재인 정부(2019년)	2030년 국가온실가스 총배출량을 2017년의 온실가스 총배출량의 244/1000만큼 감축

2021년 9월 24일 제21대 국회는 '녹색성장 기본법'의 폐지를 전제로 하는 '탄소중립기본법'을 제정(2022.3.25. 시행 예정)하였다. 동 법은 2050 탄소

중립 목표를 국가비전으로 하고 있을 뿐만 아니라, 2030년까지 2018년의 국가 온실가스 배출량 대비 35% 이상의 범위에서 대통령령으로 정하는 비율만큼 감축하는 것을 중장기 국가온실가스 감축목표로 하도록 규정하고 있다. 이에 2021년 10월 초 관계부처와 2050 탄소중립위원회는 2030온실가스 감축목표를 2018년 대비 40% 감축하는 방안을 제시한 바 있으며, 동 감축안은 2021년 10월말 국무회의 의결을 거쳐 확정되었다(환경부, 2021).

2) 체계적이지 못했던 전문가 의견 수렴

기후변화 대응 정책을 통합·조정하고 전문가의 의견을 수렴하는 위원회 체제는 장기적으로 유지되었으나, 그 소속은 국무총리(지구환경대책기구·교토의정서 대응 범정부대책기구·기후변화협약대책위원회) → 대통령(녹색성장위원회) → 국무총리(녹색성장위원회)로 변화했고, 정책의 추진·관리에 단절이 야기되어 왔다(국회 행정안전위원회, 2020.9). 녹색성장위원회의 등장은 한편으로 지속가능발전위원회와의 중복도 초래했다. 2010년 '저탄소 녹색성장 기본법'이 제정되면서 '지속가능발전'이 '녹색성장'의 하위 개념이 되고 2007년 기본법으로 제정되었던 '지속가능발전기본법'은 2010년 일반법으로 개정되면서 2000년 대통령 소속으로 발족한 국가지속가능발전위원회는 환경부장관 소속으로 격하(국회 정무위원회, 2021.2)된 채로 병행해 운영되고 있다.

녹색성장위원회는 민관 협의체 형식을 취하고 있어 민간위원들이 독립성이 보장된 영국의 기후변화위원회의 위원들처럼 선도적인 의견을 제시하기는 어려운 구조이다. 예를 들어 2020년 12월 4일 제45차 녹색성장위원회는 2050 장기저탄소발전전략(LEDS) 및 2030 국가온실가스감축목표(NDC) 등 3개 안건을 심의하고, 2050 탄소중립목표와 2030 감축목표를 의

표 14-3 기후변화 전문가 참여 관련 조직 현황(2021년 10월 기준)

	저탄소사회비전포럼 (임시적으로 운영됨)	국가기후환경회의 (한시적으로 운영됨)	녹색성장위원회	2050 탄소중립위원회
법령 근거	-	'미세먼지 문제 해결을 위한 국가기후환경회의의 설치 및 운영에 관한 규정'(2019.4.25. 제정·시행~2021.4.30. 폐지)	'저탄소 녹색성장 기본법'(2010.1.13. 제정, 2010.4.14. 시행)	「탄소중립기본법」(2021. 9.24. 제정, 2022.3.25. 시행 예정) 및 「탄소중립위원회 설치 및 운영에 관한 규정」(2021.5.4 제정·시행)
소속		대통령	대통령 → 국무총리	대통령
위원장	1명	1명	2명(국무총리 & 대통령 지명자)	2명(국무총리 & 대통령 지명자)
위원	7개 분과 69명(22개 기관 34명, 기술 작업반 병행)	50명 이내(정부·지자체: 18명, 민간 위원: 24명)	50명 이내(당연직 위원: 17명, 민간 위원: 24명)	50~100명(15개 부처의 장관 국무조정실장 등 포함)
임기	(환경부 위촉으로, 약 1년 활동)	2년	5년	2년(1회 연임 가능)

결했다(국무조정실, 2020). 하지만 탄소감축목표의 논의 과정에서 정부는 저탄소사회비전포럼의 전문적 의견을 수렴하는 형식을 취했다(환경부, 2020). 정부가 녹색성장위원회나 국가기후환경회의가 아닌 저탄소사회비전포럼을 활용한 것은 전문가의 의견 수렴을 시도했다는 점에서는 바람직한 측면이 있지만, 우리나라의 기후 정책의 수립 과정에서 전문가의 의견 수렴 절차가 영국의 기후변화위원회와 같이 지속적이고 체계적인 방식으로 이루어지지는 못한 측면을 보여주고 있다.

국회는 2021년 9월 '탄소중립기본법'을 제정(2022.3.25. 시행 예정)하여 '2050 탄소중립위원회의 설치 및 운영에 관한 규정'(대통령령)에 근거해 설치되었던 '2050 탄소중립위원회'의 법적 근거를 마련했다. '탄소중립기본법'은 '녹색성장기본법'의 후속 법률로서의 성격을 반영하여, 2050 탄소중립위원회의 법적 명칭을 '2050 탄소중립녹색성장위원회'로 하고 있다. 2021년 10월 국무회의는 2050 탄소중립위원회가 심의·의결하여 정부에 제출한 2030년 국가 온실가스 감축목표를 2018년 온실가스 총배출량 대비 40% 감축하는 것으로 심의·확정하였다(환경부, 2021).

3) 정당 간 기후변화 정책의 경쟁 미비

한국의 선거에서 기후변화는 주요한 쟁점으로 부상한 사례를 찾기 어렵다. 대조적으로 영국에서는 2019년 12월 총선 전 기후변화를 주제로 해 한 시간가량 각 정당 대표의 TV토론회가 열린 적도 있었다(Channel 4 News, 2019). 한국에서는 에너지·기후변화 관련 공약에 대한 관심이 상대적으로 낮아, 후보자들이 적극적으로 공약을 제시하지 않는다. 지난 대선의 사례를 보면 후보자가 관련 분야에 대한 환경단체의 질의에도 소극적으로 답변을 보류하거나, 답변 자체를 거부한 경우가 있을 정도이다(〈표 14-5〉).

표 14-4 (19대 대통령 선거) 환경·에너지 분야 공약 제안에 대한 답변

에너지·기후 분야 정책 공약	문재인	홍준표	안철수	유승민	심상정
2050년까지 2005년 대비 온실가스 80% 감축	보류	답변거부	보류	보류	찬성
재생에너지 목표 확대(2030년 발전량 30%)	보류		보류	보류	찬성
사회 환경 비용 반영한 에너지 세제와 요금 개편	찬성		찬성	찬성	찬성
석탄 사업에 대한 금융 지원 중단, 저탄소 투자 원칙 확립	찬성		찬성	보류	찬성

자료: 환경운동연합(2017.5.1).

또한 각 정당의 후보 간 공약의 차이도 크지 않게 나타나고 있다. 심지어 2021년 4월 서울시장선거의 주요 후보자 공약에서는 기초 지자체까지 내놓고 있는 탄소감축목표가 언급된 경우를 찾아보기가 어려웠을 정도이다(이원희, 2021.3.31). 정책 간의 차별화를 통해 탄소감축목표를 강화해 나가고 있는 영국의 정치와 비교되는 지점이다.

4. 나오며

이 글에서는 20여 년간 국내 기후변화 정책을 내실 있게 운영해 온 영국의 사례를 통해 우리나라에 대한 시사점을 도출해 보고자 했다. 영국은 중장기 탄소감축목표를 법정화하고, 감축목표의 수정이나 이행 과정에 있어 기후변화위원회라는 전문적 조직이 국회와 정부를 주도할 수 있도록 법 제도를 설계함으로써, 정치적 중립성 속에 장기간 경제성장과 탄소감축을 동시에 달성하는 탈동조화(decoupling) 성과를 이뤄내고 있다. 특히 영국은 탄소예산이라고 하는 5년 단위의 배출 상한을 12년 전에 법으로 정하는 체계적인 탄소감축 관리 시스템을 법에 반영해 정권의 변화와 상관없이 정치적 중립성 속에 목표가 수립되고 이행될 수 있는 체계를 갖추고 있다. 또한 정책 개발에 있어서 전문성을 존중하는 문화뿐만 아니라 국민적 관심을 바탕으로 하는 기후변화에 대한 각 정당의 활발한 정책 개발 노력도 선도적인 기후 정책의 원동력이 되고 있다. 전문성을 존중하는 문화, 법치주의, 민주주의 등은 영국이 탈탄소사회로 전환을 선도적으로 추진해 나가는 저력이 되고 있다.

이에 비해 우리나라는 탄소감축목표의 설정이나 이행에 있어 전문가의 의견이 비교적 체계적으로 반영되지 못하여 왔다. 또한 탄소감축목표를 하위 법령에 위임하고 있을 뿐만 아니라, 기후변화위원회라는 법정 기구가 점차 형식적으로 운영되고 있어 탄소감축이 정권의 변화에 상관없이 지속적으로 운영되지 못하고 있다. 기후변화에 대한 국민적 관심도 높지 않아서, 정당이 기후변화 관련 정책이나 공약의 개발을 게을리해도 선거의 결과에 큰 영향을 미치지 않고 있다.

우리 정부와 국회는 '탄소중립기본법'(2021.9.24. 제정, 2022.3.25. 시행 예정)을 중심으로 탄소감축목표의 체계적 이행이 정착될 수 있도록 노력해 나가야 할 것이다.

참고문헌

2050 탄소중립위원회a. 2021.8.4. "탄소중립위, 세 가지 종류의 탄소중립 시나리오 초안 공개" (보도자료).

국무조정실. 2020.12.4. "제45차 녹색성장위원회"(보도자료). https://www.korea.kr/news/press ReleaseView.do?newsId=156426800 (검색일: 2021.10.12).

국회 정무위원회. 2021.2. 「지속가능한 사회를 위한 녹색전환 기본법안 검토보고」.

국회 행정안전위원회. 2020.9. 「정부조직법 일부개정법률안 검토보고」.

김동영 외. 2020. 「녹색전환을 위한 10대 환경전략」. ≪경기연구원 정책브리프≫, 28.

박기령. 2014. 「기후변화 대응을 위한 기후변화영향평가에 관한 법제연구」(법제연구원). ≪기후변화법제 연구≫, 14-19-④.

외교부. 2008.12.2. "영국기후변화법(Climate Change Act 2008) 발효". https://www.mofa.go.kr/www/brd/m_20152/view.do?seq=339613&srchFr=&srchTo=&srchWord=&srchTp=&multi_itm_seq=0&itm_seq_1=0&itm_seq_2=0&company_cd=&company_nm=&page=37 (검색일: 2021.5.4).

윤경준 외. 2010. 「기후변화정책조정체계의 대안모색: 정책조정체계의 국가 간 비교를 중심으로」. ≪한국행정학보≫, 44(2), 169~191쪽.

윤순진. 2007. 「영국과 독일의 기후변화정책」. ≪환경법과 정책≫, 11(1), 43~95쪽.

이수재 외. 2013. 「기후변화 적응전략 종합연구」. 환경부·한국환경연구원·국가 기후변화적응센터.

이원희. 2021.3.31. "여야 서울시장 후보 기후환경 공약 '맹탕' … "우선순위 밀리고 후퇴·역행도"". ≪에너지 경제≫.

이혜경. 2021a. 「기후정상회의의 의의와 과제」(국회입법조사처). ≪이슈와 논점≫, 1833, 1~4쪽
_____. 2021b. 「영국 「기후변화법」의 이행현황 및 국내적 시사점」(국회입법조사처). ≪외국 입법·정책 동향≫, 1, 1~8쪽.

정훈. 2021.3.18. 「국내외 에너지전환정책 현황 및 시사점」(국회미래연구원). ≪국가미래전략 Insight≫, 14, 1~30쪽.

최원기. 2013.3.18. 「기후변화와 안보에 대한 국제적 논의 동향과 한국의 대응 방향」. 주요 국제문제 분석.

환경부. 2020.2.5. "2050 장기 저탄소 발전전략 포럼 검토안, 정부 제출"(보도자료). http://me.go.kr/home/web/board/read.do?boardMasterId=1&boardId=1296610&menuId=286 (검색일: 2021.9.12).

_____. 2021.10.27. "2050 탄소중립을 위한 이정표 마련"(보도자료). http://www.2050cnc. go.kr/base/board/read?boardManagementNo=3&boardNo=119&menuLevel=2&me nuNo=7 (검색일: 2021.10.29).

환경운동연합. 2017.5.1. "19대 대선 후보자별 에너지-기후변화 공약 비교"(보도자료). http:// kf em.or.kr/?p=177423 (검색일: 2021.9.12).

Blaxekjær, Lau. 2016.9 "Korea as Green Middle Power: Green Growth Strategic Action in the Field of Global Environmental Governance." *International Relations of the Asia-Pacific*, 16(3), pp.443~476.

Buller, Adrienne. 2019.11.6. "Green Tories? Don't believe the hype." Novara Media. https://novaramedia.com/2019/11/06/green-tories-dont-believe-the-hype/ (검색일: 2021.4.9).

CCC(Climate Change Committee). 2018.2.27. "Lord Deben Welcomes Appointment of New Chief Executive, Chris Stark."

_____. 2020.6. "Reducing UK emissions: 2020 Progress Report to Parliament." https://www. theccc.org.uk/publication/reducing-uk-emissions-2020-progress- report-to-parliament/ (검색일: 2021.3.29).

_____. 2020.10a. "CCC Insight Briefing 1: The UK Climate Change Act." https://www.thecc c.org.uk/wp-content/uploads/2020/10/CCC-Insights-Briefing-1-The-UK-Climate-Cha nge-Act.pdf (검색일: 2021.5.4).

_____. 2020.10b. "CCC Insight Briefing 2: The Climate Change Committee." https://d423d 1558e1d71897434.b-cdn.net/wp-content/uploads/2020/10/CCC-Insights-Briefing-2-T he-Climate-Change-Committee.pdf (검색일: 2021.5.4).

Chanel 4 News. 2019.11.20. "The Channel 4 News #ClimateDebate-World'S First Party Leaders' Debate on the Climate." https://www.youtube.com/watch?v=H6bJhKvFVw4 (검색일: 2021년 4월 12일).

Fankhauser, Sam et al. 2018.3.30. "10 Years of the UK Climate Change Act." LSE Policy Publication.

Gabbatiss, Josh. 2019.11.22 "Election 2019: What the Manifestors Say on energy and Climate Change." Carbon Brief. https://www.carbonbrief.org/election-2019-what-the-manifes tos- say-on-energy-and-climate-change (검색일: 2021년 4월 9일).

Green Party. 2019. "If Not Now, When?: Manifesto 2019." https://www.greenparty.org. uk/ assets/files/Elections/Green%20Party%20Manifesto%202019.pdf (검색일: 2021년 4월 12일)

HM Treasury. 2005. "Background to Stern Review on the Economics of Climate Change."
https://webarchive.nationalarchives.gov.uk/+/http://www.hm-treasury.gov.uk/ind
ependent_reviews/stern_review_economics_climate_change/sternreview_backgrou
ndtoreview.cfm (검색일: 2021.5.5).

Mason, Rowena. et al. 2019.11.18. "Labour Persuaded to Soften Pledge of Net Zero
Emissions by 2030." *The Guardian.*

Morisetti, Neil. and Oli Brown. 2021.1. "Mitigating the Climate Change Risks to Global
Security." *Chatham House Briefing Paper.*

Priestley, Sara. 2019.12.16. "Net Zero in the UK." House of Commons Library Briefing
Paper No. CBP8590.

Stando, Olaf. 2019.9. "We're Addressing the Climate Emergency," Scottish National Party.
https://www.snp.org/were-addressing-the-climate-emergency/ (검색일: 2021.4.9).

Taylor, Matthew. 2019.11.4. "Labour, Lib Dems and SNP Call for TV Election Debate on
Climate Crisis." *The Guardian.*

Taylor, Matthew and Laville, Sandra. 2019.11.21 "Boris Johnson Set to Snub Election
Leaders' Debate on Climate Crisis." *The Guardian.*

U.K. 2012.7.5. "Lord Deben Put Forward as Chair of Committee on Climate Change."
https://www.gov.uk/government/news/lord-deben-put-forward-as-chair-of-commit
tee-on-climate-change (검색일: 2021.5.5).

_____. 2012.9.12. "Lord Deben appointed Chair of Committee on Climate Change."
https://www.gov.uk/government/news/lord-deben-appointed-chair-of-committee-
on-climate-change (검색일: 2021.5.5).

_____. 2020.12.3. "UK Sets Ambitious New Climate Target Ahead of UN Summit." The
UK Government's Press Release. https://www.gov.uk/government/news/uk-sets-
ambitious-new-climate-target-ahead-of-un-summit (검색일: 2021.9.12).

_____. 2021.4.20. "UK Enshrines New Target in Law to Slash Emissions by 78% by 2035."
The UK Government's Press Release. https://www.gov.uk/government/news/uk-en
shrines-new-target-in-law-to-slash-emissions-by-78-by-2035 (검색일: 2021.9.12)

Walker, Peter, Rowena Mason and Damian Carrington. 2019.6.11. "Theresa May Commits
to Net Zero UK Carbon Emissions by 2050." *The Guardian.*

White, Edward. 2021.5.17. "South Korea Vows 'Bold' Climate Policy After Accusations of
Inaction." *The Financial Times.*

제15장

미국의 그린뉴딜

진보적 시민운동의 그린뉴딜에서 바이든 대통령의 '미국 일자리 계획'까지

손병권_중앙대학교 정치국제학과 교수

1. 들어가며

조지 부시(George Bush) 행정부 당시인 2001년에 교토의정서(Kyoto Pro-tocol) 체제에서 탈퇴해 온실가스 감축을 위한 유엔 기후 체제의 좌초를 사실상 주도했던 미국은 2009년 버락 오바마(Barack Obama) 행정부의 출범과 함께 기후변화 문제에 적극적으로 대처하기 시작했다. 그 결과 2009년 6월 '미국 청정에너지 및 안보법(The American Clean Energy and Security Act, 일명 The Waxman-Markey Bill)'을 하원에서 통과시킨 이후, 오바마 행정부는 중국과 인도를 압박해 2009년 12월 코펜하겐 유엔기후변화협약(UNFCCC) 제15차 당사국총회(COP 15)에서 포스트 교토 체제의 수립을 시도했다. 그러나 이러한 노력은, 당시 새로운 국제적 체제 수립이 자국의 경제발전을 저해하고 주권을 침해하는 결과를 낳을 것이라고 주장한 중국·인도 등의 개도국과, 온실가스 저감에 중국과 인도 역시 동참해야 한다는 의견을 개

진한 유럽·미국 등 선진국 간의 입장 차이로 인해 좌절되었다. 그리고 수년간에 걸쳐 오바마 대통령과 시진핑 주석 간의 지속적인 대화와 타협으로 새로운 체제에 대한 합의가 이루어지면서 마침내 2015년 바텀업(bottom-up) 방식인 국가결정기여(NDC)를 핵심으로 2015년 파리기후협약이 성사될 수 있었다. 선진국과 개도국을 포함해 모든 국가의 온실가스 감축 공약과 개도국에 대한 재정지원을 약속한 파리기후협약이 도출되면서, 오랜 기간 지체되어 온 새로운 포스트 교토 기후 체제가 마침내 등장한 것이다.

그러나 2016년 미국 대통령 선거에서 도널드 트럼프(Donald Trump) 공화당 후보의 당선은 산통 끝에 비로소 출범한 세계적인 기후변화 대처 노력을 현저하게 약화시켰다. 오바마 대통령의 업적을 무용지물로 만들려는 트럼프 대통령은 기본적으로 지구온난화라는 과학적 현상 자체를 인정하지 않았다. 설령 지구온난화를 인정한다고 해도 트럼프 대통령은 이것이 인간의 행위에 기원한다는 생각을 수용하지 않았다. 그의 이러한 판단에 따라 국내적으로는 오바마 행정부 당시 제정된 자동차 연비 규정과 발전시설 규제 등의 행정명령을 폐기했고, 제2기 오바마 행정부 당시 수립·추진된 청정전력계획(Clean Power Plan)을 비용이 많이 든다는 이유로 폐지했다. 이와 함께 트럼프 대통령은 취임 직후 파리기후협약에서 일방적으로 탈퇴해 가까스로 만들어진 신기후 체제의 효과적인 작동을 어렵게 만들었다. 트럼프 행정부 4년 동안 환경문제에 대한 대처는 국내적으로는 단지 청정 식수 및 청정 토지의 유지를 위해 오염물질을 관리하는 것이었고, 국제적으로는 청정 해양을 위해서 국제사회와 협력하겠다는 의사를 밝힌 정도에 불과했다. 요컨대 기후변화와 관련한 트럼프 행정부의 정책은 전임 오바마 행정부의 정책을 역전시키는 것이었고, 트럼프 대통령은 기후변화라는 인류 전체에 대한 도전에 적극적으로 대처할 의사를 보인 바 없었다.

트럼프 대통령이 2020년 재선에 실패하고 조 바이든(Joe Biden) 민주당 행정부가 등장하면서 기후변화 문제를 바라보는 미국의 시각은 빠르게 변화했다. 대통령 선거운동을 통해서 코로나 팬데믹에 대한 대처, 경제회복, 인종문제 해결 등과 함께 기후변화 대처를 향후 국정의 최우선 과제로 삼은 민주당의 바이든 후보는 경선 당시 경쟁자였던 버니 샌더스(Bernie Sanders) 상원의원과 그가 대변하는 민주당 내 진보파의 의견을 대폭 수용하면서 자신의 기후변화 구상을 제시했다. 선거운동 당시 TV 토론 등에서 바이든 후보는 민주당 진보파가 주장하는 그린뉴딜과 자신의 기후변화 대책은 구별된 것이라고 말하기도 했으나, 실제 선거운동 당시에 유권자에게 제시한 '청정에너지 혁명과 환경정의를 위한 바이든 계획(The Biden Plan for Clean Energy Revolution And Climate Justice)'이나 '환경정의와 형평한 경제적 기회를 위한 바이든 계획(The Biden Plan to Secure Environmental Justice and Equitable Economic Opportunity)' 등에 담긴 내용은 민주당 진보파가 내세운 그린뉴딜의 핵심 내용을 상당 부분 수용한 것으로 보인다. 이러한 바이든의 기후변화 구상은 취임 이후, '미국 일자리 계획(The American Jobs Plan)'이라는 거대한 청정인프라 구축 및 일자리창출을 위한 국가 동원 계획으로 제시되어 2021년 9월 12일 현재 미국 정계에서 민주당 행정부 및 의회 민주당과 의회 공화당 간에 여전히 협상이 진행되고 있다.

이 글은 앞의 내용을 배경으로 해, 미국 내 진보적 시민운동 및 민주당 진보파가 내세운 그린뉴딜 구상으로부터 바이든 행정부의 출범 이후 미국 일자리 계획까지 미국 그린뉴딜의 등장과 전개 과정 그리고 그 주요 내용을 살펴보기 위해서 작성되었다. 2035년까지 발전 분야 탄소배출 넷제로 달성과 2050년까지 사회 전반에 걸친 탄소배출 넷제로 달성, 이를 위한 '청정인프라 구축 및 청정일자리창출, 청정경제로의 이행' 과정에서 기후정의의 실현을 목표로 하는 연방정부 주도의 국가적 동원 노력으로 정의해 볼 수 있는 그린뉴딜은, 진보적 시민운동의 주장에서 민주당 진보파가 추진한 '그린뉴딜 결의안(The Green New Deal Resolution)'을 거쳐 바이든 대통령의 미국 일자리 계획으로 이어지면서 점점 더 구체적인 모습을 드러내게 되었다.

이를 배경으로 하여 2절에서는 2017년부터 본격적으로 나타난 그린뉴딜 시민운동을 '진보를 위한 데이터(Data for Progress)'라는 시민 단체와 '선라이즈 운동(Sunrise Movement)'이라는 시민운동을 중심으로 먼저 살펴보고, 이어서 그린뉴딜을 정치권에 소개한 그린뉴딜 결의안의 내용을 검토한다. 3절에서는 바이든 행정부 등장 이후 그린뉴딜이 정책화되어 가는 과정에서 나타난 '기후위기 행정명령(The Climate Crisis Executive Order)'과 바이든 일자리 계획 내용을 검토한다. 마지막으로 4절에서는 이 글의 내용을 전체적으로 정리한다.

2. 그린뉴딜 시민운동의 등장과 그린뉴딜 결의안

1) 그린뉴딜 시민운동의 등장: 진보를 위한 데이터와 선라이즈 운동

2007년 EU가 2020년까지 에너지 효율을 20% 높이고, 온실가스배출을 1990년 대비 20% 낮추며, 재생에너지 생산을 20% 늘린다는 이른바 20-20-20 구상을 제시했다. 이후, 2008년부터 순차적으로 영국의 그린뉴딜 그룹(Green New Deal Group), 독일의 하인리히 뵐(Heinrich Böll) 재단, 독일 동맹 90/녹색당(Bündnis 90/Die Grünen) 등이 온실가스 감축과 동시에 경제위기 극복을 위해 제시한 그린뉴딜은 미국발 금융위기의 분위기 속에서 전문가, 지식인, 진보적 정치인, 시민운동 지도자 사이에서 하나의 시대적 담론으로 자리 잡기 시작했다(리프킨, 2020: 58~62). 그러나 유럽과 달리 미국의 경우 그린뉴딜의 본격적인 출발은 이보다는 다소 늦었다. 물론 토마스 프리드먼(Thomas Friedman)이 2007년 ≪뉴욕타임즈≫에 기고한 글을 통해서 그린뉴딜을 촉구한 바도 있고(Friedman, 2007), 2010년대 초반부터 미국의 녹색당(The Green Party)이 대통령 선거를 비롯한 각급 선거에서 선거공약으로 그린뉴딜을 제시한 적은 있었지만(Emily, 2019.2.22),[1] 그린뉴딜이 본격적으로 시민사회와 정치권에서 추동력을 얻은 것은 이보다 상당 시간이 지난 2010년대 중반 이후이다.[2]

대체로 보아 미국에서 그린뉴딜은 진보적 시민운동에서 먼저 시작되어 2018년 의회 중간선거와 2020년 대통령 선거를 거치면서 정치권으로 확산되었다. 이런 의미에서 미국의 그린뉴딜은 바텀업 방식으로 진행되었다고 볼 수 있다. 진보적 시민운동에서 촉발되어, 2018년 중간선거 때 진보 세력의 지원을 받아 당선된 소장파 진보 성향 민주당 정치인들이 그린뉴

---

1   참고로 2016년에 미국 녹색당 후보로 대통령 선거에 출마한 질 스타인(Jill Stein) 후보의 선거공약에 그린뉴딜이 등장하고 있는 것을 알 수 있다. 스타인 후보의 선거공약 가운데에는 2030년까지 100% 청정 및 재생에너지 경제로의 이전을 담고 있어서, 향후 10년간 청정 및 재생에너지를 통해 전력수요의 100%를 충당한다는 2019년 그린뉴딜 결의안과 유사한 내용을 포함하고 있다. 또한 그린뉴딜 결의안과 마찬가지로 대규모 일자리창출도 요구하고 있으며, 더 나아가 탄소세와 원전 철폐 공약도 들어 있었다.

2   오바마 행정부 당시에 추진된 미국의 기후변화 정책 역시 기후변화 대처, 에너지 안보 확립과 아울러 청정일자리창출을 목표로 하고 있었다는 점에서 현재 미국의 그린뉴딜이 주장하는 내용과 일맥상통하는 측면이 있다. 제1기 오바마 행정부 당시에 추진된 '미국 경제회복 및 재투자법'에서는 272억 달러 규모로 에너지 효율 및 재생에너지 연구개발 투자 등이 포함되어 있었고, 2009년 하원에서 통과된 '미국 청정에너지 및 안보법' 역시 2025년까지 재생에너지 분야에 900억 달러, 전기 및 선진기술 차량 개발에 200억 달러를 투자하기로 되어 있었다. 양대 법안이 모두 청정에너지에 대한 투자 부분을 담고 있었고 이로 인한 청정일자리의 창출이라는 파급 효과를 노릴 수는 있었으나, '미국 경제회복 및 재투자법'의 경우 서브프라임 모기지 사태로 인한 경제위기 상황 속에서 경기회복에 일차적인 방점이 찍혀 있었으며, '미국 청정에너지 및 안보법' 역시 탄소배출 상한치 설정 및 교환을 법제화하는 것에 초점이 맞추어져 있어서 대규모 청정일자리의 창출이라는 측면에서 볼 때 현재 미국의 그린뉴딜과 차이를 보이고 있다.

딜이라는 시대적 요구에 부응해 민주당 지도부를 압박하면서, 그린뉴딜이 본격적으로 정치권에서 논의되기 시작했다. 2018년 당선된 민주당 내 진보 성향의 젊은 정치인들이 그린뉴딜과 관련해 강력한 목소리를 내기 시작했다. 이어서 2020년 대통령 선거 과정과 코로나 팬데믹 상황 속에서 기후변화 대처뿐만 아니라 코로나 팬데믹으로 피폐해진 미국의 경제 회복과 실업 문제 해결을 위해서 수백만 개 일자리 창출의 필요성이 더욱 커지면서, 그린뉴딜 논의가 미국 정치권의 한가운데 본격화된 것으로 보인다.

진보적인 시민 단체 가운데 다양한 전문 분야에서 활동하는 젊은 세대로 조직된 '진보를 위한 데이터'는 2018년 9월 「그린뉴딜: 환경적 지속가능성과 경제적 안정을 위한 진보적 비전(A Green New Deal: A Progressive Vision for Environmental Sustainability and Economic Stability)」이라는 제목의 보고서를 의회 중간선거 전에 발표해 미국 내에서 그린뉴딜의 실현을 촉구하기에 이르렀다. '진보적 활동가와 대의를 지원하기 위해서 데이터 과학의 최첨단 기술을 사용하는 전문가의 학제적 집단'으로 자신들의 역할을 정의한 진보를 위한 데이터는,[3] 이 보고서를 통해서 저탄소 경제로의 이행, 청정 대기 및 청정수에 대한 권리 충족, 미국의 지형 회복, 오염으로 폐기된 산업부지 청정화 및 회복, 도시 지속가능성 및 회복력 강화, 일자리창출, 정의로운 청정 이행 등의 내용을 강조했다. 이러한 내용은 이후 2019년 그린뉴딜 결의안과 2021년 바이든 대통령의 미국 일자리 계획 정책 구상과 상당히 유사했다. 청정 경제로의 이행을 통한 온실가스 감축과 이를 통한 일자리창출, 정의로운 청정 이행을 강조한다는 측면에서 진보를 위한 데이터의 그린뉴딜 보고서, 그린뉴딜 결의안, 바이든 행정부의 미국 일자리 계

---

3 "What is Data for Progress," https://www.dataforprogress.org/about (검색일: 2021. 4.25).

획은 사실상 구상과 정책의 큰 줄기에서 큰 차이를 보이지는 않는다.

한편 2013년 이후 부분적으로 준비 작업을 시작하다가 2017년 기후변화 대처를 목표로 출범한 선라이즈 운동은 '기후변화를 중지하고 그 과정에서 수백만 개의 양질의 일자리를 만들기 위한 운동'을 자신들의 조직 원칙의 하나로 소개하고 있다.[4] 이러한 목적을 실현하기 위해서 탄생한 선라이즈 운동은 무엇보다도 기후변화의 심각한 충격을 제한하기 위해서 화석연료 산업의 지원을 받는 정치인들은 낙선시키고, 대신 기후변화 대처에 적극적으로 동참하는 후보들을 당선시키기 위해서 트럼프 행정부 임기 중반에 치러진 2018년 중간선거의 경선 과정과 본선에서 적극적으로 활동했다. 선라이즈 운동은 계속해서 중간선거 이후 그린뉴딜의 법제화를 위해서 자신들이 지원했던 제116대 하원 최연소 당선 여성의원인 알렉산드리아 오케이시오-코르테스(Alexandria Ocasio-Cortez), 뉴욕주 제14선거구 의원)와 함께 본격적으로 의회 민주당에 압박을 가하기 시작했다. 그러한 노력의 하나로서 2018년 중간선거가 끝난 이후 선라이즈 운동 소속 청년들이 오케이시오-코르테스 의원과 연대해 11월과 12월에 걸쳐 낸시 펠로시(Nancy Pelosi) 하원의장, 스테니 호이어(Steny Hoyer) 민주당 원내대표, 짐 맥거번(Jim McGovern) 하원 규칙위원회 위원장의 의사당 사무실 등에서 연좌 농성을 펼치면서 그린뉴딜의 법제화를 추진할 특별위원회의 창설을 요구하기도 했다. 이에 따라서 민주당은 펠로시 하원의장의 지시로 2019년 제116대 하원에 기후위기 특별위원회(The Select Committee on Climate Crisis)를 창설하기에 이르렀다.[5] 선라이즈 운동은 이후 지속적으로 그린뉴딜의 입

---

4 "Sunrise's Principles." https://www.sunrisemovement.org/principles/?ms=Sunrise%27sPrinciples (검색일: 2021.4.25).

5 기후위기 특별위원회는 플로리다주 출신 연방 하원의원인 캐시 캐스터(Kathy Castor)를 위원장으로 하여 2019년 제116대 하원에 설치된 이후, 제117대 하원에서도 2021년 1월

법화를 위해 노력하는 한편, 다음에 설명될 그린뉴딜 결의안의 의회 통과를 위해서도 활발하게 활동했다. 2020년 대선 기간에는 민주당 진보파와 호흡을 맞추어 바이든 민주당 후보가 적극적이고 광범위한 기후변화 대처 및 이를 위한 청정인프라 구상을 마련하도록 압박했다.

2) 그린뉴딜 결의안의 추진과 내용

그린뉴딜 결의안[6]은 2019년 2월 7일 제116대 하원(2019~2020) 제1차 회기에 초선 의원인 오케이시오-코르테스와 매사추세츠주 상원의원인 에드워드 마키(Edward Markey)와 함께 상하 양원에 동시에 제출한 결의안이다. 하원의 경우 이 결의안은 67명의 민주당 하원의원 공동발의자[7]와 함께 제출되었고(H. RES. 109), 상원의 경우 11명의 공동발의자[8]와 함께 제출되었다(S. Res. 59).[9] 그린뉴딜 결의안은 진보적 시민 단체 및 환경단체, 민주당 성향의 지식인과 싱크탱크 그리고 진보적 성향의 민주당 의원들이 강하게 주창하던 다양한 형태의 그린뉴딜 어젠다가 정치권에서 본격적으로 논의

4일 통과된 하원 결의안 8을 통해서 계속 운영되고 있다. 이 특별위원회는 기후위기의 해결을 위한 정책, 전략, 혁신안에 대한 제안을 조사, 연구하는 역할을 수행하고 있다. "The House Committee on Climate Crisis: About the Committee." https://climatecrisis. house.gov/about (검색일: 2021.4.30).

6 그린뉴딜 결의안의 정식 명칭은 '연방정부가 그린뉴딜을 창조할 의무가 있음을 인정하는 하원 결의안 109'(H. RES. 109 Recognizing the duty of the Federal Government to create a Green New Deal)이다.

7 이후 공동발의자는 101명으로 확대되었다.

8 이후 공동 발의자는 3명이 더 늘어나 14명으로 확대되었다.

9 https://ocasio-cortez.house.gov/sites/ocasio-cortez.house.gov/files/Resolution% 20on% 20a%20Green%20New%20Deal.pdf, https://www.congress.gov/116/bills/hr es109/BILLS-116hres109ih.pdf, https://www.markey.senate.gov/news/press-releases/senat or-markey-and-rep-ocasio-cortez-introduce-green-new-deal-resolution, https://www.mark ey.senate.gov/imo/media/doc/Green%20New%20Deal%20Resolution%20SIGNED.pdf (검색일: 2021.5.2).

되는 계기를 만들었다는 점에서 매우 중요하다. 다른 한편으로 그린뉴딜 결의안은 제116대 하원 개원 이후 펠로시 하원의장을 비롯한 민주당 주류 온건파와 비주류 진보파 간에 일종의 긴장을 조성한 결의안이기도 하며 (Stolberg and Cochrane, 2018), 2020년 대통령 선거운동 기간에 접어들면서 민주당 경선 선두 주자로 부상한 바이든 후보가 자신의 기후변화 대책 및 청정인프라 구상에서 상당수 그 내용을 차용한 정책 제안을 담고 있기도 했다.

그린뉴딜 결의안은 그 이름이 시사하듯이 1930년대 대공황 당시 프랭클린 루스벨트(Franklin Roosevelt) 대통령이 연방정부 주도의 적자 재정 편성을 통해서 대규모 공공근로사업의 시행으로 실업 문제를 완화하고, 노동자 보호를 위한 노조의 권한을 강화하며, 사회보험 및 사회부조 등 사회보장제도의 도입을 통해서 사회안전망을 구축한 뉴딜 정책과 맥락을 같이하고 있다. 과거 뉴딜이 추구한 정신을 계승하면서 연방정부의 적극적인 확대 재정 정책을 펼쳐서 기후변화 대처를 위한 넷제로 목표를 설정하고 달성하며, 청정인프라의 구축을 통해서 일자리를 창출하고, 또한 사회적 약자를 위해 우선적으로 배려해 줄 것을 촉구했다.

이러한 취지에서 오케이시오-코르테스 의원에 의해서 하원으로 소개된 그린뉴딜 결의안은 그 후 에너지 및 통상위원회, 과학·우주·기술위원회, 천연자원위원회, 외교위원회 등 11개 위원회와 그 위원회 산하 10개 위원회에 회부되어 논의되었으나, 2월 21일 에너지 및 통상위원회 소속 환경 및 기후변화 소위원회에 회부된 이후 더는 진척이 없어서 결국 표결에는 이르지 못했다.[10] 상원에 제출된 결의안 역시 환경 및 공공근로위원회에 회부된 이후 더 이상 진전되지 못했다.[11] 그러나 이미 말했듯이 이 결의안

---

10 https://www.congress.gov/bill/116th-congress/house-resolution/109/committees (검색일: 2021.4.30).

11 https://www.congress.gov/bill/116th-congress/senate-resolution/59?q=%7B%22

의 주요 내용은 이후 바이든 행정부가 추진하게 되는, 일종의 바이든판 그린뉴딜인 미국 일자리 계획에 다수 포함되어 있어서, 그 내용을 검토하는 것은 그린뉴딜의 정책화 과정을 살펴보는 데 있어서 의미가 있다.

그린뉴딜 결의안은 이 결의안이 필요한 배경과 이유를 설명한 전문과 실제적인 정책 내용 – 주로 그린뉴딜의 다양한 목표들 – 을 나열한 조문 등 크게 두 부분으로 구성된다. 그린뉴딜 결의안의 전문은 7개의 주요 내용으로 구성되어 있는데, 동 결의안이 목표로 하는 주요 내용은 크게 4개 영역으로 구성되어 있다. 4개 영역 중 제1영역이 '그린뉴딜의 목표'를 담고 있고, 제2영역은 그린뉴딜의 목표를 향후 10년에 걸쳐 과거 뉴딜과 같은 수준의 국가 동원('그린뉴딜 동원')을 통해서 14개 항목의 목적과 프로젝트로 구분해서 설명하고 있다. 주요 4개 영역을 간단히 도표로 정리해 설명하자면 〈표 15-1〉과 같다.

〈표 15-1〉에 제시된 바 그린뉴딜 결의안에 나타난 내용은 다음과 같이 정리될 수 있다. 첫째, 그린뉴딜은 청정사회로의 이전을 통한 온실가스 넷제로 달성, 이 과정에서 청정일자리를 포함한 양질의 일자리창출, 미국의 인프라와 산업에 대한 투자로 21세기의 도전에 대해 지속가능한 방식으로 대처하는 것, 청정자원, 지역사회 탄력성, 지속가능한 환경의 확보, 취약 지역에 대한 투자를 통한 정의와 형평의 추구 등을 그 주요 목표로 하고 있다.

---

search %22%3A%5B%22green+new+deal%22%5D%7D&s=1&r=2 (검색일: 2021.4.30).
실제로 상원 결의안은 2019년 3월 27일 미치 매코널(Mitch McConnell) 공화당 원내대표의 표결(57 대 0) 실시로 더 이상 논의가 진행되지 못했다. 4명의 민주당 상원의원이 공화당과 협력해 부결시킨 이 표결에서 민주당 상원의원 등 43명은 가부 표시를 하지 않은 채 사실상의 기권에 해당하는 '출석 투표(voting present)'를 함으로써 그린뉴딜에 대한 2020년 민주당 대통령 후보의 입장 표명으로 인해 민주당이 곤란에 처하고 분열되는 것을 방지하고자 했다. https://www.washingtonpost.com/powerpost/green-new-deal-on-track-to-senate-defeat-as-democrats-call-vote-a-sham/2019/03/26/834f3e5e-4fdd-11e9-a3f7-78b7525a8d5f_story.html (검색일: 2021.4.30).

표 15-1 그린뉴딜 결의안의 주요 내용

영역	주요 내용		세부 내용
(1)	그린뉴딜의 창조가 연방정부의 의무임	그린뉴딜의 목적	모든 지역사회와 노동자에 대해서 공정하고 정의로운 (청정) 이전을 통해서 온실가스배출 넷제로를 달성함
			양질, 고임금의 일자리를 창출해 모든 미국인에게 번영과 경제적 안정을 보장함
			미국의 인프라와 산업에 투자해 지속가능한 방식으로 21세기의 도전에 대처함
			미래의 모든 미국인에 대해 청정한 공기와 물, 기후 및 지역사회 회복력, 건강한 식품, 자연에 대한 접근, 지속가능한 환경을 확보함
			토착 거주민, 유색인 지역사회, 이주민 지역사회, 산업 퇴출 지역사회, 인구 이탈 농촌 지역사회, 빈곤층, 저소득 노동자, 여성, 노인, 무주택자, 장애인, 청년(총체적으로 '주변부 취약 지역사회')에 대한 현재의 억압을 중단하고 미래의 억압을 방지하며 역사적 억압을 개선함으로써 정의와 형평을 촉진함
(2)	(1)에 제시된 그린뉴딜의 전반적 목적은 우측의 목적과 프로젝트를 요구하는 향후 10년간의 국가동원을 통해서 달성되어야 함		지역사회에 따라 정의된 프로젝트와 전략에 따라 재원을 배분하고 투자하는 것을 포함하는 기후변화 관련 재해에 대한 회복력 확보
			오염과 온실가스배출을 줄이고, 청정물에 대한 보편적 접근권을 보장해, 기후 충격에 대한 위험을 줄이고 의회의 모든 인프라 관련 법인이 기후변화를 고려하도록 함으로써 미국의 인프라를 개선하고 업그레이드함
			재생가능한 전력원 확대와 업그레이드 그리고 새로운 능력의 배치를 통해서 청정, 재생가능, 배출 제로의 에너지원을 통해 미국 전력수요의 100%에 부응함
			에너지 효율이 높은 분산형 스마트 전력 그리드를 건설하거나 업그레이드함
			최대 에너지 효율, 물효율, 안전, 적정성, 편안함, 내구성을 확보하기 위해서 미국 내 모든 기존 건물을 업그레이드하고 새로운 건물을 건설함
			미국 내 청정제조업의 대규모 성장을 촉진하고 기술적으로 가능한 한도 내에서 제조업 및 산업으로부터의 오염과 온실가스배출을 제거함
			가족 농업을 지원하고 지속가능한 농업 및 토양의 건강성을 증대하는 토지사용 관행에 투자하며 건강한 식품에 대한 보편적 접근성을 보장하는 지속가능한 식품 체계를 수립함으로써, 미국의 농민 및 목축업자와 협력해 기술적으로 가능한 한도 내에서 농법 부문에서 오염 및 온실가스배출을 제거함
			기술적으로 가능한 한 운송부문에서 나오는 오염과 온실가스배출을 제거하기 위해 제로 배출 차량 인프라 및 제조, 청정, 적정, 접근성 보장 공공교통 그리고 고속철도에 대한 투자 등을 통해 미국의 운송 체계를 개혁함
			지역사회에 따라 정의된 프로젝트와 전략을 통해서 오염과 기후변화의 장기적인 건강, 경제, 기타 부정적 효과를 완화하고 관리함
			토지 보전과 조림 등 토양 탄소저장을 증가하는 입증된 저기술 해법을 통해서 자연 생태계를 회복해 대기의 온실가스를 제거하고 오염을 감소함

영역	주요 내용	세부 내용
		생물 다양성을 높이며 기후 회복성을 지원하는 지역적으로 적절하며 과학에 기반한 프로젝트를 통해서 위협 및 위기에 처해있고 손상되기 쉬운 생태계를 회복하고 보호함
		기존의 위험한 폐기 및 유기지역을 정화해 이들 지역에서 경제발전과 지속가능성을 보장함
		기타 배출 및 오염원을 확인해 이를 제거하기 위한 해법을 창조함
		국제적 기술, 전문성 등의 교환을 통해서 미국이 기후행동에 있어서 국제적 리더가 되게 하며 다른 나라들이 그린뉴딜을 성취할 수 있도록 원조함
(3)	그린뉴딜은 주변부 및 취약한 지역공동체, 노조, 노동자 협동조합, 시민사회 단체, 학계, 기업 등과의 투명하고 포괄적인 협의, 협력, 파트너십을 통해서 개발되어야 함	
(4)	그린뉴딜의 전반적 목적과 동원을 달성하기 위해서는 우측의 목적과 프로젝트가 요구됨	대중이 적절한 소유지분과 투자에 대한 소득을 얻도록 그린뉴딜 동원을 위해 일하는 지역사회, 조직, 연방.주.지방정부기구, 기업 등에 적당한 자본, 기술적 전문성, 지원정책, 기타 다른 형태의 지원을 제공
		연방정부는 기존 법률이나 새로운 정책과 프로그램을 통해서 그리고 최일선 및 취약한 지역사회가 불리하게 영향을 받지 않도록 온실가스배출의 완전한 환경적, 사회적 비용과 충격을 고려해야 함
		미국의 모든 국민에게 최일선 및 취약한 지역사회에 초점을 맞추어 자원, 훈련, 고급 교육을 제공해 미국인 모두가 그린뉴딜 동원에 완전하고 평등한 참가자가 되도록 함
		새로운 청정 및 재생에너지 기술 및 산업에 대한 연구 및 개발에 공적투자함
		경제발전을 촉진하고 지역경제의 산업과 기업을 심화하고 다양화하며 부와 소유를 건설하기 위해서 투자함; 한편 온실가스 집중형 산업에서 이행하려고 노력하는 최일선 및 취약한 지역사회, 산업 쇠퇴 지역사회에의 고급 일자리창출, 경제, 사회 및 환경 혜택을 우선시함
		지역차원에서 그린뉴딜 동원을 계획하고 실행하며 관리하는 데 있어서 최일선 및 취약한 지역사회와 노동자들을 포함하고 이들이 이끌어가는 민주적, 참여적 절차를 사용하도록 함.
		그린뉴딜 동원이 고급의 노조 직업을 창조하도록 함
		가족을 유지할 수 있는 임금, 적절한 가족 및 의료적 휴직, 유급 휴가, 퇴직 안전

영역	주요 내용	세부 내용
		을 모든 미국인들에게 제공할 수 있는 일자리 보장
		모든 노동자들이 강제, 협박 없이 자유롭게 조직하고 노조를 만들며 집단 협상할 수 있는 권리를 강화하고 보호함
		모든 고용주, 산업, 분야에 걸쳐서 노동 및 작업장의 보건과 안전, 차별 금지, 임금 및 시간 기준을 강화하고 강제함
		일자리와 오염의 해외 이전을 중지시키고, 미국 내의 제조업을 성장시키기 위해서 강력한 노동 및 환경보호 조치를 포함한 교역 규칙, 조달 기준, 국경조정 조치를 수립하고 강제함
		공적 토지, 광천수, 대양이 보호되며 저명한 지역이 오용되지 않도록 함
		토착 주민과 그들의 전통적인 영지에 영향을 미치는 모든 결정에 대해서 토착 주민들의 자유롭고, 사전적이며, 충분한 정부하의 동의를 획득함
		모든 기업인이 불공정 경쟁과 국내 혹은 국제적 독점의 지배에서 자유로운 영업 환경을 확보함
		모든 미국인에 대해서 고급의 의료보장, 적정하고 안전한 주거, 경제적 안정, 청정한 물, 건강하고 적정한 식품 그리고 자연에의 접근을 제공함

둘째, 그린뉴딜은 그 목적 달성을 위해서 향후 10년간 여러 가지 프로젝트의 수행에 있어서 국가적 동원이 있어야 한다고 강조한다. 이러한 프로젝트에는 그린뉴딜의 추진을 위해서 필요한 구체적 내용이 포함되어 있는데, 여기에는 기후변화 재해에 대한 회복력의 확보, 기후변화의 위험을 줄이기 위한 청정인프라의 구축, 100% 청정에너지 전력 달성, 스마트 전력 그리드의 건설과 업그레이드, 에너지 효율 등의 증대를 위한 건물 업그레이드, 청정제조업 촉진 및 제조업의 청정화, 지속가능한 농업의 추진 및 농업의 청정화, 온실가스 감축을 위한 차량 인프라 및 청정운송체계 수립, 지역사회 프로젝트를 통한 기후변화의 부정적 효과 감소, 토지에서의 온실가스 감소 추진, 생태계 보존, 폐기 및 방기지역의 재생, 배출원 및 오염원의 제거, 미국의 기후변화 리더십 확보 등이 포함되어 있다.

셋째, 그린뉴딜은 다양한 행위 주체 간의 협력과 파트너십을 강조하는 한편, 그린뉴딜 프로젝트를 위한 국가적 동원을 위해서는 추가적 프로젝트가 있어야 한다고 강조하고 있다. 이 추가적 프로젝트는 행정적·기술적 지원책, 다양한 행위 주체의 동등한 참여, 취약 사회의 우선권, 미국인의 기본권리, 노동자의 권익 향상 등에 관한 내용이 포함되어 있다. 이러한 국가동원에 대한 지원 프로젝트는 노동자의 권익 향상과 관련된 부분이 큰 비중을 차지하고 있으며 사실상 넷제로 달성이나 이를 위한 청정사회로의 이양과 직접적인 관련이 없는 부분도 많다. 구체적으로 이러한 보조적 성격의 프로젝트에는 그린뉴딜 관련 지역사회 혹은 각급 정부에 대한 지원책, 온실가스배출의 영향력 검토를 통한 취약 사회 보호 조치, 취약 사회가 불이익을 받지 않도록 하는 방식의 평등한 국가적 동원 조치, 청정에너지 기술 및 산업에 대한 연구 지원, 산업쇠퇴지역에서 일자리창출을 우선시하는 정책 고려, 그린뉴딜 동원에 있어서 민주적이고 참여적인 절차 활용, 그린뉴딜 동원 과정에서 노동자의 권익에 관한 문제, 미국 중심의 제조업 추진 및 미국의 국제경쟁력 보호를 위한 조치 강구, 미국 내 토지 등의 오염 방지, 토착 주민의 권리 보호와 동의 요구, 기업 간 공정경쟁을 위한 환경의 확보, 미국인에 대한 의료, 주거, 경제적 안전, 식품에 대한 접근권 보장 등이 포함되어 있다. 이러한 내용을 담고 있는 그린뉴딜의 대강의 취지는 2020년 대선 과정에서 바이든 후보와 민주당 진보파 간의 정책 조율을 거쳐 2021년 바이든 행정부의 미국 일자리 계획으로 등장하게 된다.[12]

12 민주당 경선에서 경쟁했던 바이든 후보와 샌더스 후보는 샌더스 후보의 경선 사퇴 이후 2020년 8월의 전당대회를 앞두고 주요 영역에서 정책 개발을 위한 합동협의회(task force)를 설치했는데, 이 가운데 기후변화 문제를 다루는 합동협의회에는 샌더스 진영에서 그린뉴딜을 주창한 오케이시오-코르테스 의원 등이 참여했고, 바이든 진영에서는 전국무부장관이었던 케리 등이 참여했다. 비록 바이든 진영이 '그린뉴딜'이라는 용어를 수용하지는 않았으나, 기후변화와 관련된 이들 간 정책 협의 내용은 대체로 샌더스 진영의 의견을 받아들이는 방식으로 이루어졌다고 평가된다. 이는 대체로 바이든 후보 스스로가 기후변화 문제를 매우 중요한 국가적 과제로 생각하고 있으며, 대선 승리를 위해서 민주당 진보파와 청년

3. 바이든 행정부 등장과 바이든판 그린뉴딜 플랜의 전개

1) 2020년 당시 기후변화에 대한 바이든 후보의 입장

진보적 시민운동에서 촉발되어 오케이시오-코르테스 민주당 하원의원의 주도적인 노력으로 정치권에서 논의되기 시작한 미국의 그린뉴딜은 연방정부의 권한을 과감하게 행사하고 그 재정적 능력을 최대한 발휘해 미국 경제를 청정화하려는 국가적 동원 노력이라고 볼 수 있다. 그린뉴딜이 추구하는 목표는 탄소배출 넷제로의 청정사회 구현인데, 이 과정에서 그린뉴딜의 주요 사업은 에너지, 교통, 운송, 주택 분야 등에서 청정인프라의 구축에 초점이 맞추어져 있다. 또한 사업의 추진을 통해 청정일자리를 포함한 양질의 일자리를 창출하고, 특히 기후변화에 취약한 낙후 지역을 우선적으로 배려해 이 지역에 투자함으로써 환경정의를 실행한다는 목표도 아울러 설정해 두고 있다.

이러한 그린뉴딜의 구상은 2020년 미국 대선 과정에서 바이든 후보의 기후변화 대책 및 청정인프라 구축 계획에도 영향을 미쳤다. 2020년 미국 대통령 선거전 당시 바이든 민주당 후보는 기후변화 대처 문제에 있어서 트럼프 대통령의 정책과 상반되는 철학과 논리를 전개하면서 자신의 기후변화 정책을 내세우기 시작했다. 바이든의 정책은 비록 '그린뉴딜'이라는 명칭으로 불리지는 않았지만, 민주당 진보파의 정책 제안을 상당히 흡수

층의 선거 참여가 필요하다고 보았기 때문이다. 양대 진영 간에 기후변화와 관련해 합의된 주요 내용은 2050년까지 탄소배출 넷제로, 2035년까지 전력 분야 탄소배출 넷제로, 취약 지구에 대한 우선적인 지원, 인종, 경제적 수준 등에서 기후변화의 충격에 취약한 계층에 대한 배려 등을 포함하고 있다(Friedman and Glueck, 2020.7.6; Emily, 2019.2.22). 그리고 양대 진영 간에 합의된 내용은 2020년 8월 민주당 전당대회 강령 가운데 "기후위기에 대처하며 환경정의를 추구함(Combating Climate Crisis and Pursuing Environmental Justice)"이라는 항목으로 포함되었다. https://democrats.org/where-we-stand/party-platform/ (검색일: 2021.5.2).

한 것으로서, 후일 그가 대통령에 당선된 이후 본격적으로 미국 일자리 계획 등을 통해서 보다 구체적으로 나타나게 된다.

익히 알려져 있다시피 바이든 후보는 과거 오바마 행정부에서 8년간 부통령직을 수행한 인물이었기 때문에 누구보다도 오바마 대통령의 전향적인 기후변화 정책에 공감한 인물이었다고 볼 수 있다. 따라서 바이든은 2020년 대통령 선거운동 기간부터 자신이 당선되면 오바마 행정부 당시 구축한 2015년 파리기후협약에 다시 복귀할 것을 진작부터 천명했다. 이러한 바이든의 입장은 기후변화의 인간행위 기원설을 부정하고 더 나아가 기후변화 자체의 과학적 근거마저 부정하면서 2016년 대통령 당선 직후 파리 기후협약에서 곧바로 탈퇴한 트럼프의 입장 및 정책과는 현저하게 차이를 보이는 것이었다.

한편 바이든은 민주당 내의 후보 경선 과정에서 치열하게 경쟁한 샌더스 의원이나 엘리자베스 워런(Elizabeth Warren) 의원 등 민주당 진보파의 기후변화와 관련된 주장을 상당 부분 흡수하고, 오케이시오-코르테스가 주장했던 그린뉴딜 결의안의 내용도 포함해 '청정에너지 혁명과 환경정의를 위한 바이든 계획'이나 '환경정의와 형평한 경제적 기회를 위한 바이든 계획' 등 자신의 기후변화 대책 및 청정인프라 및 일자리창출 프로그램을 제시했다. 바이든의 기후변화 대처 및 청정인프라 구축 관련 내용 가운데에는 구체적으로 청정에너지 프로젝트에 향후 4년 동안 2조 달러를 투입하고 2035년까지 발전시설의 탄소 순배출을 제로 상태로 만들며, 2050년까지 청정에너지 경제를 완성하고 온실가스 순배출 제로 상태에 도달한다는 등의 내용이 포함되어 있다. 이는 이미 앞에서 제시된 바, 진보적 시민운동이 주창한 그린뉴딜 구상은 물론 2019년에 제시된 오케이시오-코르테스의 그린뉴딜 결의안의 내용과 상당 부분 일치했다. 이와 함께 기후변화 충격에 대응하기 위해서 건물, 용수, 운송, 에너지 인프라를 구축하며, 오바마 행정부 당시처럼 국제사회에 대해서 온실가스 감축량 증가를 촉구할 것이라는 내용도 포함되어 있다. 전체적으로 볼 때 바이든의 기후변화 대처, 청정인프라 구축, 청정일자리창출 구상은 전반적으로 오바마 행정부의 정책을 계승하는 것인데, 여기에서 한 걸음 더 나아가 민주당 진보파의 정책 제안을 수용해 상당히 과감한 국가적 동원 프로젝트를 구체적으로 공약했던 것으로 보인다.

한편 바이든은 2021년 대통령 취임 이후 주로 다양한 행정명령과 미국 일자리 계획을 통해서 자신의 구상을 구현하려고 노력했다. 특히 미국 일자리 계획은 대략 2조 3000억 달러에 이르는 대규모의 인프라 투자 구상으로서 기왕에 논의되어 온 그린뉴딜의 주요 사업 내용에 대해서 구체적 예산을 부여하면서 항목별로 세분화한 것이다. 물론 미국 일자리 계획의 모든 내용이 진보적 시민운동의 그린뉴딜 구상이나 그린뉴딜 결의안의 내용과 전적으로 동일한 것은 아니지만, 그 내용의 기본 목표와 골격 그리고 제안된 정책의 다수는 그린뉴딜이 중점적으로 강조하고 있었던 탄소배출 넷제로 달성, 청정인프라 구축 및 청정일자리창출, 낙후 지역에 대한 우선적 배려와 투자 등을 담고 있다고 볼 수 있다.

2) 기후위기 행정명령

기후변화에 대처하기 위한 바이든 대통령의 신속한 조치 가운데 하나는 파리기후협약에 대한 즉각적인 복귀로 나타났다. 취임 당일인 1월 20일 성명을 통해서 바이든 대통령은 "미국을 대표해 파리협약과 그 조약 사항을 받아들인다"라고 발표하면서 기후변화 대처에 대한 다자적 대응에 미국이 주도적으로 참여할 것을 공포했다(The White House, 2021.1.20b). 대선 종료 이후 대통령 당선자 신분으로 2020년 11월과 12월에 오바마 행정부 당시 국무부장관이었던 케리와 연방 국가환경보호국(Enviromental Protection Agency,

EPA) 국장이었던 지나 맥카시(Gina McCarthy)를 각각 미국 기후변화 특사와 백악관 국내기후정책실(Office of Domestic Climate Policy)을 이끌 국가기후보좌관(National Climate Advisor)으로 임명한 바이든 대통령은 취임과 동시에 파리기후협약에의 즉각적 복귀 의사를 밝힘으로써, 미국이 향후 기후위기에 적극적으로 대응할 것임을 국제적으로 천명했다.

이와 함께 바이든 대통령은 파리기후협약 복귀를 선언한 같은 날 광범위한 행정명령을 통해서 전임자인 트럼프 대통령이 오바마 행정부 당시 제정한 다양한 기후변화 대처 및 온실가스배출 감소 그리고 국민 보건 증진과 관련한 규제를 폐기한 것도 다시 검토하도록 지시했다. 이를 통해서 트럼프 행정부가 파기했던 오바마 행정부 당시의 각종 규제 및 제한 조치를 다시 복구할 수 있는 길을 열기도 했다. 이와 함께 바이든 대통령은 동일한 행정명령을 통해서, 2019년 3월 트럼프 대통령이 캐나다에서 미국으로 석유를 수송하는 키스톤 XL 파이프라인 건설을 허가한 것을 파기해, 민주당 진보파 및 환경단체의 요구에 부응하는 모습도 보여주었다(The White House, 2021.1.20a).

한편 바이든 행정부가 탄소배출 넷제로를 지향하는 기후위기 대처, 청정인프라 구축 및 이를 통한 청정일자리창출, 낙후 지역에 대한 우선적 투자라는 기후정의의 실현 등을 골자로 구체적인 조치를 본격적으로 취한 것은 취임 후 일주일이 되는 1월 27일 행정명령을 통해서였다. 바이든 행정부는 이 행정명령을 '국내외 기후위기 대처 행정명령(Tackling the Climate Crisis at Home and Abroad Executive Order, 이하 '기후위기 행정명령')'으로 명명하고, 기후위기를 미국 외교 및 안보정책의 중심 요소로 삼아 이 문제에 범정부적으로 대처하고, 연방정부의 조달 사업을 통해 청정 산업을 촉진하는 한편, 청정인프라 구축 및 청정일자리창출, 기후정의의 실현 등을 위한 항목을 제시했다. 이러한 내용은 진보적 시민 단체와 민주당 진보파가 주창한 그린뉴딜의 이념 및 목표와 그 맥락이 연결되며 이후 미국 일자리 계획에서도 그 취지가 지속되었다. 기후위기 행정명령의 주요 내용을 짚어보자면 다음과 같다.[13]

첫째, 기후위기 행정명령은 기후변화가 수반하는 위기를 미국 외교 및 안보 정책의 중심적 고려 요소로 다루어야 한다고 보고 있다. 이러한 취지에서 우선 기후위기 행정명령은 파리기후협약의 목표에 따라 미국이 그 감축목표의 달성을 위해서 미국이 국제적 리더십을 발휘할 것을 천명하면서, 4월 22일 지구의 날 기후정상회담을 개최한다는 것, 주요경제국 포럼을 다시 소집한다는 것, 기후특사를 신설한다는 것, 국제회의석상에서 기후변화 대책의 야심 찬 제고와 기후적 고려를 강조한다는 것을 재확인했다.

둘째, 기후위기 행정명령은 기후위기에 대한 범정부적 대처를 강조하고 있다. 다시 말해서 기후변화의 충격과 그에 대한 대책은 결코 환경부, 에너지부, 연방환경보호국 등 특정 부서의 개별적 노력으로만 마련될 수 없음을 강조하고 있다. 이와 관련해 기후위기 행정명령은 공식적으로 기후 보좌관과 기후 부보좌관이 이끄는 백악관 국내 기후 정책실을 창설해 대통령의 국내 기후 어젠다를 조정하고 이행한다고 규정했고, 또한 국가 기후 태스크포스를 창설해 기후위기 대처를 위한 범정부적 접근을 가능하게 할 21개 부처의 지도자들을 소집한다고 기술했다.

셋째, 기후위기 행정명령은 연방정부 스스로 온실가스 감소와 청정제품 구매의 모범을 보이기 위해서 연방정부 운영에서 이산화탄소배출량을 줄

---

13 1월 27일 기후위기 행정명령의 내용은 백악관 홈페이지에 제시되어 있는 "FACT SHEET: President Biden Takes Executive Actions to Tackle the Climate Crisis at Home and Abroad, Create Jobs, and Restore Scientific Integrity Across Federal Government"를 참조했다. 기후위기 행정명령의 총체적 내용은 "Executive Order on Tackling the Climate Crisis at Home and Abroad"를 참조하기 바란다(The White House, 2021.1.27b; 2021. 1.27c).

이고 연방정부의 조달사업을 통해 청정 산업을 지원할 것을 강조하고 있다. 우선 청정에너지 일자리창출 정책의 하나로 바이든 행정부는 탄소오염 제로의 전기, 탄소배출 제로의 차량을 구매하고 청정에너지 산업을 촉진할 것이라고 명기했다. 아울러 연방정부 소속 기구에 대해 각 기구의 시설 및 활동이 기후변화의 충격에 대한 탄력성을 증가시키는 계획을 개발하고 관련 기구는 기후 예측 능력을 증진하는 방식에 대해서 보고하도록 명령하고 있다. 그 결과 이러한 연방정부 기구의 선도적 노력을 통해 미국 시민들이 기후와 관련된 정보에 쉽게 접근할 수 있도록 하고, 정부, 지역사회, 기업 등이 기후변화 충격에 준비, 적응하는 것을 지원하도록 규정하고 있다. 또한 기후위기 행정명령은 내무부에 대해 공적 토지 및 연안 수역에서 신규 석유 및 천연가스 개발에 대한 임대를 가능한 한 중지하고 화석연료 개발과 관련된 기존 임대 및 허가 관행을 모두 철저히 검토하게 하는 한편, 해안 지역의 풍력에서 2030년까지 재생에너지를 두배로 생산할 조치를 마련하도록 요청하고 있다. 또한 연방정부 소속 기구로 하여금 적용 가능한 법률과 일치하는 방식으로 화석연료 보조금을 없애게 하고, 청정에너지 기술과 인프라의 혁신, 상업화 그리고 그 배치에 박차를 가할 새로운 기회를 확인하도록 하고 있다.

넷째, 기후위기 행정명령은 지속가능한 경제를 위한 인프라 재건을 언명하고 있다. 바이든 행정부는 기본적으로 청정인프라에 대한 투자를 중심으로 기후변화 대책을 모색하고 있는데, 이를 위해서 모든 연방정부의 인프라 투자가 기후 오염을 줄이고 청정에너지의 발전 및 송전 프로젝트의 가속화 조치를 촉진하면서, 이를 통해 청정에너지 및 건설, 제조, 공학, 숙련 직능 분야에서 일자리창출을 위해 노력하도록 촉구하고 있다.

다섯째, 기후위기 행정명령은 과거 화석연료를 생산하면서 성장했으나 이제는 이러한 산업의 사양화로 인해서 쇠퇴기에 처한 폐광지역 등의 낙후지역에 대한 지원책을 마련했다. 국가기후보좌관과 국가경제위원회 위원장이 공동의장이 되는 탄소 및 발전소 지역에 대한 정부기구 간 태스크포스를 창설하고, 연방기구로 하여금 석탄·석유·천연가스 발전 지역사회를 지원할 투자 등의 노력을 조정하도록 했다. 이렇게 창설된 정부기구 간 태스크포스는 과거 화석연료 생산지역 가운데 방기된 시설로부터 독성물질 및 온실가스가 배출되는 것을 줄이고 지역사회에 해악을 끼치며 공중보건과 안전에 위험을 초래하는 환경피해를 막기 위한 프로젝트를 전개하는 역할을 맡게 된다. 또한 과거의 폐광과 폐유정으로부터의 메탄가스 배출, 석유와 소금물 누출 등을 줄이고 기타 환경파괴 오염물을 줄이는 프로젝트를 진행하게 된다.

마지막으로, 기후위기 행정명령은 환경정의와 경제적 기회의 창출을 위해서 낙후지역에 대한 우선 투자를 천명하고 있다. 즉 환경오염과 기후변화로 극심한 피해를 입은 지역을 우선 지원함으로써 지역 재생사업을 실시하고, 이들 지역 주민들에게 새로운 경제적 기회와 재활의 가능성을 열어주는 계획을 제시하고 있다. 이를 위해서 백악관 환경정의 정부 간 협의회와 백악관 환경정의 자문위원회를 구성해 환경정의를 우선시하고, 환경보호국, 법무부, 보건복지부 등의 부서에 걸쳐 환경정의 실현을 감시하고 강제하며, 환경 불의를 대처하는 범정부적인 접근 방법을 확보한다는 내용도 포함되어 있다. 또한 연방정부의 인프라 투자 혜택 중 40%를 낙후된 지역사회에 할당하기 위해 범정부적 차원의 저스티스 40 구상을 만들고, 환경정의 스코어보드의 설치를 통해서 그 목적에 대한 성취도를 추적한다는 생각도 포함되어 있다.

전체적으로 볼 때 기후위기 행정명령은 3월 발표되는 미국 일자리 계획을 염두에 두고 이를 행정적인 차원에서 지원하기 위한 연방 차원의 각종 프로그램 구상을 밝히고 범정부적인 수준에서 기후위기를 대처하기 위한 기구의 설립 구상을 제시하는 한편, 미국 일자리 계획에서 실현될 내용의 주요 골격을 미리 제시한 것이라고 할 수 있다. 이는 기후위기 행정명령을 발표한 이후 바이든 대통령의 언급에서도 잘 나타나 있다.

"…… 기후변화에 초점을 맞추고 뭔가를 하는 것에 더 커다란 추동력이 필요하다는 것에 대한 미국인들의 태도는 민주당과 공화당 지지자 그리고 무당파 유권자에 걸쳐 전체적으로 증가했다. 이것이 내가 오늘 우리 행정부에 대해 기후변화라는 실존적 위협에 대처하기 위한 야심 찬 계획을 추진하도록 엄청난 힘을 실어주는 이유이다. …… 기후위기가 존재하기 때문에 이에 대한 통일된 국가적 대응이 절실하게 필요하다. …… 더 나은 재건복구계획(Build Back Better Recovery Plan)의 핵심 근간은 수백만 개의 양질의 노조 일자리를 창출할 현대적이고 탄력성 있는 기후인프라와 청정에너지 미래를 건설하는 것이다. …… 우리는 2035년까지 100% 탈탄소배출 전력 부문을 달성하는 목적을 향한 조치를 취하고 있다. …… 우리는 첫째, 적정한 주택을 마련하지 못하는 위기를 완화함으로써, 둘째, 에너지 효율을 높임으로써, 셋째, 주택 소유와 관련된 인종적 부의 차이를 줄임으로써 이들 세 영역에서 지역사회에 혜택을 줄 수 있는 새로운 에너지 효율적 가정 및 공공주택 단위를 150만 호 건설할 것이다. …… 이 행정명령은 …… 기후변화가 국가 안보와 외교 정책의 중심에 있다는 것을 또한 공식화할 것이다. …… 환경정의는 우리가 이른바 '주변부 취약 지역사회(fenceline communities)'라고 불리는 유색인종 지역사회에 대한 불비례적인 보건, 환경 그리고 경제적 충격을 다루는 문제에 있어서 그 중심에 있게 될 것이다. …… 요약하자면 이 행정명령은 일자리, 양질의 일자리에 관한 것이다. 이 행정명령은 노동자들이 과거보다 우리 경제를 더 낫게 재건하는 것에 관한 것이다. 이 행정명령은 기후변화를 국내 정책, 국가 안보 정책 그리고 외교 정책의 중심에 두는 범정부적 접근이다. 이 행정명령은 …… 환경정의에 관한 것이다"(The White House, 2021.1.27a).

위의 인용문에서도 알 수 있듯이 바이든 대통령은 '기후변화'를 실존적 위협인 '기후위기'로 인식하면서 국내 정책, 외교 정책, 안보 정책의 중점 사안 가운데 하나로 다루고 있다. 이를 위해서 연방정부의 각종 기구를 동원하고 재편하는 등의 조치를 취해 범정부적인 차원에서 대처할 것을 천명하고 있다. 이와 함께 바이든 대통령은 기후위기 대처 문제를 청정경제로의 이전 과정에서 청정에너지를 개발하고 이를 위해서 양질의 일자리를 창출하는 한편, 취약 지역사회에 대한 우선적인 고려 등 환경정의의 문제를 동시에 고려하고 있다. 이런 차원에서 기후위기 행정명령은 민주당 진보파가 주장해 온 그린뉴딜의 정신을 구현하는 것이라고 볼 수 있다.

3) 미국 일자리 계획

진보를 위한 데이터와 선라이즈 운동 등 진보적 시민사회의 그린뉴딜 구상과 압박에서 시작되어 오케이시오-코르테스의 그린뉴딜 결의안을 통해서 정치권에 소개된 이후, 2020년 전당대회 이후 선거운동 기간 동안 민주당 후보인 바이든의 공약에 녹아들어가 있던 기후변화 대처 및 청정인프라 구축을 위한 바이든의 계획은 기후위기 행정명령 발표 이후 마침내 2020년 3월 31일 '미국 일자리 계획'이라는 이름으로 구체적인 모습을 드러냈다. 전체적으로 미국의 낙후된 인프라를 개조하고 이를 통해서 미국의 경제적 체질을 개선하며 양질의 일자리창출을 목표로 설정한 미국 일자리 계획은 '그린뉴딜의 핵심적 취지' ─ 과감한 대규모 확대 재정 편성과 연방정부 이하 각급 정부 및 기업·노동자·시민 단체와의 파트너십 구축 등을 포함한 연방정부의 국가적 동원 노력에 의거해 대규모 청정인프라 프로젝트를 통해 미국 사회의 청정 이전을 신속하게 추진하고, 이를 통해 탄소배출 넷제로 목표를 일정 기간 안에 달성하며, 이 과정에서 청정일자리를 포함한 양질의 일자리를 창출하는 동시에 기후위기 취약 지역을 우선적으로 돌보겠다는 취지 ─ 를 그대로 구현한 것이었다. 미국 일자리 계획에 따라 각 항목별로 제안된 예산을 보면, 전체적으로 기후변화와 청정인프라에 직간접적으로 관련된 예산이 전체 예산의 거의 절반을 담고 있는 것으로 평가된다(Jaeger et al., 2021). 따라서 미국 일자리 계획은 연방정부 예산의 대규모 지출을 통해서 그린뉴딜이 목표로 하는 넷제로 달성, 청정인프라 구축과 이를 통한 청정일자리의 창출, 기후변화 정의 등의 문제를 상당 부분 실현하는 것을 목표로 하고 있다. 이러한 목표에 따라서 바이든 행정부는 다음과 같이 미국 일자리 계획의 취지와 목표를 제시하고 있다.

"미국 일자리 계획은 양질의 일자리를 창출하고 우리나라의 인프라를 재건하며, 미국이 중국과의 경쟁력에서 이길 수 있게 해주는 미국에 대한 투자이다. …… 미국은 세계에서 가장 부유한 국가이지만 인프라와 관련된 우리의 전반적인 질로 따지자면 아직 13위에 불과하다. 수십 년 동안의 투자 부족으로 우리의 도로, 교량, 물 체계는 붕괴되고 있다. 우리의 전력 그리드는 재앙적 정전에 취약하다. 너무 많은 사람이 적정한 고속 인터넷과 양질의 주택에 접근하지 못하고 있다. …… 우리의 인프라와 경쟁력 강화 그리고 양질의 미래 노조 일자리를 창출하는 데 투자하는 것보다 더 중요한 것은 없다. …… 대통령의 계획은 우리 시대의 가장 커다란 도전인 기후위기와 독재적 중국의 야심에 대처하기 위해서 국가를 통합하고 동원할 것이다. 이 계획은 미국인에 투자해 그들이 응당 받아야만 하는 일자리와 기회를 제공할 것이다. 그러나 과거의 주요 투자들과 달리 이 계획은 장기적이고 지속적인 인종적 불의를 대처하는 데 우선순위를 둘 것이다. 이 계획은 기후 및 청정인프라 투자의 40%의 혜택을 불이익 지역에 돌아가도록 할 것이다. 그리고 이 계획은 농촌지역 및 청정에너지로 시장에 기반해 이행하는 과정에 의해 영향을 받는 지역에 투자할 것이다"(The White House, 2021.3.31).

앞에서 알 수 있듯이 미국 일자리 계획은 기후위기에 대처하기 위한 청정인프라를 창출하고 양질의 일자리를 만들어 내외적으로는 중국의 도전에 효과적으로 응수하며, 대내적으로는 무너진 중산층을 일으키고 낙후지역에 대해서 더 나은 기회를 제공하는 것이 목적이다. 대규모 국가동원 프로젝트인 미국 일자리 계획은 미국 의회 내에서 여야 간에 그 규모를 놓고 공방이 진행되고 있는데, 대통령 소속정당인 민주당은 바이든 대통령의 의지를 반영해 2조 3000억 달러 규모의 계획을 예산 조정 절차(budget reconciliation procedure)를 통해서 공화당의 필리버스터를 우회해 통과시키는 방법도 생각하고 있다.[14] 다음에서는 미국 일자리 계획의 개요를 항목별로 살펴보고자 한다.[15]

진보적 시민운동의 그린뉴딜에서 바이든의 기후위기 행정명령에 이르

---

14 2021년 8월 10일 1조 2000억 달러 규모로 바이든 대통령의 미국 일자리 계획의 주요 항목을 담은 초당적 인프라 법안이 상원에서 통과된 후(69 대 30) 9월 12일 현재 하원에서 표결을 기다리고 있다. 그런데 백악관과 양원의 양당 핵심 의원 간의 협상 결과 원래 바이든 대통령의 미국 일자리 계획에 포함되어 있던, 넷제로 달성을 위한 핵심항목들이 예산삭감에 의해서 제거되거나 대폭 그 규모가 축소되었다. 예컨대 청정에너지 세제 혜택은 사라졌고 전기차에 대한 투자규모도 1570억 달러에서 150억 달러로 축소되었다. 주택, 학교, 건물 등에 대한 3870억 달러 규모의 투자도 사라졌다. 이와는 달리 폐기된 유정이나 광산의 청정화를 위한 예산은 160억 달러에서 210억 달러로 증가했고, 기후변화로 인한 재해로부터 회복력을 증대시키기 위한 예산은 470억 달러 규모로 유지되었다. 그래서 이 법안에서 빠진, 넷제로 추진을 위한 핵심 요소들은 2021년 9월 12일 현재 민주당 주도로 상원에서 논의 중인 3조 5000억 달러 규모의 예산조정법안에 포함되어 다시 논의를 기다리고 있다. 이러한 정책에는 전력공급자로 하여금 미국에서 소비되는 전력의 대부분을 청정에너지에서 생산하도록 인센티브를 도입한 청정전력 지급프로그램(Clean Energy Payment Program)과 청정에너지 세제혜택 등이다. 그러나 공화당의 필리버스터를 피하기 위한 예산조정법안의 통과를 위해서는 민주당 상원의원 50명 전원의 동의가 필요한데 조 맨친(Joe Manchin) 민주당 상원의원이 이러한 예산조정절차에 대해서 강하게 반대하고 있어 이러한 절차를 통해서 넷제로 달성을 위한 핵심정책이 입법화될 수 있을 지는 여전히 불확실한 실정이다.

15 이 절에서 소개되는 미국 일자리 계획의 내용은 대부분 "Does Biden's American Jobs Plan Stack Up on Climate and Jobs?"(Jaeger et al., 2021.4.1)에 요약된 내용을 중심으로 정리한 것이다. 미국 일자리 계획의 전체 내용은 "FACT SHEET: The American Jobs Plan"(The White House, 2021.3.31)에 상세히 제시되어 있다.

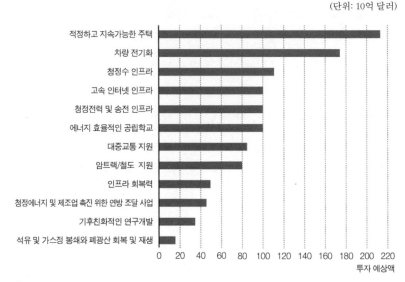

그림 15-1 바이든 행정부의 미국 일자리 계획에 제시된 기후 관련 주요 분야의 예산 배정액

(단위: 10억 달러)

자료: Jaeger et al(2021.4.1).

는 모든 구상 및 프로젝트의 항목에는 넷제로 및 청정인프라의 구축, 이를 통한 양질의 일자리창출과 낙후지역에 대한 우선적 지원 등이 예외 없이 모두 포함되어 있다. 바이든 대통령이 제시한 미국 일자리 계획이라는 바이든판 그린뉴딜 역시 그 이름이 시사하듯이 양질의 일자리창출을 주된 내용으로 하고 있다. 이러한 일자리는 노동 기준과 최소 임금 등을 준수해 노동자의 권익을 보호하며 작업장에서의 차별과 편견을 없앤다는 내용도 담고 있어서 오케이시오-코르테스 하원의원이 제시한 그린뉴딜의 내용을 수용하고 있다고 보인다. 이와 같이 노조에 가입할 수 있는 양질의 일자리를 보장하는 미국 일자리 계획 구상 가운데 청정산업 및 기후변화의 충격을 개선하기 위한 내용 혹은 프로젝트는 〈그림 15-1〉에 나타난 것처럼 그 예산이 배분되어 있다.

바이든 행정부는 적정하고 지속가능한 주택, 전기차, 청정수 인프라, 청정전력 및 송전 인프라, 인프라 회복력, 기후친화적 연구개발, 폐유정 및 폐가스정 처리 및 폐광지역의 재개발 등에 투자해 양질의 일자리를 만들어낼 계획이다. 〈그림 15-1〉에 나타나 있듯이 가장 많은 예산이 투자되는 분야인 적정하고 지속가능한 주택 문제에 있어서는 200만 호 이상의 양질의 주택 건설, 기타 기존 주택의 보존과 레트로핏을 위해서 2130억 달러를 지출한다는 계획을 세우고 있다. 이 계획은 그동안 적절한 조치를 취하지 못했던 취약 지역에 주택을 제공하는 것을 특히 강조하고 있다. 또한 주택 건설, 보존, 레트로핏 등에 있어서 강조되고 있는 사항은 주택의 에너지 효율성, 내후성, 탄력성 등이다. 미국 일자리 계획은 이러한 요소에 주력해 에너지소비를 감소하고 기후변화에 저항할 수 있는 건물을 짓거나 보존하고, 그 과정에서 양질의 일자리를 창출함과 동시에 저개발 지역에 주택을 공급하는 과제도 실현하는 것을 목표로 하고 있다.

　전기차량 확대 등 지속가능한 운송 분야의 경우 미국 일자리 계획은 국가 운송 체계의 전기화를 위해서 1740억 달러를 투자해 청정운송 체계를 구축하면서, 이와 함께 제조업과 건설업 분야에서 양질의 일자리를 창출한다는 계획을 제시하고 있다. 이와 관련해 전기차 제조와 판매의 활성화를 위해서 전기차 판매 리베이트와 세금 인센티브, 2030년까지 50만 개의 충전소 설립 및 전국적 충전 네트워크의 건설, 우편 업무 등 연방정부 소속 운송 수단의 전기화를 계획하고 있다. 또한 5만 개의 대중교통 차량(transit vehicle)의 전기차화, 스쿨버스 가운데 20% 이상을 전기차화하는 프로그램도 포함되어 있으며, 대중교통 수송 체계의 현대화 및 확대를 위해서 850억 달러, 철도 보수 및 현대화를 위해서 암트랙(Amtrack) 지원용 800억 달러의 예산도 배정했다.

　전기차와 함께 온실가스배출의 직접적 감소를 노리는 분야로는 청정에너지 인프라와 관련된 프로젝트가 있다. 여기에는 청정에너지의 지속적인 개발과 청정전력망의 현대화 그리고 청정에너지 송전 시설의 현대화 등이 포함되어 있다. 실제로 그린뉴딜이 2035년까지 전력 분야에서 넷제로 달성을 목표로 하고 있기 때문에, 청정에너지의 개발과 이를 위한 전력망의 현대화 및 송전 시설의 정비 등 청정인프라 구축 분야는 전기차의 생산 및 사용 확대와 함께 바이든의 기후변화 정책의 매우 중요한 부분을 차지하고 있다. 미국 일자리 계획은 이를 위해서 전력 인프라 분야에 1000억 달러를 지출하고, 관련 사업자에 대해서 다양한 세제 혜택을 마련해 주고 있다.

한편 바이든의 미국 일자리 계획은 청정 연구개발과 건물 및 시설의 탄력성 강화에 상당한 재원을 투자하고 있다. 우선 이 계획은 산업 및 제조업 분야에서 온실가스의 배출을 줄이기 위한 연구개발 투자에 5800억 달러를 지출하는 한편, 신흥기술 분야에 대한 연구·디자인·개발에 1800억 달러를 지출하고, 이 가운데 350억 달러는 기후 과학과 혁신에 투자하고 있다. 또한 이 분야에 집중하는 '고등연구프로젝트기구-기후변화'를 에너지부 내에 두어 기후 연구 및 고급 기술의 개발을 지원하고 있다. 한편 탄력성 측면에서 이 계획은 미국의 건물이나 발전 등 다양한 분야에서 기후변화에 대한 탄력성 강화를 위해서 500억 달러를 투자하고 있다. 이를 위해서 전력 그리드, 식품 시스템, 보건 시스템, 도시 인프라 및 운송 인프라에 걸쳐서 인프라 탄력성 개선에 500억 달러를 투자하고, 이 가운데 일부는 기후변화의 충격을 더 잘 견디기 위한 건물의 레트로핏(retrofit)에 투자하게 되어 있다.

마지막으로, 바이든의 미국 일자리 계획은 진보적 시민운동 및 시민 단체나 오케이시오-코르테스의 그린뉴딜 결의안이 강조했던 기후정의와 관련해 그동안 기후변화의 충격에 그대로 노출되어 있던 취약 지역에 대한 지원 및 (재)개발을 우선적으로 고려하고 있다. 이 계획은 특히 과거 화석연료 개발에 의존해 성장해 왔으나 지금은 낙후된 지역 혹은 이러한 과정에 거주 및 주변 환경이 열악해진 지역에 대한 투자 및 이를 위한 예산을 담고 있다. 이와 관련해 기존 석유 혹은 가스 개발 이후 화석연료 개발의 퇴조로 사실상 폐기된 지역의 유정과 가스정의 봉합, 기타 에너지 개발 이후 낙후된 지역에 대한 재생 및 복원 작업에도 상당한 재원이 마련되어 있다. 바이든의 미국 일자리 계획은 궁극적으로 낙후 지역 개발을 토대로 양질의 일자리를 마련하고 지역사회의 경제활동을 촉진해 지역 재생과 복원을 위한다는 목표를 설정하고 있다.

4. 나오며

앞에서 설명한 것처럼 미국의 그린뉴딜은 미국 경제는 물론 미국 사회 전체의 궁극적인 청정이전을 목표로 연방정부가 산하 연방기구, 주정부와 지방정부, 기업, 노동자와 농민, 연구 기관, 시민 단체 등과 파트너십을 구축하고 대규모 연방 재정지출을 통해서 추진하는 국가적 차원의 인프라 구축 프로젝트라고 할 수 있다. 미국의 그린뉴딜은 인간의 산업 활동에서 기인한 온실가스배출 문제와 이로 인한 기후변화를 인류를 위협하는 심각한 실존적 위기로 생각하고 이에 대처하기 위해 미국 경제·미국 사회를 청정경제·청정사회로 변화시키기 위한 거대 프로젝트로서, 과거 루스벨트 대통령 취임 이후 대공황 극복 과정에서 추진된 뉴딜과 비견될 수 있는 국가적 동원 프로젝트로 제시하고 있다. 이러한 청정경제화 및 청정사회화를 목표로 하는 그린뉴딜은 2010년대 중반 이후 지속적으로 요구되었으나, 미국 정치권에서의 논의가 지연되다가 2018년 중간선거와 2020년 대통령 선거를 거치면서 본격적으로 논의되기 시작했다. 전체 과정 중에 진보를 위한 데이터나 선라이즈 운동 등 진보적 시민사회가 일차적인 추동 세력이 되었다는 의미에서 미국의 그린뉴딜은 바텀업 방식으로 시작되었다는 특징이 있다.

한편 미국의 그린뉴딜이 기존 연방정부가 추진한 경기부양 혹은 구제적 성격의 사업과 차별화되는 것은, 이것이 전대미문의 예산을 투입한 청정 인프라 구축으로 대규모 일자리를 창출하는 국가적 프로젝트이자, 그동안 개발이 지연되거나 개발 이후 산업 동력을 잃고 사실상 폐기된 취약 지역에 대한 우선적 대처 및 혜택 제공을 목표로 하고 있다는 점이다. 그린뉴딜이 특히 주목하는 취약 지역은 폐광 지역 등의 산업 낙후 지역뿐만 아니라 소수인종 거주지역, 이민자 집중 거주지역 등도 포함하고 있다. 2007~2008년 이후 미국 경제가 극도로 침체되면서 역대 행정부를 거쳐 지속적인 경제 활성화 및 중산층 부활에 대한 요구가 개진되어 왔다. 그러던 차에 2020년에 코로나 팬데믹이라는 총체적 위기 상황이 전개되면서 미국 경제가 더욱 침체되고 실업자가 증대하자, 그린뉴딜의 취지에 공감하는 시민 단체와 진보적 정치인의 발언권이 강화되고 그린뉴딜에 대한 정치권의 요구가 더욱 강해졌다고 보인다. 또한 트럼프 행정부를 거치면서 흑인 및 이민자 등에 대한 인종차별을 포함해 각종 차별에 대한 시정 요구가 시위로 촉발되면서, 미국의 그린뉴딜 역시 취약 지역에 대한 배려를 우선적으로 고려한 것으로 보인다.

2021년 출범한 바이든 행정부가 제시한 미국 일자리 계획은 미국 그린뉴딜의 종합판이라고 볼 수 있다. 실제로 바이든 대통령이 자신의 기후위기 대처 계획을 그린뉴딜이라고 부르지는 않는다. 그러나 본문에서 이미 설명했듯이 미국의 그린뉴딜이 정치적으로 가시화되어 바이든 정부의 미국 일자리 계획에 이르기까지 정책 논쟁의 담론이 될 수 있었던 것은, 진보적 시민 단체 및 시민운동이 그린뉴딜의 필요성을 집중적·적극적으로 개진한 결과라고 할 수 있다. 특히 2018년 중간선거와 2020년 대선 과정에서 진보적 시민사회는 탄소배출 넷제로 달성, 청정경제로의 이전, 양질의 일자리창출, 기후정의의 실현을 정치권에 대해 줄기차게 압박해 왔다. 그리고 이러한 시민사회의 압박은 2018년 중간선거 이후 오케이시오-코르테스 등 민주당의 신진 진보파 의원들의 가세로 더욱 맹렬하게 주창되기 시작했다. 이러한 배경하에서 2020년 코로나 팬데믹이 미국의 경제를 침체 상태로 몰아넣고 이와 함께 대선정국에서 민주당 진보파를 중심으로 그린뉴딜을 수용해야 한다는 압박이 강화되면서 마침내 바이든 대통령에 의한 미국판 그린뉴딜이 미국 일자리 계획 내에서 집대성된 것으로 보인다.

바이든 대통령은 코로나 팬데믹으로 더욱 불거진 경제난 속에서 일차적으로 미국 구제계획을 통해서 긴급 구제책을 마련한 후, 현재 넷제로의 달성과 이를 위한 청정인프라 구축과 청정일자리창출 그리고 기후정의의 실현을 목표로 하는 바이든판 그린뉴딜을 두고 민주당 내부의 이견을 조율하고 공화당과의 협상에 임하고 있다.

바이든 대통령은 미국 일자리 계획이 민주당의 숙원인 넷제로 달성 및 청정인프라의 구축뿐만 아니라, 양질의 일자리창출과 이를 통한 중산층의 부활, 미국산 제품에 대한 소비증진 그리고 중국에 대한 미국의 우위 확보 등 다방면에 효과를 지닌 것으로 의회 공화당을 설득하고 있다. 그러나 여전히 상원을 중심으로 한 민주당 내 이견과 공화당의 반대로 아직은 적절한 타협안이 도출되지 않고 있어 그 귀추가 주목된다.[16]

---

16 이 점에 대해서는 앞의 각주 14를 참조하기 바란다.

참고문헌

리프킨, 제러미(Jeremy Rifkin). 2020. 『글로벌 그린 뉴딜: 2018년 화석연료 문명의 종말, 그리고 지구 생명체를 구하기 위한 대담한 경제 계획』. 안정환 옮김. 민음사.

Astor, Maggie et al. 2020.7.9 "6 Takeaways From the Biden-Sanders Joint Task Force Proposals." *The New York Times.* https://www.nytimes.com/2020/07/09/us/politics/biden-sanders-task-force.html (검색일: 2021.4.23).

Carlock, Greg and Emily Mangan. 2018.9. "A Green New Deal: A Progressive Vision for Environmental Sustainability and Economic Stability." Policy Report by Data for Progress. https://www.dataforprogress.org/green-new-deal-report (검색일: 2021.3.7).

Democratic Party. 2020.8.18. "2020 Democratic Party Platform." https://democrats.org/where-we-stand/party-platform/ (검색일: 2021.5.8).

Emily, Atkin. 2019.2.22. "The Democrats Stole the Green Party's Best Idea." *The New Republic.* https://newrepublic.com/article/153127/democrats-stole-green-partys-best-idea (검색일: 2021.3.9).

Friedman, Lisa and Katie Glueck. 2020.7.6. "Biden's Big Climate Decision: Will He Embrace His Task Force's Goals?" *The New York Times.* https://www.nytimes.com/2020/07/06/ us/politics/joe-biden-climate-change.html (검색일: 2021.3.15).

Friedman, Thomas L. 2007.1.19. "A Warning From the Garden." *The New York Times.* https://www.nytimes.com/2007/01/19/opinion/19friedman.html (검색일: 2021.5.3).

Grandoni, Dino and Felicia Sonmez. 2019.3.27. "Senate Defeats Green New Deal, as Democrats Call vote a 'Sham.'" *The Washington Post.* https://www.washingtonpost.com/powerpost/green-new-deal-on-track-to-senate-defeat-as-democrats-call-vote-a-sham/2019/03/26/834f3e5e-4fdd-11e9-a3f7-78b7525a8d5f_story.html (검색일: 2021.4.22).

Jaeger, Joel et al. 2021.4.1 "Does Biden's American Jobs Plan Stack Up on Climate and Jobs?" https://www.wri.org/insights/does-bidens-american-jobs-plan-stack-climate-and-jobs (검색일: 2021.3.2).

Stolberg, Sheryl Gay and Emily Cochrane. 2018.11.13. "A Left-Flank Protest on Day 1 Signals a Democratic House Divided." *The New York Times.* https://www.nytimes.com/2018/11/13/us/politics/house-democrats-freshmen.html (검색일: 2021.4.15).

The White House. 2021.1.20a. "Executive Order on Protecting Public Health and the Environment and Restoring Science to Tackle the Climate Crisis." https://www.white house.gov/briefing-room/presidential-actions/2021/01/20/executive-order-protectin g-public-health-and-environment-and-restoring-science-to-tackle-climate-crisis/ (검색일: 2021.3.17).

_____. 2021.1.20b. "Acceptance on Behalf of the United States of America." https://www. whitehouse.gov/briefing-room/statements-releases/2021/01/20/paris-climate-agree ment/ (검색일: 2021.4.8).

_____. 2021.1.27a. "Remarks by President Biden Before Signing Executive Actions on Tackling Climate Change, Creating Jobs, and Restoring Scientific Integrity." https://www. whitehouse.gov/briefing-room/speeches-remarks/2021/01/27/remarks-by-president-biden-before-signing-executive-actions-on-tackling-climate-change-creati ng-jobs-and-restoring-scientific-integrity/ (검색일: 2021.4.2).

_____. 2021.1.27b. "Executive Order on Tackling the Climate Crisis at Home and Abroad." https://www.whitehouse.gov/briefing-room/presidential-actions/2021/01/27/ executive-order-on-tackling-the-climate-crisis-at-home-and-abroad/ (검색일: 2021.3.5).

_____. 2021.1.27c. "FACT SHEET: President Biden Takes Executive Actions to Tackle the Climate Crisis at Home and Abroad, Create Jobs, and Restore Scientific Integrity Across Federal Government." https://www.whitehouse.gov/briefing-room/statements-releases/20 21/01/27/fact-sheet-president-biden-takes-executive-actions-to-tackle-the-climate-cr isis-at-home-and-abroad-create-jobs-and-restore-scientific-integrity-across-federal-g overnment/ (검색일: 2021.3.5).

_____. 2021.3.31. "FACT SHEET: The American Jobs Plan." https://www.white house.go v/briefing-room/statements-releases/2021/03/31/fact-sheet-the-american-jobs-plan/ (검색일: 2021.3.16).

"H. RES. 109. Recognizing the Duty of the Federal Government to Create a Green New Deal." https://ocasio-cortez.house.gov/gnd/resolution (검색일: 2021.3.8).

"S. RES. Recognizing the Duty of the Federal Government to Create a Green New Deal." https://www.markey.senate.gov/imo/media/doc/Green%20New%20Dealn%20SIG NED.pdf (검색일: 2021.3.8).

"Senator Markey and Rep. Ocasio-Cortez Introduce Green New Deal Resolution." https://www. markey.senate.gov/news/press-releases/senator-markey-and-rep-ocasio-cortez-intr oduce-green-new-deal-resolution (검색일: 2021.3.8).

"Sunrise's Principles." https://www.sunrisemovement.org/principles/?ms=Sunrise%27s Principles (검색일: 2021.4.17).

"The Biden Plan for Clean Energy Revolution and Environmental Justice." https://joebiden.com/climate-plan/ (검색일: 2021.4.5).

"The Biden Plan to Secure Environmental Justice and Equitable Economic Opportunity." https://joebiden.com/environmental-justice-plan/ (검색일: 2021.4.5).

"The House Committee on Climate Crisis: About the Committee." https://climatecrisis.house.gov/about (검색일: 2021.3.9).

"What is Data for Progress." https://www.dataforprogress.org/about (검색일: 2021.3.8).

제16장

캘리포니아의 기후변화 정책과 정치

환경과 경제의 통합

오경택_전남대학교 정치외교학과 교수

1. 들어가며

미국 캘리포니아주는 삼림보호, 국립공원 설치, 연안 관리, 대기오염 방지, 에너지 효율성 개선, 재생에너지 확대, 온실가스 감축 등 많은 환경 분야에서 미국 내에서 또는 세계적으로 선도적 역할을 해왔다. 그러나 이 과정에서 캘리포니아가 시행해 온 엄격한 규제들로 인해 경제에 피해가 크다는 비판이 있다. 생활용과 상업용 연료비가 높아서 교통, 주거 및 사업 비용도 상승하고, 건설 투자도 환경 규제로 위축되었다는 것이다(Blackmon, 2019.10.10; ChiefExecutive, 2020). 이와 같은 규제와 세금 때문에 캘리포니아는 기업인들 사이에서 미국에서 가장 사업 조건이 나쁜 주로 선정되기도 한다(ChiefExecutive, 2020).[1] 또한 미국 정치에서 환경 거버넌스를 공격하는

---

* 이 장은 ≪동서연구≫(2021.6)에 게재된 논문을 수정·보완한 것이다..

가장 통상적인 주장은 환경 규제가 경제에 해롭고 실업률을 높인다는 것이다. 이와 같은 견해에 의하면 캘리포니아는 선도적 환경보호의 대가로 경제를 희생시켰다고 생각할 수 있다.

그러나 캘리포니아는 오히려 환경보호와 경제성장의 양면에서 놀라운 성공을 보여주었다. 경제를 희생하지 않고 자연 보호와 각종 공해 대책에 성공했음은 물론, 가장 경제적 파장이 큰 온실가스 감축 및 재생에너지전환 분야에서도 경제성장과 함께 높은 환경 기준을 계속해서 달성해 나가는 성과를 보여주었다. 즉 2000~2018년 기간 중 캘리포니아 인구는 약 17%, 주 총생산(Gross State Product, GSP)은 46% 성장해 세계 5위의 경제 규모가 되는 동안에도 온실가스배출량은 오히려 약 9% 감소했다(CEC, 2018). 포괄적 온실가스 감축 정책이 시행된 2006년 이후로부터는 온실가스배출량이 13% 감소하는 동안, 일자리의 성장은 전국 성장률보다 27%를 상회하는 기록을 냈으며, 현재 50만 명의 주민이 재생에너지, 에너지 효율성, 무공해차 분야에서 일하고 있다(EDF, 2021).

기후변화 정책에 있어서 캘리포니아의 리더십은 명백하다. 실질적 온실가스 감축 규제를 미국에서 가장 먼저 시행했고, 연방정부나 주정부의 정권 교체와 관계없이 기후변화 정책을 일관성 있게 추진해 왔고, 그 결과 목표한 성과를 달성해 왔고, 결국 다른 주와 연방정부 정책의 모델이 되었다. 미국의 연방정부와 50개 주의 정책 중 가장 선도적이고 성공적인 사례라 할 수 있다.

이 장에서는 캘리포니아 기후변화 정책의 성공을 설명하는 가장 중요한 요인이 환경과 경제의 통합적 접근이라고 분석했다. 그것은 기후변화 정

---

1 ≪ChiefExecutive≫라는 잡지에서 CEO들에게 사업 환경에 우호적인 주의 순위를 조사한 결과 미국 50개주 중 캘리포니아는 현재까지 15년간 연속 최하위를 기록했다. 그 이유는 과도한 규제, 관료주의, 고율의 세금, 잦은 소송 등이라는 것이다.

책의 수립과 시행에 있어서, 규제가 경제에 미치는 영향과 경제가 환경 목표 달성에 미치는 영향을 함께 고려한다는 뜻이다. 통합적 접근은 환경보호와 경제성장이 제로섬(zero-sum)적 관계가 아니고 동시에 달성할 수 있는 상호의존적 목표라는 가정이 깔려 있다. 정책이 성공하기 위해서는 그 정책의 정치적 함의가 중요하다. 상당한 비중의 산업체들이 단결해 기후변화 정책에 반대한다면 실효성 있는 정책의 수립과 그 정책 수행을 지속하기가 사실상 어렵다는 사실은 미국의 교토의정서 탈퇴, 파리기후협약 탈퇴, 오바마 정부 시기의 온실가스 감축 법안의 좌절 등으로 알 수 있다. 따라서 환경단체뿐만 아니라 업계, 노조, 시민으로 정치적 지지가 크게 확장되지 않으면 효과적 기후변화 정책의 수립과 추진이 어렵다는 것이 미국의 경험이었다. 캘리포니아가 선도적이고 성공적인 정책을 보여준 것은 그와 같은 환경과 경제의 통합적 접근을 통해 정치적 지지가 형성되고 확장되었기 때문에 가능했다고 본다.

환경과 경제의 통합적 정책 자체는 캘리포니아만의 고유한 접근 방법은 아니다. 그러나 경제에 대한 악영향을 우려해서 실질적 환경 목표를 달성하지 못하거나, 반대로 강력한 환경 정책으로 경제성장에 부정적 결과를 낳는 사례들이 많다(Gouldson and Roberts, 2002: 10). 또한 지난 100년간 미국은 경제발전과 환경 관리가 상호간에 잘 통합되어 왔다고 보기는 어렵다(Whitfield and Hart, 2002: 33). 그러나 캘리포니아의 경우에는, 환경과 경제의 통합이라는 관점이 정책의 성공을 일관되게 설명할 수 있는 중심 요인이다. 그리고 선도적 통합 정책을 가능케 했던 캘리포니아적 특수성이 존재한다. 이 장에서는 환경과 경제의 통합적 접근 의미와 그러한 접근을 가능케 했던 캘리포니아적 특수성을 논의한 후, 주요 기후변화 정책의 수립·강화 과정에서 통합적 접근과 특수성이 어떤 역할을 했는지 분석한다.

2. 환경과 경제의 통합적 접근: 캘리포니아의 특수성

통합적 접근이란 환경 정책의 목표와 수단, 정책의 수립과 시행의 전 과정에서 환경적 요소와 경제적 요소를 함께 고려하는 것을 의미한다. 높은 수준의 온실가스 감축, 재생에너지 사용 목표를 설정하고 달성 수단에 있어서는 비용효과(cost-effective)가 높은 시장친화적 방식을 택한다. 법안 작성 과정에서도 환경보호의 필요성과 업계의 요구를 함께 반영하려고 하며, 시행의 과정에도 다양한 이해당사자들과 협력한다.

환경과 경제의 통합은 첫째 법안의 문구에 목적과 수단의 형태로 직접적으로 포함되어 있고, 둘째 법안 통과를 위한 관련 행위자들의 정치적 영향력 행사 활동의 프레임 형태로 표현되기도 한다, 셋째 여론조사에도 환경과 경제가 상생할 수 있다는 인식이 나타나며, 넷째 투표 결과로도 그것이 증명된다.

그와 같은 환경과 경제의 통합을 통해 환경보호에 대한 정치적 지지 세력이 환경단체뿐만 아니라 업계 일부를 포함한 노조, 시민으로 광범위하게 확대되어 왔으며, 그러한 역사가 캘리포니아 환경 정책 성공의 중요한 요인이었다. 확장된 지지층은 정책의 수립 과정에서 때때로 초당적 지지를 가능하게 했고, 주정부의 지배 정당의 변화에도 불구하고 정책의 일관성을 유지할 수 있게 했다. 또한 업계의 동의에 의해 수행되는 정책은 수행의 효과, 지속가능성, 성공 가능성을 더욱 높이게 되었다. 이와 같은 이유로 캘리포니아의 기후변화 정책은 계속 강화되어 왔다. 즉 환경과 경제의 통합은 지지층을 확장하고, 확장된 지지층이 더욱 강력한 기후변화 정책을 다시 지지하는 환류의 정치 현상이 반복되었던 것이다.

그런데 캘리포니아에는 선도적인 환경과 경제의 통합적 접근을 가능하게 했던 캘리포니아적 특수성이 있다. 그것은 환경과 경제의 상생협력의 전통, 환경보호와 경제성장은 상호의존 관계라는 주민들의 강한 인식, 환경보호로 경제적 이득을 보는 산업의 존재와 녹색산업의 성장, 캘리포니아 규제 기관의 전문성 및 독립성, 캘리포니아의 강력한 규제를 허용하는 연방정부의 '면제(waiver)' 제도, 환경단체들의 로비 및 연대 활동의 역할 등이다.

첫째, 캘리포니아는 환경보호와 경제적 이해가 상생 관계였던 역사가 깊다. 데이비드 보겔(David Vogel)에 따르면 주민들은 자연의 아름다움과 높은 환경의 질을 캘리포니아의 정체성으로 인식하며, 그러한 혜택을 누리는 삶의 가치를 소중히 여기는 중산층과 상위 계층들의 정치적·경제적 영향력이 컸다(Vogel, 2019). 그리고 캘리포니아의 관광업, 철도업(southern pacific railroads), 농업, 토지개발업, 부동산업, 금융업 등은 환경 파괴로 인한 손실이 큰 업종으로서, 환경 개선이 곧 그들의 경제적 경쟁력을 높이는 것이었다(Vogel, 2018; 2019). 그리하여 두 세력은 연합해서 19세기 요세미티(Yosemite) 보호, 1940~1960년대의 대기오염 추방 등 캘리포니아의 선도적 환경 정책을 발전시키는 데 기여했다(Eklind, 2011). 이와 같은 환경과 경제의 연대에 의한 성공 경험은 향후 기후변화 정책에도 유사한 연합이 효과적으로 되풀이되는 역사적 토대가 되었다.

둘째, 캘리포니아 주민들의 기후변화 정책에 대한 강력한 지지가 통합적 접근에 의한 정책의 지속과 성공을 보증했다. 미국 평균을 항상 상회하는 기후변화에 대한 강한 우려, 온실가스 감축 정책에 대한 지속적 지지, 환경과 경제의 상호의존적 상생 관계에 관한 신념 등이다. 지난 20년간 기후변화에 대한 미국민 전체의 경각심이 점차 높아지고 있는 추세라서 지구온난화를 우려하는 국민이 약 50~60%대에 이르게 된 것은 사실이다. 2016년 조사의 경우 51%의 미국민은, 지구온난화가 자국 대통령을 뽑는 투표 결정에 중요한 이슈 중 하나라고 답하기도 했다(Yale Program, 2016: 15).

그러나 중요한 것은 과연 여러 이슈 중 기후변화 이슈가 얼마나 우선순위의 상위에 있는가이다. 2016년 미국 대통령선거에서 투표를 결정하는 우선순위로서 지구온난화 이슈가 차지한 중요성 순위는 23개 이슈 중 19위에 불과했고, 민주당 지지자들 중에서조차 지구온난화는 10위에 그쳤다 (Yale Program, 2016: 16~18). 2019년 조사에서는 전국 중도 성향 민주당원의 중요도 인식에서 29개 이슈 중 8위를 차지했다(Barichella, 2020.1.17). 그런데 캘리포니아의 경우 지구온난화에 대한 우려가 항상 전국 평균보다 약 20%를 상회했을 뿐만 아니라, 우선순위에 있어서도 2016년 대통령 선거의 매우 중요한 이슈라고 답한 비율이 83%에 달해서 전국 평균과는 의미 있는 차이를 보여준다. 또한 2019년 민주당 대선 예비선거 캘리포니아 유권자들에 대한 조사에서는 기후변화 이슈가 우선순위 1위의 가장 중요한 이슈로 선정되었다(Berkeley IGS, 2019.9.25).

또 다른 의미 있는 차이는 환경 규제가 경제에 미치는 영향에 관한 것이다. 2019년 조사에서 미국 전국 평균은 '환경 규제가 경제에 도움이 된다'는 답(33%)과 '해가 된다'는 답(30%)이 비슷했으나, 같은 해 캘리포니아의 여론조사는 '경제에 도움이 된다'는 긍정 응답(48%)이 부정 응답(19%)의 무려 2.5배에 달했다(Funk and Hefferson, 2019.11.25; PPIC, 2019:17).

결과적으로 포괄적 온실가스 법안이 통과된 2006년부터 현재까지, 기후변화 관련 규제들에 대한 지지 의견은 여론조사와 주민투표 등에서 변함없이 일관되게 나타났다. 그것은 2008년 직후의 경제위기나 2020년 코로나 팬데믹으로 인한 경제 침체의 상황에서도 마찬가지였다(〈표 16-1〉).

미국 정치에서 기후변화 이슈는 당파적 성향에 의해 지지와 반대가 확연히 구분되는 성격을 가지고 있다. 대통령의 소속 정당과 의회의 구성에 따라 미국 정부의 기후변화 정책은 전진과 후퇴를 되풀이해 왔다. 캘리포니아는 적어도 1990년대부터는 매우 민주당 성향이 강한 곳이었으므로 기

표 16-1 캘리포니아 기후변화 정책에 대한 주민의 의식

질문	2006 (AB32)	2016 (SB32)	2019	2020 (팬데믹)
온난화가 경제와 삶의 질에 심각한 영향을 미침	79%	81%	79%	80%
2020년까지 1990년 수준의 감축 정책에 찬성	65%	69%		
자동차 온실가스배출 감축 규제에 찬성	78%			
주정부의 재생에너지개발 지출에 찬성	83%			
2030년까지 40% 온실가스 감축 정책에 찬성		68%	67%	77%
2045년까지 100% 재생에너지 사용 정책에 찬성			71%	77%
기후 정책은 고용창출에 긍정적(-부정적)		40%(-20%)[1]	48%(-19%)	39%(-28%)
정책으로 인한 주유비 상승을 알고 있음		59%	58%	
재생에너지로 전기 요금 상승 감당에 찬성		56%		47%
연방정부와 별도로 캘리포니아 정책이 필요	65%		64%	69%
규제로 인한 경제적 손실은 감당할 가치가 있다				61%

주: 1) (-)는 부정 답변 비율(%).
자료: PPIC(2006; 2016; 2019; 2020)를 토대로 필자 재구성.

후변화 규제 정책에 대한 주민들의 압도적 지지가 민주당 지지 성향과 일치한다.[2] 그러나 캘리포니아의 공화당 유권자들은 민주당 지지자들이 규제에 일관된 지지를 보이는 것과 달리 시기에 따라 상반되는 태도를 보이기도 한다. 즉 '지구온난화대책법(California Global Warming Solutions Act, 이하 AB32)'이 논의되고 있던 2006년의 여론조사에 의하면 AB32의 감축목표에 대한 지지도가 민주당 유권자(67%)와 공화당 유권자(65%) 간에 차이가

---

2   1990년대 이후 캘리포니아의 민주당 성향은 매우 강하다. 대통령 선거에서 2020년까지 8번 연속으로 민주당 후보를 지지했다. 1994년 이후 연방 상원은 모두 민주당이 차지했고, 연방 하원도 절대 다수가 민주당 의원들이다. 주의회의 약 2/3를 민주당이 장악하고 있고, 아놀드 슈워제네거(Arnold Schwarzenegger) 주지사를 제외하면 2006년 이후 캘리포니아의 8개 선출직에 공화당 후보가 당선된 적이 없었다(Vogel, 2018:18).

거의 없다. 자동차 관련 온실가스 규제 법안에 대한 지지도는 민주(88%)와 공화(71%) 간에 차이가 있으나, 공화당 유권자들도 절대 다수 지지하고 있음을 알 수 있다. 전기차, 수소차 등의 개발에 주정부 지출을 늘리는 데 민주(87%)와 공화(82%)가 함께 지지하고, 재생에너지 개발에 대한 주정부 지출에도 민주(89%)와 공화(82%) 유권자들이 초당적 지지를 보내고 있다 (PPIC, 2006). 이와 같은 초당적 지지가 공화당 슈워제네거 주지사로 하여금 AB32 성립을 위해 적극적 활동을 하게 했다. 그러나 이러한 경향은 10년 후 기후변화 정책 강화의 시기에, 정당 지지에 따른 대립적 구도로 바뀌었다. 즉 2030년까지 온실가스 40% 감축목표에 대해 민주당 유권자는 78%가 지지했으나, 공화당 유권자는 39%가 지지하고 52%가 반대했다(PPIC, 2016). 결론적으로 캘리포니아에서 당파성과 기후변화 규제에 대한 지지도의 관계는, 민주당 유권자의 경우에는 확실한 정(正)의 상관관계가 있으나 공화당의 경우에는 상관관계를 어느 한 방향으로 단정할 수가 없다.

셋째, 강력한 온실가스 감축 정책은 캘리포니아를 세계 최고의 녹색산업 중심지로 성장시켰고, 새로이 창출된 이해당사자들은 강력한 기후변화 정책을 지지하는 녹색 지지층이 되었다. 에너지 효율성 개선, 재생에너지 사용 확대, 전기차 생산 확대 정책 등은 새로운 투자 이익 창출, 기업 이윤 증대, 고용창출로 이어져 녹색 지지층을 형성했으며, 시장의 예측 가능한 성장과 그에 따른 고용창출이 지속적으로 지지층을 확대 강화해 갔던 것이다. 또한 이 지지층은 더욱 강력한 기후변화 정책을 다시 지지하는 선순환의 환류 현상이 계속되었다. 결과적으로 캘리포니아의 녹색 정책은 녹색산업과 공생 관계를 만들어냈고, 서로 강화하면서 성장을 돕는 관계가 되었다(Kelsey and Madden, 2014: 138). 한편 캘리포니아는 기존 업계의 저항하는 힘이 상대적으로 약한 편이다. 비중이 큰 농업이나 관광업은 청정한 환경을 요구하는 기존 산업이며, 거대한 영화 산업이나 급성장하는 첨단 산업 역시 환경 규제에 큰 타격을 받지 않는다. 일반적으로 환경 규제에 가장 저항이 심한 자동차 제조업은 캘리포니아에 없고, 유틸리티 업계가 에너지 절감 기술 투자를 일찌감치 시작했으며, 토착 석유회사 셰브론(Chevron)은 여론을 의식해 중립적이었던 점 등이 녹색 규제에 대한 업계의 단합되고 지속적인 반대가 약했던 이유라 할 수 있다.

넷째, 캘리포니아 기후변화 정책 수행 기관의 전문성과 독립성이 환경과 경제의 통합적 접근을 성공하게 한 또 다른 요인이었다. 통합적 정책이 성공하려면 정책의 균형이 필요하고, 규제 기관이 전문적이고 독립적이어야 이익 집단들의 영향력 사이에서 균형을 유지할 수 있다. 캘리포니아 대기 자원 위원회(California Air Resources Board, 이하 CARB)가 그러한 기관이었다.[3] CARB는 1967년 출범 이후부터 오늘날까지 대기오염 방지와 온실가스 감축을 위한 중심 기관으로서 역할을 해왔다. CARB는 거대한 독립 기관으로서 대기 공해에 전문성을 지닌 인물들로 구성된 위원회가 운영하며, 당파 정치로부터의 독립과 균형을 추구한다.[4] CARB의 재원은 안정적으로 확보되어 있어서 다수의 유능한 전문가를 지속적으로 충원할 수 있다. 2000년대 초 최초의 차량 배출 온실가스 감축 규제에 이어 경제 전체에 온실가스 감축 정책을 시작할 때, CARB에 상당한 재량권을 부여한 것도 CARB가 30년 이상 공해 감소에 성공한 전문성과 이해 집단의 로비에 '포획(capture)'되지 않고 균형적 규제 행동을 보여 온 점이 신뢰를 얻었기 때문이다(Karapin, 2016: 143; Carlson, 2013: 84).

---

3 이 장에 등장하는 정부·비정부 단체의 명칭은 최초에만 정식 명칭을 표기하고 이후 약자를 사용한다. 예) CARB, EPA, EDF, NRDC, E2 등.

4 CARB 정책의 지속성은 위원장 매리 니콜스(Mary Nichols)의 장기간의 리더십에 의해 상징된다. 그녀는 1979년부터 1983년까지, 또한 2007년부터 2020년 12월까지 총 17년간 위원장직을 수행했다.

다섯째, 미연방정부는 연방 기준보다 엄격한 공해 규제를 캘리포니아가 시행할 수 있는 예외를 인정해 왔다. 연방법 우선 원칙으로부터 '면제'를 인정하는 이 제도는 1967년 연방 '대기관리법(Air Quality Act)' 채택 시에 처음 도입되었던 것으로서, 일정 기간 캘리포니아의 엄격한 규제 실험이 성공한다면 다른 주에서도 캘리포니아의 기준을 채택할 수 있도록 하는 제도이다. 미의회는 업계의 반대에도 불구하고 배출 규제 기술과 규정에 관한 캘리포니아의 특수한 '혁신의 실험장' 역할을 인정한 것이었다(Hanemann, 2008: 122). 연방정부 입장에서 이와 같은 제도는 전국 단위의 조치 대신 훨씬 시행착오의 경제적·정치적 비용을 줄일 수 있고, 성공했을 경우에는 그 모델을 전국적으로 확대 적용할 수 있는 매우 유용한 제도였다. 제도가 시작된 이후 자동차 배기가스 규제에 관한 백건 이상의 면제가 허용되었으며, 캘리포니아는 그와 같은 조건하에서 선도적으로 대기 공해, 기후변화 정책을 시작하고 강화해 갈 수 있었다(EPA).

여섯째, 환경단체들의 로비 및 연대 활동이 환경과 경제의 통합적 정책의 성공에 큰 역할을 했다. 캘리포니아는 1892년 미국 최대의 환경단체로 일컫는 시에라클럽(Sierra Club) 설립 등 자연 보전 운동의 전통이 강하다. 이어서 현대적 환경운동이 전개된 1960년대부터는 캘리포니아의 자생적 단체들과 전국 단체들이 캘리포니아 공해 문제에 참여하기 시작했다(Dunlap and Mertig, 1992; Shabecoff, 1993). 기후변화 문제에 관해서는 직접 행동보다는 행정부와 의회를 대상으로 하는 로비, 시장친화적 접근 방법, 업계와의 연대 등을 중요시하는 환경단체들의 역할이 컸다. 블루워터 네트워크(Bluewater Network)는 전문 로비스트와 변호사들을 갖추고 캘리포니아 주의회를 대상으로 영향력 행사 활동을 하는 곳이다. 전국 단체인 환경 보호 기금(Environmental Defense Fund, 이하 EDF)과 자연자원 보호 기금(Natural Resources Defense Council, 이하 NRDC)은 법안 작성 로비, 시장친화적 접근법

제공, 소송 등을 위주로 하는 백만 명 상당의 회원들과 수백 명의 변호사, 과학자로 구성된 전문적·제도적 환경단체이다. 이들은 업계, 전문가협회, 노조 등과 광범위한 연합을 형성해 캘리포니아 온실가스 감축 법안의 수립과 강화 과정에 중요한 기여를 했다. EDF, NRDC, '관련 과학자 연합(Union of Concerned Scientists, 이하 UCS)' 등 환경단체와 에너지 기업의 연합인 '청정전력 캠페인(Clean Power Campaign)', NRDC와 실리콘밸리 기업들의 연합인 '환경 기업인(Environmental Entrepreneurs, 이하 E2)', 환경 경제 사회단체 연합인 '아폴로 동맹(The Apollo Alliance)' 등이 그러한 연대의 사례들이다.[5] 이들은 모두 경제성장과 환경보호를 함께 달성할 수 있고, 양자 모두가 중요한 가치라는 것을 인정하는 단체이다.

3. 역사적 선례

캘리포니아가 현대적 산업공해에 최초로 대응한 것은 1943년 로스앤젤레스(LA)에서 발생한 심각한 스모그 공해부터이다. 1947년 LA카운티는 대기오염통제구역을 설치해 발전소와 정유 공장을 규제했다(CARB c). 그리고 1959년부터는 자동차에서 배출되는 공해를 규제하기 시작했고, 1967년에는 대기 공해 통합 규제 기관으로서 CARB를 설치했다. CARB가 중심이 된 대기 공해 규제 정책이 성공해 남부 캘리포니아에 "푸른 하늘과 숨 쉴

---

5 E2는 2002년에 설립되어 추후에 2500개 기업, 60만 고용인, 1000만 달러의 자본을 대표하는 전국 단체로 성장했는데, 경제와 환경을 함께 중시하는 정책을 옹호하는 기업인, 투자자, 전문가 집단이다(E2). 아폴로동맹은 2003년에 노조, 재계, 산업계, 사회정의 단체, 종교 단체, 자선 단체, 시에라 클럽, 그린피스, UCS 등이 연합한 기후변화 문제 대응 단체이다(Hall and Taplin, 2010: 66).

수 있는 공기"가 다시 돌아왔는데, 예를 들면 미국에서 가장 대기 공해가 심했던 캘리포니아 남부 연안 유역의 오존량 기준 침범 횟수가 1973년부터 1980년까지 644회에서 2003년부터 2011년까지 8년간 단 2회로 줄어드는 성과를 냈다(Carlson, 2013: 83). 이러한 초기 정책이 성공했다는 사실은 향후 캘리포니아가 대기 공해, 기후변화 문제에 있어서 선도적 역할을 할 수 있게 한 매우 중요한 토대가 되었다.

남부 캘리포니아 대기질 개선 정책에 중요한 추동력이 된 것은 건강과 삶의 질에 막대한 영향을 받게 된 시민들과 악화된 대기질로 경제적 손해를 입게 된 관광업 등 산업 분야의 공통된 이익이었다. 가장 살기 좋은 곳이 가장 오염된 곳으로 변한 사실에 주민들은 분노했고, 관광객과 이주민들이 찾아올 매력이 사라진다면 경제적 피해도 막대할 것이었다. "1870년부터 1940년까지 남부 캘리포니아가 급속하게 성장한 것은 매력적이고 건강한 삶의 방식이 널리 알려졌기 때문이다"(Vogel, 2018: 159). 부동산업자, 개발업자들은 새로운 입주자를 모집하는 광고 슬로건으로 캘리포니아의 뛰어난 삶의 질을 내세웠고 실제로 건강한 삶을 찾아 부유한 은퇴자 등 외지인들의 유입이 계속되어 왔던 것이다. 농민들도 피해자였다. 캘리포니아 남부는 전국적 기준으로도 가장 중요한 농업 생산지였는데, 대기질의 저하로 작물 생산에 큰 경제적 손실이 발생했다(Vogel, 2018: 159~160). 따라서 LA의 가장 영향력 있는 경제 단체인 LA지역 상공회의소(Los Angeles Area Chamber of Commerce, LAACC)도 강력하게 대기오염 규제를 지지했다. 캘리포니아는 19세기부터 관광업과 농업에 종사하는 사람들이 환경보호에 경제적 이익을 공유했으며, 일반 주민들과 함께 환경 규제를 촉구하는 활동을 해온 역사가 깊다(Vogel, 2019: 145~158).

규제 당국의 역할 또한 LA의 대기 정화에 중요한 역할을 했다. CARB의 규제 대상은 자동차 산업이었는데, 주목할 점은 산업에 영향을 직접 받지 않고 지속적으로 강력한 규제를 부과해 왔다는 것이다.

그것이 가능했던 이유 중 하나는 캘리포니아에 토착의 자동차 제조업체가 없었다는 점이다. …… 만약 영향력이 큰 차제조업 임원들과 수천 명의 자동차 노조원들이 캘리포니아 유권자들이었다면 강력한 자동차 배출 규제가 어려웠을 것이다. …… 또 다른 이유는 공해 규제의 초기부터 자동차 업계는 캘리포니아에서 신뢰성을 계속 잃어왔다. 주정부가 자동차 배기가스를 규제하려는 노력을 시작할 때부터 업계는 강력한 과학적 증거에도 불구하고 남부 캘리포니아의 스모그와 자동차 배기가스와의 연관성을 무조건 부인해 왔다. 차 제조업자들은 과도하게 이와 같은 주장을 밀어붙인 결과 처음부터 업계 전체가 주의회의 신뢰를 얻지 못했고, 이와 같은 현상은 계속해서 되풀이되었던 것이다(Carlson, 2013: 85~86).

CARB는 자동차 업계의 규제 약화 요구에는 굴하지 않았으나, 창설부터 캘리포니아의 대기문제 해결 과정에 시민 단체, 지방정부뿐만 아니라 업계와 협력해 왔다(CARB c). 공해 저감 기술개발을 위해 배기가스 기술 관련 산업체와 긴밀한 공조를 했고, 그 결과 남부 캘리포니아에 75개의 첨단 자동차 기술 센터가 자리 잡게 되었다(Vogel, 2018: 186). 이와 같은 업계와 당국의 협력 경험은 자동차 배기가스 문제와 온실가스 감축에 관한 전문적 지식과 기술을 축적하는 데 큰 도움이 되었다. CARB가 공해 방지와 차량배출 규제에 성공한 약 35년간의 경험은 향후 패블리(Pavley) 법안에 의한 최초의 차량 배출 온실가스 감축 규제를 가능하게 했고, 결국 경제 전체에 온실가스 감축을 확대할 수 있는 또 하나의 요인이었다.

에너지 효율성 향상을 위한 캘리포니아의 리더십 역시 환경과 경제적 요구를 함께 달성할 수 있는 정책으로서 향후 온실가스 감축 정책의 토대를 놓았다고 할 수 있다. 에너지 효율성 정책은 1970년대 초에 시작했다.

1973년 OPEC 석유 위기가 발생하자 주의회와 로널드 레이건(Ronald Reagan) 주지사는 에너지 수요 예측, 수요 절감의 평가, 신규 발전소 승인 절차 등을 다루는 에너지 위원회(California Energy Commission, 이하 CEC) 창설 법안을 통과시켰다. CEC는 1970년대 후반부터 가전제품과 건물의 에너지 효율성 기준을 정하고 규제 정책을 실시했다. 1982년에는 유틸리티 회사들로 하여금 신규 발전소 증설보다 에너지 효율성과 절감을 통해 에너지 수요를 감당할 수 있도록 유도하는 정책을 시행했다. 이와 같은 정책이 유틸리티 기업을 필두로 에너지 효율성 향상 기술개발에 집중할 수 있게 했다 (Rabe, 2009: 42). 그 결과 1975년 이후 2000년대 말까지 전국적으로는 50%, 다른 서부 주들은 66% 전력소비가 증가한 데 비해, 같은 기간 캘리포니아의 일인당 전력소비는 증가하지 않고 일정하게 유지되는 성과를 냈다 (Hanemann, 2008: 124~25).

4. 기후변화 정책의 수립

1) 패블리 법안(AB1493: Pavley Bill)[6]

지구온난화 위협에 대응한 캘리포니아 최초의 법안은 차량의 온실가스 배출 기준을 규정한 AB1493이었다. 당시 주하원의 프랜 패블리(Fran Pavley) 의원이 발의해 2002년 주의회를 통과한 이 법안은 환경과 경제의 통합적 접근 대책임을 명확히 밝히고 있다.

---

6   이 연구에 등장하는 법(안)의 경우 패블리 법안처럼 발의자의 이름으로 불리는 경우가 있고 AB32, SB32 등 약자로 불리는 경우가 있는데, 특정 법(안)에 통상 많이 쓰이는 형식을 선택했다. 그리고 AB(Assembly Bill)는 주하원 발의 법안이고 SB(Senate Bill)는 주상원 발의 법안을 의미한다.

표 16-2 캘리포니아의 주요 기후변화 정책

산업 분야	정책	년도
포괄 규정	지구온난화 대책법(AB32): 2020년까지 1990년 수준으로 감축 The Global Warming Solutions Act(AB32)	2006
	상원법안32(SB32: AB32 연장): 2030년까지 40% 감축 Senate Bill 32(SB32: Extends AB32)	2016
	시장 기반 준수 메커니즘 등(AB398): 배출권거래제 연장 Market-based Compliance Mechanisms, etc. (AB398)	2017
교통 Transport	승용차 배출: 온실가스(패블리 법안 AB1493) Vehicular Emissions: Green House Gases(Pavley Bill AB1493)	2002
	연료효율성 기준(AB1493) Fuel Efficiency Standards(AB1493)	
	지속가능 공동체와 기후보호법(SB375) Sustainable Communities and Climate Protection Act(SB375)	2008
	저탄소 연료 기준(행정명령 S-1-07) The Low Carbon Fuel Standard(Executive Order S-1-07)	2009
	선진 청정차량 프로그램(행정명령 B-16-12) Advanced Clean Cars Program(Executive Order B-16-12)	2012
	2035년 이후 판매 시 100% ZEV 의무화(행정명령 N-79-20) Zero Emission Vehicle Program(Executive Order N-79-20)	2020
유틸리티 Utilities	신재생에너지 공급의무제 20%(SB1078): 2017년까지 Renewable Portfolio Standard of 20%(SB1078)	2002
	GHG 성능 기준(SB1368) GHG Performance Standard(SB1368)	2008
	신재생에너지 공급의무제 50%(SB350): 2030년까지 Renewable Portfolio Standard of 50%(SB350)	2015
	신재생에너지 공급의무제 100%(SB100): 2045년까지 Renewable Portfolio Standard of 100%(SB100)	2018

법안은 지구온난화(기후변화)가 공중보건 문제이며, 자동차는 캘리포니아 온실가스배출의 주요 원인(38%)이며, 온실가스배출 감축은 공중보건, 환경의 보호와 동시에 경제성장과 고용을 촉진할 것이다. 특히 법안은 CARB가 2009년 모델의 승용차부터 적용될 최고로 실행 가능하고 비용효과가 높은 감축을 달성하기 위한 규정을 채택할 것을 지시한다(CARB b).

법안의 특징은 첫째, 온실가스 감축이 환경뿐만 아니라 경제성장에도 공헌한다는 점을 밝히고 있다. 둘째, 구체적인 온실가스 감축 기준과 상세한 감축 절차를 규정하지 않고 CARB가 구체적 전략을 마련하도록 넓은 재량권을 부여했다. 그것은 과거 35년간 대기 정책을 성공시키면서 CARB가 축적한 규제 능력을 의회가 신뢰하고 지지했기 때문이었다(Karapin, 2016: 143). 셋째, 다만 CARB에 감축을 달성하기 위한 '최고로 실행 가능하고 비용효과가 높은' 전략을 요구하고 있다. 법안은 세금 부과, 경량화 강제, 운행 축소 강제, 특정 차종의 판매 제한 등 업계가 극심하게 반대하는 방법을 금지하면서, 시장친화적 감축 방법의 가능성을 열어 놓고 있다(Rabe, 2009: 40).

패블리 법안의 지시에 따라 CARB는 2004년 처음으로 온실가스 감축 기준을 발표했다. 2009년부터 2016년 사이에 판매되는 신차의 평균 배출량을 30% 감축하는 것이었다. 2005년 12월 CARB는 이 규정을 관례에 의거해 독립적으로 시행할 수 있도록 연방 환경청(Environmental Protection Agency, 이하 EPA)에 면제 허가를 요청했다. 캘리포니아의 이와 같은 움직임에 주요 자동차 제조사, 판매상, 노조는 연방과 주 관할 법원에 다수의 소송을 제기했고, EPA가 면제를 제공하지 않을 것을 요구했다(CARB b). 자동차업계가 우려한 것은 CARB의 기준이 여타 주들과 연방정부의 기준으로 확산되는 '캘리포니아 효과'였다(Vogel, 2018: 204).

업계의 요청은 2008년 조지 부시(George Bush) 정부에 받아들여져서, EPA는 캘리포니아에 면제를 허가하지 않기로 결정했다. 캘리포니아의 특수성이 인정되지 않는다는 것이었다. 그러나 2009년 버락 오바마(Barack Obama) 정부에서 EPA는 패블리 법에 의한 규정들에 면제 허가를 캘리포니아에 부여했다. 동시에 오바마는 캘리포니아의 기준을 전국적으로 확대하는 협상을 자동차 제조사들과 진행했다. 제조사 입장에서도 미국의 50개 주가 서로 다른 기준을 채택하는 것은 악몽이었으므로, 캘리포니아의 기준과 실제로 거의 유사하더라도 새로 통일된 연방 기준을 통한 온실가스 감축과 연료 효율성 개선을 따르는 것이 유리하다고 결국 판단했다(Carlson, 2013: 83). 그리하여 새로운 기업 평균 연비 기준(Corporate Average Fuel Economy, 이하 CAFE)이 마련되었다(Broder, 2009.5.18).

패블리 법안의 통과 과정에서 환경단체의 역할이 중요했다. 특히 행정부와 의회를 대상으로 시장친화적 접근을 제시하는 환경단체의 역할이 컸다. 블루워터 네트워크는 법안의 제안자 패블리 의원과 긴밀히 협조해 법안 작성과 옹호에 참여했고, 다른 단체들과 광범위한 연합을 형성해 활동했다(Hall and Taplin, 2010: 71). 또한 업계와 환경단체가 손잡은 두 개의 연합이 법안을 강력히 지지해 법안의 부정적 경제 효과에 대한 일부 의원들의 우려를 불식해 주었다(Vogel, 2018: 202). 하나는 EDF, NRDC, UCS 등 환경단체와 에너지 기업의 연합인 청정전력 캠페인이며, 다른 하나는 NRDC와 실리콘밸리 기업의 연합인 E2이다.

업계 중 캘리포니아 상공회의소(California Chamber of Commerce), 캘리포니아 신차 판매 협회(California New Car Dealers Association), 서부 석유 협회(Western States Petroleum Association) 등은 패블리 법안에 강력한 반대 입장이었으나 이들의 반대 운동은 결국 실패했다. 패블리 법안의 가장 직접적 대상인 자동차 제조업은 외부의 기업들이라서 캘리포니아에 고정적 지지층이 없었던 데다가, 이들은 앞선 스모그 규제 당시부터 비과학적 주장을 고집해 옴으로써 정치권과 주민들의 신뢰를 잃고 있었다. 또한 2000년대 초에 캘리포니아에 발생한 가뭄과 산불이 주민들의 지구온난화에 대한 우려를 더욱 생생하게 자극하고 있었다(Karapin, 2016: 150). 이러한 상황에서 패블리 법안 지지 연합의 프레임 전략(즉 외부 기업들이 자신들의 이윤만 늘리려 하고 캘리포니아 주민의 건강과 환경권은 희생시키려 한다는 것)이 매우 효과적으로 성공할 수 있었다(Vogel, 2018: 203). 패블리 법안의 추진을 시작으로 캘리포니아주는 향후 18년간 지속적으로 차량의 배출 기준을 개선시켜서, 2020년 9월에는 주지사 행정명령에 의해 2035년 이후 판매되는 신규 승용차는 모두 전기차와 같은 무배출 차량(Zero Emission Vehicle, 이하 ZEV)으로 의무화하는 정책을 채택하게 되었다.

2) 지구온난화 대책법

2006년 8월에 통과된 캘리포니아 AB32는 미국 최초의 포괄적이며 동시에 강제적인 기후변화 정책이다. 이 법은 모든 발생원에서 배출되는 온실가스를 대상으로 해 2020년까지 1990년 수준으로 감축하는 계량적 목표를 세웠다. 이는 당시 온실가스배출량의 약 15% 감축에 해당하고, 감축 행동을 하지 않는(business as usual) 2020년 추정 배출량의 약 30%의 감축에 해당했다(Nichols, 2009: 200). 감축을 시행하는 다른 주들은 법적 구속력이 없거나, 단지 발전소에서의 방출만 제한하고 있었는데 반해, 이 법은 미국에서 가장 엄격하고 포괄적인 감축을 목표로 하고 있었다(Hanemann, 2008: 114~115).

AB32는 과거 대기 정화와 에너지 효율성 향상 경험과 패블리 법안의 연속선에서 확장된 정책이라 할 수 있다. 따라서 이 법의 특징도 패블리 법안의 특징과 같다. 첫째, 입안 목적은 지구온난화로부터 환경과 경제를 동시에 보호하기 위한 것이라고 밝히고 있다. 환경에 대한 지구온난화의 위협은 대기질 악화, 수질 악화, 물 공급 감소, 해수면 상승, 해양 생태계와 자연환경 훼손, 전염병과 기타 건강 문제의 빈발 등이다. 경제에 대한 위협은 농업, 포도주 생산업, 관광업, 스키업, 어업, 임업 등의 산업에 해당된다. 또한 지구온난화는 무더운 지역의 전력 공급 부족 문제의 원인이 될 수 있다고 밝혔다(CARB, 2018). 둘째, 이 법안은 목표 달성을 위한 전략 채택에 있어 넓은 재량권을 CARB에 부여했다. 셋째, 주정부는 이와 같은 목표를 달성하기 위해 패블리 법의 시행과 마찬가지로 시장 메커니즘을 위주로 하는 가장 비용효과가 높은 방법을 채택할 계획을 세웠다. 물론 캘리포니아 온실가스 감축 수단은 모든 종류를 포함하고 있다. 명령과 통제, 규제 권한, 배출권거래, 신기술에 대한 직간접 보조금, 세금 혜택 등이다(Rabe, 2009: 39). 그중 배출권거래제는 캘리포니아 온실가스배출량의 85%를 망라하는 배출 규제의 핵심 접근법이다(Nichols, 2009: 201).

AB32 법안을 둘러싼 논의 과정에서 온실가스 감축에 따른 경제적 비용이 발생하지 않는다는 서로 다른 세 편의 연구보고서가 발표되었다. 기후행동팀(Climate Action Team, 2006), 청정 대기 정책 센터(Center for Clean Air Policy, 2006), 캘리포니아대학교 교수들(Hanemann and Farrell, 2006)의 연구이다. 이 연구는 AB32의 수행에 따르는 순비용은 발생하지 않고, 오히려 에너지 절감과 신규 투자로 인한 경제성장으로 수십 억 달러의 이익이 발생할 수 있다고 추정했다. 법안이 통과된 1년 후 다른 연구들이 나와서 이 추정치들은 비용을 과소평가했다고 비판했지만, 통과 당시 이 보고서들은 법안에 대한 신념이 약한 일부 주의원들에게 분명히 기술적 근거를 제공하는 역할을 했다(Mazmanian, Jurewitz and Nelson, 2008: 408~409). 법안 지지자들은 온실가스 감축으로 인해 저배출과 재생에너지 분야로 투자가 유입될 것이며, 태양광과 풍력에너지 제조와 설치에 따른 고용이 증대되며, 새로운 세계 시장에 선발 진입자(first mover)로 진출할 수 있는 기술을 발전시키는 등 캘리포니아 경제에 큰 혜택이 올 것이라고 주장했다(Mazmanian, Jurewitz and Nelson, 2020: 55).

법안의 경제적 효과에 대한 낙관적 전망은 정책을 지지하는 광범위한 정치적 연합 형성을 가능케 했다. 법안의 통과에 있어서 지지 연합을 확장해 나가는 것은 절대적으로 중요했다(Knox-Hayes, 2012: 555). 55개 환경단체, 공공부문 노동조합, 교원노조, 소방노조, 종교단체, 주요 신문사, 캘리포니아의 49개 도시들이 지지 연합에 가담했다(Karapin, 2016: 160). 시에라 클럽은 노조들과 '청록동맹(Blue-Green Alliancce)'을 주도해 새 정책이 시행되면 140만 개의 새로운 일자리가 창출될 수 있다고 홍보했다. 환경단체, 기업, 노조, 자선단체 등의 연합인 아폴로동맹은 기후변화에 대한 강력한 대응과 경제발전의 공통분모를 추구하는 단체로서 이 법안이 그와 같은 목적에 부합하는 것으로 선언했다(Hall and Taplin, 2010: 72~73).

제도적 영향력 행사 방식을 위주로 하는 대표적 환경단체인 NRDC와 EDF도 패블리 법안 통과 당시와 마찬가지로 AB32의 통과에도 업계의 협조가 필수적이라고 믿고 있었다. NRDC와 연대한 E2는 '실리콘밸리 리더십 그룹(Silicon Valley Leadership Group)'과 함께 기업의 지지를 동원했다. E2는 법안이 혁신, 효율성, 경제적 이윤을 촉진할 것이라는 의견을 주의회에 개진함으로써 결정적으로 중요한 역할을 했다. EDF는 다국적 기업 연합인 '국제기후변화파트너십(International Climate Change Partnership)'과 함께 배출권거래제가 법안에 포함되도록 압력을 행사했다(Karapin, 2016: 159~160).

2006년의 주민 여론도 AB32를 압도적으로 지지했다. 65%가 AB32를 지지했고, 자동차에서 배출되는 온실가스배출 감축 규제에는 78%가 찬성했고, 주정부의 재생에너지 지원에는 83%가 찬성했으며, 연방정부와 별도의 규제 정책의 필요성에도 주민 65%가 찬성했다. 더욱 주목할 점은 이러한 지지가 민주당 유권자와 공화당 유권자 간에 거의 차이가 없는 초당적 지지였다는 것이다(PPIC, 2006).

당시 공화당 소속 주지사 슈워제네거의 역할도 컸다. 그가 지구온난화 문제에 역량을 집중한 것은 민주당 성향의 주에서 2006년 주지사에 재선되기 위한 정치적 동기가 크게 작용했다고 볼 수 있다. 그는 2004년 부시 대통령의 재선 캠페인에 나선 탓에 캘리포니아주에서 인기가 크게 하락했다. 지지율을 회복하기 위해서는 2006년까지 자신을 부시와 차별화해 중도 성향으로 자리매김해야 했다(Karapin, 2016: 155). 정치적으로 좌측 이동하기 위해서는 적극적인 친환경 행동이 필요했다. 2003년 주지사가 된 이후 태양광 사용 확대 등의 정책을 펴왔으나 더욱 공격적인 환경 정책이 필요했던 것이다. AB32는 압도적 다수의 유권자들이 초당적으로 지지하는 규제 정책이었다(PPIC, 2006). 온실가스 규제 법안의 통과를 도와 자신이 서명한다면 재선을 위한 중요한 업적이 될 수 있었다(Hanemann, 2008: 120). 그는 기후변화에 적절히 대응하면 고용창출과 온실가스 감축을 모두 달성할 수 있는 '윈윈(win-win)' 상황이 된다고 법안의 환경적·경제적 효과를 역설했다(Hall and Taplin, 2010: 75). 또한 그는 공화당원으로서 사업 경력도 있었으므로 민주당원보다는 업계의 신뢰를 얻고 있었고, 그러한 점을 활용해 석유 업계를 포함한 다양한 업계의 인물들을 향해 AB32를 위한 광범위한 설득 작업을 수행했다(Karapin, 2016: 159). 주지사는 반대하는 기업의 지지 또는 적어도 수락을 얻기 위해, 온실가스감축목표 달성을 위한 세부 규정을 CARB가 아닌 자신의 통제하에 있는 캘리포니아 환경청이 담당하고, 필요한 경우 배출량 기준을 완화할 수 있는 '안전장치(safety valve)'를 법안에 포함시키기를 원했다. 결국 민주당 의회와 공화당 주지사 간의 타협에 의해 주무부서는 민주당의 주장대로 CARB가 되고, '안전장치' 조항은 주지사의 요구대로 삽입되어 절충된 형태의 AB32가 2006년 9월 발효되었다. 안전장치는 "특별한 상황, 재난, 또는 중대한 경제적 피해의 위협이 발생했을 때, 주지사는 개별 규정 또는 주 전체에 대한 적용 시한을 가장 가능한 시점으로 조정할 수 있다. 이 시한 조정은 주지사가 추가적 조정을 실시하지 않는 한 1년을 초과하면 안 된다"라고 해, 업계의 요구를 반영하고 있다(Hanemann, 2008: 124~126).

법안이 통과된 5개월 후에 환경단체와 기업 연대는 산업계의 관련자들을 모아서 AB32에 따른 캘리포니아의 정책이 업계에 어떠한 경제적 기회를 제공할 것인지 자신들의 연구 결과를 알렸다.[7] 온실가스 감축을 위한 구체적 정책이 청정기술 분야의 투자자와 기업가들에게 분명한 시그널을 보냈다는 것이다. 7개의 캘리포니아 기업, 즉 마이크로 디바이스(Micro Devices), 베터 에너지 시스템(Better Energy Systems), 시스코(Cisco), 존슨앤드존슨(Johnson & Johnson), 미아솔레(MiaSole), 신자원 은행(New Resource Bank), 태평양 가스 전력(Pacific Gas and Electric, PG&E)에 대한 사례 연구를 통해 캘리포니아 기업들은 첨단 산업과 바이오 산업에서 선두를 달리듯이 이제 청정에너지 사업에서도 최고가 될 수 있다고 설명했다(NRDC, 2007).

5. 정책의 강화 과정

2010년에는 이후 캘리포니아 온실가스 감축 정책의 운명을 결정짓는 중대한 사건이 일어났다. 2008년 세계적 경제위기가 닥치고 실업률이 상승하자, 포괄적 온실가스 감축 정책에 반대하는 매우 강력한 운동이 일어났다. 온실가스 감축 법안인 AB32의 중단을 요구하는 조치인 '발의안23(Pro-position23)'을 작성해 이에 대해 찬반을 주민투표로 결정하는 것이었다. 발의안23의 내용은 캘리포니아의 실업률이 4분기(1년) 연속 5.5% 이하로 개선되어 유지될 때까지 AB32 시행을 동결시켜야 한다는 것이다. 그러나 당시 실업률은 12.4%에 달했고 1년 이상 5.5% 이하를 유지한 것은 이미 몇십 년 전의 경제 상황이었으므로, 현실적으로는 무기한 온실가스 감축 노력을 중단하라는 것과 마찬가지였다. 슈워제네거 주지사는 이 운동이 환경 법규들을 영구히 무력화시키려는 것이라고 비판했다(Goldenberg, 2010. 9.30).

---

7   연구 기관은 The Silicon Valley Leadership Group, NRDC, E2의 연대이다.

AB32는 주 전체의 경제 영역에 영향을 미치는 포괄적 규제였으므로 업계는 캘리포니아에서는 전례가 없는 강한 저항, 즉 발의안23의 지지 행동을 시도했다. 캘리포니아 제조업 기술 협회(California Manufacturers & Technology Association)와 석유업체들이 발의안23의 주요 지지 단체였다. 백만 달러 이상 기부한 업체는 텍사스 정유회사인 발레로 에너지(Valero Energy)와 테소로(Tesoro), 석유 투자 회사 플린트 힐스 자원(Flint Hills Resources LP) 등이었다. 이들은 심각한 경제 침체 상황을 AB32를 무력화할 수 있는 좋은 기회로 삼으려 했다. 이들의 역할로 운동 초기에는 발의안23에 수긍하는 분위기가 다소 우세한 듯했다.

그러나 발의안23을 반대하는 운동이 정치인, 녹색기업, 녹색투자자, 소비자 단체, 의료인 단체, 환경단체 등의 훨씬 광범위한 연합으로, 발의안23을 반대했다. 주지사 슈워제네거, 레이건 정부의 국무장관을 역임한 조지 슐츠(George Schultz), 공화당 주지사 후보 멕 휘트먼(Meg Whitman) 등의 공화당 주요 인물들도 발의안23의 반대에 동참했고, 중도 또는 진보 성향 공화당원들과 여성 공화당원들에서도 발의안23에 대한 반대가 우세한 것으로 나타났다(Peevey and Wittenberg, 2017: 122~124). 또한 적극적 대항 운동을 펼치기 위해서는 대규모 모금이 필요했는데, 이들의 운동이 모금한 액수는 3억 2000만 달러로서 발의안23 지지 모금액의 3배를 초과했다(Peevey and Witten berg, 2017: 123).

발의안23의 반대 캠페인은 발의안을 지원하는 두 외부 정유업체 발레로와 테소로를 주요 공격 목표로 삼았다. 즉 텍사스의 두 정유업체가 자신들의 이윤을 위해 캘리포니아의 에너지 정책을 좌우하려 한다고 비난했다. 이와 같은 전략은 두 업체만 고립시키는 효과를 가져왔다. 셰브론, 엑손(Exxon), 셸(Shell)과 같은 메이저들은 발의안23 지원 세력에 가담하지 않고 중립적 입장을 취했다(Peevey and Wittenberg, 2017: 123). 2002년 패블리 법안 통과 당시 외부 자동차 업체에 적용했던 전략이 다시 성공한 것이다.

발의안23에 반대하는 기본적 주장은 패블리 법안과 AB32의 지지 운동과 마찬가지로 경제적 언어로 표현되었다. 만약 발의안23이 통과되면 캘리포니아는 50만 개 이상의 일자리를 잃게 될 것이라고 경고했다. 재생에너지산업의 '녹색일자리'는 캘리포니아 경제의 미래에 중요한 부분이며, AB32가 무력화되면 그러한 미래가 위협받는다는 것이었다. 이와 같은 프레임은 유권자들의 동의를 확대하는 데에 성공적이었다. 당시의 여론조사에 의하면 65%의 유권자들은 청정기술이 현재나 미래의 캘리포니아에 지속적으로 중요한 일자리 원천이라고 믿었다(Biber, 2013: 418).

실제로 AB32 이후 캘리포니아의 녹색산업은 크게 성장했다. 캘리포니아에서 일어난 청정기술 벤처 투자는 2000년대 말에 이르러 전국적, 국제적으로 최고가 되었다. 2008년에는 33억 달러에 달해 전국 투자의 57%가 캘리포니아에서 발생했다. 2010년에는 전 미국 청정기술 벤처 투자의 70%, 세계 벤처 투자의 50%를 캘리포니아 기업이 획득했다(BACEI, 2010). 결과적으로 녹색산업은 캘리포니아의 고용을 증대시켜서, 재생에너지 분야의 고용이 2002~2010년 사이에 150% 성장했다(Next10, 2014: 41). 샌프란시스코만 지역(San Francisco Bay Area)은 전기차 업체, 협력 업체, 연구기술 클러스터로 인해 전기차 설계 제조의 세계적 중심지가 되었고, 남부 캘리포니아는 배출 감축 기술개발의 미국 중심지가 되었다(Vogel, 2018: 214). 이들 녹색기업은 애플·인텔·구글·페이스북·휴렛패커드·시스코·오라클 등 캘리포니아의 IT 기업들과 시너지 효과를 내면서 첨단 경제를 상징하게 되었다.

이러한 추세는 계속되어 2019년 전 미국 청정기술 벤처 투자 규모는 60억 달러에 달했는데 이 중 52%인 31억 달러가 캘리포니아에 투자되었다. 팬데믹 상황인 2020년 첫 8개월간 녹색 투자 규모는 28억 달러에 이르러,

2020년 말까지 추산하면 2019년도 규모를 오히려 넘어서는 것이었다(NEXT10, 2020: 68). 이러한 결과 실리콘밸리가 위치한 샌프란시스코만 지역의 경제 규모를 단독으로 평가하면 세계 국가들과 비교했을 때 19위에 해당하는 7500억 달러의 GDP 규모(2017년 기준)로 성장하게 된다(BACEI, 2018.6).

기존의 전기 가스 유틸리티 업체들도 발의안23의 반대 캠페인에 동참했다. 선행 규제 정책으로 인해 유틸리티 기업들도 환경 친화적 전환이 진행되어, 이미 녹색 정책 완화에서 얻을 실익이 없었던 것이다. 예를 들면, 캘리포니아 최대 유틸리티 기업인 PG&E는 앞선 규제에 따라 이미 재생에너지와 저탄소에너지 개발에 상당한 투자가 진행되고 있었다(Biber, 2013: 415~416). 같은 이유로 또는 대세를 거스르기 어려워서 2006년에 AB32를 반대하던 기관들이 이제는 중립 입장을 택한 경우도 있었다. 캘리포니아 상공회의소, 석유기업 셰브런, 서부석유협회 등이다(Biber, 2013: 424~425).

결국 발의안23은 2010년 11월 찬반 투표에서 크게 패배했다. 발의안23에 대한 지지는 38.4%, 반대는 61.1%, 즉 23.2%의 표차로 주민들은 강력한 기후 정책을 지지한 것이다. 보다 강력한 온실가스 감축 정책에서 경제적 이득이 생기는 이익집단과 지지층이 창출된 것이 발의안23 패배의 주요 이유인 것이다.

2010년대 중반에는 온실가스 감축을 한층 강화하는 일련의 야심 찬 정책들이 발표된다. 우선 2016년 민주당이 장악한 주의회와 주정부는 2020~2030년까지 온실가스배출량을 1990년 대비 40% 감축하는 목표를 규정한 SB32를 제정했다. AB32가 세워 놓은 2020년까지의 배출량 감축목표 달성이 이미 가시권에 들어오자, 감축 행동을 연장하고 강화하는 정책을 세운 것이다. 목표를 달성하기 위해서는 10년간 매년 평균 4.9%를 감축해야 하는 적극적 정책이었다(NEXT10, 2020). 그러한 SB32 역시 캘리포니아 주민들의 강력한 지지를 받았다. 2016년의 조사에 의하면 68%의 주민이 이와 같은 공격적 목표를 찬성했다. 59%의 주민은 그 정책으로 주유비가 상승할 것이라는 사실을 잘 알고 있었고, 56%의 주민은 전기 요금이 상승해도 좋다고 하는 흔치 않은 반응을 보여주었다(PPIC, 2016). 또한 그와 같은 정책이 고용창출에 긍정적이라고 보는 주민(40%)이 부정적으로 답한 주민(20%)의 두 배에 달했다. 이와 같은 강력한 온실가스 감축 정책에 대한 주민들의 지지는 오늘날까지도 계속되고 있다. 코로나 팬데믹으로 경제가 어려운 2020년에도 SB32 감축목표에 대한 지지가 오히려 77%로 올라갔다(PPIC, 2020). 이와 같은 결과로 향후에도 캘리포니아 주민들은 강력한 온실가스 감축 정책을 지속적으로 지지할 것으로 예상된다.

SB32가 예고됨에 따라 2013년부터 시행되어 온 배출권거래제도 함께 연장되어야 했다. 배출권거래제는 캘리포니아의 450개 감축 단위와 온실가스배출량의 85%를 망라하는 배출 규제의 핵심적이고 최종적 접근법이다(CARB, 2015). 배출권거래제 연장 법안은 AB398로서, 법안의 제안자들은 배출권거래제에 확고한 법적 지위를 부여하기 위해 주의회 양원의 2/3 찬성을 목표로 했다. 그와 같은 다수를 얻기 위해서는 공화당의 지지도 필요했으므로, 법안에 기업과 공화당의 요구 사항들인 배출권 가격 상한의 설정, 감세, 부분적 규제완화 등이 반영되었다(Vogel, 2018: 222). 그것은 소비자, 업계, 경제에 부정적 영향을 최소화하고, 유틸리티 사용자를 보호하는 프로그램을 지속하겠다는 것이다(Climate Action Reserve, 2017).

2017년의 절충된 배출권거래제 연장 법안(AB398)은 환경단체와 경제 단체들의 광범위한 지지를 얻었다. EDF와 NRDC 같은 주류 환경단체들은 산업계와 공화당의 지지를 끌어들일 필요 때문에 타협안을 지지했다. 캘리포니아 상공회의소, 캘리포니아 경영인협회(California Business Roundtable), 농업 관련 협회들도 환경단체와 손을 잡았다. 석유회사들은 명시적으로 지지를 표시하지는 않았으나, 비공개 지지를 택했다(Vogel, 2018: 223). 업계에게 배출권거래제는 적게 배출할수록 재정적 인센티브가 커지는 시장 접근법이므로 직접적 규제보다 부담이 적고 비용효과가 높은 수단이었다(CE2S).

2017년 7월 AB398은 목표한 대로 2/3 이상의 동의로 상하 양원을 각각 통과했다. 2030년 감축목표를 달성하기 위한 방법으로 2021년부터 2030년까지 배출권거래제의 연장을 결정한 것이다. 공화당 의원 8명도 찬성에 합류했다.

재생에너지 정책 또한 온실가스 감축 및 에너지 수입 의존도를 줄이는 주요 정책인 동시에 가장 폭넓게 환영받는 정책이기도 하다. 캘리포니아는 1970년대부터 재생에너지 정책을 시행해 왔고, 2002년부터는 신재생에너지공급의무화(Renewable Portfolio Standard, 이하 RPS) 제도를 도입해 (SB1078) 2017년까지 전력 판매의 20% 이상을 재생에너지로 공급하도록 했다. 재생에너지에 대한 보조금 또는 세제 혜택은 저항이 없는 정책이고, RPS는 오히려 캘리포니아를 비롯한 미국의 여러 주에서 인기 있는 정책이었다. RPS는 환경 개선에도 직접적으로 기여하고, 투자 촉진으로 인해 새로운 산업에 이해당사자가 늘어나고, 일자리가 늘어나는 효과 때문이다 (Biber, 2013: 426).

2015년 새로운 법안(SB350)이 출범해 기존의 RPS를 강화하고 2030년까지 재생에너지 의무 공급 비율을 50%로 하는 목표를 세웠다. 그리고 2018년에 SB100을 제정해 2030년까지 재생에너지 의무 공급 비율 목표를 60%로 수정 상향했고, 2045년까지 캘리포니아의 전력 공급은 100% 탄소중립 전원으로 전환하도록 규정했다(CPUC).

재생에너지의 의무적 공급을 지속적으로 확대 강화할 수 있었던 것은 목표 달성에 대한 자신감과 정책의 경제적 효과에 대한 확신이 있었기 때문이다. 첫째, 2014년 추계에 의하면 캘리포니아 전력의 25%가 이미 재생에너지로 공급되는 것으로 나타났다. 그것은 SB1078가 정해 놓은 마감시한 3년 전에 이미 목표를 초과 달성했다는 뜻이다(CEC, 2014.12.31). 둘째, 2014년에 선진 에너지 분야의 고용이 약 43만에 이르렀고, 다음 해는 전년도 5% 상승에 이어 17%가 상승할 것으로 예측되었다(AEE Institute, 2014.12). 셋째, 이와 같은 성과들은 정책에 대한 압도적 정치적 지지로 표현되었다. SB350이 통과된 2015년의 한 여론조사에 의하면 캘리포니아 주민 85%가 SB350의 RPS 50% 목표를 찬성하는 것으로 나타났다(NRDC, 2015.6). 이와 같은 지지는 크게 변하지 않고 지속적으로 RPS 강화 정책을 뒷받침했다. 2019년과 2020년의 조사에 의하면 2045년까지의 100% 재생에너지 사용 정책을 각각 71%, 77%의 주민들이 절대적으로 지지했다(PPIC, 2019; 2020).

6. 나오며: 요약 및 정책적 함의

캘리포니아는 환경과 경제의 통합적 접근을 통해 미국의 연방정부와 50개 주의 정책 중 가장 선도적이고 성공적인 기후변화 정책을 수행해 왔다. 환경과 경제의 통합은 환경보호에 대한 정치적 지지 세력을 확장하는 효과를 가져왔으며 창출된 지지층은 실효성 있는 정책의 수립을 추동했고, 정책 수행의 효과, 정책의 지속가능성, 성공 가능성을 높였다. 또한 그렇게 형성된 녹색 지지층은 더욱 강력한 기후변화 정책을 다시 지지하는 선순환의 환류 현상이 반복되었다. 그리하여 캘리포니아는 기후변화 정책의 토대가 되었던 대기오염 정책과 에너지 효율성 정책에서 시작해 본격적인 온실가스 감축 정책들과 그 강화 과정, 재생에너지 사용 확대, 에너지 효율성 향상이라는 환경 목표의 달성과 녹색산업 성장과 그에 따른 고용창출이라는 경제적 성과에 이르는 성공을 쌓아왔던 것이다. 캘리포니아가 선도적인 통합적 접근을 성공시킨 데에는 캘리포니아적 특수성들이 존재한다. 그것은 환경과 경제의 상생협력의 전통, 환경보호와 경제성장은 상호의존 관계라는 강한 인식, 환경보호로 경제적 이득을 보는 산업의 존재와 녹색산업의 성장, 캘리포니아 규제 기관의 전문성 및 독립성, 캘리포니아에게만 허용된 강력한 규제를 위한 면제 제도, 환경단체들의 로비 및 연대 활동 등이다.

기후변화 정책에 있어서 환경과 경제의 통합적 접근은 캘리포니아 만의 독특한 방식은 아니다. 그러나 캘리포니아는 지속가능발전, 녹색성장, 그린뉴딜을 추진해 온 많은 정부들 사례 중 평범하지 않은 성공 사례이기 때문에 미국의 여타 주, 미연방정부, 외국 정부가 온실가스 감축 정책의 모델로 캘리포니아를 연구하고 추종해 왔다. 미국의 다른 주들과 연방정부에 미친 영향은 자동차 온실가스배출과 관련한 정책에서 구체적으로 확인된다. 우선 2002년 패블리 법안 이후 2007년까지 미국 인구의 40%에 해당하고 신차 판매의 절반을 차지하는 미국 17개 주가 캘리포니아의 자동차 온실가스배출 기준을 채택했다(Vogel, 2018: 204~205). 그리고 2012년에는 오바마 정부가 강력한 기후변화 대책으로서 캘리포니아의 모델을 따라 기업당 자동차 연비를 2025년까지 평균 1갤런 당 54.4마일(54.4mpg)로 개선하도록 했다. 또한 2012년 전기차 시장을 형성하기 위해 CARB가 발표한 무배출 차량(ZEV) 기준을 이후 뉴욕, 뉴저지, 코네티컷, 매사추세츠 등 다른 9개 주들이 채택해 미국 전체의 신차 설계에 영향을 미치게 되었다. 결국 거의 모든 글로벌 자동차 기업들이 미국 10개 주의 ZEV 정책을 준수하기 위해 전기차, 수소차 등을 개발 제작하게 되었다(Vogel, 2018: 214~215).

2020년 3월 트럼프 정부는 2012년 시작된 연방 연비 기준을 2026년까지 40mpg로 낮춤으로써 온실가스 감축 노력을 크게 후퇴시킨 바 있으나,

세계 최대의 자동차 제조업체 5개사가 오히려 캘리포니아의 평균 연비 기준을 준수하기로 캘리포니아와 법적 합의에 도달함으로써 역시 '캘리포니아 효과'를 확인했다. 당시 13개 주는 이미 캘리포니아의 기준을 따르고 있었고, 새로운 합의도 이들 주에서 시행될 것이므로 미국 전체에 실질적 파급력이 있는 사건이었다(Davenport, 2020).[8] 바이든 정부도 오바마 정부와 마찬가지로 캘리포니아 모델을 활용할 것으로 기대된다. 바이든은 개빈 뉴섬(Gavin Newsom) 캘리포니아 주지사와 만나서 캘리포니아주의 자동차 연비 정책을 연방 정책의 지침으로 활용하는 문제를 논의했다. 또한 바이든 정부는 2035년 이후엔 모든 신차 판매가 ZEV로 대치되는 캘리포니아의 정책을 연방 정책으로 고려 중인 것으로 알려졌다(Davenport, 2021.2.2).

해외 정부들에 대한 캘리포니아의 파급 효과 역시 드러났다. 캘리포니아는 100개의 중국 도시에 대한 기술적 자문을 제공함으로써 중국 전문가들이 인정하는 모범 사례로서 학습되고 있다. 유럽 국가에도 캘리포니아의 선도적 정책이 정책의 속도와 강도를 결정하는 데 있어서 중요한 기준점 역할을 했다는 사실이 관계 전문가들의 증언을 통해 밝혀졌다(Vogel, 2018: 227).

이와 같이 미국의 다른 주, 연방정부, 주요국으로 확산되는 '캘리포니아 효과'는 온실가스 감축의 지구적 거버넌스에 실질적 역할을 하고 있다고 할 수 있다. 만약 캘리포니아 자체의 성공에도 불구하고 성공의 교훈이 전 미국과 세계로 확장되지 않는다면 지구온난화를 저지할 수 있는 실제 효과는 제한적일 것이기 때문이다. 다른 정부들이 캘리포니아의 성공한 실험을 학습해 정책으로 실시하고 있다는 사실은 캘리포니아의 성공을 보다

---

[8] 폭스바겐(Volkswagen), 포드(Ford), 혼다(Honda), BMW, 볼보(Volvo)의 5개사이다. 이들은 미국 전체 시장의 30%를 차지하고 있었다. 2021년 초까지 거의 모든 글로벌 자동차 업체가 캘리포니아의 기준 준수에 합류했다(Szymkowski, 2021.4.7).

보편적으로 적용할 수 있는 가능성으로 보여주는 것이다. 캘리포니아와 같은 조건이 유사하게 갖춰진다면 추진체의 기후변화 정책이 성공할 가능성이 높아질 것이다. 즉 환경 정책 추진에 있어서 경제 변수의 고려, 경제 정책 수행에 있어서 환경 요소의 고려, 주민들의 환경의식 향상 및 환경/경제의 상호의존성의 이해, 녹색산업에 대한 일관성 있는 투자, 규제 기관의 전문성 및 독립성 확보, 제한된 지역에서의 혁신적 실험, 환경단체와 경제 단체의 상호이해 증진 등을 통해 정책의 성공 가능성을 높일 수 있는 것이다. 캘리포니아 사례는 다른 정부의 정책 수립 모델 역할을 할 뿐만 아니라 정책을 비교 평가하는 데 있어서도 불가결한 기준점을 제공하고 있다는 의미에서 캘리포니아의 경험에 대한 지속적 관심이 필요하다 할 수 있다.

참고문헌

AEE Institute(Advanced Energy Economy Institute). 2014.12. *California Advanced Energy Employment Survey*. https://info.aee.net/hs-fs/hub/211732/file-2173902479-pdf/PDF/ (검색일: 2021.4.2).

BACEI(Bay Area Council Economic Institute). 2018.7. "Continuing Growth and Unparalleled Innovation: Bay Area Economic Profile."

Barichella, Arnault. 2020.1.17. "U.S. Presidential Election: For the First Time, Climate is a Top Priority." https://energypost.eu/ (검색일: 2021.3.30).

Berkeley IGS(Institute of Governmental Studies). 2019.9.25. "Berkeley IGS Poll."

Biber, Eric. 2013. "Cultivating a Green Political Landscape: Lessons for Climate Change Policy from the Defeat of California's Proposition 23." *Vanderbilt Law Review*, 66(2), 399~462.

Blackmon, David. 2019.10.10. "California's High Gasoline Prices Are No Accident." *Forbes*.

Broder, John. 2009.5.18. "Obama to Unveit Most Aggressive Auto Fuel Standards." *New York Times*.

C2ES(Center for Cliamte and Energy Solutions). "California Cap and Trade." https://www.c2es.org/content/california-cap-and-trade/ (검색일: 2021.3.20).

CARB(California Air Resources Board) a. "About the California Air Resources Board." https://ww2.arb.ca.gov/about (검색일: 2021.3.15).

_____ b. "California's Greenhouse Gas Vehicle Emission Standards under Assembly Bill 1493 of 2002 (Pavley)." https://ww2.arb.ca.gov/ (검색일: 2021.3.18).

_____ c. "History." https://ww2.arb.ca.gov/about/history (검색일: 2021.3.19).

_____. 2015. "Overview of ARB Emissions Trading Program." https://ww2.arb.ca.gov (검색일: 2021.3.17).

_____. 2018.9.28 "AB32 Global Warming Solutions Act of 2006." https://ww2.arb.ca.gov /resources/fact-sheets/ (검색일: 2021.3.16).

Carlson, Ann. 2013. "Regulatory Capacity and State Environmental Leadership: California's Climate Policy." *Fordham Environmental Law Review*, 24. pp.63~86.

CEC(California Energy Commission). 2014.12.31. *Summary of Renewable Energy Installations*. California Energy Commission.

_____. 2018. "45 Years of Energy Leadership: A Look Back at the CEC." https://www.energy.ca.gov/about. YouTube(6분 12초). (검색일: 2021.3.10).

Center for Clean Air Policy. 2006. *Cost Effective GHG Mitigation Measures for California: Summary Report.* CA: Sacramento.

ChiefExecutive. 2020. "Best and Worst States for Business." *ChiefExecutive.* https://chiefexecutive.net/category/best-worst-states-for-business-20/ (검색일: 2021.4.8).

Climate Action Reserve. 2017. "AB398: California Extends Cap and Trade Program." https://www.climateactionreserve.org/blog/2017/07/20/ (검색일: 2021.3.16).

Climate Action Team. 2006. *Climate Action Team Report to Governor Schwarzenegger and the California Legislature.* Sacramento, CA: CARB.

CPUC(California Public Utility Commission). "Renewables Portfolio Standard (RPS) Program." https://www.cpuc.ca.gov/rps/ (검색일: 2021.4.10).

Davenport, Coral. 2020.8.17. "Defying Trump, 5 Automakers Lock In a Deal on Greenhouse Gas Pollution." *New York Times.*

_____. 2021.2.2. "Automakers Drop Efforts to Derail California Climate Rules." *New York Times.*

Dunlap, Riley and Angela Mertig(eds.). 1992. *American Environmentalism: The U.S. Environmental Movement, 1970~1990.* London: Taylor and Francis.

E2(Environmental Entrepreneurs). "About." https://e2.org/about/ (검색일: 2021.3.31).

EDF(Environmental Defense Fund). 2021. "Cutting Carbon and Growing the Economy: A Decade of Cap-And-Trade Success in California." https://www.edf.org (검색일: 2021.4.2).

Eklind, Sarah. 2011. *How Local Politics Shape Federal Policy: Business, Power, and the Environment in Twentieth Century Los Angeles.* Chapel Hill: University of NC Press.

EPA(Environmental Protection Agency). "Vehicle Emissions California Waivers and Authorizations." https://www.epa.gov/ (검색일: 2021.4.8).

Funk, Cary and Meg Hefferson. 2019.11.25. "U.S. Public Views on Climate and Energy." PRC(Pew Research Center).

Goldenberg, Suzanne. 2010.9.30. "Prop 23 Battle Heats Up in California as Schwarzenegger Comes Out Fighting." *The Guardian.*

Gouldson, Andrew and Peter Roberts(eds.). 2002. *Integrating Environment and Economy: Strategies for Local and Regional Government.* London: Routledge.

Hall, Nina and Ros Taplin. 2010. "Environmental Nonprofit Campaign and State Competition:

Influences on Climate Policy in California." *Voluntas*, 21, pp.62~81.

Hanemann, Michael and Alex Farrell. 2006. *Managing Greenhouse Gas Emissions in California*. Berkeley, CA: University of California, Berkeley, California Climate Change Center.

Hanemann, Michael. 2008. "California's New Greenhouse Gas Laws." *Review of Environmental Economics and Policy*, 2(1), 114~129.

Karapin, Roger. 2016. *Political Opportunities for Climate Policy: California, New York, and the Federal Government*. New York: Cambridge University Press.

Kelsey, Nina and Alice Madden. 2014. "The United States: Local Green Spirals, National Ambiguity." *Can Green Sustain Growth? From the Religion to the Reality of Sustainable Prosperity*. edited by John Zysman and Mark Huberty, pp.125~149. Stanford, CA: Stanford University Press.

Kettl, Donald and Stephen Goldsmith(eds.). 2009. *Unlocking the Power of Networks: Keys to High-Performance Government*. Washington, DC: Brookings Institution Press.

Knox-Hayes, Janelle. 2012. "Negotiating Climate Legislation: Policy Path Dependence and Coalition Stabilization." *Regulation and Governance*. 6, pp.545~567.

Lauter, David. 2019.12.6. "Hit by Fires and Droughts, California Voters Call Climate Change Their Top Priority." *Los Angeles Times*.

Mazmanian, Daniel, John Jurewitz and Hal Nelson. 2008. "California's Climate Change Policy: The Case of a Subnational State Actor Tackling a Global Challenge." *Journal of Environment and Development*. 17(4), pp.401~423.

_____. 2020. "State Leadership in U.S. Climate Change and Energy Policy: The California Experience." *Journal of Environment and Development*, 29(1), pp.51~74.

NEXT 10. 2014. "California Green Innovation Index." https://www.next10.org (검색일: 2021.4.2).

_____. 2020. "California Green Innovation Index." https://www.next10.org.

Nichols, Mary. 2009. "California's Climate Change Program: Lessons for the Nation." *UCLA Journal of Environmental Law*, 27, pp.185~212.

NRDC(Natural Resources Defense Fund). "About Us." https://www.nrdc.org/about#mission (검색일: 2021.3.17).

_____. 2007. "A Golden Opportunity: California's Solutions for Global Warming." www.nrdc.org/globalWarming/ca/ca.asp (검색일: 2021.3.17).

_____. 2015.6. "California Environmental Issues Survey." in NRDC Fact Sheet.

Peevey, Michael and Diane Wittenberg. 2017. *California Goes Green: A Roadmap To Climate Leadership*. North Charleston, SC: CreateSpace Independent Publishing Platform.

PPIC(Public Policy Institute of California), 2006. "PPIC Statewide Survey: Californians and the Environment." https://www.ppic.org/survey (검색일: 2021.4.3).

_____. 2016. "PPIC Statewide Survey: Californians and the Environment." https://www.ppic.org/survey (검색일: 2021.4.3).

_____. 2019. "PPIC Statewide Survey: Californians and the Environment." https://www.ppic.org/survey (검색일: 2021.4.3).

_____. 2020. "PPIC Statewide Survey: Californians and the Environment." https://www.ppic.org/survey (검색일: 2021.4.3).

Rabe, Barry. 2009. "Governing the Climate from Sacramento." in Donald Kettl and Stephen Goldsmith(eds.). *Unlocking the Power of Networks: Keys to High-Performance Government*, pp.34~61. Washington, DC: Brookings Institution Press.

Shabecoff, Philip. 1993. *A Fierce Green Fire: The American Environmental Movement*. New York: Hill and Wang.

Szymkowski, Sean. 2021.4.7. "Biden Administration: Stricter Fuel Economy and Emissions Proposal Coming By July." *Road Show*.

Vogel, David. 2018. *California Greenin': How the Golden States Became an Environmental Leader*. Princeton: Princeton University Press.

_____. 2019. "Promoting Sustainable Government Regulation: What We Can Learn From California." *Organization and Environment,* 32(2), pp.145~158.

Whitfield, Martin and Douglas Hart. 2002. "American Perspectives on Economic Development and Environmental Management: Changing the Federal-Local Balance." in *Integrating Environment and Economy: Strategies for Local and Regional Government*. edited by Andrew Gouldson and Peter Roberts, pp.33~42. London: Routledge.

Yale Program on Climate Change Communication and George Mason University Center for Climate Change Communication. 2016. "Politics and Global Warming."

Zysman, John and Mark Huberty(eds.). 2014. *Can Green Sustain Growth? From the Religion to the Reality of Sustainable Prosperity*. Stanford, CA: Stanford University Press.

제17장

아세안의 탄소중립 정책과 그린뉴딜

이진영_전북대 국제인문사회학부 조교수

1. 들어가며

2015년 제70차 UN총회에서 채택된 UN 지속가능발전목표(SDGs)는 선진국과 개발도상국의 지속가능한 발전을 추구하기 위해 경제성장뿐만 아니라, 생태계 및 환경보전의 주요 목표를 제시하고 있다. 더불어 국제사회는 코로나19 팬데믹 상황하에서 선진국과 개발도상국의 상호발전 및 지속가능발전을 위한 노력의 일환으로 그린뉴딜 정책을 강조하고 있다. 국제사회의 이러한 노력은 경제성장 과정과 그 결과에 있어 환경과 생태계에 대한 고려가 반드시 필요함을 시사하고 있다. 이와 같은 배경하에 이 연구는 동남아시아 국가를 중심으로 국제 수준(level)의 기후변화, 환경 정책이 지역 수준에서 어떻게 수용되고 있는지 살펴보고자 한다.

이 연구의 핵심 사례로 동남아시아 국가(지역)를 선택한 이유는 세 가지로 요약된다. 첫째, 동남아시아 국가는 다양한 경제성장 및 발전 정도를 보여주고 있다. 예를 들어 싱가포르와 브루나이의 경우 경제발전 수준이 상대적으로 높으며 태국, 인도네시아, 말레이시아, 베트남의 경우 중간국의 경제발전을 보여주고 있다. 반면 라오스, 캄보디아, 미얀마의 경우 국제사회로부터 대규모의 공적개발원조(Official Development Assistance, ODA)를 받음에도 불구하고 더딘 경제성장을 보이고 있다. 따라서 동남아시아 지역은 경제발전 정도에 따라 선진국과 개발도상국, 최빈 개발도상국(Least Developed Countries, LDCs) 간의 역동성을 볼 수 있는 사례이다.

둘째, 동남아시아국가연합(Association of Southeast Asian Nations(ASEAN), 이하 아세안)은 동남아시아 지역에 위치한 국가 간 협력체로 2021년 현재 동티모르를 제외하고 10개 국가가 회원국으로 구성되어 있다. 아세안은 기본적으로 내정불간섭 원칙과 협의에 의한 합의 원칙을 채택하고 있기 때문에 동남아시아 10개 국가의 합의를 중심으로 운영되고 있다. 따라서 국가 단위의 탄소중립 정책 채택이 아세안이라는 지역협력체 수준에서 논의될 때 어떤 모습을 보이는지 그 특징을 살펴볼 필요가 있다. 앞서 언급한 사례 선택의 첫 번째 이유와 비슷한 맥락에서 볼 때, 싱가포르와 브루나이의 경우 탄소중립 정책을 적극적으로 지지할 수 있는 반면, 라오스, 베트남, 캄보디아와 같이 국가정책의 우선순위가 경제성장인 국가의 경우 탄소중립 정책 채택을 미룰 수 있기 때문이다. 이렇게 입장 차이가 확연히 다른 어젠다 채택은 아세안 차원에서 어떻게 논의되는지 의견 수렴 과정의 주요 영향에 대해 주목하고자 한다.

셋째, 한국의 외교 정책과 연계되는 부분으로 2017년 11월 문재인 정부에 의해 채택된 신남방 정책(New Southern Policy)은 동남아시아 국가, 인도와의 외교관계를 4강(미국·중국·일본·러시아) 수준으로 강화할 것을 주요 목적으로 하고 있다. 더불어 2019년 한-아세안 특별 정상회의 및 한-메콩 정상회의 결과, '신남방 정책 플러스(plus)'로 정책이 확대되어 동남아시아 및 인도와의 협력이 더욱 강화되고 있다. 따라서 한국 정부의 탄소중립 및 그린뉴딜 정책은 이들을 고려한 경제 및 외교 정책의 일환에서 살펴볼 필요가 있다. 이와 같은 사례 선택의 이유를 중심으로, 이 연구는 동남아시아 국가의 탄소중립 정책에 대한 주요 국가(예: 싱가포르, 태국, 인도네시아)의 입장과 아세안 지역협력체 수준의 논의 단계 또한 살펴보고자 한다. 이를 통해 향후 한국 정부의 신남방 정책과의 협력 분야를 모색해 보고자 한다.

2. 동남아시아 주요 국가의 탄소중립 정책 현황

아시아 국가들의 최근 정책 동향을 분석하면, 역내 신흥경제국가들은 석탄화력발전보다 청정 재생에너지 기반 발전 사업을 선호하고 있다. 베트남의 경우 발전차액지원(FIT) 제도를 통해 동남아시아 최대 태양광 패널 설비용량을 보유하고 있다(《법률신문》, 2020.12.18). 또한 베트남 에너지연구소는 대중의 의견을 수렴하기 위해 제8차 전력개발계획의 초안을 발표했다. 필리핀의 경우 필리핀 에너지 장관 알폰소 쿠시(Alfonso Cusi)는 석탄화력발전소의 필리핀 내 신규 건설을 잠정적으로 중단한다고 선언했다.

최근 10여 년간 동남아시아 10개국의 CO_2 배출량 추이를 보면, 인도네시아, 태국, 말레이시아, 베트남, 필리핀 순으로 CO_2 배출량이 많음을 알 수 있다. 2017년을 기점으로 인도네시아와 베트남의 경우 다른 국가에 비해 CO_2 배출량이 상대적으로 증가하고 있다(〈그림 17-1〉 참고).

반면 인구 규모 대비 국가별 1인당 이산화탄소배출량(CO_2 per capita)을 보면 위의 〈그림 17-1〉과 달리 '브루나이 > 말레이시아 > 싱가포르' 순으로 CO_2 배출량이 많음을 알 수 있다. 싱가포르의 경우 2015년을 기점으로 감소한 반면 라오스는 2015년을 기점으로 증가하고 있다(〈그림 17-2〉 참고).

그림 17-1 동남아시아 10개국 CO₂ 배출량 추이(2010~2019)   (단위: CO₂)

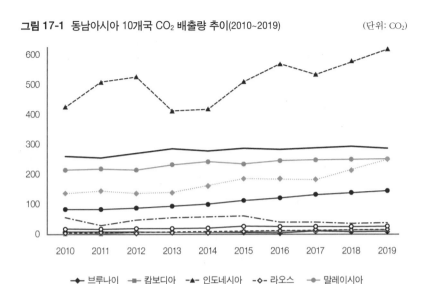

자료: https://github.com/ (검색일: 2021.3.30).

그림 17-2 동남아시아 국가별 1인당 CO₂ 배출량(2010~2019)   (단위: CO₂ per capita)

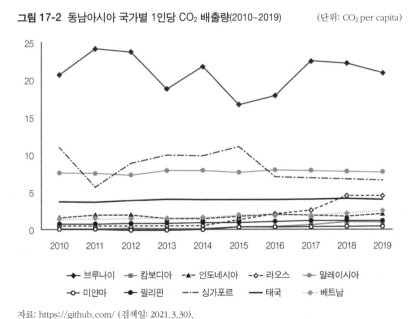

자료: https://github.com/ (검색일: 2021.3.30).

표 17-1 동남아시아 국가의 NDC 수립 및 주요 내용

구분	NDC 제출 연도	주요 내용
라오스	2016.9.7	- 2020 산림 전략(forestry strategy) - 재생에너지 발전전략 - 지방 전화(rural electrification) 프로그램 - 자발적 감축행동(NAMAs)에 기반한 수송 및 운송수단 활용 - 대규모 수력발전 사용 확대 - 기후변화 행동계획 이행
말레이시아	2016.11.16	2030년까지 2005년 배출집약도 대비 35% 감축, 국제적 지원 시 45% 감축
미얀마	2017.9.19	산림, 에너지, 기후변화와 환경
베트남	2016.11.3 2020.9.11	2030년까지 BAU 대비 9% 감축, 국제적 지원 시 27%까지 감축
브루나이	2020.12.31	2030년까지 2015년 대비 온실가스배출량 20% 감축
싱가포르	2016.9.21 2020.3.31	2030년까지 2005년 배출집약도 대비 36% 감축, 2030년까지 배출 정점 도달
인도네시아	2016.11.6	2030년까지 BAU 대비 29% 감축, 국제적 지원 시 41%까지 감축
캄보디아	2017.2.6 2020.12.31	2030년까지 BAU 대비 27% 감축
태국	2016.9.21 2020.10.26	2030년까지 BAU 대비 20% 감축, 국제적 지원 시 25% 감축
필리핀	2021.4.15	2030년까지 BAU 대비 70% 감축

자료: 강상인 외(2017), 〈표 2-14〉 및 UNFCCC(NDC Registry) 재인용.

이와 같이 동남아시아 국가들은 경제 및 사회 발전 정도에 따라 국가 간에 차이가 클 뿐만 아니라, 일관된 기준으로 설명하기 어려운 한계가 있다. 하지만 동남아시아 국가들 역시 국제사회의 주요 규범 이행을 위해 동참하고 있으며 기후변화 및 환경과 관련한 어젠다에 참여하고 있다. 〈표 17-1〉은 동남아시아 국가의 국가결정기여(NDC) 수립, 제출 연도와 주요 내용을 요약한 것이다. NDC는 각국이 2030년까지 CO_2 배출을 50%로 제한하고 (단기 목표) 2050년까지 넷제로를 달성(장기 목표)하기 위한 방안이 제시된 계획을 의미한다. 물론 개발도상국의 입장에서 보면 경제성장을 촉진하는

표 17-2 싱가포르의 주요 환경 정책

연도	주요 내용
1970	대기 오염 방지를 위해 총리실(prime minister's office) 산하 공해방지부서(anti-pollution unit) 설립
1972	스톡홀름에서 개최된 유엔환경회의(UN Conference on the Human Environment)에 따라 환경부(Ministry of Environment) 설립
1992	당시 싱가포르 대사 토미 고(Tommy Koh)는 유엔환경개발회의(United Nations Conference on Environment and Development, UNCED)의 기본협약 초안 작성에 핵심역할을 했으며, UNCED에서 UNFCCC이 채택. 또한 환경 지속가능성을 위한 싱가포르의 첫 번째 그린 플랜(green plan) 발표
2009	싱가포르의 지속가능한 개발을 위한 2030년까지의 장기전략계획 수립(Sustainable Singapore Blueprint 2030)
2010	UNFCCC의 코펜하겐 협정(Copenhagen Accord)을 지지하는 기후 서약(climate pledge) 발표
2012	기후변화에 대응하기 위한 싱가포르의 전략과 계획 발표(기후변화와 싱가포르: 도전, 기회, 파트너십)
2015	제21차 기후변화협약 당사국 총회, 파리 협정(Paris Agreement) 채택, 싱가포르 온실가스 감축목표(NDC) 제출
2016	온실가스 감축을 위한 「기후 행동 계획(Climate Action Plan)」 발간
2020	UNFCCC에 장기저탄소발전전략(Long-term Low Emissions Development Strategy)과 NDC의 보완 내용 제출

자료: National Climate Change Secretariat(2020: 31) 재인용.

과정에서 석탄 사용량이 많기 때문에 상대적으로 탄소중립 및 규범 채택이 반가울 리 없다.

베트남, 싱가포르, 캄보디아, 태국은 2016년 또는 2017년에 첫 번째 NDC를 제출한 후 2020년에 그 내용을 보완한 자료를 제출했다. 국가마다 경제성장률 및 사회 제반 조건을 고려해 감축률을 책정했으며, 베트남과 같이 약 8%의 감축률을 제시한 국가가 있는 반면 필리핀과 같이 약 70%를 감축목표로 설정한 국가가 있다. 대부분의 국가는 20~30% 내외의 감축률을 설정했고, 국제사회의 지원이 있는 경우 감축률을 더욱 높이는 등 조건을 명시한 경우도 있다.

이상의 내용을 종합해 보면, 동남아시아 국가는 국가의 경제 및 사회발전 정도에 따라 목표 설정의 차이를 보이고 있다. 구체적으로 싱가포르, 태국, 인도네시아의 사례를 통해 국가별 환경 정책 수립 및 변화 과정을 간략히 살펴본다.

1) 싱가포르

싱가포르는 동남아시아 국가 중 환경 정책을 가장 먼저 수립한 국가이다. 1970년대부터 2020년까지 싱가포르의 주요 환경 정책을 보면 〈표 17-2〉와 같다.

싱가포르는 파리협정을 토대로 NDC와 LEDS를 수립했다. 구체적인 내용으로 전자제품 제조 등 첨단 산업에서 배출되는 삼불화질소(NF3)를 온실가스 범주에 새롭게 포함했으며, 2030년 온실가스배출 집약도는 2005년 대비 약 36% 감축하는 것이다(에너지경제연구원, 2020). 싱가포르는 온실가스 배출 감축을 위해 발전 부문에서 석유를 가스로 전환해 총발전량 중 가스 비중을 2000년 18%에서 2019년 95%까지 확대한 바 있다. 또한 싱가포르는 LEDS를 통해 2050년까지 온실가스 최대 배출량을 절반 수준으로 달성하고 이후 50년 내로 탄소중립을 달성할 계획이다. 이를 위해 산업, 경제 및 사회 전반에서의 전환, 저탄소기술 보급 및 확대, 국제 협력의 필요성을 강조하고 있다. 이와 같이 싱가포르는 1970년대부터 지속적으로 환경 정책을 유지, 발전시키고 있음을 알 수 있다.

2) 태국

앞의 〈표 17-1〉에 의하면 태국 역시 최근 NDC의 내용을 수정·보완해 제출했다. 2016년에 발표한 첫 번째 NDC와 2020년에 발표한 두 번째 NDC의 가장 큰 차이점은 국제시장의 필요성을 강조한 점이다. 태국은 온

표 17-3 태국의 주요 에너지 정책

에너지 정책	목적	목표와 가정
PDP 2015	환경영향을 고려하여 효율성을 높이고 전력수요를 줄이기	EEP의 에너지 절약은 15%의 예비 마진의 신뢰성과 연료의 다양성 포함
EEP 2015	2010년 대비, 2036년까지 에너지 강도 30% 감축	운송 부문 에너지 집약도 58%, 산업부문 29%, 건축 및 가구(household) 부문 12%, 기타 1% 감축
AEDP 2015	2036년까지 재생에너지 비율 30% 증가	재생 가능한 전기와 열(thermal) 에너지 활용 증가, 운송 부문에서 바이오연료(biofuels) 활용 확대

자료: Misila et al.(2020: 3), 〈Table 1〉 재인용.

실가스 감축을 위한 협력과 지속가능한 개발 촉진을 위해 국제시장에 기반을 둔 협력이 필요함을 강조하고 있다. 다시 말해, 태국은 파리협약 제6조에 명시된 바와 같이 양자, 지역 및 다자협력의 필요성을 다시 한번 강조하고 있다. 또한 기술이전 및 개발은 물론 재정 확보와 역량 강화 등 시장 기반 메커니즘의 주요 역할인 비용-효과를 고려한 완화 조치가 시행되어야 함을 언급하고 있다(Yurnaidi et al., 2021). 온실가스배출 감축 및 환경, 에너지와 관련한 태국의 주요 정책은 〈표 17-3〉과 같이 요약된다.

2015년 태국 에너지 효율 계획(Energy Efficiency Plan of 2015), 국가 완화 조치(Nationally Appropriate Mitigation Action, NAMA), NDC에 명시한 바와 같이 기후기술센터 및 네트워크(Climate Technology Center & Network, CTCN)와 협력해 온실가스배출 감축을 위해 노력하고 있다. 태국은 NDC 로드맵에 따라 2030년 온실가스배출 전망(BAU) 중 1억 1156만 톤의 온실가스배출 감축을 달성했고, 에너지 효율성 및 재생에너지 사용으로 1억 1300만 톤이 더 감축될 것으로 예상된다(CTIS).

태국은 처음으로 국가 적응 계획(National Adaptation Plans, NAP)을 도입, 2020년부터 2037년까지 6개 우선 부문(수자원 관리, 농업 및 식량 안보, 관광, 공중 보건, 자연 자원 관리, 생활 터전 정착 및 안전)을 선정했다(Yurnaidi et al., 2021). 태국은 또한 도시 계획 개발의 일환으로 '스마트 시티(smart city)' 전략을 추진하고 있다. 이는 첨단기술과 환경 관리 기술 활용을 강조하는 것으로 에너지 절약 및 온실가스 감축에 대한 하나의 대안으로 볼 수 있다(Chaichalo-empreecha et al., 2020).

3) 인도네시아

인도네시아는 2009년 피츠버그에서 개최된 G20 정상회의에서 국제사회의 지원하에 단독으로 약 26%, 최대 41%까지 탄소배출량을 감축하겠다고 선언했다. 인도네시아는 파리협정에 기반해 2030년까지 동일 기준선에 대해 탄소배출량을 약 29% 감축할 것을 약속했다. 이와 같은 탄소배출량 감소를 위해 인도네시아 정부는 토지 및 임업 관리, 에너지 개발 및 보존, 폐기물 관리 식별과 같은 내용을 포함한 핵심 분야를 선정했다(Climate Scorecard, 2018.6.10).

인도네시아는 2030년까지 지구 온도 상승을 약 1.5℃로 유지하는 데 힘쓸 것을 로드맵에 제시하고 있다. 이 수치는 전 세계 배출 감축량의 약 7~8%에 해당하는 규모로 인도네시아의 중앙정부와 지방정부의 협력이 반드시 필요한 것임을 시사한다(GCF Task Force, 2020).

〈그림 17-3〉은 기후변화 유형에 따른 인도네시아 행정구역별 규제 정도를 도식화한 것이다. 행정구역별 규제의 대부분은 환경 관리 계획으로 약 23개 행정구에서 언급되었다. 다음으로 약 18개 지역구에서 환경 전략 연구가 언급되었으며, 기후변화를 언급한 지역구는 17개 정도이다.

그림 17-3 인도네시아 행정구역별 환경 규제 분야

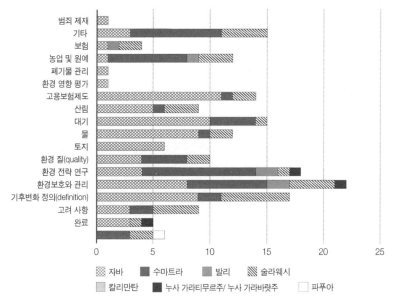

3. 아세안 지역협력체 차원의 탄소중립 정책

아세안은 동남아시아에 위치한 국가들의 지역협력체로 글로벌 기후변화에 적극적으로 대응하고 동남아시아 역내에서 주도적 역할을 수행하고 있다. 또한 동남아시아 역내 기후변화 및 환경 이슈에도 관심을 갖고 이와 관련한 선언문과 성명서 등을 발표해 환경 의제 생성 및 회원국 간 관심 제고를 위한 노력을 하고 있다. 아세안 정상들은 기후변화와 관련한 글로벌 차원의 노력에 적극적으로 동참하고 있으며, 이에 대한 예로 2007년, 2009년, 2011년, 2014년 기후변화와 관련된 주요 선언문과 성명서가 채택되었다. 특히 2009년 수립된 아세안 기후변화작업반(ASEAN Working Group on

표 17-4 ASCC 청사진 2025: 지속가능성과 회복탄력성

구분	주요 내용
지속가능성	· 생물다양성과 천연자원의 보존 및 지속가능한 관리 · 환경적으로 지속가능한 도시 · 지속가능한 기후 · 지속가능한 소비와 생산
회복탄력성	· 재해에 대한 회복력 있는 아세안(신속하고 정확한 재해 예측, 대응, 적응, 회복) · 보건 관련 위험(생물학적, 화학적, 방사능 관련 및 신규 위험)에 대응하는 보다 안전한 아세안 · 기후변화의 영향에 적응하기 위한 제도 및 인적 역량 강화 · 기후변화 관련 위험, 재해, 기타 취약성을 경감하기 위해 취약계층에 대한 사회적 보호 강화(여성, 아동, 노약자, 장애인, 소수민족, 위험지역 거주민 등) · 자원의 이용가능성, 접근성, 비용, 지속가능성을 강화해 위기 시 재정 시스템, 식량, 물, 에너지, 사회보장제도 강화 및 최적화

자료: 문진영 외(2019: 189), 〈표 5-6〉 재인용.

Climate Change, AWGCG)는 아세안 사회-문화공동체(ASEAN Socio-Cultural Community, ASCC) 수립의 연장선상에서 설립되었으며, 이에 대한 구체적인 이행을 위해 2012년에 기후변화 대응 아세안 공동행동계획(Action Plan on Joint Response to Climate Change)가 채택되었다. 이와 같이 아세안은 지역협력체 차원에서 기후변화 이슈에 적극적으로 대응하고 회원국의 참여를 추진하고 있다.

ASCC 청사진 2025는 환경과 관련한 주요 내용으로 지속가능성과 회복탄력성을 언급하고 있다. 지속가능한 항목의 주요 내용은 아세안의 균형 잡힌 사회개발과 지속가능한 환경을 목표로 생물다양성과 천연자원의 보존 및 지속가능한 관리, 환경적으로 지속가능한 도시, 지속가능한 기후, 지속가능한 소비와 생산 등을 언급하고 있다. 이와 더불어 회복탄력성과 관련한 내용들을 정리하면 〈표 17-4〉와 같다(문진영 외, 2019).

또한 기후변화 대응을 위한 아세안의 다양한 프로그램이 수행되고 있으며, 이와 같은 프로그램은 미국, 독일 및 EU를 포함한 역외 국가와의 협력 확

그림 17-4 동남아시아의 CO_2 배출 감축 시나리오(2010~2040)   (단위: Mt CO_2eq.)

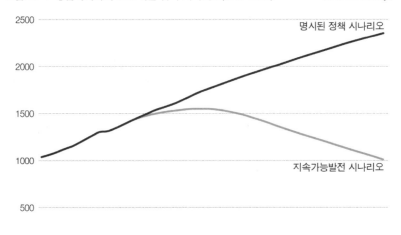

자료: https://www.iea.org/ (검색일: 2021.4.2).

장 가능성을 보여준다. 예로써 2009년부터 2013년까지 수행된 "Rehabilitation and Sustainable Use of Peatland Forests in Southeast Asia"가 있으며, 이 프로젝트는 'Biodiversity and Climate Change(2010~2015)'의 일환으로 독일로부터 재정적 지원을 받았다. 이 외에도 'A Workshop and Exchange on Climate Resilient Cities(2010)', 'Workshops on Risks and Impacts from Extreme Events(2010)', 'The ASEAN Plus Three Youth Environment Forum: Creating a Climate for Change(2010)' 등이 있다. 특히 APT Youth Environment Forum 이후 'Statement on ASEAN Plus Three Youth Actions on Environment'가 채택되는 등 아세안을 포함한 동아시아 국가와의 협력 가능성을 보여준 사례라 할 수 있다.

기후변화 및 환경 이슈와 관련한 아세안의 노력을 토대로 향후 2040년까지 동남아시아 지역의 이산화탄소배출 감소를 예측해 보면 〈그림 17-4〉

와 같다. 제안 정책 시나리오에 의하면 이산화탄소배출은 지속적으로 증가하고 있음을 알 수 있다. 반면 지속가능발전 시나리오에 의하면 2025년을 기점으로 이산화탄소배출량이 감소할 것으로 예측하고 있다.

4. 나오며: 신남방 정책과의 연계 방안 모색

2020년 11월 개최된 제17차 아세안+3(ASEAN plus three, APT)와 제14차 동아시아정상회의(East Asia Summit, 이하 EAS) 에너지장관회의에서 한국 정부는 화석연료기반 발전 축소와 CCUS 상용화, 신재생전원 및 수소의 역할 확대, 에너지 효율 향상 등을 적극적으로 추진할 것을 언급했다(산업통상자원부, 2020.11.20). 2050 탄소중립 달성을 위해 탄소 포집, 활용, 저장 기술 확보를 위해 미국, 일본 등과 합류해야 한다는 주장이 제기되었다. 미국, 일본, 호주, 아세안이 CCUS 상용화를 위해 협력하는 만큼 한국도 이에 합류해 기술 공유를 추진해야 한다는 것이다. CCUS는 석유화학 공장이나 석탄발전소에서 발생하는 이산화탄소를 포집해 재사용하거나 해저 깊은 곳에 저장해 대기 중으로 흘러 들어가지 않도록 처리하는 기술을 말한다.

한국 정부는 2018년부터 브루나이와 함께 재생대체에너지발전(Renewable and Alternative Power, RAPG)의 공동의장국을 수임하면서 역내 재생에너지 확산을 위해 노력[말레이 섬을 대상으로 태양광+ESS 모델 개발 타당성 조사 지원(2019), 브루나이 지역 대상 풍력발전사업 타당성조사 추진(2020)]하고 있다. 앞으로도 한국 정부는 에너지 수요관리, 스마트 전력망 구축, 재생에너지-ESS 연계 모델 개발 등 EAS 회원국들이 우리와 협력을 희망하는 분야를 적극적으로 발굴, 지원할 것을 언급했다(산업통상자원부, 2020.11.20).

이와 같은 노력은 신남방 정책 플러스의 세부 이행 과제와 연계될 때 시너지 효과가 클 것으로 예상된다. 예를 들어 2021년 2월 한국 기획재정부와 인도네시아 재무부는 공동으로 '기후변화 프로그래밍 워크숍'을 화상으로 개최했다. 워크숍의 주요 주제는 한국의 기후변화 대응 정책, 사업 경험을 공유하고 인도네시아의 녹색산업 촉진 방안을 논의하는 것으로 한국-인도네시아 간 전략적 파트너십을 강화해 한국형 그린뉴딜 협력사업 발굴을 목적으로 한다(기획재정부, 2021.2.4).

무엇보다 기후변화 및 환경 이슈는 초국경 이슈라는 점에서 반드시 국가 간 협력이 필요하며, 이를 위해 제도와 정책 수립이 요구되는 분야라 할수 있다. 동남아시아 개별국가의 환경 정책 수립 사례뿐만 아니라 아세안 지역협력체의 기후변화 대응 노력을 통해 다음과 같은 시사점을 도출할수 있다. 첫째, 아세안의 특수성을 고려할 때 현재와 같은 프로그램 및 워크숍 단위의 활동을 통해 환경 이슈에 적극적으로 참여하는 방안을 모색해야 한다. 특히 동남아시아와 같이 국가 간의 경제 및 사회 발전 정도에 따른 개발 격차가 크기 때문에 아세안 회원국 모두 환경 이슈에 관심을 갖기 어렵다는 한계가 존재한다. 따라서 이를 완화할 수 있고, 경제성장과 환경보존을 함께 할 수 있는 방향으로 나아가는 정책이 구상되어야 한다.

둘째, 신남방정책의 이행 과제 중 비전통 안보에 해당하는 환경 이슈를 적극적으로 발굴해 한국의 선진 경험을 연계하는 방안을 모색할 수 있다. 예를 들어 동남아시아 해양 국가를 중심으로 한 해양 생태계 문제, 해양 쓰레기 문제 등을 해결하기 위해 청항선 운행을 도입하는 방안 등이 있다.

셋째, APT 내 환경 이슈를 적극적으로 다룸으로써 지속가능발전을 위한 동아시아 국가 간의 연대감을 강화할 수 있다. 이에 대한 기존 프로그램들은 다양한 주제들을 포괄하고 있다. 예를 들어 'ASEAN Environmentally Sustainable Development Film Festival: Change the Climate Change', 'ASEAN-India Expert Meeting on Regional Programme of Climate Change',

'The Yogyakarta City Greenhouse(GHG) Emissions and HEAT+: Launch and Training', 'ASEAN Action Plan on Joint Response to Climate Change', 'Climate Leadership Academy(CLA) on Urban Climate Adaptation for Cities in Southeast Asia' 등이 있다. 이러한 예를 통해 볼 때, 기후변화와 환경 이슈는 국가뿐만 아니라 지역 그리고 전 지구적 차원의 관심과 노력이 필요한 핵심 분야이다.

참고문헌

강상인 외. 2017. 「NDC 및 적응 커뮤니케이션 세부 지침 마련을 위한 대응 방안 연구」. 한국환경연구원.

국가기후기술정보시스템(CTIS). https://www.ctis.re.kr/.

기획재정부. 2021.2.4. "한-인도네시아 기후변화 정책·사업 경험 공유 행사 개최." https://www.korea.kr/news/pressReleaseView.do?newsId=156435418&pWise=main&pWiseMain=E1 (검색일 2021.3.31).

김연규 외. 2018. 『글로벌 기후변화 거버넌스와 한국의 전략』. 한울엠플러스.

문진영 외. 2019. 「아세안 사회문화공동체와 한국의 분야별 협력방안」. 대외경제정책연구원.

산업통상자원부. 2020.11.20. "산업부, ASEAN+3 및 EAS 에너지장관회의 참석." http://www.motie.go.kr/motie/gov3.0/gov_openinfo/sajun/bbs/bbsView.do?bbs_seq_n=163541&bbs_cd_n=81 (검색일: 2021.3.30).

에너지경제연구원. 2020. "세계 에너지시장 인사이트, (주요 단신) 싱가포르, 신규 NDC와 장기 저탄소발전전략 수립". http://www.keei.re.kr/insight?open&p=%2Fweb_energy_new%2Fcountry.nsf%2Fenergy_info_d.html&s=%3Fopen%26menu%3Dcountry%26code%3DS9_12%26name%3D%25EC%258B%25B1%25EA%25B0%2580%25ED%258F%25AC%25EB%25A5%25B4%26pcode%3DS9%26pname%3D%25EC%2595%2584%25EC%258B%259C%25EC%2595%2584%25E3%2586%258D%25ED%2598%25B8%25EC%25A3%25BC (검색일 2021.3.30).

유엔기후변화협약(UNFCCC) NDC Registry. https://www4.unfccc.int/.

한정현. 2021. 「국제 무역규범과 환경규범의 경쟁과 공존: EU 탄소국경조정제도를 중심으로」. ≪국제·지역연구≫, 30(1).

≪법률신문≫. 2020.12.18. "베트남, 태양광 산업 해외 투자 관련 규제의 향방". https://m.lawtimes.co.kr/Content/Article?serial=166671 (검색일 2021.3.30).

Chaichaloempreecha, Achiraya et al. 2020. "Chiangmai Smart City Initiative: A Scenario-based Assessment." ICUE 2020 on Energy, Environment and Climate Change Asian Institute of Technology.

Climate Scorecard. 2018.6.10. "Indonesia's Nationally Determined Contribution," https://www.climatescorecard.org/2018/06/indonesias-nationally-determined-contribution/

(검색일: 2021.3.30).

GCF(Governors' Climate & Forests) Task Force. 2020.8.21. "Indonesian Provinces Craft NDC Roadmap to Reduce Emissions from the Forest and Land Use Sectors." https://www.gcftf.org/indonesian-provinces-craft-ndc-roadmap-to-reduce-emissions-from-the-forest-and-land-use-sectors/ (검색일: 2021.3.30).

IEA. 2019.10. "Southeast Asia Energy Outlook 2019: Comprehensive Review of a Region on the Rise." https://www.iea.org/reports/southeast-asia-energy-outlook-2019 (검색일: 2021.4.2).

Misila, Pemika, Winyuchakrit Pornphimol, Limmeechokchai Bundit. 2020. "Thailand's long-term GHG Emission Reduction in 2050: the Achievement of Renewable Energy and Energy Efficiency Beyond the NDC." *Heliyon*, 6, p.3.

National Climate Change Secretariat. 2020. "Charting Singapore's Low-Carbon and Climate Resilient Future." Singapore: National Climate Change Secretariat.

Sulistiawati, L.Y. 2019. "Indonesia's Climate Change National Determined Contributions, a farfetch dream or possible reality?" The 4th International Conference on Climate Change.

The Straits Times. 2020.2.29. "Singapore's 2050 target: Halve emissions from 2030 peak." https://www.straitstimes.com/singapore/environment/spores-2050-target-halve-emissions-from-2030-peak (검색일: 2021.3.30).

Yurnaidi, Zulfikar et al. 2021. "ASEAN Climate Action: A Review of Nationally Determined Contributions Updated in 2020." *ASEAN Centre for Energy Policy Brief*, 2, p.4.

제18장

일본의 탄소중립과 그린뉴딜 정치

임은정_국립공주대학교 국제학부 부교수

1. 들어가며

기후변화 대응을 위한 탈탄소화는 더 이상 거스를 수 없는 국제적인 정책 기조가 되었다. 2015년에 파리에서 개최된 유엔기후변화협약(UNFCCC) 제21차 당사국총회(COP 21)에서 결의된 파리기후협약(이하 파리협약)의 2조에는 산업화 이전과 비교해 지구 온도의 상승 폭을 2℃ 이하로 제한하되 1.5℃ 상승을 목표로 노력할 것이 명기되어 있다(The United Nations, 2015). 최대 온실가스배출국 중 하나인 미국은 트럼프 행정부가 들어서면서 파리협약을 탈퇴했지만, 그렇다고 탈탄소화를 향한 국제적인 노력이 전면적으로 후퇴한 것은 아니다(Herz, Guy and Schmidt, 2020). 파리협약의 시나리오

---

* 이 장은 임은정, 「일본 발전부문의 그린 성장 전략에 대한 비판적 고찰」, ≪일본공간≫, 29호 (2021), 199~234쪽에 게재된 내용을 수정·보완한 것이다.

를 기준으로 여러 나라들이 이미 2050년을 기준으로 하는 탈탄소화 목표치를 적극적으로 선언하고 있다.

폴란드를 제외한 유럽연합(EU) 회원국의 정상들은 우르줄라 폰 데어 라이엔(Ursula von der Leyen)이 집행위원장으로 선출되고 얼마 되지 않은 2019년 12월에, 2050년까지 탄소중립을 달성할 것에 합의했고(양소리, 2019.12.13), 2021년 4월에는 2050년까지 탄소 순배출량을 0으로 만들기 위한 중간 단계라는 차원에서 2030년까지 역내 온실가스배출량을 1990년 대비 최소 55% 감축한다는 목표에도 합의했는데, 이는 1990년 대비 40% 감축하기로 했던 기존 목표를 크게 상회한 것이라고 전해지고 있다(김정수, 2021.4.22). 유럽이 세계 최초로 탄소중립 대륙을 만들겠다는 기치를 내걸고 공세적으로 나가는 데 이어, 미국의 입장도 크게 바뀌었다. 바이든 대통령은 취임하자마자 파리협약에 복귀하는 행정명령에 서명하고, 2050년까지 탄소중립을 달성하겠다는 목표를 세웠다(신수정, 2021.2.1). 세계 최대의 온실가스배출국이자 기후변화 대응에 관해 서방 선진국들과 갈등했던 과거가 있는 중국도 2030년부터 탄소배출을 감소세로 전환시켜 2060년에는 탄소중립을 달성하겠다는 의지를 표명했다(이현승, 2020.9.23).

이렇듯 주요 당사국들이 탈탄소화 혹은 그린화에 속도를 내고 있는 것은 물론 인류의 문명사적 위협이라 할 수 있는 기후변화에 대응하기 위한 것이지만, 한편으로는 탈탄소화 정책이 경제적으로 미치는 효과가 다른 정책들과 비교해도 대단히 크다는 인식(久後翔太郞 외, 2021.2.2), 바꿔 말해 탈탄소화 정책이 새로운 성장 동력이 될 것이라는 기대가 있기 때문이기도 하다. 토니 세바(Tony Seba)는 디지털 기술과 청정에너지(clean energy) 기술의 발전에 의해 에너지 분야에 나타날 혁명적 변화를 "클린 디스럽션(clean disruption)"이라고 묘사하면서, 태양광발전, 전기자동차(Electric Vehicle, EV), 자율 주행 등의 기술로 인해 화석연료나 원자력발전 같은 기존의 에너지는 종말을 맞이하게 될 것이라고 주장한 바 있다(Seba, 2014). 게다가 2020년 발생한 코로나19 팬데믹 사태는 세계 각국이 탈탄소화에 더욱 박차를 가하게 되는 계기가 되었다(久後翔太郎 외, 2021.2.2). 이제 세계 주요 국가들은 '그린뉴딜' 정책을 앞다투어 내놓고 있다.

'뉴딜'은 잘 알려져 있다시피 미국의 제32대 대통령인 프랭클린 루즈벨트(Franklin Roosevelt) 대통령이 1929년 대공황 국면에서 내놓은 정책이다. 당시 루즈벨트는 연방정부의 적극적인 개입을 통해 경제 및 사회적인 위기를 해결하려는 케인즈주의적 정책을 펼치고자 했는데, 이를 위해 국민과 새로운 합의, 즉 "new deal"을 이룰 것을 선언하며 대선에서 압도적으로 승리했다. 진보적인 경제학자들이나 환경주의자들은 오랫동안 신자유주의적 자본주의가 초래한 "기후위기(climate crisis)"에 대해 지탄하며(윌러스 웰즈, 2020: 287) 온실가스배출을 하지 않는 청정에너지원, 즉 재생에너지의 사용을 제안해 왔는데, 노암 촘스키(Noam Chomsky)는 "그린뉴딜"에도 여러 가지 유형이 있다고 하면서 결국 관건은 2050년까지 "그린 경제(green economy)"로 나아가기 위해서 현재의 정치적, 경제적, 문화적 저항을 극복할 만한 현실적이면서도 지속가능한 방책을 마련하는 것이라고 지적하고 있다(Chomsky, Pollin and Polychroniou, 2020: 51, 61, 73~74).

이 장은 일본이 탄소중립과 그린뉴딜이라는 시대적 흐름을 어떻게 내재화하고 있는지에 대해 살펴보고 일본의 관련 정책을 분석한다. 일본은 여전히 세계 3위의 경제 대국으로,[1] 온실가스배출량이 2019년도에 12억 1200만 톤을 기록했는데(環境省·国立環境研究所, 2021: 1), 이 수치는 단일국가 배출량으로서는 중국, 미국, 인도, 러시아에 이어 5위에 해당하는 것이다

---

1 2020년도 일본의 명목 GDP는 539.0716조 엔(円)을 기록. MOFA, "Japanese Economy" (2021.3.21), https://www.mofa.go.jp/policy/economy/japan/index.html (검색일: 2021.4.26).

(JCCCA, 2020). 한편 일본은 COP 21 당시 국가결정기여(NDC)를 2030년까지 2013년 대비 26% 감축으로 잡았는데(METI, 2015), 2018년에 발표된『제5차 에너지기본계획(이하 에기본)』[2]에서는 2050년까지 80%를 감축하겠다고 했고(資源エネルギー庁, 2018: 87), 2020년 10월에는 스가 요시히데(菅義偉) 총리가 국회 소신 표명 연설에서 2050년까지 "탄소중립"을 달성하겠다는 의지를 밝힌 바 있다(곽윤아, 2020.10.26). 또한 일본은 2021년 5월 26일, 참의원 본회의에서 만장일치로 '지구온난화대책추진법'의 개정안을 통과시켰는데, 이 법안은 2050 탄소중립을 기본 이념으로서 법제화했다는 의미가 있다. 일본의 탈탄소화 정책과 그린뉴딜 관련 정책들의 방향은 일본의 배출량 비중만큼 세계적으로도 미치는 파장이 클 것이다. 또한 이산화탄소(CO_2) 총배출량의 주동력이 인구 규모, 1인당 GDP, GDP의 탄소집약도인 것을 감안하면(노드하우스, 2017: 51), 일본과 한국은 모두 산업 대국으로서 화석연료 의존도가 높고 경제성장 성숙도 측면이 엇비슷해지면서 구조적으로 유사한 부분이 많기 때문에 한국에도 시사하는 바가 크다.

이 장은 다음과 같이 구성된다. 우선 이 연구의 분석을 이해하는 데 유용한 선행 연구들이 제시한 분석틀과 개념을 간략히 정리하고, 일본의 에너지 구성과 온실가스배출 구조에 대한 분석을 토대로 탈탄소화를 향한 성장전략을 개괄한다. 이를 바탕으로 그린뉴딜의 맥락에서 중요하게 다뤄지고 있는 발전 분야, 즉 해상풍력과 원자력 관련 계획에 대해 정리하고 이를 둘러싼 정치적 역학 관계에 대한 분석을 더하고자 한다. 마지막으로 이 연구 분석의 의미와 그 한계에 대해 정리하는 것으로 결론을 대신한다.

---

2 일본 정부는 지금까지 총 다섯 차례에 걸쳐 에기본을 책정했는데, 2003년 10월에 1차, 2007년 3월에 2차, 2010년 6월에 3차, 2014년 4월에 4차, 2018년 7월 3일에 5차 계획을 마무리했다.

2. 분석틀 및 개념 정리

1) 일본 에너지 정책 결정 과정에 관한 분석틀

일본 정치를 이해하는 데 있어서 흔히 활용되는 개념이 이른바 "철의 삼각동맹(Iron Triangle)"이다. 철의 삼각동맹이란 자이카이(財界; 재계)라 통칭되는 산업계와 "55년 체제"[3]를 유지해 온 자유민주당(자민당) 정치인, 정부의 엘리트 관료 사이의 유대적 관계를 가리키는 용어이다. 미국 출신의 일본 비즈니스 이론가인 제임스 아베글렌(James Abegglen)은 이를 "일본 주식회사(Japan Inc.)"라는 틀 안에서 제안한 바 있는데, 이는 일본이 서양의 자본주의 체제와는 달리 정계, 재계, 관계가 삼위일체가 되어 마치 하나의 거대한 주식회사처럼 행동하며 번영을 이루고 있다는 것을 지적한 것이다(Abegglen, 1970). 이후 일본을 연구하는 정치경제학자 사이에서는 이 세 그룹 중 어느 그룹의 영향력에 더 방점을 찍고 보느냐에 따라 차이가 나타나기도 하지만, 일본 산업 정책의 결정 과정을 이해하는 데 있어서 철의 삼각동맹의 존재를 전제로 하는 분석이 기본을 이룬다고 해도 과언이 아닐 것이다.

그중에서도 에너지 산업을 둘러싼 정책 결정 과정에 관한 리처드 사무엘스(Richard Samuels)의 연구를 언급하지 않을 수 없다. 사무엘스는, 일본에서는 국가가 마치 "보증인(guarantor)"처럼 재정적인 기제를 활용한 공적 개입으로 시장을 도울 뿐만 아니라 시장 내에서 발생하는 갈등 조정 역할을 한다고 설명하면서, 이는 "상호 동의의 정치(the politics of reciprocal consent)"와

---

3   "55년 체제"란 1955년부터 1993년에 자민당 내각이 붕괴되기까지 자민당이 여당을 유지하면서 일본사회당이 제1야당 역할을 했던 시기를 일컫는다. 일본의 정치학자인 마스미 준노스케(升味準之輔)가 「1955년의 정치체제(1955年の政治体制)」라는 논문을 1964년에 ≪사상(思想)≫지에 발표한 데에서 기인한다.

"자격을 갖춘 동정(qualified sympathy)"에 근거해 가능한 것이라고 설명한 바 있다(Samuels, 1987). 사무엘스의 이러한 분석틀은 차머스 존슨(Chalmers Johnson)이 일찍이 일본의 기적적인 경제성장을 설명하는 데 있어서 국가 주도적 모델과 "관(官)"의 기능을 강조했던 것(Johnson, 1982)에 대한 보완적 내지는 대안적인 분석틀을 제시하기 위함이었다. 그러나 켄트 칼더(Kent Calder)는 사무엘스의 분석은 치토시 야나가(Chitoshi Yanaga)의 분석(Yanaga, 1968)과 근본적으로 다른 것이 없고, 에너지 정책에만 해당될 수 있는 설명도 아니라는 한계가 있다고 비판했다(Calder, 1989: 219, 221).

최근 학자들의 분석틀도 이 맥락에서 크게 벗어나지 않는다.

제프리 쿠차르스키(Jeffrey Kucharski)와 히로노부 우네사키(Hironobu Une-saki)는, 일본의 에너지 정책 결정 과정은 그 제도와 인프라, 기술적 진보로 설명할 수 있는데, 결과적으로 일본의 에너지 정책 전환은 매우 뚜렷한 목적성을 가지고 진행되었다는 것과 그 목적성을 수립하는 과정에서 정부가 규제나 자문위원회 등의 정책적 도구를 활용해 여러 다양한 행위자의 이해관계를 조정해 왔다고 강조한다(Kucharski and Unesaki, 2017: 4).

블라도 비보다(Vlado Vivoda)와 게오르단 그라에츠(Geordan Graetz) 역시 일본은 "조율된 시장 경제(coordinated market economy)"라고 묘사하며, 에너지 정책 결정 과정은 중앙정부 기관 중심의 제도적 구조에서 벗어나지 못하고 있다고 지적한다(Vivoda and Graetz, 2015: 496). 한편 일본의 경제학자인 이케오 아이코(池尾愛子)는 사뭇 다른 해석을 제시한다. 이케오는 일본의 에너지 정책 결정 과정은 오히려 정부와 산업계 사이의 협력과 조율이 실패한 것을 드러내는 사례라고 주장하면서, 일본에서는 국가와 산업계의 관계가 오히려 대립적이고 충돌한다고 역설했다(池尾愛子, 2013).

2) 탄소중립

"탄소중립"은 인간의 경제활동으로 발생하는 CO_2의 배출량을 조림이나, 탄소배출이 적은 에너지 사용, 배출권거래 등의 활동을 통해 CO_2의 배출을 상쇄시켜 결국 '0'으로 만드는 것을 가리킨다. 이와 혼용되는 개념 중에 "넷제로"라는 용어가 있는데, 유엔은 기본적으로 "넷제로"와 "탄소중립"을 교환적으로 사용하고 있다(UN News, 2020.12.2). 스가 요시히데 총리는 2020년 10월 26일, 제204회 임시국회의 소신 표명 연설에서 "2050년까지 온실가스의 배출을 전체적으로 0으로 하겠다. 즉 2050년까지 '카본 뉴토라루(カーボンニュートラル; carbon neutral)', 탈탄소사회의 실현을 목표로 할 것을 이 자리에서 선언한다"라고 밝힌 바 있다(首相官邸, 2020.10.26). "배출을 전체적으로 0으로 한다는 것"은 CO_2를 포함하는 온실가스의 배출량으로부터 삼림 등으로 흡수되는 양을 감해서 0을 달성하겠다는 것이 일본 환경성의 설명이다(環境省, 2021.1.25).

시정 연설 며칠 뒤인 10월 30일에 개최된 '지구온난화 대책 추진 본부'에서는 스가 총리가 "2050년 '카본 뉴토라루'에의 도전은 일본의 새로운 성장 전략이다. 이 도전을 산업 구조와 경제사회의 발전에 연결해서, 경제와 환경의 선순환 구조를 만들고 싶다"라고 언급하면서, 가지야마 히로시(梶山 弘志) 경제산업대신에게 "성장전략 책정의 중심이 되어서, 엄중한 문제이긴 하지만, 글로벌 시장에서 시장성을 확보할 수 있는 에너지 및 산업 분야의 변혁이라는 커다란 과제를 책임져 주길 부탁한다"라고 했다(首相官邸, 2020.10.30). 이에 일본의 에너지 정책을 총괄하는 주무 부처인 경제산업성(経済産業省, 이하 경산성)에서도 스가 총리의 발언을 직접 인용하며 '성장전략회의'나 '국가와 지방이 검토하는 새로운 장(国と地方で検討を行う新たな場)'이라는 협의체에서 관련 논의를 계속해, '지구온난화 대책 계획'이나 '에너지 기본계획', '파리협약에 근거한 장기 전략'에 담아내겠다는 입장을 세우고 있다(経

　한편 도쿄도(東京都)를 비롯해 교토시(京都市)나 요코하마시(横浜市) 등, 192개의 지자체[27개 도도부현(都道府県), 106개 시, 2개 특별구, 46개 정(町), 10개 촌]가 "2050년까지 CO$_2$ 실질 배출량 0"을 표명하고 나섰다. 이 지자체들의 인구는 총 8913만 명 정도로, GDP로는 약 406조 엔(円)으로 집계되고 있다(経済産業省, 2020.12). 민간에서도 탄소중립 선언이 이어지고 있는데, 2020년 12월 현재, 72개의 회사가 "카본 뉴토라루"를 선언했다. 예를 들어 화석연료 의존도가 절대적으로 높은 도쿄가스는 2050년보다 빠른 시점에 실현하겠다고 의지를 밝혔으며, 히타치 제작소(日立製作所)나 히타치 하이테크놀로지(日立ハイテクノロジーズ) 등의 전자회사도 2030년까지 실현하겠다는 목표를 세우고 있다(経済産業省, 2020.12). 한편 업체에 따라서 "카본 뉴토라루"가 CO$_2$ 넷제로를 의미하는지, 아니면 온실가스 전반의 넷제로를 의미하는지에 대해서는 해석과 표현을 달리하고 있다.

3) 그린뉴딜

　한편 일본에서 "그린뉴딜"이라는 용어는 주로 해외의 사례를 언급하기 위해 사용되고 있으며, 일본 국내 정책에서는 "그린 사회(グリーン社会)"나 "그린 경제(グリーン経済)", "그린 성장(グリーン成長)" 같은 단어를 사용하고 있다. 일본 정부는 유엔환경계획(UNEP)이 2011년 11월에 발간한 「Towards a Green Economy」와 동년 5월에 경제협력개발기구(OECD)가 발간한 「Towards Green Growth」 보고서에 입각해서 입장을 정리하고 있다(UNEP, 2011; OECD, 2011). 일본 환경성은 UNEP가 "그린 경제(green economy)"를 환경문제에 수반되는 리스크와 생태계의 손실을 경감시키면서도 인간 생활의 질을 개선해 사회의 불평등을 해소할 수 있도록 하는 경제의 존재 방식이라 규정하고 있는 것과 OECD가 "그린 성장(green growth)"을 경제적인 성장을 실

현하면서도 삶을 지탱하는 자연 자원과 자연환경의 혜택을 계속 누릴 수 있도록 하는 것이라고 규정하고 있는 것에 주목하고 있다(環境省, 2012: 4~5). 결국 그린 성장을 달성하기 위해서 생산성을 향상시키면서도 환경 분야의 기술에 혁신을 꾀하고, 새로운 시장을 창조하면서도 안정적인 정책을 펼쳐 사회의 신뢰를 쌓아나갈 것, 그리고 거시경제의 안정성을 꾀하면서도 자원의 손실이 사회, 경제활동의 편익을 뛰어넘어서 장래 경제활동의 가능성을 해치지 않도록 하고, 생태계의 안정성을 추구한다는 등의 방침을 세우고 있다(環境省, 2012: 5).

이러한 맥락과 궤를 같이해 경산성은 2020년 12월 25일에 '2050년 탄소중립에 수반하는 그린성장전략(2050年カーボンニュートラルに伴うグリーン成長戦略, 이하 그린성장전략)'을 발표했다. 이 장에서는 경산성이 일본의 에너지 분야를 비롯한 산업 정책 일반을 총괄하는 주무 부처인 만큼, 이 그린성장전략에 주목하고자 한다. 이 문건에서 경산성은 "탄소중립을 실행하기 위해 산업계에는 지금까지의 비즈니스 모델이나 전략을 근본적으로 바꿔갈 필요가 있는 기업이 다수 존재하는데, 새로운 시대를 리드해 나갈 기회이기도 한 만큼, 대담한 투자를 통해 혁신을 일으킬 수 있는 민간기업의 전향적인 도전을 전폭 응원하는 것이 정부의 역할"이라는 입장을 밝히고 있다(経済産業省, 2020: 1).

한편 일본의 산업계를 대변한다고 할 수 있는 일본경제단체연합회(日本経済団体連合会, 이하 게이단렌)는, 스가 정부가 기후변화 대책을 성장전략으로 내세워 탄소중립이라는 야심 찬 목표를 내건 것은 경제와 환경의 선순환을 창출해 내려는 시도이므로 높게 평가한다고 했다. 물론 2050년 탄소중립의 달성은 지극히 어려운 목표이지 않을 수 없다. 게이단렌은 2050년까지 온실가스배출을 80% 감축하겠다는 5차 에기본의 공약을 전제로 계산하면 가정이나 사무실, 수송 분야에서 완전한 전기화와 수소화를 달성해야 하며, 발전 부문은 100% 배출 제로를 달성해야 하고, 이 두 가지가 실현된다는 전제에 더해 농림수산업, 철강업, 화학공업 이외의 산업 분야에서도 배출을 0까지 줄일 필요가 있다고 분석하고 있다(経団連, 2020: 2). 따라서 5차 에기본보다 더 나아간 목표인 탄소중립을 달성하기 위해서는 각 업종의 배출량을 줄임과 동시에 완전히 0으로 할 수 없는 분야의 CO_2를 흡수할 수 있는 혁신적 기술의 개발이 필수적이라는 것이다. 이를 위한 활발한 투자를 확보해 혁신을 일으키고 그것에 의해 경제·사회의 변혁을 이끌어내는 그린 성장이 있기를 기대한다고 입장을 밝히고 있는데, 기업 역시 지금까지 이상의 결의를 가지고 탈탄소사회의 실현을 위해 정진해야 하며, 국가는 중요한 혁신을 국가 프로젝트화해 장기적인 대규모 지원을 진행시키면서도, 기업의 투자를 촉진할 수 있도록 예측 가능성을 확보하고 경쟁력 증진을 위한 방안을 구축해 가길 바란다고 요청하고 있다(経団連, 2020: 1).

한편 그린피스(Greenpeace)나 세계 자연 기금(World Wide Fund for Nature, 이하 WWF) 같은 환경단체들은 "그린 리커버리(green recovery, グリーン・リカバリー)"라는 표현을 보다 적극적으로 사용하고 있다. WWF 재팬은 그린 리커버리가 코로나19 팬데믹 사태를 겪으면서 더욱 세계적으로 주목을 받게 되었다고 주장하면서, 일본이 지구온난화 대책을 위한 국제협정인 파리협약의 목표 달성에 공헌해야 함은 물론이거니와, 유엔이 제시하는 지속가능발전목표(SDGs) 달성에도 일치하는 시책이 요구된다고 강조하고 있다(WWF Japan, 2020.12.11). 한편 그린피스 재팬은 2020년 12월에 전국적으로 1000명을 대상으로 기후변화 문제와 함께 그린 리커버리에 대한 인식 조사를 실시했다. 그 결과, "그린 리커버리"라는 개념에 대한 대중 인지도는 높지 않지만 그 이점에 대해서는 사회적인 기대가 높은 것으로 나타났다. 특히 응답자의 74%는 그린 리커버리의 가장 중요한 이점으로, 이상 기상 현상이나 자연재해에도 안전할 수 있는 사회를 만들고 식료품이 안정적이면서도 지속가능하게 공급되는 것을 꼽았다. 또한 응답자들은 그린 리커 버리 정책이 코로나 팬데믹으로 인해 고통 받고 있는 일본과 세계 경기 회복에도 기여하는 측면이 있으리란 기대를 내비쳤는데, 이를 달성하기 위해서는 역시 중앙정부의 책임이 가장 중요하며, 그다음으로 기업의 역할을 강조하는 이들이 많게 나타났다(グリーンピース·ジャパン, 2021. 2.4).

요컨대 일본에서는 '그린뉴딜'이라는 통일된 개념이 사용되고 있기보다는 '그린 사회' 혹은 '그린 경제'를 실현해 나가야겠다는 느슨한 형태의 사회적 합의가 있는 것으로 보인다. 정부 차원에서는 '그린 경제'의 달성을 목표로 사회 전반에 걸친 혁신과 투자가 있어야 한다는 정책 기조를 '그린 성장전략'으로 담아내고 있다.

3. 일본의 탄소배출 및 관련 정책 현황

1) 에너지 구성 및 온실가스배출 현황

앞에서 정리한 개념들과 함께 일본 에너지 공급 구성의 추이를 개괄할 필요가 있다. 일본의 1차 에너지 공급 구성에서 화석연료가 차지하는 비중(화석연료 의존도)은 1차 석유 위기가 발생한 1973년 당시 무려 94%(석유 75.5%, 석탄, 16.9%, LNG 1.6%)에 이르렀지만, 이후 꾸준히 화석연료 의존도를 감소시켜 왔다. 그 결과, 동일본 대지진이 발생하기 전년도인 2010년에는 화석연료 의존도가 81.2%(석유 40.3%, 석탄 22.7%, LNG 18.2%)까지 내려갔고, 1차 에너지 공급에서 원자력이 차지하는 비중은 11.2% 정도를 기록했다(資源エネルギー庁, 2020.11.28).

그러나 동일본 대지진과 함께 후쿠시마 다이이치 원자력발전소 사고(이하 후쿠시마 사고)가 발생하게 됨에 따라 일본은 보유하고 있던 54기의 원자

로를 순차적으로 모두 운전 정지했고, 2013년 9월부터 2015년 8월까지는 이른바 '원전 제로' 상황을 겪게 된다. 2015년 8월 센다이(川内) 1호기가 재가동에 들어가고 지금까지 일본에서는 총 10기가 재가동을 달성했으며, 6기가 재가동 허가를 받은 상황이다.[4] 그렇지만 후쿠시마 사고 이전과 비교했을 때 원자력발전의 역할이 아직 미약한 가운데(2018년도 1차 에너지 공급에서 원자력 비중은 2.8%), 2018년도 일본의 화석연료 의존도는 85.5%(석유 37.6%, 석탄 25.1%, LNG 22.9%)를 기록했다(資源エネルギー庁, 2020.11.28).

일본 화석연료 의존도의 대부분은 전력 공급을 위한 것이라는 데 주목할 필요가 있다. 전원 구성의 상세를 들여다보면 2018년도에 석탄화력발전이 31.6%, LNG 화력발전이 38.3%, 석유 등으로 인한 전력생산 역시 7%를 기록해, 전원 구성에 있어서 화석연료 의존도는 무려 77%를 차지했다. 이는 후쿠시마 사고 전인 2010년도에 65.4%를 기록했던 것에 비해 높아진 것인데, 재생에너지가 2010년에 수력 7.3%를 포함해 9.5%였던 것에서 2018년에는 수력 7.7%를 포함해 재생에너지가 16.9%로 늘어났음에도 불구하고 원자력의 기여도가 6.2%(2010년에는 25.1%) 수준에 머물렀던 것을 화력발전, 특히 LNG 화력발전이 대체하고 있기 때문이다(資源エネルギー庁, 2020.11.28).

일본의 온실가스 총배출량은 꾸준히 감소하고 있긴 하지만, 높은 화석연료 의존도가 고스란히 온실가스배출에 투영되고 있다. 환경성 통계에 따르면 2019년 일본의 온실가스 총배출량은 CO_2로 환원했을 때 12억 1200만 톤이었는데, 2018년의 총배출량이 12억 4700만 톤이었던 것에 비해서 2.9% 감소, 2013년도의 14억 800만 톤에 비해서는 14%, 2005년도의

---

4   재가동 관련된 현황은 이하 전기사업연합회의(電気事業連合会)의 웹사이트에서 확인 가능, https://www.fepc.or.jp/theme/re-operation/ (검색일: 2021.9.13).

13억 8100만 톤에 비해서는 12.3%를 감축한 셈이 되었다. 일본의 온실가스 총배출량은 2014년 이후 6년 연속 감소하고, 이를 실질 GDP당 온실가스 총배출량으로 따졌을 때는 2013년 이후 7년 연속 줄고 있는 것이며, 배출량을 산정하기 시작한 1990년 이후 최저치를 경신한 것이라고 밝히고 있다(環境省·国立環境研究所, 2021: 1). 환경성은 과거와 비교해서 지속적으로 감소할 수 있었던 요인으로는 우선 일본 전체의 에너지소비량이 감소한 것, 특히 제조업에 있어서의 생산량 감소와 쇼에네르기(省エネルギー)[5]가 기여한 바가 크며, 이와 더불어 전력 부문에서 재생에너지 확대에 의해 저탄소화 노력이 계속되고 있기 때문이라고 자평하고 있다(環境省·国立環境研究所, 2021.1.25).

한편 온실가스의 종류별로 분석해 보면 역시 가장 큰 비중을 차지하는 것은 CO_2이다. 전체 온실가스배출량에서 CO_2가 차지하는 비중은 1990년도에 91.3%, 2005년도에 93.7%, 2013년도에 93.6%를 기록했다가 2018년에는 91.9%, 2019년도에는 91.4%인 것으로 나타났다(環境省·国立環境研究所, 2021: 2). 한편 절대량으로 보면 2019년도의 CO_2 배출량은 11억 800만 톤 정도로 전년도인 2018년도에 비교해서 3760만 톤, 즉 3.3% 정도가 감소했고, 후쿠시마 사고 이후 화석연료 의존도가 갑자기 높아진 2013년도에 비해서는 약 2억 1000만 톤(대략 16%)이 감소한 것으로 나타났다(環境省·国立環境研究所, 2021: 4).

아울러 CO_2 배출을 부문별로 나누어 살펴볼 필요가 있다. 〈표 18-1〉에서 보다시피, 에너지 부문과 관련된 배출이 비에너지 부문을 압도하는 가운데, 에너지 부문에서도 발전소와 같은 에너지전환 부문이 가장 높은 비

---

5 일본에서는 에너지를 낭비 없이 효율적으로 사용하는 "에너지 절약(energy conservation)"에 해당하는 개념을 "성 에너지(省エネルギー; 쇼에네르기)"라고 지칭한다.

표 18-1 일본의 CO_2 배출량 구성의 추이   (단위: 백만 톤)

		1990년 (비중 %)	2005년 (비중 %)	2013년 (비중 %)	2018년 (비중 %)	2019년 (비중 %)
합계(소계 1+소계 2)		1,164 (100%)	1,294 (100%)	1,318 (100%)	1,146 (100%)	1,108 (100%)
에너지 관련 부문	산업 부문 (공장 등)	378 (32.5%)	366 (28.3%)	330 (25.0%)	287 (25.1%)	279 (25.2%)
	운수 부문 (자동차 등)	202 (17.3%)	238 (18.4%)	215 (16.3%)	203 (17.7%)	199 (17.9%)
	업무 그 외 부문 (상업, 서비스, 사업소 등)	81.0 (7.0%)	102 (7.9%)	104 (7.9%)	68.2 (6.0%)	64.7 (5.8%)
	가정 부문	58.2 (5.0%)	70.4 (5.4%)	60.3 (4.6%)	52.2 (4.6%)	53.4 (4.8%)
	에너지전환 부문 (발전소, 정유소 등)	348 (29.9%)	424 (32.8%)	526 (39.9%)	455 (39.7%)	433 (39.1%)
	소계 1	1,068 (91.8%)	1,201 (92.8%)	1,235 (93.8%)	1,065 (93.0%)	1,029 (92.9%)
비에너지 부문	공업 공정 및 제품의 사용	65.6 (5.6%)	56.5 (4.4%)	48.8 (3.7%)	46.3 (4.0%)	45.2 (4.1%)
	폐기물(소각 등)	23.6 (2.0%)	32.0 (2.5%)	29.9 (2.3%)	30.8 (2.7%)	30.9 (2.8%)
	그 외(간접배출)	6.7 (0.6%)	4.6 (0.4%)	3.6 (0.3%)	3.2 (0.3%)	3.1 (0.3%)
	소계 2	96.0 (8.2%)	93.1 (7.2%)	82.3 (6.2%)	80.2 (7.0%)	79.2 (7.1%)

자료: 環境省·国立環境研究所(2021: 4).

중을 차지하는 것을 알 수 있다. 특히 후쿠시마 사고 이후 줄곧 40% 가까운 CO_2가 에너지전환 부문에서 배출되고 있는 것은 앞서 말한 바와 같이 일본의 2차 에너지 구성이 화석연료를 사용하는 화력발전에 절대적으로 의존하고 있기 때문이라고 요약할 수 있다.

2) 그린성장전략

일본의 탈탄소화와 그린 성장 관련 정책을 살펴보는 데 있어서 앞서 언급한 바 있는 '그린성장전략'은 매우 중요한 문건이라고 하겠다. 경산성 산하 자원에너지청(資源エネルギ―庁)에서 내놓은 에기본이나 매년 발간하는 『에너지백서』의 경우에도 일본 정부의 입장을 살펴보는 데 있어서 중요한 1차 자료이지만, 5차 에기본이 완성된 이후 이미 2년 이상 지나 지금은 6차 수립을 위해 의견 수렴을 거치고 있으며, 무엇보다 스가 총리가 탄소중립을 선언한 것은 2020년 10월 말이기 때문에 시기적으로도 그 이후인 2020년 12월 말에 발간한 '그린성장전략'이 향후 방향성을 담고 있는 가장 기본적인 문건이 되는 것이다. 따라서 여기에서는 그린성장전략이 어떤 정책적 방향성을 설정하고 있는지 개괄해 보겠다.

일본 정부는 그린성장전략의 주요 정책 기제로 이하 다섯 가지, ① 그린 이노베이션 기금을 통한 예산 확보, ② 세제 개편, ③ 금융 제도 지원, ④ 규제 개혁 및 표준화 작업, ⑤ 국제 협력을 강조하고 있다. 첫째, 예산 확보를 위한 그린 이노베이션 기금(グリーンイノベーション基金)은 산업경쟁력의 기반이 되는 기술개발을 위해, 정부가 2조 엔의 예산을 마중물로 출자하고, 민간기업이 연구개발과 설비투자를 위해 약 15조 엔을 투자하도록 유도하겠다는 계획이다(経済産業省, 2020: 6).

둘째, 세제 개편에 관해서는 탄소중립을 위한 투자 촉진세를 창설하고 사업 재구축과 재편에 임하는 기업들에 대한 이월결손금 공제 상한에 특례를 마련해 주는 방안 그리고 연구개발을 위한 세금을 확충하는 방안 등을 거론하고 있다(経済産業省, 2020: 7~9).

셋째, 금융과 관련해서는 경산성이 2020년 9월 11일, 5번에 걸쳐 개최한 바 있는 '환경 이노베이션을 위한 파이낸스의 역할에 관한 연구회'의 결과물로서 정리해 내놓은 '기후 이노베이션 파이낸스 전략 2020(クライメー

ト・イノベーション・ファイナンス戦略2020, 이하 파이낸스 전략)'을 바탕으로 한다. 파이낸스 전략에서는 ① 트랜지션(Transition), ② 그린(Green), ③ 혁신·이노베이션(Innovation)을 3대 중점 분야로 동시에 추진해 가는 것이 유엔의 SDGs나 파리협약에서의 목표 달성을 위해 불가결한데, 공적 및 민간 자금이 이 세 분야의 사업을 파이낸스(Finance)할 필요가 있다고 강조하며, 영문 앞 글자를 따 "TGIF"를 동시 추진할 것이라고 정리했다. 아울러 경산성은 이를 위해서 정부의 기후변화 대책에 대한 결의와 기업의 적극적인 정보 개시, 투자자들의 적극적인 자세 등이 중요하다고 강조하고 있다(経済産業省, 2020.9.16). 일본 정부는 트랜지션(전환), 즉 착실하게 저탄소화 이행을 위한 기술개발에 뛰어든 기업에 자금 공급을 원활하게 하는 것과, 이노베이션(혁신)을 위해 노력하고 있는 기업의 가시성을 높여서 투자를 유도하겠다는 방침을 내세우고 있다(経済産業省, 2020: 10).

넷째, 규제 개혁과 표준화는 앞으로 성장의 열쇠가 될 만한 혁신적인 기술에 대해서 민간투자의 유치를 전제로 관민 협조 투자를 추진해 나간 뒤, 실증 단계에 들어서면 신기술 수요를 창출하기 위한 규제 정비 및 신기술을 위한 규제의 합리화, 신기술을 세계적으로 활용해 갈 수 있는 국제표준화를 위해 노력한다는 등의 내용이 담겨 있다(経済産業省, 2020: 12).

마지막으로, 국제 협력과 관련해서는 혁신적인 기술개발을 위해 각국과 연대해 가면서도, 무역장벽을 제거하는 등의 노력과 함께 국제에너지기구(International Energy Agency, IEA)나 아세안 및 동아시아 경제 연구소(Economic Research Institute for ASEAN and East Asia, ERIA) 같은 국제기구를 적극 활용해 신흥국가들도 혁신적 기술을 활용할 수 있도록 한다는 등의 내용을 담았다(経済産業省, 2020: 14).

이와 같은 기조에 입각해, 그린성장전략에서는 ① 해상풍력 산업, ② 연료 암모니아 산업, ③ 수소 산업, ④ 원자력 산업, ⑤ 자동차·축전지 산업, ⑥

반도체·정보통신 산업, ⑦ 선박 산업, ⑧ 물류·인류(人流)·토목 인프라 산업, ⑨ 식료·농림수산업, ⑩ 항공기 산업, ⑪ 탄소재활용 산업, ⑫ 주택·건축물 산업 및 차세대형 태양광 산업, ⑬ 자원순환 관련 산업, ⑭ 라이프스타일 관련 산업 등 14가지 산업을 중요 분야로 선정하고 각각의 추진 계획을 제시하고 있다.

4. 발전 부문의 그린성장전략

여기에서는 그린성장전략이 선정한 14가지 산업 분야 중 발전 부문과 직접적 관련이 있는 두 분야, 즉 해상풍력과 원자력을 중심으로 살펴보도록 하겠다. 물론 탄소중립이라는 엄청난 목표를 달성하기 위해서는 모든 분야에서 CO_2를 파격적으로 줄여야만 한다. 〈표 18-1〉의 에너지 관련 부문에서도 에너지전환 부문 다음으로, 산업 부문과 운수 부문의 CO_2 배출이 크므로 이 부문에서의 혁신 역시 매우 중요하다. 그러나 산업 부문의 경우 화석연료가 원료로 쓰이는 경우가 많다는 점에서 완전한 탈탄소화를 성취하기 어려울 수 있다. 운수 부문은 전기화와 수소화를 통해 탈탄소화를 이루려는 노력을 계속해야 하겠지만, 결국 발전 부문에서 탈탄소화를 이루지 못하면 화석발전을 통해 운수의 전기화를 지탱하는 매우 모순적인 상황이 발생하게 된다. 따라서 결론적으로는 발전 부문의 탈탄소화가 전체적인 탈탄소화 노력에 있어서 핵심이 되는 것이다.

앞서 말했듯이 일본의 발전 부문은 CO_2를 비롯한 온실가스배출이 가장 높은 분야로서 이 부분에서 극적인 변화가 일어나지 않고는 2050년까지 탄소중립을 달성한다는 목표는 실현 불가능할 것이다. 일본 정부도 그린성장전략에서 2050년 탄소중립을 달성하려면 온실가스배출의 80% 이상을 차지하는 에너지 분야의 노력이 절대적으로 중요하며, 그중에서도 전력 부문의 탈탄소화는 대전제일 수밖에 없다고 강조한다(経済産業省, 2020: 1). 따라서 전체적으로는 재생에너지를 최대한으로 도입하고, 전력 계통을 재정비하며,[6] 변동하는 출력을 조정하기 위해 축전지 기술을 발전 및 보급 확대해 갈 방침을 세우고 있는 것이다. 아울러 화력발전에 관해서는 CO_2의 회수를 기본 전제로, 탄소 재활용 기술이나 연료 암모니아 산업의 창출 등을 통해 선택지를 다양하게 갖고 나갈 필요성을 언급하고 있다(経済産業省, 2020: 1).

1) 해상풍력

우선 현재 일본이 전력 부문의 탈탄소화에 있어서 강조하고 있는 발전원인 해상풍력 관련 계획에 대해서 알아보자. 5차 에기본은 풍력발전에 대해 대규모로 개발할 수 있다면 발전비용이 화력 수준으로 떨어질 수 있기 때문에 경제성도 확보할 수 있는 에너지원이긴 하지만, 다음과 같은 문제가 있다고 지적한다. 수요 규모가 큰 관내에서는 공급의 변동성에 대응할 수 있는 조정 능력을 갖추고 있지만, 풍력발전에 매우 적합한 홋카이도(北海道)나 도호쿠(東北) 북부와 같은 지역에서도 조정 능력을 충분히 갖추지 못했기 때문에, 계통의 재정비와 광역화된 운영을 통한 조정 능력의 확보, 아울러 축전지의 활용 등이 받쳐주지 않으면 안 되는 한계가 있다(資源エネルギー庁, 2018: 18).

일본은 1997년도부터 풍력발전 설비의 도입을 지원하기 시작했는데, 1998년도에 전력 품질 확보에 관련된 계통 연계 기술 요건 가이드라인을

---

6 일본의 전원 구성과 전력 계통의 문제를 다룬 연구로는 이하 논문 참조. 임은정(2021: 367~392).

정비하고 2003년도에 RPS(Renewable Portfolio Standards; 재생에너지 의무할당 제도)법이 시행됨에 따라 용량이 꾸준히 늘어났으며, 2012년에 개시된 FIT 제도에 근거해 앞으로도 더욱 확장될 것이라는 기대를 비치고 있다(資源エネルギー庁, 2020: 143~144). 실제로 일본의 풍력발전 설비용량은 꾸준히 늘어나 2000년에는 겨우 14만 kW 정도였던 것이 2017년 연말에는 누계 약 356만 kW를 기록했는데, FIT 제도에 의해 도입된 양은 그중 약 96만 kW로 집계되었고, 아직 가동을 하지 않지만 인정받은 설비용량을 합치면 900만 kW를 넘고 있으며, 경산성이 2030년 전원 구성에서 추정하는 것은 약 1000만 kW 수준이다(木舟, 2020: 124).

해상풍력에 관한 국회에서의 논의도 점차 활발해지고 있는 모습이다. 2018년 11월 21일에 197회 중의원 국토교통위원회에 출석한 경산성 관료가 일본의 해상풍력의 국제적 경쟁력이 미약하다는 것을 언급한 것을 시작으로, 2019년에도 관련 언급 사례가 1건 정도에 그쳤던 것이, 2020년에 들어서서는 총 4건으로 늘었고, 2021년에는 4월까지만 해도 무려 9건의 관련 발언이 있었다.[7] 일본 국회 내에서도 풍력발전에 관한 논의가 더욱 활발해질 조짐이라고 할 수 있겠다.

그런데 재생에너지 중에서도 해상풍력이 주목을 받고 있는 것은 어떠한 정치적 역학 관계가 작동하고 있을까? 우선 경산성 내의 심의회 및 연구회 범주에 속하는 종합자원에너지조사회 총회(総合資源エネルギー調査会総会, 이하 총회) 산하 전력·가스 산업분과회(電力·ガス事業分科会) 소속 재생에너지 대량 도입·차세대 전력네트워크 소위원회(再生可能エネルギー大量導入·次世代電力ネットワーク小委員会, 이하 재생·네트워크 소위)에서 진행된 논의에 주목할 필요가 있

---

7 일본 참의원과 중의원에서의 이하의 발언 검색 사이트를 활용. kokalog国会議事録検索, https://kokalog.net/search.html?speech=%22%E6%B4%8B%E4%B8%8A%E9%A2%A8%E5%8A%9B%E7%94%A3%E6%A5%AD%22 (검색일: 2020.5.1).

다. 2017년 12월 18일에 제1회 재생·네트워크 소위가 개최된 이후, 2021년 4월 7일까지 총 31회에 걸쳐 동 소위가 개최되었다. 특히 2020년 7월부터 2021년 2월 사이에는 총회 산하의 기본정책분과회(基本政策分科会) 소속인 재생에너지 주력 전원화 제도개혁 소위원회(再生可能エネルギー主力電源化制度改革小委員会, 이하 재생주력소위)와 함께 총 7차례에 걸친 합동회의를 진행했다. 해당 소위는 주로 관련 분야 전공 대학교수나 연구자로 구성되어 있으나, 옵저버(observer) 자격으로 관련 산업계의 협의회가 들어와 있는 것이 흥미롭다. 재생·네트워크소위의 경우에는 전기사업연합회(電気事業連合会, 이하 덴지렌), 일본지열협회, 도쿄전력 파워그리드, 태양광발전협회, 전국소형수력이용추진협의회, 일본풍력발전협회, 송배전망협의회 등이 들어와 있다. 재생주력소위 역시 학자들을 주로 위원을 이루고 있지만, 옵저버에 에네트(エネット) 같은 신전력 사업자[8]를 비롯해 앞서 말한 전력 업계 협의회가 들어와 있다.

첫 합동회의에서부터 재생에너지 중에서도 태양광이 아니라 풍력에 그 가치를 인정하는 듯한 내용이 눈에 띈다. 합동회의의 자료에 의하면 재생에너지가 "주력 전원"으로 자리매김하기 위해서는 "책임을 다하는 장기적으로 안정적인 전원"이 될 필요가 있다고 하면서 공사의 미비함 등으로 인한 안전 면에서 불안이 증폭되고 있다는 점, 경관이나 환경을 둘러싼 지역과의 조정 문제, 설비 폐기물 대책이나 집중 호우 등에 의한 피해 등을 조명하며 태양광의 부정적인 측면을 부각하고 있다(資源エネルギー庁, 2020.7.22). 또한 일본은 FIT 제도에 의해 급속하게 태양광발전 설비를 늘려 지금은 세계 3위의 자리를 획득하게 되었는데, 이것이 결과적으로 최근 7년간

---

8   일본의 전력 시장은 2016년에 소매 자유화까지 달성해, 완전 자유화된 시장이 되었다. 기존에 지역 독점 형태를 띤 일반 전기사업자와 구분해 신규 진입한 사업자들을 편의상 "신전력"이라고 부르고 있다.

가파른 속도로 수력을 제외한 재생에너지(주로 태양광) 설비를 늘리는 데 성공했지만, FIT를 통한 태양광발전 설비의 확산은 결국 국민 부담으로 이어지는 측면이 있으므로, FIP(Feed-in Premium) 제도 도입을 통해 태양광발전으로 얻은 전기를 시장가격화하자는 내용이 담겼다(資源エネルギー庁, 2020. 7.22). 실제로 일본은 2022년부터 FIP 제도를 도입하겠다고 밝혔다.

한편 해상풍력에 대해서는 재생에너지가 주력 전원화되는 데에 열쇠가 되는 에너지원이라고 강조하고 있는데, ① 대량 도입이 가능하고, ② 비용절감에 의해 국민 부담을 경감시킬 수 있고, ③ 경제적 파급 효과가 크다는 강점이 있다고 평가한다(資源エネルギー庁, 2020.7.22). 그런데 흥미롭게도 이러한 논의에 앞서 산업계의 움직임이 먼저 있었던 것으로 보인다. 2019년 4월 8일, 나카니시 히로아키(中西 宏明) 게이단렌 회장이 정책 제언을 공표한다는 기자회견을 가진 뒤, 4월 16일 '일본을 지탱하는 전력 시스템의 재구축 - Society 5.0 실현을 위한 전력 정책(日本を支える電力システムを再構築する ― Society 5.0 実現に向けた電力政策, 이하 전력 재구축 정책)'을 발표했다. 전력 재구축 정책은 태양광과 풍력이 모두 급속히 재정 자립화할 수 있는 전원이라고 언급하면서도, 해상풍력이야말로 일본이 앞으로 본격적으로 보급·확대해야 할 전원이라고 강조하고 있다. 지리적으로 분산시키면서도 대규모 윈드 팜(wind farm)을 도입해 가면 재생에너지의 발전량 증가에 기여하게 될 것이라는 평가이다(経団連, 2019: 14).

2) 원자력

그린성장전략에 앞서 2018년에 책정된 5차 에기본은 원자력이 연료 투입량에 비해 에너지 출력이 압도적으로 월등하며, 수년에 걸쳐서 국내 보유 연료만으로도 생산성이 유지된다는 저탄소·준국산 에너지원이라고 그 의미를 평가하면서, 어떤 경우에도 안전성을 최우선시하면서 쇼에너르기

향상과 재생에너지 도입, 화력발전의 효율화 등을 통해 의존도는 가능한 낮춰가겠다는 입장을 세우고 있다(資源エネルギー庁, 2018: 19).

앞서 말한 바 있는 2019년 발표된 게이단렌의 전력 재구축 정책에서도 원자력의 중요성은 재차 강조되었다. 안정성 확보가 관건인 한편, 최소한 현재 기술 수준에서는 일본에서는 물론이거니와 세계적으로도 안정적으로 에너지를 확보하면서도 탈탄소화를 추구해 가는 데 있어서 불가결한 에너지원이라는 것을 평가하며, 나아가 일본 정부의 재가동에 대한 미온적인 태도를 비판하고 있다(経団連, 2019: 15). 공급사업자 입장에서는 원자력의 계속적인 활용이 실현될 수 있는지 아닌지에 대한 판단을 하는 데 있어서 정부의 원자력 정책이 명확하게 제시되는 것이 너무 중요한데, 일본 정부는 안정성이 확보된 원전의 재가동을 허락하겠다고 하면서도 분명한 메시지를 발신하지 않고 있어 혼란이 거듭된다고 지적하며, 재처리와 폐로 및 최종 처분 문제도 정부가 명확한 방향을 제시해 주어야 한다고 주문하고 있다(経団連, 2019: 15~16). 이러한 산업계의 요구, 유치 지역의 보수성, 늘어가는 플루토늄 문제 등이 중첩되어 일본은 후쿠시마 사고 이전의 원자력 정책으로 회귀했다고 볼 수 있다(임은정, 2018).

이와 같은 흐름 속에서 2020년 공표된 그린성장전략 역시 원자력은 이미 확립된 탈탄소기술인 만큼, 가급적 의존도를 낮추기는 해야겠지만 안정성을 높여가면서 최대한 활용할 필요가 있음을 언급하고 있다(経済産業省, 2020: 1). 그린성장전략은 결국 2050년까지 탄소중립을 달성하기 위해서 원자력을 포함해 모든 선택지를 추구할 필요가 있기 때문에, 경수로의 안정성 향상을 위해 더욱 정진하면서도 혁신적인 원자력기술을 계속해 나갈 것을 주문하고 있는 것이다. 그 구체적인 목표로는 ① 2030년까지 국제적인 협력을 통해 소형 모듈 원자로(Small Module Reactor, 이하 SMR)의 기술을 실증할 것, ② 2030년까지 고온가스로에 있어서의 수소 제조에 관련된 기술 분야를 확립할 것, ③ 국제 열핵융합 실험로(International Thermonuclear Experimental Reactor, 이하 ITER) 계획 등 국제 협력을 통한 핵융합 기술의 연구개발을 착실히 추진해 나갈 것, 이 세 가지를 내세우고 있다(経済産業省, 2020: 25~26).

현재 일본은 몇 가지 SMR 사업을 진행 중에 있다. 우선 미국의 GE Hitachi Nuclear Energy가 히타치 GE 뉴클리어 에너지(日立GEニュークリア・エナジー社)[9]와 함께 SMR인 BWRX-300을 개발 중에 있는데, 이 회사는 원자력발전소의 설계와 제조의 경험을 바탕으로 여러 제품을 모듈로 제작해 본 경험이 풍부하기 때문에 그러한 경험을 살려서 원자력 분야의 혁신을 추구해 갈 것이라는 것이 일본 정부의 평가이다(資源エネルギー庁, 2020.8.20). 또한 GE Hitachi Nuclear Energy는 고속로에 해당하는 SMR인 Power Reactor Innovative Small Module(PRISM)을 개발 중에 있으며, 2021년 4월 초에는 닛키홀딩스(日揮ホールディングス)가 해외에서의 SMR의 설계와 조달, 건설(Engineering, Procurement & Construction, EPC) 사업에 진출할 뜻을 표명하며 미국의 NuScale에 4000만 달러를 출자할 것이라는 결정을 밝혔다(原子力産業新聞, 2021.4.6).

고온가스로를 이용한 수소 제조 기술에 주력하겠다는 것 역시 중요한 실행 계획 중 하나로, 일본은 현재 가동 정지 중인 이바라키현(茨城県) 도카이무라(東海村)에 위치한 고온 공학 시험 연구로(High Temperature Engineering Test Reactor, 이하 HTTR)를 활용하겠다고 밝혔다. HTTR을 이용한 수소 제조 기술이 아직 완성되지 않았지만, 일본 정부는 HTTR 가동 시 발생하는 고온열을 활용해 요소나 황과의 화학반응을 통해 물을 분리하는 열화학적

---

9 2007년에 미국의 제너럴 일렉트릭(GE)이 히타치 제작소와 제휴하며 설립한 GE Hitachi Nuclear Energy의 일본 법인.

수소 제조 IS(요오드-황) 프로세스의 가능성이 있다고 평가하고 있다(電気新聞, 2021.1.12). HTTR은 1998년 11월에 임계를 달성한 이후 실증 실험을 계속해 왔지만, 후쿠시마 사고를 계기로 운전을 정지했었다. 9년 이상 정지해 있던 HTTR은 2020년 6월 30일에 원자력규제위원회로부터 신규제 기준에 맞춘 원자로 설치 변경 허가가 내려졌고, 2021년 7월 운전 재개를 목표했으나(HTTR, 2021), 지역의 반응이 여전히 회의적인 가운데 있다(東京新聞, 2021. 1.21).

마지막으로, 35개국이 참여하고 있는 ITER는 2005년 6월에 프랑스의 카다라쉬(Cadarache)에 건설할 것으로 발표한 이후 2025년 12월에 운전 개시를 목표로 여전히 건설 중인데, 일본은 ITER 건설지로 아오모리현(青森県)의 롯카쇼무라(六ヶ所村)를 국내 후보지로 결정(2002년 5월 각료회의에서 결정)해, ITER의 국내 유치를 위해 적극적으로 노력하며 프랑스와 경쟁한 바 있다. 비록 유치에 성공하지 못했지만, 핵융합 기술에 대한 일본 정부의 관심은 아직도 매우 높으며, 현재 롯카쇼무라에는 국제 핵융합 에너지 연구 센터(国際核融合エネルギー研究センター; International Fusion Energy Research Centre, 이하 IFERC)가 운영 중에 있다. IFERC는 ① 원형로 설계 및 연구개발 센터, ② ITER 원격 실험 센터, ③ 계산기 시뮬레이션 센터로 구성되어 있다(IFERC).

풍력발전과 비슷한 기제를 통해 원자력의 중요성은 정책에 적극적으로 반영되고 있다. 앞에서 말한 총회 산하 전력·가스 산업분과회는 원자력 소위원회(이하 원자력 소위)를 설치하고 있으며, 2014년 6월 19일에 첫 원자력 소위를 개최한 이래 꾸준히 개최되어 오고 있으며 2021년 4월 14일에 제23회가 개최되었다. 역시 위원들은 대부분 대학 교수 같은 연구자들로 구성되어 있으나, 전문위원 자격에 일본 원자력 산업협회, 전국 전력 관련 산업노동조합 총연합회, 발전회사 및 덴지렌 등으로부터의 인원을 포함시키고 있다.

5. 나오며

이 장에서는 일본이 탄소중립과 그린뉴딜이라는 시대적 흐름을 어떻게 내재화시켰는지에 대해서 살펴보고, 이를 토대로 발표된 그린성장전략에 있어서 발전 부문과 관련해 가장 강조되고 있는 해상풍력과 원자력에 대한 계획이 수립된 과정과 계획의 내용 등을 분석했다. 이는 일본의 탈탄소화와 그린 성장을 위한 정책이 실질적으로 얼마나 성공적인 성과를 거둘 수 있을지에 대한 타당성을 논하고자 하는 것이 그 본 목적이 아니며, 아울러 그것은 이 연구의 분석을 넘어가는 수준의 문제라는 것을 밝히는 바이다. 아직 정책 계획이 수립된 수준에 머무르고 있으므로 그 정책이 얼마나 실현 가능할지, 실현된다고 해도 2050년 탄소중립이라는 엄청난 목표를 달성하는 데 얼마나 기여할 수 있을지를 판단하는 것은 시기상조일뿐더러, 기술적·경제적 분석을 요구하는 작업이다.

다만 이 장의 사례 분석을 통해 일본 에너지 정책의 결정 과정 속에 어떠한 요소들이 우선시되고 있으며, 어떠한 행위자들의 목소리가 어떠한 정책 기제를 통해 형성되는지 알았다는 것이 그 의의라고 하겠다. 이 장의 사례 연구는 사무엘스·쿠차르스키·우네스키·비보다·그라에츠의 관찰이 공통적으로 지적하듯이, 일본 정부가 여전히 조정자로서의 역할을 수행하고 있다는 사실을 확인해 주었다. 정책 결정과 공표에 앞서 여러 종류의 위원회에서 관련 행위자를 포함하는 논의 과정을 거침으로써 정책 수립의 정당성을 확보하는 모양새를 취하고 있다. 결국 이런 조율의 결과물로 얻어진 정책은 앞으로도 그 방향이 크게 바뀌지 않을 것이며, 점진적이고 단계적으로 결과물들을 축적해 갈 갓이라고 예측하는 바이다.

이러한 정책 결정의 과정 속에서 결국 누구의 목소리가 더 효과적으로 전달되고 반영되었는지에 대해서는 보다 심층적인 연구가 필요하다. 이케오가 지적한 대로 정부와 산업계의 관계가 대립적임에도 불구하고, 특정 산업계가 큰 영향력을 발휘해 정부의 입장이 바뀐 것인지, 혹은 어떤 특정 정치인들이 영향력을 미친 것인지 등에 대해서는 보다 면밀한 질적 연구가 진행될 필요가 있다. 이 부분은 차후 연구를 위한 과제로 남겨두고자 한다.

참고문헌

곽윤아. 2020.10.26. "中에 이어 日도 '온실가스 실질 배출 제로' 선언". ≪서울경제≫. https://www. sedaily.com/NewsVIew/1Z9A6BZHKH (검색일: 2021.2.16).

김정수. 2021.4.22. "유럽연합 '2050년 탄소중립·2030년 감축목표 상향' 잠정합의". ≪한겨레≫. http://www.hani.co.kr/arti/society/environment/992087.html#csidx53456a6c7270 05f8e538a02bfca0a5d (검색일: 2021.4.23).

노드하우스, 윌리엄(William Nordhaus). 2017. 『기후 카지노 – 지구온난화를 어떻게 해결할 것인가』. 한길사.

신수정. 2021.2.10. "기후변화 전쟁에 복귀한 미국". ≪동아일보≫. https://www.donga.com/ news/Opinion/article/all/20210210/105364510/1(검색일: 2021.4.23).

양소리. 2019.12.13. "EU, 2050년 탄소중립 목표 합의 … 원자력, 친환경에너지로 인정(종합)". ≪뉴시스≫. https://mobile.newsis.com/view.html?ar_id=NISX20191213_0000859736 (검색일: 2021.4.23).

월러스 웰즈, 데이비드(David Wallace-Wells). 2020. 『2050 거주불능 지구』. 청림출판.

이현승. 2020.9.23. "기후변화 주도권 쥐려는 中 '2060년까지 탄소중립 달성' 선언". ≪조선비즈≫. https://biz.chosun.com/site/data/html_dir/2020/09/23/2020092302497.html (검색일: 2021.4.23).

임은정. 2018. 「아베 시대의 일본 에너지 정책 변화: 에너지 시장 자유화와 원자력 회귀를 중심으로」. ≪아세아연구≫, 61(1), 177~216쪽.

_____. 2021. 「일본 전력산업의 현황과 변화 방향에 대한 비판적 고찰: 4차 산업혁명과의 적합성 관점에서」. ≪입법과 정책≫, 13(1), 367~392쪽.

池尾愛子. 2013. 「日本のエネルギー政策思想 -技術進歩, 化石燃料, および電力供給」. ≪早稲田商學≫, 438, 335~348쪽.

金子憲治. 2019.8.1. "洋上新法による「有望4区域」公表、「促進区域」は合計11". https://project.nikkei bp.co.jp/ms/atcl/19/news/00001/00123/?ST=msb (검색일: 2021.5.1).

環境省. 2021. 『2019年度（令和元年度）温室効果ガス排出量（確報値）について』. 東京: 環境省.

_____. 2021.1.25 "2050年カーボンニュートラルの実現に向けて". http://www.env.go.jp/e arth/2050carbon_neutral.html (검색일: 2021.4.23).

環境省·国立環境研究所 2012. 『平成24年版 図で見る環境·循環型社会·生物多様性白書』. 東京: 環境省.

木舟辰平. 2020. 『図解入門ビジネス 最新電力システムの基本と仕組みがよ〜くわかる本 [第2版]』. 東京: 秀和システム.

久後翔太郎 외. 2021.2.2. "「脱炭素社会」実現の経済的意義と課題 - グリーン投資は経済成長に寄与するが限界費用の増加に注意が必要". https://www.dir.co.jp/report/research/ economics/japan /20210202_022064.html (검색일: 2021.4.30).

グリーンピース・ジャパン. 2021.2.4. 『気候変動、グリーンリカバリーに関する意識調査』に基づく脱炭素化社会に向けた5つの提言国際環境』.

経済産業省. 2020. 『2050年カーボンニュートラルに伴うグリーン成長戦略』. 東京: 経済産業省.

_____. 2020.9.16. "「クライメート・イノベーション・ファイナンス戦略2020」を取りまとめました" https://www.meti.go.jp/press/2020/09/20200916001/20200916001.html (검색일: 2021.4.29).

_____. 2020.12. 「資料3 2050年カーボンニュートラルを巡る国内外の動き」, https://www.meti. go.jp/shingikai/sankoshin/sangyo_gijutsu/chikyu_kankyo/ondanka_wg/pdf/002_0 3_00.pdf (검색일: 2021.3.11).

経団連(日本経済団体連合会). 2019. 「日本を支える電力システムを再構築する ― Society 5.0 実現に向けた電力政策」.

_____. 2020. 「グリーン成長の実現に向けて」.

≪原子力産業新聞≫. 2021.4.6. "日揮が米ニュースケール社SMR開発への参画を表明".

資源エネルギー庁. 2018. 「エネルギー基本計画」.

_____. 2020. 『令和元年度エネルギーに関する年次報告(エネルギー白書2020)』. 経済産業省.

_____. 2020.7.22. 「「再エネ型経済社会」の創造に向けて〜再エネ主力電源化の早期実現〜」. 16쪽.

_____. 2020.8.20. "原子力にいま起こっているイノベーション前編) 〜次世代の原子炉はどんな姿?". https://www.enecho.meti.go.jp/about/special/johoteikyo/smr_01.html (검색일: 2021. 4.29).

_____. 2020.11.28. "2020 ― 日本が抱えているエネルギー問題(前編)". https://www.enecho. meti.go.jp/about/special/johoteikyo/energyissue2020_1.html (검색일: 2021.4.27).

首相官邸. 2020.10.26. 『第二百三回国会における菅内閣総理大臣所信表明演説』. https://w ww.kantei.go. jp/jp/99_suga/statement/2020/1026shoshinhyomei.html (검색일: 2021.4.23).

_____. 2020.10.30. 『地球温暖化対策推進本部』. https://www.kantei.go.jp/jp/99_suga/actio ns/202010/30ondanka.html(검색일: 2021.4.27).

電気事業連合会, https://www.fepc.or.jp/theme/re-operation/ (검색일: 2021.2.25).

≪電気新聞≫. 2021.1.12. "政府、高温ガス炉による水素製造技術を開発へ ゚2030年めどに".

≪東京新聞≫. 2021.1.21 "東海村の研究炉、来月末 再稼働へ 施設老朽化を危ぶむ声も".

升味 準之輔. 1964.5 「1955年の政治体制」. ≪思想≫.

本橋 惠一. 2020. 『図解入門業界研究 最新 電力・ガス業界の動向とカラクリがよ~くわかる本 [第4版]』. 東京: 秀和システム.

洋上風力の産業競争力強化に向けた官民協議会. 2020. 『洋上風力産業ビジョン(第1次)』. 東京: 経済産業省.

HTTR(高温工学試験研究炉). 2021.3.25. "HTTRの運転試験計画について". https://httr.jaea.go.jp/D/D1.html (검색일: 2020.4.29).

JCCCA(全国地球温暖化防止活動推進センター). 2020. "データで見る温室効果ガス排出量(世界)". https://www.jccca.org/global-warming/knowleadge04(검색일: 2021.4.26).

kokalog国会議事録検索. https://kokalog.net/search.html?speech=%22%E6%B4%8B%E 4%B8%8A%E9%A2%A8%E5%8A%9B%E7%94%A3%E6%A5%AD%22 (검색일: 2020.5.1).

WWF Japan. 2020.12.11. "グリーン・リカバリー"が鍵 コロナ禍からの復興". https://www.wwf.or.jp/activities/basicinfo/4494.html(검색일: 2021.4.27).

Abegglen, James C. 1970. *Business strategies for Japan*. Sophia University.

Calder, Kent E. 1989. "[Reviewed Work] The Business of the Japanese State: Energy Markets in Comparative and Historical Perspective by Richard J. Samuels." *The Journal of Japanese Studies*, 15(1), pp.217~222.

Chomsky, Noam, Robert Pollin and C.J. Polychroniou. 2020. *Climate Crisis and the Global Green New Deal: The Political Economy of Saving the Planet*. New York, NY: Verso.

Herz, Steven, Brendan Guy and Jake Schmidt. 2020.11.25. "A Climate-First Foreign Policy Diplomacy and Executive Action Will Allow Biden to Tackle Climate Change." *Foreign Affairs*. https://www.foreignaffairs.com/articles/united-states/2020-11-25/climate-first-foreign-policy (검색일: 2021.4.26).

IFERC(International Fusion Energy Research Centre). https://www.fusion.qst.go.jp/reseach_contents2/BA/gaiyou_mokuteki/iferc.html (검색일: 2020.5.1).

Johnson, Chalmers A. 1982. *MITI and the Japanese Miracle: The Growth of Industrial Policy*, 1925~1975. Stanford: Stanford University Press.

Kucharski, Jeffrey B. and Hironobu Unesaki. 2017. "Japan's 2014 Strategic Energy Plan: A Planned Energy System Transition." *Journal of Energy*, Vol.2017. DOI: https://doi.

org/10.1155/2017/4107614.

METI(Ministry of Economy, Trade and Industry). 2015. "Submission of Japan's Intended Nationally Determined Contribution." Tokyo: METI. https://www4.unfccc.int/sites/ ndcstaging/PublishedDocuments/Japan%20First/20150717_Japan%27s%20INDC.pdf (검색일: 2020.12.1).

MOFA(Ministry of Foreign Affairs of Japan). 2021.3.21. "Japanese Economy." https://www. mofa.go.jp/policy/economy/japan/index.html (검색일: 2021.4.26).

OECD(Organisation for Economic Co-operation and evelopment). 2011.5. *Towards Green Growth*.

Samuels, Richard J. 1987. *The Business of the Japanese State: Energy Markets in Comparative and Historical Perspective*. Ithaca: Cornell University Press.

Seba, Tony. 2014. *Clean Disruption of Energy and Transportation: How Silicon Valley Will Make Oil, Nuclear, Natural Gas, Coal, Electric Utilities and Conventional Cars Obsolete by 2030*. Tony Seba; Beta edition.

The United Nations. 2015. "Paris Agreement." https://unfccc.int/sites/default/files/english _paris_agreement.pdf (검색일: 2021.4.23).

UN News. 2020.12.2. "The Race to Zero Emissions, and Why the World Depends on It." https://news.un.org/en/story/2020/12/1078612 (검색일: 2021.4.26).

UNEP(United Nations Environment Program). 2011. *Towards a Green Economy: Pathways to Sustainable Development and Poverty Eradication*.

Vivoda, Vlado and Geordan Graetz. 2015. "Nuclear policy and regulation in Japan after Fukushima: Navigating the crisis." *Journal of Contemporary Asia*, 45(3), pp.490~509.

Yanaga, Chitoshi. 1968. *Big Business in Japanese Politics*. New Haven: Yale University Press.

제19장

중국의 탄소중립 정치와 미중 기후변화 협력

이재영_통일연구원 기획조정실 연구기획부장

1. 들어가며

2020년 9월 23일 시진핑 주석은 제75차 유엔총회 화상 연설에서 2030년 전까지 탄소배출량을 감소세로 전환해 2060년까지는 탄소중립을 달성할 것이라고 선언했고, 2020년 12월 파리협정 체결 5주년 유엔 기후목표 정상회의에서도 2060년 탄소중립목표를 재확인했다. 또한 2021년 양회 정부 업무 보고에서도 리커창(李克强) 총리는 중국의 탄소중립 정책을 재차 강조했다. 탄소중립을 달성하는 과정에서 중국 중앙정부는 에너지 이용권과 탄소배출권의 전국적인 거래시장 건설을 가속화하고, 에너지소비 총량과 강도의 두 가지를 통제(能源消費双控)하는 제도를 완비할 것이라고 제시했다. 특히 탄소배출권거래시장은 지금까지 지방에서의 실험을 마무리하고 올해 처음으로 전국적인 거래시장 건설을 추진하고 있다.

지난 4월 22일 개최되었던 기후정상회담에서 시진핑 주석은 "인간과 자연 생명 공동체 공동 건설"에 관한 연설을 했고, 그 연설에서 중국은 생태 우선과 녹색 저탄소 발전을 추구할 것이라고 밝혔다. 구체적으로 시진핑 주석은 2030년까지 탄소피크, 2060년까지 탄소중립을 실현하기 위한 구체적인 방안을 제시했다. 조건을 갖춘 지방과 중점 업종 및 기업들이 우선적으로 탄소피크를 추진하며, 석탄발전 프로젝트를 엄격히 통제하고, 14차 5개년 계획 시기 석탄 소비 성장의 엄격한 통제와 15차 5개년 계획 시기 석탄 소비의 감축을 제안했다(南博一, 2021.4.23).

따라서 중국 탄소중립 정책의 특징은 우선 산업 정책 측면에서 탄소중립이 강조되고 있다는 점이다. 둘째, 중국의 탄소중립은 5개년 계획과 같은 중장기적인 국가 전략 속에서 중진국함정의 경제위기 극복을 위한 하나의 수단이다. 셋째, 중국 정부의 탄소중립 정책은 과학기술 혁신과 밀접한 연관이 있다. 인공지능·빅데이터·사물인터넷 등 4차 산업혁명의 핵심 기술은 에너지·교통·건설·금융 등 산업에서 탄소중립과 연계되어 중요한 역할을 할 수 있다(王元丰, 2021.4.1; 刘霞, 2021.4.1). 즉 과거 중국은 환경보호와 경제성장이 충돌하는 세계관에서 생태환경의 가치가 곧 경제 가치이자 생산력 발전으로 이어진다는 이념으로 전환하고 있다(李宏伟, 2021.4.23). 지난 4월 30일 중앙정치국 제29차 생태 문명 건설에 관한 집체학습에서 시진핑 주석은 생태환경 보호와 경제발전의 상호 보완성을 강조했고, 지속 가능한 발전을 위해 저탄소 발전이 필요하다고 역설했다.

넷째, 중국의 탄소중립은 중앙정부가 지방정부를 통제하는 수단 가운데 하나이다. 즉 중앙 지도부는 탄소피크와 탄소중립에 대한 목표 달성 의지가 분명하지만, 지방 당정 관료들은 탄소중립보다 정치 업적으로 내세우기 좋은 단기적이고 가시적인 성과로써 탄소배출량이 많은 개발 프로젝트를 아직까지 더 선호하고 있다. 따라서 중앙 지도부는 각종 규제와 인센티브를 통해 지방이 중앙에서 선호하는 탄소중립을 이행하도록 견인하고 있다. 마지막으로, 중국 정부는 탄소중립 정책을 미국과 협력 가능한 아주 중요한 영역으로 인식하고 있지만 미중 경쟁 격화와 중국과 서방국가들 사이의 책임과 의무에 대한 인식 차이로 인해 기후변화 영역에서 협력의 여지는 점점 줄어들고 오히려 경쟁 가능성이 부각되고 있다.

2. 중국 중앙정부의 탄소중립목표와 계획

1) 중국 정부의 중장기 목표와 탄소중립

중국은 지난 2020년 10월 26일부터 29일까지 공산당 제19기 중앙위원회 제5차 전체 회의를 개최해 14차 5개년 계획 건의를 통과시켰고, 2021년 소강사회 건설, 2035년 사회주의 현대화 기본 실현, 2049년 부강하고 민주 문명화된 사회주의 현대화 강국 건설 목표를 제시했다. 올해 발표된 14차 5개년 계획과 2035년 장기 목표 강요에서도 탄소중립목표와 관련해 에너지 혁명을 추진하고, 청정 및 저탄소, 안전하고 효율이 높은 에너지 체계를 건설함으로써 에너지 공급 보장 능력을 제고할 것이라고 밝혔다.

14차 5개년 계획의 핵심인 과학기술 진보와 산업고도화는 지속가능한 친환경 산업과 밀접한 연관이 있다. 특히 중국은 국내와 국제 순환의 상호 촉진으로 정의되는 쌍순환 가운데 내수 확대와 고도화를 위해서 탄소중립과 같은 정책 캠페인을 적극 활용한다.[1] 탄소중립이 혁신을 통한 산업 고도화와 연계될 때 쌍순환의 내수 고도화에 크게 기여할 것으로 예상된다. 작년 말 중앙경제업무회의 때부터 중국 지도부는 탄소피크와 탄소중립 업

---

[1] 중국 정부는 생태환경 보호와 탄소중립과 같은 환경 정책을 국가 중점 과제인 빈곤 탈피, 도시화 등과 연계시키고 있다. 특히 도시화 과정에서 스마트, 녹색, 저탄소 등을 신형 도시화 모델로 제시하고 있다(李宏伟, 2021.4.23; 欧阳志云, 2021.4.23)

무를 2021년 8대 중점 임무 가운데 하나로 선정했다. 중국 정부는 14차 5개년 계획 기간 2025년 단위 GDP당 에너지 소모와 이산화탄소배출량을 2020년에 비해 각각 13.5%와 18% 감축하겠다는 목표를 제시했다.

중국의 5개년 계획은 탄소중립 정책을 추진하는 데 있어 중요한 행정 수단이다. 왜냐하면 중국 중앙정부는 계획에서 제시한 감축목표를 모든 지방정부의 행정구역에 하달하고 목표 달성 여부를 정부 관료와 국유기업에 대한 성과 평가 항목에 포함시켰기 때문이다. 중앙정부는 11차 5개년 계획 때부터 오염물질 감축과 같은 일반적이고 포괄적인 감축 계획을 제시하기 시작했고, 12차 5개년 계획 때는 더욱 구체적인 이산화탄소와 암모니아 및 산화질소 배출량의 감축목표를 제시하기도 했다. 12차 5개년 계획 이래 중국 정부는 산업과 에너지 구조 조정, 에너지 절약과 효율성 추진, 산림의 탄소흡수 증가와 같은 에너지소비 집약도와 탄소 집약도를 완화하는 정책을 주요한 감축 정책으로 채택하고 있다(Li et al., 2021: 1~2).

중국 중앙정부가 탄소중립 정책을 시행할 때 우선적으로 고려하는 점은 경제성장과 발전을 크게 희생하지 않으면서도 행정 수단과 시장 기제를 통해 탄소배출량을 감축하고 환경을 보호함으로써 중진국함정의 늪에서 벗어나는 것이다. 예를 들어 중국의 현재 1인당 탄소배출량은 약 7톤으로 더 이상 급격한 증가를 허용하기 어렵겠지만, 중국은 중진국함정에서 벗어나기 위해 1인당 GDP는 1만 달러에서 3~4만 달러까지 급성장해야 하는 딜레마에 빠져 있다. 즉 중국 정부는 저탄소 혹은 탄소중립 정책을 통해 중진국함정에서 탈출함으로써 사회주의 현대화 강국으로 정의된 선진국 대열에 진입하는 것을 목표로 삼았다.

시진핑 주석이 2030년 탄소피크와 2060년 탄소중립 도달 목표를 제시한 후 처음으로 국무원은 이에 관한 구체적인 로드맵에 해당하는 문건을 발표했다. '녹색 저탄소 순환 발전 경제 체계 건설 가속화에 관한 지도 의견'에서 중국 중앙정부는 전방위적이고 전과정적으로 녹색 계획, 녹색 설계, 녹색 투자, 녹색 건설, 녹색 생산, 녹색 유통, 녹색 생활, 녹색 소비를 추진하는 일련의 조작 가능하고 실제로 시행 가능한 정책을 제시했다(孫秀艶·陆娅楠, 2021.5.4).

이 의견에서 중국 정부는 2025년까지 산업 구조, 에너지 구조, 운송 구조를 개선하고 녹색산업 비중을 높인다. 그 후 2035년까지 녹색 발전의 내생 동력을 강화하는데, 녹색산업 규모를 새로운 단계로 올리고 에너지 자원 효율을 국제 선진 수준으로 격상시켜 탄소피크 도달 후 안정적으로 탄소중립을 향해 갈 수 있는, 즉 생태환경이 근본적으로 호전될 수 있도록 노력하는 것이다(国务院, 2021.2.22).

하지만 중국의 중장기적 로드맵과 탄소중립의 더 구체적인 행동 방안은 각 지역의 조건과 상황에 따라 달라질 것이고, 그 과정에서 중앙정부가 지방정부와 민간기업, 시민들을 어떻게 동원하고, 탄소중립에 맞는 시장 기제를 어떻게 완비할 것인지에 대한 구체적인 계획은 아직 발표되지 못했다.

2) 중국의 산업 정책과 탄소중립: 친환경 산업과 녹색 금융

중국의 탄소중립 추진을 위한 대표적인 산업이 바로 높은 생산력과 저탄소, 저비용으로 대표되는 태양광과 풍력발전 산업이다. 최근 중국은 태양광과 풍력발전의 비용을 각각 80%와 30% 이상 감축했다. 그 밖에도 전기자동차 산업과 관련된 2차 전지 기술(리튬 전지)과 자율주행도 중국 정부가 중점 육성하는 산업 섹터이다.

특히 중국의 친환경 자동차 산업은 비약적인 성장을 하고 있다. 중국 정부는 탄소세, 탄소거래제, 총생산량 평균 연비와 신재생에너지 자동차 생산을 지표로 하는 더블 포인트 제도(双积分) 등 행정 수단과 시장 기제를 통해 자동차 산업의 저탄소 발전과 신재생에너지 발전을 촉진하고 있다. 특히 더블 포인트 제도는 기업 간 포인트를 사고팔 수 있는 거래시장을 만들어 완성차 기업들이 포인트 거래 가격에 따라 반응할 수 있는 시장 기제를 도입했다.[2]

자동차 기업들은 탄소중립의 구체적인 방안을 제시했는데, 치루이 자동차는 가솔린, 하이브리드, 수소 등 다양화된 동력 사용, 둥펑 자동차는 수소연료전지 상품화 가속화, 창안자동차는 청정에너지 응용과 에너지의 스마트 통제 실현, 광치 집단은 연구개발에서부터 생산과 구매, 사용에 이르는 전체 가치사슬에서 녹색 저탄소 생태계를 형성하는 방안을 제시했다(陳超, 2021.4.23).

중국자동차공업학회는 「에너지 절감 및 신에너지 차량 기술 로드맵 2.0」에서 정부의 탄소중립 정책에 발맞춰 2035년까지 화석연료 자동차 생산을 중단하고 전기차와 같은 친환경차와 하이브리드의 중국 판매 비중을 각각 50%까지 확대할 뿐만 아니라 수소전기차를 백만 대까지 보급하는 방안을 제시했다. 이후 중국 국무원은 14차 5개년 계획의 친환경차 발전 계획에서 2025년까지 친환경차의 판매 비중을 20%까지 끌어올린다는 야심 찬 목표를 제안했다(이재영, 2020.11.5).

---

2 중국 자동차 기업 중에서 2019년 가장 많은 플러스 더블 포인트를 획득한 기업은 비야디이다. 비야디 자동차의 연비 포인트는 약 89만 점, 신재생에너지 자동차 포인트는 약 47만 점을 획득했다. 반면 마이너스 더블 포인트를 받은 기업은 이치-폭스바겐의 합작회사로써, 연비는 약 -54만 점, 신재생에너지 자동차는 -14만 점을 받았다. 플러스와 마이너스 점수 간 차이가 많이 나고 공급이 수요를 초과해 포인트 가격이 싸야 하지만 거래 가격은 2019년 8백 위안, 2020년 3000위안 이상으로 급증했다. 이러한 가격은 비교적 높게 형성되었는데 이는 시장 거래 기제가 아직 제대로 정착되지 못했고, 거래시장이 소규모이기 때문일 것으로 평가했다. 이치-폭스바겐은 1포인트 가격을 3000위안으로 환산하면 약 -14만 점, 매년 4억 위안이 넘는 탄소 포인트를 구매해야 하는 비용 부담을 가지고 있었다. 이러한 비용은 정부에 내는 세금이 아니라 연비가 좋고 신재생에너지를 사용하는 자동차 생산량이 많은 완성차 기업에 주는 것이다(管清友, 2021.4.6).

다른 한편 중국의 탄소중립 정책은 산업구조조정 측면에서 살펴볼 수 있다. 중국에서 탄소를 가장 많이 배출하는 부문이 바로 석탄과 같은 화석연료이고 에너지 구조 조정을 위해서는 석탄 산업의 구조 조정이 필수이기 때문이다. 또한 친환경 에너지를 적극적으로 도입하기 위해 기존의 오염이 많은 화석연료를 퇴출하는 시간표와 로드맵을 미리 마련할 필요가 있었다.

그리고 중국 정부의 탄소중립 정책은 탄소배출량을 완전히 제로로 만드는 목표보다는 탄소배출량과 탄소흡수량의 균형을 이루는 것이다. 이를 위해 중국 정부는 대대적인 식수조림 산업을 통해 탄소흡수를 대폭 늘리겠다는 계획이다.

2019년 출판된 「중국 산림자원 조사 보고」에 의하면 중국 산림의 탄소흡수원(carbon sink)은 1년에 4.34억 톤, 이산화탄소로 환산하면 12억 톤이었다. 중국의 2019년 온실가스배출 총량은 140억 톤, 그중 화석에너지 이산화탄소배출량은 102억 톤으로 흡수원은 그러한 배출량에 비해 아직 미약했다. 이산화탄소 포집, 활용, 저장[Carbon Capture, Utilization and Storage (CCUS)] 기술을 통해서도 배출된 탄소를 흡수할 수 있지만 중국에서 그러한 기술은 아직 비용 측면(이산화탄소 톤당 가격이 200에서 300위안)에서 제대로 활용되기 힘들었다(马晨晨, 2021.4.23).

한편 탄소중립 정책은 중국 정부가 중점 육성하는 서비스업에서 새로운 업종 기회를 제공했다. 예를 들어 탄소배출량 검사와 탄소중립 인증을 대표로 하는 녹색 저탄소형 서비스업은 경쟁력 있는 시장과 녹색 취업 기회를 제공할 것으로 전망했다(包存宽, 2021.4.28).

마지막으로, 탄소중립 정책을 시행하기 위한 자금 조달도 중요한 문제이다. 탄소중립을 실현하기 위해 필요한 산업구조조정과 신에너지 발전 등 요구되는 투자 규모는 매년 중국 GDP의 2.5% 정도를 차지하는 130조

위안 이상일 것으로 예상했다. 올해 양회 때 리커창 총리의 정부 업무 보고에서도 저탄소 발전 특별 프로젝트 지원을 위한 금융 정책과 지원책 마련을 중점 사업으로 선정했다. 중국 정부의 녹색 금융은 녹색 대출, 녹색 채권, 녹색 펀드, 녹색 보험, 녹색 투자 등 몇 가지 종류로 분류할 수 있다.

3) 중국 탄소중립의 추진 주체와 주요 수단: 국가 주도와 민간 동원

중국은 보통 국가적으로 가장 중시하는 정책목표 달성을 위해 영도소조라는 컨트롤타워를 설립하고, 시진핑에 의해 임명된 조장의 당 직책과 지위에 따라 영도소조의 위상이 결정된다. 지난 5월 26일 정치국 상무위원이자 국무원 부총리인 한정 주재로 "탄소피크 탄소중립 업무 영도소조"의 첫 전체 회의가 개최되었다. 이는 중국 정부가 국가발전개혁위원회 등 여러 정부 부처에 흩어져 있는 탄소중립 업무를 통합하고 그 위상을 높이며 조정기능을 강화하겠다는 본격적인 신호이다. 한정 부총리는 회의에서 탄소중립을 위한 산업 구조 최적화, 에너지 구조 조정, 녹색 저탄소 기술개발 및 보급, 완전한 녹색 저탄소 정책 체계 등 구체적으로 요구되는 조치들을 제시했고, 특히 국유기업 역할의 중요성을 역설했다(新华网, 2021.5.27). 영도소조의 성원은 미중 무역 협상을 담당하는 류허(劉鶴) 부총리, 왕이(王毅) 외교부장, 허리펑(何立峰) 국가발개위 주임 등이 포함되어 그 위상이 비교적 높았다. 미중 관계와 관련된 핵심 관료인 류허 부총리와 왕이 외교부장이 성원에 들어가 있는 것은 중국이 탄소중립 정책을 미국과의 협력 이슈로 상정했기 때문일 가능성이 높다.

중국의 탄소중립 정책은 정부 보조금과 규제, 기업 공급사슬에서의 탄소배출 감축을 기본으로 정부와 기업 두 주체의 역할을 강조하고 있다(鞠立新, 2021.5.4). 중국 정부는 주로 탄소중립을 국민경제사회발전계획에 편입시키고 관련 중장기 특별 계획과 연간 계획을 편성하고 실행할 뿐만 아니라, 배출량 감축 정책 제정, 업종 표준 확립, 연구 개발 지원 등을 통해 기업의 감축 활동과 제로 탄소 기술 탐색을 위한 가격 신호와 인센티브를 제공하며, 기업이 저탄소로 전환하기 위한 감축 조치를 시행하도록 견인한다. 대중에 대해서는 탄소중립 선전 활동을 강화하고 소비자의 탄소중립 참여를 견인한다(王灿·张雅欣, 2020: 60~61).

　중국은 탄소중립을 위해 행정 수단과 시장 기제 모두를 사용하고 있지만, 시장 기제가 아직 완비되지 못했고, 녹색산업의 정부 재정 보조금에 대한 의존도가 여전히 높기 때문에 아직까지는 국가 주도라고 볼 수 있다. 특히 국유자산관리위원회(国资委)는 중앙 기업들이 녹색 발전 계획을 실시하고 녹색 저탄소 발전 이념을 기업 생산 경영 전 과정에 도입하는 것을 통해 탄소중립목표를 달성하는 데 역량을 집중하도록 지도할 것이라고 밝혔다(陈超, 2021.4.23).

　지난 3월 2일 국가전망공사(国家电网公司)는 국유기업 최초로 탄소중립 행동 방안을 발표했다. 방안의 내용은 풍력, 태양광, 수력 등 신재생에너지 발전시설을 확대함으로써 에너지 공급의 다원화, 청결화, 저탄소화와 에너지소비의 고효율화, 에너지소비량 감축, 에너지소비의 전기화를 가속화할 것이라고 강조했다. 또한 국가전망공사는 에너지 저장, 신에너지 거래, 전기차 등 방면에 빅데이터, 블록체인, 인공지능 등의 기술을 이용한 혁신을 시도할 것이라고 밝혔다(冉永平·赵秀芹·丁怡婷, 2021.4.28).

　중국석화(中国石化)와 중국석유(中国石油)와 같은 에너지 국유기업도 보고서에서 2050년 거의 0에 가까운 배출량 달성 시간표를 제시했고, 중국 석유는 2025년까지 탄소피크를, 중국석화는 2030년 전까지 탄소피크를 실현할 것이라고 제시했다(陈超, 2021.4.23). 이처럼 중국의 에너지 섹터에 있는 기업은 주로 중앙과 지방의 국유기업으로써, 이들은 국가의 강한 통제력 속에 있기 때문에 마치 정부 부처처럼 정부의 탄소중립 정책에 자유롭게 동원된다.

한편 중국 정부는 2060년 탄소중립목표 달성을 위해서 국유기업을 통한 국가 주도 전략에서 점점 민간의 역할을 확대하는 전략으로 전환할 전망이다. 특히 탄소피크와 관련된 처벌과 보상 기제 가운데 하나인 생태 보상 제도는 그 주체가 다원화되고 있다. 이 제도는 생태환경을 오염시켜 수익을 거둔 주체가 경제적 보상을 하고, 환경보호의 주체가 그러한 보상을 환경보호 비용으로 사용하는 원칙이다. 이러한 제도는 정부, 기업, 사회조직, 대중 모두가 공동으로 참여하고, 녹색 금융, 재정 보조, 생태환경 수익 거래 등을 포함한 다양한 보상 재원을 확보해 상호 협조, 환경 단지 공동 건설, 프로젝트 지원, 산업 이전 등을 통해 생태 보호 지역과 이를 통한 수혜 지역의 양성 순환을 촉진하고, 수역과 산림 등의 생태 종합 보상을 추진한다(高敬, 2021.3.29).

특히 중국 정부가 탄소중립의 추진 주체를 다양화하고 그 과정에서 민간을 더욱 적극적으로 동원하겠다는 의지를 보여준 선언이 바로 앞에서 언급했던 녹색 저탄소 순환 발전 경제 체계 건설에 관한 지도 의견이다. 이 문건에서는 생산, 유통, 소비의 각 단계에서 기업, 사회조직, 대중, 소비자 등 다양한 행위자들이 녹색 저탄소 순환 발전 경제 체계 건설에 참여한다. 이들은 때로 당국의 행정 수단에 의해 동원되거나, 때로 시장 기제에 따라 저탄소 경제를 활성화한다. 이 체계를 지탱하는 삼대 핵심 요소는 인프라, 기술혁신, 법률제도이다(孫秀艶·陆娅楠, 2021.5.4).

중국의 민간기업도 정부 정책에 호응해 탄소중립 계획을 잇달아 출시하고 있다. 중국의 최대 인터넷 기업인 텅쉰(騰訊) 그룹은 지난 2월에 탄소중립 계획을 발표했고, 이러한 ICT 기업은 에너지 절약과 탄소배출 감축에 유리한 디지털화, 네트워크화, 스마트화를 추동하는 데 도움이 될 뿐만 아니라, 업종 내에서도 데이터 센터와 네트워크 설비 등에 소모되는 에너지와 배출되는 탄소를 감축하기 위한 조치도 제안했다. 전문가들에 의하면 ICT 산업은 2030년 전 세계 온실가스배출량의 23%에 도달한 후 2040년이 되어서야 배출량이 줄어들 것으로 평가했다. 중국의 전체 ICT 업종의 온실가스배출량도 대체로 전체 배출량의 6% 정도로 보았다(王元丰, 2021.2.22).

중국에서 외식업 자영업자들도 정부의 탄소중립 방침을 따르고 있다. 중국에서 인기가 많은 훠궈(火锅) 요리는 과거에는 주로 석탄이나 가스 같이 고탄소 에너지를 사용해 조리하는 경우가 많았다. 하지만 최근 들어 훠궈의 본고장인 쓰촨성에서는 이 대신 전기 인덕션을 사용하기 시작했다. 쓰촨성 청두시의 인덕션 훠궈점은 이미 1만 곳을 넘었고, 시 전체의 70%로 확대되었다. 인덕션으로 교체한 후 연간 8.37억 kWh의 기존 고탄소 발전 전력을 대체함으로써, 71만여 톤 상당의 이산화탄소배출량을 감축한 것으로 측정되었다. 14차 5개년 계획에서 중국 정부는 전기로 석탄을 대신하는 정책을 추진할 것이라고 이미 밝힌 바 있다(冉永平 외, 2021.5.10).

대체적으로 중국의 탄소중립은 국가 주도의 특성을 보여주고 있다. 중국 중앙정부는 국가 전략과 목표 실현을 위해 국가의 강한 통제 속에 있는 국유기업을 동원할 뿐만 아니라 민간기업, 사회조직, 대중, 소비자 등 정책 추진 주체를 다양화하기 위해 노력하고 있다. 하지만 이러한 국가 주도의 발전 모델과 과거 마오쩌둥(毛澤東) 시대를 연상시키는 대중 및 민간 동원 방식은 과도한 국가 개입으로 인한 시장실패를 초래한다.

4) 중국의 에너지전환 정책과 탄소중립 정치의 한계

중국의 국가에너지국에 따르면 2020년 말까지 중국의 재생가능 발전 설비 총규모는 9억 3000kW로 전체 발전 설비 비중의 42.4%에 도달했고, 2012년에 비해 14.6% 성장했다. 2020년 중국의 재생가능에너지 발전량은

그림 19-1 중국의 각종 발전 방식 월간 발전량 (단위: kWh)

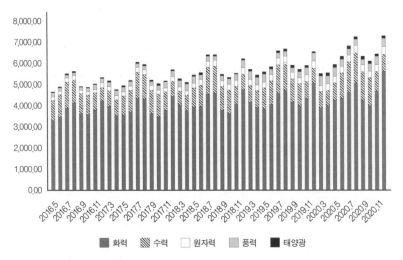

그림 19-1 중국의 각종 발전 방식 월간 발전량 (단위: kWh)

자료: WIND; 管清友(2021) 재인용.

2조 2000억 kWh, 중국 전체 전력 사용량에서 차지하는 비중은 29.5%로 2012년에 비해 9.5% 증가했다. 재생가능 발전 설비 9억 3000kW 가운데 수력 발전 설비는 3억 7000kW, 풍력은 2억 5000kW, 태양광은 2억 5000kW 로 구성되었다(丁怡婷, 2021.3.31).

하지만 〈그림 19-1〉에서 보면 2021년 중국의 월간 발전량은 약 5000억 에서 7000억 kWh 사이에서 등락을 반복했지만 수력, 풍력, 원자력 등 재 생가능에너지 발전량의 비중은 모두 약 20~30%로 사이에서 움직였다. 최 근 들어 오히려 화력발전량의 비중이 더 늘어나고 있다. 2016년부터 2019 년까지 재생에너지 발전량을 봐도 그 비중은 20~30% 사이에서 거의 변화 가 없다는 것을 알 수 있다. 이를 통해 알 수 있는 것은 재생가능 발전 설비 총규모는 석탄발전 설비 규모보다 더 빠르게 증가하고 전체 비중도 늘었 지만, 중국의 재생에너지 발전량과 석탄발전량은 모두 꾸준히 증가함으로써 에너지 포트폴리오의 구성비는 거의 변화가 없다는 사실을 알 수 있다. 따라서 중국은 에너지 발전량에 있어서 여전히 고탄소의 화력발전에 과도하게 의존하고 있다고 평가할 수 있다.

좀 더 구체적으로 살펴보면, 2017년과 2018년 2년 동안 총 발전량 증가 속도가 7.1%, 8.4%였을 때 화력발전과 석탄발전량 증가 속도는 각각 5.7%/5.9%, 7.2%/7.3%였고, 재생가능에너지 발전 증가량이 전체 발전 증가량에서 차지하는 비중은 2017년 35%, 2018년 31%였다. 2016년, 2019년, 2020년 3년간 발전량 증가 속도는 각각 4.9%, 4.8%, 4%였을 때, 화력과 석탄발전량의 증가 속도는 각각 2%/1.4%, 2.1%/1.6%, 2.2%/1.8%였고, 재생가능에너지 발전 증가량의 구성비는 55.1%, 52.7%, 56.9%로 증가량에서는 과반수 이상의 비중을 차지하게 되었다(韩文轩, 2021). 하지만 이는 전체 발전량의 증가 속도가 줄었기 때문에 화력 및 석탄발전량의 증가 속도도 떨어진 것으로, 재생가능에너지 발전 증가량의 비중이 커진 것도 기저 효과 때문이다. 따라서 석탄발전량의 증가 속도를 안정적으로 통제해 0으로 만드는 것은 탄소중립에서 우선적으로 추진해야 할 정책이지만 쉽지는 않을 전망이다.

중국은 2060년 탄소중립목표하에 2025~2030년 기간 새로 증가하는 전력수요를 전부 청정에너지로 대체하고, 그 과정에서 원자력과 천연가스발전을 합리적이고 안전하게 배치할 전망이다. 2030년 탄소피크 시 발전 설비 총 38억 kW 가운데 청정에너지 설비가 25.7억 kW로 67.5%를 차지하고, 청정에너지 발전량은 5.8조 kWh 52.5%로 절반 이상을 넘어야 한다. 2030년 탄소피크 시기는 태양광발전 용량이 처음으로 석탄발전 용량(약 10억 kW)에 접근하고, 2030년 이후부터 2050년까지 태양광은 전체 발전 용량에서 가장 큰 비중인 46%로 급증하게 된다. 반면 석탄은 4%로 급감한다. 탄소중립이 실현되는 2060년에는 화력발전을 완전히 폐쇄해 0으로 낮

표 19-1 2020~2060년 중국 발전 설비 총량 및 구성　　　　　　　(단위: 억 kW, %)

	2020년		2025년		2030년		2050년		2060년	
	용량	비중	용량	비중	용량	비중	용량	비중	용량	비중
풍력	2.8	12.7	5.36	18.2	8	21	22	29.4	25	31.2
태양광	2.5	11.3	5.59	19	10.25	27	34.5	46.1	38	47.4
수력	3.7	16.8	4.6	15.6	5.54	14.6	7.4	9.9	7.6	9.5
화력	10.8	49	11	37.3	10.5	27.6	3	4	0	0
가스	0.98	4.5	1.52	5.2	1.85	4.9	3.3	4.4	3.2	4
원자력	0.5	2.3	0.72	2.5	1.08	2.8	2	2.7	2.5	3.1
용량 합계	22		29.5		38		75		80	
재생에너지 설비 비중	43.4		57.5		67.5		92		96	

자료: 衛木樺(2021.3.31).

추고 태양광과 풍력발전 비중을 약 80%로 높여야 한다.

중국이 탄소중립 정책을 추진하는 과정에서 정치 체제와 에너지 공급망 안정성과의 상관관계를 보면 중국이 탈석탄으로 쉽사리 전환하지 못하는 근본적인 이유를 알 수 있다. 즉 2014년에서 2020년 사이 중국은 235GW의 태양광발전과 205GW의 풍력발전을 추가하는 동안 같은 기간 약 225GW의 석탄화력발전을 확대했다. 하지만 안정적인 전력망 유지를 위해 다양한 종류의 재생가능한 에너지를 포함한 간헐적인 전력원으로써 예비전력을 필요로 했다. 심각한 전력 공급 위기는 공산당의 통치 정당성 위기와 직결되기 때문에 중국은 당분간 예비전력의 안정적인 공급원인 석탄발전에 의존할 수밖에 없었다. 2020년 석탄발전의 설비 가동률은 약 50%였지만 풍력과 태양광발전은 각각 24%와 15%에 그친 것에서 알 수 있듯이, 코로나19와 같은 경제위기 상황이 왔을 때 중국은 전력 공급 위기를 피하기 위해 가장 안정적으로 공급할 수 있는 석탄발전에 의존할 수밖에 없다. 그뿐만 아니라 만약 가스발전이 중국의 에너지 구성에서 더 큰 비중을 차지하게 되면 중국은 이미 40% 이상의 천연가스를 해상운송으로 수입하기 때문에 안정적인 해상 공급 라인에 중국은 더욱 민감하게 되고, 미국과 같은 경쟁국이 가스의 해상운송 라인을 차단하게 되면 중국의 전력망은 불안정해지기 때문에 중국 정부는 국내에서도 비교적 안정적인 공급이 가능한 석탄을 선호할 수밖에 없게 된다(Erickson and Collins, 2021).[3]

이러한 정치적이고 안보적인 이유 외에도 중국의 석탄발전량 축소 위주의 에너지전환 정책을 경제적인 측면에서 보면, 이러한 정책이 석탄 가격의 상승과 같은 원부자재 가격 상승을 초래해 기업들의 제조원가 상승을 부추긴다는 사실이다. 에너지전환을 위해 직접적인 석탄발전 축소, 구식 발전 시설의 폐쇄, 최신식 시설로의 대체라는 정책 도구 가운데 중국 정부는 최신식 시설로의 대체 할당율을 높여 탄소중립의 경제적 비용을 축소할 필요가 있다. 결국 중국의 에너지전환 정책은 단기적으로 사회 후생 수준 감소라는 비용 발생이 불가피하다. 따라서 중국 정부는 에너지전환과 함께 피고용인 재정착, 부채 관리, 재정지원 등의 일련의 조치를 동반해야 할 뿐만 아니라, 탄소배출량 거래제와 같은 시장 기제인 석탄발전 허가권 거래제를 도입해 발전량 통제 정책이 최종 산출과 사회적 후생에 미치는 부정적 효과를 줄이기 위한 거래시장의 자유화를 촉진해야 할 것이다(Zhang et al., 2021: 11~12).[4]

---

3 중국의 기후변화 협상의 실무를 담당하는 핵심 인물인 국가발전개혁위원회 부비서장이자 국제 협력사 사장인 수웨이(苏伟)는 중국에 안정적인 전력 원천이 필요하기 때문에 불안정한 친환경 에너지를 보충하기 위해 일정 기간 동안 석탄발전을 필요로 하게 될 것이라고 밝혔다(Hook, Hodgson and Shepherd, 2021.4.23).

4 발전허가권 거래제는 석탄발전이 더 많이 필요한 지방이 허가권을 구매하고 석탄발전을 줄이려는 지방은 허가권을 판매하는 제도로 이러한 제도가 도입된다면 30% 이상의 투입 절약과 26%의 소득 증대 효과를 볼 수 있다는 주장이 있다(Shi et al., 2020).

결론적으로 2060년 탄소중립을 위한 발전 설비 총량 구성의 시나리오가 현실화되기 위해서는 과학기술과 혁신에 대한 투자를 통해 재생에너지 전력 공급망의 안정성을 화력발전 수준 이상으로 끌어올려야 한다. 심각한 전력 공급 위기는 중국공산당의 일당독재 정당성에 치명타를 가하기 때문이다. 즉 풍력과 태양광의 설비 가동률을 지금보다 훨씬 끌어올려야 2030년 탄소피크와 2060년 탄소중립목표를 달성할 수 있다. 그리고 중국 천연가스의 대부분이 해상운송으로 수입되기 때문에 미중 간 패권 경쟁과 해상 충돌 가능성이 높아지는 미래의 상황에서 미국에 의해 해상운송이 차단될 경우 최소한 가스발전 설비의 용량만큼 백업 전력으로 대체할 수 있는 안정적인 전력 공급원이 필요하다. 따라서 2050년에서 2060년 사이 석탄발전 용량을 0으로 만들기는 쉽지 않을 전망이다.

마지막으로, 중국 탄소중립 정책의 한계는 중국이 14차 5개년 계획을 통해 국가 주도로 탄소중립과 기후변화 문제 해결을 위한 정책들을 쏟아냈지만, 문제의 근본적인 해결 방안에 대한 언급은 없었다는 것이다. 예를 들어 이러한 계획들은 주로 생산 기반의 배출량 감축에 초점을 맞춘 것으로 소비 기반의 배출량 감축을 충분히 강조하지 못했다(Li et al., 2021). 뿐만 아니라 이번 5개년 계획에서는 중화학 공업 위주의 산업 구조, 석탄발전 중심의 에너지 구조, 도로 위주의 화물 운송 구조와 같은 고탄소 산업 구조를 어떻게 전환할 것인지에 대한 근본적인 해법이 나오지 못했다(이재영, 2020.11.5). 더 중요한 것은 산업구조조정 과정에서 발생하는 실업률의 상승과 이로 인한 사회 불안정을 어떻게 해결하고, 고탄소 산업 섹터에 편중된 산업 구조를 가지고 있는 지역과 직접적인 피해를 보는 기업들에 어떤 보상을 제공할지에 대한 구체적인 대안이 제시되지 못했다는 한계가 있다.

3. 중국 지방정부의 탄소중립 실험의 성과와 한계

1) 중국의 전국 탄소배출권거래시장 건설

중국에서 탄소배출권거래시장은 2011년부터 7개 지역에서 실험을 진행해 온 경험이 있다. 2021년부터 전국적으로 거래시장을 운영하면서 2225개 주요 전력 사용 기업들을 대상으로 탄소배출권거래 규정을 제정할 예정이다. 거래 관리 대상에 포함된 기업은 한 해 온실가스배출량이 2만 6천 톤에 이르는 기업과 탄소배출권거래 관련 기업이다. 중국 지방정부 거래시장 실험으로 중국은 거래량 세계 2위 탄소시장으로 급부상했다. 2020년 8월까지 철강, 시멘트, 전력 등 20여 개 업종 3000여 개 기업의 누적 거래량이 4억 톤, 90억 위안(1조 5000여 억 원)에 이르렀다. 주요 탄소배출 기업들은 탄소배출권을 통해 5% 미만의 탄소배출량을 상쇄할 수 있다.

2021년 6월 말 정식으로 가동된 전국 탄소배출권거래 시스템은 상하이에 설치하고, 가입 등록 시스템은 후베이 우한에 설치하며, 등록과 거래 기구는 푸젠성, 장쑤성 등을 포함한 7개 시범 지역에 공동으로 설립한다. 업계 전망에 의하면 2021년 탄소거래시장의 거래량은 2.5억 톤에 도달할 전망이며, 이는 2020년 각 시범 지역 거래 총량의 세 배에 해당하고 거래 금액은 60억 위안에 도달할 것으로 보인다. 상하이시는 탄소거래시장을 기초로 국제탄소금융센터를 설립하고, 베이징시는 전국 온실가스 자발적 감축관리거래센터 설립을 제안했다(王璐, 2021.4.28).

7개의 시범 지역 가운데 후베이성은 2014년에 거래시장을 가장 늦게 건설했음에도 불구하고 거래 규모는 광둥성을 제외하고 가장 컸다. 시장 건설 초기에 후베이성 거래시장의 거래량과 거래액은 전국 시장의 60~70%를 차지할 정도였다. 2021년 2월 말까지 후베이의 거래 총량은 전국 시장에서 대략 34%, 거래액은 57%를 차지했다. 후베이성의 시장 거래가 활성

그림 19-2 2020년 중국 시범 도시(試點城市) 탄소 누적 거래 규모

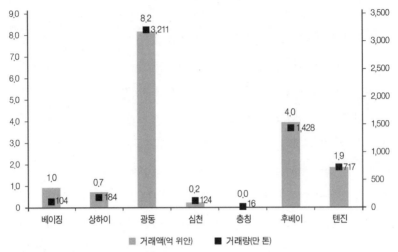

자료: WIND, KOTRA 중국 상하이무역관(2021.4.29) 재인용.

화될 수 있었던 배경에는 지방 리더십의 관심과 추진력이 있었다. 후베이성 당서기와 당교 간부는 거래시장에 관한 논의 초창기였던 2009년부터 관련 의제를 제기했고 제도화 준비 작업에 착수했다. 또한 후베이의 산업구조는 편중되어 있고 배출량 통제 기업도 많았다. 후베이성은 제도를 설계하는 과정에서 기업의 부담을 덜기 위한 배분액 사후 조정 기제, 매년 현지 경제발전 상황을 반영한 유연한 동태적 가격 조정 기제, 업종 경쟁력 보호 기제, 국내외 기관 투자자들의 자금을 적극적으로 유치하는 시장 유동성 보장 등을 추진함으로써 탄소배출권 거래시장을 활성화시킬 수 있었다 (張春燕, 2021.3.29).

중국의 탄소배출권 거래시장이 실험 초기 7개 지역에서만 시행되었을 때는 실험을 진행한 지역에서 그렇지 않은 지역으로의 탄소배출이 사실상 이전(carbon transfer)되는 부작용이 있었고 이러한 효과는 5개년 계획의 전

국적인 의무 배출량 감축 달성과 같은 더욱 평등한 탄소피크 정책과는 차이가 있었다(Li et al., 2021: 10). 하지만 이제 중국의 ETS가 성공적으로 전국에 확대된다면 그러한 부작용은 점차 완화되고, 지역 간 좀 더 평등한 탄소피크 정책의 효과를 볼 수 있을 것이다. 그럼에도 불구하고 각 지역마다 지방 관료들의 전문성과 기업들의 참여 정도가 상이하기 때문에 ETS를 이행하는 과정에서 서로 다른 정책 효과가 여전히 발생할 것으로 보이고 이로 인한 탄소배출 이전은 완전히 사라지기 어려울 전망이다.

마지막으로 중국 ETS 제도 활성화를 위해 가장 중요한 것은 바로 톤당 배출권 거래 가격이다. 2020년 탄소배출권 누적 거래량 4억 톤, 90억 위안 기준으로 계산하면 배출권 가격은 현재 톤당 약 3.5달러에 지나지 않는다. 한 연구에 의하면 탄소피크와 탄소중립 효과를 보기 위한 최적의 탄소 가격은 톤당 21달러이다. 최적의 탄소 가격과 함께 높은 경제성장률, 발전 믹스(power generation mix)의 최종 평균 비용 축소, 탄소피크 도달 이전의 초창기에 중국 전력 섹터에서 신흥 전력기술의 적극적 활용, UHV 송전과 같은 지역 간 전력 전송 구조 건설 등의 조건들이 만족되어야 중국 전력 섹터에서 탄소피크와 탄소중립이 조기에 실현될 수 있을 것이다(Xiao et al., 2021).

2) 중국 지방정부의 탄소피크와 탄소중립 행동 방안 평가

광둥성, 저장성, 상하이시 등 부유한 지역은 2060년 탄소중립목표 달성을 위한 정책을 활발하게 내놓고 있지만, 산시성, 네이멍구, 허베이성 등 석탄발전 의존도가 높은 지역은 탄소중립목표 이행 준비가 제대로 되지 않고 있다. 중국의 31개 성급 지방정부 가운데 2/3가량이 2021년부터 2025년까지 탄소배출량의 획기적 감축 계획안을 제출했다. 저장성의 경우 원자력, 수력, 풍력의 신재생에너지 발전 비중을 2020년 37%에서 2025년 57%

표 19-2 전국 20개 성(시) 탄소중립 행동 방안 및 중점 사업 내역

도시	주요 내용
베이징	탄소배출의 강도와 총량을 통제해 탄소중립(碳中和) 시간표, 노선을 명확히 제시 에너지 구조 조정 등을 추진해 교통·건축 등 중점 분야의 에너지 절약 촉진 전기차 택시 보급 인센티브 대중교통 신에너지 차량 운행 보조금
톈진	탄소배출 방안 제정, 산업 구조, 에너지 구조를 최적화하고 철강 등 주력 업종 및 석탄 소비의 탄소피크(碳达峰) 촉진
허베이성	탄소피크·탄소중립 중장기 계획 제정 조건부로 시·현 단위에서 먼저 선도적인 탄소피크를 완성 농촌에서 청결한 난방 공급 신에너지 자동차 보급 확대
푸젠성	이산화탄소배출 탄소피크 행동 방안 마련(샤먼·난핑 등 주요 지역에서 먼저 시범) 저탄소 도시·단지 시범 사업 추진
저장성	탄소피크 액션 플랜 실시 저탄소 공단 건설과 '0 탄소' 체제 시범 운영 에너지/산업/운송 구조 조정으로 신에너지 산업 발전
장쑤성	'탄소피크 및 14.5 행동 방안' 제정 산업 및 에너지 구조 조정 추진 청정에너지 생산으로 녹색산업 생활 방식 가속화 생태환경 보호 자금 18.4억 위안 배정
산둥성	탄소배출 강도를 낮추고 탄소피크 및 탄소중립 실시 방안 제정
하이난성	탄소피크 행동 방안 제정 청정에너지 설비 비중을 70%까지 높이고, 분산형 전원 발전량(分布式电源发电量) 개발
상하이	탄소피크 행동 방안 제정 전국 탄소배출권 거래시장 건설 가속화 상하이 환경에너지 거래소 건설
허난성	에너지와 소비의 이중 규제 제도를 완비하고 에너지사용권·탄소배출권 등의 초기 분배와 시장화 거래 체제 구축 풍력과 태양광발전 가속화 녹색 건축 및 신에너지 자동차 보급
안후이성	에너지를 과도하게 소비하는 산업 규모와 수량을 엄격하게 통제하며, 신기술, 첨단 설비 응용, 녹색에너지 저장 기지의 건설 추진
후베이성	탄소 '0 배출' 시범 구역 건설 전개 중국 탄소배출권 등록 결제 시스템 추진 가속화 순환 경제, 저탄소 경제 구축을 지원해 에너지 절약 및 청정에너지 산업 육성
장시성	탄소피크 액션 플랜 제정 오염 및 탄소배출 감소 추진

도시	주요 내용
쓰촨성	탄소배출권 거래 추진 에너지 소모와 총량 강도의 통제 전기 대체 공사와 중점 에너지 절약 공정 실시
티베트	생태문명 고지 건설 계획 작성 탄소피크 행동 방안 제정
산시	청정 생산 추진 에너지 절약 및 환경보호 산업 발전 탄소배출권의 시장화 거래 추진
간쑤성	전국의 탄소시장 거래에 적극적으로 참여하고 전 성(省)의 환경 권익 거래 플랫폼 보완
네이멍구	탄소피크 행동 방안을 제정해 에너지 절약 및 탄소배출 감소 추진
광둥성	광둥성 잔장시(湛江) 맹그로브 조림 프로젝트는 중국 최초로 검증된 탄소 상쇄 표준(Verified Carbon Standard)과 지역사회와 생물다양성 표준(Climate, Community and Biodiversity) 인증 프로젝트로 등록 2015년부터 2055년까지 16만 톤 이산화탄소배출량 감축 예상
랴오닝성	풍력발전·태양광발전 등 재생가능한 에너지를 발전시켜 수소에너지 규모화 응용과 장비 발전 지원 탄소 거래시장을 구축하고 탄소배출권 시장화 추진 신에너지 자동차 보급 확대 탄소피크 추진 행동 지원

자료: KOTRA 중국상하이무역관(2021.4.29) 정리. 광둥성, 랴오닝성, 베이징, 허베이성, 허난성 등 일부 지역 각종 언론보도 내용 추가.

수준으로 끌어올리기로 했다. 상하이시도 탄소배출량을 2025년부터 감소 세로 전환하겠다고 밝혔다.

지방마다 거의 모두 탄소피크와 탄소중립 행동 방안을 출시했지만 그 방식과 중점은 모두 달랐다(因地制宜). 탄소피크 행동 방안과 구체적인 로드 맵을 제시한 지역은 베이징, 톈진, 허베이, 푸젠, 저장, 장쑤, 산둥, 하이난, 상하이, 장시, 티벳, 네이멍구, 랴오닝 등 12개 지방정부였다. 나머지 지방 은 탄소중립 혹은 환경보호와 에너지 관련 산업구조조정 혹은 신에너지 자동차 산업과 같은 진흥 정책이 대부분이었다. 푸젠성과 저장성 등 지역 은 시범 지역을 정해 탄소피크와 탄소중립의 실험을 점진적으로 확대하는 방안을 도입했다.

지금까지 중국 지방정부의 탄소피크와 탄소중립 정책은 각 지역의 사정에 따라 차별화된 행동 방안들로 출시되었고, 중앙정부는 이에 대해 특별히 통제와 규제를 행사하지 않았다. 하지만 과거 중국의 중앙-지방 관계를 볼 때 중앙에서 적극적으로 개입하지 않는 경우, 태양광이나 전기차 산업과 같이 자원의 비효율적 분배와 중복투자로 인한 과잉생산, 혁신 기술이 아닌 적정기술 이하의 저품질 제품 및 부품 보급 등의 문제가 나타난다. 그렇다고 중앙이 계획경제 때처럼 행정 수단을 통해 자원배분에 일일이 개입해도 정책 실패를 불러올 것이다.

따라서 중앙정부는 각 지방정부의 탄소피크와 탄소중립 행동 방안을 면밀히 검토한 후 중복투자 혹은 비효율적 자원배분 등이 나타나는 시장의 실패 영역에서만 전체 이해관계자들의 방안과 사업을 조정하는 역할을 통해 지방의 계획에 개입해야 할 것이다. 하지만 중국 중앙정부가 지금까지는 그러한 역할을 제대로 수행하고 있는지 의문이며, 코로나19와 미중 갈등의 대내외적 악재 속에서 탄소중립 정책을 둘러싼 다양한 행위자들의 이해관계를 제대로 조정하고 견인할 재정적·정치적 능력과 의지가 있는지도 아직 확신하기 어렵다.

3) 중국의 탄소중립 지방 실험의 한계

중국의 석탄에너지에 대한 과도한 의존은 중국 정치 시스템과 연관되어 있기 때문에 전환이 쉽지 않다. 친환경 프로젝트의 경우 중국 여러 지방정부 간 정치적인 협상이 필요하고 지방 간부의 자기 관할 구역에 대한 통제를 어느 정도 포기해야 하는 장기적인 과제이다. 반면 지방 간부의 승진과 정치적인 생존에 도움이 될 정도로 충분한 기간 동안 쉽게 경기를 부양할 수 있는 손쉬운 방법이 바로 석탄에너지를 이용한 프로젝트이다. 구체적인 사례로써, 중국에서 2015년에서 2020년 사이 46GW의 석탄발전소를 폐쇄했지만 주로 광둥성 같은 부유한 연해 지역의 발전소를 폐쇄했고 그 설비를 내륙의 소득 수준이 낮은 지역으로 옮겼으며 생산한 전기를 다시 부유한 연해 지역으로 전선을 통해 송전했다(Erickson and Collins, 2021).

따라서 중국의 석탄발전 축소는 환경오염에 민감하게 반응하는 부유한 지역에서 깨끗한 환경보다 경제성장을 더 선호하는 가난한 지역으로 오염원을 옮긴 것일 뿐, 중국 전체 석탄발전에 대한 의존도를 줄여 저탄소 발전으로 전환된 것은 아니었다.

즉 선진국과 개도국 사이에 발생하는 오염 처리 비용 회피 효과(pollution haven effect)가 중국 내 발전 지역과 저발전 지역 사이에서 일어나고 있다.[5] 중국의 동남부 연해안 지역과 내륙 지역 사이의 경제 격차가 줄어들지 않는다면 이러한 효과는 지속될 것이다.

중국은 탄소배출량이 많은 철강 산업의 구조 조정에도 어려움을 겪었다. 중국에서 두 번째로 규모가 큰 철강회사인 허강집단유한공사(河钢集团有限公司)는 당국의 압력으로 허베이성 탕산시에 있는 공장을 폐쇄해 수천 명의 실직자를 양산했고, 탕산시는 추가적으로 연말까지 30~50% 감산을 명령했다. 하지만 지방정부는 이러한 중앙의 탄소중립 정책 요구에 심한 압박을 받았고, 안 그래도 저비용과 저마진의 철강 기업들에 탄소중립은 큰 부담으로 작용했다(*Financial Times*, 2021.4.26). 이러한 사례를 통해 알 수 있는 것은 중앙의 탄소중립 정책에 대한 선호와 지방에서 실감하는 친환경 정책의 필요 및 정치적인 이익이 서로 일치하지 않는다는 사실이다.[6]

---

5 개도국에서 느슨한 환경규제로 인한 오염처리비용 회피 효과에 대해서는 Copeland and Taylor(2004), Brunnermeier and Levinson(2004)를 참고.

6 중앙정부는 지방정부의 탄소중립 정책을 감시하기 위해 전문 인력을 투입해 중앙 생태 환경보호 감독조를 운영하고 정기적으로 몇 개 지역을 선정해 감독조를 파견했다. 감독조는

마지막으로 앞에서 살펴본 중국 지역들 사이의 오염 처리 비용 회피 효과를 피하기 위해서는 생산과 소비 모두에 기반한 배출량 감축목표를 제시할 필요가 있고, 성급 정부 사이에 탄소조정세를 도입해 부유한 성급 지역이 가난한 지역에서 배출한 탄소량에 대한 대가를 지불할 필요가 있다. 또 다른 문제는 중앙에서 하달한 감축목표를 특정 지방이 달성하게 되면 이후의 정책 집행 강도가 떨어지는 한계도 있다(Li et al., 2021: 10). 이를 극복하기 위해서는 지방정부가 감축목표를 달성했을 때 그러한 목표 달성 노력이 지속될 수 있도록 중앙정부는 추가적인 인센티브를 제공할 필요가 있다.

4. 미중 기후변화 협력 전망

지난 3월 9일 바이든 신행정부 출범 이후 처음으로 케리 미국 기후특사는 EU를 방문해 기후변화 방면의 협력관계를 강화했다. 특히 미국은 파리 기후변화협정의 재가입 이후에 미국-EU 간 기후변화 대응 협력을 가속화

그 지방의 생태 환경문제를 현장에서 감독하고, 문제를 지적하며 시정 사항을 직접 보고받을 뿐만 아니라, 환경오염에 책임이 있는 당정 간부를 문책하기도 했다. 감독 방식은 주로 현지 주민들의 환경 관련 제보와 청원을 검토해 문제를 찾아내는 것이다. 중앙의 탄소중립 감독 강화에 각 지방 리더십인 성급 당서기는 현장감독동원회에서 문제를 보고하고 자료를 제공하며 협조를 보장했다. 특히 중앙이 중점을 두는 분야는, 에너지소비량과 탄소배출량이 높은 건설 프로젝트(双高)를 맹목적으로 추진하는 지방 간부 처벌과 프로젝트 통제이다. 만약 이러한 프로젝트가 아무런 감독 없이 난립하게 되면 환경오염뿐만 아니라 탄소피크와 탄소중립 추진에도 큰 차질을 빚게 된다. 중앙정부는 지방에 대한 통제를 강조하면서도 민생 관련 산업이나 영역에서 천편일률적으로 공장 폐쇄와 같은 조치를 하기보다 어느 정도 유연성을 적용했고, 책임자 문책을 너무 남용하지 말고 질서 있게 추진할 것을 감독조에 요구했다(李宝坤, 2021.4.6). 이는 중앙정부가 탄소중립 정책을 중시하면서도 코로나19로 인해 경제가 위축된 상황에서 민생 관련 산업에서는 어느 정도 유연성을 보장하도록 요구함으로써, 환경과 경제발전에 균형을 맞추도록 요구한 것이다.

함으로써 글로벌 이슈에서 미국의 리더십 지위를 회복하려는 속셈이다. 중국이 우려하는 바는 미국을 비롯한 서방국가들이 기후변화를 국가 이익을 위한 수단으로 활용하는 것이다. 이러한 우려에도 불구하고 바이든 행정부 들어 미중 간 첫 고위급회담에서 양국은 기후변화 관련 실무협의체를 구성하기로 결정했다.

중국의 기후변화 사무특사 세전화(解振華)는 기후정상회담 기간 미국의 존 케리 기후특사와의 협의에서 8개의 우선 협력 분야를 제시했다. 우선 공업과 전력 영역에서 탈석탄 정책과 기술, 재생가능한 에너지 발전, 녹색과 기후 회복력 농업, 에너지 절약 건축, 녹색 저탄소 교통, 메탄 등 비이산화탄소 온실가스배출량에 관한 협력, 국제항공 및 운항 활동 배출에 관한 협력, 석탄·석유·가스 배출 감축을 포함한 조치가 이에 해당한다(于潇清, 2021.4.23).

미국 당국은 기후변화 이슈를 다른 경쟁하는 이슈와는 다르게 미중 양국이 진정으로 협력할 수 있는 영역으로 구분했다. 예를 들어 미국은 중국의 인권을 비롯한 경쟁적인 이슈에 대해 압력을 가하는 반면 기후변화에 있어서는 협력하려는 의도가 있었다. 하지만 중국 입장에서 기후변화 협력은 전체적인 양자관계와 밀접히 연관된 것이었다. 다른 한편으로 기후변화 이슈에서 미중협력보다 경쟁이 더 설득력 있는 방안으로 제시되기도 했다. 즉 미국 주도의 민주주의 국가 연맹이 탄소세와 탄소국경세를 통해 중국의 고탄소 행위를 바꾸기 위한 압력을 행사해야 한다는 주장이다(Erickson and Collins, 2021).[7]

---

[7] 중국은, 미국이 기후변화 의제를 강조하는 이유로써 미중 협력과 경쟁 영역을 완전히 분리한 후 기후변화를 미국의 국익을 추구할 수 있는 의제로 삼기 위함이라고 평가했다. 즉 바이든 정부는 기후변화 협력을 통해 자신의 정치적 업적을 쌓고 이를 통해 EU 우방국을 결집시켜 동맹 강화로 중국에 대항하는 것이 목적이라는 것이다(社评, 2021).

중국 측에서 보면 기후변화에 있어 서방국가들은 역사적인 책임을 져야 한다고 강조했다. 즉 선진국이 더 큰 책임과 행동을 보여줘야 할 것을 요구하는 동시에 개도국에게 자금, 기술, 역량 건설 등의 방면에 선진국이 자발적으로 지원함으로써 기후변화에 대한 개도국들의 실질적인 대응 능력 제고를 도와야 한다고 주장했다. 따라서 중국은 서방국가들이 녹색 무역장벽 설치나 탄소 및 온실가스 감축을 수단으로 개도국에 압력을 행사할 수 없다는 입장이다. 마지막으로, 중국은 공평의 원칙, 즉 선진국과 개도국 사이에 공동의 책임, 그렇지만 구별되는 책임 원칙을 견지했다(包存寬, 2021).[8]

미국을 비롯한 서방세계는 중국의 일대일로와 같은 대외 전략이 탄소중립에 맞지 않는 것으로 비판하고 있다. 중국은 아시아와 아프리카에서 일대일로 프로젝트의 일환으로 240개의 석탄발전소 건설에 자금을 제공했고, 탄소배출량으로 환산하면 이러한 일대일로 참여국의 배출량이 2050년까지 전 세계 배출량의 절반을 차지할 수 있을 것이라고 비판했다. 파키스탄과 같은 일대일로 참여국은 재생에너지로 전환을 시도하려고 해도 화력발전소 건설에 중국으로부터 빌린 막대한 자금이 이미 투입되었기 때문에 석탄발전 건설을 완전히 중단하기 어려웠다. 중국도 일대일로 프로젝트의 환경문제에 대한 국제사회의 비난 여론이 거세지자 방글라데시에 건설하기로 한 석탄 프로젝트를 취소하는 등 일대일로의 환경적 영향을 다시 검

8 　중국이 지적해 온 이슈로써, 기후변화 문제에서 서방의 역사적 책임에 관한 보고서가 최근 발표되었다. 베이징대학교 도시환경학원 리본강(李本綱) 교수팀이 발표한 최신 평가 보고에 따르면, 1850년부터 2014년 기간 미국, 유럽연합 15개국과 중국이 전 세계 기후 이상 현상에 미친 영향은 각각 21.9%, 13.7%, 8.6%이다. 이 보고서는 중국이 지구 온난화에 미친 영향은 미국의 40%에 미치지 못한다는 사실을 강조하면서 미국을 포함한 서방세계의 역사적 책임과 의무를 강조하고 있다. 다른 한편 지난 1월 27일 중국 외교부 대변인은 기자회견에서 중국이 세계 최대 개도국으로 탄소중립목표가 선진국의 목표보다 10년이 늦지만, 대부분의 선진국 탄소중립 도달 목표 기간이 약 60년인 반면 중국은 탄소피크에서 탄소중립까지 걸리는 기간이 30년밖에 되지 않는다는 사실을 강조했다(布藍, 2021).

토하기 시작했다. 하지만 미국의 바이든 정부는 중국의 일대일로 프로젝트와 관련해 협력하는 것에 거부반응을 보였다(Tett, 2021).

이처럼 미국과 중국이 기후변화 협력에 대한 인식과 의도가 서로 다르더라도 협력할 수 있는 영역이 전혀 없는 것은 아니다. 중국 인민은행은 EU와 미국 재무부와의 협력을 통해 올해 말까지 비즈니스 환경 인증을 위한 분류 시스템을 건설하는 데 착수했다. 이는 글로벌 협력을 통해 녹색 금융 시스템을 표준화한다는 의미이다. EU는 올해 지속가능한 금융 정보 공개 규정을 발표해 투자의 환경·사회적 측면에서 부정적인 영향을 투명하게 공개하고, 투자하는 제품들을 그러한 기준에 맞추어 분류할 것이라고 밝혔다. 중국의 금융 산업은 유럽의 선진 금융 시스템에 뒤지기 때문에 유럽과 미국 등 선진국과 협력해 전 세계 녹색 금융 표준화에 동참하고 국내 녹색 펀드 활성화를 촉진할 생각이었다(Li and Yu, 2021.4.7).

결론적으로 미중 기후변화 협력은 당분간 강화되기 어려울 것이다. 미중 간 기후변화 이슈에 접근하는 의도와 목적이 너무 다르고 협력을 필요로 하는 일치되는 영역도 많지 않다. 특히 미국은 중국의 첨단기술 발전을 견제하고 억제하려고 하기 때문에 기후변화 협력에 필수적인 환경 기술 교류와 기술 지원은 성사되기 어렵다. 따라서 미중은 녹색 펀드와 녹색 금융 표준화와 같이 비교적 협력의 여지가 많은 영역에서 대화 및 협의 채널을 확대하고, 협력이 쉬운 영역에서 어려운 영역으로 그 범위를 점차 확대해 나가야 할 것이다.

5. 나오며

중국의 탄소중립목표 달성 문제는 결국 정치적인 문제다. 기후변화에 대응하는 환경 기술과 혁신이 아무리 고도화해도 그것을 운영하는 정치체제와 리더십이 포용적이고 혁신을 장려하는 제도 환경을 제공하지 못하면 중국의 탄소중립은 지속가능하기 어려울 것이다. 특히 중국 정부는 탄소중립을 추진하는 과정에서 행정 수단과 마오쩌둥 시대의 선전선동을 통한 대중 및 민간기업 동원에 지나치게 의존하고 있다. 겉으로는 시장 기제와 자발적인 가격 형성을 강조하고 있지만 그 내면을 자세히 들여다보면 민간과 시장을 확실히 신뢰하지 못하는 정부가 과도하게 개입하고 있는 것이 현실이다.

다른 한편에서는 얼마 전까지만 해도 중국 도처에서 태양광과 풍력발전의 신재생에너지 프로젝트 광풍이 불었을 때, 중국과 해외 전문가들 사이에서 그러한 친환경 사업에 대한 낙관적인 전망들이 쏟아져 나왔다. 하지만 31개 성급 지방정부와 그 아래에 있는 시·현 도시들이 효율적인 자원배분에 대해 전혀 고려하지 않고 친환경 프로젝트에 맹목적으로 뛰어들었을 때 그 결과, 비효율적인 자원배분으로 인한 중복투자, 과잉생산, 수익성 악화, 줄 이은 기업 도산, 업종 내 실업률 증가, 사회 불안정, 적정기술 이하의 저품질 제품 및 부품의 보급, 혁신의 부재 등 각종 부작용이 출현했다. 이러한 시장실패는 결국 중앙정부가 제대로, 제때 개입하지 못하고 지방과 민간 사이 이해관계를 조정하지 못했기 때문에 발생한 현상이다. 최근 중국이 추진하는 탄소중립 정책을 보면 그러한 과거의 실패 사례가 떠오른다.

물론 중국 중앙정부는 과거 태양광 산업, 철강 산업, 반도체 산업 등에서 경험한 실패를 답습하지 않기 위해 지방정부와 기업들의 탄소피크와 탄소중립 행동을 면밀하게 관찰하고 평가하면서 개입할 타이밍을 모색하고 있다. 하지만 최근 중앙정부는 지방의 자발적인 행동과 지방의 상황에 맞게 정책을 집행하는 원칙(因地制宜)을 중앙의 천편일률적인 정책 집행(一刀切)보다 더 중시하고 있다. 이는 중앙이 탄소중립 정책 수립의 초창기에는 과도한 개입보다는 지방의 자율성과 자발성을 통한 실험이 더욱 중요하다고 판단했기 때문이다.

하지만 그런 순간에도 비효율적인 자원배분과 중복투자라는 시장실패는 계속해서 일어나고 있다. 즉 코로나19로 인한 경기침체기에 지방정부가 겉으로는 친환경 에너지와 친환경 산업 전환을 호소하지만, 암묵적으로는 단기적인 경제 부양을 위해 고탄소 혹은 석탄발전 산업 성장을 어느 정도 허용하는 것이다. 보통 지방의 최고 당정 간부는 자신의 임기가 5년 정도로 정해져 있어 승진을 위해 단기간 경제 업적을 보여줄 수 있어야 한다. 따라서 정치적인 승진을 위해 지방 당정 간부들은 중장기적인 성과 창출에 유리한 탄소중립을 적극적으로 추진하기보다, 단기적인 성과에 유리한 고탄소 산업의 활성화를 묵인할 가능성이 높다. 지방의 승진 시스템이 획기적으로 개선되지 않는 이상 2030년 탄소피크를 실현한다 하더라도 고탄소 산업을 통한 단기적인 경기부양과 경제성장에 익숙한 지방 당정 간부들이 그 이후 탄소배출량을 점차 줄여가면서 자신의 임기를 넘어서는 2060년까지 탄소중립에 매진할 리가 없다.

마지막으로, 중국 탄소중립의 근본적인 한계는 목표 달성에 유리한 대외 환경이 아직 조성되지 못했다는 사실이다. 미국 바이든 정부는 트럼프 정부 이상으로 중국의 4차 산업혁명과 과학 기술개발을 견제하고 있다(이재영, 2020). 따라서 환경 기술에 있어서도 군사용으로 전용될 수 있는 민감한 첨단기술에 대해서는 미국이 중국에 기술이전을 허용하지 않을 것이다. 중국은 전반적으로 혁신 기술에 대한 상용화에는 강하지만 혁신과 발명에 있어서는 미국이 비교우위를 가지고 있기 때문에 미국이 중국에 기술이전과 기술교류를 허용하지 않으면 미중 간 기술력 격차는 좁혀지기 어려울 것이다.

바이든 정부는 기후변화 이슈에 있어서도 겉으로는 중국과의 협력을 강조하지만, 결국 미국이 원하는 것은 기후변화 이슈에서 민주주의 동맹을 활용해 미국 리더십을 복원하는 것이다. 중국도 내심 기후변화 이슈에 있어서는 미국과의 협력을 원하지만 미국의 그러한 의도를 알고 있기에, 미국에 대한 전면적인 협조보다는 자신의 개도국 지위를 강조하면서 서방국가로 구성된 선진국의 역사적인 책임과 의무, 그리고 선진국의 개도국에 대한 기술 및 자금 지원 등의 필요성만 지속적으로 제기하는 것이다. 따라서 당분간 기후변화 협력 가능성은 영역별로 차이가 있을 것이고, 특히 미중 간 환경 관련 첨단기술 협력은 어렵겠지만, 녹색 금융 표준화와 녹색 펀드 활성화와 같이 금융 산업에 있어서는 협력할 여지가 많을 전망이다.

참고문헌

이재영. 2020. 「미·중 4차 산업혁명 전략적 기술경쟁: 자유 시장경제와 국가자본주의 모델의 충돌」. ≪국제정치논총≫, 60(4).

_____. 2020.11.5. 「중국 공산당 제19기 중앙위원회 제5차 전체회의와 한반도에 주는 함의」. 통일연구원 온라인시리즈.

KOTRA 중국 상하이무역관. 2021.4.29. 「중국 탄소중립 목표 제시: 탄소시장 전망과 특징」. https://news.kotra.or.kr/user/globalBbs/kotranews/782/globalBbsDataView.do?setIdx=243&dataIdx=188085 (검색일: 2021.5.7).

高敬. 2021.3.29. 「未来5年, 生态补偿机制让绿水青山更美」. ≪新华网≫.

管清友. 2021.4.6. ""碳中和"背景下, 整车企业应何去何从?". ≪第一财经≫.

欧阳志云. 2021.4.23. "处理好生产生活和生态环境保护的关系: 把保护城市生态环境摆在更加突出位置". ≪人民日報≫.

鞠立新. 2021.5.4. "为碳达峰碳中和作贡献". ≪人民日報≫.

国务院. 2021.2.22. "国务院关于加快建立健全绿色低碳循环发展经济体系的指导意见". 国发, 2021(4).

南博一. 2021.4.23. "领导人气候峰会上的承诺, 建议和呼吁". ≪澎拜新闻≫.

刘霞. 2021.4.1. "人工智能助力国际能源行业减少碳足迹". ≪科技日報≫.

李宏伟. 2021.4.23. "不断提升生态总价值". ≪人民日報≫.

李宝坤. 2021.4.6. "中央生态环保督察组进驻八省区, 省委书记表态: 主动配合督察". ≪新京报≫.

马晨晨. 2021.4.23. ""碳中和"概念太热闹? 专家表示这些概念不能走偏了". ≪第一财经≫.

社评. 2021.4.14. "克里访华, 中美气候合作的环境太恶劣". ≪环球时报≫.

孙秀艳·陆娅楠. 2021.5.4. "绿色发展如何迈上新台阶". ≪人民日報≫.

新华网. 2021.5.27. "韩正在碳达峰碳中和工作领导小组第一次全体会议上强调 全面贯彻落实习近平生态文明思想 确保如期实现碳达峰碳中和目标". ≪新华网≫.

冉永平·赵秀芹·丁怡婷. 2021.4.28. "国家电网的"双碳"行动". ≪人民日報≫.

冉永平 外. 2021.5.10. "现代能源体系加速构建". ≪人民日報≫.

王璐. 2021.4.28. "全球最大碳市场启动渐近多方加速备战". ≪经济参考报≫.

王元丰. 2021.4.1. "王元丰: 碳中和是一场深刻革命". ≪环球时报≫.

_____. 2021.2.22. "王元丰: 实现碳中和, 别忽视互联网企业". ≪环球时报≫.

王灿·张雅欣. 2020. "碳中和愿景的实现路径与政策体系". ≪中国环境管理≫, 12(6), 58~64쪽.

于潇清. 2021.4.23. "解振华谈中美气候变化领域合作：将在八个优先领域开展对话交流". ≪澎湃新闻≫.

衛木槿. 2021.3.31. "中共碳中和大作战 台湾"用爱发电"还能走多远". ≪多维新闻≫.

张春燕. 2021.3.29. "湖北为什么能把碳交易做好?". ≪中国环境报≫.

丁怡婷. 2021.3.31. "我国可再生能源开发利用规模稳居第一". ≪人民日报≫.

陈超. 2021.4.23. "碳中和搅热资本市场多方加速绿色转型". ≪环球网≫.

布蓝. 2021.4.7. "气候问题最新评估：中国对全球变暖影响不足美国40%". ≪多维新闻≫.

包存宽. 2021.4.28. "如何破解全球气候治理之困". ≪环球时报≫.

韩文轩. 2021.5.10. "煤电发电量增速控制是减碳关键". ≪中国能源报≫.

Brunnermeier, S.B., A. Levinson. 2004. "Examining the Evidence on Environmental regulations and Industry Location." *The Journal of Environment & Development,* 13 (1), pp. 6~41.

Copeland, B.R., M.S. Taylor. 2004. Trade, Growth, and the Environment. *JOURNAL OF ECONOMIC LITERATURE.* 42 (1), pp.7~71.

Erickson, Andrew S. and Gabriel Collins. 2021. "Competition With China Can Save the Planet: Pressure, Not Partnership, Will Spur Progress on Climate Change." *Foreign Affairs* (May/June). https://www.foreignaffairs.com/articles/united-states/2021-04-13/competition-china-can-save-planet (검색일: 2021.5.4).

Financial Times. 2021.4.26. "Steelmakers: it isn't Easy Going Green for China's Smokestack Cities." https://www.ft.com/content/4ebe89d0-4e10-4527-bd8e-3c1b2d7acce6 (검색일: 2021.4.26).

Hook, Leslie, Camilla Hodgson and Christian Shepherd. 2021.4.23. "US Aims to Lead by Example as Countries Pledge Climate Action." *Financial Times.* https://www.ft.com/content/1e3b2ce5-ff17-409b-8957-c5851bace2da (검색일: 2021.4.23).

Li, M. et al. 2021. "Managing the Mitigation: Analysis of the Effectiveness of Target-based Policies on China's Provincial Carbon Emission and Transfer." *Energy Policy*, 151, pp.112~189.

Li, Selena and Robin Yu. 2021.4.7. "China Reveals Co-operation with EU on Green Investment Standards." *Financial Times.* https://www.ft.com/content/cddd464f-9a37-41a0-8f35-62d98fa0cca0 (검색일: 2021.4.7).

Shi, X. et al. 2020. "A Permit Trading Scheme for Facilitating Energy Transition: A Case Study of Coal Capacity Control in China." *Journal of Cleaner Production*, 256, pp.120~472.

Tett, Gillian. 2021. "For Real Progress on Climate Change, Invite the Developing World." *Financial Times* (APRIL 23). https://www.ft.com/content/6606ec56-f5fa-4b18-bd1a-796d36b39a99 (검색일: 2021.4.23).

Xiao, J. et al. 2021. "Decarbonizing China's Power Sector by 2030 with Consideration of Technological Progress and Cross-Regional Power Transmission." *Energy Policy*, 150, pp.112~150.

Zhang, Y. et al. 2021. "Macroeconomic Effect of Energy Transition to Carbon Neutrality: Evidence from China's coal Capacity Cut Policy." *Energy Policy*, 155, pp.112~374.

제20장

호주의 탄소중립과 재생에너지 정책

송영_시드니공과대학교 사회과학·정치학부 박사후 연구원

1. 들어가며

호주는 교토의정서에 따라 탄소배출량을 2020년까지 2000년 대비 5% 감축하고, 파리협정에 따라 2030년까지 2005년 대비 26~28% 줄이겠다고 발표했다. 감축목표를 달성하기 위해 호주 연방정부와 주정부는 교통, 건축 등 다양한 분야에 걸쳐 탄소중립 정책을 시행하고 있다.

호주 내 탄소중립 논의에 다양한 정치, 경제 가치를 지향하는 이해관계자들이 참여하고 있다. 호주 내 기후변화 대응책에 대한 사회적인 관심이 확연하게 고조되고 있다. 2017년 퓨 리서치 센터(Pew Research Center) 여론조사에 따르면, 호주인들이 기후변화를 ISIS에 이어 두 번째로 큰 위협으로 생각했다. 또 다른 여론조사에서 60%의 응답자가 석탄발전소는 20년 이내에 호주 내에서 사라질 것으로 기대하고 있으며, 73%의 응답자가 기후변화에 대한 우려와 위협을 느낀다고 답변했다. 여론 관심과 함께, 기후변화 대응과 탄소중립 정책에 관한 이해당사자들이 호주 정책 수립에 큰 영향을 미쳐왔다. 채광 산업 관련 로비에서 2018년 500만 호주 달러, 환경 NGO들은 약 18만 3000 호주 달러를 정치적 캠페인에 쓰고 있다(Timperley, 2019).

에너지 정책은 2019년 5월 총선의 가장 큰 이슈였다. 주요 두 정당은 에너지와 기후 대응에 관련해 상반된 입장을 표명했다. 노동당은 탄소배출 감소량과 재생에너지 정책을 우선시해, 2030년까지 전체 전력의 50%를 재생에너지로 전환하겠다고 약속했다. 반면에 Coalition(연합)은 전 우파 정권인 토니 애벗(Tony Abbott) 정부가 설립한 에미션 리덕션 펀드(Emission Reduction Fund)보다 전진된 재생에너지 및 기후변화 대응 정책을 제시하지 않고 있다. 이런 점에서 현실적·정치적 입지에 따라 정치권은 여전히 탄소중립 정책에 미온적인 의지와 태도를 보이고 있었다.

여기에 2019년 극심한 가뭄과 산불은 기후변화와 재생에너지 관련 정책에 대한 여론의 관심을 높여, 현 정부에 대한 큰 압박으로 작용하고 있다. 2020년 CSIRO(The Commonwealth Scientific and Industrial Research Organization)는 기후변화 보고서에서, 기후변화에 따른 건조한 폭염 등의 이상 기온이 호주의 산불 계절을 앞당길 것이라고 발표했다. 이에 근거해 호주 내 다양한 단체가 기후변화 대응을 위한 탄소중립 정책 도입을 촉구했다.

2021년 2월 호주 스콧 모리슨(Scott Morrison) 총리는 2050년까지 빠른 시일 내에 탄소중립을 달성하겠다고 발표했다(Crowe, 2021). 탄소 세금 형태가 아닌 청정에너지 단가를 낮추는 기술로 목표를 이루겠다고 강조했다. 이번 발표는 2020년 9월 발표된 화석연료발전 중심 경제회복 정책과는 상반된 임시방편이 될 것으로 보인다(Moron, 2020). 탄소중립을 지향하는 목표는 각계 사회계층이 공감했지만, 아직 정치적 합의가 이루어지지 않고 있다(Crowe, 2021). 우파 정당은 화석연료 분야 일자리 감축 등으로 인해 마주할 경제적 손실을 우려하는 반면, 좌파 정당은 총리의 이번 발표를 환영하고 있다. 호주의 현재 정치 지형을 살펴보면, 논의를 통해 합의한 정책을 일관되게 실시하기 위해서 상당한 시간이 걸릴 것이다.

이러한 정치적 공방은 호주의 산업 구조에 기인한다. 호주는 가장 큰 규모의 석탄과 LNG를 수출하는 동시에, 풍부한 재생에너지 자원을 보유하고 있다(Simshouser and Tiernan, 2018). 지붕형 태양광을 이용한 재생에너지 사용이 늘어나고 있지만, 전력 공급은 여전히 석탄발전에 의존하고 있고, 탄소배출량의 1/3 이상이 전력발전으로 인해 발생하고 있다(Timperly, 2019).

탄소감축목표는 화석연료 산업 관련 일자리를 감소시킬 수 있기 때문에 치열한 정치 및 사회적 논의가 계속되고 있다. 이 장에서는 호주 재생에너지 정책이 어떻게 논의, 시행되고 있는지 알아본다. 먼저, 탄소중립을 위한 재생에너지 정책을 재생에너지 목표(Renewable Energy Target) 정책 사례를 통해 정치적 불확실성이 재생에너지 사업에 어떤 영향을 주는지 고찰할 것이며, 주정부가 실행하고 있는 에너지 정책 현황을 알아보고, 특징에 대해서 논의하기로 한다. 마지막으로, 재생에너지 사업을 통한 일자리창출 기대 효과에 대해 탐색한다.

2. 호주 에너지 사용 현황

2018~2019년 호주 에너지소비량의 94%는 화석연료(석탄, 오일 및 천연가스)로부터 생산되었다. 원유, LPG 등을 포함한 오일 자원 생산 에너지원이 38.8%로 가장 많은 비중을 차지하고 있다.[1]

이어 석탄에너지가 전체 에너지 사용량의 29.1%로 두 번째를 차지하고

표 20-1 호주 자원별 에너지소비량

	2018~2019		연간 성장률(%)	
	페타줄(PJ)	비중(%)	2018~2019	2010년
오일	2,402.1	38.8	1.3	1.7
석탄	1,801.6	29.1	-2.5	-2.3
가스	1,592.7	25.7	2.2	2.7
재생에너지	399.6	6.4	4.6	3.9
총량	6,196.0	100.0	0.6	0.7

자료: Australian Government(2020: 8).

있다(〈표 20-1〉 참조). 석탄에너지 사용은 전년 대비 2.3% 감소했고, 이는 석탄발전소 폐쇄와 재생에너지 전력 이용 증가에 기인한다. 천연가스에너지는 전체 사용량의 25.7%로 전년 대비 2.2% 증가했다. LNG 수출 증가에 따른 신규 발전소 건설에 따른 것으로 보인다. 2018~2019년 가스에너지의 38%는 산업용을 포함한 전력발전에 쓰였고, 산업용 가스에너지는 용광로, 정제 기구 및 광산 전력 사용에 이용되었다. 가스는 제조업에 가장 중요한 에너지원으로 제조업 에너지 사용의 41%를 차지하고 있다. 제조업과 (LNG 포함) 광산업은 각각 2018~2019년 가스 사용량의 1/3을 차지한다 (Australian Government, 2020).

재생에너지는 2018~2019년 호주 에너지 사용량의 6.4%를 차지하고 바이오가스, 수력, 풍력, 태양열에너지 등으로 구성된다. 재생에너지 사용은 전력발전, 장작을 이용한 가정 단열, 바가스(bagasse)를 이용한 제조업 전력발전, 태양열 온수 등을 포함한다. 태양열과 풍력에너지원의 증가로 인해 재생에너지 사용량은 2018~2019년 전년 대비 4.6% 증가했다. 바가스

---

1 오일 소비량은 호주 내 생산 및 수입된 원유와, 산업과 가정에서 사용되는 수입산 정제 원유를 포함한 소비량에 국내에서 생산된 정제 원유 제품을 제외했다.

표 20-2 호주 재생연료 사용률

	2018~2019		연간 성장률(%)	
	페타줄(PJ)	비중(%)	2018~2019	2010년
바이오매스	179.1	44.8	-5.4	-0.1
-목재, 목재 폐기물, 아황산염	87.9	22.0	-1.6	0.0
-바가스	91.3	22.9	-8.9	-0.2
생활 및 산업 폐기물	4.6	1.2	-3.7	-
바이오가스	16.3	4.1	1.4	3.0
-매립가스	12.0	3.0	0.2	-
-기타 바이오가스	4.3	1.1	4.8	-
바이오연료	7.4	1.9	3.2	-3.2
-에탄올	6.1	1.5	0.6	-
-바이오디젤	0.0	0.0	-	-
-기타 액체 바이오연료	1.3	0.3	15.6	-
수력	57.5	14.4	-0.3	1.8
풍력	63.8	16.0	16.7	15.0
태양광발전	53.5	13.4	49.5	48.4
태양열온수	17.5	4.4	5.6	5.9
총량	399.6	100.0	4.6	3.9

자료: Australian Government(2020: 10).

이용량은 전년 대비 8.9%가 감소했지만 전체 재생에너지 사용량의 22.9%를 차지하고 있다. 수력 에너지 사용은 2018~2019년 대체적으로 변화가 없는 편이다(〈표 20-2〉 참조; Australian Government, 2020).

이에 반해, 풍력 및 태양광에너지 사용은 지난 10년 동안 빠르게 증가하고 있으며 전체 재생에너지 사용량의 1/3을 차지한다. 2016~2019년 간 대규모 태양열 및 태양광발전소의 신규 건축으로 인해 태양에너지 사용은 전년 대비 49.5%나 증가했다. 풍력에너지 발전은 전년 대비 16.7% 증가했고, 이는 2009~2010년 증가율 대비 15%가 증가한 수치다. 폐기물을 이용한 재생에너지 전력발전은 5년 전에 비해 1PJ 증가한 5PJ 정도(전체 전력의 1.2%)의 전력을 공급했다. 바이오가스는 16PJ 규모의 에너지를 공급했고 이는 전체 전력의 4.1% 정도다(Australian Government, 2020).

호주는 석탄, 우라늄, 가스 등 천연자원 수출국으로 동시에 재생에너지 자원도 풍부해 에너지 부족 현상은 우려되지 않는 편이었다. 하지만 최근 에너지 공급에 대한 문제점이 심각하게 드러나고 있다. 2016년 사우스오스트레일리아는 정전 사태를 경험했고, 2017~2018년 빅토리아와 사우스오스트레일리아는 가스 부족 및 전력 공급 불안정 사태를 우려했다. 호주는 파리협정에서 그린하우스 가스를 2030년까지 2005년 대비 26~28% 줄이겠다고 발표했지만, 2018년 IEA 리포트에서는 2020년 이후 및 2050년 목표치를 달성하기 위한 호주 정부의 기후변화 대응 정책이 부족하다고 지적했다.

재생에너지 이용 관련 비용 감소와 기존 화석연료발전소의 폐쇄는 호주의 에너지전환을 예상보다 빠르고 광범위하게 진행시키고 있다. 또한 기존 에너지 사용 비용의 증가 및 소수의 에너지 회사 전매권 등으로 인해, 각 가정에서 직접 에너지를 생산하거나 심지어 에너지 사용을 거부하는 기존 이용자들이 나타났다. 따라서 호주는 태양열과 태양광 집열판(PV)을 각 가구당 가장 많이 설치한 국가가 되었다. 풍력 및 태양열 발전은 2009년부터 증가하기 시작했고 2019년 기준 총전력생산량의 21%가 재생에너지를 이용하고 있다. 이는 2018년에 비해 19% 증가한 비중이며, 가장 많이 증가한 재생에너지원은 대규모 태양광으로 135%, 소규모는 25%, 풍력은 19% 증가했다. 또한 호주 전체 발전량 중에서 화석연료발전은 5% 감소했다(Australian Government, 2020).

주목할 만한 점은 호주 전체 재생에너지 현황과 각 주별 현황이 상이할 수 있다는 것이다. 예를 들어 호주 전체 풍력발전 이용 증가율은 2019년 기준 전년 대비 19%로 태양열 이용 46%보다 낮지만, 퀸즐랜드의 풍력발전 이용 증가율은 194%로 태양열 이용 증가율 62%와 비교해 2배 정도 높은 수준이다(Australian Government, 2020).

3. 정치적 불확실성이 재생에너지 투자에 미치는 영향: 재생에너지 목표 정책

지난 20년간 기후변화 대응을 위한 탄소중립 정책은 호주 내 큰 정치적 문제로 떠올랐다. 특히 2019년 극심한 가뭄, 폭염, 산불로 인해 기후변화 대응책이 총선의 최대 쟁점으로 떠오르기도 했다. 주요 정당의 기후변화 대응 공약은 단순한 정책을 넘어 정치적 공방으로 혼란을 겪기도 했다.

호주의 기후변화 대응 정책은 1997년 시작되었다. 당시 존 하워드(John Howard) 정부는 '미래 보호: 기후 변화에 대한 호주의 대응(Safeguarding the Future: Australia's Response to Climate Change)'이라는 기후변화 대응 정책의 큰 틀을 처음으로 제시했다. 1997년 11월 20일, 하워드 총리는 전력 공급 회사들이 재생에너지 공급을 2% 추가 확대하도록 하겠다고 발표했고, 탄소 감소를 위한 국제배출권거래제도를 지지했다. 하지만 이후 집권 정당에 따라 일관되지 않는 비연속적인 기후 대응 정책이 수립되었다. 재생에너지 정책도 마찬가지로 정치적 영향을 받아 큰 변화를 겪었다. 지난 10년 동안 호주는 5명의 총리가 있었고, 현재는 우파 경향의 자유당(Liberal Party)과 국민당(National Party)이 '연합(Coalition)'을 이루어 2013년부터 집권하고 있다.[2] 여기서는 재생에너지 목표 정책을 중심으로 정치적 논의가 어떻게 진전되었으며 그런 논의가 재생에너지 사업에 어떤 영향을 미쳤는지 알아본다.

호주는 2000년 재생에너지 법안[Renewable Energy(Electricity) Act]를 입법화하고, 재생에너지 목표 정책을 소개했다. 재생에너지 목표 정책은 ① 재생

---

[2] 호주의 대표 정당은 노동당(Australian Labor Party)과 자유당(Liberal Party of Australia)이 있는데, 두 당의 기후변화 정책은 일관되게 추진되지 않고 집권당의 어젠다에 따라 수정해 축소와 확대를 거듭했다.

에너지원을 이용한 전력 공급을 장려하고, ② 전기 부분의 온실가스배출을 감소하고 ③ 환경 지속적인 재생에너지원 사용 권장을 목표한다(Australian Government, 2000). 재생에너지 혹은 로 에미션(low emission)을 이용한 전력 공급을 장려하고, 기술 중립적인(technology neutral) 낮은 생산 단가의 기술 도입 장려가 근본적인 목표이다.

앞서 시행되었던 필수 재생에너지 목표 정책(Mandatory Renewable Energy Target)은 에너지 소매 판매자가 2010년까지 전체 에너지 공급원 중 2%를 재생에너지로 전환해야 하는 의무를 명시했고 2020년 만료될 예정이었다. 2009년 정책을 연장하기로 결정해, 2020년까지 전체 전력 20%를 재생에너지로 전환하고, 2030년까지 재생에너지 전력 규모를 전과 동일한 4만 5000GWh 정도로 유지하기로 했다. 하지만 태양광에너지 공급 등으로 인해 재생에너지 환급 인증서(Renewable Energy Certificates, 이하 RET) 발급이 갑자기 늘어나자, 2011년 재생에너지 목표를 대규모 및 소규모로 구분하고 시행해 정책의 속도를 조절했다. 이에 따라 2014년 대규모 재생에너지 목표는 3만 3000GWh로 다시 수정되었다(Australian Government, 2000).

재생에너지 목표 정책은 재생에너지원으로 공급된 전력량만큼 환급 요청[3]할 수 있는 제도이다. 할당제도인 대규모 재생에너지 목표 정책은 에너지 생산자의 수익을 높여 재생에너지 전력 투자를 장려해 재생에너지 생산을 증가시키고, 2020년까지 전체 전력 20%를 재생에너지로 전환하고자 했다. 일단 재생에너지 생산자가 공인을 받게 되면, 전력 단위당 2030년까지 유효한 대규모 재생에너지 환급 인증서를 받을 수 있게 한다. 대규모 재생에너지 환급 인증서는 매 MWh 전력당 발급되고, 거래가 가능해 소매

---

3   예를 들어 조건에 부합하는 태양열발전 온수, 풍력발전 전력 등을 구매하면 RET를 신청해 현금 환급이나 혹은 전력회사에 재판매(전기를 할인된 가격으로 이용할 수 있는 포인트 지급)를 할 수 있다.

판매자가 구매할 수 있게 되며, 또한 축적해 다음 년도에도 사용이 가능하다. 공인된 재생에너지 생산자는 매년 호주 청정에너지 규제 기관인 청정에너지 레귤레이터(Clean Energy Regulator)에 보고 및 환급 요청을 해야 하고, 만약 할당량 미달성 시, 수수료(1MWh당 65호주 달러)를 내야 한다(Australian Government, 2000).[4]

하지만 대부분 평가에서는 재생에너지 목표 정책은 호주 내 정치적 영향을 받아 비연속적이며 재생에너지 투자를 감소시키는 원인 중 하나라고 지적되고 있다. 앞서 2000년 하워드 정부가 소개한 필수 재생에너지 목표 정책은 2003년 감사(Tambling Review)에서 계획보다 앞서 목표치가 달성되고 있다는 성공적인 평가를 받았다. 야당과 여당의 정치적 지지에 힘입어 2007년 연방선거 캠페인 일환으로 노동당은 2020년까지 20%의 재생에너지 전력 변환(당시 기준 4만 5000GWh)을 약속했다. 당시 연합정부(Coalition Government, 이하 연합정부)도 필수 재생에너지 목표 정책에 기반한 청정에너지 목표(Clean Energy Target) 정책을 제안하면서, 탄소 저배출 에너지 목표량을 2020년까지 3만 GW로 확대할 것을 제시했다.

하지만 2007년 연방선거 후, 재생에너지 부분 관련한 정치적 합의를 이루지 못했다. 노동당 케빈 러드(Kevin Rudd) 정부는 2020년까지 필수 재생에너지 목표 정책을 4만 5000GWh로 확대하고, 기후변화 대응 기관인 기후 변화 당국(Climate Change Authority, 이하 CCA)에서 2년 단위로 집행하는 감사를 의무화하는 법안을 통과시켰다. 이후 2008년 가뉴트 감사(Garnaut Review)는 배출권거래제(Emissions Trading Scheme) 시행과 동시에 재생에너지 목표 정책 폐지를 제안했다. 배출권거래제와 재생에너지 목표 정책이

---

4 LGCs는 소득공제가 되지만, 미충족 요금은 소득공제가 되지 않기 때문에 실제로는 1MWh 당 93달러로 계산된다.

같이 실행될 경우, 시장 왜곡을 초래하기 때문에 탄소가격제가 가장 효율적인 배출 감소 방법이라고 주장했다.

재생에너지 목표 정책에 대한 정치적 논란은 2013년 애벗 정부가 들어서며 본격화되었다. 당시 전기시설 비용 인상으로 인해 가정 전기세가 인상된 상황이었지만, 당시 언론은 전기세 인상의 원인을 재생에너지 투자를 지목했다. 바르부르턴 감사(Warburton Review)는 재생에너지 목표 정책 제도가 신규 가입자를 제한하거나 해마다 갱신되는 세금 혜택 및 소득 공제 등을 포함한 재생에너지 20% 목표치로 개정해야 한다고 제안했다. 또한 소규모 재생에너지 목표 정책을 당장 폐지하거나, 10년 앞당겨 2020년 폐지할 것을 제안했다.[5] 이는 220억 호주 달러 규모의 재생에너지 보조금이 재생에너지 목표 정책에 지원된다는 정보를 토대로, 효율적 비용의 탄소 저 배출 기술 도입을 장려하고, "변화하는 시급한 상황"에 따른 것이라고 덧붙였다. 이에 반해, CCA 감사보고서에 따르면, 재생에너지 목표 정책은 전력 분야에서 가장 중요한 탄소중립 정책으로 유지되어야 한다고 주장했다. CCA는 재생에너지 목표 정책보다 비용이 효율적이고 더 나은 제도는 없다고 명시했다. 또한 재생에너지 목표 정책 관련 감사가 정치적인 성향이 짙어지고 관련 로비가 심화되어 재생에너지 투자에 대한 신뢰가 악화되어 2년에서 4년 단위로 감사 기간을 연장하는 것을 제안했다. 이와 같은 제안은 바르부르턴 감사 결과와는 상반되는 의견이었다.

상충된 감사 내용은 재생에너지산업 정책과 규정에 대한 정치적 불확실성을 야기했다. 전력회사 등 산업관계자들이 정부에 보다 나은 정책 방향 제시를 요구했고, 야당인 노동당과 연합정부는 재생에너지 목표 정책 개정

---

5   하지만 소규모 재생에너지 전력 이용률이 높고 넓게 분포되어 있어, 정치적으로 시행하기 어려웠다.

그림 20-1 호주 재생에너지 투자액   (단위: 10억 호주 달러)

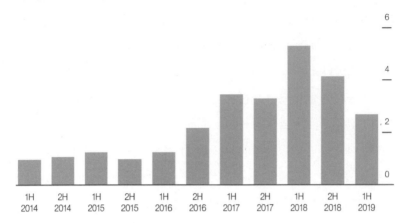

주: 1H, 2H는 각각 상반기 하반기를 뜻한다.
자료: McGreevy and Baum(2021).

에 관한 논의를 시작했다. 마침내 2015년 5월 재생에너지 목표치를 3만 3000GWh로 2020년까지 개정하고, 재생에너지 목표 정책 유효기간을 2030년까지로 유지하기로 합의했다.

정치적 교착은 대규모 재생에너지 사업 투자 감소로 이어졌다(〈그림 20-1〉 참조). 특히 바르부르턴 감사와 정치적 합의가 이루어지는 동안 투자량 감소 최대치를 기록했다. 신규 투자 유입이 없었고, 기존 시설 관련 투자가 대부분이었다. 하지만 정치적 합의가 이루어진 이후, 재생에너지 목표 정책 관련 투자는 다시 증가하기 시작했다. 이에 비추어 볼 때, 정치적 확실성은 재생에너지 투자에 관련해 큰 역할을 한다고 보여진다(Bonakdar, 2018).

2019년 호주는 대규모 재생에너지 목표치를 1년 앞당겨 달성했다. 148MW 규모의 전력을 생산하는 캐틀 힐(Cattle Hill) 지역 풍력발전소가 완공되면서, 2019년 9월 목표치를 달성할 수 있었다. 호주 전체 전력의 2018년 대비 2.9% 오른 23.5%, 33TWh를 재생에너지원 2020년 목표치를 달성했다

(McConnell, 2019). 34개의 대규모 프로젝트가 완성되었고, 2.2GW 대규모 재생에너지와 43억 호주 달러 규모의 투자로 400개 이상의 일자리를 창출했다. 대규모 재생에너지 사업 중 풍력발전소 건립이 가장 높았다. 837MW 전력 공급량을 8개의 신규 풍력발전소를 건설해 호주의 재생에너지 전력 중 25% 이상이 풍력발전원이 되었다. 태양광발전 분야에서는 대형과 중형 지붕 패널 설치가 2019년 최고치를 달성해 전체 태양광 전력이 2GW에 달했다. 27개의 대규모 태양열발전소가 27개가 추가로 설치되어 1416MK 전력을 공급하고 있다. 수력발전은 전년보다 낮은 호주 전체 재생에너지의 25.7%를 차지했다. 이는 호주 동부의 가뭄과 풍력 및 태양열발전 이용의 증가에 따른 것으로 보인다(Clean Energy Council, 2020).

이러한 재생에너지 확대에도, 정치적 불확실성은 여전히 지속적인 재생에너지 정책 사업의 성장을 위협한다. 모리슨 정부가 탄소중립을 위한 구체적인 에너지전환 정책 발표를 유보하면서 재생에너지 신규 투자가 2018년 107억 호주 달러에서 2019년 45억 호주 달러로 감소했다. 풍력 및 태양열발전소가 있는 빅토리아(Victoria)와 뉴사우스웨일즈(New South Wales) 지역의 재생에너지 투자가 가장 큰 타격을 입었다. 정치적 불확실성이 계속되는 한, 재생에너지 투자에 대한 신뢰를 감소시켜 신규 투자 증가가 어려워질 것으로 예상된다.

4. 주정부 재생에너지 정책의 현황

연방정부의 리더십 부재에도 불구하고, 몇몇 주(州)의 재생에너지 보급률은 확대되고 있다. 2019년 기준 태즈메이니아와 사우스오스트레일리아가 전체 에너지의 95.6%, 52.1%를 재생에너지로 보급하고 있다. 뉴사우

표 20-3 호주 주 지역별 재생에너지 보급률

호주 주 지역	전체 전력력(GWh)	화석연료 전력(GWh)	전체 재생에너지 전력(GWh)	재생에너지 보급률(%)
태즈메이니아	10,786	473	10,313	95.60
사우스오스트레일리아	15,062	7,213	7,849	52.10
빅토리아	47,780	36,352	11,428	23.90
웨스턴오스트레일리아	19,264	15,242	4022	20.90
뉴사우스웨일스	71,011	58,851	12,160	17.10
퀸즐랜드	66,068	56,747	9,321	14.10
호주 전역	229,971	174,879	55,093	24.00

자료: Clean Energy Council(2020).

스웨일스와 퀸즐랜드의 보급률은 각각 17.1%와 14.1%를 기록하고 있다. 퀸즐랜드의 전체 에너지 생산량은 6개의 주 지역 중 가장 높고 화석연료 전력생산량은 두 번째로 높지만, 재생에너지 총전력생산량은 이에 미치지 못하고 있다. 뉴사우스웨일스의 전체 에너지 생산량이 가장 높고 화석연료 및 재생에너지 생산량이 가장 높지만, 재생에너지 보급률이 두 번째로 낮은 편이다. 이에 반해, 재생에너지 보급률이 높은 태즈메이니아와 사우스오스트레일리아는 총전력생산량이 6개 주 지역 중 낮은 편이지만, 총재생에너지 전력생산량은 높은 편(6개 지역 중 두 번째, 세 번째로 높다)이다(〈표 20-3〉 참조).

호주 주정부 재생에너지 정책 중 특이할 만한 점은 주정부 간 재생에너지 공급 관련 협력사업이다. 재생에너지 생산 여력이 있는 주에서 다른 주로 재생에너지 이송을 추진하기 위한 연결관 건립을 추진하거나 진행하고 있다. 예를 들어 2억 5000만 호주 달러 규모의 사우스오스트레일리아-뉴사우스웨일스 전력 연결 공급망 사업은 두 지역 간 파워그리드를 연결하고 낮은 가격의 전력 공급을 확보할 수 있기 위해 기획되었다(Cosenza, 2020).

여기에서는 재생에너지 보급률이 낮은 두 지역 뉴사우스웨일스와 퀸즐랜드, 높은 지역 태즈메이니아와 사우스오스트레일리아의 에너지 정책에 대해서 알아본다. 또한 재생에너지 보급률이 100%인 호주 수도 특별지역(Australian Capital Territory, 이하 ACT)의 재생에너지 정책도 살펴본다.

1) 뉴사우스웨일스(New South Wales)주

뉴사우스웨일스주의 재생에너지 전력생산은 17.1%로 사우스오스트레일리아와 같은 다른 주에 비해 낮은 편이다. 또한 재생에너지 생산 목표치를 규정해 놓지 않아 2050년 탄소중립목표를 달성할 수 있을지 미지수다. 뉴사우스웨일스 주정부가 2019년 말 발표한 전력 공급 전략에 따르면, 적절한 전력 가격으로 공급을 원활하게 하는 데 목표를 두고 있다. 재생에너지전환의 일환으로 3000MW 규모의 신규 재생에너지 존을 구성하게 되면 현재 뒤처져 있는 탄소배출 감소 목표치를 달성에 기여할 것으로 보인다. 재생에너지 존은 뉴사우스웨일스주 중서부 지역 130만 가구에 에너지를 공급할 예정이다.

뉴사우스웨일스 주정부와 연방정부는 재생에너지 관련 지원을 확대해 퀸즐랜드와 뉴사우스웨일스를 연결하는 전력 공급망을 업그레이드하기로 했다. 이 연결 공급망은 기존 발전소가 해체되면서 190MW 규모의 전력을 퀸즐랜드에서 가져와 뉴사우스웨일스와 ACT지역의 전력 공급에 기여할 예정이다. 뉴사우스웨일스 정부는 연결 공급망 확대 사업을 주요 사업으로 지정하고 2021년 시공을 시작할 계획이다. 이에 더해 계획 중인 뉴사우스웨일스와 사우스오스트레일리아 간 연결 공급망도 빅토리아주까지 확장해 연결할 예정이다.

자유당이 집권하고 있는 뉴사우스웨일스 주정부는 재생에너지 정책 수립에 소극적인 편이었지만, 뉴사우스웨일스 전력 시설 정책 지침(NSW Electricity Infrastructure Roadmap)을 발표하면서 전환기를 맞이하고 있다.

2) 퀸즐랜드(Queensland)주

퀸즐랜드주는 총전력의 14.1%를 재생에너지로 공급하고 있으며 이는 호주에서 가장 낮은 수치다. 2030년까지 재생에너지 공급을 50%로 확대한다는 목표를 제시했으나, 아직까지 성공 여부는 불확실한 상황이다. 2025년까지 1000MW 규모 재생에너지 생산 목표의 일환으로 주정부는 2019년 10월 신규 공영 에너지 회사인 CleanCo를 설립했다. 이를 위해, 다른 에너지 회사인 CS Energy와 Standwell이 소유하고 있는 재단 자산을 CleanCo로 이전하는 법안을 통과시켜 CleanCo는 400MW 규모의 재생에너지 생산 및 저장을 위한 프로젝트의 역경매를 맡게 되었다.

또한 관련 산업과의 협의 없이 간단한 태양열발전 설치조차 자격증을 소유한 전문가가 시공할 것을 요구하는 새로운 법이 통과되어 태양열발전 산업 등 이해관계자의 반발을 불러일으켰다. 하지만 이와 같은 설치는 자격증이 없지만 숙련된 기술자에 의해 이미 시행되고 있었기 때문에 관련 산업 종사자의 이익에 상충되었다. 이러한 반박으로 인해 법안은 무효화되었다.

3) 사우스오스트레일리아(South Australia)주

사우스오스트레일리아주는 기후변화 영향을 많이 받는 자연환경을 가지고 있으며 풍력과 태양열 자원이 풍부하다. 이러한 배경을 바탕으로 주정부는 재생에너지 전력 전환을 적극적으로 추진했다. 2030년까지 재생에너지 공급량을 전체 전력의 100%로 확대할 계획이고, 2020년 기준 총전력량 50%가 재생에너지로 공급되고 있다. 사우스오스트레일리아는 풍부한 지하자원을 바탕으로 석탄·가스 등에 전력발전을 의존했지만, 2019년 기준 2695MW에 달하는 전력을 재생에너지로 공급하고 있다. 특히 2019년 11월에는 풍력 및 태양열발전으로 전체 전력의 65%를 공급하고 호주에서 가장 낮은 도매가격으로 전력 공급을 했다(Moron, 2019). 또한 지역의 재생에너지 보급뿐만 아니라 다른 지역으로 송출까지 가능하게 하는 전략을 구상하고 있다.

사우스오스트레일리아의 재생에너지로의 전환은 강력한 정치적 의지로 이루어질 수 있었다. 불과 20년 전까지 화석연료발전 전력에 의존했지만, 기존 관련 산업의 반대에도 주정부는 재생에너지전환을 추구했다. 또한 2001년 설립된 연방정부의 재생에너지 목표 정책이 사우스오스트레일리아 재생에너지전환에 큰 기여를 했다. 재생에너지 목표 정책으로 인해 주정부에서 따로 재생에너지 관련 인센티브를 주지 않아도 되었고, 2002년부터 2018년까지 노동당이 집권했던 사우스오스트레일리아 주정부는 다른 주에 비해 일관되고 지속적인 에너지 정책을 시행할 수 있었다. 예를 들어 재생에너지 투자를 높이기 위해 인구밀도가 낮은 지역에 풍력발전소를 건립하게 하는 법을 통과시켰고 신규 발전소는 정부와의 전력 공급 계약에 참여했다. 재생에너지전환은 남동부에 위치한 항구 도시인 Port Augusta에서 가장 큰 규모의 화력발전소 폐쇄로 이어졌다. 주정부는 600만 호주 달러 규모의 재취업 프로그램을 지원하는 등 지역경제 영향을 최소화하기 위해 노력했다(McGreevy and Baum, 2021).

4) 태즈메이니아(Tasmania)주

태즈메이니아주는 가장 높은 재생에너지 이용률 95.6%를 보이고 있다. 수력자원을 이용한 Battery of the Nation 프로젝트가 진행 중에 있고, 생산된 에너지는 퀸즐랜드, 뉴사우스웨일스, 빅토리아, 사우스오스트레일리아, 태즈메이니아 지역 전력 공급에 이용될 예정이다. 또한 이 프로젝트에 호주 재생에너지 공사인 Australian Renewable Energy Agency가 500만 호주 달러를 투자해 풍력과 수력발전 에너지를 주 간 전력 공급 연결 사업에 기여할 것으로 보인다. 특히 화석연료발전소 폐쇄로 인한 에너지 부족이 예상되는 빅토리아주가 혜택을 받을 것으로 예상된다.

또한 배스해협을 연결하는 2027년 완공 예정인 마리어스 링크(Marius link)도 Battery of the Nation 프로젝트의 일부로, 에너지 가격단가를 낮추고 전력 공급 안정에 도움이 될 것으로 보인다. 계획한 대로 1500MW 전력을 생산하게 되면 14억 호주 달러 규모의 경제적 이익과 1400개 일자리가 창출될 것으로 예상된다.

여기에 그랜빌 항구(Granville habour)에 위치한 풍력발전소도 태즈메이니아주 재생에너지 생산에 큰 기여를 하고 있다. 2억 8000만 호주 달러 규모가 투자되어 남극해에서 불어오는 강한 풍력을 이용해 전력을 생산하고 있다. 또한 태즈메이니아 북쪽 지역(Jim's Plain and Robbins Island)에 1GW 규모 재생에너지 생산이 가능한 풍력발전소를 건설할 예정이다. 이 발전소는 태양광에너지 생산도 포함할 예정으로 2021년 후반기에 건설을 시작할 예정이다.

5) 호주 수도 특별 지역(ACT)

2019년 ACT는 유럽 외 지역 도시에서 8번째로 100% 재생에너지 생산 목표를 달성했다. ACT는 다른 지역과 달리 에너지 부족 문제가 없는 편이지만, 주정부의 강력한 의지로 재생에너지 100% 전력 공급이라는 성과를 이루어냈다.

ACT는 100% 재생에너지 전력 공급을 위해 2019년 11월 15일부터 추가적인 대규모 재생에너지 환급 역경매(구매자가 판매자에게 원하는 상품 조건을 알려주고 가장 낮은 가격을 제시하는 판매자로부터 상품을 구입)를 2019~2020년에 걸쳐 진행했다. 대규모 재생에너지 역경매는 모든 재생에너지 프로젝트가 신청할 수 있고, 풍력에너지는 200MW 태양광에너지는 250MW부터 적용된다. ACT는 2012년부터 2016년까지 총 4번의 역경매를 통해 2020년까지 전력생산량의 100%를 재생에너지로 공급한다는 목표를 달성하고자 했다. 재생에너지 역경매는 ACT에서 처음 시행된 후 다른 주에서도 진행하고 있다. 2019년 11월 추가 진행된 역경매는 2020년부터 재생에너지전환 전력 공급을 100%로 유지하기 위해 시행되었고, ACT 정부와 10년 계약 합의를 조건으로 포함하고 있다. 또한 낙찰자는 ACT 지역 재생에너지산업에 기여해야 하고 지역 협력사업 계획을 수립해야 한다고 규정하고 있다(ACT Government).

ACT는 재생에너지 정책 이외에도 2045년까지 탄소중립을 달성하기 위해 탄소배출 주요 원인인 교통(총배출량의 60% 차지)과 가스 이용(총배출량의 22% 차지)을 중점적으로 관리하고 있다. 신축 건물에 재생 전력을 이용하게 하고 신개발 지역이 가스를 연결하지 않아도 되도록 법안을 수정할 예정이다. 또한 단기적인 탄소배출 상쇄보다는 장기 탄소배출 감축 조치에 중점을 둔 정책에 초점을 두고 있다. 예를 들어 친환경 전기버스를 2040년까지 도입하고 산림을 조성해, 전체 지역 대비 산림 조성 지역을 현재 21%에서 30%까지 증가시킬 계획이다.

5. 탄소중립을 위한 재생에너지 정책 방향: 일자리창출 중심으로

재생에너지 사업은 호주의 탄소감축에 공헌할 뿐만 아니라, 일자리창출과 도심 외곽 지역 경제발전에도 큰 역할을 한다. 여기서는 다양한 재생에너지 투자 사업이 가져오는 신규 일자리창출 기대 효과와 석탄 산업 일자리에 어떠한 영향을 줄 수 있는지 탐색한다.

호주에서 재생에너지 사업은 대부분 도심 외곽 지역에서 시행되어 사회적 공헌의 일환으로 지역 인력을 채용한다. 예를 들어 Beon Energy Solution은 빅토리아주에 태양광에너지 시설(Koradoc Solar Farm)을 시공했는데, 90명의 신규 인력, 38명의 원주민(aboriginal) 인력, 14명의 다양한 문화와 언어 인력, 4명의 장애인 인력을 채용했다(Clean Energy Council, 2020). 청정에너지협의회에 등록된 시공업체가 2019년에는 전년도에 대비해 11% 증가했고, 12월 기준 6500개에 달했다. 지붕형 태양광에너지 시공도 대폭 늘어났고, 시공업체의 주정부 리베이트 프로그램 등록이 필수가 되어 업체 수가 증가했다. 업체 수 증가는 재생에너지 사업 투자의 증가와 일자리창출을 의미한다. 또한 사우스오스트레일리아주와 뉴사우스웨일스주 간 전력 송출을 위한 케이블을 설치하는 2억 5000만 호주 달러 규모 사업도 낮은 가격의 전력 공급 확보뿐만 아니라, 경제회복을 위한 일자리창출 효과를 가져올 것이라고 기대하고 있다(Cosenza, 2020).

Beyond Zero Emission에서 제안한 백만 일자리 계획(The Million Jobs Plan)은 재생에너지, 건축, 교통 및 제조업에서 10억 개 이상 일자리창출이 가능할 것으로 예상했다(Beyond Zero Emissions, 2020). 대부분의 사업이 계획 단계에 있어 빠른 일자리창출로 이어져 이로 인한 2020년 전반기에 경기 회복을 긍정적 신호로 평가했다. 제안한 재생에너지 사업은 90GWh 규모 태양광 및 풍력에너지 정도이고, 향후 5년 사업 진행 동안 실행할 예정인 160GWh 규모 재생에너지 사업이 진행 중이거나 계획 단계에 있다. 백만 일자리 계획은 첫 2년 연 15GWh, 다음 3년 동안 20GWh를 생산해 향후 5년간 90GWh 규모의 재생에너지를 생산할 것을 제안한다. 이로 인해, 첫 2년 동안 1만 3500개, 다음 3년 1만 8000개의 일자리와 운영직으로 6300개의 일자리를 창출할 수 있을 것으로 예상했다. 신규 사업에서는 신규 전송케이블 설치 관련 9000개의 일자리창출이 가능할 것이며, 풍력발전기 제조업과 관련해 9000개, 배터리 제조 및 설치 관련 6000개 일자리 추가를 예상했다. 백만 일자리 계획이 제시한 향후 5년 재생에너지 계획에 따르면, 12만 4000개의 건설업, 2만 2000개의 제조업 및 운영직 일자리를 포함해 총 20만 개의 신규 일자리창출이 가능할 것으로 전망했다.

백만 일자리 계획의 재생에너지 사업지구 선정, 신규 송전선 설치 관련 규제 개선, 지역 생산을 필수로 하는 법안 등 3가지 정책 제언을 참고해 뉴사우스웨일스 주정부는 헌터(Hunter) 지역 등 도심 외곽 지역 일자리창출 목표를 담은 뉴사우스웨일스 전력 시설 정책 지침을 발표했다. 새로운 전력 시설 건설에 힘입어, 2030년까지 9000개 이상의 신규 일자리와 320억 규모의 투자가 이루어질 것이라고 내다보았다(Beyond Zero Emissions).

재생에너지 사업은 기존 석탄 사업에 의존하던 인력의 재교육으로 새로운 기회를 제공할 것이다. 빅토리아 라트로브(Latrobe) 계곡 광산 마을은 풍력발전소 건설로 인한 2000개의 건설업 일자리와 300개의 정규직 창출로 이어져 기존 화석연료 산업 종사자를 재교육할 수 있었다. 가시적 일자리 창출 효과는 긍정적이며 이런 효과는 지역경제에 활기를 불어넣어 균형발전의 한 축이 될 것이다.

재생에너지 분야의 일자리창출은 정부의 적극적인 지원과 정책을 필요로 한다. 현재 많은 재생에너지 사업이 기획되어 있고, 진행 중에 있지만 지속적인 투자를 위해서는 정부의 재생에너지 정책에 대한 적극적인 정책과 정치적 확신이 필수적이다.

6. 나오며

이 장에서는 호주 재생에너지 정책 현황 및 일자리창출에 관련해 논의했다. 호주 에너지 시장은 소수의 화석연료 산업이 독점적인 지위를 가지고 있다. 재생에너지 정책은 이 기득권과 상충할 수밖에 없는 상황에 놓여 있어, 적극적 정책 추진이 어려운 면이 있다. 이는 재생에너지 정책에 대한 정치적 불확실성으로 이어져 신규 투자가 감소하는 주원인이 되기도 했다. 이러한 정치적 불확실성과 이해관계는 단시간 내 변화가 어려워 보인다. 따라서 호주 재생에너지 정책은 이 두 가지 현실적인 요인의 영향을 받으면 제한적으로 추진될 것으로 예상된다. 하지만 호주 내 지속적인 탄소중립에 관한 관심으로 인해 정부와 이해당사자들은 탄소중립이라는 지향점을 지속적으로 추구할 것으로 보인다. 이에 따라 재생에너지 정책 또한 탄력을 받을 수 있는 여건이 조성될 것으로 보인다.

반면 주정부에서는 지역 실정에 맞는 재생에너지원을 이용한 정책 및 사업을 추진하고 있다. 또한 지역 간 에너지 연결관을 설치해 재생에너지 보급률을 높이기 위해 노력하고 있다. 신규 재생에너지 발전소 및 시설 건립은 탄소중립 달성을 위한 시도이기도 하지만, 신규 일자리창출 등 경제적인 이익도 동반한다. 풍력발전소 및 대형 태양광에너지 시설은 외곽에 주로 건설되어 지역경제의 활성화에 공헌하고 있다. 신규 일자리창출뿐만 아니라, 재생에너지산업 발전으로 인한 일자리가 줄어든 광산 지역 종사자에게 재취업 교육을 실시해 경제적 손실을 최소화하려 노력하고 있다. 호주 재생에너지 분야는 2019년 현재 2만 6850명 정규직 일자리를 창출했고, 이는 동일한 투자액을 석탄발전 분야에 투입했을 때와 비교해 몇 배는 높은 수치이다. 이미 많은 기업이 호주의 청정에너지 프로젝트에 진출할 의지가 있지만, 정책적인 장애물을 제거해야만 재생에너지 사업 투자가 더 활발해질 것으로 보인다(Clean Energy Council, 2020).

재생에너지전환은 탄소중립이라는 긍정적 환경 효과를 가져오기도 하지만, 호주처럼 채광 산업이 GDP의 큰 비중을 차지하는 경제 구조에서는 정치 사회적 갈등과 대립을 가져온다. 호주 채광 산업은 전체 수출의 75%를 차지해 전체 GDP의 10.4%(2019~2020년 기준)를 차지하고 있다. 또한 총

120만 명이 채광 산업 관련 직간접적인 업종에 종사하고 있다(AusIMM). 따라서 호주 재생에너지 보급률이 확대된다 하더라도, 호주 수출의 큰 부분이 자원 수출에 의존하고 있어 화석연료발전소 폐쇄와는 별개로 채광 산업은 지속될 것으로 예상된다. 이러한 측면에서 볼 때, 호주의 재생에너지 전환 정책에 있어 정치, 경제, 사회 전반에 걸쳐 다양한 의견을 수렴한 정책적 합의는 가장 중요한 결정요소가 될 것으로 보인다.

호주 재생에너지 정책은 한국 재생에너지 정책에 다음과 같은 시사점을 제공한다. 첫째, 재생에너지 사업은 탄소중립 달성에 중요한 역할을 할 수 있기 때문에 정부의 적극적인 지원이 필요하다. 반면에 에너지 공급을 확보하지 못한 상태에서 화석연료발전 산업이 폐쇄된다면 에너지 가격 인상과 공급 불안정 등의 문제를 야기할 수 있다. 이러한 문제를 최소화하기 위한 대책으로 호주 주 간 에너지 연결관 사업의 예를 들 수 있다. 한 지역의 풍부한 재생에너지 자원을 활용해 다른 지역으로 전력을 송출하거나 시범 지역을 기준으로 점차 재생에너지 보급 지역을 확대해 가는 방안을 구상해 볼 수 있다. 하지만 한국과 호주의 재생에너지 자원은 규모와 상황에서 상당한 차이가 있어, 한국은 다양한 재생에너지 보급보다는 특정 지역에서 생산할 수 있는 재생에너지에 집중하는 편이 합리적이다. 둘째, 점진적인 재생에너지전환 정책이 일자리창출과 지역경제발전 정책과 동반된다면, 재생에너지 정책에 대한 정치적·사회적 합의가 이루어질 수 있는 초석을 마련할 수 있다. 경제적 측면에서 볼 때, 여전히 재생에너지는 한국 에너지 시장에서 경쟁력이 부족한 실정이다. 아직 원가가 상대적으로 낮은 원자력과 석탄화력발전을 주로 사용해 오고 있는 한국에서 일방적인 재생에너지전환은 어려울 수 있다. 호주 사례처럼 재생에너지 정책의 긍정적인 사회·경제적 효과가 부각될 수 있다면, 한국의 재생에너지 정책은 사회적 공감으로 더욱 탄력을 받아 진척될 것으로 기대된다.

참고문헌

ACT Government. "New Renewable Electricity Auction." https://www.environment.act. gov.au/energy/cleaner-energy/new-renewable-electricity-auction (검색일: 2021.5.4).

Australian Government. 2000. "Renewable Energy(Electricity) Act 2000." https://www.le gislation.gov.au/Details/C2016C00624 (검색일: 2021.5.4).

_____. 2020. "Australian Energy Update 2020." https://www.energy. gov.au/sites/default/ files/Australian%20Energy%20Statistics%202020%20Energy%20Update%20Report_0. pdf (검색일: 2021.5.4).

Australian Institute of Mining and Metallurgy(AusIMM). "Australia's Mining Industry." https://www.ausimm.com/insights-and-resources/mining-industry/australian-minin g-industry/ (검색일: 2021.5.4).

Beyond Zero Emissions. "Million Jobs Plan Comes to Life in NSW with Government's New Energy Superpower Plan." https://bze.org.au/media_release/million-jobs-plan-comes- to-life-in-nsw-with-governments-new-energy-superpower-plan/ (검색일: 2021.5.4).

_____. 2020. "The Million Jobs Plan." https://bze.org.au/wp-content/uploads/2020/11/BZE-T he-Million-Jobs-Plan-Full-Report-2020.pdf (검색일: 2021.5.4).

Bonakdar, A. 2018. Australia's Clean Energy Policy and Regulatory Framework—Can It Drive Investment to Achieve Australia's International Climate Goal? University of Melbourne, Thesis Papers.

Clean Energy Council. 2020. "Clean Energy Australia Report 2020." https://assets.clean energycouncil.org.au/documents/resources/reports/clean-energy-australia/clean-en ergy-australia-report-2020.pdf (검색일: 2021.5.4).

Cosenza, E. 2020 "PM's Pledge to Fast Track SA-NSW Interconnector to Deliver Cheaper energy." https://www.theaustralian.com.au/breaking-news/pms-pledge-to-fast-track -sansw-interconnector-to-deliver-cheaper-energy/news-story/3575039c78d67873441 ace1c9095809a (검색일: 2021.5.4).

Crowe, D. 2021. "Morrison Eyeing More Ambitious Climate Target of Net Zero by 2050." https://www.smh.com.au/politics/federal/morrison-eyeing-more-ambitious-climate -target-of-net-zero-by-2050-20210201-p56yj3.html (검색일: 2021.5.4).

McConnell, D. 2019. "Australia has Met Its Renewable Energy Target. But Don't Pop the

Champagne." https://theconversation.com/australia-has-met-its-renewable-energy-target-but-dont
-pop-the-champagne-122939 (검색일: 2021.5.4).

McGreevy, M. and F. Baum. 2021. "Against the Odds, South Australia is a Renewable Energy Powerhouse. How on Earth Did They Do It?" https://theconversation.com/against-t he-odds-south-australia-is-a-renewable-energy-powerhouse-how-on-earth-did-they-do-it-153789#:~:text=South%20Australia%20is%20a%20dry,26%25%20renewables%2 0generation%20by%202020 (검색일: 2021.5.4).

Moron, A. 2019. "South Australia's Clean-Energy Shift Brings Lowest Power Prices on National Grid, Audit Finds." https://www.theguardian.com/australia-news/2019/dec /24/south-australias-clean-energy-shift-brings-lowest-power-prices-on-national-grid-audit-finds (검색일: 2021.5.4).

_____. 2020. "Scott Morrison's 'Gas-led Recovery': What is It and Will It Really Make Energy Cheaper?" https://www.theguardian.com/environment/2020/sep/17/scott-morrisons-gas-led-recovery-what-is-it-and-will-it-really-make-energy-cheaper (검색일: 2021.5.4).

Paul, Simshauser and Anne Tiernan. 2019. "Climate change policy discontinuity and its effects on Australia's national electricity market." *Australian Journal of Public Administration*, 78(1), pp.17~36.

Timperley, J. 2019. "The Carbon Brief Profile: Australia." https://www.carbonbrief.org/ the-carbon-brief-profile-australia (검색일: 2021.5.4).

결론

한희진·신상범·이태동

지난 2015년에 체결되고 2016년에 발효된 유엔 파리기후변화협정은 1980년대 말 혹은 1990년대 초부터 전개된 유엔 차원의 기나긴 기후변화 대응 노력을 일단락 짓는 잠정 결론이라고 할 수 있다. 이 협정에서 회원국들은 지구 평균온도 상승폭을 산업화 이전 대비 2℃보다 훨씬 아래(well below)로 유지하고 더 나아가 1.5℃ 이하로 억제하기 위해 노력하기로 합의했다. 또한 회원국들은 스스로가 정한 감축목표와 계획(NDC)을 5년 단위로 제출하고 그 이행을 점검하기로 했다. 유엔과 각국 대표들은 이 협정이 역사적인 사건이며 이 협정으로 인해 출범하는 신기후 체제는 과거보다 효과적으로 작동할 것으로 예견했다.

　　그러나 사실 파리협정에서 구속력 있는 합의를 한 것은 NDC의 제출밖에 없으며 바로 이 이유로 과거 교토의정서 때와는 달리 대부분의 국가들이 부담 없이 합의할 수 있었던 전형적인 '최소공배수 협정(Lowest Common Denominator Agreement)'이라고도 볼 수 있다.[1] 어떤 학자는 파리협정에 대한 과도한 낙관주의가 의도적인 것(purposeful optimism)이라고 비판한다. 즉 협정에 참여한 당사국 대표들과 유엔 전문가들, 학자들, 탄소감축을 해야 하는 기업들, 모두 이 협정의 실행 가능성에 주목하기보다는 상징적이고 이상적인 목표 설정만을 의도적으로 부각시킨다는 것이다(Clemençon, 2017). 이 관점에서 보면 사실 파리협정은 오랫동안 진전 없이 누가 먼저 얼마나 온실가스를 의무적으로 감축할 것인지에 대한 지루한 협상만을 계속해 왔던 교토의정서의 공식적인 사망 선고 의식인 것이다. 즉 의무 감축 없이 "각자 알아서" 감축하자고 하는 체제로 전환한 것이다.

　　이렇게 "각자 알아서" 감축하는 체제가 되자 오히려 국가들은 다른 나라 핑계를 대지 않고 각자 선제적으로 기후변화에 대응하기 시작했다. 국가

1　국제환경조약에서 최소공배수 문제에 대해서는 Sand(1991)를 참고할 수 있다.

들은 2050년경에는 탄소중립을 달성해야 1.5℃ 목표를 달성할 수 있다는 기후변화에 관한 정부 간 협의체(Intergovernmental Panel on Climate Change, IPCC)의 권고를 적어도 형식적으로는 수용했다. 그리고 서론에서 언급했듯이 국가들이 장기저탄소발전전략(LEDS)을 준비하게 되면서 점차로 '2050년'과 '탄소중립'이라는 목표가 점차 공유되고 확산되었다. 일부 국가들은 이를 국가 목표로 그대로 설정해 발표했으며 그중 일부는 국내법으로 제정하기도 했다.[2] 이는 확실히 교토의정서의 이행에 관한 협상 때와는 다른 양상이다. 교토의정서의 경우 처음부터 끝까지, 즉 협상 과정, 발효 이후 그리고 2011년 동일본 대지진 이후 전 과정에서 선진국과 개발도상국 간의 대립이 가장 큰 쟁점이었다. 특히 미국과 중국은, 겉으로는 아주 가끔 협력하려는 태도를 보이기도 했지만 늘 상대에게 책임을 떠넘기기에 바빴으며 전형적인 공유의 비극 혹은 집합행동의 딜레마에서 벗어나지 못하는 양상이었다.

물론, 현재 국가들이 "각자 알아서" 행동한다고 해서 집합행동의 딜레마를 극복했다고 말할 수는 없다. 또한 이 책에서 보듯이 탄소국경조정은 대표적으로 탄소누출을 막기 위한 선진국들의 대책이고 RE100의 경우도 개발도상국에는 사실상 압력이다. 그럼에도 불구하고 현재 국가들은 대체로 타국이 기후변화에 소극적으로 대처하는 것을 비난하기보다는 자국의 탄소중립 이행 계획을 세우는 데 집중하고 있다. 2021년 5월 현재 약 120여 개 국가들이 탄소중립을 선언하거나 선언을 계획 중이다.[3] 이제 '행동할 시간(time for action)'은 글로벌 기후 정치에서 지배적인 언술이 되었고 한마디로 대세가 되어가고 있다.

---

2   중국은 2060년을 탄소중립목표 달성 시기로 선택했다.

3   https://www.korea.kr/news/policyNewsView.do?newsId=148880403.

사실 이러한 변화는 2015년 말 파리협정이 체결될 당시만 해도 쉽게 예측하지 못했다. 이 변화를 설명하기 위해서는 여러 방향의 가설이 가능할 것이다. 물론 어떤 가설이든 아직 체계적인 검증이 시도되지는 못했다. 무엇보다도 기후변화로 인한 부작용이 시간이 갈수록 현실에서 더욱 가시적으로 나타나고 특히 코로나 사태 초기에 전 세계가 일시적으로 탄소 절감 지구를 경험하게 되면서 기후변화에 더욱 적극적으로 대응해야 할 절실한 필요를 공감하게 되었을 것이다. 또한 미국 트럼프 행정부의 파리협정 탈퇴 의사 표시와 반기후적(anti-climate) 정책과 발언들이 역설적으로 전 세계 여러 나라의 기후 시민사회의 각성을 촉진시켰을 수도 있다. 그러나 무엇보다도 이 변화의 최대 동력은 그린뉴딜, 즉 탄소중립을 통한 가치 창출과 새로운 성장 가능성에 대한 기대일 수 있다. 이 변화를 선도하고 있는 유럽과 미국은 탄소중립을 새로운 투자와 성장의 기회에 성공적으로 연결시키고 있다. 이는 단순히 언술상의 연결이 아니라 실제 정책으로 수립되고 실행되고 있다. 그리고 이들은 의도적이든 아니든 다른 나라들에게 각자 하루빨리 이 연결 체계를 만들지 않으면 기후변화에 대한 대응도 경제성장도 뒤처지게 된다는 신호를 보내고 있다. 아직 본격적으로 연구를 진행하기에는 이르지만 이는 새로운 형태의 정책 확산 메커니즘이 될 것이라고 본다.

　이렇게 글로벌 차원에서 확산되고 있는 탄소중립과 그린뉴딜을 각국이 구체적으로 어떻게 설계하고 실행하느냐는 이 책에서 보았듯이 국내 정치의 영역이다. 연구자들은 이제 이 국가적 과제에 누가 왜 어떤 방식으로 참여해 어떤 이익을 기대하는지, 그리고 이들 간의 상호작용은 어떻게 전개되는지를 국가별로 분석하고 비교해야 하며 이를 통해 이 확산이 공유의 비극을 넘어 글로벌 기후변화 협력을 촉진하고 탄소중립목표를 달성하는 데 기여할 것인지를 예측해 보아야 한다. 이 책의 연구들은 그 시작에 불과

표 한국의 탄소중립 추진전략

3대 정책 방향	경제 구조의 저탄소화	신 유망 저탄소 산업 생태계 조성	탄소중립사회로의 공정 전환
10대 과제	에너지전환 가속화	신 유망 산업 육성	취약 산업·계층 보호
	고탄소 산업 구조 혁신	혁신 생태계 저변 구축	지역 중심의 탄소중립 실현
	미래 모빌리티로 전환	순환 경제 활성화	탄소중립사회에 대한 국민 인식 제고
	도시·국토 저탄소화		

하며 저술에 참여한 연구자들 모두 이 주제에 대한 진지한 학문적 고민과 연구를 계속 진행하고 있다. 결국 가장 큰 관심사는 이러한 확산과 혁신 (diffusion and innovation) 과정이 궁극적으로 교토 체제를 대체하는 파리 체제의 형성과 강화로 귀결될 것인지, 그리고 그 체제는 교토 체제와는 달리 공유의 비극을 넘어 새로운 기후변화 협력 모델 제시가 가능한지이다. 이는 환경, 에너지, 기후변화의 영역을 넘어 국제정치학의 가장 중요한 학문적 관심거리 중 하나이다.

〈표〉에서 보는 바와 같이 한국 정부는 2020년 탄소중립 실현을 위한 3대 정책 방향과 10대 과제를 선정했다. 첫 번째 방향인 경제 구조의 저탄소화는 전반적으로 우리 사회의 시스템 자체를 저탄소 중심으로 바꾸는 것으로서 이는 기존 화석연료 기반 시스템에 기반을 둔 이해관계자들에게는 즉각적인 손실을 의미한다. 그러나 이들이 전환의 계곡(transition valley)을 건넜을 때 전환으로 인한 손실이 장기적으로는 더 큰 이익을 가져올 수도 있다.[4] 이는 두 번째 방향인 신 유망 저탄소 산업 생태계 조성과 연결된다. 즉 전환이 이들에게 이득을 가져다줄지는 이들이 전환의 계곡을 건너는 과정에서 새로운 비즈니스 기회를 적극적으로 모색하고 이를 전략적으로

---

4   전환의 계곡이라는 용어는 Przeworski(1991)에서 빌려왔다.

활용하는지에 달려 있다. 즉 이는 구조보다는 행위자들의 선택 문제이다. 세 번째 방향 역시 공동체를 구성하는 행위자들이 이 전환을 어떻게 하면 보다 공정하고 정의로운 과정으로 만들 수 있는지에 달려 있다. 즉 이 책의 여러 장에서 보여주듯이 탄소중립과 그린뉴딜은 사회의 전체적인 시스템을 바꾸는 구조적 변화이지만 그 변화는 결국 행위자들의 선택에 따라 진행될 것이다.

한국은 동아시아에서 가장 선진적인 민주주의 정치 체제와 활성화된 시민사회를 형성하고 있다는 측면에서 중요한 지역적 함의가 있다. 앞에서 언급한 대로 탄소중립과 그린뉴딜의 실제 계획과 작동은 국내 정치 과정이다. 국내 정치가 민주적이고 시민 참여가 활발할수록 더욱 포용적이고 지속가능한 모델을 만들 수 있을 것이며 시민 참여의 제도화는 그린뉴딜이 얼마나 지속가능한지 감시하고 확인하게 할 것이다. 따라서 한국이 만드는 모델(K-그린뉴딜 모델)은 역내에서 모범 사례가 되어 다른 국가로의 확산이 가능할 것이다. 이와 더불어 한국에서 탄소를 줄이고 새로운 저탄소산업을 육성하는 과정에서 역내 협력이 가능하기 때문에 아예 한국에서 계획을 수립하는 과정에서 K-그린뉴딜 모델의 역내 확산 및 협력을 염두에 두는 것이 필요할 수도 있다. 만약 동아시아에서 K-그린뉴딜 모델이 성공적으로 전파된다면 이를 통해 지역 차원에서 교토 체제를 대체하는 느슨한 형태의 소다자주의적 체제의 형성을 기대할 수도 있을 것이다. 즉 각국가가 자국의 입장을 정하고 이를 당사국총회에서 협상하던 기존의 교토 체제와는 달리, 탄소중립을 매개로 협력적 네트워크를 형성함으로써 상호 이익을 얻는 체제를 추구할 수 있다.

한국이 국내 정치에서 비교적 활성화된 시민사회와 민주주의의 경험을 바탕으로 역내에서 모범적인 그린뉴딜 모델을 만들 수 있다면, 이러한 탄소중립과 그린뉴딜의 실행 과정이 한국 민주주의의 질적 향상에도 기여할 것이다. 탄소중립과 그린뉴딜은 한국 사회 전체가 근본적으로 변화하는 일종의 패러다임 전환이다. 만약 이 과정에서 시민의 참여가 확대되고 중앙정부 못지않게 지방의 역할이 강화된다면, 기존의 중앙정부 중심의 정치 및 거대 양당이 소모적으로 대립하는 정치를 보다 문제 해결 능력을 갖춘 정치로 바꾸고 시민들의 정치적 효능감을 높일 수 있는 계기가 된다. 가장 좋은 시나리오는 탄소중립과 그린뉴딜을 통해 지속가능한 저탄소사회를 만듦과 동시에 지역의 일자리를 창출하고 지역을 소멸 위험에서 벗어나게 하는 것이겠지만, 그러한 목표를 완벽히 달성하지 못한다고 해도 이 과정은 최소한 정치에 대한 시민들의 의식을 개선하고 정치를 보다 실용적으로 만드는 데 기여할 것이다.

이 책은 이러한 탄소중립과 그린뉴딜 정치의 동학을 파악하는 첫 시도이며, 향후 더 많은 연구를 위한 기반이 되기를 기대한다. 이 책의 저자들을 포함해 환경정치학 연구자들은 이 동학이 구체적으로 각 국가 내에서는 어떻게 전개될 것이며 역내에서 그린뉴딜을 매개로 협력 네트워크가 형성되기 위해서는 어떤 조건이 필요한지에 대한 학문적, 정책적 관심을 지속적으로 이어가야 할 것이다. 현재 글로벌 기후변화 정치는 주권국가 간 협력도 효과적이지 못하고 글로벌 시민사회(global civil society)의 형성도 요원한 이중의 위기 상태라고 할 수 있다. 탄소중립과 그린뉴딜의 정치가 이 이중의 위기에 대한 새로운 대안이 되고 향후 이에 대한 연구 역시 활발히 진행되기를 기대한다.

참고문헌

Clémençon, Raymend. 2017. ""Zweckoptimismus" and the Paris Process Will Not Save the World from Climate Catastrophe." *Integrated Environmental Assessment and Management*, 14(2), pp.198~201.

Przeworski, Adam. 1991. *Democracy and the market: Political and economic reforms in Eastern Europe and Latin America*. Cambridge: Cambridge University Press.

Sand, Peter H. 1991. "Lessons Learned in Global Environmental Governance." *Boston College Environmental Affairs Law Review*, 18(2), pp.213~277.

| 지은이 |

김명성
파타고니아 코리아 환경 매니저, 청년기후긴급행동 운영위원, 연세대학교 정치학 석사
논저: 「지역 기후변화 적응 인식 조사 연구」, ≪지역과 정치≫(2020, 공저); "Political Framework of Green New Deal: A comparative analysis of the EU and US proposals," *The Korean Journal of International Studies*(2021).

김민정
연세대학교 SSK 소셜오믹스 연구센터 연구교수, 미국 Florida State University 정치학 박사
논저: 『소셜헬스와 코로나19 이후의 우리 사회』(2021, 공저); 『소셜헬스의 요인과 증진방안: 개인, 관계, 사회』(2020, 공저); *Private, Public, and Collaborative Engagements in Environmental Issues* (2019)

김성은
고려대학교 정치외교학과 부교수, 미국 Columbia University 정치학 박사
논저: "Media Bias against Foreign Firms as a Veiled Trade Barrier: Evidence from Chinese Newspapers," *American Political Science Review* (2018); "Environmental Degradation and Public Opinion: The Case of Air Pollution in Vietnam," *Journal of Environment & Development* (2020, 공저); "Tariffs as Electoral Weapons: The Political Geography of the U.S.-China Trade War," *International Organization* (2021, 공저)

김성진
한국환경연구원 글로벌환경협력센터 부연구위원, 서울대학교 외교학 박사
논저: 『(일반인을 위한) 기후변화의 과학과 정치』(2019, 공저); 「REDD+ 설립을 위한 중견국 기후-산림외교 연구」, ≪정치·정보 연구≫(2019); 「파리기후체제는 효과적으로 작동할 것인가?」, ≪국제정치논총≫(2016)

나용우
통일연구원 인도협력연구실 부연구위원, 성균관대학교 정치학 박사
논저: 『한반도 평화의 국제정치학』(2018, 공저); 『DMZ 평화와 가치』(2020, 공저); 「지속가능한 한반도의 평화번영을 위한 남북에너지협력: 남북 에너지넥서스 구축을 중심으로」, ≪Journal of North Korea Studies≫(2019)

박혜윤
이화여자대학교 국제대학원 초빙교수, 이화여자대학교 국제학 박사
논저: 『한국의 에너지 전환: 관점과 쟁점』(2019, 공저); "Who Protest and Why? The Evolution of South Korean Civic Activism Since 2000," *Korea Observer* (2019, 공저); "Why Does Trust Mediate the Effects of Ethical and Authentic Leadership in Korean Firms?" *International Studies Review* (2015, 공저)

손병권
중앙대학교 정치국제학과 교수, 미국 University of Michigan 정치학 박사
논저: 『기후변화 대처와 미국 패권의 딜레마: 국제적 공공재 창출에 대한 국내적 저항』(2012); 「미국 기후안보 정책의 안과 밖: 오바마 정책의 분열과 통합」, ≪안보학술논집≫(2013)

송영
시드니공과대학교 사회과학·정치학부 박사후연구원, 홍콩대학교 정치학 박사
논저: "To ban or not to ban: China's trade in endangered species," *Journal of Contemporary China* (2021, 공저); "Linking trade and environment in emerging economies: Korea's ambition for making green free trade agreements," *The Pacific Review* (2021); "Engaging North Korea: Environmental cooperation in peacebuilding," *Third World Quarterly* (2020, 공저)

신상범

연세대학교 국제관계학과 교수, 미국 Indiana University 정치학 박사

논저: "The Effectiveness of the Central Environmental Inspection in China: The Case of Air Pollution Control Inspections from 2016 to 2019," ≪한중관계연구≫(2021, 공저); "Learning by Creating: Making Games in a Political Science Course," *Political Science & Politics* (2021); "Credible Empowerment and Deliberative Participation: A Comparative Study of Two Nuclear Energy Policy Deliberation Cases in Korea," *Review of Policy Research* (2021, 공저)

오경택

전남대학교 정치외교학과 교수, 미국 University of South Carolina 정치학 박사

논저: 「중국의 기후변화 외교: 미중협력을 중심으로」, ≪중소연구≫(2014); 「기후변화협상은 성공할 것인가?」, ≪국제정치논총≫(2012); 「오바마 정부의 기후변화 정책 분석 및 전망: 진정한 변화인가?」, ≪세계지역연구논총≫(2010)

이재영

통일연구원 기획조정실 연구기획부장, 서울대학교 국제학 박사

논저: ≪북한의 발전전략과 평화경제: 사회기술시스템 전환과 지속가능한 발전목표≫(2020, 공저); 「미중 4차산업혁명 전략적 기술경쟁: 자유시장경제와 국가자본주의 모델의 충돌」, ≪국제정치논총≫ (2020); 「중국 권위주의적 환경주의 모델 비판: 중국의 기후변화와 환경 거버넌스의 한계」, ≪중국학연구≫(2018)

이재현

부경대학교 지방분권발전연구소 전임연구원, 충남대학교 정치학 박사

논저: "Decentralisation and government trust in South Korea: Distinguishing local government trust from national government trust," *Asia & the Pacific Policy Studies* (2021, 공저); 「지구적 기후변화와 민주주의의 비선형성: 170개국 패널 데이터를 중심으로」, ≪국제정치논총≫ (2019); 「온실가스 배출과 자본주의 다양성」, ≪국제정치논총≫(2017)

이진영

전북대학교 국제인문사회학부 조교수, 경희대학교 정치학 박사

논저: 「동남아시아를 둘러싼 국제·지역환경 변화와 한국의 아세안(ASEAN) ODA 정책 모색」, ≪국제·지역연구≫(2021); 「김정은 집권 이후 북한과 아세안(ASEAN) 국가 간 관계 변화 연구」, ≪국제정치논총≫(2019); "Evaluating Participation: Empirical Analysis of Recipient and Beneficiary Engagement with IFAD International Development Projects," *Sustainability* (2020, 공저)

이태동

연세대학교 정치외교학과 교수, 미국 University of Washington 정치학 박사

논저: 『에너지 전환의 정치』(2021); 『환경에너지 리빙랩』(2019); "The Old and the Climate Change Adaptation: Climate Justice, Risks, and Urban Adaptation Plan," *Sustainable Cities and Society* (2021)

이혜경

국회입법조사처 입법조사관, 서울대학교 법학박사, 뉴욕주 변호사

논저: 「기후정상회의의 의의와 과제」, ≪이슈와 논점≫(2021); 「영국 「기후변화법」의 이행현황 및 국내적 시사점」, ≪외국 입법·정책 동향≫(2021); 「유럽그린딜(European Geen Deal)논의 동향과 시사점」, ≪외국입법 동향과 분석≫(2020)

이흥구

고려대학교 글로벌 에너지정책 전문가 양성 연구사업단 연구교수, 고려대학교 에너지환경정책학 박사

논저: "The Paths of German Energy Transition: An Institutional Analysis," *Journal of International and Area Studies* (2019, 공저); 「The Institutional Analysis of the UK Low-carbon Energy Transition」, ≪통합유럽연구≫ (2020, 공저)

이희섭

연세대학교 정치외교학과 석사과정 재학, 청년기후단체 BigWave 활동 멤버

논저: 「지역 기후변화 적응 인식 조사 연구」, ≪지역과 정치≫(2020, 공저)

임시정

고려대학교 국제학부 부교수, 미국 University of Washington 정치학 박사

논저: "Embedding technological transformation: the welfare state and citizen attitudes toward technology," *European Political Science Review* (2020); "How the opposing pressures of industrialization and democratization influence clean water access in urban and rural areas: A panel study, 1991~2010," *Environmental Policy and Governance* (2020, 공저); "Globalization and support for unemployment spending in Asia: do Asian citizens want to embed liberalism?" *Socio-Economic Review* (2020, 공저)

임은정

국립공주대학교 국제학부 부교수, 미국 Johns Hopkins University 국제정치학 박사

논저: 「일본 전력산업의 현황과 변화 방향에 대한 비판적 고찰: 4차 산업혁명과의 적합성 관점에서」, ≪입법과 정책≫(2021); "Energy and Climate Change Policies of Japan and South Korea," *Greening East Asia: The Rise of the Eco-developmental State* (2020, 공저); "Multilateral Approach to the Back End of the Nuclear Fuel Cycle in the Asia-Pacific?" *Energy Policy* (2016)

조정원

원광대학교 한중관계연구원 조교수, 중국인민대학 경제학 박사

논저: 「중국의 사회·기술시스템 전환은 왜 어려운가 - 신에너지 자동차 정책을 중심으로」, ≪현대중국연구≫(2019); 「중앙아시아-중국 가스관과 서기동수(西气东输) 프로젝트의 연계─중앙아시아 천연가스 수출국들과수입국의 경제적 요인을 중심으로─」, ≪중국지역연구≫(2014); 「바오딩시(保定市)의 환경 거버넌스와 기후변화 정책」, ≪아세아연구≫(2012)

한희진

부경대학교 글로벌자율전공학부 부교수, 미국 Northern Illinois University 정치학 박사

논저: "From fragmentation to centralization in policymaking: An explanation for the expansion of China's civilian nuclear industry," *Environmental Governance & Policy* (2021); "Energy Cooperation With North Korea: Conditions Making Renewable Energy Appropriate" *Journal of Environment & Development* (2020); "Governance for green urbanisation: Lessons from Singapore's green building certification scheme," *Environment & Planning C* (2018)

황정화

경북대학교 사회과학기초자료연구소 연구원, 정치학 박사

논저: 「지방공간정치와 주민주체의 형성 - 원자력발전소주변지역 울진 북면 연구」(2020, 연세대학교 박사학위논문); 「원전입지공간의 생산과 주민의 전략적 실천 - 울진군 북면 주민조직의 반핵·찬핵활동을 중심으로」(2020, EC0); 「포스트 코로나 시대의 온라인 정치 참여 발전 방안」(2020, 정책기획위원회 정책보고서)

한울아카데미 2343

탄소중립과 그린뉴딜
정치와 정책

ⓒ 환경정치연구회, 2021

엮은이 ǀ 환경정치연구회
지은이 ǀ 김명성·김민정·김성은·김성진·나용우·박혜윤·손병권·송영·신상범·오경택·이재영
　　　 이재현·이진영·이태동·이혜경·이흥구·이희섭·임시정·임은정·조정원·한희진·황정화
펴낸이 ǀ 김종수
펴낸곳 ǀ 한울엠플러스(주)
편집책임 ǀ 배소영
편집 ǀ 김하경

초판 1쇄 인쇄 ǀ 2021년 11월 25일
초판 1쇄 발행 ǀ 2021년 12월 15일

주소 ǀ 10881 경기도 파주시 광인사길 153 한울시소빌딩 3층
전화 ǀ 031-955-0655
팩스 ǀ 031-955-0656
홈페이지 ǀ www.hanulmplus.kr
등록 ǀ 제406-2015-000143호

Printed in Korea.
ISBN　978-89-460-7343-2 93300 (양장)
　　　 978-89-460-8142-0 93300 (무선)

* 책값은 겉표지에 표시되어 있습니다.
* 무선제본 책을 교재로 사용하시려면 본사로 연락해 주시기 바랍니다.

이 저서는 한국연구재단의 연구 사업(NRF-2019S1A5A2A01047251; NRF-2019S1A5A2A03043414;
NRF-2019S1A5A2A01041081), 환경부 2050 장기저탄소발전전략의 사회적 수용성 확보를 위한 조사연
구 지원 사업에 힘입어 이루어진 연구임.